U0799175

民商法论丛

第57卷

CIVIL AND COMMERCIAL LAW REVIEW VOL. 57

梁慧星／主编

本卷各篇文章中的观点并不必然反映主编及出版社的立场。
任何以转载、重印、翻译等形式复制本卷所载的文章均须事先获得主编和法律出版社的书面许可。

中文社会科学引文索引（CSSCI）来源集刊

法律出版社
LAW PRESS CHINA

目　录

【域外法】

【硕士论文】

【资料】

专题研究

论侵害生命权的损害赔偿

——以即时死亡与间隔死亡的区分为视角*

杨　会

目　次

一、问题之提出

侵害生命权的最终结果是造成权利人死亡，民法如何对这种遭受侵害的权利提供救济？对于已经逝去的死者，民法的确很难再做些什么；①但让加害人给予死者近亲属一定的损害赔偿，就是民法对此所能

* 基金项目：教育部人文社科项目《死亡损害赔偿研究——“同命同价”的价值与历史追问》(09YJA820010)的阶段性研究成果。

① 德国著名学者冯·巴尔教授认为，“私法最后能够为死者所做的不过是不使其姓名遭受践踏，禁止他人将其尸体作为一件财物来对待和提供一个体面的葬礼”。参见[德]克雷斯蒂安·冯·巴尔：《欧洲比较侵权行为法》(下卷)，焦美华译，法律出版社2001年版，第68页。笔者认为，前两个措施表面并非针对刚刚死亡的死者，第三个措施难谓民法的救济；所以，其实民法无法给死者提供什么。

提供的救济措施。①

实施侵权行为致他人死亡,存在两种情形:一种是侵权行为立刻或当场就造成了受害人死亡,如一刀将受害人劈成两半、交通事故中当场撞死;另一种是侵权行为并没有导致受害人立即死亡,而是过了一段时间后受害人才死亡。对于前者,本文称为即时死亡,后者称之为间隔死亡。②

两种情形下民法都会提供救济,两种情形下加害人都要向死者近亲属进行一定的赔偿;但是,两种情形下的损害赔偿却存在着差别。第一,在即时死亡中,由于没有治疗,就不会像间隔死亡中那样存在医疗费及其相关费用。第二,在即时死亡中,由于是当场立刻死亡,也不会像间隔死亡中那样存在误工费。第三,在即时死亡中,侵害行为与侵害后果同时发生,受害人并无精神痛苦,在赔偿时也就不存在精神损害赔偿;而在间隔死亡中,这一项是存在的。如果说上三个区别对损害赔偿影响不大③的话,那么接下来的区别则对损害赔偿影响甚大。第四,在即时死亡中,加害人侵害的是受害人的生命权;而在间隔死亡中,加害人先是侵害了受害人的健康权,然后才侵害生命权。因为侵权行为实施时受害人并没有死亡,其受到侵害的只是健康权;如果后来他没有死

---

① 其他部门法,特别是刑法,或许更能提供有效的救济。因为在现实生活中,让加害人接受刑事制裁似乎更能够让死者近亲属满意。

② 张新宝教授在对损害进行分类时将损害划分为即时性损害与继发性损害(immediate damage and consequent damage),"损害后果在加害行为进行或完成(或物的内在危险之实现)时就即刻现实出来,我们将此等损害称为'即时性损害'(immediate damage)。而在另外一些案件中,损害后果则需要经过一段时间后分才显现出来,我们将此等损害称为'激发性损害'或'嗣后损害'(consequent damage)"。参见张新宝:《侵权责任构成要件研究》,法律出版社2007年版,第138页。张新宝教授的这种分类很合理,如果套用其分类,那就是"即时死亡和继发(或嗣后)死亡"了。但笔者仍认为"间隔死亡"的表述比"继发(或嗣后)死亡"更能体现出侵害生命权的行为与侵害生命权的后果的分离,更能彰显与"即时死亡"的区别。因此,本文仍选择"间隔死亡"这样的表述。另外,冯·巴尔教授在其《欧洲比较侵权行为法》一书中提及"无论是立即死亡还是延迟死亡",详见[德]克雷斯蒂安·冯·巴尔:《欧洲比较侵权行为法》(下卷),焦美华译,法律出版社2001年版,第68页注释1。如果我没有理解错误的话,"立即死亡与延迟死亡"和本文的"即时死亡"与"间隔死亡"应该是一回事。

③ 因为根据"全部赔偿"原则,在即时死亡中不存在这几个损害,那么不予赔偿就行了。

亡,被侵害的只是健康权;只有后来其死亡了,被侵害的才是生命权。两种情形下被侵害的对象不同,造成的损害后果自然也就不同,那么,损害赔偿也就有所差别。

既然即时死亡情形下的损害赔偿与间隔死亡情形下的损害赔偿并不相同,那么就有分别研究之必要。遗憾的是,学界在此问题上忽略了二者的差别,都是笼统地研究侵害生命权的损害赔偿。在笔者有限的阅读范围中,鲜有学者意识到即时死亡与间隔死亡在损害赔偿上的不同;即使有极个别学者提及二者的区别,也都是一笔带过。① 因此,笔者不揣浅陋撰写本文,通过"兵分两路",对两种情形下侵害生命权的损害赔偿分别进行研究,从而实现死亡损害赔偿研究的精准化。

为了论述上的便利,第一,本文仅仅研究自己的加害行为,不考虑侵权行为人与赔偿责任人分离的情形;第二,本文仅仅研究死者存在近亲属的情形,不考虑死后没有近亲属的情形;第三,本文仅仅研究死者近亲属和死者继承人重合的情形,不考虑二者不一致的情形。

二、即时死亡的损害赔偿

(一)损害赔偿的权利人

1. 民法"悖论":受害人(死者)不能获得赔偿

众所周知,自然人的民事权利能力始于出生,终于死亡。在自然人被侵害致死时,他就丧失了民事权利能力,即使其生命权受到侵犯,他也无法享有民法提供的救济。这便是著名的民法"悖论"。

这个残酷的现实可能刺痛了部分学者的心:生命权作为自然人最重要、最基础的人格权,却无法像其他人格权那样在权利受到侵犯时让权利人得到救济。② 但我们应该知道,民法的救济是对民事主体提供

---

① 其中,论述最为详细的是我国台湾地区学者刘春堂。参见刘春堂:"两岸侵害生命权财产上损害赔偿之比较",载《中国民法年刊(2006~2007)》,法律出版社2008年版,第452~469页。遗憾的是,他也只用了500字,并且只是提出问题而没有展开。

② 所以,有学者说生命权实际上成为一种空权利。参见冯恺:"生命损害赔偿请求权理论再思考",载《政法论丛》2004年第2期。甚至有人基于此否定生命权的支配性,提出了生命维护权的概念以替代传统的生命权,并主张"对丧失之补偿问题采财产权和社会化的血缘关系保护说"。参见翟滨:"生命权内容和地位之检讨",载《法学》2003年第3期。

的救济,当一个生命逝去时,他便不再是民法上的主体,民法已经没有再对其进行救济的必要和可能。这就是民法的局限。[①]

有学者对此持不同意见。他们认为,民事权利能力是一个法律技术,民法可以对死者的民事权利能力做出特别的规定,就像对待胎儿民事权利能力那样。[②] 笔者认为,有原则就有例外,但是例外的设置必须有充分且正当的理由。在民事权利能力上给胎儿设置例外,是为了解决他出生后作为自然人时主张权利的尴尬;如果知道他出生后是一个死胎,断无设置例外的必要。对于死者,由于他并不在世,他也无法获得法律的救济,也就没有设置例外的必要;更何况,即使设置例外,损害赔偿也无法给他,也只能给其近亲属,设置例外对他而言也没有意义。

2. 损害赔偿权利人:死者近亲属

如果说一个生命的逝去意味着他从纷杂的人世间解脱,他从此丢开了烦恼、忧愁及痛苦,显然他将这些烦恼、痛苦抛向了他的亲人。死亡这种损害具有扩张性或转移性,这种损害由受害人自身会向近亲属扩张和移转,亲属忍受丧亲之痛,亲属身份和结构遭到破坏,所有的人身和财产负担由亲属承担,全部的损害转嫁到近亲属身上,近亲属的生存状态因而恶化。[③] 异言之,加害人侵害受害人的生命权,也侵害了死者近亲属的身份权,进而造成了他们的精神痛苦、花钱举办丧礼等。所以,他们有权就这些损害向加害人主张赔偿。

尽管《最高人民法院关于贯彻执行〈中华人民共和国民法通则〉若干问题的意见》(以下简称为《民通意见》)第12条已经对于近亲属的范围做出了规定,笔者认为该范围并不适合这里的近亲属。对于死亡相关事宜的处理,不同民族、不同地域、不同宗教信仰可能会有不同的做法,法律应当尊重风俗习惯。对于死者近亲属的范围界定亦是如此,

---

① 对此,姚辉教授认为,“承认民法对生命权救济的局限,既是一种理智的清醒,也是对生命的谦逊和尊重——生命的不可挽回性及终局意义上的不可救济性正是生命高贵的表现之一,也是其高居法律价值金字塔之巅的原因之一”。参见姚辉、邱鹏:“论侵害生命权之损害赔偿”,载《中国人民大学学报》2006年第4期。

② 麻昌华、宋敏:“论死亡赔偿的立法选择”,载《暨南学报》(哲社版)2009年第2期。

③ 石春玲:“死亡赔偿请求权基础研究”,载《法商研究》2005年第1期。

法律不宜规定一个法定的范围。

此外,本文所指的“死者近亲属”是指死者的所有近亲属,他们作为一个整体存在,即在起诉时,数个死者近亲属作为共同原告。关于这点,本文与杨立新教授的“双重受害人说”不同。“双重受害人说”将近亲属分为两类,一类是支付了医疗费、丧葬费等费用的死者近亲属,即直接受害人;另一类是死者生前扶养的人,即间接受害人;前者享有财产损害赔偿请求权和精神损害赔偿请求权,后者只享有财产损害赔偿请求权。① 笔者认为这种区分并不妥当。首先,这两种人都是死者近亲属,在死者去世时,他们都既有财产的损害,也都有精神痛苦,对于后者,情节严重的都应该予以救济。易言之,和其他近亲属一样,被抚养人也是直接受害人。如果说被抚养人并非死者近亲属,那么他对死者就没有法定的抚养请求权,他就无权向加害人主张赔偿,道理如同“死者生前定期被捐赠者无权要求加害人损害赔偿”一样简单。其次,被抚养人的生活费无须赔偿。后文将会论述,死者近亲属能够获得的损害赔偿范围包括死亡赔偿金;而死亡赔偿金赔偿的是受害人“余命收入”,受害人应该从自己的收入拿出一部分来抚养自己的近亲属;因此,被扶养人生活费能够被死亡赔偿金吸收。“双重受害人说”和《最高人民法院关于审理人身损害赔偿案件适用法律若干问题的解释》(以下简称《人身损害赔偿司法解释》)第17条第3款一样将死亡赔偿金与被扶养人生活费的赔偿并列,并不妥当。

需要说明的是,本文主张将死者的所有近亲属作为一个整体对待,主要是指他们作为共同原告(这样通过共同诉讼来避免每个人都向法院起诉的不效率);这个整体与具体的、有针对性的损害赔偿并不矛盾。比如精神损害赔偿这一项,有的近亲属没有精神痛苦(如重男轻女并且长期虐待女儿的父亲在女儿死亡后高呼“我终于可以再生一个儿子啦”)而其他近亲属有严重的精神痛苦,那么在赔偿时就仅仅赔偿后者的精神痛苦。

3. 非近亲属的第三人:另一个损害赔偿权利人

在现实生活中,医疗费的实际支付人可能是受害人自己,可能是其

① 杨立新:《人身权法论》,人民法院出版社2006年版,第400页。

近亲属,也可能是第三人(如热心的路人、邻居);丧葬费的实际支付人可能是死者的近亲属,在死者及其近亲属比较贫穷的情况下也可能是第三人(如有钱的远房亲戚)。对于医疗费、丧葬费等合理费用,第三人的支付行为在民法上属于无因管理;因此,第三人只能依据无因管理向死者近亲属求偿、死者近亲属再向加害人主张赔偿,而第三人不能直接向加害人求偿。如此一来,辗转反侧,徒增麻烦。

为了弘扬“帮扶、帮衬”的社会美德,保护善良的社会风俗,为了更好地保护该无因管理中的管理人,《侵权责任法》第18条第3款赋予实际支付医疗费、丧葬费等费用的第三人向加害人的直接请求权。该法定直接请求权与其原先享有的对死者近亲属的无因管理请求权属于请求权竞合,第三人可以根据实际情况择一行使。如此规定不仅可以减少第三人权利实现的成本,又因为请求权的可选择项增加而降低了该权利不能实现的风险。

这里第三人实施的无因管理是涉及侵权行为的无因管理。所谓涉及侵权行为的无因管理是指侵权行为实施后造成受害人损害的,无因管理人对此进行的无因管理。比如跳水打捞被人故意推下水池的未成年人,将被他人撞伤者送至医院并支付治疗费。《侵权责任法》第18条第3款的规定确实有利于管理人,但问题是无因管理人向被管理人求偿权的不效率和不能实现的风险在所有涉及侵权行为的无因管理中都存在,如果这种规定合理的话,那么其他情况下的涉及侵权行为的无因管理如何处理?其他情况下的涉及侵权行为的无因管理也都弘扬了“帮扶、帮衬”的社会美德、体现了善良的社会风俗,难道要修改民法关于无因管理的规定?所以,笔者认为该规定并不妥当。

我国台湾地区“最高法院”也曾通过代位制度赋予实际支付医疗费的第三人向加害人的直接请求权。[①] 王泽鉴教授对此评价道,“唯诚如前述,第三人既可依无因管理之规定向被害人请求偿还其所支出之费用,而被害人对加害人之损害赔偿请求权不因第三人为其支出医药费而

---

① 后来,我国台湾地区“民法”第192条第1项对此作出了明确规定,“不法侵害他人致死者,对于支出医疗及增加生活上需要之费用或殡葬费之人,亦应负损害赔偿责任”。

受影响,则当事人间有适当之救济途径,权义关系明确,另创'代位'制度,使第三人径即取得被害人对加害人之损害赔偿请求权,应无必要"。①

有学者认为,《侵权责任法》第18条第3款的规定是不当得利。他说道,"某甲被乙开车撞伤,为路人丙所救送往医院,丙为此向医院支付了甲的医疗费。再如,A公司的B被犯罪分子C杀害后,因B没有亲人,A公司为B支付了丧葬费。由于真正应当承担这些费用的是侵权人,他人代为支付这些费用使得侵权责任免除了向受害人或受害人的近亲属支付这些费用的责任,故此支付费用的人针对侵权责任人享有不当得利返还请求权"。② 笔者认为这种理解有失偏颇,为了节省篇幅,下面仅仅讨论医疗费。医疗费是作为医疗合同的债务人向债权人医院支付的费用;受害人本来是义务人,但作为其继承人,受害人的近亲属在受害人没有支付的情况下也有义务支付。第三人代为支付,受益人是死者或其近亲属;第三人代为支付医疗费也不会免除加害人向死者近亲属进行赔偿的责任,加害人并未从中受益,他不是受益人。所以,第三人无权基于不当得利向加害人主张医疗费的返回。

(二)损害赔偿的请求权基础

关于请求权基础的重要地位,王泽鉴先生曾言,"请求权基础的寻找,是处理实例题的核心工作"。③ 那么,在侵害生命权的损害赔偿中,死者近亲属的请求权基础是什么。这是一个颇费周折的法律问题。

关于死者近亲属损害赔偿的请求权基础,理论界和实务界围绕继承主义和固有损害主义展开了激烈的争论。④ 但笔者认为,在即时死

---

① 王泽鉴:"为被害人支出医药费、无因管理及代位",载《民法学说与判例研究》(第4册),中国政法大学出版1998年版,第187页。

② 王利明主编:《中华人民共和国侵权责任释义》,中国法制出版社2010年版,第88~89页。

③ 王泽鉴:《法律思维与民法实例》,中国政法大学出版社2001年版,第50页。

④ 需要指出的是,这两种观点是学界的通说,但已经有人提出了与通说不同的观点。如冯恺博士的"因果关系剥离说"(参见冯恺:"生命损害赔偿请求权理论再思考",载《政法论丛》2004年第2期),石春玲教授的"损害转移说"(参见石春玲:"死亡赔偿请求权基础研究",载《法商研究》2005年第1期),陈煜师弟的"类型化说"[参见陈煜:"生命损害赔偿请求权基础的再探究",载《安徽大学法律评论》,安徽大学出版社2007年版,第108~117页]。

亡中,该争议并不存在;因为上文的"加害人侵害受害人的生命权,也侵害了死者近亲属的身份权,进而造成了他们的精神痛苦、花钱举办丧礼等。所以,他们有权就这些损害向加害人主张赔偿"就清晰地表明了其请求权基础是固有损害主义。

另外,继承主义在即时死亡中远不如固有损害主义合适——这点可从以下几个理由看出。

1. 理论上继承主义存在着无法克服的缺陷

有学者论证了继承主义的诸种学说无法合理解释死者近亲属享有损害赔偿请求权的五个理由,笔者深表赞同,现摘录如下:

"1. 民事权利能力转化说认为死亡乃是一过程,在此过程中,被害人取得求偿权,当被害人死亡后,其求偿权依继承而转移。此说的矛盾之处在于:依该说,被害人正处于死亡的过程中,则其应是还未死亡尚有生命的活人,一活人怎能取得因死亡而生的损害求偿权。由此显见该说之不合理。

2. 加害人赔偿义务说回避了死者近亲属求偿权的来源问题,转而单方面强调加害人的义务。在法律上'没有无义务的权利,也没有无权利的义务',该说所提出的义务因为缺乏相对应的权利,其实根本无法存在。

3. 同一人格代位说的基础是人格合一,即不同的自然人其人格是同一的。在人格独立已成为根深蒂固之观念的现代,这种学说已丧失了哲学理论及社会公众心理的支持,并无存在的土壤。

4. 坚持间隙取得请求权说同样会陷入尚未死亡的自然人将取得因死亡才产生的求偿权的怪圈,并且该学说对加害行为立即导致被害人死亡的情形无法自圆其说,故此说亦不足取。

5. 双重直接受害人说在一定程度上揭示了此问题的本质,但也存在理论上的重大不足。从加害人的角度而言,既然该说认为侵害生命权的场合存有双重直接受害人,且各受害人遭到的损害分别为'生命权人生命丧失的损害事实'和'生命权人的近亲属的财产损失的损害事实',则加害人应负不同的赔偿义务方为合理,何以加害人仅仅有一个赔偿义务?从受害人的角度而言,死者与其近亲属遭受侵害的权利种类相异,所受损失性质也不同,何以会'享有一个共同的损害赔偿请求权'? 由此矛盾观之,足见本说之不合理。"①

可见,继承主义的种种学说都无法摆脱"死亡是产生赔偿的前提"与"死亡后才发生继承"的死穴,其理论上存在着无法克服的缺陷。

2. 赔偿数额上继承主义低于固有损害主义

有学者一针见血地指出,"应当说,单从论理的角度,固有被害说较为一贯自然,因此也颇具魅力。但判例仍牢守继承说,恐怕主要是因应死亡赔偿高额化的要求并维持死亡赔偿与伤害赔偿的均衡。在资本主义经济高度发达的日本,即使普通人的收入也远远超出其个人生活及家事方面的支出。也就是说,按继承说可由遗族继承的、正常计算出的(计算方法容待后述)被害人可得利益在额度上往往大大高于按固有被害说计算出的遗族的扶养利益"。②

死者近亲属从加害人处能够获得的损害赔偿数对其意义重大,对此不能忽视;但是,在即时死亡中,死者近亲属依继承主义获得的赔偿额高于依固有损害主义获得的赔偿额吗? 本文接下来就研究两种情形下死者近亲属能够获得的损害赔偿数额。

在即时死亡中,受害人遭受的损害就不可能像间隔死亡那样包括医疗费用(包括医疗费、护理费、交通费、住宿费、住院伙食补助费、必要的营养费等)、误工费、精神痛苦,只包括生命利益本身的丧失和"余命收入"。由于生命利益本身的丧失无法得到赔偿(其原因下文将会详细论述),所以,依继承主义死者近亲属能从死者继承到的损害赔偿仅仅是死者的"余命收入"。

依固有损害主义,就像下文将会论述的,死者近亲属能够获得的损害赔偿范围包括精神损害赔偿、丧葬费、死亡赔偿金(其数额等同于死者的"余命收入",关于这个问题,下文将会详细阐述)。毫无疑问,这些总和肯定会大于依继承主义能够获得的赔偿数额。

---

① 曹诗权、李政辉:"论侵害生命权在民法上的责任",载《法商研究》1998 年第 5 期。

② 孙鹏:"'生命的价值'——日本死亡损害赔偿的判例与学说",载《甘肃政法学院学报》2005 年第 7 期。孙鹏教授的这番话佐证了本文上一部分(即"从理论上看,继承主义存在很多缺陷"部分)的正确。

所以,即使单纯从赔偿数额考虑,在即时死亡中,固有损害主义比继承主义更有利于死者近亲属。

3."死者近亲属直接受害说"而非"死者近亲属间接受害人说"

在固有损害主义内部,又有"直接受害人说"和"间接受害人说"两种观点;其中,"间接受害人说"认为,在侵害生命权中,死者是直接受害人,死者近亲属是间接受害人。①

笔者对此不敢苟同。在死亡中事实上的确存在两个受害人,死者是侵权行为直接造成损害的承受者,因而是直接受害人;死者近亲属是因为死亡而致损害的承受者,其损害是侵权行为间接造成的损害,因而他是间接受害人。但是,由于死者无法得到法律的救济,他被称为受害人没有法律意义;②因此,笔者认为,在法律上死者不是受害人。易言之,在法律上,只存在死者近亲属一个受害人;因此,他就是直接受害人。

(三)损害赔偿的范围

既然死者近亲属损害赔偿的请求权基础是固有损害主义,那么,损害赔偿的范围就取决于死者近亲属因此而遭受损害的范围。下面本文就一一分析死者近亲属因为加害人的侵权行为所遭受的损害。

在即时死亡中,侵权行为实施的时间与死亡损害后果发生的时间一致,所以,即时死亡中没有医疗费用,也不存在什么误工费,也没有受害人精神痛苦;对于这几项,学界并无争议,有争议的是生命利益本身的赔偿。

1.生命利益本身不予赔偿

笔者认为,尽管加害人的侵权行为导致死者生命权的丧失,但生命利益本身无法予以赔偿;原因很简单,所有的人身利益本身都无法赔偿,生命权也不例外。

不论是人格权还是身份权受到侵害后,往往可能会给权利人造成

---

① 典型者如张民安教授。其观点参见张民安:"因侵犯他人生命权而承担的过错侵权责任",载江平主编:《侵权行为法研究》,中国民主法制出版社2004年版,第373~374页;张民安、杨彪:《侵权责任法》,高等教育出版社2011年版,第233页。

② 当然,为了表述上的便利,我们仍然将其称为受害人。

以下三种损害:第一,人身利益。因为人身利益是人身权的客体,当权利人的人身权遭受侵害时,人身权所体现的人身利益自然也会遭到损害。如侵害身体权中身体组织完整性的破坏、侵害名誉权中社会评价的降低、侵害配偶权中夫妻间忠诚而带来的温暖的丧失。第二,财产损害。由于人身权是一种非财产权,侵害权利人的人身权不会直接造成权利人财产的损害,但间接地会造成权利人的一些财产损害。如侵害生命权中近亲属支出的丧葬费、侵害健康权中因治疗而支出的医疗费、侵害亲权中父母寻找未成年子女而支出的合理费用。第三,精神痛苦。由于人是感情动物,当权利受到侵害后往往会产生精神痛苦,特别是人身权又是精神层面的权利,所以,人身权受到损害的往往会给权利人带去精神痛苦。如侵害生命权中近亲属失去亲人的悲痛、侵害隐私权中隐私被暴露后的羞辱、侵害亲权中父母见不到未成年子女的绝望。

后两种损害是人身权受损而导致的间接的损害后果,由于它们都是因为侵害人身权所导致的损害后果,与侵害人身权的侵权行为之间具有因果关系,都应当获得补偿,也只有这样才能使权利的权利人回复到人身权未受侵害之前的状态。

但第一种损害却无法获得赔偿,原因在于人身利益具有专属性和非财产性。专属性意味着不可转让,人身利益不具有可转让性,那么就不存在一个人身利益交易市场,所以人身利益本身就没有市场价格,它的价值无法通过金钱来加以衡量或计算。既然人身利益本身的价值无法通过金钱来计算,那么在它遭受损害后,就无法通过金钱来进行救济。人身利益的非财产性意味着它体现的是权利人的精神利益,而精神利益无法也不应该用金钱去衡量;因此,人身利益本身的不可赔偿性有利于醇化权利本身,避免人身权商品化。

不仅生命权,其他人身权也是如此。比如亲权。拐卖未成年人子女侵害父母亲权的,除了找寻子女的财产损失外,父母能够获得的赔偿也只有精神损害赔偿;精神损害赔偿并非赔偿亲权利益本身,而是赔偿父母的精神痛苦。再如健康权。不论是医疗费、护理费、交通费、住宿费、住院伙食补助费、必要的营养费还是误工费、残疾辅助器具费、残疾赔偿金、精神损害赔偿,要么是给予受害人财产方面的赔偿,要么是精神方面的赔偿,没有一项是对健康利益本身的赔偿。又如隐私权。侵害隐私权后,如果受害人既没有财产上的损失也没有精神痛苦,那么加害人的侵权责任形式至多是赔礼道歉,受害人无法得到损害赔偿。

由此可见,生命利益本身不予赔偿的理由并非生命无价无法赔偿,并非生命权不重要无须赔偿,更不是民法对生命权的漠视。

一个人的生命权遭受损害后,该权利本身却无法得到赔偿;一个人侵害他人生命权的,却无须对该权利本身进行赔偿。这种说法似乎有些嘲讽的味道,但就是理性分析后的产物。事实上,对于生命权本身不予赔偿,也是世界上大部分国家和地区的通行做法。①

2. 应当赔偿的部分

在即时死亡中,加害人应当赔偿死者近亲属的范围包括丧葬费、精神损害赔偿和死亡赔偿金。

(1)丧葬费

丧葬费是指死者近亲属为受害人办理丧事而支付的费用,它主要包括寿衣费、运尸费、火化费、骨灰盒费、骨灰存放费、丧祭用品费以及雇佣人员劳务费和必要的交通费等。

关于赔偿丧葬费的理论依据,主要有"赔偿实际损失理论"和"提前支付丧葬费利息理论"。② 提前支付丧葬费利息理论不合乎情理、不合乎一般的道德观念;③更何况,丧葬费包括寿衣费、运尸费、火化费、骨灰盒费、骨灰存放费以及雇佣人员劳务费和必要的交通费等,这明显是赔偿死者近亲属的实际损害。因此,理论界和实务界大都采赔偿实际损失理论,本文从之。

既然如此,那么丧葬费的数额就取决于葬礼的实际支出情况。不

① 唯一的例外仅在葡萄牙。该国法院认为,丧失生命本身就是一个可以用金钱衡量加以补偿的损害。参见[德]克雷斯蒂安·冯·巴尔:《欧洲比较侵权行为法》(下卷),焦美华译,法律出版社 2004 年版,第 68 页。遗憾的是,笔者不懂葡萄牙语,无法查阅一手文献,并不明白法院如此判决的理由。

② 两种理论的详细介绍参见张红、童航:"侵害生命权之丧葬费赔偿研究",载《环球法律评论》2012 年第 3 期。

③ 诚如孙鹏教授所言,"死亡损害赔偿毕竟关乎鲜活生命的灭失,不可能为单纯的逻辑演绎,尚应考量社会伦理、民众可接受度等因素"。参见孙鹏、徐银波:"英美死亡损害赔偿制度及对我国的启示",载《甘肃政法学院学报》2012 年第 1 期。

同职业、年龄、地区、民族、宗教信仰人的葬礼可能会有所不同,其实际支出就会有所差异,那么不同人的丧葬费的数额可能就会不同。因此,法律不宜规定一个统一的数额。但是,为了防止死者近亲属故意的铺张浪费,在承认差别的基础上应该规定一个最高限额;超出该限额的部分,由死者近亲属自己来承担。

从这个角度看,《人身损害赔偿司法解释》第 27 条的规定有待商榷。它直接以地域为标准规定了一个数额,即受诉法院所在地上一年度职工月平均工资的 6 倍,而没有考虑到死者的具体情况。因此,笔者建议,该条中的 6 个月工资为丧葬费的最高额——当然,6 个月工资作为丧葬费的最高额是否低、12 个月或者 20 个月的工资是否更为合适,这就属于一个立法技术问题了。

(2)精神损害赔偿

对于死者近亲属而言,加害人的侵权行为不仅侵犯了其财产权,而且侵犯了其身份权。一个男人的去世,意味着其妻子失去了丈夫、其儿女失去了父亲、其父母失去了儿子,使其妻子、儿女、父母失去了原有的情爱、安慰和呵护,精神和情感受到了终生创伤,备受痛苦的煎熬。由于加害人的侵权行为导致了死者近亲属严重的精神痛苦,因此,其有权要求精神损害赔偿。

关于死者近亲属的精神痛苦,张新宝教授和郭明龙博士有个假定,"任何人由于加害行为或者准侵权行为而死亡,给其近亲属造成的精神损害是基本相同的,因此相关的精神损害赔偿数额也应当是大致相当的。"①这样的假定可能有所不妥。众所周知,社会情况变化万千,各个家庭的状况互有不同,家人的感情有深浅之分,各人在家庭中所处的地位也相互有别,凡此种种都决定自然人的死亡给其近亲属带来的精神痛苦程度是不一的。在上文举的"重男轻女并且长期虐待女儿"的例子中,父亲对于女儿的死亡没有精神痛苦。因此,笔者认为,精神损害赔偿的数额应该由法官根据近亲属的痛苦程度和其他相关因素做出

---

① 张新宝、郭明龙:"论侵权死亡的精神损害赔偿",载《法学杂志》2009 年第 1 期。

判断,不应该是一个相对固定的数额。[①]

此外,张新宝教授和郭明龙博士还认为,“(在侵权死亡的案件中),原则上,不因为近亲属人数多寡而影响一个案件中的精神损害赔偿数额”。[②] 笔者对此也不敢苟同,尽管本文主张将死者的所有近亲属作为一个整体对待,但笔者同时认为,近亲属人数多寡可能会影响精神损害赔偿的数额。因为死者近亲属人数多的,遭受精神痛苦的人可能就会多,死者近亲属人数少的,遭受精神痛苦的人可能就会少;根据全部赔偿原则,每个近亲属的严重的精神痛苦都需要通过精神损害赔偿予以抚慰,“因为近亲属人数的不同而导致精神损害赔偿数额的巨大差别”也是正常的结果。

(3)死亡赔偿金

除了精神损害和丧葬费之外,还造成了死者近亲属第三个损害:逸失利益的丧失。逸失利益就是受害人的“余命收入”,即如果没有加害人的侵权行为,受害人本来可以活下来从事劳动而获得收入,这些收入可以用来抚养近亲属和自己消费,剩余部分能够作为遗产被近亲属继承;现在由于加害人的侵权行为,使得这些收入丧失。从表面上看,这是给受害人造成了损失;在他已经死亡的情况下,其实是给其近亲属造成的损失,因为这样导致了死者近亲属在将来所能够获得的抚养费和能够继承的财产减少。

关于死亡赔偿金,尽管之前也有法律规范涉及(如《消费者权益保护法》第 42 条、《产品质量法》第 44 条),但《最高人民法院关于确定民事侵权精神损害赔偿责任若干问题的解释》(以下简称《精神损害赔偿司法解释》)第 9 条将死亡赔偿金明确定性为精神损害赔偿;但两年后的《人身损害赔偿司法解释》第 17 条将其纠正为财产损害,[③]《侵权责

---

① 下文提及的“北京公交售票员掐死清华大学教授女儿案”中,二审法院判决精神损害赔偿数额 30 万元,远远大于一般的数额。

② 张新宝、郭明龙:“论侵权死亡的精神损害赔偿”,载《法学杂志》2009 年第 1 期。

③ 黄松有主编:《人身损害赔偿司法解释的理解与适用》,人民法院出版社 2004 年版,第 354 页。

任法》继续维持这一定性；[①]现在学界通说也认为死亡赔偿金的性质为赔偿死者的近亲属因受害人死亡而致受害人未来收入的损失。[②] 本文从之。

对该部分损失的理论依据，学界主要有两种观点："扶养丧失说"和"继承丧失说"。[③] 笔者认为，一般情况下一个人的收入往往高于其扶养他人所需的费用，所以，依"扶养丧失说"得到的赔偿数额往往低于依据"继承丧失说"得到的赔偿数额。如果采"扶养丧失说"，表明法律给死者近亲属提供的救济仅仅是基本的生活费、维持生存必需的费用；如果依据"继承丧失说"，则表明法律给死者近亲属提供的救济则不再是维持生存所必需的费用了，而是在维持生存后仍有盈余、一个较高层次的救济。用一个可能不太恰当的比喻，"扶养丧失说"提供的救济仅仅是救济"生存权"，而"继承丧失说"则是救济"发展权"。而一个国家的法律究竟是采"扶养丧失说"还是"继承丧失说"，通常与一个国家的经济、政治、文化、法治等各个因素紧密联系。对于一个经济相对发达、政治比较开明、法律救济充分的国家而言，"继承丧失说"就比较合适；对于一个经济相对落后、法制环境较差、人权保护不到位的国家而言，"扶养丧失说"则不失为一个恰当的选择。

1986年的《民法通则》第119条、1988年的《民通意见》第147条、1991年的《道理交通事故处理办法》第36条和第37条、1993年的《产品质量法》第32条、1993年的《消费者权益保护法》第42条、1994年的《国家赔偿法》第27条、2001年的《最高人民法院关于审理触电人身损害赔偿案件若干问题的解释》、2002年的《医疗事故处理条例》第50条等法律规范都只规定了被扶养人的抚养费，这与我国长期以来落后的

---

① 从第16条和第22条的并列关系，明显可以看出《侵权责任法》中的死亡赔偿金为财产损害。

② 参见王利明：《侵权责任法》（上卷），中国人民大学出版社2010年版，第683页；杨立新：《侵权法论》，人民法院出版社2011年版，第816～818页；张新宝："《侵权责任法》死亡赔偿制度解读"，载《中国法学》2010年第3期。

③ 两种学说的详细介绍参见黄松有主编：《人身损害赔偿司法解释的理解与适用》，人民法院出版社2004年版，第357～358页；张新宝："侵权死亡赔偿研究"，载《法学研究》2008年第4期。

经济、社会、法治环境相一致。① 这种局面在2003年得以改观！2003年12月4日通过的《人身损害赔偿司法解释》在第17条第3款规定了侵害生命权的财产赔偿既有丧葬费、被扶养人生活费，又有死亡赔偿金。该司法解释的制定者明确表示，"《解释》从《民法通则》保护公民合法权益的立法目的出发，参照《国家赔偿法》的规定，对死亡赔偿进行调整。调整的基本内容是：放弃过去司法解释对死亡赔偿采取'抚养丧失说'进行解释的立场，而是以'继承丧失说'解释我国有关法律规定中的死亡赔偿制度"。② 笔者认为，这是与我国的国情分不开的，是我国法治发展到一定阶段的产物，也是我国法治文明的成果之一。

其实早在1991年的《最高人民法院关于审理涉外海上人身伤亡案件损害赔偿的具体规定(试行)》就给本文的观点提供了一个注脚。该司法解释规定了造成死亡的应该赔偿死者的收入损失，并提供了一个计算公式，即收入损失=(年收入-年个人生活费)×死亡时至退休的年数+退休收入×10。这样详细的规定是给死者近亲属提供了充分的救济，与《人身损害赔偿司法解释》相比毫不逊色。但这样的司法解释是处理涉外海上人身伤亡案件的，国内人身损害案件中的死者近亲属享受不到这样优越的待遇、得不到这样充分的救济。这样的规定既有国际公约的压力，也和我国长期以来处理涉外案件时"优待外国人"的精神一致。

此外，关于死亡赔偿金的数额，《人身损害赔偿司法解释》第29条来确定，"按照受诉法院所在地上一年度城镇居民人均可支配收入或者农村居民人均纯收入标准，按二十年计算。但六十周岁以上的，年龄每增加一岁减少一年；七十五周岁以上的，按五年计算"。对此，理论

① 1994年"麦当劳咖啡烫伤案"中，麦当劳因为出售的一杯咖啡烫伤一个老太太就被判赔偿286万美元，这种天价般的赔偿额也只能发生在经济和法治都比较发达的美国。如果事情发生在1994年的中国，估计也就赔偿0.28万元人民币；如果发生在2014年的中国，估计也就赔偿2.8万元人民币。可见，侵权案件的损害赔偿与一个国家的经济、政治、文化、法治等各个因素密不可分。

② 黄松有："最高人民法院副院长黄松有就《最高人民法院关于审理人身损害赔偿案件适用法律若干问题的解释》答记者问"，载《人民法院报》2003年12月30日版。其中，着重号为笔者所加。

界与实务界争议很大。笔者认为,侵权法的矫正止义就是使法律视野中程度殊异的各种损害都能获得与其相称的赔偿。既然死亡赔偿金根源于死者的预期收入,而不同人的预期收入可能会有所不同,因此给其近亲属造成的损失也就会不同,死亡赔偿金自然可能就会有所不同。比如,一个60岁出租车司机载着一个30岁著名篮球运动员前往机场的路上遭遇车祸后两个人都死亡,两个人的近亲属能够获得的死亡赔偿金的数额肯定不会相同。①

遗憾的是,由于《人身损害赔偿司法解释》第29条主要以户籍作为区分标准,再加上法院的机械运用,还有媒体的不当解读,②"同命不同价"、"不同的死亡赔偿金是否违反平等原则"是侵权法必须解决的问题。笔者赞同麻昌华教授和宋敏博士对此的理解,"生命平等在法律上的翻译是:受害人在其生命权受侵害而致财产或非财产损害时,均可获得平等的实现矫正正义的机会"。③

当然,本文并非为《人身损害赔偿司法解释》第29条辩护,户籍作为区分的标准十分不妥,因为它在维护既有的、不正当的城乡二元制。笔者认为,既然死亡赔偿金源于死者的预期收入,那么影响死者预期收入的因素,如现有工作岗位、现有收入、年龄、工作能力、受教育程度,才是确定损害赔偿的妥当因素。所以,在死者同为年龄相当的未成年人时,他(她)们的未来社会地位、预期收入等都处于"无知之幕"的笼罩下,法院只能视为相同;如果区别对待,必须有充分且正当的理由。

---

① 尽管《侵权责任法》第19条规定了"同一侵权行为的死亡赔偿金数额相同",但是,由于是"可以"而非"应当"或"必须",所以法官享有自由裁量权。面对"同命同价"的强烈民意需求,该规定通过"可以"二字,既满足了社会现实需要,又给予法官自由裁量权,体现出了立法者的智慧。

② 事实上,我国现有立法、司法解释和地方法院文件规定的死亡赔偿金的计算标准有户籍、国籍、地域、支出、收入、年龄等。可是,媒体偏偏提及触及公众神经的"户籍",从而引发了公众对于死赔偿金的误读。

③ 麻昌华、宋敏:"论死亡赔偿的立法选择",载《暨南学报》(哲社版)2009年第2期。

三、间隔死亡的损害赔偿

在间隔死亡中,侵权行为与侵权结果之间有间隔期;这个间隔期可能是几个月,也可能是几天。在这段时间内,受害人可能会向加害人提起侵害健康权的诉讼,也可能受害人还没有提起侵害健康权诉讼就死亡。易言之,在间隔死亡情形下,存在受害人生前已经向加害人提起诉讼和受害人生前未向加害人提起诉讼两种情况。前者又有两种可能:该诉讼在受害人死亡前就已经审结和该诉讼在受害人死亡前尚未审结。那么接下来,本文就针对这两种大情况、三种小情况展开详细的论述,研究每种情况下的损害赔偿。

(一)死亡前已起诉情形下的损害赔偿

1. 死亡前已审结情形下的损害赔偿

(1)侵害健康权诉讼的损害赔偿

如果受害人在侵权行为实施后向加害人提起诉讼的,那么原告就是受害人自己,其诉讼理由是被告侵害自己的健康权。在受害人自己提起的侵害健康权诉讼中,加害人的赔偿范围是医疗费用(包括医疗费、护理费、交通费、住宿费、住院伙食补助费、必要的营养费等)、误工费、精神损害赔偿、后续治疗康复费用(包括继续治疗的治疗费、护理费、康复费、残疾辅助器具费等)、残疾赔偿金。当然,后两种损害是造成受害人残疾时的损害。

需要指出的是,本文观点和《人身损害赔偿司法解释》第17条第2款的规定有所不同;该款规定的赔偿范围既包括残疾赔偿金,又包括被扶养人生活费。关于残疾赔偿金的基础,理论上主要有"收入丧失说"、"生活来源丧失说"、"劳动能力丧失说"三种观点。① 笔者认为,"收入丧失说"和"劳动能力丧失说"其实是一致的,劳动能力丧失了,收入自然就丧失了;即使受害人现在没有收入,由于劳动能力丧失了,将来也无法获得收入。因此,笔者认为,残疾赔偿金就是赔偿受害人可期待利益,即因丧失劳动能力导致的收入损失。既然如此,在已经赔偿

---

① 关于这三种观点的详细介绍参见高圣平主编:《中华人民共和国侵权责任立法争点、立法例及经典案例》,北京大学出版社2010年版,第212~213页。

了受害人预期收入损失的情况下,就不应该再赔偿被扶养人生活费;因为被扶养人生活费已经被包含在受害人的收入中了,即受害人应当用自己的收入支付被扶养人的生活费。

(2)侵害生命权诉讼的损害赔偿

①存在的独立性

侵害健康权的诉讼审结后受害人死亡的,在其死亡是因为加害人侵害健康权的侵权行为造成的情况下,加害人的同一侵权行为又侵害了受害人的生命权。此时,受害人的近亲属向法院提起侵害生命权诉讼的,人民法院不能以“一事不再理”、“案件已经处理完毕”为由不予受理。因为受害人的死亡给其近亲属造成了人身和财产,甚至精神上的损害,这是一个新的损害后果;近亲属对该损害要求加害人赔偿的,是一个新的请求。尽管加害人只实施了一个侵权行为,但它造成了两个不同的损害后果,那么加害人就应该对这两个损害后果都负责;[①]所以,受害人的近亲属有权就自己所受损害向人民法院起诉加害人。

该诉讼与上一个侵害健康权的诉讼是两个不同的诉。首先,两个诉的原告不同:上一个诉的原告是受害人本人,而该诉的原告是死者的近亲属。其次,两个诉的请求尽管都是损害赔偿,但请求赔偿的范围不同:上一个诉讼中原告请求被告赔偿的范围包括医疗费用、误工费、精神损害赔偿、后续治疗康复费用、残疾赔偿金,而该诉讼中原告请求被告赔偿的范围是丧葬费和精神损害赔偿。最后,两个诉的理由也不相同:上一个诉讼中原告请求被告赔偿的理由是原告的侵权行为侵害了自己的健康权,而该诉讼中原告请求被告赔偿的理由是原告的侵权行为侵害了自己亲人的生命权。众所周知,诉讼标的是诉的最本质要素,也是此诉区别于彼诉的最重要标准;而实际上,这两个诉讼的诉讼标的也是不同的。尽管理论界和实务界对于诉讼标的的认识存在分歧,先后出现了“旧实体法理说”(即“旧诉讼标的理论”)、“新诉讼标的理

---

① 这和《民通意见》第168条规定的情形其实一样:对于前一个伤害,侵权人要承担责任;对于日后发现的新的伤害,侵权人不能以过了诉讼时效来推卸责任。

论”、“新实体法理论”等观点,[1]但通说认为,诉讼标的是当事人之间发生争议的,请求人民法院予以裁判的实体法律关系。[2] 该诉讼的实体法律关系是侵害健康权的损害赔偿法律关系,上一个侵害健康权诉讼的实体法律关系是侵害生命权的损害赔偿法律关系。所以,尽管上一个诉讼已经审结,那只是对于侵害健康权而言;对于最终的死亡损害后果而言,那只是暂时的审结、在侵权后果并未最终明确下的审结;现在侵权结果已经明确,法院应该予以受理并且审理,从而实现真正的审结。

②请求权基础

死者的近亲属要求损害赔偿的请求权基础是固有损害主义而不可能是继承主义;原因很简单,受害人受到的损害已经在上一个诉讼中得到赔偿,近亲属无从继承。这和即时死亡中采用何者而发生争议形成鲜明的对比,从而再次印证了将即时死亡和间隔死亡区分研究的正确性。

③赔偿范围

首先,不包括医疗费用。因为在上一个诉讼中,加害人已经对此进行了赔偿。

其次,包括丧葬费。因为它是受害人死亡这个事实而导致的后果,并且受害人的近亲属支出了该笔费用。

再次,包括精神损害赔偿。因为受害人死亡这个损害后果同时也侵害了近亲属的身份权,给近亲属造成了严重的精神痛苦。

有学者认为,如果加害人在侵害健康权诉讼中已经对受害人的精神损害予以赔偿,那么在受害人死亡后其近亲属就不能要求加害人赔偿自己遭受的精神损害;因为一旦许可则意味着加害人就同一侵害行为对众多的受害人承担侵权损害赔偿责任,其责任范围大大增加,违反

---

①　这些观点的详细介绍,特别是德国和美国的诉讼标的理论,参见张卫平:《民事诉讼:关键词展开》,中国人民大学出版社2005年版,第175~193页。

②　参见田平安主编:《民事诉讼法学》,中国政法大学出版社1999年版,第142页;汤维建主编:《民事诉讼法学原理与案例教程》,中国人民大学出版社2006年版,第32页;潘剑锋主编:《民事诉讼法学》,清华大学出版社2008年版,第29页;江伟主编:《民事诉讼法学关键问题》,中国人民大学出版社2010年版,第138~139页;

了公平理念。[①] 这样的观点有待商榷。虽然加害人就同一侵权行为对数人承担损害赔偿责任,其责任范围尽管增加,但仍具有合理性而非悖于公平原则;因为加害人的同一侵权行为给数人造成了损害,按照同质救济原则,加害人自然应当赔偿该数人的数个损害。

当然,在确定精神损害赔偿时,法官需要对赔偿数额进行控制,不能和一般情况下的侵害生命权的精神损害赔偿相当;因为毕竟在此之前加害人已经向受害人赔偿了精神痛苦,而受害人的精神痛苦与其近亲属的精神痛苦都是由于同一个侵权行为造成,二者具有密切的联系。至于如何对赔偿数额进行控制,只能由法官结合案件的其他相关因素自由裁量。

最后,不包括死亡赔偿金。在上一个诉讼中加害人已经赔偿了受害人的残疾赔偿金,而残疾赔偿金就是受害人因丧失劳动能力导致的收入损失;在侵害生命权的诉讼中,死亡赔偿金是赔偿死者的近亲属因受害人死亡而致受害人未来收入的损失(即受害人“余命收入”),和残疾赔偿金的功能是相同的。尽管赔偿的对象不同(一个赔偿给受害人,一个赔偿给受害人的近亲属),但它们都是针对因为侵权行为实施后受害人以后无法劳动的财产损害,不论是致残还是致死,受害人以后都无法从事劳动获得收入了;所以,二者不能都予以赔偿。

事实上两者的数额也是一致的。《人身损害赔偿司法解释》第25条规定残疾赔偿金一般按照受诉法院所在地上一年度城镇居民人均可支配收入或者农村居民人均纯收入标准,计算20年;《人身损害赔偿司法解释》第29条规定死亡赔偿金一般也按照受诉法院所在地上一年度城镇居民人均可支配收入或者农村居民人均纯收入标准,也是计算20年。所以,在前一个诉讼已经赔偿了残疾赔偿金的情况下,该诉讼不能再赔偿死亡赔偿金。

(3)小结

受害人在间隔期内以侵害健康权为由向加害人提起诉讼且受害人在诉讼审结后死亡的,其近亲属有权以侵害生命权为由再次起诉加害人。在前一个侵害健康权的诉讼中,损害赔偿权利人是受害人本人,请

① 张民安、杨彪:《侵权责任法》,高等教育出版社2011年版,第240页。

求权基础是固有损害主义,赔偿范围包括医疗费用、误工费、精神损害赔偿、后续治疗康复费用、残疾赔偿金;在后一个侵害生命权诉讼中,损害赔偿权利人是受害人近亲属,请求权基础是固有损害主义,赔偿范围包括丧葬费和精神损害赔偿,而不包括医疗费和死亡赔偿金。

2.死亡前未审结情形下的损害赔偿

(1)诉讼承担与再次起诉

如果侵害健康权诉讼尚未审结而受害人就死亡的,按照《民事诉讼法》第150条的规定,该诉讼应当中止,等待受害人的继承人参加诉讼;等受害人的继承人确定参加后,恢复该诉讼。受害人之前提起的诉讼是侵害健康权的诉讼,其近亲属通过诉讼承担参加也是该诉讼;在该诉讼中,受害人的近亲属作为原告继承了受害人的权利和义务。但是,等到受害人的继承人以原告身份参加诉讼时,客观情况发生了变化,即受害人已经死亡,而他的死亡又给其继承人造成了人身和财产,甚至精神上的损害。这时受害人的继承人有权就自己遭受的损害向受诉法院起诉加害人——之所以向受诉法院起诉,因为其享有管辖权:两个诉讼的侵权行为地、被告所在地都相同。

就像健康权诉讼在受害人死亡前已审结中的那样,受害人死亡这一事实给其近亲属造成了损害,这个损害与受害人健康权受损相比是一个新的损害后果;加害人也应当对该损害后果承担侵权责任,向受害人的近亲属承担赔偿责任。

也像健康权诉讼在受害人死亡前已审结中的那样,新的诉讼与原诉讼是两个不同的诉讼:前一个诉讼由受害人提起,诉讼理由是侵害健康权,继承人参加诉讼纯粹是一种诉讼当事人的变更,对赔偿内容没有影响;后一个诉讼由受害人的近亲属提起,诉讼理由是侵害生命权。此外,两个诉讼中原告要求赔偿的范围并不相同,他们的诉讼理由也不相同。

这两个诉讼,由于当事人相同、诉讼标的密切关联(都是基于同一侵权行为所致),法院应该合并审理。

论者或曰,等到死者的近亲属参加诉讼时,虽然受害人死亡给其近亲属造成了损害;但新的损害(即受害人死亡)是从旧的损害(即受害人伤残)演变而来,二者有着十分密切的联系;当新的损害发生后,旧的损害就被新的损害吸收,不应该予以赔偿。因此,等到受害人继承人参加诉讼时,如果他另行起诉的,原来的诉讼就应该终结,法院只需审理新的诉讼,近亲属只能从新的诉讼中获得赔偿而不能从两个诉讼都获得赔偿。

不可否认,受害人的死亡确实是从伤残演变来的,前后两个损害具有十分密切的联系;必须看到的是,尽管两个损害密不可分,但它们是给不同主体造成的损害:伤残损害是给受害人本人造成的损害后果,死亡损害是给受害人的近亲属造成的损害后果。既然是给不同主体造成的损害后果,所以,旧的损害无法被新的损害吸收。事实上,伤残损害中有的损害后果死亡损害后果根本无法吸收。比如医疗费。医疗费是受害人健康权遭受损害后在医院为恢复身体健康进行治疗所发生的费用,它是因伤残所致,死亡之后就无须治疗,死亡的损害中不可能包括医疗费。因此,法律对这两个损害都应该予以救济,应当允许死者的近亲属提起第二个诉讼。

(2)请求权基础

受害人的近亲属损害赔偿的请求权基础,学界通说认为要么是继承主义,要么是固有损害主义。笔者认为,此时近亲属的赔偿请求权基础的认定,就不能简单地套用学界的主张,因为它的损害赔偿存在于两个诉讼中。

笔者认为,对于前一个诉讼的损害赔偿而言,其请求权基础是继承主义。因为受害人的近亲属之所以能够参加到诉讼中来,是因为他是受害人的继承人;他之所以能够从加害人处获得损害赔偿,也是因为他是受害人的继承人。易言之,受害人的近亲属获得赔偿,实际上他是在继承受害人应当获得的损害赔偿。

笔者认为,对于后一个诉讼的损害赔偿而言,其请求权基础是固有主义。因为在后一个诉讼中,死者的近亲属请求加害人赔偿的范围是受害人的死亡给自己造成的损害部分,这部分损害是近亲属自己遭受的损害。就该部分损害要求加害人予以赔偿,是近亲属自己享有的权利,并非从死者那里继承来的。

(3)赔偿范围

既然受害人的近亲属的请求权基础是两个,那么近亲属能够获得的损害赔偿也就包括两部分:一部分是侵害健康权诉讼中本由受害人获得、现在被近亲属获得的赔偿;另一部分是近亲属因为受害人的死亡而受到损害的赔偿。前者的赔偿范围包括医疗费用、误工费、精神损害赔偿;[①]因为伤残的受害人已经死亡,后续治疗康复费用就不存在,无须赔偿。后者包括丧葬费和精神损害赔偿,不包括死亡赔偿金;其中精神损害赔偿的数额确定要考虑到前一个精神损害赔偿。

这样的赔偿范围与死亡前(侵害健康权诉讼)已审结的赔偿范围大致相同,这也不难理解。因为虽然受害人死亡时侵害健康权诉讼尚未审结,但是受害人已经向法院起诉,其损害赔偿不会因为死亡而消灭,[②]其近亲属参加诉讼只是代为受领本来该由受害人受领的损害赔偿。至于受害人死亡给近亲属造成的损害的赔偿范围,与侵害健康权诉讼是否审结更是无关,两种情况下的赔偿范围应该相同。

(4)小结

如果侵害健康权诉讼尚未审结而受害人就死亡的,受害人的继承人有权参加诉讼,要求加害人向自己赔偿他本来应当向受害人赔偿的数额;近亲属参加诉讼后还有权以加害人侵害自己亲人的生命权为由另行起诉,要求加害人赔偿自己因此而遭受的损失。前一个损害赔偿的请求权基础为继承主义,后一个损害赔偿的请求权基础为固有损害主义。受害人的近亲属能够获得的赔偿范围包括医疗费用、误工费、伤残的精神损害赔偿、残疾赔偿金、丧葬费、死亡的精神损害赔偿。

(二)死亡前未起诉情形下的损害赔偿

如果受害人尚未就自己的健康权受损向法院提起诉讼就死亡的,受害人的近亲属自然有权向人民法院起诉,向加害人要求相应的损害赔偿。

1.请求权基础

死者的近亲属对加害人享有赔偿请求权,这点毋庸置疑;但是,其

① 尽管精神损害赔偿具有专属性,不得让与或者继承;但一旦责任人已经以书面方式承诺给予金钱赔偿,或者受害人已经向人民法院起诉的除外。对此,《人身损害赔偿司法解释》第18条第2款作出了规定。所以,在侵害健康权是诉讼中由于受害人已经向人民法院起诉了,所以它可以被受害人的继承人继承。

② 即使精神损害赔偿具有人身专属性,但由于受害人已经起诉,所以精神损害赔偿仍然可以被近亲属继承。对此,《人身损害赔偿司法解释》第18条第2款作出了规定。

请求权基础是什么?

间隙取得请求权说、民事权利能力转化说、加害人赔偿义务说、极限概念说、死者人格存续说、同一人格继承说,继承主义的种种学说都无法摆脱“死亡是产生赔偿的前提”与“死亡后才发生继承”这样的“死穴”,其理论上存在着无法克服的缺陷。

有学者一针见血地指出,“应当说,单从论理的角度,固有被害说较为一贯自然,因此也颇具魅力。但判例仍牢守继承说,恐怕主要是因应死亡赔偿高额化的要求并维持死亡赔偿与伤害赔偿的均衡。在资本主义经济高度发达的日本,即使普通人的收入也远远超出其个人生活及家事方面的支出。也就是说,按继承说可由遗族继承的、正常计算出的(计算方法容待后述)被害人可得利益在额度上往往大大高于按固有被害说计算出的遗族的扶养利益”。[①] 应当承认,日本实务界的做法是为了更大限度地保护受害人的近亲属的利益,出发点是正确的;但笔者认为,更大限度地保护受害人的近亲属利益的目标可以通过其他一些手段来实现,在确定损害赔偿的请求权基础时应该遵从逻辑的需要、实现逻辑的圆满。

在受害人尚未起诉就死亡的情况下,加害人的侵权行为造成的损害包括生命利益本身的丧失、医疗费用(包括医疗费、护理费、交通费、住宿费、住院伙食补助费、必要的营养费等)、受害人的误工费、受害人的精神痛苦、丧葬费、近亲属的精神痛苦、近亲属的逸失利益。在这些损害中,生命利益本身的丧失和受害人的精神痛苦无法得到赔偿;生命利益本身丧失的损害无法得到赔偿的理由,前文已经论述,此处不再赘述;受害人的精神痛苦无法得到赔偿原因在于精神损害赔偿请求权的专属性,也不符合“赔偿义务人已经以书面方式承诺给予金钱赔偿,或赔偿权利人已经向人民法院起诉”的除外条件。医疗费用、误工费、丧葬费、近亲属的精神痛苦、近亲属的逸失利益五项损害可以得到赔偿。接下来笔者就一一分析各项损害赔偿的请求权基础。

医疗费用包括众多赔偿项目,每个项目的请求权基础也不相同,需

---

① 孙鹏:“‘生命的价值’——日本死亡损害赔偿的判例与学说”,载《甘肃政法学院学报》2005 年第 7 期。

要逐一单独研究。

医疗费是作为医疗合同的债务人向债权人医院所支付的费用,受害人本来是义务人;但作为其继承人,受害人的近亲属在受害人没有支付的情况下也有义务支付。如果医疗费在受害人去世前已经支付了一部分,该部分医疗费是给受害人造成的损失,受害人的近亲属基于继承而取得对加害人的损害赔偿请求权,其请求权基础是继承主义;对于未支付的部分,受害人的近亲属应当支付,这部分就是给受害人的近亲属造成了损害,受害人的近亲属基于自己的损害而取得对加害人的损害赔偿请求权,其请求权基础是固有损害主义。

护理费是支付给护理人员的费用。如果护理人员是受害人的近亲属,则护理费的请求权基础是固有损害主义,这点无须多言;如果护理人员是被雇佣的他人,又有两种可能:雇佣人是受害人的近亲属和受害人本人。如果雇佣人是受害人的近亲属,护理费的请求权基础是固有损害主义;如果雇佣人是受害人本人,其请求权基础就和上述的医疗费一样:对于已经支付的部分,请求权基础是继承主义;对于未支付的部分,请求权基础是固有损害主义。

交通费、住宿费和住院伙食补助费,既包括受害人的支出,也包括受害人的近亲属的支出;因此,这三个损害既有给受害人造成的损害部分,也有给受害人的近亲属造成的损害部分;因此,其请求权基础既有继承主义,也有固有损害主义。

必要的营养费是受害人因为身体受到伤害而补充营养的所需费用,是给受害人造成的损害。受害人的近亲属对加害人主张该项赔偿的,请求权基础只能是继承主义。

综上,医疗费用的请求权基础既包括继承主义,也包括固有损害主义。

误工费是赔偿受害人从遭受损害到死亡这段期间内无法工作的损失,它是给受害人造成的损害。因此,其请求权基础是继承主义。

丧葬费是死者的近亲属所支付的,是给近亲属为办理丧事而支出的费用,它是给受害人的近亲属造成的损害。因此,其请求权基础为固有损害主义。

精神痛苦是亲人的逝去给近亲属带去的巨大精神痛苦,它是近亲属身份权遭受侵害的损害后果。因此,其请求权基础为固有损害主义。

逸失利益即受害人的“余命收入”。如果没有加害人的侵权行为,受害人本来可以活下来用其劳动力获得收入,这些收入可以用来抚养近亲属和自己消费,剩余部分能够作为遗产被近亲属继承;现在由于加害人的侵权行为,使得这些收入丧失。表面上看,这是给受害人造成了损失,其实是给受害人的近亲属造成的损失,因为这样导致了受害人的近亲属在将来所能够获得的抚养费和能够继承的财产减少。因此,其请求权基础也是固有损害主义。

2. 赔偿范围

如前所述,死者的近亲属能够得到的赔偿范围包括医疗费用、误工费、丧葬费、精神损害赔偿、死亡赔偿金。

(1)医疗费用

医疗费用包括医疗费、护理费、交通费、住宿费、住院伙食补助费、必要的营养费等。这些项目的赔偿,实行全部赔偿原则,受害人及其近亲属实际花费多少则加害人就要赔偿多少;当然,实际花费应当是合理的支出。

(2)误工费

误工费的计算应当以受害人收入状况乘以误工时间。关于误工时间,比较简单,就是从损害行为发生到受害人死亡的这段时间。关于受害人收入状况的确定,则按照《人身损害赔偿司法解释》第20条第3款的规定。受害人有固定收入的,误工费按照实际减少的收入计算;受害人无固定收入的,按照其最近三年的平均收入计算;受害人不能举证证明其最近三年的平均收入状况的,可以参照受诉法院所在地相同或者相近行业上一年度职工的平均工资计算。

(3)丧葬费

丧葬费是指死者近亲属为受害人办理丧事而支付的费用,它的赔偿也采全部赔偿原则,丧葬费的赔偿数额就取决于葬礼合理的实际支出数额。但是,为了防止死者的近亲属故意的铺张浪费,在承认差别的基础上应该规定一个最高限额。

(4)精神损害赔偿

在受害人健康权受到损害时,一般情况下受害人的近亲属也会因此而遭受怨恨、焦虑、紧张等精神痛苦;但受害人的近亲属此时的精神痛苦无法为法律所救济;只有等到受害人死亡后,其妻子失去了丈夫,其儿女失去了父亲,其父母失去了儿子,这时对于其妻子、儿女、父母来说,他们遭受的精神痛苦才会得到民法的救济,属于损害赔偿的范围。

精神损害赔偿数额的确定,法官应按照《精神损害赔偿司法解释》第10条第1款规定的相关因素予以确定。必须提及的是,由于受害人死亡前并未起诉,所以受害人的精神痛苦并没有得到加害人的赔偿。和受害人在死亡前已经起诉的能够得到赔偿相比,法官在确定数额时应当考虑这个因素。

(5)死亡赔偿金

关于死亡赔偿金,前文已经论述,此处不再赘述。不过需要指出的是,按照《人身损害赔偿司法解释》第17条第3款的规定,死亡赔偿金与被扶养人生活费的赔偿是并列的。笔者认为,这样的规定是不妥的,既然死亡赔偿金赔偿的是受害人"余命收入",受害人应该从自己的收入拿出一部分来抚养自己的近亲属;因此,被扶养人生活费能够被死亡赔偿金吸收。可喜的是,《最高人民法院关于适用〈中华人民共和国侵权责任法〉若干问题的通知》第4条明确规定,"将被抚养人生活费计入残疾赔偿金或死亡赔偿金"。

四、两个余论

(一)死亡赔偿与伤残赔偿均衡的实现

至此,本文已经完成了研究即时死亡和间隔死亡两种情形下损害赔偿的作业;但是,如果按照本文的观点,可能会出现死亡赔偿与伤残赔偿不均衡的现象,即在赔偿数额方面,死亡时赔偿请求权人得到的赔偿数额竟然低于伤残时赔偿请求权人得到的赔偿数额。而这种不均衡往往又会引发"撞伤不如撞死"的道德风险。①

---

①　笔者认为,理论上,"撞伤不如撞死"的道德风险一般情况下很难存在。尽管撞死他人时加害人赔偿总额低于撞伤他人时的赔偿总额,但撞死他人时的刑事责任却远远大于撞伤他人时的刑事责任!少赔5万元钱但多坐5年牢,这不是道德风险。但在中国的现实生活中,由于警力不足、刑侦技术落后、执法人员素质有待提高的情况下,撞死时的刑事责任不大于撞伤时的刑事责任并非孤例;因此,这种道德风险仍然存在。在现实生活中,这样的现象确实也屡屡出现。

不管怎么解释,[1]这样的不均衡的确有些不合适,违背人们朴素的法感情;法律应该采取一定的措施来实现这个均衡,使死亡时赔偿请求权人得到的赔偿数额高于伤残时赔偿请求权人得到的赔偿数额。

笔者认为,提高死亡赔偿中的精神损害赔偿数额是一个可行的措施。比如,侵害健康权的赔偿包括医疗费用6万元(其中医疗费4万元、护理费1万元、交通费2000元、住宿费3000元、住院伙食补助费2000元、必要的营养费3000元)、误工费2万元、残疾辅助器具费3万元,残疾赔偿金13万元,精神损害赔偿6万元,总共是30万元。侵害生命权的赔偿范围包括死亡赔偿金15万元,丧葬费1万元,精神损害赔偿6万元,总共是22万元,远远低于伤残的赔偿。如果后者中精神损害赔偿的数额是20万元,[2]那么侵害生命权的赔偿总额就是36万元。如此一来,其数额就高于伤残时的赔偿数额。

笔者这样的建议并非痴人说梦。第一,众所周知,精神损害赔偿的首要功能就是抚慰受害人的精神痛苦。在致人伤残和致人死亡的情形下,前者给伤残者造成了精神痛苦,后者给死者近亲属造成了精神痛苦;依据社会一般理解,近亲属失去亲人的精神痛苦要大于伤残者失去健康的精神痛苦。从这个角度来看,给予死者近亲属的精神损害赔偿额应该高于给予伤残者的精神损害赔偿额。

---

① 有学者这么解释这种不均衡。"基于死亡赔偿金的性质并不是对个人生命价值的赔偿,而是对相关权利人预期继承收入的补偿。因此,死亡赔偿金的数额的差异并不会导致社会不公平。正是基于同样的逻辑,我们能够理解为什么在某些侵权案件中对伤者的赔偿比死者还多:对伤者的赔偿比死者还多并不表明健康权的价值高于生命权,而是很多时候给伤者的治疗费用比一个死者的将来的预期收入要高。同样,很多时候侵犯一个名人的肖像权所需要付出的赔偿是以百万计,而一个普通人死亡所获得的赔偿金却只有区区数万。这并不是说名人的肖像权高于普通人的生命权,而是说权利人因肖像权受侵犯而导致的收入的损失可能会高于一个普通人因生命权丧失而应获得的预期收入。"参见付蔚冈:"'同命不同价'中的法与理——关于死亡赔偿金制度的反思",载《法学》2006年第9期。

② 在广受关注的"北京公交售票员掐死清华大学教授女儿案"中,二审法院改变了一审法院10万元的精神损害赔偿数额,将数额提高至30万元。这个事实从司法实践层面印证了本文所举例子中的数字并非笔者信口开河;并且笔者乐观地估计,随着法律对人们的保护更加有力,这个数字会越来越高。

第二，从精神损害赔偿的制裁功能来看，增加侵害生命权的精神损害赔偿数额、使其大于侵害健康权时的精神损害赔偿数额，会使得加害人在侵害生命权的时候承担更多的赔偿，无疑是加大了对其惩罚力度。

第三，这样才能体现生命权的最高价值性。我们总说生命权是最最重要、最基础、具有最高价值的人格权，但它的重要性如何体现呢？刑法上对侵犯生命权的惩罚要重于侵犯其他人格权，但在民法上如何体现？虽然这些人格权都不能用金钱衡量，但赔偿数额的高低一定程度上还是能反映出该权利的重要性。因此，加大死亡精神损害赔偿数额是一个较好的体现生命权最高价值性的措施。

第四，笔者这样的建议和某些日本学者的想法不谋而合。某些日本学者认为，"如果认为抚慰金请求权应该是对僵硬化的财产损害的赔偿额算定具有调整功能的制度，那么当抚慰金算定时，就必须斟酌对财产损害给予了多少赔偿"。① 也就是说，在财产损害赔偿数额较小的情况下，增加精神损害赔偿数额是个可行且合理的后续做法。

当然，笔者的上述建议只是一个概括性的思路，有待于进一步的深入研究；毕竟，法官在确定精神损害赔偿数额时要综合考虑多个因素。但笔者的建议与之并不矛盾，因为笔者只是建议法官在根据个案具体情况，在和侵害健康权比较的基础上，在总体上增加侵害生命权的精神损害赔偿数额。

（二）本课题研究的意义

本文的分析表明，有关侵害生命权的损害赔偿问题，即时死亡和间隔死亡有所区别。在间隔死亡中，存在受害人生前已经向加害人提起诉讼和受害人生前未向加害人提起诉讼两种情形；在受害人生前已经向加害人提起诉讼情形中，又有该诉讼在受害人死亡前已审结和在该诉讼在受害人死亡前未审结两种情况。在各种情况下，不仅损害赔偿的权利人有所差异，请求权基础、赔偿范围也不相同。

比较遗憾的是，我国理论界和实务界对这些区别尚未有清醒的认识。学者们不论是在其著作或论文中论述侵害生命权的损害赔偿时，都是笼统地论述损害赔偿的请求权基础、赔偿范围；颇受好评的《人身

---

① 于敏：《日本侵权行为法》，法律出版社2006年版，第37页。

损害赔偿司法解释》也只是用几个条文规定侵害生命权的损害赔偿，也没有区分即时死亡和间隔死亡；《侵权责任法》制定过程中学界出现了六个学者建议稿，[①]但该六个学者建议稿尚无一个注意到这个区别；后来通过的《侵权责任法》第16条也没区别规定。

论者或曰，区分即时死亡和间隔死亡可能徒有理论意义，没有现实意义。现实生活中受害人受伤后离死亡一般不会太长，很难有时间去起诉加害人；即使有时间，也都是等到损害结果稳定下来再起诉，一般不会贸然起诉。虽然理论上有可能受害人在死亡前就向法院提起侵害健康权的诉讼，还有该诉讼在受害人死亡前已审结和在该诉讼在受害人死亡前未审结的两种可能，但这种区分在事实上没有什么意义，因为即使没有这种区分，受害人的近亲属得到的损害赔偿也差不多。

众所周知，理论研究很多方面的作用，对实践进行指导是一个十分重要的作用。本文试图从理论上厘清不同情况下侵害生命权损害赔偿的民事法律关系，使民事法律关系明晰化，从而使人们（包括法官、当事人及其代理人和法律研习者）对不同情况下侵害生命权的损害赔偿有个准确的把握。因此，本课题研究对于法官审理案件、当事人及其代理人进行诉讼、法律研习者学习法律，都有着重要意义；特别是在当前“眉毛胡子一把抓”的司法环境下，本课题研究对于法院理解与适用法律具有重要的指导作用。

此外，本课题研究还运用了类型化的研究方法。目前民法学界研究有一种倾向，试图毕其功于一役，以为提出一个方案就能一下子解决所有的问题，而往往忽略问题的复杂性。比如，抵押人未经抵押权人同意擅自转让抵押物的，由于动产和不动产的物权公示方式不同，两种抵押物的擅自转让时买受人善意与否肯定会有所不同，因此，转让行为的

① 它们分别是梁慧星主编：《中国民法典草案建议稿附理由 侵权行为编·继承编》，法律出版社2004年版；徐国栋主编：《绿色民法典草案》，社会科学文献出版社2004年版；王利明主编：《中国民法典学者建议稿及其立法理由 侵权行为编》，法律出版社2005年版；杨立新：《中华人民共和国侵权责任法草案建议稿及说明》，法律出版社2007年版；[德]布吕格迈耶尔、朱岩：《中国侵权责任法学者建议稿及其立法理由》，北京大学出版社2009年版；侯国跃：《中国侵权法立法建议稿及理由》，法律出版社2009年版。

效力肯定有所区别;而学者们在研究该问题时,也没有人作此区分。[①]不作区分虽然能够解决所有的问题,由于很多区别被忽略了,所以解决的后果往往不尽如人意。本文针对这种研究的弊端,对不同情况下的侵害生命权的损害赔偿作了区分,试图将该问题的研究向纵深发展,以求得该问题更加科学、更加合理的解决。当然,本文虽然对侵害生命权的损害赔偿做了一定程度的区分研究,但由于笔者水平有限,其中可能存在着谬误的地方;期望本文能起到抛砖引玉的作用,期待有更多的学者对侵害生命权的损害赔偿问题做出更为细致的区分研究。

(杨会,天津师范大学法学院讲师)

① 笔者发现了动产抵押物与不动产抵押物在这个方面的区别,于是将研究对象限定在动产抵押物上。笔者的观点参见孙鹏、杨会:"论动产抵押物的转让",载《西南政法大学学报》2005年第2期。

侵权责任能力制度源流考*

郑晓剑

目　次

我们如果对任何事物，对政治或对其他各问题，追溯其原始而明白其发生的端绪，我们就可获得最明朗的认识。①

——[古希腊]亚里士多德

在侵权法立法过程中，我国学者围绕侵权责任能力制度展开了激烈争论。② 无独有偶，在全国人大法工委就侵权法草案征询部分法院

* 本文受中央高校基本科研业务费项目（项目号：T2013221005）和厦门大学法学院青年教师科研基金的资助。需要说明的是，本文主要探讨的是罗马法以及后世大陆法中的侵权责任能力制度，关于英美法上的侵权责任能力制度，笔者将另文探讨。

① [古希腊]亚里士多德：《政治学》，吴寿彭译，商务印书馆1965年版，第4页。

② 杨立新教授在一次讲座中透露了这场争论的激烈程度："这个规则（指《民法通则》第133条规定的监护人责任规则）正确与否，体现了年轻学者和年纪大学者之间认识上的差别，九月份讨论时分成两派，非常鲜明，四十岁以上的人坚持说原来的规定是好的，三十多岁的学者一概都反对，认为一定要改成依据责任能力而不是财产。但是还是我们这些年龄比较大的人说话比较算数，最后仍然是这个规则，没有改变。"参见杨立新："侵权责任法制定过程中的二十个问题"，载王利明、韩大元主编：《在人大法学院听讲座》（第3辑），中国法制出版社2011年版，第112～113页。

的意见时,有的法官明确提出,侵权责任能力应当以识别能力而不应以行为能力为基础。① 不过,在我国立法机关集体编著的侵权责任法条文释义书中,其明确表示侵权法没有对责任能力作出规定。② 值得注意的是,在侵权法颁布后,立法机关和部分权威学者的意见并没有阻挡学界对责任能力问题的讨论。③

由于"某些法律的概念之所以有它们现在的形式,这几乎完全归功于历史。除了将它们视为历史的产物外,我们便无法理解它们……历史在照亮昔日的同时也照亮了今天,而在照亮了今天之际又照亮了未来"。④ 因此,对侵权责任能力制度的源流进行考评,从而使相关的研究和讨论能够"在照亮了今天之际又照亮了未来",便显得尤为必要。

一、查士丁尼时代罗马法中的侵权责任能力制度

众所周知,近现代民法中的大部分元素都渊源于罗马法,侵权责任能力制度亦不例外。西方谚语云,"罗马不是一天建起来的",⑤罗马法也不是一蹴而就的,而是经历了长达一千多年的历史发展过程,其由"最初蕞尔村落之法,发展为较大城邦的法,最后成为统辖整个地中海世界的帝国之法"。⑥ 由于罗马法横跨年代较为久远,因此笔者主要依

---

① 全国人大常委会法制工作委员会民法室:《侵权责任法——立法背景与观点全集》,法律出版社2010年版,第191页。

② 全国人大常委会法制工作委员会民法室:《〈中华人民共和国侵权责任法〉条文说明、立法理由及相关规定》,北京大学出版社2010年版,第125页。

③ 根据CNKI数据库的检索,从2010年至今,发表在CSSCI刊物上的、关键词中包含有"民事责任能力"和"侵权责任能力"的论文多达二十余篇,这几乎达到了从2000年到2009年相关CSSCI论文数量的总和,这也在一定程度上反映了责任能力已经成为了侵权法学乃至民法学研究的一个热点问题。

④ [美]本杰明·卡多佐:《司法过程的性质》,苏力译,商务印书馆1998年版,第31页。

⑤ 周枏:《罗马法原论》(上册),商务印书馆1994年版,第2页。

⑥ 舒国滢:"罗马法学成长中的方法论因素",载《比较法研究》2013年第1期。

据查士丁尼时代所编纂的相关法典进行分析。[①]

后世罗马法学者普遍认为罗马法中已经规定了广义行为能力(Handlungsfähigkeit),[②]这是因为在罗马法中已经出现了责任能力制度的萌芽并且其已经展现了与法律行为能力制度不同的内容和要求。[③] 卡泽尔和克纽特尔(Kaser/Knütel)认为,罗马法上已经显露了法律行为能力和侵权责任能力的雏形,关于这两种能力的规则分别适用于法律行为和侵权行为领域。[④] 通过对查帝时代若干罗马法文献片段的搜集与整理,可以大致呈现出罗马法上侵权责任能力制度的本原。

"在罗马法上,并不是所有具有法律人格的人都享有(广义)行为能力,是否享有或是否完全享有(广义)行为能力,要根据一个人的年

① 需要说明的是,在查士丁尼时代大规模编纂法典之前,开启侵权归责文明化进程的是制定于公元前3世纪左右的阿奎利亚法(Lex Aquilia),这部法律最伟大的成就在于提出了"iniuria"的概念,对后世的归责理论产生了深远的影响,参见王泽鉴:《侵权行为》,北京大学出版社2009年版,第40页。英国罗马法学家尼古拉斯认为:"iniuria最初仅仅意味不法(non iure)。如果行为人能够证明存在某些正当理由,例如,自卫、紧急避险或者经合法批准,他将不承担责任……无论如何,在古典法中,'不法'(iniuria)被等同为'故意'(dolus)或者'过失'(culpa),原告应当证明这两者中的一者。"参见[英]巴里·尼古拉斯:《罗马法概论》,黄风译,法律出版社2010年版,第204页。随着查帝时代法律整编活动的兴起,阿奎利亚法以及一些罗马法学家对其所作的注释也随之被有选择性地进行了集中整编。

② 参见Friedrich Carl von Savigny, System des heutigen Römischen Rechts Band 3, Berlin 1840, S. 22; Bernhard Windscheid / Theodor Kipp, Lehrbuch des Pandektenrechts Band 1, 9. Aufl., Frankfurt am Main 1906, S. 243; Max Kaser / Rolf Knütel, Römisches Privatrecht, 19. Aufl., Verlag C. H. Beck München 2008, S. 86。关于广义行为能力(Handlungsfähigkeit)的概念及其与责任能力的关系,笔者将在后文相关部分进行探讨,此处不赘。

③ 由于罗马法已经对侵权责任能力与法律行为能力做出了一定的区分(当然,罗马法并没有对自然人的侵权责任能力与法律行为能力在立法和理论上完全区分开来),如罗马法规定未适婚人和未成年适婚人的法律行为能力与侵权责任能力状况并不一致,限于主题和篇幅,笔者在本文中只对罗马法上的侵权责任能力制度进行探讨,关于罗马法上的法律行为能力制度以及相应的监护、保佐规定,需另行撰文探讨。

④ Max Kaser / Rolf Knütel, Römisches Privatrecht, 19 Aufl., Verlag C. H. Beck München 2008, S. 86.

龄、性别和精神的健全与否等而定”,[①]而且女性在罗马法上的法律地位明显劣于男性且获得了罗马法学家的公开承认,[②]因此,笔者在本文只讨论根据年龄和精神状态来确定自然人的责任能力或者广义行为能力的问题。[③]

(一)年龄与侵权责任能力

罗马法是通过 pubertas(适婚期)[④]来确定人的年龄界限的,[⑤]其目的是确定处于不同年龄段的人的法律地位及其法律能力状况。在罗马法发展的早些时候,pubertas(适婚期)并没有一个固定、明确的年龄界限,主要是通过个案审查的方式来加以判断,后来 Prokulianer 学派[⑥]的影响力不断增强,受其影响,查士丁尼皇帝发布谕令(即 C. 5,60,3.[⑦]),

---

① 周枏:《罗马法原论》(上册),商务印书馆1994年版,第131页。

② D. 1,5,9(帕比尼安:《问题》第31编):“在关于我们的法的许多文章中,女性的地位比男性的地位要差些。”参见[意]桑德罗·斯奇巴尼选编:《民法大全选译Ⅰ.2.人法》,黄风译,中国政法大学出版社1995年版,第21页。

③ 当然,在罗马法上,自然人的人格也是分为三六九等的,并且是可变动的,参见马俊驹:《人格与人格权理论讲稿》,法律出版社2009年版,第33~38页。

④ 黄风教授在《罗马法词典》中对“pubertas”一词的解释是:“(其是)指身体的成熟已适宜生育并且可据此推定已具备足够的智力能力的发育阶段。”参见黄风:《罗马法词典》,法律出版社2002年版,第210页。

⑤ Max Kaser / Rolf Knütel, Römisches Privatrecht, 19. Aufl., Verlag C. H. Beck München 2008, S. 86.

⑥ 在帝政初期,Prokulianer 学派与 Sabinianer 学派在男子的适婚年龄问题上展开了争论,Prokulianer 学派受到了希腊哲学的影响,主张订立一个统一的年龄标准,因为一个人是否适婚,不易轻易检查确定,按照当时一般青少年的发育状况,定男子满14岁为适婚年龄,有利于法律的划一适用。Sabinianer 学派则秉持传统观念,认为人各不相同,一个人是否适婚以及是否具有处世的能力,应实事求是地依他的身体发育和智力发展的程度而定。最终,查士丁尼皇帝采纳了 Prokulianer 学派的主张,发布了法制史上著名的谕令(constitutio)——C. 5,60,3.(内容请参见下注)。参见周枏:《罗马法原论》(上册),商务印书馆1994年版,第132页。

⑦ C. 5,60,3(查士丁尼致大区长官梅纳):“为废除在确定男性适婚年龄时所使用的那些不体面的检查方法,我们命令:女性在满12岁后均被列为适婚人,男性在满14岁后也均被视为适婚人;停止实行那些不光彩的身体检查。”参见[意]桑德罗·斯奇巴尼选编:《民法大全选译Ⅰ.2.人法》,黄风译,中国政法大学出版社1995年版,第11~12页。

宣布废除关于 pubertas(适婚期)的个案审查,规定女性满 12 岁、男性满 14 岁为适婚人(puberes)。[①] 据此,按照 C.5,60,3 所确定的 pubertas(适婚期)年龄,罗马法将人划分为如下几个年龄阶段(Altersstufe):

第一,不满 7 岁的是 infantes(Kindheit,幼儿)。[②] 罗马法上有一个拉丁词组专门确定了 infantes 的法律地位——qui fari non possunt,其意思是 infantes 完全没有广义行为能力(Handlungsunfähigkeit),因而排除了其在法律行为上和侵权行为上的一切责任。[③] 因此,在罗马法上,infantes(幼儿)没有侵权责任能力。

第二,根据性别的不同,满 7 岁不满 14 岁的男性、满 7 岁不满 12 岁的女性是 impuberes infantia maiores(未适婚人)。[④]在罗马法上,这类人没有独立实施法律行为的能力,但是如果其对自己的行为具有识别能力,那么就需要对其侵权行为承担完全的责任。[⑤] 卡泽尔和克纽特尔(Kaser / Knütel)认为,晚期的罗马法经典作家反对只对适婚人(puberes)科以责任,接近适婚期年龄的未成年人(pubertati proximi,近适婚人)只要能够理解其行为的不法(Unrecht,即具有识别能力),就需要承担责任。[⑥] 因此可以确定,具有识别能力的 impuberes infantia maiores(未适婚人)或 pubertati proximi(近适婚人)均有侵权责任能力。

第三,已达适婚期但尚未成年的是 puberes minores(未成年的适婚人)。其与已满 25 岁的成年人一样,具有完全的广义行为能力

---

① Theo Mayer-Maly, Römisches Recht, 2. Aufl. Springer / Wien / New York 1999, S. 39.

② Bernhard Windscheid / Theodor Kipp, Lehrbuch des Pandektenrechts Band 1, 9. Aufl., Frankfurt am Main 1906, S. 241.

③ Max Kaser / Rolf Knütel, Römisches Privatrecht, 19. Aufl., Verlag C. H. Beck München 2008, S. 86.

④ Friedrich Carl von Savigny, System des heutigen Römischen Rechts Band 3, Berlin 1840, S. 23.

⑤ D. 9,2,5,2; Rudolf von Jhering, Schuldmoment im römischen Privatrecht, Verlag von Emil Roth 1867, S. 42.

⑥ Max Kaser / Rolf Knütel, Römisches Privatrecht, 19. Aufl., Verlag C. H. Beck München 2008, S. 87.

(vollkommen handlungsfähig),①可以对其侵权行为承担责任。因此,在罗马法上,puberes minores(未成年的适婚人)和成年人均具有侵权责任能力,原因就在于,这个年龄段的人通常具有相当的意志和理性,因而罗马法推定其对自己行为的不法性质具有识别能力而无须个案审查。

(二)精神状态与侵权责任能力

罗马法不仅按照 pubertas(适婚期)将不同年龄的人的侵权责任能力进行了分层设计,而且还考虑到了精神状况对于人的意志和识别能力的影响,专门对精神病人(furiosi)的法律地位进行了规定,反映了罗马法在法学理论、立法技术和立法内容上的发达与卓越。相关的文献片段如下:

D.50,17,40(彭波尼:《论萨宾》第 34 编):"精神病人和那些被禁止经管财产的人不具有任何意志。"②

G.3,106(Inst.3,19,8):"精神病人不能参与任何事务,因为他不理解他的所为。"③

D.9,2,5,2(乌尔比安:《论告示》第 18 编):"由此便产生疑问,如果一个精神病人造成损害,是否也可提起阿奎利亚法诉讼?贝加苏予以否定:因为在精神不正常的情况下又何以存在过错呢?这种看法是完全正确的。同样,如果一个四足家畜引起损害或一块房瓦从屋顶落下,阿奎利亚法诉讼请求亦不能成立。即令一个儿童造成损害也视为

---

① Georg Friedrich Puchta, Vorlesungen über das heutige römische Recht Band 1, 3Aufl., Leipzig 1852, S.104. 事实上,罗马法规定未成年的适婚人处于 cura(保佐)之下,这也意味着其具有完全的侵权责任能力的同时,其只具有限制法律行为能力,也就是说,其具有不完全的广义行为能力。I.1,23pr.:"已适婚的男性和已具有结婚之自然能力的女性,在满 25 岁之前,接受保佐人。这些人尽管已是适婚人,但迄今他们处在不能照料自己事务之年龄。"[古罗马]查士丁尼:《法学阶梯》,徐国栋译,中国政法大学出版社 2005 年版,第 87 页。

② [意]桑德罗·斯奇巴尼选编:《民法大全选译 Ⅰ.2.人法》,黄风译,中国政法大学出版社 1995 年版,第 25 页。

③ Gaius, Institutiones, translated by Edward Poste, M.A. Oxford, 1904, p.341.

同样。"[①]

由是观之,罗马法认为,人只有在其精神正常的情况下才存在过错,处于精神错乱状态下的精神病人是不存在过错的。因此,精神病人是完全的无法律行为能力人和无侵权责任能力人,其处于cura(保佐)之下。[②]

(三)查士丁尼时代罗马法中的侵权责任能力制度的特点

如前所述,查士丁尼时代的罗马法已经出现了侵权责任能力制度的雏形,总的来看,其具有以下特点:

第一,罗马法要求被过错归责的主体首先必须具有理性和意志。"同适法行为中的意思一样,过错也要求(行为人具有)行为能力。精神病人、幼儿和近幼儿不可能有过错。"[③]这是因为未成年人和精神病人欠缺理性地形成其意志的能力,所以不能使其行为发生哪怕是有限的法律效力。[④] D. 9,1,1,3(乌尔比安:《告示评注》第18卷):"裁判官说:'实施了牲畜损害',牲畜损害是动物没有不法(Iniuria)实施的损害。事实上,没有理性的动物(所实施的损害)不能(被说成是)实施了不法。"[⑤]耶林(Jhering)认为,如果人的行为缺少意志这个前提,那么其所造成的损害就与冰雹(Hagel)造成的损害无异,都被视为一种自然现象(Naturereignisse),由此所造成的不利后果由遭受者自行承担,这用法律语言来表示就是casus(意外事件);[⑥]如果不能理解自己的行为,就无责任可言;有些法律要求精神错乱者承担损害赔偿,罗马法没有做出这样的要求;精神错乱者的行为如同动物的行为一样,受物质世界

① [意]桑德罗·斯奇巴尼选编:《债·私犯之债·阿奎利亚法》,米健译,中国政法大学出版社1992年版,第6~7页。

② Max Kaser, das Römisches Privatrecht, Verlag C. H. Beck 1971, S. 84.

③ [意]彼德罗·彭梵得:《罗马法教科书》,黄风译,中国政法大学出版社2005年版,第59页。

④ Max Kaser, das Römisches Privatrecht, Verlag C. H. Beck 1971, S. 83.

⑤ [意]桑德罗·斯奇巴尼选编:《债·私犯之债Ⅱ和犯罪》,徐国栋译,中国政法大学出版社1998年版,第40页。

⑥ Rudolf von Jhering, Schuldmoment im römischen Privatrecht, Verlag von Emil Roth 1867, S. 41.

(Körperwelt)的法则而非道德法则的支配,如同外在自然中的石头落下的过程一样(D.9,2,5,2)。①

徐国栋教授认为,罗马法上已经概括出了未成年人和精神病人的共性是缺乏一种心灵的能力。② 由于这两种类型的人欠缺基本的意志和理性,对自己的行为没有识别能力,也就不能对其进行过错归责,所以罗马法将其统一规定为无责任能力人,其理论上的背景就是经由希腊哲学家所阐扬的并为罗马法学家所接受的行为意志学说。③

第二,罗马法明确将行为人的侵权责任能力与其识别能力状况相联系。在确认了被过错归责的主体具有理性和意志之后,罗马法并没有迳行要求其承担过错责任,而是进一步分析其是否具有相应的识别能力,也即能否理解其行为的不法性;如其具有识别能力,则需要通过善良家父标准考察其是否有过错,并据此确定其最终是否应承担过错责任。D.9,2,5,2(乌尔比安:《论告示》第18编):"然而如果是未适婚人引起损害,则拉贝奥认为,由于未适婚人对偷盗负责,所以同样也要依《阿奎利亚法》负责。我认为,如果该未适婚人已理解不公正,那么这就是正确的。"④"已理解不公正",就是指未适婚人具有识别能力。

G.3,109(Inst.3,19,10)规定:"幼儿、近幼儿和精神病人没有大的差别,因为他们都没有识别能力",⑤查士丁尼《法学阶梯》I.2,12,1对此作了补充:"此外,未适婚人不能订立遗嘱,因为他们毫无判断能力。精神病人同样如此,因为他们缺乏理智……"⑥此外,还有若干罗马法

---

① Rudolf von Jhering, Schuldmoment im römischen Privatrecht, Verlag von Emil Roth 1867, S.42.

② 徐国栋:《民法哲学》,中国法制出版社2009年版,第163页。

③ 希腊哲学对罗马法的技术和内容产生了巨大影响,参见徐国栋:"共和晚期希腊哲学对罗马法之技术和内容的影响",载《中国社会科学》2003年第5期。在亚里士多德时代,人们就开始尝试从哲学上探讨对人的意志与行为的关系,从而形成了对后世影响深远的行为意志学说,其是康德所创立的自由意志理论的鼻祖。

④ [意]桑德罗·斯奇巴尼选编:《债·私犯之债·阿奎利亚法》,米健译,中国政法大学出版社1992年版,第7页。

⑤ Gaius, *Institutiones*, translated by Edward Poste, M. A. Oxford, 1904, p.341.

⑥ [古罗马]查士丁尼:《法学阶梯》,徐国栋译,中国政法大学出版社2005年版,第185页。

片段表明了同样的思想。①

耶林就此发表了精彩陈述：只有在具有识别能力的情况下，才能够要求行为人对其行为负责，然而识别能力不是一下子就具有的，而是逐渐产生的，并且也不是所有的人都在同一时刻具有识别能力，而是有的人早、有的人晚；简单地讲，存在一个归责能力（Zurechnungsfähigkeit）的临界期。② 耶林在对罗马法文献进行系统研究的基础上，首次在理论上对识别能力问题进行了深入探讨，并在思维上将其与行为和责任相连接，更重要的是，耶林在具体的识别能力的基础上，进一步抽象出了一个全新的法学概念——Zurechnungsfähigkeit（归责能力）。自此，侵权责任能力制度在近代民法上正式宣告诞生。

第三，罗马法上关于侵权责任能力的判断，已经确立了"年龄 + 识别能力"的标准，从而为后世的相关立法树立了典范。如前所述，根据罗马法的规定，7 岁以下的幼儿没有责任能力，14 岁以上不满 25 岁的男性适婚人或者 12 岁以上不满 25 岁的女性适婚人和满 25 岁的成年人具有完全的责任能力，而未适婚人（包括近适婚人）的责任能力则要根据他们是否具有识别能力来判断。近代潘德克顿法学家在对罗马法进行体系化整理的时候，对罗马法上的侵权责任能力（或广义行为能力）的判断标准表示了极大赞同，并直接影响到后来《德国民法典》相

① 如 D. 47,2,23（乌尔比安：《萨宾评注》第 41 卷）："尤里安在[其]《学说汇纂》第 22 卷中写道：未适婚人如果已经具有进行诈欺的能力，能够实施盗窃。因为可以由未适婚人实施盗窃，也可对未适婚人提起不法侵害之诉。但他说必须加上限制，因为幼童不在这一范围之内。我们认为，对有过错能力的未适婚人，可提起阿奎利亚法上的诉讼。"参见[意]桑德罗・斯奇巴尼选编：《债・私犯之债Ⅱ和犯罪》，徐国栋译，中国政法大学出版社 1998 年版，第 66 ~ 67 页；G. 3,208（Inst. 4,1,19）："最后还应当知道，有人问：未适婚人窃取他人物品是否构成盗窃？多数人认为：由于盗窃与意志密切相关，因此，只有当未适婚人接近适婚期（即近适婚人），因而知道自己的行为是犯罪时，才应当负责任。"Gaius, *Institutiones*, translated by Edward Poste, M. A. Oxford, 1904, p. 410.

② Rudolf von Jhering, Schuldmoment im römischen Privatrecht, Verlag von Emil Roth 1867, SS. 42 – 43. 此处笔者参考了该书的中文译本——[德]鲁道夫・冯・耶林：《罗马私法中的过错要素》，柯伟才译，中国法制出版社 2009 年版，第 80 页。

关规则的构造(如《德国民法典》第104条第1款、第828条第1款)。①

在罗马法上,是否达到pubertas(适婚期),是判断行为人是否具有侵权责任能力,从而能够独立承担法律责任的首要条件。在罗马法早期,关于pubertas(适婚期)的年龄完全由家长进行个案鉴定,国家并不过问,Sabinianer学派在此问题上占主导地位。但是这种个案审查方式并不体面(有时甚至要脱光衣服),且不易得出准确结论,主张设一固定年龄标准的Prokulianer学派开始占上风,最后,查士丁尼皇帝发布了著名的谕令(C.5,60,3)对适婚期的年龄进行了统一规定。② 但是罗马法并没有完全否定Sabinianer学派的主张,事实上,通过对未适婚人的识别能力进行个案审查,来确定其有无责任能力的做法就已经包含了Sabinianer学派的主张。由此可见,罗马法上关于侵权责任能力的判断标准,是上述两个学派相互调和、折中的结果。

第四,罗马法将侵权责任能力的内涵界定为过错行为的归责能力,其是判断行为人的过错的逻辑前提。③ 在罗马法早期,损害发生后主要采取结果归责,具有浓厚的报复色彩,后来在希腊意志哲学的影响下,罗马法上的归责开始步入文明化的进程,其标志就是制定于公元前3世纪左右的阿奎利亚法,这部法律最伟大的成就在于提出了"iniuria"(不法)的概念,④不过罗马法尚未明确区分违法性与过错,iniuria(不法)被等同为dolus(故意)或者culpa(过失)。⑤ 在理论上明确将违法性与过错区分开来的,是耶林的功劳。⑥

根据罗马法的规定,判断一个人是否有过错以及能否要求其承担过错责任,首先要看其是否达到了一定的年龄并且精神状态是否正常,

① Bernhard Windscheid / Theodor Kipp, Lehrbuch des Pandektenrechts Band 1, 9. Aufl., Frankfurt am Main 1906, S. 242.

② Alfred Söllner, Einführung in die römische Rechtgeschichte, 5. Aufl., Verlag C. H. Beck München 1996, SS. 108 – 110.

③ 陈帮锋:"民事责任能力:本源与异化",载《中外法学》2012年第2期。

④ 王泽鉴:《侵权行为》,北京大学出版社2009年版,第40页。

⑤ [英]巴里·尼古拉斯:《罗马法概论》,黄风译,法律出版社2010年版,第204页。

⑥ Gerhard Wagner, Öffentlichrechtliche Genehmigung und zivilrechtliche Rechtswidrigkeit, Carl Hezmanns Verlag 1989, S. 52.

这是其是否具有理性和意志的生理基础，据此就排除了幼儿和精神错乱者的法律责任，而未适婚人和近适婚人如果能够理解其行为的不法性质（具有识别能力），其就具备了承担过错责任的资格（即有责任能力），在此基础上再对其是否有过错进行具体判断。① 因此，在罗马法上，侵权责任能力只适用于过错责任，其既是过错责任的归责能力，又是足以形成过错并作为判断过错前提的过错能力。虽然罗马法以及罗马法学家尚未从立法和理论上将侵权责任能力与法律行为能力明确区分开，但毫无疑问的是罗马法已经揭示了责任能力的实质，后世潘德克顿法学者对其予以了高度的体系化整理，并将其研究成果反映到了民法典中，从而构建了近代民法上的侵权责任能力制度。

第五，罗马法已经对侵权责任能力与法律行为能力做出了一定的区分。罗马法学家已经意识到了在实施法律行为和做出不法行为时，对行为人的意志和理性的要求程度有所不同，因而在法律上对人的法律行为能力和侵权责任能力做出了不同的规定。具言之，由于7岁以下的幼儿欠缺基本的意志和理性，因而罗马法规定其既没有法律行为能力，也没有侵权责任能力；满25岁的成年人由于具有了相当的意志和理性，因而罗马法规定其既有法律行为能力，也有侵权责任能力；未适婚人处于监护（tutela）之下，其没有法律行为能力，但是因为其已经具有了一定的意志和理性，可以认识其行为的不法性质，如果其具有这种识别能力，那么其就具有侵权责任能力；未成年适婚人处于保佐（cura）之下，其具有受限制的法律行为能力，②但是其具有完全的侵权责任能力。

对法律行为能力和侵权责任能力进行区分的结果，使罗马法在内容上更加科学、合理，后世大陆法国家和地区的民法典基本上都延续了

① 在罗马法上，过错存在着不同的种类和等级：就种类而言，罗马法上存在着契约过错和契约外过错（或称为“阿奎利亚法过错”）；就等级而言，罗马法上存在故意、重过失、抽象过失和具体过失等不同的级别。参见［意］彼德罗·彭梵得：《罗马法教科书》，黄风译，中国政法大学出版社2005年版，第59～60页。

② 也就是说，重大的法律行为其仍然需要获得保佐人的同意或批准，当然，与监护不同，保佐人的同意或批准既不是必需的，其本身也不是充分的，其仅仅是一种证明，参见［英］巴里·尼古拉斯著：《罗马法概论》，黄风译，法律出版社2010年版，第87页。

这种区分。后世罗马法学者在对罗马法上的侵权责任能力与法律行为能力进行分析研究的基础上,总结出了意志能力这个共同要素,从而在理论上提出了能够同时涵括这两种民事能力的广义行为能力(Handlungsfähigkeit)的概念。①

综上,通过对罗马法上的相关文献片段的整理和分析,可以发现,罗马法已经对侵权责任能力的哲学基础、本质、判断标准、适用范围、实际功用等要素有了相当精确和深刻的认识,反映了罗马法学家的卓越成就,体现了罗马法的深入精微。这些伟大的成就凭借着理性和智慧,穿透时空,泽被后世。尽管罗马法上的相关规则后来经过了概念法学的提炼与整饰(如通过采用"广义行为能力"等概念,使相关规则得以实现理论化与体系化),但可以毫不夸张地说,近现代民法上的侵权责任能力制度就是罗马法上的侵权责任能力规定的现代运用(Usus modernus)。②

---

① 根据现有文献考证,著名罗马法学者萨维尼(Savigny)在其著作《当代罗马法体系》第3卷中最先使用了广义行为能力(Handlungsfähigkeit)的概念,将广义行为能力界定为完全自由的理性运用的能力,其是自由行为的必备条件,而其所谓的自由行为包括两种:一是行为人的意志直接指向法律关系的产生与消灭的行为,即法律行为;二是行为人的意志直接指向其他的非法律目的的行为,如侵权行为,参见Friedrich Carl von Savigny, System des heutigen Römischen Rechts Band3, Berlin 1840, SS. 5 – 23。此后,Puchta、Windscheid等潘德克顿学者也在其著作中采纳了这一概念。自此,广义行为能力成为了德国法系中的一个基本法学概念。当然,德国学者在其著作中使用广义行为能力概念的目的仅仅是为了说明法律行为能力与侵权责任能力之间具有共同性,即二者均体现了对于自然人的意志能力的要求——欠缺基本意志能力的人的身体动作不能被认为是法律上的行为进而对其产生相应的法律效果,而不是说要在理论和立法上用广义行为能力的概念统一法律行为能力和侵权责任能力的概念、使二者归于一体。当然,后来苏联民法学者对传统的广义行为能力理论进行了实质改造,使之成为了统辖法律行为能力与侵权责任能力的法定概念而非仅为一个学理概念,苏联模式的广义行为能力概念及其理论对我国的民事立法和民法理论产生了深远的影响,参见后述。

② "Usus modernus"一词主要反映了十六七世纪,经过罗马法复兴,在欧洲大陆形成的一种共同法(或普通法)为各国所实际继受的过程,由于继受的内容主要来自罗马法中的pandectarum(学说汇纂),因此被称为"Usus modernus pandectarum"(学说汇纂的现代运用),其本义就是"罗马法配合时代要求的实践",参见[德]弗朗茨·维亚克尔:《近代私法史》(上),陈爱娥、黄建辉译,上海三联书店2006年版,第195~204页。

后世大陆法国家或地区关于侵权责任能力制度的立法都不同程度地受到了罗马法的影响，按照影响的方式与结果的不同，可将其概括为三种模式：①第一种模式在理论和立法上延续了罗马法中的做法，即将责任能力与识别能力相联系、将责任能力视为侵权过错的逻辑前提等，其代表是德国、日本和我国台湾地区等；第二种模式开始接受了责任能力制度而后来因政策变迁最终废弃了这一制度，其代表是法国；第三种模式保留了罗马法上的责任能力制度的基本精神但在立法构造和法学理论上对其进行了异化处理，其代表是苏联、俄罗斯。在下文，笔者将从制度变迁史的角度分别对这三种不同的继受模式展开初步考察和评析。②

二、后世三种继受模式之考评

如前所述，罗马法上的侵权责任能力制度在后世大陆法体系中演化为三种不同的模式，对这些不同模式进行梳理和分析，有助于拓展我们对责任能力之本质的认识，也有助于我们反思在我国侵权法立法过程中因责任能力存废问题所发生的那场争论。

（一）模式Ⅰ：以德、日、我国台湾地区为分析重点

模式Ⅰ的代表是德国、日本和我国台湾地区，当然在其各自的相关立法和理论上也有诸多不同的规定和主张，不过就三者均承认责任能力制度的价值、均将责任能力与识别能力和过失判断相联系而言，可以将其归纳为一种模式进行探讨。

1. 德国法上的侵权责任能力制度

《德国民法典》中涉及侵权责任能力制度的条文主要有4条：第

---

① 当然，除此之外也可能存在其他模式，因时间和精力所限，笔者在此只对大陆法中三种有代表性的模式进行分析，由此所造成的缺憾只能留待以后进行填补了。

② 为叙述方便，在后文笔者分别将上述三种模式称为模式Ⅰ、模式Ⅱ和模式Ⅲ。

827条[①]、第828条[②]、第829条[③]和第832条[④],其中,前2条直接对侵权责任能力制度做出了规定,而后2条则规定了相应的配套措施。总的来看,德国法上规定了比较完善的侵权责任能力制度及其配套措施,其分别通过年龄和识别能力标准对责任能力问题进行了规定,具言之:

(1)就年龄标准而言,德国民法学界通说认为,《德国民法典》第828条通过年龄标准将自然人的侵权责任能力划分为三个层次:低于7岁的人无侵权责任能力,不能对其施加过错责任;满7岁但不满18岁的人具有限制责任能力(Deschränkt Deliktsfähigkeit),其是否具有责任能力要通过个案判断的方式确认其有无识别能力(Einsichtsfähigkeit);满18岁的人就具有完全的责任能力(Volle Deliktsfähigkeit)。[⑤]

2002年德国债法修改时,吸收了当时心理学研究的相关最新成果,认为根据儿童的生理和心理能力,其通常最早要满10岁之后才能

---

① 第827条规定:"在丧失知觉的状态下或在不能自由决定意思的精神错乱状态下加损害于他人的人,不对该损害负责任。其以酒精饮料或类似手段使自己陷入此种暂时状态的,对其在此状态下不法引起的损害,以恰如其有过失一样的方式负责任;其无过错而陷于此状态的,不发生该项责任。"参见陈卫佐译注:《德国民法典》,法律出版社2010年版,第305页。本文中所引用的《德国民法典》的相关法条均来自此译本。

② 《德国民法典》第828条规定:"(1)未满7岁的人不对其所加给他人的损害负责任;(2)已满7岁但未满10岁的人,不对其在有关汽车、有轨交通工具或悬空缆车的事故中所加给他人的损害负责任。已满7岁但未满10岁的人故意引起损害的,不适用前句的规定;(3)以未满18岁的人的责任未依第1款或第2款被排除危险,其在实施加害行为时不具备对于识别责任为必要的理解力的,不对其所加给他人的损害负责任。"

③ 《德国民法典》第829条规定:"以不能从负有监督义务的第三人处获得损害赔偿为限,在第823条至第826条所称情形之一下,因第827条、第828条而不对其所引起的损害负责的人,在根据情事,特别是根据当事人的状况,赔偿损害为公平原则所要求,且不剥夺其维持适当生计以及履行法定扶养义务所需金钱的限度内,仍须赔偿损害。"

④ 《德国民法典》第832条规定:"(1)依法律规定有义务对因未成年或因精神上或肉体上的状态而需监督者实施监督的人,有义务赔偿需监督者所不法加给第三人的损害。监督义务人已满足其监督义务的要求,或即使在适当实施监督的情形下也会发生损害的,不发生赔偿义务;(2)以合同承担监督义务的实施的人,负同样的责任。"

⑤ Dieter Medicus / Stephan Lorenz, Schuldrecht Ⅰ—Allgemeiner Teil, 19. Aufl., Verlag C. H. Beck München 2010, SS. 165 – 166; Karl Larenz / Manfred Wolf, Allgemeiner Teil des Bürgerlichen Rechts, 9. Aufl., Verlag C. H. Beck München 2004, SS. 117 – 118.

认识到动力化的道路交通中的特别危险。① 因此,为了改善儿童在机动化交通中的法律地位,②《德国债法修正案》将儿童在机动化交通事故中的无责任能力的年龄由7岁提高到了10岁,这就是现在的《德国民法典》第828条第2款。当然,如果不满10岁的无责任能力人故意造成道路交通损害的,其仍然需要承担过错责任。

(2)就识别能力标准而言,《德国民法典》第827条和第828条第3款体现了这一标准。丧失意识或处于精神紊乱的人之所以被规定为无责任能力人,是因为其欠缺识别能力;而满7岁但不满18岁的人是否具有责任能力则要对其有无识别能力进行积极判断。第828条第3款对识别能力的含义进行了具体界定:认识其责任所必要的识别力(Erkenntnis der Verantwortlichkeit erforderliche Einsicht)。关于识别能力的内容和对象究竟应为抽象危险(abstract danger)还是具体危险(concrete danger),在德国曾经引起了争论。不过现在德国通说认为,只要未成年人能够理解他的行为有可能给他人的权利造成危险(即抽象危险),那就足够(认定其有识别能力)了,并不需要他能够预知损害的具体范围和损害赔偿额的多少。③

在德国的司法实践中,侵权责任能力主要是作为抗辩事由发挥作用的。④ 但是,根据第827条和第828条确认的无责任能力人,也可能拥有财产并能自由地参与社会交往,如果这些无责任能力人在造成了损害后,每次都能以欠缺责任能力为由逃脱责任,在缺乏其他损害填补途径的情况下,那么对于受害人的权益保护来说,这样的规定和做法就

① Dieter Schwab / Martin Löhnig, Einführung in das Zivilrecht, 17. Aufl. C. F. Müller Verlag Heidelberg, 2007, S. 126.

② Rainer Heß / Jürgen Jahnke, Das neue Schadensrecht, Verlag Franz Vahlen München, 2002, S. 46.

③ Gerhard Wagner, Children as Tortfeasors under German Law. Miquel Martín-Casals. Children in Tort Law Part I: Children as Tortfeasors. Springer / Wien/NewYork 2006, p. 220.

④ Palandt, Bürgerliches Gesetzbuch, Beck Kurzkommentare, Band 7, 70 Aufl. Verlag C. H. Beck München, 2011, S. 1301.

显得很不合适了,不过这个漏洞由第829条(所规定的衡平责任)填补了。[①] 另外,根据第832条的规定,如果无责任能力的被监护人违法地实施了侵权行为时,法律推定监管义务人违反了监管义务,并同时推定违反义务与损害之间存在因果关系。[②] 因此,侵权责任能力制度及其配套措施可以妥当地协调无识别能力人的利益保护与受害人的法益保护之间的关系。

由于责任能力是"能够对自己的不法行为承担责任的能力",[③]因此多伊奇与阿伦斯(Deutsch&Ahrens)认为,归责(Zurechnung)将侵害人的意志和侵害(更确切地说应是损害——笔者注)联系了起来,可归责性构成了(过错)责任的基本前提,根据《德国民法典》第827条及以下条款的规定,归责能力(责任能力)是从对个人的(识别能力)要求出发来进行过错责任的归责。[④]

德国民法通说认为,对于侵权责任能力的判断要先于并且独立于对侵权过错的判断,如拉伦茨(Larenz)认为,要把是否具备第828条意义上的过错能力(责任能力)的问题与个案中的过错问题区别开来,只有首先满足了过错能力(责任能力)的要求,才能进一步提出过错的问题;[⑤]克茨与瓦格纳(Kötz&Wagner)则认为,在(对行为人的主观识别能力进行个案判断)确认其具有责任能力之后,进一步提出的问题是:有责任能力的未成年人是否有义务违反(过失),[⑥]而义务违反(过失)则是根据《德国民法典》第276条第2款予以客观检验的。

---

① Dieter Medicus / Stephan Lorenz, Schuldrecht Ⅱ-Besonder Teil, 15. Aufl., Verlag C. H. Beck München 2010, S. 434.

② [德]马克西米利安·福克斯:《侵权行为法》,齐晓琨译,法律出版社2006年版,第180页。

③ [德]哈里·韦斯特曼:《德国民法基本概念》,张定军等译,中国人民大学出版社2013年版,第26页。

④ Erwin Deutsch / Hans-Jürgen Ahrens, Deliktsrecht, 5. Aufl. Verlag Carl Heymanns 2009, S. 61.

⑤ Karl Larenz, Lehrbuch des Schuldrecht, 14. Aufl., Verlag C. H. Beck München 1987, S. 294.

⑥ Hein Kötz / Gerhard Wagner, Deliktsrecht, 11 Aufl., Verlag Franz Vahlen München 2010, S. 140.

随着交往安全义务(Verkehrssicherungspflicht)的兴起和过失客观化趋势的增强,在德国传统的侵权责任三阶层的体系结构中,违法性阶层和有责性阶层之间的区分已经越来越模糊了,因此有很多德国学者(如Brüggemeier、Wagner)主张以"义务违反"(Pflichtverletzung)来统合违法性阶层和有责性阶层,将传统的三阶层体系改造成为二阶层(即构成要件符合性与义务违反)体系乃至实质上的一阶层(即构成要件符合性征引义务违反)。

由于侵权责任能力制度在实际适用中主要作为判断过错的逻辑前提,其具有向行为人的主观精神能力寻求过错归责的根据的意义,因而其具有充分的伦理妥当性。因此,尽管德国民法学界在违法性的性质(是结果不法还是行为不法)以及违法性与有责性的关系等问题上存在着激烈的争论,但是在德国民法学者之间始终存在着一个基本的理论共识,那就是肯定责任能力制度及其配套措施在行为自由与法益保护之间的衡平功能、承认责任能力制度在整个过错侵权法体系上有其不可抹杀的地位和价值、坚持责任能力在过错侵权责任之认定及承担上的实践功用。

德国学者认为责任能力制度是侵权法上设定的为高度客观化的过错(过失)判定提供伦理支撑与合理化论证的最后一道屏障,其是维持过错责任之为过错责任而非实质上的无过错责任(或客观担保责任)的一道伦理底限。马格努斯(Magnus)这样形容道:"如今,过错尤其是过失已经失去了其往昔绝大部分的主观色调,但是在侵权责任能力的范围内,却始终要求并考量着侵权行为人的个人能力。"①因此,在德国法上,一名3岁的儿童绝不会像法国法那样被轻易地认定为存在过错并要求其承担过错责任或者对其实行过失相抵,而且德国法上的过失责任也不像法国法那样已经蜕变为实质上的无过失责任。② 在德国法上,过失责任与危险责任之间仍然存在着较为明晰的界分(尽管中间

① Ulrich Magnus, Tort law in General, in Elgar Encyclopedia of Comparative Law, Edited by Jan M. Smits, Published by Edward Elgar Publishing, 2006, p. 725.

② 关于罗马法上的侵权责任能力制度在当代法国的命运,笔者将在后文进行详细探讨,此处不赘。

或许存在若干"灰色地带"),这不能不说是德国法至今仍承认并坚持责任能力制度的功劳。反观我国学者却还在为是否规定责任能力等问题而争论不休,实在令人唏嘘感叹。

2. 日本法上的侵权责任能力制度

《日本民法典》中与侵权责任能力制度有关的法律条文主要有3条,即第712条[①]、第713条[②]和第714条。[③] 尽管日本民法先师法国,后师德国,但是其侵权责任能力制度的具体构造却与法、德两国存在较大差别,因而在大陆法系独树一帜,并对我国民国时期的民法典以及后来的台湾地区民法典产生了极大的影响。

从上述条文上看,日本法直接以行为人的识别能力(日本学者称为"责任辨识能力")作为其有无侵权责任能力的判断标准。我妻荣先生认为:"关于侵权行为,不以划一的标准规定无能力人,而是在各个场合通过审查其意思能力的有无来决定其责任(能力)的有无。因为对侵权行为设置无能力人那样的制度几乎是不可能,并且也不必要。"[④]尽管立法上做了如是规定,但是在日本早期的司法判例中就已经确定了以12岁左右为基准来判断其有无识别能力和责任能力。[⑤]

---

① 《日本民法典》第712条规定:"未成年人给他人造成损害,如果是因为不具备足以辨识自己的行为责任的智能则不对其行为负赔偿责任。"参见渠涛编译:《最新日本民法》,法律出版社2006年版,第151页。本文所引的《日本民法典》的相关法条均来自此译本。

② 《日本民法典》第713条规定:"因精神上的障碍,在处于对自己的行为欠缺辨识能力的状态下,给他人造成了损害的人,不负责赔偿的责任。但因故意或过失而导致一时性的状态时,不在此限。"

③ 《日本民法典》第714条规定:"①在前两条规定无责任能力人不负责任的情况下,对于无责任能力人给第三人造成的损害,由对无责任能力人负有法定监督义务的人负赔偿责任。但监督义务人并没有怠于履行其义务,或者即便不怠于履行其义务,损害仍不免要发生时,则不在此限;②代监督义务人监督无责任能力人的人,亦负前项责任。"

④ [日]我妻荣:《民法讲义Ⅰ——新订民法总则》,于敏译,中国法制出版社2008年版,第56页。

⑤ [日]圆谷峻:《判例形成的日本新侵权行为法》,赵莉译,法律出版社2008年版,第104页。相关的判例主要是:日本大审院于1915年5月12日判决的"少年店员丰太郎案件"和日本大审院于1917年4月30日判决的"光清射击案件",相关判例的内容请参见[日]田山辉明:《日本侵权行为法》,顾祝轩、丁相顺译,北京大学出版社2011年版,第26页。

对此,日本民法学界表示赞同。因此,日本法实际上是以年龄作为侵权责任能力的主要判断标准,而识别能力标准只起一种辅助、说明的作用。

日本传统民法通说认为行为人承担过错侵权责任的前提条件是其具有责任能力,[①]这是因为责任能力制度是从过失责任主义中逻辑推演出来的,即在过失责任主义下,故意或过失构成了侵权责任的要件,而所谓过失就是指能够预见行为的结果而未预见,以致未能避免损害结果发生的情况(即主观过失),所以要追究行为人的过失责任,必须以其具备一定的能够预见行为结果的最低限度的智能和判断能力(即责任能力)为前提,因此对于欠缺这种能力的人,就不能追究其过失责任。[②] 后来,有日本学者对这种通说提出了批判,例如,石田穰教授认为,一方面不是采用按照具体行为人的能力的注意义务,而是以对平均人所要求的注意义务违反来把握过失的抽象过失说。另一方面作为判断过失的前提又要求行为人具有责任能力,这在逻辑上是矛盾的;如果坚持以抽象过失作为过失构成理论,那么作为其前提要求的责任能力就成为无用的概念了。[③]

平井宜雄教授虽然没有主张责任能力已经成为了无用的概念,但他对传统通说的观点进行了改造,认为责任能力不应是作为判断故意或过失的逻辑前提,而应作为阻止过错责任成立的抗辩事由。[④] 森岛昭夫教授也认为,应该把责任能力制度看作与个人的能力无关,只要存在客观的注意义务违反的事实时,加害人就要负赔偿责任这一客观过失责任主义之下,从认可对一定的能力显著低下者予以免责的政策性考虑出发建立的制度。[⑤] 那么,这是否意味着在过失客观化的语境中,

---

① [日]吉村良一:《日本侵权行为法》,张挺译,中国人民大学出版社 2013 年版,第 58 页。

② 于敏:《日本侵权行为法》,法律出版社 2006 年版,第 84 页。

③ [日]石田穰:《损害赔偿法的再构成》,东京大学出版会 1977 年版,第 10 页以下,转引自于敏:《日本侵权行为法》,法律出版社 2006 年版,第 86 页。

④ [日]平井宜雄:《债权各论Ⅱ · 侵权行为》,弘文堂 1992 年版,第 92 页,转引自[日]圆谷峻:《判例形成的日本新侵权行为法》,赵莉译,法律出版社 2008 年版,第 103 页。

⑤ [日]森岛昭夫:《侵权行为法讲义》,有斐阁 1987 年版,第 137 页以下,转引自于敏:《日本侵权行为法》,法律出版社 2006 年版,第 87 页。

责任能力已经丧失了其应然的功能和价值,从而与过失判断乃至责任认定完全没有关系了呢?

笔者认为,上述批判观点同样有待商榷,因为抽象过失不是要将过失抽离成一个毫无主观气息的,从而也是不可捉摸的法律存在,“强加给行为人其无法履行的义务和忽视预防成本在行为人之间的差异都没有意义……现代侵权法大多采取了折中的解决方案,明确区分了个人无法左右的那些个人特征与潜在的侵权人可以控制的那些个人特征”。[①] 另外,有的批判观点将责任能力的功能定位于基于政策性考虑的对于“能力显著低下者”的免责,同样没有揭示出这种免责的理论依据和伦理基础何在,而且所谓的“政策性考虑”也是一个极具模糊性的概念范畴。事实上,对这些“能力显著低下者”进行免责的唯一理论依据在于:这些人因为没有识别能力,无法形成过错,因而无法对其予以过错责难。易言之,对这些人进行免责的理论依据还得从这些人自身的主观精神能力上寻找答案,而不能将其简单地归结为内涵极其模糊的“政策性考虑”。因而,目前日本民法通说认为维持抽象过失说与采纳责任能力制度之间并无矛盾。[②]

另外,还值得特别指出的是,根据《日本民法典》第714条的规定,监督义务人只在未成年人和精神障碍者没有责任能力而不负责任时,才承担过错推定责任,这是一种补充性质的责任。如果认定未成年人和精神障碍者具有责任能力,那么监督义务人即使未尽到监督义务(有过错),其也不承担责任。因而在被监护人的责任能力状况不明时,受害人的求偿往往两头落空:其向被监护人提出请求时,可能会因为被监护人无责任能力为由被驳回;其向监督义务人提出请求时,可能会因为被监护人有责任能力为由被驳回。而且即使认定被监护人具有责任能力,其一般也没有财产,受害人的主张还是无法实现。再者,日本法上也没有关于有财产的无责任能力人的衡平责任的规定,因而,日

---

① [德]格哈特·瓦格纳:“当代侵权法比较研究”,高圣平、熊丙万译,载《法学家》2010年第2期。

② [日]吉村良一:《日本侵权行为法》,张挺译,中国人民大学出版社2013年版,第58页。

本在司法实务上常常倾向于通过否定未成年人和精神障碍者具有责任能力的方式来达到向其监督义务人追究责任的效果。

日本学者对第714条的规定展开了立法论和解释论上的强烈批判，认为无论被监护人是否具有责任能力，只要监护人违反监护义务的行为与被监护人的侵权行为结果之间具有相当因果关系时，监护人就要根据《日本民法典》第709条①而不是第714条对受害人承担过错责任，这种观点得到了判例的支持。② 现在日本民法通说认为，如果被监护人具有责任能力并且监护人违反了监护义务，那么二者均要对受害人承担责任，其背后的政策原因就是要强化对侵权行为受害人的法律救济。

尽管有日本民法学者对日本民法上的关于侵权责任能力的通说提出了反思和批判，但是这种批判并没有从根本上动摇通说的地位。关于侵权责任能力的理论价值及其实践功能，始终得到了日本民法学界和司法实务部门的高度认同。因此，可以认为日本法上构建了缺乏配套措施的侵权责任能力制度。③

3. 我国台湾地区民法上的侵权责任能力制度

我国台湾地区民法上的侵权责任能力制度集中规定在其“民法”第187条，④其在内容构造上受到了德国法和日本法的双重影响：一方

---

① 《日本民法典》第709条规定：“因故意或过失侵害他人权利或受法律保护的利益的人，对于因此所发生的损害负赔偿责任。”其是日本法上的关于过错侵权行为的一般条款。

② [日]田山辉明：《日本侵权行为法》，顾祝轩、丁相顺译，北京大学出版社2011年版，第27页。

③ 因为，《日本民法典》并没有规定有财产的无责任能力人应负衡平责任，并且第714条只规定了一种具有补充性质的监护人责任，这与德国以及我国台湾地区民法上的完善的侵权责任能力制度的配套措施规定，相距较远。

④ 我国台湾地区“民法”第187条规定：“无行为能力人或限制行为能力人，不法侵害他人之权利者，以行为时有识别能力为限，与其法定代理人连带负损害赔偿责任。行为时无识别能力者，由其法定代理人负损害赔偿责任。前项情形，法定代理人如其监督并未疏懈，或纵加以相当之监督，而仍不免发生损害者，不负赔偿责任。如不能依前两项规定受损害赔偿时，法院因被害人之声请，得斟酌行为人及其法定代理人与被害人之经济状况，令行为人或其法定代理人为全部或一部之损害赔偿。前项规定，于其他之人，在无意识或精神错乱中所为之行为，致第三人受损害时，准用之。”

面,侵权责任能力的有无以识别能力为判断标准,这受到了《日本民法典》第 712 条和第 713 条的影响;另一方面,有财产的无责任能力人的衡平责任的规定则受到了《德国民法典》第 829 条的影响。

1999 年,我国台湾地区民法债编修正时,增加了行为人的法定代理人也应负衡平责任的规定,修正理由为:“无行为能力人或限制行为能力人之经济状况,在目前社会殊少有能力足以赔偿被害人之损害。苟仅斟酌行为人之经济状况,而不及其法定代理人,则本条项立法之目的,实难达到。为期更周延保障被害人之权利,第三项爰予修正,增列‘法定代理人’,其经济状况亦为法院得斟酌并令负担损害赔偿之对象。”①王泽鉴教授认为:“此项使法定代理人负衡平责任的规定,在比较法上似无其例,乃台湾‘民法’特有的制度。”②与此同时,我国台湾地区还规定了监护人的过失推定责任,使受害人的合法权益得到了更周全的保障。因此可以说,我国台湾地区民法上构造了完整的侵权责任能力制度及其配套措施。

(二)模式Ⅱ:法国法上的侵权责任能力制度

作为启蒙思想影响下产生的第一部具有世界意义的近代民法典,1804 年的《法国民法典》第 1382 条规定,“任何行为使他人受到损害时,因自己的过失而致行为发生之人对该他人负赔偿的责任”;第 1383 条规定:“任何人不仅对其行为所致的损害,而且对其过失或懈怠所致的损害,负赔偿的责任。”③从上述条文的字面上看,似乎看不出法国民法在制定时专门对侵权责任能力和识别能力做出了规定,实际上,在相当长的时间内,法国法上的侵权责任能力制度主要存在于理论和实务上。

在相当长的一段时间里,法国法受到了主观归责观念的影响,强调过错的主观上的可归责性理论,并认为这种主观可归责性是主观民事侵权的构成要素之一:要构成民事上的过错,不仅要求行为人实施了过

① 黄立:《民法债编总论》,中国政法大学出版社 2002 年版,第 300 页。
② 参见王泽鉴:《侵权行为》,北京大学出版社 2009 年版,第 400 ~ 401 页。
③ 《拿破仑民法典》,李浩培、吴传颐、孙鸣岗译,商务印书馆 1979 年版,第 189 页。

错行为,而且还要求其必须具有识别能力。[①] 法国学者让·卡博尼尔(Jean Carbonnier)认为,"原则上讲,如果(造成)损害的肇事人对其行为无识别和判断能力,则他对损害的发生不存在过错,因为,他的致损时间不能使人们对他进行谴责。此种规则不允许法律责令那些在从事活动时没有识别能力的人就其活动所导致的后果承担侵权责任",[②]因此,"无论是侵权行为还是准侵权行为,都必须由具有侵权责任能力的人来实施,这种侵权责任能力独立于契约责任能力,是一种特殊的能力"。[③]

因此,法国法是通过法学理论和司法实践而非立法的方式规定了责任能力制度。与罗马法一样,法国法也是将侵权责任能力与识别能力相联系,并将其作为判断过错的逻辑前提。因此,欠缺识别能力的精神病人和儿童[④]就无须承担过错侵权责任。由于法国民法典并未对无识别能力人规定衡平责任,而且对无识别能力人的父母规定了过错推定责任,[⑤]因此,在父母能够证明其对于无识别能力人的致害没有过错的情况下,受害人便不能获得任何救济。为了对受害人进行法律救济,后来在判例的支持下,法国民法理论对现行法进行了实质性地修改(尽管并没有对法律条文作出形式上的改动):第一个大的改变就是实

---

① Laurence Francoz-Terminal, Fabien Lafay, Olivier Morėteauand Caroline Pellerin-Rugliano, Children as Tortfeasors under French Law. Miquel Martín-Casals. Children in Tort Law Part Ⅰ: Children as Tortfeasors. Springer /Wien/New York 2006, p. 171.

② Jean Carbonnier, Droit civil, les obligations, Presse Universitaires De France, p. 411, 转引自张民安:《法国现代侵权责任制度研究》,法律出版社 2007 年版,第 174 页。

③ Jean Carbonnier, Droit civil, les obligations, Presse Universitaires De France, p. 411, 转引自张民安:《法国现代侵权责任制度研究》,法律出版社 2007 年版,第 174 页。

④ 需要注意的是,法国法并没有对所有的未成年人都给与了此项优待,《法国民法典》第 1310 条规定,"未成年人因其侵权行为或准侵权行为所发生的损害赔偿债务不得取消",此项规定一直延续至今。根据此条规定,未成年人要免于承担侵权责任,只限于两种情况:要么其是儿童,要么其有精神障碍。

⑤ 1804 年的《拿破仑民法典》(《法国民法典》)第 1384 条第 2 款规定:"父,或父死后,母对与其共同生活的未成年子女所致的损害应负赔偿的责任";第 5 款规定:"前述的责任,如父、母、学校教师或工艺师证明其不能防止发生损害的行为者,免除之";参见《拿破仑民法典》,李浩培、吴传颐、孙鸣岗译,商务印书馆 1979 年版,第 190 页。

现了替代责任(vicarious liability)的一般条款化;第二个大的改变就是实现了主观性侵权责任的式微。①

主观性侵权责任的式微是20世纪50年代中期发生在法国民法学者之间的一场论战的结果,这场论战围绕着“主观过错”和“客观过错”而展开。最先发起这场论战的学者H.L.马濡认为,民事过错区别于刑事过错,从性质上讲,其具有纯粹的客观性,不以行为人主观上的可非难性为要素。后来,A.Tunc,N.Dejean等著名学者纷纷加入了马濡的阵营,支持“客观性过错”概念。②

理论上的变化迅速引起了立法上的改变,1968年法国立法机关通过68-5号法案,在《法国民法典》第489条之后增加了第489-2条(现为第414-3条),该条规定:“处于精神紊乱状态的人给他人造成损害者,仍应负赔偿责任。”③精神病患者不能以其欠缺识别能力为由主张免责,法国民法理论和实务上普遍认为,第489-2条(现为第414-3条)并未确立一个新的特殊侵权行为责任类型,其仍然属于第1382条和第1383条规定的一般过错侵权责任。自此,在司法实践中,法国法院并不对精神病患者的个体能力进行考察,而径行以客观违法性的角度认定其是否存在过错并要求其承担责任。

在法国最高法院于1977年审理的一个案子中,就很好地体现了法国民法理论和立法上的上述变迁对于司法实践所产生的影响:一位精神病患者突然冲向一辆正在行驶中的公交车的前面,司机为了避让该人而采取了突然转向的制动措施,这使坐在第一排的原告遭受了人身损害,于是原告将该名精神病患者作为第一被告起诉到法院,上诉法院和法国最高法院均一致认定,本案第二被告(对该名患者进行保险的保险公司)所提出的抗辩理由,即第一被告具有精神障碍因而并无过

① Laurence Francoz-Terminal, Fabien Lafay, Olivier Moréteauand Caroline Pellerin-Rugliano, Children as Tortfeasors under French Law. Miquel Martín-Casals. Children in Tort Law Part Ⅰ: Children as Tortfeasors. Springer /Wien/New York 2006, p. 170.

② 罗瑶:“法国法中的侵权过错概念及其对我国立法的借鉴意义”,载《比较法研究》2010年第1期。

③ 《法国民法典》,罗结珍译,北京大学出版社2010年版,第138页。

错和责任的理由不能成立。[①]

尽管有法国学者对此提出了批判,但是并没有阻挡法国最高法院致力于推动客观过错的步伐,1984 年 5 月 9 日,由法国最高法院全体会议作出的关于儿童侵权责任的一系列判决,最终完成了这一步骤。这些判决既涉及儿童作为侵害人的,也涉及儿童作为受害人的,其共同点是不再对儿童的识别能力进行考察而直接以客观标准认定其是否存在过错。在 Djouab 案中,9 岁半的 Djouab 故意放火焚烧货车和建筑物,法国最高法院并没有对其识别能力和主观可归责性进行审查,认定其存在过错责任。[②] 在 Lemaire 案中,一名 13 岁的男孩在猪圈中给猪崽保温箱换灯泡时触电死亡,后来查明,事故发生的几天前,一名电工在修理电线时,误将电源接到了灯头上。法国最高法院认为,在本案中原告存在过错,因为他没有检验灯泡是否有电,也没有关掉电源,因此其父母亲的赔偿请求被减少。[③] 对此,法国最高法院全体会议认为:本案法官并无义务审查未成年人是否具有"认识到其行为后果"的能力,仍然可以依据第 1382 条做出认定:受害的儿童方面也有过错,与被告的过错共同造成了损害。各方当事人的责任大小,由法官自主评判之。[④]

由于《法国刑法典》仍然要求行为人具有识别能力,法国最高法院为了避免其废弃识别能力的做法与刑法条款相抵触而招致批评,在几个月之后(1984 年 12 月 12 日),法国最高法院在一件判决中再次清晰地阐明了其观点:儿童的民事责任与其识别能力无关。[⑤] 自此,在今天

---

① Cass. civ. 2e,4 May 1977,转引自朱岩:《侵权责任法通论·总论》,法律出版社 2011 年版,第 314 页。

② Arrêt Djouab, Ass. Plen. ,9 mai 1984, prec. . cited from Laurence Francoz-Terminal, Fabien Lafay, Olivier Moréteauand Caroline Pellerin-Rugliano, Children as Tortfeasors under French Law. Miquel Martín-Casals. Children in Tort Law Part Ⅰ: Children as Tortfeasors. Springer /Wien/New York 2006, p. 171.

③ [德]克雷斯蒂安·冯·巴尔:《欧洲比较侵权行为法》(上册),张新宝译,法律出版社 2001 年版,第 99 页。

④ 《法国民法典》(下册),罗结珍译,法律出版社 2005 年版,第 1077 页。

⑤ Laurence Francoz-Terminal, Fabien Lafay, Olivier Moréteauand Caroline Pellerin-Rugliano, Children as Tortfeasors under French Law. Miquel Martín-Casals. Children in Tort Law Part Ⅰ: Children as Tortfeasors. Springer /Wien/New York 2006, p. 172.

的法国法中,过错是从纯客观的角度予以定义的,即指“有缺陷的行为”,并且它与人的识别能力无关(即无识别能力的人也可能被认定为有过错)。[①]

由于法国法对过错的判断采取了绝对客观的态度,即对精神病人和儿童的行为也采用成年理性人的标准进行衡量,识别能力不再是认定过错的必要条件,因此,法国法已经废除了传统的侵权责任能力制度,[②]从而真正实现了《法国民法典》第1383条的“任何人”都要承担过失损害赔偿责任的规定。不过法国法的这种极端做法已经遭到了其国内学者的激烈批评,如1985年学者维尼在《法律周刊》上发表了著名的《无意识状态下的损害赔偿》一文。在该文中,他明确指出,无识别能力者也应承担民事责任的立法导向,从诸多方面来讲,都是危险的,如这种立法导向错误地认识了民事责任的功能,错误地以民事责任的损害赔偿功能(救济功能)代替了应作为民事责任之本质的预防功能,而且这种立法导向也不利于保护受害人,认为要求无识别能力者承担民事责任就能够救济受害人的观点,完全是“骗人的”,因为在受害人是无识别能力者的情况下,其也可能被认定具有过错从而适用对其不利的过失相抵规则。[③]

此外,法国法上的这种转变,在比较法上也没有为其赢得好的名声,如冯·巴尔教授认为,“在欧洲大陆侵权行为法中,对儿童的责任之态度大多都是保护性的,但是法国却建立了完全相反的先例”,[④]“(法国法院或法国学者)经常提出的辩解是,对成年人和孩子的待遇没有区别,即他们都负有严格的注意义务。但是这一辩解不能证明法

① [法]G. 瓦伊尼:“法国法中的违法性问题”,载[奥]H. 考茨欧主编:《侵权法的统一:违法性》,张家勇译,法律出版社2009年版,第74页。

② Erik Jayme /Heinz-Peter Mansel /Thomas Pfeiffer, Vertragliche Haftung, Schadensrecht, Europäisches Wirtschaftsstrafrecht, C. F. Müller Heidelberg 2007, S. 98.

③ [法]惹尼韦叶·维尼:“无意识状态下所致损害的赔偿”,载《构建民事责任》,PUF出版社2001年版,第230页,转引自罗瑶:“法国法中的侵权过错概念及其对我国立法的借鉴意义”,载《比较法研究》2010年第1期。

④ [德]克雷斯蒂安·冯·巴尔:《欧洲比较侵权行为法》(上册),张新宝译,法律出版社2001年版,第97页。

国最高法院所推动的进程是正确的。剥夺要求儿童具有辨别能力这一保护性条件,是给他们在开始自己的生活之前就加上了沉重的义务”。①

法国法原本承认侵权责任能力制度,但是其并没有构建相应的配套措施来消解这项制度的局限性。由于责任能力是足以形成过错并能承担过错责任的法律能力,从而不能对欠缺识别能力因而无法进一步形成过错的人施加过错责任,因此责任能力制度的价值基础首先在于保护无识别能力的行为人,其目的在于增强过错责任之认定与承担的合理性,为了兼顾受害人的利益保护,承认责任能力制度的国家或地区往往同时规定了相应的配套措施,如严格限定免责事由的监护人责任和有财产的无责任能力人的衡平责任等措施。但是这些配套措施在《法国民法典》中却付之阙如,②如此一来,受害人在受到无识别能力的精神病人或儿童的不法侵害时,其法律处境便至为不利。

为了改善受害人的法律地位,在 1968 年之后,法国法采取了一种矫枉过正的方式,即干脆彻底废除过错的主观可归责性要素,不问行为人是否具有相应的识别能力,通过纯粹客观的方式来对行为人的过错进行检验。难怪有学者认为法国民法上的过错责任实质上是一种无过错的严格责任——只要儿童的行为是引起受害人损害发生的确实原因,那就足够了。③ 不仅如此,法国还在司法实践中常常认定无识别能力的受害人对于损害的发生具有过错,并判决其承担过失相抵的法律后果。

如果说法国法不考虑行为人的识别能力和责任能力是为了保护受

---

① [德]克雷斯蒂安·冯·巴尔:《欧洲比较侵权行为法》(上册),张新宝译,法律出版社 2001 年版,第 102 页。

② 尽管《法国民法典》第 1384 条确立了监护人的过错推定责任,但是直到 1997 年 2 月 19 日,法国最高法院第二民事庭才确认,只有在不可抗力以及受害人本人有过错的情况下,才能免除父母对与其在一起居住的未成年人的子女所实施的造成损害的行为应负的当然责任。参见《法国民法典》(下册),罗结珍译,法律出版社 2005 年版,第 1108 页。

③ Laurence Francoz-Terminal, Fabien Lafay, Olivier Moréteauand Caroline Pellerin-Rugliano, Children as Tortfeasors under French Law. Miquel Martín-Casals. Children in Tort Law Part Ⅰ: Children as Tortfeasors. Springer /Wien/New York 2006, p. 175.

害人的利益,那么其不考虑受害人的识别能力和过失相抵能力的做法是否是为了保护行为人的利益呢?无论如何,法国法断然废弃侵权责任能力制度的做法显得过于草率,在法理和情感上难获认同。我国有的学者受到法国民法的影响,认为随着侵权法的救济功能的弘扬以及客观过错说的兴起,传统的侵权责任能力制度的实际价值已经很微弱了,因而主张淡化侵权责任能力在我国侵权法上的地位以及在侵权责任构成上的作用。笔者并不赞同此种观点,认为侵权责任能力与侵权法的救济功能和客观过错之间并无实质冲突,侵权责任能力在现代社会中仍有其不可忽略的价值。①

(三)模式Ⅲ:以苏联、俄罗斯为分析重点

1922年制定的《苏俄民法典》第7条规定:"已届成年之人,有完全以自己行为取得民事上权利,及承担民事上义务之能力(行为能力)。满18岁者,为成年"②;第9条规定:"未成年人之满14岁者,得经法定代理人之同意,为法律行为。有权独立支配其所得之工资,并对于因其行为所致与他人之损害负赔偿之责任";第405条第1款规定:"无行为能力人对于其所致之损害不负责任。"1964年制定的《苏俄民法典》和1994年开始制定的《俄罗斯联邦民法典》均在不同程度上继承了上述规定。

关于苏联法以及其后的俄罗斯法上的行为能力概念,苏联民法学者以及当下的俄罗斯民法学者均认为,其不仅包括了传统的法律行为能力,还包括了侵权责任能力,例如,布拉都西主编的《苏维埃民法》(上)一书中认为:"行为能力不仅是指为法律行为和为其他合法行为的能力,而且也指对违法行为所负的责任(的能力);在这种情况下,对于进行违法行为的人,便产生赔偿所致损害的义务";③斯米尔诺夫主编的《苏联民法》(上卷)一书中认为:"行为能力是通过自己的行为享

① 对淡化论主张的回应,请参见郑晓剑:"不应被淡化的侵权责任能力",载《法律科学》2011年第6期。此处不赘。

② 《苏俄民法典》,王增润译,新华书店1950年版,第5页。笔者下文所引用的相关条文均来自此译本。

③ [苏]斯·恩·布拉都西主编:《苏维埃民法》(上),中国人民大学民法教研室译,中国人民大学出版社1954年版,第79页。

有民事权利和承担民事义务的能力。这个一般规定也包括对违法行为行使权利和承担民事法律义务的能力”;①苏哈诺夫主编的《俄罗斯民法》(第1册)一书中认为:“行为能力首先包括实施法律行为的能力(契约能力)和对不法行为承担责任的能力(侵权能力)。”②

也就是说,在苏联法以及俄罗斯法上,行为能力绝不仅指狭义上的从事法律行为的资格(法律行为能力),其还包括了承担法律责任的资格(侵权责任能力),因而构成了另一种意义上的广义行为能力(笔者将其称为“苏联模式的广义行为能力”)。如前所述,19世纪的德国罗马法学者在对罗马法进行系统整理的基础上提出了广义行为能力(Handlungsfähigkeit)的概念,用以说明法律行为能力与侵权责任能力之间具有共同性,即二者均体现了对于自然人的意志能力的要求,大陆法中传统的广义行为能力概念,“仅是学者理论上的一种概括,并不是要取代本义行为能力和责任能力这些概念区分,在法律技术上,这两种能力实有区别标准的必要”。③

但是,苏联民法学者对德国法系中传统的广义行为能力概念及其理论进行了实质改造,使之成为了一个法定概念。在苏联模式下,侵权责任能力的概念为行为能力概念所包容而无单独存在的余地。从此,原来仅具有理论意义的传统广义行为能力概念,在苏联民法上演变成为了一个具有实定法效力的统括法律行为能力和侵权责任能力的法定概念,并为后世的俄罗斯民法所继承,同时也对我国的民事立法和民法理论产生了深远的影响。因此,苏联法和俄罗斯法并没有规定独立的侵权责任能力制度,其只能通过对行为能力的内涵进行解释才能得出。当然,这种做法在理论逻辑和实践操作中是否妥当,值得商榷。

(四)评析

罗马法上的侵权责任能力制度在后世大陆法国家和地区演化为三

---

① [苏]B.T.斯米尔诺夫主编:《苏联民法》(上卷),黄良平、丁文琪译,中国人民大学出版社1987年版,第96页。

② [俄]E.A.苏哈诺夫主编:《俄罗斯民法》(第1册),黄道秀译,中国政法大学出版社2011年版,第108页。

③ 参见龙卫球:《民法总论》,中国法制出版社2001年版,第274~275页。

种不同的继受模式,即以德、日为代表的模式Ⅰ和以法国为代表的模式Ⅱ以及以苏联、俄罗斯等为代表的模式Ⅲ,其中我国《侵权责任法》第32条在全面继承模式Ⅲ的基础上,又受到了模式Ⅰ的影响(第33条),反映了在不同模式间艰难选择的"纠结"。

采模式Ⅰ的国家和地区在其民法典中都对责任能力制度进行了明文规定,并且理论界对责任能力的价值与功能也有着广泛的共识,强调欠缺基本识别能力和责任能力的行为人不能被认定为有过错并要求其承担过于严苛的过错责任。事实上,在过失客观化的趋向日益明显的今天,过错责任之所以还能与危险责任乃至结果责任保持着某种区隔,这不得不说是侵权责任能力制度的一大功劳——侵权责任能力在一定程度上填补了由于过失的高度客观化所产生的伦理真空,使得过错责任的判定至少还能与人们的主观精神能力保持着某种程度的牵连。由此,我们才会指责以成年理性人的标准来认定一名识别能力欠缺者(如一名3岁儿童)的过错责任的主张和做法,认为其欠缺伦理层面的正当性。因为,"过错责任之贯彻与展开,(需要)以对行为人作过错评价之可能性为前提"。[①] 考虑到侵权责任能力的价值基础主要在于保护无识别能力的行为人,这种伦理色彩就越发明显了。

以法国为代表的模式Ⅱ在继承罗马法上的侵权责任能力制度的过程中发生了重大转变,即从开始的全面接受到后来的断然放弃,而这种做法在其国内早已引起巨大争议,在比较法上也未为其赢得好的名声。当然,法国之所以断然废除传统的侵权责任能力制度,推行绝对的客观过错,并对监护人实行严格的过错推定责任,有其背后的政策原因:自上世纪中后期以来,法国开始全面推行"家庭综合保险政策"(householder fully comprehensive insurance policy),作为这项庞大政策的一部分,家庭责任保险(family liability insurance)亦随之在法国绝大

① 金可可、胡坚明:"不完全行为能力人侵权责任构成之检讨",载《法学研究》2012年第5期。

多数家庭中得到了推广,[①]因而,全面废弃责任能力制度可能产生的负面影响,在很大程度上被家庭责任保险的推广所吸收、消化。不过这种彻底抛却责任能力的做法仍然显得过于草率,在法理和情感上难获认同。

采模式Ⅲ的国家在继承罗马法上的侵权责任能力制度的过程中虽然也有波折,但不似模式Ⅱ那样将其彻底废弃,而是将其辗转规定在了行为能力制度中。尽管在模式Ⅲ中责任能力只能"寄居"在(广义)行为能力的概念之下,只有通过对后者的内涵进行解释才能得出,但是其在具体实践中一般不会造成如同模式Ⅱ那样的极端结果(如认定一名严重的精神障碍者或者3岁幼儿也有过错),即有行为能力的人一般也有责任能力,而无行为能力的人一般亦无责任能力。这是因为侵权责任能力与法律行为能力具有同根性:二者所指向的行为均以意思为要素,均根基于自然人的意志能力或主观精神能力(这体现了广义行为能力的理论价值),只是对自然人的这种主观能力在不同的行为领域有着不同程度的要求。[②] 尽管在模式Ⅲ中以行为能力作为责任能力的判断标准在实践中不会产生太大问题,但是其在理论上却存在着诸多严重的"硬伤":其忽视了法律行为能力与侵权责任能力之间存在的本质区别、抹杀了侵权责任能力独立存在的价值及其必要性,因而不能对过错侵权责任之认定与承担的逻辑内涵、法理依据、伦理基础等问题作出合理、妥当、精确的说明。

---

① Laurence Francoz-Terminal, Fabien Lafay, Olivier Moréteauand Caroline Pellerin-Rugliano, Children as Tortfeasors under French Law. Miquel Martín-Casals. Children in Tort Law Part Ⅰ: Children as Tortfeasors. Springer /Wien/New York 2006, p. 185.

② 也即在交易领域和非交易领域,对于行为人的主观精神能力有着不同程度的要求:前者要求较高,目的是为了避免行为人卷入其无法计算风险或无法胜任的交易事务中,从而对自身利益造成不测之损害;后者的要求较低,原因在于在非交易领域中,不需要行为人积极作出意思表示,也无须其具有较高的理性计算能力,只要其能够认识到其行为的是非善恶或者能够认识到其行为可能对他人的合法权益造成侵害(具有识别能力),就可以使其承担该行为的法律后果——侵权责任。因此,尽管意思能力与识别能力均为自然人的意志能力的直接体现,但是二者仍然存在着判断程度上的差别,而这正是近代民法分别构筑起法律行为能力制度和侵权责任能力制度的内在理据。

三、我国法上的侵权责任能力制度

尽管我国立法机关认为侵权法没有规定责任能力,但是我国民法学界的主流观点认为《民法通则》第133条①及《侵权责任法》第32条实际上对自然人的责任能力问题进行了规范,例如,梁慧星教授认为:"中国民法通则虽未规定民事责任能力概念,但从第133条关于无民事行为能力人、限制民事行为能力人造成他人损害应由其监护人承担民事责任的规定解释,不仅有民事责任能力之存在,并且将民事责任能力与民事行为能力相联系:凡依法具有民事行为能力者,均具有民事责任能力。"②

那么,我国法为什么要将责任能力与行为能力相挂钩,或者说为什么要以行为能力作为责任能力的判断标准呢?通过上文的梳理,可以确定我国《民法通则》第133条不是借鉴自德、日的模式Ⅰ而是在吸收苏联民法上的行为能力概念及其理论的基础上制定的(从而被归类为模式Ⅲ)。而苏联模式的特点在于:认为民法上的行为能力不仅指法律行为能力,还包括了侵权责任能力,因此,有行为能力者即有责任能力,无行为能力者即无责任能力,而否认限制行为能力人具有责任能力的规定,③是因为要与1957年制定的《治安管理处罚条例》第29条④以及1980年修改

---

① 《民法通则》第133条规定:"无民事行为能力人、限制民事行为能力人造成他人损害的,由监护人承担民事责任。监护人尽了监护责任的,可以适当减轻他的民事责任。有财产的无民事行为能力人、限制民事行为能力人造成他人损害的,从本人财产中支付赔偿费用。不足部分,由监护人适当赔偿,但单位担任监护人的除外。"《侵权责任法》第32条基本上延续了《民法通则》第133条的规定内容,但是删除了"适当"二字和"但单位担任监护人的除外"等限制。

② 梁慧星:《民法总论》,法律出版社2007年版,第68页。

③ 这点与苏联法不同,苏联法规定限制行为能力人能够独立承担责任,即有责任能力。

④ 1957年通过的《治安管理处罚条例》第29条规定:"因违反治安管理造成的损失或者伤害,由违反治安管理的人赔偿或者负担医疗费用;如果造成损失、伤害的是不满十八岁的人或者精神病人,由他们的家长、监护人负责赔偿或者负担医疗费用。"

的《婚姻法》第17条[①]相衔接,[②]而这两条均是将未成年人作为一个整体进行规定的,并没有将其类型化为无行为能力人和限制行为能力人两类,而且这两个条文都规定在未成年人致害时,由其父母或其他监护人承担赔偿责任,从而否认了未成年人具有责任能力。因此,为了维护法律体系的统一,《民法通则》第133条第1款对苏联模式的广义行为能力规定进行了借鉴但是并没有照搬《苏俄民法典》第9条的规定内容,并且还根据我国的司法实践,规定有财产的被监护人承担民事责任。[③]

虽然苏联模式的广义行为能力概念及其理论具有操作便宜、节约成本等优点,[④]但这是以混淆法律行为能力与侵权责任能力之间存在的本质区别为代价的,其不仅遮蔽了侵权责任能力独立存在的价值及其必要性,也不能合理说明过错侵权责任之认定与承担的逻辑机理,因而在理论和实践层面均存在着严重的缺陷。[⑤] 尽管直到20世纪90年

---

① 1980年修改并通过的《婚姻法》第17条规定:"父母有管教和保护未成年子女的权利和义务。在未成年子女对国家、集体或他人造成损害时,父母有赔偿经济损失的义务。"

② 江平、张佩霖:《民法教程》,中国政法大学出版社1986年版,第334页。

③ 例如,在1984年出版的《民法概论》一书中,王忠和苏惠祥教授认为:"在审判实践中,一般认为,某些已经能够辨认自己行为后果,并且已有独立经济收入的未成年人,应当和监护人一道,对自己造成的损害承担连带责任。"参见王忠、苏惠祥:《民法概论》,黑龙江人民出版社1984年版,第496页。制定《民法通则》时,这条司法实践经验被总结进了《民法通则》第133条第2款。

④ 即只要确定了行为人的行为能力状况就可以迅速确定其责任能力状况而无须对其进行具体考察,一般情况下行为能力主要是以年龄作为判断标准,因而只要确定了行为人的年龄,就可以同时确定其行为能力和责任能力状况,因而操作起来十分便利。

⑤ 例如,一名精神正常的成年人因暂时丧失识别能力而实施致害行为,在这种情况下,根据苏联式的广义行为能力的规定,该人因具有完全的行为能力而可能需要承担过错责任,但这样的结果是合理的吗?有感于此,我国《侵权责任法》第33条规定完全行为能力人暂时没有意识或失去控制造成他人损害没有过错的,只需承担适当的衡平补偿责任,从而突破了同法第32条的以行为能力作为责任能力的判断标准的束缚,另行确立了具有例外性质的识别能力标准(因其适用范围极其有限,且创设的目的是为了弥补因完全贯彻行为能力标准可能产生的不足,故第33条中的识别能力标准只可能是第32条中的行为能力标准的例外)。

代前期,苏联式的广义行为能力理论还占据着我国民法理论的通说地位,[①]但是自20世纪90年代中后期以来,随着德、日以及我国台湾地区的民法论著、理论观点不断地被介绍、引进到大陆地区以及学界对我国传统民法理论的逐步重视,[②]我国部分民法学者开始根据更具合理性的传统广义行为能力和法律行为能力理论,对深受苏联模式影响的我国民事行为能力理论及其立法,进行了反思和批判,[③]一时间,响应者众,从而在理论上产生了我们该如何认识原本被遮蔽的侵权责任能力的价值等问题。

可以说,本文开头提到的那场发生在我国学者之间的论战,其背后实际上反映了以苏联法为代表的模式Ⅲ与以德国法为代表的模式Ⅰ的两种不同模式的交锋,交锋的结果是暂时达成了一个"尴尬"的妥协:《侵权责任法》第32条延续了《民法通则》第133条的做法,将责任能力纳入行为能力中进行处理,体现了模式Ⅲ的特点;《侵权责任法》第33条作为新创条文,参考了《德国民法典》第827条和《日本民法典》第713条的规定内容,因而反映了模式Ⅰ的要求。这种将两种不同的模式熔于一炉的做法是否能收"兼收并蓄"之效而又不致发生"系统紊乱",还有待理论探讨和实践观察。

我国权威学者早就指出,"民事责任能力与民事行为能力,虽然相互联系,有其一必有其二,但毕竟是两种不同的资格,不应混淆",[④]二

---

① 如在佟柔教授主编的《中国民法学·民法总则》一书中,作者就认为:"我国和大多数国家的民法规范,都是在广义上使用民事行为能力的概念。"参见佟柔主编:《中国民法学·民法总则》,中国人民公安大学出版社1990年版,第99页;刘心稳主编:《中国民法学研究述评》,中国政法大学出版社1996年版,第95页;等等。

② 对我国传统民法理论的逐步重视,突出体现在由20世纪中华法学文丛编委会组织、由中国政法大学出版社出版"二十世纪中华法学文丛"上。这套丛书包括了梅仲协的《民法要义》、胡长清的《中国民法总论》、史尚宽的《民法总论》和《债法总论》等经典著作,由此也大大加快了我国民法学与传统民法理论之间接轨的步伐,对我国民法理论研究逐步走向精细、深入有着重要影响。

③ 参见梁慧星:《民法总论》,法律出版社2007年版,第66~67页;马俊驹、余延满:《民法原论》,法律出版社2007年版,第87~88页;董安生:《民事法律行为》,中国人民大学出版社2002年版,第147页;等等。

④ 梁慧星:《民法总论》,法律出版社2007年版,第68页。

者在目的、效力、性质等方面都存在巨大差别。况且,“侵权责任案件都是在每个具体个案中寻求最能满足当事人的‘公平善良艺术’,制度设计‘差之毫厘失之千里’,根本不可能以‘差不多’作为侵权责任法中的制度设计标准”。① “在追求形式化而易于判断之余,仍须兼顾具体精确化的价值”。② 因此,在我国未来的民法典中是否有必要固守现有的模式,尚需在逻辑和价值层面作更深层次的检讨。③

四、结论与展望

通过对侵权责任能力制度的源流进行考察,可以发现在罗马法上,责任能力是作为过错行为的归责能力,构成了判断过错的逻辑前提,并且其与法律行为能力之间已经形成了一定的区分,可以说罗马法已经确立了责任能力制度的精义和本原,构成了后世相关立法的基础。在后世大陆法国家和地区的相关立法中,除了法国外,其他大多都对责任

① 朱岩:《侵权责任法通论 · 总论》,法律出版社 2011 年版,第 325 页。

② 郑永宽:“论民事责任能力的价值属性”,载《法律科学》2010 年第 4 期。

③ 事实上,尽管我国《民法通则》第 133 条及《侵权责任法》第 32 条采纳了苏联模式的广义行为能力概念、以行为能力作为责任能力的判断标准,但是在实际的司法过程中各级法院普遍地对行为人在实施具体行为时有无识别能力进行检视,如在“李某等与宁某等人身损害赔偿纠纷上诉案”[案例号:(2003)东民终字第 1 号]中,法院认为:“宁君华已年满 15 岁,已具备识别能力,应当意识到在毫无安全保障前提下在池塘洗澡溺水的危险后果”;在“梁顺涵等与刘苏英等人身损害赔偿纠纷上诉案”[案例号:(2010)穗中法民一终字第 2075 号]中,法院认为:“本案死者李杰科事发时年仅二岁零七个月,以其识别能力无法自行预见、避免及克服工地对其潜在的危险”;在“邵阳二纺机幼儿园与雷某某教育机构责任纠纷上诉案”[案例号:(2012)邵中民一终字第 334 号]中,法院认为:“本案伤害事故发生时,雷某某尚未满 5 周岁,对危险没有识别能力和注意能力,不能适用过错相抵原则,故幼儿园对损害后果应承担全部责任。”有的法院在其裁判中甚至认为即使行为人没有完全的行为能力,只要其认定其具有足够的识别能力,其就可能具有过错并能承担过错责任,这就完全突破了限制行为能力人没有责任能力(不能独立承担责任)的法律规定,如在“某电业公司与梁某某、刘某某、一审贺州市某镇供电所触电人身损害责任纠纷案”[案例号:(2012)贺民一终字第 14 号]中,法院就认为:“受害人梁某已满十四周岁,具有避免危险发生的识别能力或者注意能力,对自身安全有一定的认知,其不尽注意义务,也存在一定过错,应承担相应的过错责任。”上述案例采集自“北大法宝”,采集时间为:2014 年 1 月 20 日。由此也说明了我国立法机关和部分学者认为司法实践中并不考虑行为人的责任能力的观点并不客观。

能力进行了直接或间接的规定。法国断然废弃责任能力制度的做法,固然有其法律政策方面的原因,但是其转变得太过绝对以致动辄产生极端案例,因而招致了其国内外的强烈批判。德国和我国台湾地区延续了罗马法中的做法,构建了完善的责任能力制度及其配套措施,而日本的民法通说也认为责任能力制度具有不可替代的重要价值。我国则借鉴了苏联模式的广义行为能力概念及其理论,将责任能力纳入行为能力制度中进行处理,并以行为能力作为责任能力的判断标准。

本文通过对侵权责任能力制度的源流进行梳理和考评,认为在过失客观化的社会背景下,责任能力制度仍有其存在的价值和必要。这是因为责任能力具有向行为人的主观精神能力寻求过错归责的根据的意义,因而其维护了过错责任应有的伦理底限,使其避免沦为实质上的结果责任或者危险责任,而否定责任能力制度存在的价值及其必要性,在实际的侵权诉讼中,将会引发严重的社会问题和伦理危机。这并非危言耸听。因为,完全抛却行为人的识别能力和责任能力,将会使得过错责任的认定及承担失去最起码的合理性。[①] 即便真的如此,如果没有辅之以一定的责任限制机制(如免责事由)或者责任分散机制(如保险机制),那么侵权法在实际运行中势必会极大地钳制人们的行为自由,其后果就是古代结果责任原则的复活。为了避免动辄得咎,最好的方法就是选择无为,而这是现代人们所无法想象的,也是令人无法接受的!

此外,本文还连带提出了若干问题,但未及深入展开,例如,如何认识德国法系中传统的广义行为能力的价值?既然采苏联模式的广义行为能力将会面临若干理论和实践上的难题,那么在未来的民法典中应该如何妥当选择责任能力的判断标准,如何妥当理解过失客观化,等等。因之,本文的写作与其说是为了澄清一个问题,毋宁说是为自己开辟了一个新的研究课题。

(郑晓剑,厦门大学法学院助理教授)

---

① 试想:能要求一个严重的精神障碍者像正常人那样去行为吗,对其科以过错责任有意义吗,这样的过错责任与结果责任有区别吗?

公司法人格否认制度之法理重构与解释适用

——从德国最新实务发展角度审视

赵守政

目　次

一、引言

2005年《公司法》第20条第3款的出台标志公司法人格否认制度的成文法化，由于该条款的抽象性及案例适用情形的复杂性，学界及司法实践中对屡有建言最高人民法院出台相关司法解释。截至目前的《公司法司法解释(一)、(二)、(三)、(四)》并无对该条款具体构成要件或适用情形进一步阐释，但该条款作为公司债权人权益保护的重要请求权基础在司法实践中却被经常性地适用。此外由于该制度的重要性，最高人民法院从2011年12月20日至今六批共26个指导性案例中，其中涉及《公司法》第20条第3款法律适用的就有两个，比例不可谓不高。事实上公司法人格否认制度在大多数国家仅作为裁判性规范由法官在案例中具体掌握,这一制度特点对法官在司法裁判中对《公司法》20 条第 3 款的法理基础的认识及解释适用提出较高要求。但通过最高人民法院指导案例分析,法官在具体案例对《公司法》第 20 条第 3 款法律适用解释并没有达到这一要求。举例为证:指导案例 15 中,徐州中院法院判定川交工贸的关联公司川交机械公司、瑞路公司承担连带责任,而拒绝了股东王永礼等人的个人责任。徐州中院扩大了《公司法》20 条第 3 款的被请求权人的范围,将股东受信义务主体扩大解释为关联公司值得商榷,对此徐州中院并无相关说理。指导案例 9 中上海一中院维持上海松江法院的判决,因为公司已被吊销营业执照、股东未组织清算导致债权人利益难以保证,三名股东对公司债务承担连带清偿责任。作为指导案例也应明确侵权主体承担何种类型的连带责任:无限连带责任抑或是补充连带责任。判断的前提显然是对适用《公司法》第 20 条第 3 款后的股东法律地位变化有足够的认识。

此外从比较法来看,无论英美法系抑或大陆法系国家在司法实践中都已大量运用公司法人格否认制度解决公司债权人保护问题。学者对英美实用主义法学梳理而来的揭开公司面纱制度非常重视,对其历史、性质、内涵、法律属性、学说梳理、案例适用考量要素等问题都已有相当深入的探讨。与之对应的是,商法学界对 2005 年《公司法》第 20 条第 3 款的构成要件和主要适用情形亦有相当的研究成果,这些都构成了本文研究的智识基础。但综观上述研究,尚缺乏区别于英美实用主义法学,针对公司法人格否认制度特殊商法属性的法教义分析。对公司法人格否认制度抱持英美实用主义态度导致法官在司法实践中为维护债权人利益而轻易适用《公司法》第 20 条第 3 款,而《公司法》第 20 条第 3 款的滥用必然会导致对有限责任股东是否真正承担有限责任产生质疑。虽然虞正平、蒋大兴、周友苏、何尧德等学者提及"公司法人格否认"概念本身从教义学角度尚需推敲,金剑锋则论及了该制度的民事侵权属性。但在此基础上仍可延伸,特别是在通过与同为大陆法系的德国直索责任最新实务发展的法比较基础上,阐明中国公司法人格否认制度的法理基础及《公司法》第 20 条第 3 款的法律功能。在这一前提下本文将进一步探讨《公司法》第 20 条第 3 款法律适用中与其他债权人保护制度的竞合可能性,并阐明二者之间的区别。通过明晰竞合法律制度之间的界限,为法官在具体案例中对《公司法》第20条第3款的解释适用提供参考,从而促使其更为审慎适用公司法人格否认制度解决债权人保护问题。基于此,本文拟从理论梳理、司法适用以及比较法的立场出发,对公司法人格否认制度法理基础及解释适用再认识。

二、我国公司法人格否认制度的理论困惑与适用难题

(一)理论困惑

中国最早对公司法人格否认系统梳理的是朱慈蕴教授,1998年朱教授的博士论文《公司法人格否认法理研究》是中国最早系统研究公司法人格否认的专著。在该论著中,朱教授梳理了英美法系及大陆法系公司法人格制度的形成及发展以及英美法系(英美)及大陆法系的公司法人个否认制度大致的历史发展及学说脉络。她认为无论是英美法系还是大陆法系国家都认可公司法人制度,英美法系公司法人格否认理论范围广,适用于一切与维持公司法人格法律政策不符的情形,如妨害公共便利、欺诈;而在大陆法系的德、日该理论适用范围较窄,一般只适用于公司法人格滥用、形骸化的情形。朱教授总结归纳了英美法系和大陆法系公司法人格否认的适用要件及主要使用场合:公司资本显著不足、利用公司回避合同义务、规避法律义务及公司形骸化之后认为:尽管与美国不局限该理论适用范围相比,德日对该理论适用持谨慎态度,主张能先在现行法规中解决问题和适用的类型化,但两大法系对该理论的适用并无本质区别。朱教授的观点对其他中国法学学者乃至之后公司法人格制度的成文法话有极大的影响,由于她在著作中主要侧重介绍了英美"揭开公司面纱"适用的实证分析、适用场合、母子公司中的法律适用,中国法学研究及司法实践中长时间把公司法人格否认制度等同于揭开公司面纱制度。尽管"公司法人格否认"作为被学界长期使用的一个概念,但是还是有学者质疑该概念汉语语境下是否能准确表达该理论的真实意思。虞政平的博士论文《股东有限责任》是中国最早系统研究公司法人制度的博士论文,他从股东有限责任与法人制度的关系出发对中国公司法人格否认理论的语译来源、裁判程序以及法人责任立法目的三方面对中国语意下的"公司法人格否认"

这一概念经行检讨并得出结论:中国把这一债权人保护制度语译为“法人人格否认”事实上是对该理论的误解,在这个所谓公司法人格否认的理论下事实上公司仍将作为责任主体对债权人负责,否认的只是股东的有限责任,逻辑上并不能推定因为否认股东有限责任必然导致公司人格也被否定。根据虞法官的观点事实上该理论的中文表述应该为“股东直接承担其对债权人侵权行为的责任”或者等同于德国法意义上的“直索责任”。此外有学者及法官认为公司法人格否认仅是具有侵权性质的民事责任,因为该债权人的损失是由股东滥用公司人格侵犯其权益的侵权行为所导致。否认公司人格的目的是为了补偿债权人受损的权益,而该具有补偿性质的制度附和民事责任的特征。根据这一观点公司法人格否认可以表述为一种适用于股东滥用权利的特殊民事侵权责任。上面三种观点是学界对公司法人格否认理论认识的大致分类,此外还有一些学者认为中国公司法人格否认的概念和英美法系的“揭开公司面纱”或德国的“直索责任”具有相同的内涵,或揭开公司面纱制度又称“公司法人格否认”、“股东直索责任”。对《公司法》20条第3款的不同的法理基础的认定肯定会导致其法律适用构成要件上的差别,诸如适用主体范围、主观要件及法律后果,法律功能上三者也存有差异。由此提出一个问题,中国公司法人格否认制度或者《公司法》第20条第3款的法律基础,究竟倾向于揭开公司面纱制度、直索责任还是民事侵权责任。

(二)适用难题

尽管中国法学界对公司法人格否认理论的译介及理解存在差别,但通说认为公司法人格否认作为衡平性制度由法官在司法实践个案判决中具体掌握是毫无争议的。英美法系“揭开公司面纱制度”作为德国“直索制度”及中国“公司法人格否认制度”的法理来源是没有问题的。但“揭开公司面纱”仅是作为英美判例法国家法院判例的股东侵权行为的梳理并总结出的理论。仅是美国滥用公司的人格的案例类型就有傀儡公司或代理工具(dummy corporation)、非法行为(illegality)、规避法律责任(evasion of just responsibility)、歪曲或隐瞒真实意图(distortion or hiding oft he truth)、出资不足(offering insufficient capital)、提起不当抗辩(unjust raising of a defense)及欺诈(fraud)等。

尽管美国法官在适用揭开公司面纱制度处理案例时也十分谨慎，甚至是犹豫不决。中国法官在判例的个案处理中适用《公司法》第20条第3款进行股东责任归责显然要考虑两大法益的衡量：一是基于《公司法》第4条的股东有限责任的股东权益保护与第20条第3款的债权人权益保护的平衡；二是债权人作为第20条第3款请求权人在个案衡量中打破公司内部法人机制与债权人和公司外部之间合同相对性的平衡。但判例法国家的法官在决定适用揭开公司面纱理论时，无须像大陆法系国家从法教义学的角度对公司法人格否认制度严格考量其适用主体、范围及法律后果等。揭开公司面纱制度在英美法系适用中其请求权主体并不局限于债权人，而被请求人也不限定于股东，法官在个案处理时也无须考虑公司法人格否认和其他成文公司法规范乃至整个私法体系的冲突。英美判例法国家确立的"揭开公司面纱制度"与中国公司法20条第3款确立的公司法人格制度在法政策学及法理依据上尚有类似之处，但法律适用却存在较大差异。揭开公司面纱制度的适用范围显然比《公司法》20条第3款要宽泛得多。学界对公司法人格否认制度的适用情形梳理明显受到英美实用主义法学的影响，这也间接导致司法实践中法官青睐直接适用《公司法》第20条第3款解决债权人保护问题，轻易否认股东有限责任。

2006年新公司法通过之前尽管公司法人格否认制度尚未以法律的形式确定，但最高人民法院已颁布具备公司法人人格否认特征的司法解释，高院也存在这样的法律解释。在司法判例中这些类公司法人格否认制度的司法解释及司法解释虽然在特殊情况下被法官采纳，但法律实践中仅在非常极端的情况下谨慎适用。这种情况随着2006年新公司法的出台被极大改变。香港中文大学法学院黄辉教授通过对新《公司法》第20条第3款的法律适用的系统实证研究证明了这一点。他在北大法宝搜集2006年至2010年四年期间把《公司法》第20条第3款作为请求权基础提起的案例共99个，其中法院认为符合其适用要件的共64个，成功率约为65%。新《公司法》出台后，第20条第3款确立的公司法人格否认制度在司法实践中已经被普遍的适用。根据黄教授的实证研究表明：越是经济欠发达地区适用《公司法》第20条第3款的案例数量越多，以及该制度二审的适用成功率54%大大低于一审的

73.47%。这一调查结果明显表明经济发达省份和二审法院在保护债权人利益具体个案中适用《公司法》第20条第3款比不发达地区及一审法院的法官更为谨慎。虽然经济发达地区和二审法院法官法学专业水平未必一定比不发达地区及一审法院水平高,但笔者认为通过这一实证分析至少说明公司法人格否认这一制度的在不同的经济发达程度地区及不同法院层级的法律适用是存在争议的。中国司法实践中司法突破股东有限责任的裁决远比制度设计时广泛,甚至确立中国法人格否认制度的《公司法》第20条第3款的必要性遭到质疑:是否对公司债权人利益保护一定要排除股东有限责任以及公司法设计中股东与债权人保护的法益平衡是否以扩大股东有限责任为必要手段,以及公司股东在中国是否受到有限责任保护。毫无疑问,如果不厘清中国公司法人格否认的理论基础及第20条第3款适用上的法教义学规范,股东有限责任作为公司存在的基石必将在中国遭遇制度危机。下面将以同为大陆法系国家德国的直索责任案例发展为比较对象,探讨涉及中国公司法人格否认法理依据及法律适用中的问题。

三、德国实务最新发展及其对我国的启示

(一)德国直索责任案例类型最新发展

1.“致使公司毁灭”作为直索责任案例类型之一

德国学界及实务界普遍认为,《德国有限责任公司法》第13条第2款规定的股东的有限责任并不是对股东的绝对保护,应对其进行严格的限制解释。对由于股东滥用公司法人格地位而侵害债权人利益的责任而承担的无限连带责任在德国法上称之为直索责任。在德国公司法人格否认主要案例表现形式为资产混同和资本显著不足对债权人的保护并不令人满意的情况下,德国联邦法院在Bremen-Vulkan案及随后的一系列判决中又把“致使公司毁灭”(Existenzvernichtung)确立为公司法人格否认案例表现形式之一。所谓“致使公司毁灭”责任,是指由于股东挪用公司资产或其他侵权行为而导致公司破产或存在破产风险,而使债权人的全部或部分利益得不到满足时,股东应当承担的责任。有限责任公司的核心是股东有限责任,当股东认为公司不值得投资或者他们不想继续投资,他们可以在法定的范围内清算,但是他们不

能盲目行使控制权。为了避免股东滥权,德国联邦法院首先在康采恩法中创造出“特殊事实康采恩责任”(qualifiziert faktischer Konzern)这一法律概念。特殊事实康采恩责任是指有限责任公司股东因持续性滥用其控制权导致公司债权人利益难以得到满足时,类推适用《德国股份法》第302条、第303条对公司债务承担的损害填补责任。但德国联邦最高法院(以下简称联邦法院)于2001年9月17日在Bremen-Vulkan判决推翻了之前的事实康采恩关系理论,取而代之以股东对因其侵害而“致使公司毁灭”风险需要承担的责任,学界称之为“致使公司毁灭责任”。在该案中联邦法院认为,一人公司股东在处理公司财产和商业活动中有确保公司利益不被侵害的义务,如果因股东侵害而导致公司债务不能偿还应认为其未达到应尽的注意义务。该责任的承担附有前提条件,只有当即使公司偿债能力通过《德国有限责任公司法》第31条的返还注册资本也得不到改善时,该股东才对“致使公司毁灭”承担责任。在2002年2月25日的Ausfallhaftung判决中联邦法院又进一步特别阐明,“致使公司毁灭”理论不只适用于一人有限责任公司股东,也同样适用于一般有限责任公司股东。但是在该案例中联邦法院如在Bremen-Vulkan判决中一样未清楚说明,“致使公司毁灭”的理论基础与直索责任存在何种联系。直到之后的KBV判决中联邦法院才首次把“致使公司毁灭”的理论基础归结为直索责任的案例表现形式之一,股东因其滥用公司法人格地位而不再适用《德国有限责任公司法》第13条第2款的股东有限责任豁免权,必须对公司债务承担外部连带责任。在该判例中联邦法院第一次清楚地确定“致使公司毁灭责任”的构成要件。联邦法院认为:公司财产的存在目的是为保障有限公司存续期间的债权人利益,这是《德国有限责任公司法》第13条第2款股东责任豁免的不可缺少条件。股东没有注意应尽义务导致公司偿债能力降低以致不能满足债权人利益被认定为对有限责任公司法律形式的滥用。对该股东便不再适用《德国有限责任公司法》第13条第2款股东责任豁免条款,应类推适用《德国商法典》第105条、第128条对公司债务承担无限连带责任。但是该法律责任的适用同Bremen-Vulkan判决一样,须以在即使公司偿债能力依据《德国有限责任公司法》第30条、第31条通过返还注册资本也得不到改善或公司财产得不到足够清偿为前提。

2. 直索责任替代为民事侵权责任

在2007年的Trihotel判例中德国联邦法院不再把“致使公司毁灭”作为直索责任的案例类型之一,取而代之为基于《德国民法典》第826条由于股东违背善良风俗故意致使公司利益受损而导致的内部民事侵权责任。同时《德国民法典》第826条的适用也不再以《德国有限责任公司法》第30条、第31条的资本维持制度的适用为前提,而是与之形成法律竞合关系。Trihotel判例中的原被告分别是A有限责任公司的破产管理人和股东,其中该股东持有公司52%股份并且是公司唯一董事。1993年该被告把特瑞饭店(Trihotel)出租给A公司经营,于1998年提前解除合同并转租给W公司经营,W公司的控制人为被告的母亲。同时被告作为A公司与W公司的双方代理签订委托管理合同,A公司继续管理经营由W公司出租的特瑞饭店,同时根据其具体营业额支付W公司相应的报酬。由于1998年度、1999年度酒店经营累计亏损该委托管理合同被废止,根据该废止合同协议W公司需接收A公司所有工作人员并单独经营特瑞饭店。在此背景下A公司在罗斯托克州立法院(LG Rostock)提出破产申请和股东对公司债务承担连带责任的直索之诉,罗斯托克州立法院通过破产申请并确认了股东的直索连带责任。随后罗斯托克高等法院(OLG Rostock)进一步确认了股东对公司债务的连带责任并加以说理:首先A公司转让酒店财产给W公司时并未取得事实上的对待给付,从而使A公司丧失保障债权人利益的偿债能力;其次签订废止合同协议时A公司本应进行财产清算以保障债权人利益,仅仅废止合同显然不符合当时企业经营状况的;最后A公司未能根据委托管理合同规定相应地参与酒店管理。案件上诉到联邦最高法院后,联邦法院驳回了罗斯托克高等法院判决。罗斯托克高等法院在判决说理中把酒店转让担保、提前解除酒店租赁合同及签订废止合同协议三点作为导致A公司“致使公司毁灭”重要考量因素。联邦法院终审驳回了罗斯托克高等法院判决时阐明,首先前两点不足以评价为导致公司毁灭的措施。关于签订废止合同协议,仅在签订协议时有证据表明A公司的经营状况处于必须申请破产的状况时才可采纳,罗斯托克高等法院的判决说理显然忽视了这一点。最终联邦最高法院在 Trihotel 案判决中仅确定了侵权股东基于《德国民法典》第 826 条对公司内部承担的损害赔偿责任,而不再作为公司法人格否认案例表现形式的之一的针对外部债权人的无限连带责任,这是“致使公司毁灭理论”发展的一个重大转折。

联邦法院在 Trihotel 判例中对“致使公司毁灭”案例类型法律适用基础的变化也影响到后续案例的发展。2008 年德国联邦最高法院在“致使公司毁灭”案例类型的基础上进一步否定了“出资不足”(Unterkapitalisierung)作为直索案例类型之一的可能性。出资不足是否纳为直索责任案例类型在德国一致存有争议,但学界普遍认为在公司注册资本与其经营规模相比显著过低极端案例严重损害到债权人利益的情况下可以适用直索责任。在 2008 年的 Gamma 判例中联邦最高法院民二庭否定了出资不足情形下的直索责任。联邦法院认为实质出资不足本身不足以导致直索责任,股东在故意违背善良风俗损害债权人利益时可依据《德国民法典》第 826 条追究其侵权责任。在 2009 年的 Sanitary 案中,联邦法院更进一步确认,在公司清算阶段清算人(此案中也是公司唯一股东)滥用其清算权限,因其故意违背善良风俗损害公司利益也可根据《德国民法典》第 826 条及《德国有限责任公司法》第 69 条对公司承担内部侵权责任。从“致使公司毁灭”案例类型归责制度的发展可以看出德国对直索责任的适用采用更为谨慎的态度。尤其是在 Trihotel 判决的影响下,“出资不足”也不再作为直索责任案例类型,截至目前德国直索责任案例类型仅剩“财产混同”一种。

(二)德国理论评述

Bremer-Vulkan 判例确立的“致使公司毁灭”作为直索责任的归责类型之一在学界被视为对公司债权人提供了有效的保护,联邦法院对直索责任案例类型的法律续造得到了肯定。但直索责任制度在德国学界也存有相当的争议,确立直索责任制度主要的观点是《德国有限公司法》第 13 条第 2 款确立的“股东有限责任特权”根据其规范目的(Normzwecklehre)仅在充分考虑债权人利益的情形下才能得以保障。债权人利益保护的法律漏洞可依据对该条款的目的限缩的解释方法(teleologische Reduktion)排除股东的有限责任加以填补。此目的限缩的解释方法值得商榷,至少股东不应据此当然承担公司对债权人债务无限连带的法律后果。有限责任公司这一法律形式的基石“有限责任”的立法价值也会因此受到侵害,即使两害相权取其轻亦不能就此否定股东有限责任的价值。尽管德国直索责任仅在其他成文法救济途径用尽债权人保护问题也不能解决的前提下才得以适用,作为法官最后“撒手锏”在极端案件中的法律功能值得肯定。

相比较而言,德国法学界对 Trihotel 判例中股东归责方式的变化基本上抱持积极态度,一方面适用成文法能更好地保证之后解决此类案例的稳定性,另一方面不涉及股东有限责任也能更好地保障了股东的股权自由处分。股东在公司陷入危机时不再因对公司债务承担无限连带责任的“达摩利克斯之剑”在处理其股份权时畏首畏尾,影响其正常决。司法实践中被经常性适用的《德国民法典》第 826 条的适用要件也比缺乏成文法基础的直索责任显然更能确保法的稳定性。Trihotel 案后,“致使公司毁灭”导致的股东责任不再作为满足外部债权人利益的而确定的无限连带直索责任,侵权股东仅在确定满足《德国民法典》第 826 条的“背于善良风俗的方法故意加损害于他人者”要件时在内部公司对其行为造成的公司损失负“损害赔偿义务”。《德国有限责任公司法》第 30 条、第 31 条确立的资本维持制度不再作为《德国民法典》第 826 条适用的辅助性条款,而是与之形成法条竞合关系。换言之,如果股东侵权责任被法官拒绝,基于《有限责任公司法》第 30 条、第 31 条资本维持制度的请求权一样可以被提起。德国联邦法院的这一法律适用转变还有其冲突法上的考量,依据在欧盟法律一体化进程通过的欧盟统一公司法指令,依据欧盟各成员国国内法成立的公司可以在欧盟境内自由开展业务。在司法实践中适用侵权法解决在德国境内开展业务的基于欧盟他国公司法成立公司的股东侵权问题显然比适用争议颇大的直索责任更为方便。但对联邦法院的 2007 年之后案例类型发展并非得到德国学界一致认同,其中最主要的批评是公司债权人利益保护程度由于归责法律基础的变化会受到不利影响。首先根据联邦法院的内部责任归责类型受侵害主体由债权人变为公司本身。而请求权人公司的损失并不等于公司债权人的偿付要求与破产程序费用之和,而是公司自身存续能力的损失。《德国民法典》第 826 条的请求权内容实质上是恢复公司交易中的经营能力,但“致使公司毁灭”导致的股东责任保护的法益实质上是公司债权人利益。联邦法院在Trihotel案例中也并没有进一步阐明,债权人能否在极端案例中同样可以作为《德国民法典》第826条的请求权人。此外根据联邦法院的观点,在公司破产清算中股东仅能通过破产管理人对相关股东追偿。而一旦公司破产程序被拒绝后,债权人只能向法院申请强制执行程序,由法院扣押公司财产,然后公司内部向侵权股东追偿。这一做法也大为增加了追究侵权股东责任的难度。根据《德国民法典》第826条的构成要件,公司必须提供股东"违反公序良俗"与"故意"的主观证据,与直索责任的仅需客观要件相比,显然这一变化增加了债权人利益保护的难度。而且根据《德国民法典》第826条侵权股东仅需承担损害赔偿责任,与直索责任中侵权股东的对公司债务的无限连带责任相比也明显不利于债权人利益的保护。

(三)可供借鉴之处

公司法人格否认制度是西方法律制度的舶来品,由于美国在全球市场经济中的地位,其在司法实践中判例的梳理、公司法理论的发展必然成为大陆法系国家的重要参考。大陆法系国家和判例法国家的法律制度不断融合发展,美国的揭开公司面纱制度即被德国最高联邦法院以法官法的形式吸收适用并被确定为直索责任制度,在中国则表现为以成文法形式出现的公司法人格否认制度。判例法国家法学理论的引进、制度融合乃至制度成文法后的法律适用对大陆法系国家并非易事,这对该理论在大陆法系国家是否被正确的译介、引进制度与公司法其他成文法律乃至与整个私法体系是否冲突的判断,以及法律规范适用的教义学分析是否符合其法理基础都提出挑战。根据实证分析可得出,抱持开放法律实用主义态度的英美揭开公司面纱制度在大陆法系国家面临适用困境。把其作为《公司法》第20条第3款的法理基础势必造成司法实践中法官对揭开股东有限责任"面纱"的热衷,即使该条款的确是公司债权人保护的"利器"。公司法人格否认制度是法官在个案中具体掌握基于股东与债权人权益衡量的裁判性规则。在英美法系国家一般以判例法的形式出现,大陆法系国家基本上也不是以成文法出现,而是以法官法的方式由法官在具体个案中衡量。中国作为成文法国家把公司法人格否认制度在《公司法》第20条第3款以法律条文的形式固定下来。公司法人格否认制度成文法化有和《公司法》第 4 条确定的股东有限责任冲突之虞,经过中国司法判例的实证研究显然也证实了这一点。如果法院在《公司法》第 20 条第 3 款的适用中采类似于英美揭开公司面纱的开放实用主义态度,对债权人利益保护显然是有利的。但需要注意的是要平衡债权人利益保护与股东利益保护的关系,也需平衡《公司法》第 20 条第 3 款与其他债权人保护法律的关系。相比较而言,同为大陆法系国家的德国引进英美公司面纱制度并转换为国内法的直索责任制度采取相对谨慎的法律适用思路,也考虑到以上两点平衡关系,显然更值得中国借鉴。此外,德国联邦法院民二庭在 2007 年 Trihotel 判例中推翻了之前“致使公司毁灭”导致的直索责任,替代为《德国民法典》第 826 条的民事侵权责任,从而将民事侵权责任区别于债权人直接作为请求权人的直索责任。中国亦有学者认为公司法人格否认制度是一种特殊的民事侵权责任,由此提出一个问题,中国公司法人格否认制度法理基础究竟是直索责任抑或是特殊的民事侵权责任呢?明确这一点对厘清公司法人格否认制度的法律功能具有重要意义。此基础上可探讨与《公司法》第 20 条第 3 款存在竞合可能性的其他债权人保护制度,以及在它们在法律适用上存在的差异。

四、我国公司法人格否认制度发展之展望

(一)公司法人格否认制度法理重构

在德国 Trihotel 判例中,联邦最高法院民二庭把基于“致使公司毁灭”的股东责任的法律基础由直索责任替代为《德国民法典》第 826 条的特殊民事侵权责任。因为有限责任公司的担保义务(Einstandspflicht)归责为侵权行为法上交易义务侵害(Verkehrspflichtverletzung)的情形在成文法中并无具体规定,因此股东责任具体适用《德国民法典》第 826 条并作为其特殊案例类型之一,需要法官在具体案例中基于《德国民法典》第 826 条构成要件的法律续造。根据侵权责任的一般原则,在特殊案例中适用法律功能被视为财产损失的填补责任,在对不同案例法益衡量还需考量导致损害后果的违反公序良俗之故意这一主观要件。由股东故意侵吞公司财产而引发的责任问题归责为《德国民法典》第 826 条的违背善良风俗故意致人损害的侵权责任,至少可从两个角度解释:

一是股东故意对公司债权人利益的侵害；二是其对公司自身利益的侵害。股东的侵害行为可以直接导致公司利益受损，而公司债权人利益只能由股东侵权行为间接引起。判断其侵权行为是否满足《德国民法典》第826条归责要件显然也要区分导致损害结果是直接侵权行为还是间接侵权行为。而这一点对判断德国联邦法院在“致使公司毁灭”案例类型归责态度上的分野显然具有重要意义。Trihotel案中联邦法院显然认为债权人的利益仅是股东的侵权行为间接导致，只有公司才可作为直接受害人有资格针对侵权股东提起侵权之诉。同联邦法院法官大费周章在《德国民法典》第826条范围内的法律续造相比，中国2005年《公司法》直接规定公司债权人依据《公司法》第20条第3款可以直接作为请求权人针对股东滥用其有限责任地位和公司法人人格的行为提起诉讼。一旦股东的请求权得到法官支持，侵权股东即和公司针对债权人利益承担连带责任。这一制度规定显然符合德国直索责任的特征，而非Trihotel案后确立的以公司为请求权主体的民事侵权责任。

此外，根据《公司法》第20条第3款侵权股东和公司应该承担连带责任，如前所述有学者把该条款的请求权基础定位为特殊的民事侵权责任。但根据民法一般原则连带责任只能基于共同侵权或者由当事人合同约定，而不能同时基于侵权和违约两个不同的原因。在公司法人格否认案例中侵权股东其实应对公司债权人承担侵权责任，而由于合同的相对性原则公司仅需对债权人承担违约责任。因为股东和公司没有共同侵权，股东和公司不可能承担共同侵权的连带责任，而只能基于侵权责任单独对债权人承担侵权责任。而根据股东有限责任原则公司也不可能在公司章程中约定股东对公司债务承担连带责任，所以股东也不能和公司一起承担基于违约的连带责任。基于这点考虑债权人只能作为请求权人针对公司提起违约之诉，公司内部对侵权股东追偿；或者同德国Trihotel判例一样，公司作为请求权人对股东提起侵权之诉，股东通过承担损害填补的内部责任平衡外部债权人的利益。无论遵循哪一种法律路径，股东都不能基于债权人利益保护在不违反民法基本原则前提下与公司承担连带责任。个案处理中法官在法益衡量后决定适用《公司法》第20条第3款无视股东有限责任这一公司法基石，实际上突破了民法基本原则。中国公司法人格否认责任乃是突破公司与股东分离原则具有侵权性质的商事责任,一旦适用该法律,股东则处于类似合伙企业出资人的法律地位。事实上由于商法与民法的不同价值取向,商法对于连带责任成立基础的解释也要比民法宽松(比如责任的主观要件),中国的公司法人格否认制度更多是基于商事交易特殊性的制度设计,区别于一般的民事侵权责任。

而如果把《公司法》第20条第3款定位为德国的直索责任,债权人在特殊情形下可以突破有限公司的法人机制并无视《公司法》第4条的股东有限责任制度,侵权股东的法律地位类似于合伙企业的合伙人地位。根据该直索责任的请求权理论基础,出现《公司法》第20条第3款所述股东"滥用股东有限责任"及"公司法人地位"时对公司债务承担外部的无限连带责任是没有争议的。此外最高人民法院民二庭审判长刘敏在最高院公司法指导案例对公司法人格否认制度法律适用分析说明也证实了公司法人格否认不是一般的民事责任:"故在我国目前法人人格否认制度尚不健全的情况下,一是我们在某些情况下可以适用诚实信用原则和权利不的滥用原则作为追究滥用者民事责任的法律依据。"刘法官的表述实质上把《公司法》第20条第3款的请求权理论基础区别于一般的民事责任。所以中国公司法人格否认制度不是特殊的民事侵权责任,而是公司法中以成文法形式出现的突破民法基本原则的特殊商事责任。

(二)《公司法》第20条第3款之解释适用

1.《公司法》第20条第3款的法律功能

《公司法》第20条第3款法律适用实证分析表明,公司法人格否认制度在中国法律实践中存在被滥用的可能性。这一方面固然与法学界及立法者在引进该制度时受英美法律实用主义影响,在追究有限责任公司股东责任以保护债权人利益态度上英美揭开公司面纱制度开放实用,而非德国法相对谨慎的思路。但另一方面大陆法系国家引入英美法系理论并将其理论制度化应从整个私法体系的高度去评价公司法人格否认制度与其他债权人保护法律制度的关系。《公司法》第20条第3款的大量适用显然会导致对股东有限责任制度的质疑,在这一背景下探讨公司法人格否认与其他公司制度法律适用上的关系甚为必要。

德国联邦法院在法律实践中把直索责任在案例中适用以《德国有限责任公司法》第30条、第31条亦不能解决股东滥权侵犯债权人利益为要件，这与直索责任在德国属于法官法的性质所决定的。法官造法的前提之一就是已穷尽其他债权人保护法律的救济途径，这与德国立法者对英美法系揭开公司面纱制度的引进抱持的谨慎态度不无关联。这一点虽然与公司法人格制度已成文法化的中国在法律适用的逻辑关联上没有可比性，但法律功能却有可比之处。与《公司法》第20条第3款有可能竞合的债权人保护制度都没有涉及股东的有限责任，如股东足额缴纳出资义务与抽逃出资责任，控股股东、实际控制人、董监高责任抑或是破产案件中针对股东侵权行为的撤销权制度。它们本质上都只是与债权人利益保护相关的内部损害填补责任，其请求权人一般是公司本身或破产管理人，并没有突破公司的有限责任与民法的基本原则。而《公司法》第20条第3款确定的股东无限连带责任已突破了有限责任的限制，同德国直索制度一样起到嗣后有效填补了债权人保护漏洞的法律功能。

法官在适用《公司法》第20条第3款解决债权人保护问题时应坚持私法的有限干预原则，尊重公司自治与股东自治，事实上这也是德国联邦法院在Trihotel判例中股东归责法律基础变化的主要原因。根据德国联邦法院适用直索责任的法律基础《德国有限责任公司法》第13条第2款以及《德国商法典》第105条、第128条，有限责任公司股东的地位在适用直索责任后事实上类似于无限公司的投资人，从而对公司债务承担无限连带责任。类比中国公司法人否认制度，一旦法官决定适用《公司法》第20条第3款，侵权股东的法律地位类似于合伙企业承担连带责任合伙人的地位。根据《合伙企业法》第38条、第39条的规定，合伙企业对外承担债务应先以其全部财产进行清偿。合伙企业不能清偿到期债务的，合伙人才能承担无限连带责任。显然此规定实际上赋予承担连带责任合伙人对债权人事实上的先诉抗辩权，而《公司法》第20条第3款对“严重损害公司债权人利益”的侵权股东甚至都没有如此“仁慈”的明确规定。虽然中国公司法人格否认制度以成文法的形式出现，但其通过法比较分析可明确得出其法律功能与德国直索责任是类似的，都是以损害股东有限责任制度为代价对其他债权人保护法律制度提供补充。法官适用《公司法》第20条第3款对股东有限责任进行实体性的干预须以不损害股东有限责任公司内部救济途径用尽为前提,内部救济未启动的情况下动辄进行过度的实体干预造成司法实践中公司法人格否认制度的滥用是必然的结果。以成文法的形式突破股东有限责任需要极大的立法勇气,体现了法政策学上立法者对中国公司债权人保护问题迫切性的综合考量。但法律后果采无限连带责任的漏洞填补法律功能对法官适用《公司法》第20条第3款的审慎程度比资本维持制度、董监高、控股股东及其他利害关系人责任以及破产程序中破产撤销权制度的适用提出更高的要求,通过对该条款的法律实证分析目前中国法院很大程度上已经背离了这一制度的立法初衷。

2. 与其他债权人保护制度的关系

2007年Trihotel判例后"致使公司毁灭"案例类型引发的股东责任作为成文法化的《德国民法典》第826条的特殊案例之一,自此《德国民法典》第826条的股东侵权法律适用显然和其他法律制度形成竞合关系。公司法人格否认制度在法律适用中显然也存在与其他债权人保护制度竞合的可能性,其中既涉及德国直索责任适用要件之一的资本维持制度,也涉及《公司法》第21条规定的控股股东、实际控制人、董事、监事、经理人违反受信义务责任以及破产程序中破产撤销权制度。

适用公司资本制度保障债权人利益主要涉及两种情形,分别是股东未足额缴纳出资与抽逃出资的问题。根据《公司法》第28条第2款,股东应当向公司足额缴纳,并向已按期足额缴纳出资的股东承担违约责任。在2011年2月最高人民法院颁布的《公司法司法解释(三)》中也明确规定了损害公司权益的五种抽逃出资情形,分别是将出资款项转入公司账户验资后又转出;虚构债权债务关系转移出资;制作虚假财务报表虚增利润进行分配;利用关联交易转移出资及其他未经法定程序抽回出资的行为。这五种抽逃出资的情形将直接导致公司财产无对价地流向股东,最终侵害到公司债权人利益。相较《公司法》第20条第3款对债权人对侵权股东"滥用公司法人格地位"及"滥用股东有限责任"并导致公司失去偿债能力的抽象的举证责任要求,该五种抽逃出资及足额缴纳出资的规定显然更具体,也更便于追究侵权股东责任。同《德国有限责任公司法》第31条的规定一致的是公司财产返还请求权的请求权人只能是公司,而非间接受害方的公司债权人。《关于审理公司纠纷案件若干问题的规定(一)》第10条也具体规定债权人请求公司清偿债务,公司不能清偿的,债权人可以同时对出资不足的股东和公司设立时的其他股东提起诉讼,请求其在出资不足数额及利息的范围内对公司债务承担补充赔偿责任。最高人民法院的规定显然与德国联邦法院直索案例群的最新发展是一致的,追究股东出资不足责任并没有涉及股东的有限责任,只是对在出资不足范围内对公司债务的补充责任。由此可见,出资不足并没有作为《公司法》第20条第3款的案例类型之一,而在中国法院判决中,违反资本缴付义务及资本维持原则经常被视为公司法人格否认的适用情形。

此外,尽管根据《公司法》第148~150条的规定,公司中受信义务人主要是董事、监事及高级管理人员,但《公司法》第20条、第21条显然把股东、控股股东及实际控制人也纳入了受信义务主体范畴。规定公司控股股东、实际控制人、董事、监事、经理人责任的《公司法》第21条,与规定股东对公司债权人债务承担连带责任的第20条形成并列关系,法律实践中极易出现二者竞合的问题。公司控股股东同时担任公司董事或经理,滥用"公司法人格地位"及其"股东有限责任"并导致公司失去偿债能力在公司法实践中的案例屡见不鲜。但二者还是存在明显差别:同资本维持制度法律竞合一致的是,首先只能公司作为《公司法》第21条的损害赔偿请求权人,而非公司债权人;董事、经理人及利害关系人承担的"赔偿责任"显然也仅仅是对其侵权行为控制在不突破股东有限责任限度内的调整,从公司作为股东代表诉讼的实际利益享有者及权利义务归属主体也可得出这一结论。再者,立法政策考量上《公司法》第20条基于股东侵权造成的外部债权人保护问题,而与之并列的第21条则更偏重关联交易中的中小股东利益保护。最后,公司的破产常由股东的滥权行为导致,毋庸置疑,债权人在破产案件中可依据《公司法》第20条第3款提起公司法人格否认之诉。人民法院受理破产申请时同时也可根据《企业破产法》第31条、第33条对满足一定条件的股东侵权行为宣告无效或撤销,破产管理人撤销权的行使在一定程度上也保障了债权人的权益。但撤销权制度在实际情况中保障债权人利益方面的劣势也是显而易见的:撤销权的行使具有时间限制,例如,根据《企业破产法》第31条的规定,撤销的股东侵权行为须发生在人民法院受理破产申请前1年内。而且撤销权的行使须以公司进入破产程序为前提,进一步而言债权人利益即使强制执行也难以得到满足。此外撤销权的法律目的仅是使公司破产前特定的股东行为归于无效,而非针对侵害债权人利益的行为,事实上由股东导致公司破产行为导致债权人利益损害的间接后果也不可能恢复原状。亦有学者建议在破产案件中通过立法或司法解释及案例指导的形式引入美国衡平居次原则以保护债权人利益,衡平居次的法律功能是通过调整债权实现的先后顺序,在未突破公司的有限责任下尽可能保障债权人利益。由此可见,不管是破产撤销权制度抑或是衡平居次原则,在司法判例中都不能替代《公司法》第20条第3款在股东导致公司破产案件中的作用。

(三)指导判例制度对《公司法》第20条第3款法律适用的影响

公司法人格否认制度的抽象性与原则性增加了其适用上的困难,该制度针对的债权人保护问题在实践中往往通过最高人民法院司法解释、法院解释甚至国务院批复解决。如1993年《公司法》以及1999年对《公司法》的第一次修正并没有创设公司法人格否认制度,而是通过之后一系列最高人民法院的司法解释或国务院的行政法规及进行企业整顿和债权人保护,甚至地方高院的法律适用解释也存在一些类似的规定。鉴于公司法人格否认制度适用的复杂性,商法学会在其2005年《公司法》(建议稿)第19条规定了其具体适用的情形,但也不可能穷尽所有股东滥用其有限责任的情形。更有学者预见性地认为,成文法后的公司法人格否认制度因为法官素质参差不齐存在被滥用的可能性。由于债权人保护问题的紧迫性与严重性,立法者最终在2005年《公司法》第20条第3款确立了这一制度。但随后最高人民法院出台的公司法司法解释(一)、(二)、(三)、(四)并没有明确其适用情形,法律实践中法院似乎存有这样的期待。德国联邦法院没有颁布类似于最高院司法解释的权限,在直索责任的法律适用是通过联邦法院的案例引导其案例类型发展。例如,在2007年的Trihotel判例中确定"导致公司毁灭"案例类型由直索责任替代为侵权责任,该判例又对后续判例及直索制度归责案例群发展产生极大影响。德国联邦法院与学界这一互动模式显然对中国《公司法》第20条第3款的法律适用大有裨益，尤其是在2010年11月26日《最高人民法院关于案例指导工作的规定》的背景下。在最高人民法院指导案例的引导下法官在对《公司法》第20条第3款的适用标准乃至案例类型的判断更为具体；另一方面也促使法官减少对最高人民法院司法解释的依赖，更为谨慎“揭开股东有限责任面纱”，从而更为关注法院在具体案例中对条款适用的解释。

《公司法》第20条第3款确立公司法人格否认制度不是为了“否认公司法人人格”，而是为了完善公司法人制度。法学学者不是立法者，立法阶段已过，他们的主要工作是在对中国法人格否认制度的理解上帮助法官在司法判决中准确适用《公司法》第20条第3款，实现股东权益保护与债权人权益保护的法益平衡目的。该制度是不是以成文法或者以法官法的形式出现在立法阶段结束之后事实上已不是那么重要了，重要的是法官能在确定中国公司法人格否认理论及适用规范的前提下在具体个案中做出正确的法益衡量。由于《公司法》第20条第3款适用规范不明确，实践中可能对公司法人格否认归责案例类型的司法解释有所期待。但即使是司法解释也不可能涵盖所有的股东侵权行为，其侵权程度是否达到“滥用公司法人人格”与“滥用股东有限责任”的程度也很难具体规定。正如德国法学家埃塞尔在《私法体系下法官造法的原则与规范》中所言：“司法过程中的法律发现绝不仅仅是一个规范化的推理工作，它需要(法官结合具体个案)在法律规范适用范围内，对其法理价值和逻辑结构做出正确的文义理解。”尽管埃塞尔这里所讲的是德国法官法律续造的问题，但他的这一观点对“公司法法人格否认理论”制度化的《公司法》第20条第3款的法律适用也具有重要意义。在法律文本范围内，结合法学理论、具体案例实证研究及发现公司法人格否认制度的具体裁判规范，明确《公司法》第20条第3款适用的主体范围、案例类型及法律后果。最高人民法院公司法案例指导制度为这一问题的解决提供助力，在开展判例指导的背景下可灵活引导公司法人格否认制度法律适用的司法实践。

五、结论

公司法人格否认制度涉及《公司法》的立法基础——股东有限责

任,法官中对《公司法》第20条第3款的不当适用解释会造成对公司债权人保护过度的实体性干预,有违《公司法》的私法精神。本文尝试得出如下见解,冀望对司法实践有所助益:

1. 公司法人格否认制度作为《公司法》第20条第3款的法理基础,其确立基于商法的特殊价值取向,已突破民法基本原则;其实质上是为维护商事交易秩序、平衡股东利益与债权人利益保护的商事直索责任。

2. 与德国直索责任不同,中国公司法人格否认制度以成文法形式确定;但其法律功能与法官造法的德国直索制度类似,作为其他不突破股东有限责任原则的公司债权人保护制度之补充。

3. 法官一旦决定适用《公司法》第20条第3款,股东则处于类似合伙企业投资人的法律地位,对公司债务承担外部无限连带责任;而其他未突破股东有限责任的债权人保护制度仅是公司内部责任,并未对公司法律形式造成实质性侵害。

4. 规定股东外部责任的《公司法》第20条第3款与其他公司内部救济的债权人保护制度形成法律竞合关系;仅存在出资不足情形不足以通过适用公司法人格否认制度解决,股东的受信义务主体不宜做扩大解释,股东导致公司破产案件中对债权人保护不足可通过公司法人格否认制度填补。

5. 作为突破股东与公司财产分离原则的外部股东责任,在司法实践中对其"滥用公司法人人格"与"滥用股东有限责任"的举证责任标准显然应高于资本维持制度、经理人责任、关联企业责任等具有损害赔偿性质公司内部责任,这也进一步对指导判例中的《公司法》第20条第3款的适用解释提出更高要求。

6. 根据这一法理基础及适用解释回到文初问题:最高人民法院第15号指导案例中的关联公司并不是投资主体,徐州中院的判决并没有突破股东的有限责任,其对关联公司适用了《公司法》中突破股东有限责任的例外制度显然是对公司法人格否认制度的不当适用;而指导案例9中的三名股东显然应对公司债务承担无限连带清偿责任。

(赵守政,德国明斯特大学法学博士生)

从资产池层级披露到资产层级披露

——金融危机后美欧资产证券化信息披露监管改革

王远胜

目　次

一、引言

次债危机暴露的资产证券化的主要问题之一是交易透明度不足导致投资人对信用评级过度依赖，而事实证明这些评级并不准确。危机后，美欧市场加大了信息披露监管力度，试图将危机前的“资产池层级披露”（pool-level disclosure）向前推进为“资产层级披露”（asset-level disclosure），以提高投资人对风险的自我评估能力，减少对信用评级的依赖。资产层级披露始于危机后市场为提振投资人信心的自发实践，并得到行业自律组织的大力推动。然而，由于资产层级披露会大幅度增加交易成本,同时也有可能冲击对债务人隐私信息的保护,美欧监管当局在全面推行这一规定时显得谨慎小心。美国证券交易委员会(SEC)于2010年4月首次公布涉及资产层级披露改革方案的征求意见稿(Regulation AB Ⅱ,2011年8月根据《多德—弗兰克法案》修改)后,至今尚未出台正式规则。在欧盟,2011年1月生效的新资本要求指令(CRD Article122a)对资产层级披露提出了原则性要求,但也一直未公布细则文本。

随着银监会2012年5月《关于进一步扩大信贷资产证券化试点有关事项的通知》(以下简称为《通知》)的发布,我国金融资产证券化重新启航。在信息披露方面,《通知》在维持2005年银监会颁发的《信贷资产证券化试点管理办法》以及中国人民银行分别于2005年、2007年颁布的《资产支持证券信息披露规则》、《信贷资产证券化基础资产池信息披露有关事项》确立的"资产池层级披露"基本格局的同时,增加了一条"鼓励创造条件逐步实现对每一笔入池资产按要求进行规范信息披露"的指引(第7条)。从这条指引性规定可以看出,我国监管部门一方面注意到了美欧市场信息披露监管的新思路,有意将资产层级披露作为信息披露监管改革的方向,另一方面又对实施这种改革存有顾虑,期待发达国家市场和监管部门的进一步实践。

资产层级披露是增加市场透明度、促进投资人知性投资(informed investment)的基本手段。在美国,2014年年初SEC重新启动对Regulation AB Ⅱ的征求意见程序,其正式推行应当为期不远。在欧盟,欧洲议会和欧盟委员会于2013年5月颁布的"修订版信用评级机构监管法案(CRA 3)",不仅再次重申了CRD Article122a确定的资产层级信息披露原则,而且要求欧洲证券市场监管局(ESMA)在2014年6月21日前向委员会提交符合监管技术要求标准的实施细则。2013年7月,国务院印发《关于金融支持经济结构调整和转型升级的指导意见》,要求逐步推进信贷资产证券化常规化发展。在试点条件下,交易结构简单透明,入池资产质量被严格控制,信息披露的重要性并不突出。一旦步入常态化、市场化,基础资产信息披露不透明的弊端就极有可能显现。因此有必要在常态化之前梳理域外经验以为借鉴,避免重蹈次贷危机覆辙。

二、资产池层级披露及其不足

现代资产证券化市场发端于20世纪70年代。在美欧金融市场自由化的大背景下,监管机构长时间将它与普通公司债券同等对待,认为以信用评级为核心的市场监督,完全能满足市场健康发展的需要。以美国为例,2004年年底前,资产支持证券的信息披露一直沿用《1933年证券法》(针对初次公开发行注册的信息披露)和《1934年证券交易法》(针对持续信息披露),监管机构并没有对其提出特殊要求。2004年年底,SEC首次发布专门针对资产支持证券信息披露的Regulation AB规则,但其目的是为了改变市场各自为政造成的信息披露芜杂、混乱状况,促成市场自发形成的信息披露的规范化、统一化和简洁化,而非为了加强信息披露监管力度。

Regulation AB仍坚持市场监督为主的基本原则。根据这一原则,信息披露监管的重心是交易结构和交易参与人。对于基础资产的信用质量保证,则主要交由市场竞争和信用评级完成。为了让市场竞争尽可能发挥效率,Regulation AB不仅要求发起人、服务人等交易参与人披露组织结构、营业类型等一般性信息,而且要求披露他们以往参与资产证券化交易的经验、历史业绩。对于基础资产信息,Regulation AB的原则是以资产池为总体,分别提供总体数据、加权平均数据,具体披露的内容包括(Item 1111):(1)入池资产类型与选取标准;(2)资产池实质性特征(pool characteristics),包括:每种类型资产的数量、资产规模、利率结构、贷款期限及剩余期限、贷款价值比率(LTV),等等;(3)贷款逾期及损失信息;(4)资产池现金流来源;(5)与资产池有关的、发起人及其他交易参与人的承诺、保证,以及违反承诺、保证的回购安排等;(6)资产池上除投资人外的他人实质性权利;(7)资产池滚动期、预筹账户(prefunding accounts)以及其他涉及资产池变动的信息。

欧盟并未针对资产证券化制定专门的信息披露规则。金融危机前,公开市场发售的资产支持证券的信息披露,一般性地适用规制所有证券信息披露的各类“指令”,主要是2003年发布的规范公开发行说明书的“第71号指令(Directive 2003/71/EC)”、反内幕交易和操纵市场行为的“第6号指令(Directive 2003/6/EC)”以及2004年发布的规范持续信息披露的“第109号指令(Directive 2004/109/EC)”。根据上述“指令”及与之配套的“规则”(regulations),资产支持证券发起人需要披露的信息主要有:交易结构要述、发起人及服务人概述、资产池现金流状况、资产池加权贷款价值比率、抵押顺位情况、基础抵押资产历史表现。欧盟成员国在将指令要求转化为本国法律时,部分内容有所细化。在有关资产信息方面,对于基础数量较少的商业不动产抵押证券(CMBS),大多数国家要求在披露总体资产池层级信息的同时,披露相对应的单笔资产信息。但对于RMBS,所有国家均只要求披露总体资产池特征信息。

当然,监管部门强制披露的信息只是最低要求,市场实践中的信息披露内容与之有一些差异,但也呈现出明显的资产池总体披露特征。次债危机后,美国资本市场监管委员会(CCMR)选取2006年发行,并在SEC的“电子化数据收集、分析及检索系统(EDGAR)”披露的19笔交易(涵盖了美国市场的三种典型RMBS产品:可调整利率抵押贷款、次优级抵押贷款、次级抵押贷款),对与被证券化资产有关的信息披露具体内容进行了实证研究[CCMR综合美国资产证券化论坛(ASF)、穆迪、标普列举的对投资人知性投资至关重要、决定信贷资产信用质量的重要信息事项共165项,将它们归纳为11大类],结果如下:

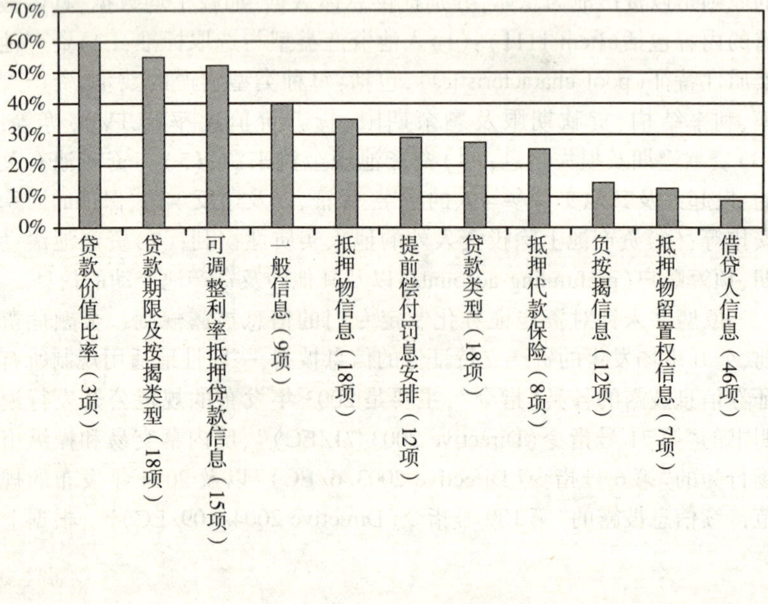

在11大类信息中,反映资产池集合性特征的"贷款价值比率"、"贷款期限及按揭类型"等披露较为充分。而反映单个资产特征的"信贷人信息",尽管其涉及的内容最多(46项),但恰恰是披露最少的。在19笔研究样本中,借贷人收入认证、共同借贷人收入认证、共同借贷人职业认证、共同借贷人财产认证、放贷选择标准信息等均未披露,披露借贷人财产认证的也只有3笔。

资产池层级披露与金融市场广泛引入"模型预测技术"(predictive modeling)息息相关。所谓"模型预测技术",简单说就是借助以营业历史统计数据为基础建立的模型来预测将来可能性的技术。20世纪晚期,"统计预测模型(Statistical predictive models)"成为金融监管、信用评级、市场投资决策等的主要助手。Item 1111要求的资产池层级披露的内容,基本上就是统计预测模型建模所需要的数据。然而,次债危机的爆发表明,以统计预测模型为基础的资产池层级信息披露存在严重不足,证券化资产的实际违约率远远超过依据模型预测的违约率。对于统计预测模型失准的原因,危机爆发初期曾一度被归咎为房价出人意料地暴跌,但随着研究的深入,资产证券化交易结构与"统计预测模型"结合、导致信息严重不对称的问题开始被重视。

在借贷交易中,借贷人可以获得的判断一笔抵押贷款质量的信息大体可以分为两类:硬化信息(hard information)和软化信息(soft information)。所谓硬化信息,指的是可以并且相对容易被证明的信息,如借贷人的信用积分、抵押贷款的贷款价值比率;与硬化信息相反,软化信息指的是那些难以被证实或者证实成本高企的借贷人信息,典型的如借贷人的工作前景、放贷人对借贷人的主观印象(如心理健康状况)。硬化信息和软化信息的主要区别在于:前者具有一定的客观性,可以量化和证实;后者带有一定的主观性,难以被证实或者证实成本高昂。在没有证券化时,银行为自身资产风险计,会同时投入获取硬化信息和软化信息的成本,并通过贷款协议条款(如利率)予以内化。但在证券化后,只有建立统计预测模型所需要的硬化信息被传递给投资人,软化信息则遗留在贷款银行,失去了市场价值。随着证券化市场的繁荣,对于贷款银行,则可能出现两种结果:一是其渐渐失去收集借贷人软化信息的动力;二是引发道德风险:即便那些可以观察到的软化信息,贷款银行也会有意忽视,因为被证券化出售的资产评级越高,发起人获得的收益就越多。而对于信贷资产,则可能出现三种结果:其一,决定抵押贷款利率的因素越来越集中于借款人信用积分、贷款价值比率等硬化信息上,决定贷款质量的软化信息因不需要披露而渐渐被忽略,贷款利率差别越来越窄;其二,由于放贷人对硬化信息相同而软化信息差异的贷款人执行同一利率,利率的预示违约能力越来越差;其三,基于历史数据构建的风险预测模型,其预测风险的能力越来越失准。风险预测模型的实质是从历史表现预测未来,在证券化预期不高的情况下,放贷人仍然会积极收集软化信息,尽管风险模型构建立足于硬化信息,但信贷资产的实际违约表现包含了软化信息部分。随着证券化市场突飞猛进,借贷人职业是否稳定、未来收入预期是否确定等软化信息被有意无意忽略,基于历史表现的风险预测模型的预测能力越来越差。一份对次债危机发生后美国次级住房抵押贷款违约情况的研究报告表明,借款人信用积分为621分的资产池的违约率,反而比信用积分为619的资产池的违约率高出10%～25%。之所以如此,原因在于:信用积分620分通常是房利美、房地美收购住房抵押贷款进行证券化的最低积分,由于存在明确的出售预期,金融机构在向信用积分621分的借款人发放抵押贷款时,有意无意放松甚至忽略了对软化信息的收集、审查;而信用积分为619分的借贷人,金融机构则严格执行了其内部制定的借贷程序和标准。

三、美欧引入资产层级披露的逻辑及过程

次债危机让风险预测模型名声扫地,人们开始认识到:尽管贷款价值比率、贷款期限、按揭类型、提前偿付罚息安排等可以量化的资产池硬化信息很重要,但这些并非是决定被证券化资产信用质量的关键因素。真正决定借贷人未来还款能力的是其职业前景、财产收入预期,乃至健康状况、婚姻状况等诸多被忽略了的软化信息。在资产池层级披露模式下,“对RMBS的未来表现的评估,重点不是放在资产信用风险上,而是放在了提前偿付风险上了”。

促使发起人收集贷款人软化信息的基本途径是强制其留存一定的资产支持证券风险,即所谓的“拒绝脱身”(skin in the game)。然而,强

制风险留存本身却与资产证券化交易的市场效率存在悖论。众所周知,通过将放贷人风险敞口转移至投资人以扩大抵押贷款的市场规模,是资产证券化交易的主要价值之一。特别是住房抵押信贷,由于绝大多数国家制定有向借贷人倾斜的住房信贷公共政策,金融机构在从事这类信贷交易时利润率本来就相对较低,强制风险留存要求的资本储备,增加了发起人的经营成本,会使住房抵押信贷对发起人失去吸引力,甚至不经济。为抵销增加的资本储备成本,发起人势必要提高贷款利率。这样一来,就完全与"住者有其房"的公共政策背道而驰了。

尽管软化信息具有难以被证实的特点,但其与硬化信息之间并非没有关系。比如,作为硬化信息的借贷人的信用积分,在一定程度上也是其职业稳定性、健康状况乃至婚姻状况等软化信息的显性表现;而未来收入预期等软化信息尽管难以量化确定,但当前职业状况、雇佣期限长短等硬化信息,对其也有一定的预示价值。在非证券化借贷模式下,由于金融机构会主动收集软化信息,需要通过借贷认证文件传递的硬化信息可以比较少。在证券化借贷模式下,如果增加硬化信息的披露范围,在一定程度上也可以弥补软化信息不足的弊端。基于上述考虑,在强制风险留存的同时,将资产池层级披露推前一步为资产层级披露,增加证券化交易的透明度,减少投资人对信用评级的依赖,逐渐成为市场、研究机构和监管当局的共同呼吁。有学者在实证研究后甚至认为:"如果硬化信息披露足够充分","要求发起人持有额外的风险敞口以抵消其降低放贷标准的道德风险,可能没有什么价值"。

2009 年 6 月,美国财政部制定的奥巴马政府《重塑金融监管蓝图》,将"在交易发起时和存续期间让投资人和信用评级机构知悉评估资产信用质量的必要信息","增加证券化市场的透明度和标准化"作为加强监管的五大举措之一。在奥巴马政府《重塑金融监管蓝图》公布之前,一些研究机构针对提高证券化市场监管水平的研究已经如火如荼,这些研究机构形成的最终报告,都将资产层级披露作为改善信息披露的一项重要举措。2009 年 7 月,知名 RMBS 市场自律组织——美国资产证券化论坛(ASF),发布了新的立足于资产层级披露的证券化信息披露和报告的细则文本——Project Restrat(适用于没有政府隐性担保、由普通金融机构发起的 RMBS,即所谓的 private-label RMBS),

并建议市场在2010年2月1日前部分实行。在政府要求、学界鼓呼、市场实践的多重促进下,2010年5月,SEC公布了新版Regulation AB——Regulation AB Ⅱ的建议稿并征求意见。Regulation AB Ⅱ全面参照Project Restrat,在原有"资产池信息披露(Item 1111)"下增加一节"资产层级披露(Item 1111A)",对交易发起时以及存续期间基于单笔资产的信息披露内容、要求等作了详细规定。2010年7月,《多德—弗兰克法案》生效,有关资产支持证券的信息披露和报告,规定在法案SEC. 942:(SEC)"应当制定规章,要求资产支持证券的每一发起人披露每一层级或者类型证券的信息",相关规章"应当要求资产支持证券发起人至少披露资产或者贷款层级信息,只要这些信息是投资人进行谨慎投资判断所需要的"。应《多德—弗兰克法案》SEC. 942的要求,SEC于2011年8月对Regulation AB Ⅱ修改后再次公布,并征求意见。由于在资产层级披露带来的交易成本上升以及可能违反消费者个人信息保护法上存在较大争议,SEC两次征求意见后,至今未公布具有法律效力的最终文本。随着资产证券化市场逐渐复苏,2014年年初,SEC再次启动对Regulation AB Ⅱ的征求意见程序,预计不久会公布正式文本。

欧盟金融监管系统对资产层级信息披露的重视始于2010年。次债危机发酵伊始,欧盟仍将信用评级视为保障市场透明、降低市场风险的核心。欧洲议会和欧盟理事会于2009年9月发布的监管信用评级机构的"第1060/2009号规章[Regulation(EC) No. 1060/2009,通常简称为CRA2]",仍将监管的侧重点放在增强评级机构的诚实信用度、透明度、责任以及内部良好运作程序方面,并没有有意降低其对于证券化交易的重要性。不过,欧洲银行监管委员会(CEBS)于2010年年底发布、2011年1月1日生效的新"资本要求指令(CRD Article 122a)",开始重视资产层级披露对增加市场透明度的重要性,并且对其作了原则性要求,"发起人应当提供所有与单笔证券化资产风险敞口信用质量和表现相关的实质数据",对于何为"单笔证券化资产风险敞口",委员会发布的指令适用"指南"(Guidelines)作了进一步解释:其指的是"这些数据的提供应当以单笔资产(或称为"资产层级")为基础,而非资产池的共性数据"。在监管方向改变的环境下,欧洲议会和欧盟理事会于2013年6月公布的、修改CRA2的“第462/2013号规章[Regulation (EC) No. 462/2013,通常简称为CRA3]”,放弃了对信用评级过度依赖的一贯做法,将“降低对信用评级的过分依赖”作为监管改革的一项基本原则。为此,CRA3在原CRA2的第八节“(评级)方式、方法和核心假设”下,专门增加了一部分“结构化融资工具的信息披露”(Article 8b),要求发起人在欧洲证券市场监管局(ESMA)的网络平台公开结构化融资工具基础资产的信用质量和表现信息,同时要求ESMA在2014年6月21日前制定标准化的具体信息类别。

在监管部门的强制性资产层级披露尚在布局时,欧盟金融市场的资产层级披露已经正式启动。2010年12月,欧洲中央银行(EBC)对进入其再融资体系、可以作为再融资担保的适格资产支持证券资产的标准作了修正,要求成员国金融机构(融资人)提供的用于担保的RMBS资产(包括存量和增量),必须在18个月内满足资产层级披露要求。2011年4月,EBC进一步要求用于再融资担保的商业不动产抵押贷款支持证券(CMBS)以及中小企业贷款支持证券(SME MBS),在18个月内满足资产层级披露要求。从2011年下半年开始,EBC先后公布了各类资产支持证券的资产层级信息披露模板(templates),对披露的内容、方式作了具体规定。2012年6月,欧盟资产支持证券信息披露平台——欧元体系(Eurosystem)的“欧洲数据库”(the European Data Warehouse GmbH)建成并投入使用。到目前为止,可以作为向EBC再融资担保的资产支持证券,包括住房抵押贷款支持证券、商业不动产抵押贷款支持证券、中小企业贷款支持证券、消费信贷支持证券、租赁融资支持证券、汽车消费信贷支持证券、信用卡应收款支持证券,均需通过“欧洲数据库”满足资产层级披露要求。

四、资产层级披露的具体内容——以住房抵押贷款支持证券为例

截至目前,欧洲中央银行以各别形式发布资产层级披露规则的交易类别包括:住房抵押贷款证券化、商业不动产抵押贷款证券化、中小企业贷款证券化、消费信贷证券化、租赁融资证券化、汽车消费信贷证券化、信用卡应收款证券化;Regulation AB Ⅱ的“资产层级披露”新规涵盖的交易类型不包括上述的信用卡应收账款证券化,但增加了对学

生贷款证券化、库存抵押贷款证券化以及再证券化的适用。受篇幅所限,本文选择 Regulation AB Ⅱ的住房抵押贷款支持证券资产层级披露,概括介绍披露的具体内容。

Regulation AB Ⅱ的"资产层级披露"新规包括两大部分:发起时的资产层级信息披露,规定在§229.1111A(Item 1111A);持续信息披露,规定在§229.1121A。二者均参考了美国资产证券化论坛的 Project Restrat 以及房地美、房利美对拟收购信贷的披露要求。

关于发起时资产层级信息披露的§229.1111A(Schedule L)分为五部分:

(1)一般性信息。包括资产基础信息和结算日即时财务信息。前者有:资产编号,放贷金融机构,放贷日期,放贷数额,贷款期限,到期日,按揭期限,贷款利率,利率类型,按揭类型,仅偿利息(不还本)的期限,初次偿还日,贷款服务人、服务费及支付方式,是否属于不满足某一确定放贷标准的例外情况贷款等;后者主要有:结算日,结算日本金余额,结算日利率,剩余本息总额,(如果偿付处于拖欠状态)已拖欠时间,(如果属于滞期偿付)滞期的时间,处于拖欠偿付状态的资产数额,剩余本息偿付时间等。

(2)抵押贷款信息。主要包括:贷款意图,抵押权顺位(如果抵押权处在第一顺位,则继续披露劣后顺位抵押权的数额;如果抵押权非第一顺位,进一步提供在先抵押权数额、类型、期限、设立时间等信息),有无提前偿付罚息安排(如有,则进一步披露罚息计算方式、条件、总有效期限),是否属于负按揭(属于负按揭的,则需要进一步提供可能影响本息偿付的具体信息数据),原始贷款条款是否更改(如果更改,则需要提供最近一次更改相关信息),是否办理保险,是否属于大额尾付型按揭,可以再融资的抵押房产剩余价值,贷款是否有经纪人参与,证券化交易发起人购买贷款的途径,本息偿付特殊安排(如房产商是否通过提高合同价格的方式为购买人支付贷款初期部分本息等),可调整利率抵押贷款相关信息(共22项)。

(3)抵押房产信息。主要包括:地理位置,占有状况,购买价格,房产性质,原始评估价值、评估方式及日期,最近评估价值、评估方式及日期,(如属于自动估值)自动估值选择的模型及可信度指数,最近自动估值选择的模型及可信度指数，抵押房产原始综合贷款价值比率(CLTV)，原始贷款价值比率(LTV)及测算日期，(如以他项金融资产抵押代替首付)代替首付的抵押资产价值。如果抵押房产属于移动房屋，则需要进一步提供包括建造年份、建造价格等附加信息。

(4)借贷人信息。包括：借贷人及共同债务人信用评分及测算评分的模型，借贷人及共同债务人收入认证状况，借贷人及共同债务人职业认证状况、当前职业受雇时长，借贷人及共同债务人财产认证状况，借贷人及共同债务人月薪金收入、月其他收入，承担偿付责任的债务人数量，所有承担偿付责任的债务人月薪金、月其他收入总和，债务人是否属于自雇，流动性/现金储备，借贷人为抵押贷款提供担保的财产数量，其他债务月清偿额，总债务收入比率，借贷合同约定的债务人本息支付方式，借贷人自付首付比例，涉及抵押房产的除贷款本息以外的其他月支出费用，任一债务人解除破产约束的时间，债务人他项抵押财产被变卖偿付的时间。

(5)保险信息。如果抵押贷款已办理保险，则需要披露保险公司名称、保单编号、担保比例、保险人担责方式、保险费支付人(借贷人、放贷人还是其他人)等信息。

持续信息披露的内容主要是基础资产表现，要求每月更新，规定在§229.1121A(Schedule L-D)，内容主要包括：

(1)一般性信息。主要包括：资产及所属次级资产池编号，披露期间的起止日期，具体表现(本息以及各项应当支付的费用的实际支付情况、逾期情况、剩余期间等)，资产服务相关信息(服务费数额、收取方式及实际支付情况、服务商变更等)，借贷合同是否变更，是否被回购及相关信息，非正常清偿详细信息。

(2)RMBS特殊信息。主要包括：偿付异常的详细信息(滞期原因、对滞期的处理措施等)，可调整利率信贷的详细信息，债务人进入破产程序的详细信息，贷款合同变更详细信息，为减轻滞期损失采取的措施及具体信息，资产损失及处置方式详细信息，保险索赔详细信息。

五、资产层级披露的特殊方式

(一)独特的标准化加数字化披露模式

由于证券化交易的基础资产数量众多,资产层级披露要求针对每笔资产披露数百项信息,如果采用传统的描述式披露方式,卷帙浩繁的描述性信息势必给投资人带来巨大的分析成本。针对这一问题,欧洲央行的披露模板和SEC的Regulation AB Ⅱ均借鉴ASF的Project Restrat,引入了一种新的披露技术模式:标准化的信息分类 + 数字化信息描述。

这种披露技术的核心是:将那些传统的描述性披露信息,归纳为若干标准化的类别,然后以计算机可以识别的数据语言[Regulation AB Ⅱ要求统一采用XML(可扩展标记语言)模式]予以描述,实现所有信息披露的数字化。上文列举的资产层级披露信息中,有些本身是数字化的,如各种日期信息、贷款利率信息、借贷人财产收入信息。但也有大量信息本身不是数字化而是描述性的,如抵押贷款意图、抵押房产占有状况、债务人财产收入认证状况。欧洲央行的披露模板和SEC的Regulation AB Ⅱ对绝大多数非数字化描述性信息进行了数字化处理(只有少量描述性信息除外,如借贷银行名称、服务商名称、信用积分类型)。以"抵押贷款意图"披露为例,欧洲央行的RMBS披露模板根据欧洲市场实践将其归纳为17种情形,包括:购买房产、再抵押贷款、房屋翻建装修、房产价值释放(equity release,类似于我国的住房养老安排)、新房建造、债务合并(debt consolidation,以较低利率的住宅抵押贷款归还较高利率的他项贷款)、政府资助信贷等,依次以代码1~17表示;Regulation AB Ⅱ则根据美国市场实际将其归纳为"债务合并、房屋翻建装修、购买首套房产、购买非首套房等"11种情形,依次以代码1~11表示。披露文件只需列明数字代码,无须描述具体信息。对于列举的信息类别可能不能概括所有现实状况的情况,二者在可能存在遗漏的描述性信息类别后均增加了一项选择:其他情形(同样以统一的数字代码表示)。

信息披露的标准化和数字化,让投资人可以利用计算机软件分析披露的信息内容,降低了信息分析成本,使有用的资产层级信息变得好用。大多数证券化交易的基础资产购买自不同的金融机构,如果不同放贷银行采用不同的披露标准(非标准化),对这些庞杂的数据堆进行比较、简化、分析,势必变得异常困难。不过,标准化和数字化披露也存在一个重要缺陷,即监管当局确定并予以标准化的披露项目可能不敷使用。针对这一问题,欧洲央行和 SEC 采取了补救措施,即在披露模板表格中列出少量空白项,供发起人补充披露对于投资人重要的其他信息内容。这些信息的披露,可以采用传统的非数字化方式。

(二)对可能涉及借贷人隐私的信息的处理方式

美、欧都有比较完备的消费者个人信息保护法。在美国,承担消费者个人信息保护职责的联邦交易委员会(FTC)界定的受保护的个人信息包括(但不限于):姓名、家庭住址(包括城市及街区名称)、电子邮箱或在线联系信息、电话、社会保障号、驾照号码、信用卡或贷记卡账号以及其他如客户号等可以用来识别个人身份的持久性标识。另外,1999年的《金融服务现代化法案》专门规定金融机构对客户的个人金融信息有保密义务。欧盟的“数据保护指令(EU Data Protection Directive 95/46/EC)”则将“所有用于识别个人身份,或者可以用于直接或者间接识别个人身份的信息”均纳入保护范围,特别是与个人有关的“身体、生理、心理、经济状况、文化以及社会身份信息”。资产层级披露中的借贷人信息和抵押房产信息,很多涉及个人信息保护的范围,因而有必要采取特殊处理方式。

1. 对借贷人姓名、年龄、抵押房产地理位置等直接身份信息的处理。

Regulation AB Ⅱ没有要求披露借贷人姓名、年龄信息。欧洲银行披露模板则要求为每一借贷人设置一个加密身份代码匿名披露,年龄信息则只需要披露出生年份。对于抵押房产位置,二者均只要求披露大致地点,不需要具体到街区。

2. 对可能间接指向个人身份的信息的处理。

信用积分、收入、职业状况等信息尽管和个人身份没有直接对应关系,但这些信息和放贷机构名称、房产位置等其他信息结合,也可能间接透露借贷人的身份。针对这种情况,Regulation AB Ⅱ采用了段别维度披露的方式,不要求披露具体数据。例如,将信用积分从“499 分以下”到“800分以上”分为8个等次(每50分1个等次),披露文件只需指明借贷人以及共同债务人信用积分所处的等次,不必披露具体积分。同样,收入、债务、当前职业雇佣时长等数据,也被分为若干维度,披露债务人所属的段别即可。

不过在征求意见过程中,上述处理方式受到很多批评。一些机构认为,尽管段别维度式披露弱化了上述单项信息和债务人之间的对应关系,但如果和其他从公开渠道可以获得的消费者信息结合,债务人的身份仍可能被透露出去。另外,模糊的段别维度披露方式本身也降低了信息公开的透明度。一些机构建议对于信用积分、收入、雇佣历史等重要信息,应当披露具体数据,以便投资人能够对目标证券准确估价,以及为其他重要信息如负债收入比等提供佐证。回应上述批评,SEC在2014年年初重新启动Regulation AB Ⅱ评论程序时,提出以“公开披露+针对性披露”相结合代替传统的单一公开披露的解决方式。SEC在1996年要求所有公开披露的信息均应通过其“电子化数据收集、分析及检索系统(EDGAR)”发布,该系统对公众免费开放,Regulation AB Ⅱ原本要求的披露平台即是该系统。在“公开披露+针对性披露”模式下,没有侵犯个人隐私之虞的信息仍需在EDGAR公开,信用积分、收入、负债等涉及个人隐私的重要敏感信息,则在发起人自己建立并可以控制的网络平台公布,由发起人向投资人或者潜在投资人提供准入接口,并要求对方承担不扩散信息的义务。在这种模式下,发起人应当提供具体数据,而不是模糊的段别维度。同时,为了便于SEC监管,发起人应当向其提供非公开的敏感隐私信息副本。

为了克服资产层级披露和债务人信息保护之间的矛盾,欧盟成员国监管当局对敏感隐私信息的披露也采取了一些特别保护措施。例如,英格兰银行于2010年11月发布的规范RMBS的“市场提醒”(Market Notice),要求资产层级信息必须匿名披露,匿名信息的必须披露范围限定于“投资人、潜在投资人以及他们的职业代理人”,同时要求接触资产层级信息的投资人承担保密义务,相关信息只能用于评估证券价值和表现,不得用于识别个人债务人身份。

(三)对半软化信息的处理

Regulation AB Ⅱ的资产层级披露一方面剔除了那些纯属主观判

断性质的软化信息,如债务人的精神状况、婚姻家庭状况,但也包含了一定数量的“半软化信息”,如债务人的收入状况、财产状况、职业雇佣状况。这些半软化信息的来源基于债务人陈述,如果不考虑证实成本,它们大都可以经证实成为硬化信息。但在有些时候,这种不计成本的证实往往是不效率的。对于这些半软化信息,SEC 和欧盟披露模板采取了一种灵活处理方式,即在披露目标信息的同时说明证实水平即可,发起人不需要一定证实其真实、准确性。例如,Regulation AB Ⅱ将债务人收入认证水平分为 1 ~ 5 五种层次:(当事人)“未陈述、未证实”、“陈述但未证实”、“陈述并部分证实”、“陈述并以上年纳税申报文件等资料证实(如属于自雇,则提供上两年纳税申报文件)”、“陈述并以前 24 个月纳税申报文件等资料证实(如属于自雇,则在提供上两年纳税申报文件的同时增加注册会计师认证)”;将职业状况的认证水平分为“未陈述未证实”、“陈述但未证实”、“陈述并为第三方独立认证”3 种层次,披露文件在“转述”债务人陈述的同时,载明该信息取得哪种认证层次即可。

六、资产层级披露与交易成本增加之间的矛盾及处理

除了可能和消费者隐私保护法不协调以外,资产层级披露面临的另一个棘手问题是如何在促进投资人知性投资和控制交易成本增加之间达到平衡。对于已经习惯于资产池披露的发起人、服务人来说,资产层级披露对其既往的交易模式具有很大的颠覆性。它们不仅需要更新以往的信息收集平台,更新以往交易中使用的大量格式合同,还需要培训专业人员、调整信息收集方式等。SEC 依据美国《文书工作减负法》测算,与资产池层级披露相比,新的资产层级披露可能给市场增加 4000 多万美元的额外成本。

交易成本的上升,不仅会影响证券化交易本身的效率,而且还可能破坏市场公平竞争。对于财力雄厚的大金融机构,由于其可以承受增加的交易成本,因而能够继续对自身持有的信贷资产进行证券化运作。但对于那些规模较小的金融机构,增加的成本支出则可能将它们挡在证券化市场之外。中小金融机构除了自己对持有的资产直接进行证券化运作外,通常还有一种间接方式,即将资产出售给专门收购信贷资产

进行证券化交易的所谓“打包证券化发起人”(aggregator),由后者进行证券化运作。资产层级披露对这种“打包证券化交易”是个不小的障碍,因为只有出售资产的放贷人才可能获得单笔资产的详细信息,承担披露义务的发起人掌握的都是放贷人传来的“二手信息”,对不实披露责任的担心,可能会让打包交易市场急剧萎缩。这样一来,中小金融机构的这种间接证券化渠道也会渐渐堵塞。直接市场和间接市场双双堵塞,中小金融机构不仅失去了证券化这一重要融资渠道,而且其资产也会因缺少流动性而贬值,在与大金融机构的竞争中势必处于十分不利的境地。

为了控制资产层级披露带来的成本增加,SEC 选择了两种处理方式:其一,将信用卡应收账款、赊账卡应收账款、电力行业摊减成本收费(stranded costs)等资产证券化交易排除适用。这些证券化交易的基础资产数以千百万计,资产层级披露不仅耗费巨额成本,而且过于庞杂的数据堆积,对投资人意义也不大。这些交易仍采用以往的资产池组合披露。其二,针对性控制资产层级披露信息项目的数量。除了普遍适用的一般性信息项目,Regulation AB Ⅱ建议稿列举的针对 RMBS 的特别资产层级披露项目有近 200 项,但汽车消费信贷、学生贷款等证券化的特别资产层级披露只有 30 项左右。以借贷人信息为例,后者只要求披露信用积分、收入、职业雇佣状况等事项,而不需要像前者那样披露众多他项债务信息。

RMBS 的基础资产数目虽不像信用卡应收账款证券化那样庞大,但往往也多达数千,资产层级披露必然导致交易成本大幅上升。对于这一问题,SEC 给出的解释是:Regulation AB Ⅱ的披露要求与美国资产证券化论坛的 Project Restrat 的要求差别不大,基于后者不仅经过了市场参与各方的广泛讨论,而且自 2010 年已在市场试行,发起人应当可以承担增加的交易成本。但是,SEC 的上述理由并不充分,因为它忽略了 Regulation AB Ⅱ和 Project Restrat 之间的一个重大区别:后者明确指出其不具有强制执行性,也不能作为判断披露义务人承担不实披露侵权责任的要件之一——不实披露的信息具有“实质重要性”(materiality)的基础。严格来说,Project Restrat 的披露要求只是劝导性的,而 Regulation AB Ⅱ一旦正式通过,则具有强制执行效力。上述区别会直接影响披露成本。尽管 Regulation AB Ⅱ通过说明证明水平的方式,降低了披露义务人收集债务人财产、收入、职业状况等半软化信息的成本。但尚有一些半软化信息,如抵押房产的占有状况(自住首套房、自住第二套房、投资性房产等)、债务人他项债务、持续披露中的偿付滞期原因,并未也很难通过同样方式降低信息收集成本。对于披露义务人而言,如果没有承担不实披露侵权责任之虞,他们可以直接引用债务人陈述即可,但一旦面临承担不实披露侵权责任的威胁,则势必需要花费不菲成本去证实债务人陈述的准确程度。

在 Regulation AB Ⅱ征求意见过程中,美国律师协会(ABA)、美国证券业和金融市场协会(SIFMA)等市场自律组织针对资产层级披露导致成本增加问题提出了解决建议。ABA 的建议包括两点内容:一是剔除那些披露义务人不能以合理成本求证的半软化信息;二是决定披露的信息是否属于"实质重要性"内容,以及相应地对不实披露承担证券法上的责任,应当坚持资产池总体标准,而不能以单笔资产为标准。针对没有承担侵权责任之虞的披露可能流于形式的疑问,ABA 认为传统合同责任可以应对,即:在部分资产层级信息披露瑕疵不构成对整体信息披露真实性的"实质重要性"违反时,投资人可以要求发起人回购该披露不实的信贷资产,或者要求赔偿该不实披露给自己造成的损失。

SIFMA 则建议对资产层级信息披露采取特殊方式,准许发起人"要么披露、要么解释"(provide-or-explain),即发起人可以不提供某些项目信息的数据,但必须解释不披露的原因。由投资人判断这些未予披露信息是否重要,决定是否投资以及以什么价格投资购买。SIFMA 建议的实质是让市场力量促使披露义务人在增加交易透明度和控制交易成本之间找到平衡,其在美国证券法中也可以找到依据。"1933 年证券法"(Rule 409)及"1934 年证券交易法"(Rule 12b-21)均有类似举措:如果披露义务人获取要求披露的信息需要投入不合情理的成本,或者该项信息只为不隶属于披露义务人的他人占有,且披露义务人的获得信息请求被信息占有人拒绝,则准许其在给予解释的条件下豁免披露。

金融市场规制是市场参与各方博弈的结果,规制措施的出台离不开一定的市场环境。ABA 和 SIFMA 的控制交易成本建议代表了发起人、服务人利益,为他们所青睐。而 Regulation AB Ⅱ则代表了投资人利益,受到他们欢迎。在市场萎靡不振的环境下,提振投资人信心比节约交易成本更为迫切。因为这个原因,SEC 在 2011 年的 Regulation AB Ⅱ修改稿以及 2014 年重启征求意见程序时,并没有对 ABA 和 SIFMA 的上述建议作出回应。

欧洲中央银行的披露模板针对资产层级披露导致的交易成本上升,采取了一种“监管强制要求与市场驱动相结合”的柔性处理模式,具体做法是:将应当披露的资产层级信息分为两类:第一类是必须披露的项目,如债务人职业状况、主要收入及认证水平、贷款目的;第二类则是监管部门鼓励但发起人可以自主决定是否披露的项目,如次要收入及认证水平、抵押房产占有状态。在二者占比中,前者相对较小,后者占有比较大的比例。特别是有关“债务人信息”,RMBS 披露模板列举的 35 类披露项目中,属于第一类“必须披露”的只有“职业状况”、“主要收入”以及“主要收入认证水平”3 项,其余均为第二类。

七、资产层级披露对私募交易的适用问题

众所周知,传统信息披露监管主要针对公开发行市场,一般并不及私募交易。无论是美国的 Regulation AB Ⅱ,还是欧盟金融危机前对资产支持证券的零散规定,均只适用于公开市场交易。然而,资产证券化市场以私募为主,特别是被指责为次债危机罪魁祸首的 CDO,完全不涉及公开市场发行。作为后危机时代加强监管的主要措施之一,强制资产层级披露如果不适用于私募市场,则其实际效果势必大打折扣,如果适用于私募市场,则延续近百年的传统监管哲学将被颠覆。是否适用私募市场,是监管层必须面对的另一个难题。欧美监管机构针对这一问题的基本思路是将强制资产层级披露扩展至私募市场。

在欧盟,一方面,欧洲中央银行限定的作为再融资担保的适格资产支持证券,并未区分公开市场与私募市场,这意味着融资人如果以在私募市场取得的资产支持证券作为融资担保,也必须是已经在“欧洲数据库”履行资产层级披露的适格证券。另一方面,2013 年 6 月公布的监管信用评级机构的 CRA3,其 Article 8b 规定的发起人信息披露义务,也没有区分公开市场与私募市场,这意味着欧洲证券市场监管局制定的资产层级信息披露技术标准一旦付诸实施,则会同等适用于公开

市场和私募市场。

在美国,不受信息披露监管的私募有三种情形:①根据“1933年证券法”的Sec.4(2),“不涉及任何公开兜售的证券豁免注册”;②根据1982年的“D条例(Regulation D)”的Rule 506,发行人仅向具有丰富投资经验的“受信投资人(accredited investors)”兜售证券,不需要承担信息披露义务;③根据1990年的“安全港规则(Rule 144A)”,依前述①、②取得证券的购买人,可以向“合格机构投资人(QIBs)”转售未在交易所上市的证券(受让人数没有限制),不受信息披露监管。美国典型的CDO私募交易通常利用上述①和③两条规则:首先,发起人依据①以协议方式将标的证券出售给某个或某几个承销商;其次,由承销商依据③再转售给“合格机构投资人”。Regulation AB Ⅱ建议对资产证券化市场的私募信息披露监管豁免作出重大调整,具体为:如果承销商利用Rule 144A转售或者发起人利用“D条例”的Rule 506出售结构化金融产品,买卖合约必须赋予受让人获得和在公开市场发行的注册证券同样的信息的权利(只要受让人有这种要求)。尽管承销人或发起人的信息提供义务以受让人要求为前提,但它和私募市场通常的私人缔约中要求的信息披露义务的效果迥然相异,因为受让人可以根据法律授予的这种权利,在买受后随时要求出售人提供等同于公开发行的信息。换言之,出售人只有提前预备好这些信息,才能满足上述法定义务。

信息披露监管同等扩展至私募市场是对传统监管哲学的颠覆性突破。自证券市场开始接受规制时起,公开信息披露监管一直被视为保护“有限理性”的公众投资人的工具,对于投资经验丰富的专业投资机构则一直认为不需要这种额外保护。SEC在1988年公布Rule 144A建议稿时指出,立法机构和SEC“自始至终认可职业机构投资人的自我投资决策能力,不需要依赖证券法强制注册要求为其提供保护”。与公开市场相比,私募豁免信息披露可以节约交易成本,提高市场流动性,因而备受发起人青睐。事实上,在Rule 144A“安全港规则”实施之前,美国最高法院在1953年就已经否定了SEC将买受人数量作为确定“是否为公开发行”[是否享有Sec.4(2)的豁免注册权利]的标准的做法,认为应当以买受人是否需要“证券法提供保护”作为依据,“向那些显示有能力自我保护的投资人兜售证券,完全不涉及公开发行”。

如果 Regulation AB Ⅱ付诸实施,意味着美国资产证券化市场的私募豁免仅能依据"1933年证券法"的 Sec.4(2)条款。由于承销商不再能够援引 Rule144A 转售,基于 Sec.4(2)的私募势必会对他们失去吸引力,豁免信息披露的私募市场可能急剧萎缩。基于此,Regulation AB Ⅱ在征求意见时受到承销商、发起人的强烈批评。他们认为,熟练投资人完全有能力保护自身利益,他们可以要求卖方提供额外信息,如果要求不被满足,他们可以选择不购买。不过,本文认为,要求私募交易提供与公开市场一样的资产层级信息,其主要意图不在于保护熟练投资人,而在于借助增加私募市场的透明度提高监管效率,防范金融机构利用"大而不能倒"潜规则引发系统性风险。本次金融危机的一个显著特点是金融机构利用"大而不能倒"潜规则坐收政府救助红利。CDO 等的复杂结构将众多金融机构连接成一根绳子上的蚂蚱,拥有丰富投资经验的机构投资人并非对市场热炒的风险完全没有预知,而是指望着系统性风险一旦形成则政府救助必然紧随其后。尽管解决"大而不能倒"导致的系统性风险不能仅仅依靠提高私募市场的透明度,但它可以让监管机构及早评估、发现系统性风险,从而尽早采取干预措施,阻止市场整体性崩溃。长期研究资产证券化市场的舒瓦茨认为,规制系统性风险的关键是阻断违约传染链条,当市场出现恐慌苗头导致流动性阻滞、低价抛售也无人问津时,政府应当出面购买那些失去流动性的低价证券,阻止恐慌蔓延。不难看出,舒瓦茨上述建议可操作性的前提是市场有足够的透明性,因为监管层只有在全面掌握基础资产池信息时,才有可能对其真实价值进行评估,判断其是否属于因市场恐慌导致流动性丧失。

八、结语

自大萧条后金融市场加强规制时起,持续、准确、公开的信息披露一直被视为证券市场监管的基石。对资产证券化的信息披露监管从资产池层级向资产层级的演变,不仅宣告了金融自由化浪潮背景下的对市场自发监管迷信的结束,也带来了信息披露监管技术的变化和传统监管哲学的改变。尽管这种改革的实际效率尚待市场检验,但其普遍应用已是大势所趋。

当前,我国资产证券化市场的一个突出特点是“规范的市场不活跃、活跃的市场不规范”。一方面,在 2005 ~ 2007 年以及 2011 年开始的两轮试点中,市场体量小、市场化程度低、对投资人缺乏吸引力等问题一直很突出。另一方面,与规范的试点缺乏活力形成对比,在 2008 年试点被叫停后,以理财产品面目出现,借助“银信合作”、“银银合作”、“银证信合作”等通道设计的各种不规范的类证券化产品井喷式发展。缺乏系统监管的类证券化市场的野蛮生长,正在对金融市场的整体安全形成威胁。畅通资产证券化渠道,引导各类不规范的类证券化产品向规范的资产证券化转变,推动市场常规化、规范化发展,是解决当前理财产品乱局的必要路径。

资产证券化市场的常规化、规范化需要有效监管。尽管截至目前监管层推动的试点产品由于基础资产绝大多数为优质资产而没有出现违约情形,但各种类证券化产品的不透明弊端已然显现。一些理财计划的发起人疏于对投资项目进行尽职调查,跟风投资于高风险的地产、能源等行业,加上完全背离市场特性的隐性刚性兑付,造成了大量风险在金融系统堆积,一旦经济下行,则极有可能爆发整体性风险。资产证券化的本质是降低银行的风险暴露,促进金融脱媒。尽管金融危机后我国监管层多次强调试点优质金融资产,但从市场规律看,优质金融资产占用银行资本储备低、利率低,发起人对其进行证券化的动力并不高。可以预见,资产证券化在我国的市场化、常规化发展,不可能以优质资产为主。而一旦基础资产由“优质”变为“常质”,借鉴发达市场的监管经验引入资产层级披露,防止当前类证券化产品的基础资产信息不透明向证券化市场传染,则是当务之急。另外,如前文所述,美欧监管当局在推动资产层级披露时,考虑的成本增加不仅包含披露本身的成本,还包含改变原有资产池披露下交易参与人软硬件设施的成本。当前资产证券化还不是我国金融机构的常规业务,尚未形成规模性的信息披露沉没成本。在这种情况下,将资产层级信息披露与市场常规化发展同步推进,可以避免常态化后再推进导致的路径依赖产生的制度变迁成本。

(王远胜,安徽省社会科学院法学研究所助理研究员)

合营企业的反垄断规制研究

曾 雄

目 次

一、前言

设立合营企业是企业合作的重要方式,合营企业一方面促进提高效率;另一方面容易导致企业之间的协同,产生反竞争效果。作为保护竞争的《反垄断法》有必要将合营企业纳入审查范围之内,合营企业反垄断规制是一个复杂的问题,在理论和实践中都亟待解决,可以说研究合营企业的反垄断问题不但具有理论意义,而且还具有现实意义,能够为反垄执法机关提供某种思考角度和参考意见。

国内从反垄断法角度分析合营企业问题的文献比较少,在专著类方面,王晓晔教授的《欧共体竞争法》、《竞争法》以及尚明主编的《企业并购反垄断控制——欧盟及部分成员国立法执法经验》提及合营企业的反垄断规制问题,此外最近中国人民大学的孟雁北教授翻译《合营企业——竞争者之间合作行为的反垄断分析》一书为了解美国对合营企业反垄断规制提供一定的参考,同时笔者搜索了一些硕士毕业论文,包括以下博士学位论文:李华:《对合营企业反垄断规制的比较研究》,

对外经济贸易大学2008年11月;硕士学位论文:赵品:《合资企业反垄断规制研究》,清华大学2005年4月;孙宇莉:《论美国合营企业的反垄断法制度》,对外经济贸易大学2006年4月;代婷婷:《论对合营企业的反垄断规制》,对外经济贸易大学2006年4月;项晓晓:《欧美反垄断法对合营企业的规制及对我国的启示》,广东外语外贸大学2007年6月;严明:《欧盟对合营企业的反垄断规制及其对我国的借鉴意义》,中国政法大学2011年3月。在学术期刊方面,江山、黄勇教授的《论中国企业联营的经营者集中控制》对合营企业进行反垄断监管的美国模式和欧盟模式都进行比较细致的对比分析,助于了解美国、欧盟对合营企业的监管模式。

国外研究方面,波士顿大学法学教授 Joseph F. Brodley 在《合营企业及反垄断政策》一文中详细阐述合营企业的反垄断问题,为分析合营企业提供分析框架,同时为识别合营企业的风险和提供救济方法提出自己的见解,为合营企业反垄断研究提供很好的研究框架;Joseph M. Hartfield 教授在《合营企业的反垄断经济》一文中详细论述了对合营企业进行反垄断规制的经济原因,为规制合营企业提供经济学的理论支撑;Edward Correia 在《合营企业:执行政策中的问题》一文中对合营企业进行反垄断规制出现的一些问题进行详细论述,并对合营企业的反垄断分析提供分析路径;美国联邦贸易委员官员 Walter T. Winslow 在《合营企业:反垄断问题和机遇》一文中提出美国反托拉斯执法机构在面对合营企业反垄断审查中出现的难题,同时以通用和丰田之间的交易为案例,讨论合营企业的弊与益。

笔者在此文中主要运用比较法的分析方法,梳理欧盟竞争法中对合营企业反垄断规制的处理模式,并针对中国现实状况,提出比较符合中国国情的完善方案。虽然笔者通过此文中对合营企业反垄断问题的研究不可能完全彻底和完全正确,但是在借鉴前人的经验基础上加以总结和反思,并希望能够以此抛砖引玉,希望今后看到更多关于合营企业反垄断规制的研究成果。

本文的创见在于谈中国对合营企业规制的建议时紧贴中国的现实情况,特别是针对中国三家反垄断执法机构分别执法的现实条件,没有窠臼于欧盟的规制模式,而是面对中国现有的约束性条件下提出规制建议。

本文的最大不足就是篇幅太小,合营企业反垄断规制问题的研究本来可以更深入和更宽广。但是此文对相关问题的讨论仅停留于表层,今后的研究应该更彻底和深入。特别是对于合营企业涉及反垄断协议的问题,本文对规制垄断协议的分析过于简单,实际上垄断协议的反垄断规制也是一个复杂的问题。

此外,受到文献的限制,本文提出的一些观点可能理论依据不是很扎实。今后的研究应该更多收集第一手外文资料,更多分析域外经验,同时结合中国实际情况提出完善意见。

二、反垄断法语境下的合营企业

(一)合营企业的定义与类型

1. 国外对合营企业的定义

在各个反垄断司法辖区内,合营企业(Joint Venture)的定义不尽相同,并没有形成统一的标准。

OECD(经济合作与发展组织)对合营企业给出的定义为"两个或两个以上的企业以合同或除合并之外的其他方式联合重要的(有形或无形)的资产且并非临时性的合作。重要的是,参与企业并不仅是达成一个共同的商业决定而应使得成立的商业主体具备经营的功能"。①

2000年美国联邦贸易委员会(FTC)和司法部(DoJ)联合发布《竞争者间合作的反托拉斯指南》(Antitrust Guidelines for Collaborations Among Competitors),虽然这份官方文件没有直接采用Joint Venture(合营企业)的表述,但是在实务操作中和学界讨论中,竞争者合作即指合营企业。《竞争者间合作的反托拉斯指南》指出"竞争者合作"包括除合并以外的,竞争者间进行经济活动的一项或多项协议,以及由此而产生的其他经济活动,包括研发、生产、营销、分销等。②

---

① OECD, *Directorate for Financial, Fiscal and Enterprise Affairs*: *Committee on Competition Law and Policy*, *Competition Issues in Joint Ventures*, DAFFE/CLP(2003)33, p. 20.

② FTC & Do J., Antitrust Guidelines for Collaborations Among Competitors, p. 2.

1998年欧盟委员会发布的《关于全功能合营企业概念的通知》(Commission Notice on the Concept of Full-function Joint Venture under Council Regulation)首次对合营企业下定义,并对全功能的含义进行了释明。该文件认为合营企业是“两个或两个以上的经营者共同控制的经营者”。① 同时,《关于全功能合营企业概念的通知》对构成Concentration(集中)而适用《集中控制条例》(《139/2004号理事会条例》)的合营企业进行了更具体的规定,合营企业符合集中需满足三个条件:(1)合营企业导致两个或两个以上的经济实体获得“共同控制”;(2)达到共同体规模,即达到了《合并条例》的申报标准;(3)属于全功能合营企业,即建立在持续性基础上、履行一个独立自主经济实体的所有功能。②

学术界对合营企业的概念也有不同看法,如有的学者认为合营企业是两个或两个以上独立的企业之间的联合经营,而且应该满足如下条件:首先,该企业受无关联控制关系的多个母公司的共同控制;其次,每个母公司对联合企业进行了充分的实质性量投入;再次,该企业是一个独立的经营实体;最后,合营企业在新生产力、新技术、新产品或进入新市场领域具备新的企业能力。③

由此可见,合营企业通常应当具备如下特征:首先,合营企业一般具有两个或两个以上的母公司,而且母公司之间必须相互独立。其次,合营企业的存在是以协议为基础。再次,合营企业受到共同控制,母公司或以购买股权或资产的投资形式,或以协议安排的形式实现对合营企业的共同控制。最后,合营企业相对独立且具备一定的经营功能。

2. Joint Venture在反垄断法语境下的含义

目前国内反垄断法学界和实务界对Joint Venture有不同的称谓,例如,黄勇教授在《论中国企业联营的经营者集中控制》一文中,将

---

① Commission Notice on the Concept of Full-function Joint Venture under Council Regulation(EEC)No. 4064/89 on the Control of Concentration between Undertakings, article 3.

② Commission Notice on the Concept of Full-function Joint Venture under Council Regulation(EEC)No. 4064/89 on the Control of Concentration between Undertakings, para 3.

③ Joseph F. Brodley, Joint Venture and Antitrust Policy, *Harvard Law Review*, Vol. 95, No. 7 ,1982, pp. 1521, 1522.

Joint Venture 称为企业联营;孟雁北教授翻译的《企业合营:竞争者之间合作行为的反垄断分析》一书中,将 Joint Venture 翻译为企业合营;商务部发布的公告中使用了合营企业。笔者认为将 Joint Venture 译为合营企业是一种较为容易接受且相对准确的翻译,但是在反垄断法语境下,合营企业(Joint Venture)与相关法律的近似概念却有一定差异。

(1)Joint Venture 在反垄断法语境下与我国《中外合资经营企业法》中的"合营企业"不同

根据《中外合资经营企业法》和《中外合资经营企业法实施条例》的相关规定,中外合资企业专指中国的公司、企业或其他经济组织与外国的公司、企业和其他经济组织或个人,在中国境内共同投资经营的企业,而且中外合资企业必须是有限责任公司。① 而反垄断法语境下的 Joint Venture 对法律形式没有严格要求,可以是一个具备法律实体的公司或者是受其他企业联合控制的非法人经济实体,可以说反垄断法所指的合营企业的概念范围大于中国《中外合资经营企业法》中的"合营企业"。②

(2)Joint Venture 与联营的概念也有区别

根据《民法通则》的规定,联营存在三种形式,包括法人型联营、合伙型联营和合同型联营,其中合同型联营指"企业之间或者企业、事业单位之间联营,按照合同的约定各自独立经营,其权利与义务由合同约定,各自承担民事责任"。③ 可见,合同型联营仅仅是企业之间的一纸协议,各自独立经营,没有共同的投资和经营,不涉及一个新的经济实体。但是,反垄断法背景下的合营企业(Joint Venture)要求是新设立的

① 《中外合资经营企业法》第1条规定:"中华人民共和国为了扩大国际经济合作和技术交流,允许外国公司、企业和其他经济组织或个人(以下简称外国合营者),按照平等互利的原则,经中国政府批准,在中华人民共和国境内,同中国的公司、企业或其他经济组织(以下简称中国合营者)共同举办合营企业。"《中外合资经营企业法实施条例》第2条规定:"依照《中外合资经营企业法》批准在中国境内设立的中外合资经营企业(以下简称合营企业)是中国的法人,受中国法律的管辖和保护。"

② 严明:"欧盟对合营企业的反垄断规制及其对我国的借鉴意义",中国政法大学2011年硕士学位论文。

③ 《民法通则》第53条。

一个实体。可知,联营概念的外延应大于合营企业(Joint Venture)。[①]

3. 合营企业的类型

如今合营企业的类型和功能种类非常复杂而且呈现多样化趋势,合营企业依据其类型和功能的不同受到反垄断法关注及规制的程度也有所差异。因此,有必要了解主要的合营企业类型及其功能特征,为进一步分析其是否受反垄断法规制及受到反垄断法何种程度的规制奠定基础。

(1)美国反托拉斯法对合营企业的分类

美国反托拉斯法根据合营企业所追求的目标将其分为以下六种:

①完全整合的合营企业

完全整合的合营企业即指合营企业的当事方将特定业务的整合,包括生产、运输、市场销售等。对于完全整合的合营企业而言,基本上可以将之视为企业在相关市场中的集中行为。因此,根据美国反垄断法之规定,该种类型的合营企业一般将适用《克莱顿法》第 7 条之关于规范企业合并的相关规定。

②生产型合营企业

生产型合营企业是指合营当事方之间以生产为目的而进行合作。合营当事方可能各自投入拥有的生产设备、专业技术、资金等资源,而生产的产品则可能销售给第三方企业或者归各自使用。通常情况下,该种类型的合营企业将有助于企业提高产能、扩大规模经济,总体而言是有助于竞争的。但是,事实上在生产型合营企业的表象下,参与企业也可能在合营合约中约定固定价格或串通商业秘密等反竞争行为。

③销售和分销型合营企业

销售和分销型合营企业是由合营当事方为共同销售或推广特定产品或服务的合营企业。如果此种合营企业还包括了生产,则属于完全整合合营企业。销售型合营企业可以充分发挥合营方的市场优势及客户资源,扩大市场的同时降低单独扩宽市场的成本,并且更容易地进行合作开发新市场,因而该种类型的合营企业是有利于竞争的。与此同时,销售型合营企业也可能出现比较严重的反竞争问题,因为这种类型

---

① 严明:“欧盟对合营企业的反垄断规制及其对我国的借鉴意义”,中国政法大学 2011 年硕士学位论文。

的合营企业基本涉及两个竞争核心要素,即价格和客户,特别是在横向竞争者之间设立合营企业的情况下,反竞争问题更加明显。如果横向竞争者之间共同通过合营企业销售产品,尤其是在销售相同产品时,合营方可能通过合营企业获得相关商品价格信息,甚至会为了减少彼此之间的竞争而进行固定价格或者划分市场的反竞争行为,这将严重触犯美国反托拉斯法。

④采购型合营企业

采购型合营企业,顾名思义即合营当事方为了共同采购而设立执行采购业务的合营企业。通常具有横向竞争关系的企业会采取这样的合营策略,因为横向竞争企业有相同的原料需求,通过合营企业的方式共同采购,一方面能够采购相当数量的原料;另一方面容易实现规模经济,从而降低采购成本。采购型合营企业也具有两面性,一般而言合营企业能够节省采购成本,如果企业将节省的采购成本通过商品价格反馈给消费者,这无疑是有利于消费者的。从另一方面考虑,设立采购型合营企业使得原料价格和原料采购数量等信息处于充分透明的状态下,合营当事方更容易达成非竞争的协议,最终形成共谋,这有悖于市场的竞争。

⑤研发型合营企业

研发型合营企业,即指企业之间为了共同研发技术,各自投入技术、资金、人才、设备等资源而成立的合营企业。任何一家企业都有自己的专业技术、专利和人才,如果企业之间能够整合各自的资源,这将有利于加速科技创新、丰富产品、降低生产成本,最终为市场提供价低质优的商品。但是,竞争企业之间成立合营企业有可能限制个别企业在研发方面的独立决定,降低通过竞争而产生的研发能力,甚至会出现竞争者以合营企业为工具交换相关信息而带来反竞争问题。在美国,研发型合营企业通常被认为是有助于竞争的,一般以合理原则予以分析。①

⑥网络型合营企业

网络型合营企业,所谓网络是指设施和规则的结合体,主要为竞争

① U. S. Department of Justice and Federal Trade Commission, Antitrust Guidelines for Collaborations among Competitors, U. S. Department of Justice, 2000, p. 34.

者交换或分享交易业务、物流、能源、电子资讯等。[①] 网络型合营企业可以视为一种将业务的部分或全部紧密结合成为可供消费者参与其中的商业合作模式。比如通信、运输、电子银行。网络型企业一般要求较高的固定成本,只有达到一定程度的规模经济,方能获利。交易越多,则网络成本下降,因此如果有太多的竞争者投入相同的市场建构网络,交易将因分散而造成所有投资者成本相对提高,无法为消费者提供满意的价格。所以,网络型企业可能因先天的环境限制而存在寡头垄断的情形。竞争者在原来就相对垄断的特定市场中成立合营企业,将可能使市场更倾向于集中而产生独占垄断的反竞争问题。美国反托拉斯法关注那些高度集中且现有的企业拒绝其他企业进入参与竞争的产业,当然如果现有的企业通过鼓励其他企业设立网络并激励创新来获得收益,而不是通过强迫其他企业"搭便车"来分享收益,在这种情况下,网络型合营企业是有助于竞争的。[②]

(2)欧盟竞争法对合营企业的分类

①集中型合营企业与合作型合营企业

在《欧盟理事会关于企业集中控制的条例》(以下简称139/2004号条例)生效之前,欧盟执行的是1989年通过的《欧共体部长理事会关于企业集中控制的4064/89号条例》(以下简称《4064/89号条例》),根据该条例,欧盟存在合作型合营企业和集中型合营企业之分。

集中型合营企业是由两个以上的公司共同投资设立并从事长期经营的独立企业,该企业能够履行自主经济实体的全部职能,且可以独立作出自己的商业决策,而非以协调母公司之间的竞争行为为目标。[③] 合作型合营企业,顾名思义,就是指合营企业的设立目标在于协调母公司之间以及母公司与合营企业之间的竞争行为。

---

① Donald I. Baker, Compulsory Access to network Joint Venture Under the Sherman Act: Rules or Roulette, *Utah L. Rev.* 999, 1993, p. 1002.

② Section of Antitrust Law of American Bar Association (ABA), Joint ventures: Antitrust Analysis of Collaborations Among Competitors, AMERICAN BAR ASSOCATION, 2006, pp. 8 - 9.

③ 王挺:"欧共体企业集中规制中的全功能合营企业",载《海南广播电视大学学报》2010年第2期。

根据4064/89号条例第3条第2款之规定,集中型合营企业与合作型合营企业的主要区分在于:具有协调各自独立企业之间竞争行为的目的或效果的交易行为,包括设立合营企业,不属于第1款b项规定的集中;设立的合营企业持续地履行独立经济实体的全部功能且没有导致母公司之间或母公司与合营企业之间产生反竞争的协同行为,则属于第1款b项规定的集中。1994年欧盟发布《关于集中型和合作型合营企业区别的通知》,根据该通知之规定,合营企业如果满足如下三个方面的条件,将被认定为《合并条例》第3条规定的集中:a.必须存在共同控制;b.必须是一个全功能的合营企业;c.各母公司之间的竞争行为,必须不存在协同。①

最初,欧盟对合营企业的规制一般统一适用《欧洲共同体条约第81条》(以下简称第81条),有一个例外,即如果母公司完全退出合营企业所从事的经营活动,并放弃任何从事合营企业经营活动的计划。之后根据4064/89号条例,欧盟将合营企业分为合作型合营企业和集中型合营企业,合作型合营企业适用第81条的规定,而集中型合营企业适用《合并条例》,而且对于达到共同体规模的合作型合营企业,也需要适用《合并条例》予以反垄断审查。②

②全功能合营企业与非全功能合营企业

欧盟将合营企业区分为集中型和合作型的做法在实践中难以适用,关键的问题在于难以界定母公司之间协调行为的目的或协调行为的潜在效果,因为企业未来的经营行为具有不确定性。因此,1998年欧盟发布《欧共体理事会1310/97号关于修改4064/89号条例的条例》(以下简称1310/97号条例),该条例第3条第2款规定:设立的合营企业持续性地履行独立经济实体的全部功能,即构成第1款b项中的集中。因此,欧盟将合营企业分为全功能与非全功能,欧盟2004年发布的《关于企业集中控制的第139/2004号条例》(以下简称139/2004号条例)采用了全功能与非全功能合营企业的分类标准。

---

①　[西班牙]安德雷斯·冯特·葛拉雷兹:《欧盟企业合并控制制度——法律、经济与实践分析》(第2版),解琳、叶军译,法律出版社2009年版,第35页。

②　许光耀:《欧共体竞争法研究》,法律出版社2002年版,第106页。

所谓全功能合营企业,即指合营企业必须持续性地履行独立经济实体的所有功能,且必须满足两个重要的条件:独立性和持续性。合营企业的独立性包括两个方面的内容,首先,合营企业应具备独立的资源,包括土地、工厂、人才、技术、资金等。只有具备一定的资源才能在市场上开展经营活动,并且能够独立和持续地进行竞争经营。其次,合营企业应该具备商业层面的独立性,即合营企业应以其自身的商业目的为基础,作为独立的买家和卖家在市场上从事交易活动。因此,合营企业必须获得必要的生产、组织管理和市场营销的资源,能够独立于母公司在市场中从事交易,具体体现在合营企业拥有决定产品产量、价格和选择消费者的自由。关于合营企业的持久性,合营企业的存续期限必须是无限期的,或者足够长,使得相关企业能够发生持续性的变化。①

(二)与合营企业相关的限制竞争问题

综观欧盟、美国等域外司法辖区的反垄断法对合营企业的规制模式,没有哪一个国家的反垄断法机械地单独将合营企业视为集中或垄断协议予以规制,合营企业受到集中和垄断协议相关法律规范的共同规制,这其实也是合营企业的内在特征所决定的。正如王晓晔教授对合营企业的评价那样"合营企业将对市场竞争造成两种不同的影响。如果同类产品的企业设立合营企业的目的是销售产品,合营企业与母公司之间一定存在协调关系,或者说母公司之间成立一个销售卡特尔。如果母公司不参与合营企业的经营活动,而是作为没有任何关系的控股公司,则合营企业可能被视为合并"。②

合营企业与经营者集中、垄断协议有着密不可分的联系,而且它们之间极为容易产生混淆,其可能涉及经营者集中也可能涉及垄断协议,对合营企业规制模式的探讨有必要先对合营企业与经营者集中、垄断协议之间进行对比分析。

1. 合营企业与经营者集中

根据中国《反垄断法》第20条的规定,经营者集中包括三种形式,

---

① [西班牙]安德雷斯·冯特·葛拉雷兹:《欧盟企业合并控制制度——法律、经济与实践分析》(第2版),解琳、叶军译,法律出版社2009年版,第45页。

② 王晓晔:《欧共体竞争法》,中国社会科学出版社2007年版,第238页。

即"经营者合并;经营者通过取得股权或资产的方式取得对其他经营者的控制权;经营者通过合同等方式取得对其他经营者的控制权或者能够对其他经营者施加决定性影响"。虽然在《反垄断法》中没有将合营企业作为一种独立的经营者集中方式单独规定,但是第20条的一项兜底规定实际上已经将合营企业作为一种重要的经营者集中方式予以规定。

因为成立合营企业的出资方式灵活,造成出资和买卖界限的模糊,因此可以将合营企业看成一种经营者集中的重要方式。成立合营企业时,经营者不但可以以现金出资,而且还可以以资产和股权出资。如果经营者将代表生产经营和市场的资产或者股权出资到新成立的合营企业中,则可能失去对这些资产和股权的控制。假如该出资者在新成立的合营企业中处于非控股地位,则该经营者对所出资的资产和股权的控制权实际上已经转移到新成立的合营企业的控股股东手中。因而,成立合营企业在很多立法中都被视为经营者集中的重要方式。[①]

在司法实践中,欧盟在某些情况下将合营企业视为经营者集中予以监管,如在Inco/Falconbridge案中,欧盟竞争委员会认为"成立合营企业能够使合营双方获得与合并相当的效果,同时其反竞争的效果小于双方完全的集中"。[②] 在中国,商务部依据《反垄断法》进行经营者集中反垄断审查涉及大量合营企业的案件,据商务部网站公开的《反垄断法》实施以来的所有经营者集中审查案件统计,合营企业的经营者集中案件占大约20%的比例,可以说合营企业视为经营者集中予以反垄断审查已经占相当比重。[③]

2.合营企业与垄断协议

根据《反垄断法》第13条之规定,垄断协议是指排除、限制竞争的

---

① 商务部条法司编:《〈中华人民共和国反垄断法〉理解与适用》,法律出版社2007年版,第175页。

② 严明:"欧盟对合营企业的反垄断规制及其对我国的借鉴意义",中国政法大学2011年硕士学位论文。

③ 笔者注:合营企业所占案件总量的比重是依据商务部反垄断局官方网站披露的案件数量的估算值,数据不精确,仅供参考。参见http://fldj.mofcom.gov.cn/,2014年3月15日访问。

协议、决定或者其他协同行为。从法律层面看,垄断协议是一种协调行为,目的在于避免竞争,而不涉及企业之间的资源整合。垄断协议的核心是共谋,包括固定价格、限制产量、联合抵制交易等方面的协调行为。

设立合营企业可以说是一种企业之间的协调行为,但是与反垄断法意义上的垄断协议存在一些差异。首先,垄断协议不具有整合资源或促进生产效率提高的效果,但是合营企业能够实现资源共享、技术分享的效用,可以说合营企业由资源整合所带来的经济效率是单纯的限制竞争的垄断协议所无法实现的。其次,从反垄断法层面而言,合营企业具备行为性和结构性两大特征,如果合营企业的整合程度高,可能被视为合并,但是垄断协议只具备行为性特征,通常表现为协调竞争者之间的行为。最后,合营企业具有促进竞争,创造新的生产力的效果,而垄断协议通常被视为反竞争的违法行为,为反垄断法所禁止。

因此,垄断协议相较于合营企业而言,其对竞争的限制作用更为明显和直接。需要注意的是假如合营企业的设立表面上是进行整合资源实现共享,而实质上是为了实现共谋,那么合营企业应当受到反垄断法的规制。在此种意义上,这种合营企业可能被视为企业之间达成垄断协议的行为,如“两个母公司共同建立一个销售企业的情况下,这个合营企业的建立就可以被视为卡特尔,即可能依据垄断协议的规定进行审查”。①

(三)合营企业的双面效应及其受反垄断规制的必要性

1. 合营企业产生的双面效应

随着科技创新的发展,企业之间达成更多、更复杂的合营协议。企业之间组建合营企业具有诸多促进竞争的效应,如降低成本、实现规模经济、提升生产效率、迅速进入新市场。当然合营企业也具有反竞争效应,合营企业可能成为母公司之间共谋的工具,竞争企业之间以合营企业为平台达成固定价格避免竞争的卡特尔,或者利用合营企业实现排除第三方进入市场的目的。②

---

① 王晓晔:《反垄断法》,法律出版社 2011 年版,第 265 页。

② Section of Antitrust Law of American Bar Association (ABA), Joint ventures: Antitrust Analysis of Collaborations Among Competitors, AMERICAN BAR ASSOCATION, 2006, p. 5.

(1)合营企业促进竞争的效果

①实现资源互补

为了维持合营企业的经营,合营各方彼此将通力合作,通过利益共享及对合营企业的共同控制,合营各方得以实现经济利益。同时,合营各方投入合营企业的资本得以有效利用,经过合营企业而升值,因此减少合营各方投资损失的风险。[①] 通常在科技创造类企业之间,合营企业的设立助于科研活动的开展,毕竟高科技研发需要雄厚的资本为支撑,企业之间的合作将提高抵抗风险的能力,提高创新开发的能力。

②聚集资本

不管是小型企业、中型企业还是大型企业,在从事经营活动时都无法避免出现资金紧缺的情形。设立合营企业恰好可以作为企业融资的手段,通过合营各方的合作,共同聚集资金,便于推进企业业务的开展。特别是对于一些需要建造工厂、购买昂贵设备或者进入成本高昂的行业企业而言,如果单独经营,肯定困难重重,缺乏资金是一方面,另一方面是承担巨大的风险。但是如果通过设立合营企业,合营各方合作共同经营,能够较容易获得资本,同时分担风险。

③分散经营风险

如今企业的科技研发活动成本高昂,同时随时可能面对失败的风险,如果一家企业单独承担科研开发的成本和承担失败的巨大风险,一家企业可能难以维持运营,甚至可能遭受破产的风险。巨大的风险和高昂的成本可能成为阻碍技术进步的"绊脚石",如果几家母公司组建合营企业,共同分担研发和运营的风险,能够实现风险的分解和利益的共享。

④实现规模经济

大型企业具备强大的资金作后盾,能够及时更新设备并采用最新的技术,生产周期短,生产成本低,具备较强的竞争力。如果中小企业能够通过设立合营企业的方式联合起来,其相应的资金基础增强,在投入产品购买市场和产品销售市场的议价能力增强,生产规模扩大的同时降低了生产成本,降低商品的价格,对于消费者而言是有利的。

---

① Joseph F. Brodley, Joint Venture and Antitrust Policy, *Harvard Law Review*, Vol. 95, 1982, pp. 1527 – 1529.

(2)合营企业的反竞争效果

①减少潜在竞争

如果合营企业各方在设立合营企业之前属于相关市场的横向竞争者,或合营方打算个别进入相关市场,但是又决定共同设立合营企业,在这种情形下,组建合营企业的行为对于竞争的损失可能性最大。因为市场上没有因组建合营企业而增加新的竞争者,反而两个实际或潜在竞争者被一个单一的合营企业所替代。合营企业各方依赖于合营企业共同控制共享利益,降低进入市场的动力,因而造成潜在竞争的减少。另外一种情况是,合营企业的一方已经进入相关市场,另一个合营方随时可能进入该市场,如果此时双方设立合营企业,并约定其他企业不再进入该市场,此时合营企业同样排除了潜在竞争。

实际上,合营企业行为提高了市场的集中度,设立合营企业的实质是成立一个新的竞争实体取代了原有的或潜在的多个竞争者,最终的后果是减少了相关市场中的竞争者数量,并提高了市场的集中度。[①]

②便于共谋

美国学者 Brodley 指出合营企业可能引起三种反竞争风险,包括共谋、失去潜在竞争和形成市场壁垒。母公司通过设立合营企业可以共同分享市场信息、控制竞争所必需的关键资产,甚至通过约定惩罚措施来限制合营企业方之间的竞争行为。新组建的合营企业可能成为一个"壳公司",即成为母公司共谋固定价格、划分市场的平台和工具,这对竞争的损害是十分明显和巨大的。

③溢出效应

溢出效应也称为团体效应(Group Effect),指除了在合营企业产品的生产领域里有限制竞争的效果外,可能这种限制竞争的影响将会扩散到其合营方所经营的其他产品的生产领域。尽管合营企业各方之间不存在主动协调行为,但是仍然有可能减少合营方的竞争程度。不论合营企业各方是否属于同一产品的相关市场中,都有可能产生溢出效应。尤其是在合营各方与合营企业属于同一产品市场中或处于上下游

① 董灵:"论对合营企业的反垄断规制",对外经济贸易大学 2005 年硕士学位论文。

市场及相邻市场中时,溢出效应就越加明显。①

④造成市场壁垒

合营企业各方设立合营企业将使其减少与其他企业合作的可能,因此排除对于市场上其他企业竞争的机会。对于其他企业进入市场的排除强度,将取决于市场集中度和合营企业各方在相关市场的地位。如果设立合营企业签订附随限制协议(Ancillary Restrictions),如独家授权协议或者独家购销协议,将强化排除竞争的效果,甚至出现封锁市场的现象,构筑起市场壁垒,阻碍第三方企业的进入。

2. 反垄断法规制合营企业的必要性

合营企业具有双面效应,在特定情形下合营企业将带来反竞争效果。为了保护自由竞争,反垄断法有必要对合营企业进行规制,不管是以经营者集中反垄断审查的事前监管模式,还是事后消除其对竞争的负面效应的方式,反垄断法都有必要以适合的手段、合理的标准对合营企业进行适当的规范。

对待合营企业问题又不能"一刀切",毕竟合营企业有其积极效应,如果依靠反垄断法过度规制,政府对市场干预就过于强烈,这有悖于市场经济的客观规律,不利于企业的发展壮大,特别是高科技领域的企业和中小型企业。反垄断执法机构在对合营企业进行监管的同时,也应正确区分合营企业的两种不同效应,使得促进竞争的合营企业发挥最大正面效应,同时规避合营企业的反竞争效应。

三、欧盟竞争法中的合营企业

由上文可知,合营企业比较复杂,具有两面性。对合营企业的反垄断规制应做到科学合理,否则不但不能促进竞争,甚至还将影响效率的提高。作为反垄断司法实践比较成熟的辖区,欧盟竞争法中对合营企业的规制模式值得中国学习和借鉴。笔者将在下文介绍欧盟竞争法如何对合营企业进行反垄断规制。

---

① 阮方民:《欧盟竞争法》,中国政法大学出版社1998年版,第334页。

(一)合并控制

1.相关立法文件的适用

2004 年欧盟公布《关于控制企业集中的第 139/2004 号理事会条例》(以下简称《139/2004 号条例》)。《139/2004 号条例》第 3 条规定如果一个合营企业符合如下条件,即包括:(1)两个或两个以上的母公司共同控制一个合营企业;(2)合营企业是作为自主经济实体从事经营活动;(3)合营企业的建立是永久性的,则该合营企业应属于集中。由此可见,如果建立的合营企业永久性地履行一个自主经济实体的所有功能,则被认为是企业集中。虽然《139/2004 号条例》取代了原来的企业集中控制条例《4064/89 号条例》,但是对于合营企业是否属于企业集中的判定依然结合了欧盟委员会于 1998 年发布的《根据控制企业集中的第 4064/89 号条例制定的对于全功能合营企业概念的通知》(以下简称《关于完全功能合营企业概念的通知》),而《139/2004 号条例》实际上是以全功能企业为衡量标准对合营企业进行分析的。

2.将合营企业视为集中的三个条件

(1)取得共同控制

欧盟委员会《根据关于控制企业集中的第 4064/89 号理事会条例制定的关于集中概念的通知》(以下简称《关于集中概念的通知》)第 18 条和第 19 条对共同控制的概念及取得方式作出规定。第 18 条规定,"如果股东(母公司)之间必须就控制企业(合营企业)的主要决策取得共识,则视为存在共同控制权"。第 19 条指出"如果两个或两个以上企业或个人可能对另一个企业施加决定性影响,则视为有共同控制权"。[①] 本条意义上的决定性影响通常指能够对企业是否实施某一战略性决策施加决定性影响的能力。与给予特定股东决定企业战略决策的单独控制权不同,共同控制权的特点在于由于两个或两个以上母公司具有否决拟议战略决策的权力,而有可能出现僵局。因此,可以推断出这些股东在决定合营企业的商业政策时必须达成共识。[②]

---

① Commission Notice on the Concept of Concentration under Council Regulation (EEC) No. 4064/89 on the control of concentration between undertakings, para s. 8, 19.

② 钟卫利:"反垄断法视野下合营的定位",载《经济法研究》2012 年第 11 卷。

由此可见,共同控制的取得方式包括几家公司一起新设一家新的公司,或者几家公司共同取得另一家既存公司的控制权。此处所称的控制意指母公司能够在法律上或事实上对合营企业的事务可以施加决定性影响,如决定采纳一项企业战略投资或任命高管等。其中法律层面的共同控制常常体现为在投票权方面施加决定性影响,如两家企业对另一企业拥有相等的投票权;而事实上的共同控制是指两家企业之间有共同利益,如名义上的小股东享有大部分投票权且这些小股东通常集中行使投票权。①

(2)具备完全功能

完全功能合营企业应满足两个关键条件,一是独立性,包括资源的自给自足及商业上的独立性;二是持久性。

①关于独立的资源

欧盟委员会《关于完全功能型企业概念的通知》第12条规定:"合营企业必须有一个管理层负责日常经营,并拥有包括财务、员工和财产(包括有形的和无形的)等各种资源,以便在合营企业协议规定的领域内持续地开展商业活动。"②因此可见,合营企业应该聘任另外的管理层对企业日常经营负责,而不是母公司的员工担任管理层。有的时候,虽然母公司向合营企业提供某种服务、设施、设备以及知识产权等,但是这些服务、设施或知识产权对于合营企业而言并不是正常经营中必不可少的,而且能够从第三方处获得,那么该合营企业仍被认为是完全功能的。

②关于商业上的独立性

如果合营企业只具备母公司业务领域中的某一特定功能,仅仅对母公司起一种辅助作用,而不进入相关市场,如仅仅承担R&D功能的合营企业,只负责生产的合营企业或者仅仅销售母公司的产品的合营企业。此外,如果一家具有独立资源的合营企业是由母公司专门为其

---

① Dubois Sylvain, The approach adopted by the Commission regarding outsourcing transactions and whether they constitute concentrations for the purpose of Regulation 139/2004, *European Competition Law Review*, Vol. 12, 2010, p. 497.

② Commission Notice on the concept of full-function joint ventures under Council Regulation(EEC) No. 4064/89 on the control of concentrations between undertakings(98/C 66/01), part 2, para. 12.

提供产品或服务而设立的,那么该合营企业同样不被认为是全功能合营企业。

③关于持久性

合营企业的存续期限必须是无限期的,或者至少足够长,使相关企业能够发生持续性变化。对于存续期限的具体标准,《关于完全功能型企业概念的通知》中并没有明确规定,在 British Airway/TAT[①] 一案中,委员会认为六年半的实践足以导致永久性市场结构变化,此案为判断全功能合营企业的长期经营提供标准。在实践中,对于合营企业的持久性通常理解为无期限的期间,或者初始阶段为五年的可续期的经营时间。

(3)具备共同体规模

一个合营企业被视为企业集中除了具备共同控制、完全功能两个条件之外,还必须达到共同体规模。《139/2004 号条例》第 1 条第 1 款规定:“本条例适用于所有属于本条款所规定的具有共同体规模的企业集中。”其中第 2 款和第 3 款给出了共同体规模的具体条件,都是以营业额为标准来予以衡量。[②]

(二)垄断协议规制

1. 垄断协议规制的法律适用

对于非全功能合营企业及没有达到共同体规模的全功能合营企业,欧盟委员会将以《欧盟运行条约》第 101 条予以规制。[③] 如果合营

---

① British Airway/TAT, Case No. IV/M. 259(27/11/1992).

② 笔者注:一个具有共同体影响的合并应当符合下列条件:参与合并的企业在世界范围内的年销售额共同达到 50 亿欧元;并且参与合并的企业中至少有两个企业在共同体的年销售额达到 2.5 亿欧元;同时,参与合并的各企业在共同体市场年销售额的 2/3 以上不是来自一个和同一个成员国。如果达不到以上的标准,符合下列条件的也视为具有共同体意义的合并:(1)参与合并的企业在全球的年销售总额超过 25 亿欧元;(2)参与合并的企业至少在欧盟 3 个成员国的共同市场年销售额超过 1 亿欧元;(3)参与合并的企业中至少有 2 个企业各自在欧盟上述 3 个成员国的市场年销售额超过 2500 万欧元;(4)参与合并的企业中至少有 2 个企业各自在欧盟市场的年销售额超过了 1 亿欧元;(5)参与合并的各个企业在欧盟市场年销售额的 2/3 以上不是来自一个和同一个成员国。

③ 笔者注,条约第 81 条即如今的《欧盟运行条约》第 101 条。

企业满足:(1)在市场上无经营活动,不具有同一市场上的经营者具有的全部功能;(2)只承担母公司经营活动中的某一特定的功能,且没有进入市场;(3)当母公司在合营企业的上游、下游市场时,合营企业与母公司之间的销售额占合营企业总销售额的很大比重;(4)合营企业在初创时无长久经营之目的,则该合营企业将被视为无全功能。

欧盟对垄断协议的规制主要集中在《欧盟运行条约》第101条中,根据该条第1款的规定:凡企业间的协议、企业集团的决议以及企业间相互协调的行为能够影响成员国之间的贸易,且以妨碍、限制或者歪曲欧盟市场内部的竞争为目的,或者能够产生这样的后果,得被视为与共同体市场相抵触,从而得予以禁止,具体包括如固定价格或划分市场协议。[①] 垄断协议不管是横向竞争者之间或者是纵向竞争者之间签订的,都违反欧盟竞争法,都应该被禁止。

除了《欧盟运行条约》第101条的规定之外,对垄断协议规制的法律还包括2006年公布的《关于卡特尔案件减免罚款的通知》和《关于确定罚款方法的指南》以及2008年公布的《关于卡特尔案件和解程序的规定》。

2. 垄断协议规制需考虑的因素

欧盟委员会对合营企业适用《欧盟运行条约》第101条第1款时,通常考虑如下因素:(1)母公司之间是否存在竞争或潜在的竞争;(2)合营企业是否将与母公司在同一市场或相邻市场开展经营活动;(3)合营企业承担的功能是否属于局部性的,如仅仅负责研发或分销;(4)合营企业是否能够与母公司进行完全竞争;(5)合营企业经营过程中是否能够获得自主知识产权和专利权。若非全功能合营企业可能导致母公司之间或母公司与合营企业之间产生协作效应,则违反第101条。但是依第3款之规定,合营企业如果满足"有利于改进产品的生产或销售,或者利于技术进步和效率提高,且能够使得消费者获益,同时

---

① 《欧盟运行条约》第101条,参加孔祥俊:《反垄断法原理》,中国法制出版社2001年版,第446页。

不对企业附加实现此目标无必要的限制，同时不会造成市场竞争的消除”。①

（三）对合并与垄断协议的双重规制

1. 合并和垄断协议双重规制的法律适用

《关于完全功能型企业概念的通知》第16条认为“建立完全功能型的合营企业可能会直接导致相互独立的企业对其竞争行为进行协调。在这种情况下，《合并条例》第2条第4款规定，这些协调影响将在与评估集中相同的程序中进行评估”。同时《139/2004号条例》第2条第4款规定应根据条约第81条第1款和第3款对该合营企业是否与共同体市场相容予以判断。因而可以说一个全功能合营企业如果可能导致协调效果，那么该合营企业将同时受《139/2004号条例》和《欧盟运行条约》第101条第1款和第3款的规制。欧盟委员会将对可能具有协调效果的全功能合营企业以《欧盟运行条约》第101条第1款和第3款对其协调效果进行评估，以判断该合营企业是否与共同体市场相容，同时审查程序和审查时间适用《139/2004号条例》。

2. 未来协同行为的评估及考虑因素

协同行为包括两个企业之间交换商业敏感信息，或者两家企业协作阻止第三方进入市场，或两家企业约定独家供货义务。② 评估协同行为的反竞争效应应该以个案分析为基础，重点审查母公司的市场地位，包括合营企业所在市场以及相邻市场。欧盟委员会对合营企业未来可能出现协同行为的预判将根据《139/2004号条例》第2条第4款和第5款进行，评估因素包括：（1）合营企业所在市场或上下游市场或相邻市场是否存在两家以上母公司；（2）合营企业的设立所造成的协调效果是否将消除产品生产或服务提供方面的竞争。

3. 案例实践及分析方法

欧盟委员会在审查合营企业案件的实践中会采用一些分析合营企

① Article 81(3) of the EC Treaty，参见许光耀：“‘合理原则’及其立法模式比较”，载《法学评论》2005年第2期。

② 王晓晔：《反垄断法》，法律出版社2011年版，第201页。

业的重要方法,例如,在 Telia/Telenor/Schibsted① 一案中,欧盟委员会首先分析相关市场上存在的市场主体及其市场份额,以此认定设立合营企业将不会建立或加强市场主导地位,且与共同体市场相容。其次,欧盟委员会认定合营企业在相关市场无协调之目的,但不能排除其可能产生的协调效果,因此有必要进一步分析市场结构和市场特征。最后,欧盟委员会认为在一个快速发展、进入门槛低、转换成本低的市场中,母公司与合营企业通常不会进行协同行为。② 由此可见,欧盟委员会分析合营企业案件时通常重点考虑:(1)合营企业所在的产品市场或服务市场的大小(包括合营企业所在的市场同时包括母公司所在的市场)。一般而言,合营企业的目标市场越小,母公司协调的动机就越小。(2)市场特征及市场结构,合营企业是否依靠母公司的持续支持或技术及资金的投入。(3)母公司之间的关系,以及是否存在现有的合营企业或他们之间的重要商业关系。③

(四)欧盟规制合营企业的竞争分析方法

1.界定相关市场

欧盟委员会对合营企业进行竞争分析的第一步是界定相关市场,包括确定该合营企业所涉及的相关产品市场和相关地域市场。1997年欧盟委员会发布《关于为欧洲共同体竞争法界定相关市场的委员会通知》(以下简称《相关市场通知》),对界定相关市场的基本原则和考察证据作出介绍,并且采取了美国1992年《横向合并指南》中的 SSNIP 测试法。《相关市场通知》认为"企业间的竞争都要受制于三个因素:需求可替代性、供应可替代性和潜在竞争"。对于欧盟委员会而言,更倾向于适用需求替代分析,但在分析后期市场时会采用供应替代分析和潜在竞争分析。

欧盟委员会在产品市场界定过程中通常采用 SSNIP 测试法进行需求替代分析,首先通过确定价格弹性以及进行临界损失分析以确定

① Telia/Telenor/Schibsted, Case No. IV/JV.1(27/05/1998).

② 严明:"欧盟对合营企业的反垄断规制及其对我国的借鉴意义",中国政法大学2011年硕士学位论文。

③ D. G. Goyder, *EC Competition Law*, Oxford University Press, 2003, p. 410.

最大的市场范围。进行SSNIP测试时,委员会还可能评估申报方提交的证明其市场行为的一些证据,如订单和招标信息、产品特征、消费者偏好、转换成本、竞争者观点、价格相关性、贸易关系。同时在一些案件中,欧盟委员会也可能进行供应替代分析,一般采用确定转换成本的方法,此外还需考虑转产面临的障碍。SSNIP测试法同样适用于地域市场界定中,同时也采用其他一些界定方法,如运输成本比例、消费者偏好、贸易限制、定价信息。

在合并控制中涉及的合营企业的市场界定中,依据《139/2004号条例》第2条第5款之规定,欧盟委员会应当考虑:(1)合营企业的市场;(2)合营企业市场的上游或下游市场;(3)合营方从事经济活动的与以上市场有密切联系的临近市场。同时这些市场需满足两个条件,其一是两个或两个以上的母公司同时在同一市场上活动,其二是两个或两个以上的母公司在同一市场上的活动必须是重大的。

2. 衡量市场份额

欧盟委员会对合营企业的竞争分析通常基于企业现有的市场份额进行考虑,当然结合到企业在市场中存在退出、进入或扩张的情况,欧盟委员会也将对现有的市场份额进行适当的调整,使其能够更接近将来的某些变化。在这种假设之上,计算合并后总市场份额时只需将合并各方在合并之前的市场份额加总。当然,市场条件是时刻变化的,欧盟委员会对合并各方的市场份额会根据市场的变化做出调整,如面对变动的市场结构、面对一个高度创新的新兴技术市场等,过去的历史数据信息可以成为调整的有效参考,因为过去市场份额的变化情况可能反映将来的变化趋势。

欧盟委员会通常认为合并后市场份额较大更有可能存在竞争问题,依据欧盟司法实践,市场份额超过50%就通常被认为具有市场支配地位。当然欧盟委员会进行竞争评估时还将结合其他较小竞争者可能施加的竞争约束,充分考虑其他竞争者的实力、生产能力还有产品是否具有高度替代性等。低于50%并不意味着不存在竞争问题,50%的门槛值不是安全港。合并后市场份额小于50%甚至低于40%如果产生或加强市场支配地位,欧盟委员会对此合并也将予以关注。对于那些市场份额小(如低于25%)且不违反第101条关于限制竞争协议和

第102条关于滥用市场支配地位之规定时,此合并通常将被认为与共同体市场相容。

3. 评估市场集中度

HHI是欧盟委员会评估竞争影响的重要分析工具,赫斯指数的绝对值能够初步反映合并后市场的竞争压力,而赫斯指数的增量值在一定程度上可以反映由合并引起的集中变化程度。

假如合并后市场的HHI指数小于1000,欧盟委员会通常不会对此合营企业进行进一步调查。如果合并后市场的HHI指数处于1000~2000范围之中,且其增量小于250或合并后市场的HHI指数大于2000,但HHI增量低于150,欧盟委员会也不会认为此类合营企业将产生竞争问题。但存在下列一种或多种因素除外:(1)该合并存在一个市场份额较小的潜在市场进入者或新进入者;(2)合并中的一方或多方是重要的创新者,但这种创新没有反映于市场份额之中;(3)在市场参与者之间存在着重要的交叉持股现象;(4)其中一个合并企业起一种背离者角色,有可能损害协同行为;(5)过去或现在存在协作的迹象,或使协同更加方便的迹象;(6)其中一个合并方在合并前占有50%或更大的市场份额。

4. 分析协调效果和非协调效果

在集中度较高的市场中的合并可能产生或强化市场支配地位因而可能促成合并企业之间产生协同行为或协调提价行为,虽然有的合营企业并没有达成限制竞争协议或进行第101条规定的协同行为,但是合营企业可以成为企业达成协作行为的有效途径,并且合营企业可以使得企业之间的协调更容易、更稳定或更有效。欧盟委员会不仅判断合营企业产生协调的可能性,同时还将评估企业之间达成协调行为时间的持久性。如果进行协调的企业之间存在协调监督条款甚至违约惩罚机制,那么企业之间的这种协调行为存续时间更加持久。

欧盟委员会分析合营企业的非协调效果主要集中于相关市场产品价格的提高、产品质量维持不变甚至降低以及产品的创新度。欧盟委员会通常考察如下几个因素:首先是合并企业所占的市场份额,合并企业占有的市场份额越大,越有可能拥有市场势力。因为销售量大,提价变得更加有利可图。其次是合并企业之间的竞争关系,合并企业产品相互之间的替代性程度越高,合并企业越有可能提高其产品价格。再次是消费者转换供应商的可能性,如果可替代的供应商较少,或转换其他供应商的成本较大,消费者越有可能成为合并后企业提价的受害者。最后是合并后企业是否能够阻止其他竞争者进入市场或市场扩张,合并后企业可能借助其市场势力,包括原料议价能力,而对原料的供应或分销施加限制,严格控制其他竞争者的市场进入或市场扩张,尤其是在一些需要共用平台或共用基础设施的市场中,合并后的企业能够对其他竞争者的市场进入或扩张施加限制性影响,甚至阻止其进入或扩张。

5. 考虑市场进入

欧盟委员会对市场进入的考察通常以进入的可能性、及时性和充分性为三要素进行,只有当市场进入对于阻止或消除因合并而产生的反竞争效应满足可能的、及时的和充分的三要素时,市场进入才能成为一种有效的竞争限制。

分析市场进入的可能性主要考虑市场进入的成本及进入障碍,企业进入市场主要为了逐利,如果进入成本过高,进入市场的盈利可能性越小,那么这种市场进入的可能性就越小。同时潜在的市场进入者虽然没有进入成本方面的障碍,但是会面临其他一些障碍,如法律方面的限制(包括限制许可证、关税及非关税壁垒等),还有技术方面的限制(如优先适用关键设施、自然资源或知识产权),甚至在一些特定行业领域中现有的企业在市场上已经形成的市场地位也可能成为市场进入的障碍。欧盟委员会在考察及时性方面,主要是对合理期限的认定,通常认为2年时间内能够进入市场可以认为是具备及时性要求的,当然在认定合理期限时必须综合考虑市场的结构特征、变动状态以及潜在进入者的实力等。对于市场进入的充分性方面,主要考察市场进入的规模和范围,小规模的进入或小范围的进入都不认为是充分的市场进入。

6. 进行效率抗辩

合营企业具有双重效应,一方面产生抑制竞争的效果,扭曲竞争动机,将给自由公平的市场秩序带来严重威胁,另一方面可以提高资源利用效率,实现规模效应,分散风险,降低成本,实现技术进步。[①]《139/2004号条例》第2条第1款b项提及欧盟委员会评估企业集中是否与共同体市场相容将考虑的事项,包括技术进步和经济发展,且为了消费者福利且不会对竞争构成阻碍。这表明合营企业具有进行效率抗辩的可能性,如果欧盟委员会认为企业有充分证据表明合营企业带来的效率利于推动技术进步和经济发展,且利于实现消费者福利,并能抵消合营企业可能给竞争带来的反竞争效果,那么此合营企业与共同体市场是相容的。

欧盟委员会对企业的效率抗辩的考察主要基于三个方面:首先,利于实现消费者福利。消费者福利的实现可能是由于合营企业带来规模经济导致生产成本的降低,消费者能够以更低价格购买产品,或者由于技术进步,企业更具创新能力,消费者可以从新的或改进后的产品、服务中获益。其次,效率与合营企业直接相关且不存在替代性方法。这说明效率是合营企业所特有的,且不存在其他反竞争效果更小,更为可行的方案,否则欧盟委员会认为这种效率抗辩不够充分。最后,具有充足的证据予以证明。企业的效率抗辩必须是可以被证实的,企业进行效率抗辩时应该提供充足的必要信息表明效率实现是很有可能的,否则欧盟委员会将对效率实现持否定态度。

四、中国对合营企业的反垄断规制

(一)中国反垄断法对合营企业的规定

我国《反垄断法》并没有对合营企业进行明确规定,但其第二章关于"禁止垄断协议"和第四章对"经营者集中"的规定都涉及合营企业问题。从上述对合营企业的定义中可以发现,合营企业都是以协议为基础的,可能涉及固定价格、限制产量、划分市场等问题。《反垄断法》第13条和第14条都以兜底条款的形式将"排除、限制竞争的协议、决定或者其他协同行为"、"国务院反垄断执法机构认定的其他垄断协议"纳入垄断协议规制范围之中。

---

① Joseph F. Brodley, Joint Ventures and Antitrust Policy, *Harvard Law Review*, Vol. 7, 1982, pp. 1521 – 1590.

同时,根据《反垄断法》第20条之规定,合营企业问题也可以成为经营者集中规制的对象。第20条对经营者集中的规制对象作如下规定:(1)经营者合并;(2)经营者通过取得股权或者资产的方式取得对其他经营者的控制权;(3)经营者通过合同等方式取得对其他经营者的控制权或者能够对其他经营者施加决定性影响。从第20条的规定中可知我国反垄断执法机构对企业进行经营者集中反垄断审查的前提和依据是控制权的变化,包括获得通过多种方式取得控制权和施加决定性影响的能力。在合营企业中,大多数情况下都涉及控制权转移的问题,如合营企业的母公司以合营合同的方式或根据合营企业章程之规定或合作合同的形式控制新设立的合营企业,此时,该合营企业即属于第20条规制的对象。

事实上,商务部反垄断局对符合经营者集中规制条件的合营企业问题一直都在进行经营者集中的反垄断审查,商务部网站公开的反垄断法实施以来的近500件经营者集中审查案件中,涉及合营企业的经营者集中案件约占20%的比例。其中截至2013年5月在商务部反垄断局作出的20起附条件通过的经营者集中反垄断审查决定中,有3起涉及合营企业问题。①

(二)经营者集中反垄断审查面临的合营企业问题

1. 合营企业问题缺乏立法上的明确规定

我国《反垄断法》第四章关于经营者集中的反垄断审查制度没有对合营企业的反竞争行为的规制问题做出明文规定,虽然《反垄断法》第20条第3款可以被认为是对合营企业问题的笼统规定,但是这一条文无法为执法机构和企业提供明确的指引。法律上的不确定性一方面对企业的经营活动造成某种束缚,影响企业的创新行为和经营积极性;另一方面使得执法机构无法按照统一审查标准对案件进行反垄断分析,增加执法机构寻租的可能性,同时执法机构的执法行为容易受到公

---

① 根据商务部反垄断局官方网站发布的公告,三起涉及合营企业的附条件批准集中的案件分别是安谋公司、捷德公司和金雅拓公司组建合营企业案、汉高香港与天德化工组建合营企业案、通用电气(中国)有限公司与中国神华煤制油化工有限公司设立合营企业案。参见 http://fldj. mofcom. gov. cn/article/ztxx/?,2014年3月9日访问。

众的质疑。

2. 合营企业应进行经营者集中反垄断审查的边界模糊

我国《反垄断法》自今仅实施5年,公众对《反垄断法》的理解还不够深入,同时执法机构对《反垄断执法》的经验比较缺乏,人们对《反垄断法》上的特定概念还比较生疏。对于反垄断法上的合营企业问题,多数人简单地将之理解为外商投资法上的"合营企业",这种对合营企业理解上的偏差将导致企业经营者和执法人员无法准确认定哪些合营企业行为应该进行经营者集中反垄断审查,甚至一些企业认为合营企业行为完全不需要向商务部反垄断局申报。同时反垄断执法机构面临一些新出现的企业合营形式,由于缺乏明确的界定标准,对于是否接受企业申报存在迟疑,无法实现有效执法。我国的经营者集中反垄断审查主要依靠企业的主动申报,合营企业应进行经营者集中反垄断审查的边界模糊直接影响企业主动向执法机构申报的积极性。事后监督对于中国现有的反垄断执法资源而言并不现实,此外,事后监督的处罚对企业的正常生产经营产生很大不利影响,对经济发展起负面作用。

3. 三家反垄断执法机构对合营企业问题面临执法困境

合营企业问题涉及合并和垄断协议,实践中难以将两者准确区分,对合营企业的竞争分析需要进行个案处理。但是,目前我国的反垄断执法机构三分天下,商务部负责经营者集中反垄断审查,国家发改委负责查处价格垄断行为,国家工商总局负责除价格垄断行为以外的垄断协议、滥用市场支配地位、滥用行政权力排除限制竞争的具体反垄断执法。由于反垄断执法机构的不统一,其中一家执法机构在执法活动中需要与其他执法机构相协调,一方面容易产生反垄断执法不力的后果;另一方面造成行政资源的浪费,同时可能增加企业的负担。

(三)完善中国合营企业反垄断规制的建议

1. 避免对合营企业问题简单地划分为经营者集中和垄断协议

笔者认为,我国竞争执法机构对合营企业进行规制并不能完全照抄欧盟的做法即对合营企业问题进行明确划分为企业合并和垄断协议,主要基于两方面的思考。其一,在欧盟司法辖区反垄断审查权集于一家竞争执法机构,不存在权力的划分,不管合营企业属于企业合并抑或是反垄断协议都不影响竞争执法机构对其调查,只是运用程序、审查时间上存在差异。而中国的现实情况是反垄断审查权实行三定原则，在这种执法权不统一的条件下将合营企业进行明确划分不但不能实现行政效率，反而有可能引起执法机构之间的矛盾，影响执法效果。其二，合营企业本身是一个公认的比较复杂的问题，对合营企业并不能完全明确划分为企业合并和垄断协议，如果强行进行规定并以此将合营企业进行划分，有可能产生执法偏差。即使在欧盟执法机构也并不是对合营企业进行"一刀切"，而是在审查过程中采用灵活的处理程序，灵活适用不同的法律规定。

2. 构建事先预防与事后规制相结合的规制制度

我国《反垄断法》第 20 条第 3 项规定："经营者通过合同等方式取得对其他经营者的控制权或者能够对其他经营者施加决定性影响。"这表明在一些合营企业中，如果具有共同控制，那么属于经营者集中，一旦达到申报标准，就应该向商务部反垄断局主动申报。商务部对合营企业进行的经营者集中的审查算是对合营企业规制的第一道防线，属于事先预防。同时合营企业还可能属于垄断协议或构成滥用市场支配地位的行为，这属于发改委和工商总局的执法范围，应由这两个执法机构进行事后调查和处罚。

需要注意的是，商务部对合营企业进行的经营者集中反垄断审查的结果不影响发改委和国家工商总局对合营企业的事后救济，一些合营企业设立之后从事协调行为或滥用市场支配地位，即使该合营企业设立之初得到商务部反垄断局的审查批准，也依然应该受到发改委或工商总局的规制。因为事先预防与事后规制之间并不割裂，而是相互配套的机制，商务部反垄断局批准设立合营企业的审查决定不是合营企业的安全港或保护伞，只要设立后的合营企业存在其他违规行为同样受到反垄断法管制。

3. 建立联合办案的合作机制，引入案件移转制度

合营企业本身性质比较复杂，而且个案中的合营企业情况多样，单独由商务部进行经营者集中反垄断审查是不够的。一方面我国反垄断执法权力实行三定原则，三家执法机构在合营企业反垄断审查中都有重要角色，不能让任何一方的职权架空；另一方面合营企业问题主要是对其将来从事反竞争行为的进行可能性的判断，需要结合企业合并、反

垄断协议和滥用市场支配地位的法律条文和专业知识进行竞争分析,三家执法机构的合作能够发挥各自优势。

因此,笔者认为商务部反垄断局对达到申报标准的合营企业进行立案后,可以建议成立联合办案小组,由三家执法机构的执法人员组成,对合营企业进行全面的竞争分析。案件审查完毕之后,如果合营企业得到商务部反垄断局的无条件审查批准,为了防止一些企业以合营企业设立为手段进行反竞争的协同行为和滥用市场支配地位行为,笔者建议发改委和工商总局可以对审查批准的合营企业案件建立专门监管数据库,对合营企业的行为进行适时监督,或者要求合营企业定期向发改委或工商总局报告,但是执法机构不能对合营企业的正常经营活动进行不合法的干预。

4.增设合营企业反垄断规制的专门条款

合营企业的反垄断规制缺乏明确详细的法律规则,为合营企业的反垄断审查带来诸多不确定性,因此有必要进一步制定完善相关法律法规。根据域外执法经验,通过比照美国与欧盟对合营企业的规制模式可以发现美国主要以效果为导向,而欧盟是以功能为导向,欧盟对属于经营者集中的合营企业进行类型划分,且以集体豁免和逐个审查的方法进行分类规制,总体而言美国的规制方法相较于欧盟的而言更为模糊。[①] 对中国而言,反垄断司法实践经验过于缺乏,采用美国模式不太切合实际。但是可以像欧盟那样,为合营企业的反垄断规制制定明确的判断标准和考虑因素。

在完善立法过程中,可以出台相应的合营企业反垄断指南,对于合营企业的类型、合营企业的功能划分、合营企业的竞争效果评估方法、合营企业的效率抗辩以及合营企业的豁免作出详细规定,从而为合营企业的反垄断规制建构一整套具体规则。同时对于《反垄断法》第20条关于"控制权"的规定应该予以明确,"控制权的转移"认定标准存在模糊性,对合营企业是否应当认定为经营者集中造成不确定性,如何衔接"控制权"与合营企业的"全功能"是一个亟待解决的问题。

---

① 江山、黄勇:"论中国企业联营的经营者集中控制",载《法学杂志》2012年第10期。

五、结语

合营企业具有双面效应,一方面合营企业是企业分散经营风险,扩大经营规模,实现强强联合的重要路径,能够实现经济效率,提升我国相关产业的竞争力;另一方面合营企业可能产生反竞争效果,就如美国学者 Brodley 所认为的"合营企业可能产生三种反竞争风险:一是共谋,二是排除潜在竞争,三是产生市场壁垒"。因此,如何对合营企业进行法律规制成为用好合营企业这把"双刃剑"的关键。

反观中国相关立法,特别是中国《反垄断法》及相关部门规章并没有对合营企业问题作出相应规定。合营企业立法方面的空白给我国竞争执法机构的执法活动带来诸多问题,如执法依据的欠缺,2009 年世界两大矿业巨头必和必拓和力拓拟组建合营企业并签署约束性协议,协议涵盖合营企业的运营和治理等方面,这对我国铁矿石进口将产生严重的不利影响,面对矿业巨头"倒逼"中国钢铁业的严峻事实,我国却缺乏对其组建合营企业行为进行合法规制的相应法律依据。[①] 此外,缺乏合营企业的法律规定也不利于约束竞争执法机构的执法行为,总体而言,我国竞争执法机构的执法行为具有较浓重的产业政策考量因素且对企业自主经营行为带有较明显的行政干预痕迹,合营企业法律规定的空白可能导致执法机构的执法过当。

笔者认为,面对反垄断审查中的合营企业问题逐渐增多的趋势,而且在企业的并购交易形式被设计得越来越复杂的情况之下,执法机构填补关于合营企业法律上的漏洞显得尤为重要。而最为重要的无疑是设计适合中国的规制模式,笔者认为,以目前中国竞争执法的现状来看,事前预防与事后规制并建立联合办案合作机制是较为可行的方案。

(曾雄,北京市中伦律师事务所)

---

① 王晓晔:"反垄断法对两拓合并的影响",载《中国周刊》2009 年第 4 期。

论新型遗嘱形式及形式瑕疵遗嘱的效力*

刘耀东

目　次

遗嘱者，乃自然人于生存时，以处置其死后之遗产或其他事务为目的，依法定方式所预为之单独行为。① 遗嘱因遗嘱人之单方意思表示即可成立，无须受遗嘱人(相对人)同意，故为单独行为。同时，遗嘱为要式行为，法律要求订立遗嘱必须依法定方式为之，否则不生效力，系实行"遗嘱形式强制原则"。"在各类文明中，每个习俗、每件物体、每种思想和每种信仰都要完成一个不可或缺的功能，都拥有一项必须完成的使命，它们都是有机整体的必要组成部分。"②遗嘱是一种经由理智形成的意愿表达，遗嘱形式强制的功能和使命就是保证遗嘱内容的

---

* 本论文为教育部人文社会科学研究青年基金项目"继承法修改中的重大疑难问题研究(11YJC820073)"阶段性成果。

① 郑正忠:《例解民法》(增订第3版)，五南图书出版股份有限公司2004年版，第711页。

② [法]莫里斯·迪韦尔热:《政治社会学》，杨祖功、王大东译，华夏出版社1987年版，第186页。

真实性系保证其确为遗嘱人的真意表达以及提醒遗嘱人谨慎行事，“遵循某种形式之必要性，可给当事人产生某种交易性的气氛，可唤醒其法律意识，促使其三思，并确保其作出的决定的严肃性。”①因此，遗嘱形式起到了一种告诫或仪式的作用，②以昭慎重。总之，坚持严格的遗嘱形式其意义在于，遗嘱生效时遗嘱人已经死亡，对遗嘱人的真意无法与其本人对质；但遗嘱内容又涉及重要事项，利害关系人易发生纠纷，而通过对形式要件的强制要求使得遗嘱必须依一定方式为之，从而有利于减少纠纷、方便对遗嘱人真意的查明。

我国现行《继承法》规定了五种法定遗嘱形式，即公证遗嘱、自书遗嘱、代书遗嘱、录音遗嘱与特殊情况下的口头遗嘱。《继承法》颁布之初，由于当时生产力水平低下，我国公民生活水平贫困，拥有的私有财产无论是种类还是数量有限，加之法律意识和观念淡薄，因此人们很少通过遗嘱的形式来处理财产继承问题。“当时中国百姓的继承问题极少诉至法院，他们宁愿按照传统习惯来解决继承问题。而他们所遵从的习惯与制定法存在较大的差异。这种差异也不能简单地指为‘落后’和‘封建’。”③近年来，随着我国经济的快速发展，公民家庭财富急剧增加，公民拥有的财产性质也从单纯的生活资料转变为生活资料和生产资料，同时人们的生活观念、婚姻观念和法律观念也发生了重大变化，遗嘱已经成为自然人处分其个人遗产的重要形式。但随着科技的发展，信息技术的突飞猛进，电脑、手机、互联网的日益普及，传统的书写方式、信息传递方式正逐渐被更加快捷、方便的打字、手机短信、电子邮件等新的书写存储方式所取代或者说至少存在此种趋势。顺应此种趋势，现实生活中出现了诸如打印遗嘱、影印遗嘱、短信遗嘱、电子邮件遗嘱等新的遗嘱形式。此类新的遗嘱形式的性质与效力如何，尚有待

---

① [德]迪特尔·梅迪库斯：《德国民法总论》，邵建东译，法律出版社2000年版，第461页。

② [澳]肯马蒂、马克波顿：《澳大利亚继承概要》，陈苇译，西南政法大学出版社2007年版，第87页。

③ 张玉敏：《中国继承法立法建议稿及立法理由》，人民出版社2006年版，第2页。

《继承法》的认定。鉴于《继承法》之修改已提上立法日程,①本文拟就现实生活中出现的新型遗嘱的效力认定以及违反法定遗嘱形式的遗嘱效力等问题抛砖引玉,求教于诸位方家。

一、新型遗嘱形式性质的认定

如前所述,随着个人电脑、打印机、复印机、手机、互联网等信息技术的快速发展和频繁更新,人类传统的书写方式、记录、存储和表达方式正在发生着深刻的变化,这些变化无疑正在对传统的遗嘱形式产生影响和发起挑战。现行《继承法》制定于20世纪80年代,迄今已有近30年,其所规定的遗嘱形式显然无法满足和应对现今人们生活的需要。人类全面进入网络时代后,人们的生活方式、意思表达方式都发生了深刻的变化。手机短信、微博、E-mail、网络聊天、留言等逐渐成为人们生活中不可分割的部分,对此立法者应正视现实,对人们利用这些方式进行的终意表达,不应一概否认其效力,应当为其设定有效要件使其步入制度性的轨道,从而成为法定的遗嘱形式。“法律是社会的镜子”②,“法律应该调整已经发生了变化并在很大程度上继续变化着的生活关系,它至少应当暂时地引导这些变化走入制度性的轨道”。③

(一)打印遗嘱

在我国《继承法》规定的遗嘱形式中,受传统习惯和公证遗嘱收费(一般按照遗嘱标的物的价值收取)的影响,目前采用公证遗嘱的比较少。而对于其他遗嘱形式,争议最多的就是自书遗嘱。因为随着科技的发展,近年来出现了“以打印形式并加以签名的遗嘱”,这与《继承法》对于自书遗嘱所要求的“遗嘱人亲笔书写”相矛盾,从而在民间、学界以及司法实务界对于打印遗嘱是自书遗嘱还是代书遗嘱抑或为一种

---

① 在2012年5月召开的“中国民法学研究会第一次全国会员代表大会暨2012年民法理论研讨会”上,全国人大常委会法工委民法室姚红主任做了“我国民事立法的最新进展”的主题发言,汇报了我国民事立法的最新动态,主要在继承法、消费者保护法方面。

② [德]伯恩哈德·格罗斯菲尔德:《比较法的力量与弱点》,孙世彦、姚建宗译,清华大学出版社2002年版,第116页。

③ [德]伯恩·魏德士:《法理学》,丁小春、吴越译,法律出版社2003年版,第21页。

新型的遗嘱形式引起了强烈争议。

所谓"打印遗嘱",是指遗嘱内容由电脑排版打印机输出打印而形成的遗嘱。通常,遗嘱内容由打印机打印,而签名则由遗嘱人亲笔书写。同时,遗嘱人可能亲自操作电脑打印,也可能委托他人操作电脑并输出打印。也正因如此,实践中才对打印遗嘱的法律性质产生了争执。学说及司法实务,对于打印遗嘱的性质及效力认定尚未形成统一认识,主要存在如下六种不同观点:

1. 自书遗嘱说。该说认为"打印遗嘱如果有遗嘱人的亲笔签名,可以视为自书遗嘱",①"对自书遗嘱、代书遗嘱的内容,应允许以手写、打印及其他可视的表现文字的方式进行书写,但签名必须亲笔手写"。② 电脑打印遗嘱仅仅是一种书写的方式和工具与传统的自书有所区别而已。自己打印仅是书写的方式和工具不同,若系他人代为打印,也是依据书写的原文打印,又为遗嘱人校对签名认可,其成因与形式均符合"自书"。故只要遗嘱人在打印遗嘱上签名并注明年、月、日,即可按自书遗嘱对待。《埃塞俄比亚民法典》第 885 条也规定,"遗嘱人打印的自书遗嘱,除非在每一页上都载有表明它是自书遗嘱的手写说明,无效"。我国司法实践一些法院判决也持此观点。③

---

① 郭明瑞:"论遗嘱形式瑕疵对遗嘱效力的影响",载杨立新等主编:《继承法的现代化》,人民法院出版社 2013 年版,第 199 页。

② 陈苇:《外国继承法比较与中国民法典继承编制定研究》,北京大学出版社 2013 年版,第 351 页。

③ 2001 年上海虹口区法院受理的一起遗嘱继承案件中,法院认为,电脑打印也是一种书写方式,与他人代书有着本质区别。沈柏荣作为具有一定文化知识的完全民事行为能力人,对打印的文字是否直接表达了其意志应当具有判断力。原告也未提供证据证明沈柏荣有其他相反的意思表示,原告称遗嘱无效的主张法院不予认定(参见张萱、陶海荣:"打印遗嘱的法律性质和效力",载《法学》2007 年第 9 期)。在"邱锡琴诉邱锡刚遗嘱继承案"中,立遗嘱人邱金荣在见证人宣读了草稿遗嘱后,亲自点头确认,后请他人按照草稿遗嘱的内容打印一份,在打印件上注明了年、月、日,并由两名见证人和遗嘱人共同签名,这种情况形成的打印遗嘱的内容其实是遗嘱人听读和确认的内容,只不过是由于遗嘱人缺乏亲笔书写的能力,原应由其亲笔书写的内容被打印出来,在见证人在遗嘱上亲笔签名且亲自出庭证明遗嘱形成过程的情况下,应当可以判定遗嘱内容系立遗嘱人的真实意思表示,该份遗嘱应视为自书遗嘱。参见"江苏省无锡市中级人民法院(2010)锡民终字第 0472 号民事判决"。

2. 代书遗嘱说。该说认为,打印遗嘱应视为代书遗嘱的范畴,但所持理由各不相同:一种观点认为,当遗嘱人自己不方便操作电脑,而委托他人代为输入文字时,其实与委托他人代为书写遗嘱并无实质区别,因此打印遗嘱的效力应当适用代书遗嘱的规定。① 另一种观点认为,电脑属于智能化工具,电脑书写不像亲笔手写般具有唯一性,无论是自己打印还是他人代为打印,其形式都是人在作用于"智能化"工具下的产物,"智能化的电脑"书写与他人书写实无二致。若认定此"自书"成立,即可否定"亲笔"书写的形式要求。还有学者对打印遗嘱作了区分,即"只有遗嘱人在打印遗嘱上亲笔签名的,才可以视为自书遗嘱,与自书遗嘱具有同样的效力。打印遗嘱如果立遗嘱人非亲笔签名而是盖章或捺手印的,应视为代书遗嘱,须有两个以上的无利害关系的人见证"。②

3. 折中说。该说认为,打印遗嘱不能笼统地认定为自书遗嘱或代书遗嘱。打印遗嘱的法律属性,应当结合被继承人是否具有计算机操作能力、遗嘱形成过程等方面综合加以认定。若立遗嘱人亲自操作电脑打印的遗嘱应属自书遗嘱。若立遗嘱人请他人打印制作遗嘱,在打印件上注明了年、月、日,并由打印人、其他见证人和遗嘱人共同签名的,应视为代书遗嘱。例如,上海浦东新区法院在一桩继承纠纷案中认为,"遗嘱系由电脑打印而成,且由他人打印,因此该遗嘱并非被继承人亲自打印而成,应属代书遗嘱"。③ 若遗嘱人亲笔写好遗嘱,为了追求美观或便于保存等原因,请他人按照自己书写的遗嘱打印一份,并在打印件上签名,然后丢弃了原书写的遗嘱。这种情况形成的打印遗嘱与原书写的遗嘱实为一体,应视为自书遗嘱。④

4. 无效遗嘱说。该观点认为,打印遗嘱既非自书遗嘱亦非代书遗嘱,"凡是采用打字机打印、铅印或交付印刷厂印刷的遗嘱,都不具有

---

① 陈凯、李春:"新型遗嘱与《继承法》的完善",载北京律师协会:《婚姻家庭法律疑难问题与典型案例》,北京大学出版社2012年版,第25页。

② 郭明瑞:"论遗嘱形式瑕疵对遗嘱效力的影响",载杨立新等主编:《继承法的现代化》,人民法院出版社2013年版,第200页。

③ 参见上海市浦东新区人民法院(2010)浦民一(民)初字第34767号民事判决。

④ 张萱、陶海荣:"打印遗嘱的法律性质和效力",载《法学》2007年第9期。

法律效力。因为打字机打印、铅印或交付印刷的遗嘱难以保证不被篡改、伪造、添加等”。打印遗嘱既不符合亲笔书写的自书遗嘱要求,也不符合代书遗嘱的要求,尽管《继承法》关于代书遗嘱没有明确规定“代书”必须是用笔墨代书,但如果承认代书可以用电脑打印代替,则会出现请他人代为打印遗嘱可能有效,而自己打印遗嘱则无效的荒诞情形。打印遗嘱非我国《继承法》规定的五种遗嘱形式之任何一种,故应认定为无效。[①] 世界各国立法例中,一般均不承认用打字机打印的遗嘱的有效性,例如,《匈牙利民法典》第 628 条规定,用打字机打成的文书,即便出自遗嘱人本人之手,也不得认定其为亲笔文书。又如,日本判例认为,用打字机做成的遗嘱,无自书遗嘱的效力。[②]

5. 有效遗嘱说。打印遗嘱虽既非自书遗嘱亦非代书遗嘱,但应当认定为有效的遗嘱。继承法属于私法的范畴,而私法领域的一项最基本的原则便是“意思自治原则”,遵循“法无明文规定即许可,法无明文规定即自由”的原则。电脑打印也是一种书写、记载方式,法律适用时应当顺应时代发展,不可拘泥于法条。诚然打印遗嘱不属于《继承法》规定的五种遗嘱形式中的任何一种,但是判定民事行为的效力,要看其是否违反了法律的禁止性规定,只有违反法律禁止性规定的民事行为才能确定为无效。而且《继承法》中并未规定打印遗嘱应确认无效,故只要打印遗嘱是遗嘱人的真实意思表示,理当有效。[③] 如在“黄某、黄乙诉刘某继承一案”中,厦门市中级人民法院也对电脑打印遗嘱的效力予以认可。[④] 2003 年北京东城区法院在一起打印遗嘱继承纠纷中,

---

① 吴庆宝:《民事裁判标准规范》,人民法院出版社 2008 年版,第 222 页。

② 日本昭和 6 年 7 月 10 日大判。

③ 浙江省金华市中级人民法院(2005)金中民一终字第 214 号判决书。

④ 福建省厦门市中级人民法院(2012)厦民终字第 428 号民事判决。该案中,“刘某系遗嘱人黄甲之母,黄乙系黄甲之妻,黄某为黄甲之子。黄甲与黄乙已于 2002 年经法院调解离婚,离婚后黄某随母亲黄乙抚养。2011 年 9 月,黄甲因病去世,留下一份打印的遗嘱,载明:其若遭不测,由其继承的厦门市某路 88 号房屋一栋,以及其他生前债务全部由母亲刘某一人继承,其余人不得干涉。该打印遗嘱由黄甲本人通过电脑输出打印后亲笔签名和注明日期。黄某、黄乙认为,该打印遗嘱不符合法律规定的自书遗嘱的形式要求,应当认定无效。厦门市思明区法院经审理认为该打印遗嘱真实有效,判决后黄某、黄乙提起上诉,二审法院厦门市中级法院判决维持原判”。

法官也作出了同样的判决:“被继承人生前将自己拟制的遗嘱委托他人为自己打印成文字,该遗嘱从形式上看虽不是被继承人亲自书写,但订立遗嘱及该遗嘱的内容是被继承人的真实意思,在该遗嘱上有被继承人的亲笔签名,故认定该遗嘱有效。”①

6. 按“遗书”处理说。该观点认为,在我目前的法律规定下,打印遗嘱的法律效力可以参照《继承法实施意见》第40条的规定,即“公民在遗书中涉及死后个人财产处分的内容,确为死者真实的意思表示,有本人签名并注明了年、月、日,又无相反证据的,可按自书遗嘱对待”。据此,凡死者留下的遗书或遗言等具备了:(1)内容为死后个人财产的处置;(2)形式上有本人的签名并注明年月日,即使遗书或遗言不是亲笔书写,在无相反证据的情况下,可按自书遗嘱对待。因该条并未要求遗书必须是本人亲笔书写,故当然包括电脑打印形式的“打印遗嘱”。②

7. 新型遗嘱说。该说认为,打印遗嘱是属于受民法保护的除《继承法》规定的五种法定形式以外新兴的一种遗嘱形式,不认可打印遗嘱的效力将有悖于时代发展与司法进步。如有学者认为,“现在很多人习惯于电脑打字而不是亲笔写字。增设打印遗嘱符合我国民众现实需要。打印遗嘱的特点,既不同于自书遗嘱,也不同于代书遗嘱”。③“在未来修改《继承法》时,可参照《俄罗斯民法典》第1125条的规定‘在书写或记录遗嘱时可以使用技术手段(电子计算机、打印机等)’。也可以考虑将这种既不属于自书遗嘱也不属于代书遗嘱的打印遗嘱,单列为一类新的遗嘱形式予以规定。”④杨立新教授主持起草的“中华人民共和国继承法修正草案建议稿”(以下简称“建议稿”)在自书遗嘱与代书遗嘱外,便增设了打印遗嘱,将其作为一种新的遗嘱形式予以规

---

① 赵友平、陈琳:“打印遗嘱有亲笔签名就有效”,载《法制晚报》2004年6月23日版。

② 刘文革:“‘打印遗嘱’的效力”,载国家法官学院:《全国专家型法官司法意见精粹》,中国法制出版社2013年版,第198页。

③ 孙毅:“论遗嘱方式的缓和主义进路——以《继承法》修改的相关理念变革为中心”,载《求是学刊》2012年第4期。

④ 刘文革:“‘打印遗嘱’的效力”,载国家法官学院:《全国专家型法官司法意见精粹》,中国法制出版社2013年版,第199页。

定。“建议稿”第25条规定,通过打印机打印的遗嘱,应当有两个以上见证人在场见证。遗嘱人和见证人应当在遗嘱每一页内容的结尾处签名,注明年、月、日和遗嘱的页数。

本书赞同新型遗嘱书,修改《继承法》或未来民法典继承编应当将打印遗嘱作为一种新型遗嘱形式予以规定。我国司法实践虽有判决认为,“对《继承法》第17条的‘代书’一词不宜作‘当时当场亲自手写’的狭义理解。就遗嘱书写而言,书写人用电脑速录后打印、或经被继承人同意到打字复印店去完成打印、或完整听取被继承人意思后予以整理书写,只要是经被继承人同意并最后确认的,均不应该影响遗嘱的形式效力。就自书遗嘱而言,亦有自己打印、或到打字复印店打印成文后,自己签名并署时间的做法,只要无相反证据证实,也应该认定”。[①] 但打印与亲笔书写或他人代书之间绝非书写工具的差异,一般而言每个人的书写笔迹并不相同,且不易被人轻易模仿或伪造,通过笔迹认定即可在最大限度内判断遗嘱是否为遗嘱人书写。而打印形式则非常易于伪造,因此日本判例也认为,自书要求根据笔迹乃本人所书,打印的遗嘱不能认定为“自书”。[②] 也有学者认为,“自书应严格限定为亲笔书写,不允许用打印、铅印或交印刷厂印刷而制作所谓的自书遗嘱。即使这样的遗嘱内容是遗嘱人真实的意思表示,法律也不应认可其效力”。[③] 但这并不等于彻底否定打印遗嘱的效力,相反我国继承立法应重视现今随着电脑日益普及所带来的传统书写方式改变的趋势,不论是遗嘱人自己输入打印抑或他人代为输入打印,均与“自书或代书”遗嘱所要求的亲笔书写大相径庭,故宜将打印遗嘱作为一种新型遗嘱形式予以规范,以适应现实生活的需要。例如,在英国遗嘱法,遗嘱必须采用书面形式,根据《1978年解释法》的规定,书面形式包括打字机打字、印刷成铅字体、制版印刷、照相和其他用某种可视形式表述或再现文字。电脑软磁碟片记录的遗嘱,不能被认定为遗嘱。但是,从电脑磁

① 湖南省湘潭市中级人民法院(2011)潭中民一终字第149号民事判决。

② [日]二宫周平:《家族法》,新政社2005年版,第388页。

③ 曹诗权:《婚姻家庭继承法》,北京大学出版社2006年版,第320页。

片中打印出来的文字,可以构成有效遗嘱。[①] 当然,为防范伪造打印遗嘱的风险,应当规定较自书遗嘱更为严格的条件。"应对打印的遗嘱采取较高的证据标准,只有存在其他证据能够证明该打印遗嘱确属遗嘱人真意的情况下,才能认定打印遗嘱的法律效力。"[②]近年来随着打印遗嘱案件的不断增多,各地法院在司法审判中逐渐抛弃了以往固守遗嘱形式强制一概否定打印遗嘱效力的做法,采取了有条件地承认打印遗嘱效力,并充分运用证据规则对打印遗嘱的内容进行认定。总之,虽然应当承认打印遗嘱作为一种新型遗嘱形式,但应当对其设置更为严格的条件,如应当有两个以上的见证人在场见证同时在打印遗嘱的每一页上应当有遗嘱人、见证人的签名及注明年月日。

(二)影印遗嘱

影印是指用照相的方法制版印刷。[③] 遗嘱可否影印?或者说影印的遗嘱是否有效?对此中国台湾地区"司法院"存在两种讨论意见:一种意见认为,遗嘱可以影印,因为影印的方式只是一种方便书写的工具,对遗嘱的效力不致有影响,而且若不许用影印,而当事人仅写一份遗嘱,请其再写,可能会有遗嘱先后效力认定的问题,所以应可用影印。另一种意见认为,遗嘱不可用影印。盖自书遗嘱须由遗嘱人自书遗嘱全文,代书遗嘱应由见证人之一记录,均着重在书写人笔迹之认定及亲自书写的概念上,似不宜以影印为之。且若当事人影印了数份,只就其中几份认证,则未经认证之影印遗嘱效力如何,值得探究,若以后又拿出来使用,反而会徒增纠纷,故不可用影印。研讨结果采纳了第二种意见,即遗嘱不可以影印。[④] 笔者原则上赞同我国台湾地区"司法院"的研讨意见,影印遗嘱是以遗嘱原件的存在为前提,否则即不发生影印之问题。既然存在遗嘱原件,则作为原件的遗嘱是自书遗嘱、代书遗嘱抑

① 蒋月:"英国遗嘱继承立法、实践及其对我国之启示",载夏吟兰、龙翼飞:《家事法研究》(2012年卷),社会科学文献出版社2012年版,第79页。

② 周贤忠:"打印遗嘱无效　手写遗嘱无效",载《沈阳日报》2008年5月13日第18版。

③ 中国社会科学院语言研究所词典编辑室:《现代汉语词典》,商务印书馆2005年版,第1510页。

④ 王国治:《遗嘱》,三民书局2006年版,第63页。

或其他遗嘱形式,自应按其所属遗嘱形式发生效力,而不应承认影印遗嘱作为独立遗嘱形式发生效力。通常情况下遗嘱只有一份,倘若遗嘱人为简便起见,在遗嘱原件的基础上通过影印的方式以追求遗嘱的份数,只要影印遗嘱与遗嘱原件核对无误自应承认其效力。换言之,影印遗嘱不具有独立的法律效力,其效力来源于遗嘱原件的辅助。

(三)复写遗嘱

复写遗嘱,即用印蓝纸复写方法制作的遗嘱。通常而言,用印蓝纸复写方法制作的遗嘱与自书遗嘱无异,均为遗嘱人亲笔书写。但仍然具有较高的伪造或变造的可能性。日本有判例即认为,"用印蓝纸复写方法制作的遗嘱应认定为非自书遗嘱"。[①] 笔者认为,复写遗嘱虽通常为遗嘱人自书,且可做笔迹鉴定,但因其伪造、变造的风险较高,故应审慎认定。如果有证据证明确为遗嘱人亲笔复写,则可认定为一种特殊的自书遗嘱形式。

(四)录像遗嘱

我国现行《继承法》规定了录音遗嘱但并未明确规定录像遗嘱。因此,很多人认为《继承法》既然承认录音遗嘱,则当然也承认录像遗嘱,因为通过录像形式,不仅可以体现出声音而且连遗嘱人的举止动作都可以清晰地记录下来,较之录音遗嘱更能直观地记录遗嘱人订立遗嘱的场景。但录像遗嘱的认定在司法实践中仍然存在争议:一种观点认为,遗嘱乃要式法律行为,除《继承法》明文规定的五种遗嘱形式外,遗嘱人不得擅自采用其他形式订立遗嘱。因此,法律承认录音遗嘱并不等于也承认录像遗嘱。另一种观点则认为,当录像遗嘱中的声音能够清晰完整地反映遗嘱内容,并同时具备两个以上见证人时,录像遗嘱可以被认定为属于录音遗嘱。所以从目前的法律规定来看,录像遗嘱并不是一种独立的遗嘱形式,而是参照录音遗嘱予以适用,从属于录音遗嘱的范围。[②] 还有学者建议将录音遗嘱形式修订为音像遗嘱。除了

---

① 日本最高法院平成5(1993)年10月19日。

② 陈凯、李春:"新型遗嘱与《继承法》的完善",载北京律师协会:《婚姻家庭法律疑难问题与典型案例》,北京大学出版社2012年版,第25页。

录音之外,录像、光盘以及其他电子读物都可以成为载体而制作遗嘱。[①] 本书认为,我国民法典继承编应当明确规定录像遗嘱,或将其与录音遗嘱合并规定为"音像遗嘱"。现行《继承法》制定于20世纪80年代,当时录制视频资料对于寻常百姓而言,尚属罕见。而现阶段,电子科技对人们日常生活的影响日益加大,随着智能手机的发展及录音录像设备的大众化,录制视频资料简便易行、信手可得。因此《继承法》应重视这一社会生活现实,根据社会与科技的发展作出相应的调整。王利明教授主持起草的"民法典草案建议稿"以及杨立新教授主持起草的"继承法修正案建议稿"均将录像遗嘱与录音遗嘱并列作为独立遗嘱形式。[②]

(五)电子数据遗嘱(微博、电子邮件、存储于个人电脑中的遗嘱)

互联网的普及导致越来越多曾经用笔和纸记录的事情,被电脑、手机等新型载体所替代和使用。以电子邮件、短信等方式传递的各类民事活动也正在被人们广泛接受和认可。现行《继承法》制定之时,网络信息尚未普及,那么现阶段随着手机短信、微博、微信、QQ空间、电子邮件等电子信息数据以及"无纸化办公"的快速发展,电子数据遗嘱将不可避免地走入人们的生活,司法实践中因采用电子遗嘱形式的案件呈上升趋势。例如,山东寿光的市民赵某一日收到了一封父亲发来的电子邮件,打开一看居然是一份遗嘱,内容是关于他死后遗产如何处理。[③] 我国《合同法》已将数据电文作为合同的书面形式予以规定,[④] 并于2004年颁布了《电子签名法》,该法规定"民事活动中的合同或者其他文件、单证等文书,当事人可以约定使用或者不使用电子签名、数据电文。当事人约定使用电子签名、数据电文的文书,不得仅因为其采

① 梁慧星:《中国民法典草案建议稿》,法律出版社2003年版,第377页。

② 如杨立新教授主持起草的《中华人民共和国继承法修正草案建议稿》第27条规定,"以录音、录像形式设立的遗嘱,应当有两个以上见证人在场见证。录音、录像遗嘱中应当有对录制日期、地点、见证人姓名的说明和见证人自愿做见证的说明。录音、录像遗嘱作成后,应当当场密封,并由遗嘱人、见证人在密封处签名或按指印,注明年、月、日"。

③ 张启文:"'电子遗嘱'有法律效力吗",载《山东人大工作》2006年第6期。

④ 《合同法》第11条规定,"书面形式是指合同书、信件和数据电文(包括电报、电传、传真、电子数据交换和电子邮件)等可以有形地表现所载内容的形式"。

用电子签名、数据电文的形式而否定其法律效力”。从中不难看出我国已在立法上明确承认电子签名和数据电文这种新型载体的法律效力。但该法在涉及人身关系、不动产权益转让、公用事业服务等与公民人身、社会公益相关的领域采取了保守性的规定。① 那么,电子数据遗嘱究竟有无法律效力,其可否作为一种独立的遗嘱形式? 亟待立法解决!

对此,一种观点认为,电子邮件遗嘱是采用电子邮件的形式发送的,作为书面证据之一的电子邮件,其在否认电子邮件遗嘱效力的一方无法证实该电子邮件遗嘱被篡改或不真实的情况下,应当认定电子邮件遗嘱为自书遗嘱。② 另一种观点认为,我国《继承法》只规定了五种遗嘱形式,电子邮件遗嘱即使有遗嘱人的签名并注明年、月、日,电子签名业已经过第三方认证并确认为真实,也不能因此认定电子遗嘱为有效。③ 如在“赫涟湘与赫涟清等遗嘱继承纠纷上诉案”中,原、被告双方就被继承人生前在电脑中的“身后安排”是否为有效遗嘱产生争议。在审判中,法院形成了两种对立的观点:大多数审判人员认为,电脑中的“身后安排”因不具备被继承人亲自手书并签名,注明年月日的形式要件,使得法官难以判断它是否为被继承人所写,其内容是否为被继承人生前真实的意思表示。因此,当事人就其效力产生争议时,由于不能确认其真实性因而不能认可“身后安排”属于有效的遗嘱。少数人认为,本案中的“身后安排”确实存在无法排除他人利用被继承人电脑伪造或变造的情形,但不宜通过此案判决一概否认储存于电脑中的遗嘱的效力。将“身后安排”认定为遗嘱,也具有一定的合理性。电脑是现代科技的产物,已经深入人们的生活,在个人计算机中保存自己的日

---

① 《电子签名法》第3条第3款规定:“前款规定不适用下列文书:(一)涉及婚姻、收养、继承等人身关系的;(二)涉及土地、房屋等不动产权益转让的;(三)涉及停止供水、供热、供气、供电等公用事业服务的;(四)法律、行政法规规定的不适用电子文书的其他情形。”

② 邓淦蓉:“论电子遗嘱是否具有法律效力”,载 http://www. 110. com/ziliao/article - 142647. html,2014年6月8日访问。

③ “电子邮件传递的遗嘱是否具有法律效力”,载《伴侣》2010年第10期;王景龙:“电子遗嘱没有法律效力”,载《检察日报》2010年6月19日第3版。

记、博客等私人文件的做法已经十分普遍。《继承法》对遗嘱类型及其特征作出规定时,个人电脑在我国尚未普及,因此立法时不可能考虑到存储于个人电脑中的文件的效力问题。即使对本案中被继承人的"身后安排"的效力无法确认,也不宜通过判决对这种遗嘱形式一概加以否认。目前,网络遗嘱已经成为人们处理自己身后事宜的一种方式,国内外也有类似的遗嘱保管网站,例如:美国的"离别的愿望"、瑞典的"网络遗嘱"。① 对此,最高人民法院民一庭的意见为:立遗嘱是要式法律行为。保存在计算机中以"身后安排"等形式出现的所谓"网络遗嘱",因不具备自书遗嘱"由遗嘱人亲笔书写,签名,注明年、月、日"的形式要件,不能被认为是我国继承法中规定的遗嘱人的自书遗嘱。②由此可见,即使是承认电子遗嘱的观点也主要是在运用证据规则对电子遗嘱进行辅助补强后始对其法律效力予以认定,而并非真正意义上对电子遗嘱这种新的遗嘱形式予以承认。现阶段各地法院在司法审判中倾向于否定电子邮件遗嘱的效力,即使是在存在有效电子签名的情况下也否认其法律效力。而运用举证责任规则通常会产生对同一法律问题而形成不同的判决结果,进而有损司法审判的统一性和权威性。因此,对于电子遗嘱的法律效力迫切需要《继承法》予以回应。在《继承法》修改过程中,不少学者均提出应当对电子遗嘱加以规定,如有学者认为,"《继承法》修正的重要环节之一是遗嘱制度的完善。应当丰富遗嘱形式,为当事人设立遗嘱提供选择便利。即在原有遗嘱形式的基础上,增加打印遗嘱、电子数据遗嘱、录像遗嘱、密封遗嘱"。③ 再如由杨立新教授主持起草的"继承法修正案建议稿"④即将电子数据遗嘱增列为一种独立的遗嘱形式,以应对网络时代对遗嘱形式所产生的重

---

① 奚晓明:《最高人民法院民一庭民事典型案例精选》,人民法院出版社2014年版,第453页。

② 奚晓明:《最高人民法院民一庭民事典型案例精选》,人民法院出版社2014年版,第451页。

③ 王歌雅:"《继承法》修正:体系建构与制度选择",载《求是学刊》2013年第2期。

④ 该"草案建议稿"第26条规定,"遗嘱人可以用电子数据的形式设立遗嘱。电子数据遗嘱应当有可靠的电子签名,并有两个以上见证人见证。见证人应当记录电子数据遗嘱所在的电子系统和制作日期,并保存公钥"。

大影响。

在国外立法中,最具代表性的对电子遗嘱予以承认的是美国内华达州的《遗嘱法》,其遗嘱修订法第136章规定获得认证的电子遗嘱可以得到法院的认可。① 本书认为,我们应当承认电子数据遗嘱为一种独立的遗嘱形式,以应对社会生活变化和人们的现实需要,给遗嘱人订立遗嘱以更多的形式选择。

二、遗嘱形式要件的豁免

继承法理论通说认为,遗嘱乃要式法律行为,非依法定方式订立者,遗嘱不发生法律效力。自罗马法开始,遗嘱就要求具备严格的形式要件,如早期的民会遗嘱和站前遗嘱就须严格遵守一系列的程式,后来的铜式遗嘱、裁判官遗嘱虽对遗嘱形式逐渐简化,但也均有各自复杂的形式要求。② 但是到了20世纪之后,英美法系的一些国家或地区立法上发生了一些变化,建立了不同程度的遗嘱形式豁免制度——只要能够证明遗嘱确实为遗嘱人最终的遗愿,即便不符合遗嘱的形式要件仍然承认遗嘱的法律效力。也就是说,法律对遗嘱形式的规定或要求已经没有多少特别之处了,判断遗嘱是否有效,关键取决于能否对遗嘱人的真实意愿予以证明,遗嘱形式是否得到遵守已不能发挥决定性的作用。例如,"美国大多数州要求遗嘱形式必须得到严格地遵守,否则遗嘱无效,即使是细节上的不吻合也可能导致整个遗嘱无效"。③ 但1990年《统一遗嘱检验法》第2~503条规定了"实质遵守"(substantial compliance)标准,对那些有明确且令人信服的证据表明遗嘱人意图将某一文件作为遗嘱对待的情况,尽管其不符合法律规定的形式要求,仍然可以认定其效力,此即遗嘱形式要件豁免制度。20世纪90年代初

① Gerry W. Beyer, *Will, trusts, and Estates*, ASPEN Publishers, 2002, pp. 99-100.

② [英]H. F. 乔洛维茨、巴里·尼古拉斯:《罗马法研究历史导论》,薛军译,商务印书馆2013年版,第164、313页。

③ John H. Langbein, Substantial Compliance with the Wills Act, *Harv. L. Rev.* Vol. 88 (1975), p. 489.

并没有哪个州的立法对此给予承认,[①]但 20 世纪 90 年代中期以后大部分州(如科罗拉多、夏威夷、密歇根、犹他州、蒙大拿州)的立法已逐渐吸纳了该制度。[②] 在早期的澳大利亚立法遵从英国法,奉行严格的遗嘱形式要求,但从 20 世纪末开始出现了遗嘱形式要件豁免制度。例如,南澳大利亚州 1975 年《遗嘱法》修正案规定,一份旨在表达遗嘱人意愿的书面文件,尽管它没有按照本法规定的形式要求签订,但在无合理怀疑的情况下认为遗嘱人意欲以该文件订立遗嘱时,仍可作为有效遗嘱对待。1994 年修正后的《遗嘱法》规定,如果法院确信,一份文件虽然没有按照本法要求的形式订立,但确实表达了被继承人的意愿,该文件可以被当作遗嘱授予检验。[③] 后来将证明标准从过去的“排除合理怀疑”降低为普通民事证明标准,也就意味着法律对遗嘱在形式方面的要求已经没有多少特别之处。判断遗嘱是否有效,遗嘱形式是否得到遵守已不能发挥决定性的作用,关键取决于争议双方能否对遗嘱人的终意真实性予以证明。同样在大陆法系,根据《德国民法典》第 2247 条第 3 项规定,“被继承人以其他方式签名,且这一签名足以确认被继承人的签名人身份及其表示的认真性的,此种签名与遗嘱的有效性不相抵触”。《魁北克民法典》第 714 条规定,“自书遗嘱或当着证人订立的遗嘱不符合此种遗嘱的全部形式要件但符合实质要件,且无可争议和明确地包含被继承人的最后意愿时,仍然有效”。由此可见,《德国民法典》、《魁北克民法典》在认定遗嘱效力时也并非严格要求遗嘱的形式要件,也采取了缓和遗嘱形式的做法,一定意义上也可以看作遗嘱形式豁免的一种。

---

① Kelly A. Hardin, An Analysis of the Virginia Wills Act Formalities and the Need for a Dispensing Power Statute in Virginia, *Washington & Lee Law Review*, Vol. 50 (1993), p. 1189.

② [美]杰西·杜克米尼尔、斯坦利·M. 约翰松:《遗嘱·信托·遗产》,中信出版社 2003 年版,第 261 页。

③ Wills (Miscellaneous) Amendment Act 1994 (SA) §7; Wills Act 1936 (SA) §12 (2) – (5).

三、我国现行《继承法》遗嘱形式要件的补充与完善

《继承法》乃一国之固有法[①],修改《继承法》虽然仍应坚持固有法特色,但同时也应当顺应生产力发展、法制发展的现代化要求,顺应社会经济转型和社会变革的要求。在遗嘱形式问题上,我国未来民法典继承编也应当在秉承传统的基础上,顺应科技的发展和社会的网络化、信息化,并充分借鉴国外的相关立法经验。

(一)自书遗嘱的补充与完善

1.遗嘱人盖章或摁手印的效力

关于遗嘱人的盖章或摁手印在解释上是否与签名具有同等效力?存在广义与狭义两种解释:

(1)广义解释说。该说认为,遗嘱人的签名,不局限于亲笔书写名姓,应扩张解释包括盖章、指印以及其他能够代表遗嘱人人格的符号等。在英国法上,签名"须是名字或代表签名的某种标记",签名只要符合署名或作为签名而画上去的标记要求即可。[②] 在 1838 年 Baker Dening 一案中,遗嘱人是文盲,尽管该遗嘱人能够正常签名,但他选择画上标记代替签名,该签名有效。在 1935 年的一个案件中,遗嘱上的签名是一个淡淡的大拇指墨水印,法院仍认定其签名有效。[③] 在遗嘱人因重病或视力障碍难以独立完成签名时,第三人协助遗嘱人完成签名也是可以的。[④] 而且签署的内容既可以是遗嘱人的姓名缩写,也可以是签名的一部分,甚至遗嘱人的笔名也是有效的签名,[⑤]还可以是

---

① 所谓"固有法"系相对于移植法而言,是指保留了诸多的国家、民族和历史传统的法。

② Andrew Borkowski, *Textbook on Succession*, London: Oxford University Press, 2002:101.

③ 蒋月:"英国遗嘱继承立法、实践及其对我国之启示",载夏吟兰、龙翼飞:《家事法研究》(2012 年卷),社会科学文献出版社 2012 年版,第 81 页。

④ Fulton v. Kee(1961)NI 1.

⑤ In the Goods of Redding(1850)2 Rob Eccl 339.

“你亲爱的妈妈”之类的签名。[①] 在Glover遗产案中,遗嘱人再婚后使用前夫的名字签署,也被认为有效。[②] 据此,盖章或摁手印也是有效的签名。日本民法承认自书遗嘱中自书人的签名和盖章具有同等效力。日本最高裁判所的判决也认定未盖章却按了拇指印的自书遗嘱有效。[③]

(2)狭义解释说。该说认为,对于遗嘱人的签名应当严格解释,即仅限于遗嘱人的亲笔签名。如中国台湾地区学者普遍认为,在自书遗嘱,须遗嘱人亲自签名,解释上不得径依印章、指印、十字或其他符号,以为代替。[④]

本文认为,广义解释说更符合我国的国情。在我国社会生活中,农村人口数量在我国占绝大多数,在目前我国地区发展、城乡发展不均衡的情况下,许多农民文化水平低下,不识字、不会写字(甚至连自己的姓名都不会书写)或者不能书写,只能盖章或按指印以证明遗嘱为其意思表示。如果完全不承认这种形式的签名,则有书写困难的人就不能设立自书遗嘱或代书遗嘱。承认盖章或摁指印与签名具有同等效力,虽然在某种程度上,会提高伪造遗嘱、遗嘱人受胁迫订立遗嘱的风险,但这种风险在签名的情况下同样存在。杨立新教授与张玉敏教授主持起草的“中国继承法立法建议稿”也都承认了“捺印”与签名具有同等效力。[⑤] 我国的《遗嘱公证细则》第18条第1款、第2款规定,“公证遗嘱采用打印形式。遗嘱人根据遗嘱原稿核对后,应当在打印的公证遗嘱上签名。遗嘱人不会签名或者签名有困难的,可以盖章方式代替在申请表、笔录和遗嘱上的签名;遗嘱人既不能签字又无印章的,应当以按手印方式代替签名或盖章”。《德国民法典》第2247条第3项规定,“签名应该包含被继承人的名和姓。被继承人以其他方式签名,且这一签名足以确认被继承人的签名人身份及其表示的认真性的,此

---

① Rhodes v. Peterson 1972 SLT 98.

② Re Gloves’s goods(1847)5 Notes of Cases 553.

③ 日本最高裁判所平成元年2月16日判决。

④ 罗鼎:《民法继承论》,三民书局1978年版,第183页。

⑤ 杨立新教授主持起草的“继承法修正草案建议稿”第23条[自书遗嘱]、第24条[代书遗嘱]及第25条[打印遗嘱]的规定中均赋予按指印以与签名同等的法律效力。张玉敏教授起草的《继承法立法建议稿》第40条第2款亦是如此。

种签名与遗嘱的有效性不相抵触”。

至于签名的位置,各国或地区立法例甚少规定,《意大利民法典》第602条第2款规定,“遗嘱人的签名应当位于全文的结尾”。《路易斯安那民法典》第1575条规定,“自书遗嘱日期虽然可以在遗嘱的任何地方出现,但立遗嘱人必须在遗嘱的末尾落款”。中国台湾地区学者则普遍认为,“遗嘱人的签名通常在遗嘱文字末尾,但于开头记明‘立遗嘱人某某’字样者,如系自书,亦可解为签名”。[①] 而在英国继承法,只要遗嘱人是为了使遗嘱具有效力而签名,他可以把名字签在遗嘱的任何地方,而无关签名位置的要求。如《1852年遗嘱法修正案》曾规定,“遗嘱人的签名,无论是签在遗嘱的开始、之后,结尾处、下面、旁边、背面、边缘,均为有效;只要遗嘱人是为使遗嘱具有效力而签名,即使签名出现在遗嘱的封面上,也为有效。但签名之后书写的遗嘱内容,无效”。据此,签名之后书写的遗嘱内容无效,但后来的法律改革委员会认为,“文件的叙述结尾处是通常的签名位置,但是,将在顶部签名的遗嘱认定为无效并无令人信服的理由”,“检验应当关注的是遗嘱人签名是否是为了赋予遗嘱效力,而不是签名的位置。因此,本书建议,只要是遗嘱人为使遗嘱生效而签名的,即使把名签在遗嘱前面,该遗嘱仍应获准认证”。[②]《中华人民共和国继承法修正草案建议稿》第23条则规定,“自书遗嘱由遗嘱人亲笔书写全文并在遗嘱结尾处签名,注明年、月、日”。

2. 自书遗嘱的形式要件

自书遗嘱应由遗嘱人亲笔书写遗嘱全文,注明年、月、日,并签名、盖章或摁手印,但遗嘱人自书遗嘱时思虑未必周全,其于手书遗嘱之后增减修改、涂改者时常发生。对此,自书遗嘱完成之后的增减、涂改如何认

---

① 胡长清:《中国民法继承论》,商务印书馆1936年版,第191页。

② LRC Report No. 22,para. 2. 8. 1992年在Wood Smith一案中,遗嘱人一开始写下了住址和姓名,然后写下若干处分,但他完成时并没有签名。当证人指出其未在遗嘱结束时签名时,他说他已经在第一句中签名。上诉法院认为,“书写遗嘱和签名是一个统一体,在文件的何处签名或者签名是在书写遗嘱过程中何时添写的,并无关系。遗嘱人向证人所作的说明,清楚地证明他把开始书写遗嘱内容前的签字视为使其遗嘱具有效力的签名。因此,该遗嘱有效”。

定其效力?《日本民法典》第968条第2款规定,"亲笔证书中的增删及其他变更,遗嘱人须注明变更之处,附记其内容并对其特别签名,而且要在变更处加盖印章,否则不发生其效力"。中国台湾地区"民法"第1190条规定,"自书遗嘱者,应自书遗嘱全文,记明年、月、日,并亲自签名;如有增减、涂改,应注明增减、涂改之处所及字数,另行签名"。

自书遗嘱因为隐秘性较高,无须见证人,因此容易发生继承人间争执遗嘱的真假,滋生纠纷。但遗嘱人可事先找见证人或律师重新见证,[①]即可弥补此一缺憾!

- 自书遗嘱
  - 要件
    - 遗嘱人须亲自书写遗嘱全文
    - 遗嘱人须注明年、月、日
    - 遗嘱人须亲自签名、盖章或摁手印
  - 增减修改、涂改
    - 应注明增减修改、涂改之处的字数
    - 增减修改、涂改处签名、盖章或摁手印

(二)口头遗嘱的完善

我国《继承法》第17条规定,遗嘱人在危急情况下,可以订立口头遗嘱。所谓"危急情况",是指生命危急(遗嘱人因自然灾害、意外事故、重病急病、海难或空难等致生命有危险)或者其他特殊情形,而不能依其他方式订立遗嘱的情形。至于如何认定遗嘱人生命危急,主观说认为"应以遗嘱人主观的存在为已足,无须客观的认定。但仅空想死亡之危险或漠然预想之者不得依此方式为遗嘱。陷于心神丧失之常态者,非迫于死亡,不在其内"。[②] 主客观同时具备说认为,"生命危急须客观上有死期将近之相当事实,而主观上也自觉死期近矣,始足当

---

① 在"邝宇栋、邝宇宏诉朱菊仙遗嘱继承纠纷案"中法院认为,代书遗嘱中仅有代书人、遗嘱人签名,而无见证人签名。但见证人系专业律师,且依照程序制作了见证书并载明遗嘱制作过程,此时代书遗嘱有效。参见上海市高级人民法院(2008)沪高民一(民)终字第76号判决。

② 史尚宽:《继承法论》,中国政法大学出版社2000年版,第459页。

之”。[①] 还有观点认为,客观上有死期将近之相当事实如何判断,若须待医师诊断认定,则将失去遗嘱人订立遗嘱的机会。[②] 本文认为,认定遗嘱人处于生命危急,不仅需遗嘱人主观上自认为死期将近,而且还需客观上存在可据以推断遗嘱人处于生命危急的事实。上述有观点认为认定遗嘱人死期将近的客观事实,恐将使遗嘱人失去订立口头遗嘱的机会。但遗嘱人于主观上自觉死期将近乃其内在心理,恐将更加难以认定,而且认定遗嘱人订立遗嘱时是否处于生命危急之情形进而认定口头遗嘱的效力,乃事后判断问题。同时,令遗嘱人处于生命危急的客观事实较之遗嘱人主观自觉更加容易认定。甚至可以根据生命危急的客观事实推定出遗嘱人主观自觉死期将近。同时,可以采用“理性第三人标准”即认定遗嘱人主观自觉死期将近时应以一个正常的理性第三人处于相同危急情形时是否会自觉死期将近进而订立口头遗嘱为标准。所谓“其他特殊情形”是指不以遗嘱人生命危急为前提,而发生的交通、通信阻断(可能因传染病、飓风、地震、洪水、罢工等)、传染病、战争或与外界隔绝等情况。具体而言,交通阻断须事实上有其存在,如果仅有交通阻断的可能或者主观上认为将会发生交通阻断的,不得订立口头遗嘱。至于引起交通阻断的原因如何,在所非问。但即便于此情形,遗嘱人也并非不能订立自书遗嘱、代书遗嘱等,唯有遗嘱人既不能以书写而为自书遗嘱,也无法觅得两个见证人而为代书遗嘱时,始得设立口头遗嘱。同样,仅在因传染病而导致遗嘱人不能依其他遗嘱方式设立遗嘱时,始可订立口头遗嘱,但不以遗嘱人本人患病为必要。在战争情况下,口头遗嘱的设立不仅限于军人,普通人如因此而不能依其他方式设立遗嘱时,亦可为口头遗嘱。因此建议修改《继承法》时,明确规定口头遗嘱的适用范围,对此可采用明确列举加兜底性条款的条文设计。

因口头遗嘱方式较之其他遗嘱形式简便许多,既不需要经遗嘱人

① 陈棋炎、黄宗乐、郭振恭:《民法继承新论》,三民书局 2010 年版,第 276 页。

② 林秀雄:《继承法讲义》,台湾元照出版有限公司 2008 年版,第 241 页。

之认可,又无须其亲自签名或捺指印,[①]因此容易伪造,故为避免口头遗嘱轻易作成,各国立法大都要求遗嘱人除订立口头遗嘱时必须正处于生命垂危等危急情况之外,同时要求遗嘱人仅得在不能或难以用其他形式订立遗嘱时,始得订立口头遗嘱。基于同样的理由,各国或地区立法例关于口头遗嘱,均规定须有两个或两个以上的见证人。唯既然遗嘱人处于危急情况之下,则两个以上的无利害关系的见证人未必能够觅得,即使能够觅得也未必愿意作为遗嘱见证人。更何况在有些危急情形下,例如“马航MH370”、“韩国岁月号沉船事件”,所有乘客均处于生命危急之中,要订立符合法定要求的口头遗嘱更是不可能。各国立法例大都规定,订立口头遗嘱时由其中一个见证人制作笔录,然后全体见证人签名[②],但在很多危急情况下(尤其是)虽能觅得见证人,但由于条件所限无法书写记录,因此应当允许见证人使用书写之外的记录方式(例如,我国台湾地区“民法”规定了两种口头遗嘱方式:笔记口头遗嘱与录音口头遗嘱。虽然我国《继承法》第17条只是规定口头遗嘱应当有两个以上的见证人在场见证,或可从中解释出“我国《继承法》并不要求口头遗嘱必须要有书面记录,如果在场的见证人均不识字或不会记录,则应以见证人的记忆为准”。[③]),或者事后尽快根据回

① 各国立法例大都要求订立口头遗嘱时,仅须见证人签名而无须遗嘱人签名,也无须遗嘱人认可。例如,《日本民法典》第976条(生命危急者的遗嘱)规定,“因疾病或者其他事由生命垂危者欲立遗嘱时,可于3人以上证人临场时,由遗嘱人向其中一人口授遗嘱意旨而进行。于此情形,接受口授者应笔录口授内容,并向遗嘱人及其他证人朗读。各证人承认笔录无误后,于其上签名盖章”。《瑞士民法典》第506条规定:“……被继承人应在2名证人在场的情况下,口述遗嘱意思内容,并委托该证人为口述遗嘱做成必要的证书。”我国台湾地区“民法”第1195条规定,“遗嘱人因生命危急或其他特殊情况,不能依其他方式为遗嘱者,得依下列方式之一为口头遗嘱:(1)由遗嘱人指定2人以上之见证人,并口授遗嘱意旨,由见证人之一,将该遗嘱意旨,据实做成笔记,并记明年、月、日,与其他见证人同行签名……”张玉敏教授主持起草的“中国继承法立法建议稿”第41条也规定,“在危急的情况下,遗嘱人可以立口头遗嘱。口头遗嘱应当有两名以上见证人在场见证,见证人应当将遗嘱人的口头遗嘱做成记录,并签名、捺印。如果当时没有条件记录,则应当在事后尽快按回忆写出遗嘱内容并说明情况,由全体见证人签名、捺印后交给公证处”。

② 如《日本民法典》第976条、《瑞士民法典》第507条、《意大利民法典》第609条、我国台湾地区“民法”第1195条。

③ 刘春茂:《中国民法学·财产继承》,人民法院出版社2008年版,第289页。

忆追记遗嘱内容,或者在见证人无法觅得的情况下,允许遗嘱人运用现代通信方式将其遗愿告知见证人,亦即见证人可以不在现场,以给遗嘱人在危急情况下订立口头遗嘱以提供更多的使其口头遗嘱有效的方式。

口头遗嘱乃出于不得已之情事,遗嘱人不能依其他方式为遗嘱时所允许的略式遗嘱方式,然因情况危急或特殊,方式简便易行,其真实性自不无异议,故自罗马法以来各国立法例多设有口头遗嘱的有效期间。仅其期间长短不一,有规定14天的,如瑞士民法;有规定3个月的,如德国、意大利及我国台湾地区民法;还有规定6个月的,如法国民法。但我国现行《继承法》并无口头遗嘱有效期间之规定,而是仅规定"危急情况解除后,遗嘱人能够用书面或录音形式立遗嘱的,所立的口头遗嘱无效"。但该规定过于原则,缺乏可操作性,且在实务上如何确定遗嘱人能够用其他形式设立遗嘱,难以把握。此外,只要遗嘱人能够用其他形式订立遗嘱,所立口头遗嘱即为无效,也并未给予遗嘱人采用其他形式订立遗嘱以充裕的时间。因此,从立法上规定口头遗嘱的有效期间实有必要。至于该有效期间的长短则不宜过长也不宜过短,依笔者愚见以一个月较为适宜。

(三)打印遗嘱的要件及效力认定

虽然应当承认打印遗嘱作为一种新型遗嘱形式而予以承认,但打印遗嘱较之于自书遗嘱或代书遗嘱更容易被伪造和编造,因此对打印遗嘱的形式要件及效力认定自然应当较自书遗嘱更为严格。本文认为,应当具有遗嘱人亲笔书写的签名和日期并注明遗嘱的页数,同时应当具有两名以上的见证人见证并签名。在现阶段我国法律尚未明确承认打印遗嘱的情况下,在打印遗嘱效力的认定上应当注意把握以下几个问题:

首先,在遗嘱来源方面。打印遗嘱的来源对其效力的认定至关重要。在证据效力上,通常从遗嘱人住处或其身边发现的打印遗嘱较之于非遗嘱人所持有的遗嘱具有更高的效力;与继承无利害关系的人持有的打印遗嘱较之于继承人持有的打印遗嘱具有更高的证据效力。因此,在司法实践中,认定打印遗嘱效力时,应注意打印遗嘱的来源审查。

其次,在遗嘱形式方面。虽然打印遗嘱的主要内容是由电脑打印而成,但遗嘱人通常会在打印遗嘱上亲笔书写自己的姓名及遗嘱订立日期,甚至会同时捺指印。问题是如果遗嘱人的姓名甚至遗嘱打印日期也是以打印的形式呈现,遗嘱人仅在打印的姓名处捺指印,此种打印遗嘱的效力如何认定？颇有疑问！本文认为,此种打印遗嘱的效力不易轻易认定,除非有确切的证据证明其确为遗嘱人的真意。

最后,在辅助证据方面。由于打印遗嘱更容易被伪造或编造,在当今社会,哪怕是遗嘱人的签名也存在被伪造的可能,所以打印遗嘱允许被其他证据予以推翻。因此,如果有确切的证据证明打印遗嘱内容与遗嘱人生前的具体行为或意思相悖,即应否定打印遗嘱的效力。同样,如果遗嘱人的签名经鉴定或被证据证明系伪造也当然应否定其效力。总之,凡足以印证或否定打印遗嘱形式或内容的诸如遗嘱人生前的具体行为、遗言、信件、音频视频资料等均可作为打印遗嘱效力认定的辅助证据。

(四)录像遗嘱的要件

录音遗嘱与其他形式的遗嘱相比有信息量大、制作方便、利于保存、便于使用的特点,但它作为视听资料,同样存在易于被伪造、模仿、剪辑的缺点。而且录音之后人的声音会发生一定的音变,尤其是遗嘱人处于患病期间,声音与平时自然有别,较易引起争议。录音设备、录音带的质量好坏及放置时间长短也会直接影响音效。因此,在世界各国立法例中,除中、韩两国外,[①]均无录音遗嘱形式之规定。尽管这种遗嘱形式被称为录音遗嘱,但在器材上并不拘泥于录音设备,录音带、录像带、软盘、光盘、电脑硬盘等只要能够将声音记录下来的设备均可。若使用录像设备进行记录,则因其被仿冒的难度更高,而更值得推广。[②] 杨立新教授主持起草的《继承法修正草案建议稿》第 27 条将录

① 《韩国民法典》第 1067 条规定,“录音遗嘱,由遗嘱人口述口头遗嘱的意旨、其姓名及年月日,并由参与的证人口述遗嘱的正确性及其姓名”。

② 沈志先:《婚姻家庭案件审判精要》,法律出版社 2013 年版,第 310 页。

像遗嘱与录音遗嘱并列规定,[①]而陈苇教授主持起草的《继承法修正案》则将录音录像遗嘱合并称为"音像遗嘱"。[②]

我国现行《继承法》仅规定录音遗嘱应当有两个以上的见证人在场见证,并未具体规定见证的程序和内容。如上所述,录音遗嘱存在易于伪造、模仿等缺陷,因此应当对见证人在场见证的具体程序和内容予以详细规范,以最大程度确保录音遗嘱的真实性。如我国台湾地区规定的"录音口授遗嘱"见证人全体应口述遗嘱之为真正以及见证人的姓名,并全部予以录音,将录音带当场密封,并记明年月日,由见证人全体在封缝处同行签名。[③] 建议修改继承法时,对录音遗嘱的具体见证程序和内容予以完善,制作录音遗嘱时遗嘱人、见证人应分别口述自己的姓名、性别、籍贯等身份信息以及录音遗嘱的制作地点、时间。录制完毕应当当场封存,并在封缝处由遗嘱人、全体见证人签名并注明年月日。录音遗嘱必须在全体见证人、继承人到场的情况下,当众启封。

(五)密封遗嘱的取舍

密封遗嘱,是指遗嘱人将其秘密作成或由他人代书作成的遗嘱密封后,于见证人前,提经公证人签证所形成的一种遗嘱。如果遗嘱人希望生前保守其遗嘱内容,同时又希望遗嘱具有强有力的证据力,即可用密封遗嘱方式。密封遗嘱因有见证人及公证人的证明,其真实性甚为确实,而其内容又可保守秘密,故兼有自书遗嘱与公证遗嘱之所长。[④]法国民法、日本民法、韩国民法及我国台湾地区"民法"均规定了密封遗嘱方式。而德国和奥地利民法虽然也承认密封遗嘱,但并不承认其

---

① 即"以录音、录像形式设立的遗嘱,应当有两个以上的见证人在场见证。录音、录像遗嘱中应当有对录制日期、地点、见证人姓名的说明和见证人自愿做见证的说明。录音、录像遗嘱作成后,应当当场密封,并由遗嘱人、见证人在密封处签名或捺指印,注明年、月、日"。

② 即"音像遗嘱,由遗嘱人采用音像(含录音、录像、光盘以及其他电子读物等)的方式制作。以音像形式设立遗嘱,应当有两名以上见证人在场见证。音像遗嘱,应当由遗嘱人亲自制作。遗嘱人在制作完遗嘱后,应将记载遗嘱的磁带、光盘以及其他电子读物等封存,遗嘱人、见证人应当在封存好的音像遗嘱的封口上分别亲笔签名并注明年、月、日"。

③ 我国台湾地区"民法"第1195条。

④ 戴炎辉、戴东雄、戴瑀如:《继承法》,作者2010年自版,第265页。

为一种独立的遗嘱形式,而是将其归于公证遗嘱的一种。我国有学者认为,密封遗嘱仅为遗嘱的保存方式而已并非独立的遗嘱形式。还有人认为,密封遗嘱是遗嘱自由的表现,最能够体现遗嘱人处分遗产的自由意志且有现实需要,对于解决遗产纠纷有重要作用,应该成为我国遗嘱的形式之一。① 杨立新教授主持起草的《继承法修正草案建议稿》第12~13条②、张玉敏教授主持起草的《中国继承法立法建议稿》第40条③以及由陈苇教授主持起草的《中国继承法修正案(学者建议稿)》④均对密封遗嘱进行了规定。

笔者认为,随着我国社会经济的不断发展、人们财富的不断增加以及法制观念的提高,在继承领域,遗嘱必将为人们所重视。因此,应当为遗嘱人提供更多的遗嘱形式选择以保障其遗嘱自由的实现。而密封遗嘱既具有自书遗嘱之私密性,又具有公证遗嘱之强证据力,同时又须在见证人与公证人面前为之,其真实性、可靠性、可信性可谓最高。而且密封遗嘱如不具备密封遗嘱的形式要求,尚可发生转换,即无效的密封遗嘱如具备其他遗嘱形式要件者,则具有其他形式遗嘱的效力,此乃无效行为转换之典型。由此可见,密封遗嘱不但具有较强的证据力与

① 杨立新、刘德权、杨震:《继承法的现代化》,人民法院出版社2013年版,第31页。

② 第12条规定,"被继承人立密封遗嘱,应当在遗嘱上签名之后,将其密封,并在封缝处签名,指定两个以上的见证人,对遗嘱进行公证。被继承人应当向公证人陈述其为自己的遗嘱;如非本人自写遗嘱,应当陈述书写人的姓名、住所。公证人应当在遗嘱封面记明该遗嘱提出的年、月、日及遗嘱人所为的陈述,与遗嘱人及见证人同时签名"。第13条规定,"密封遗嘱不具备前条所定方式,而符合自书遗嘱方式的,有自书遗嘱的效力"。

③ 该条第4款规定,"自书遗嘱或者代书遗嘱作成后,遗嘱人可以将其密封,在封缝处签名,并在两名见证人的见证下交由公证机关或者其他成年公民保管。遗嘱人应向受托保管遗嘱的人陈述密封的是自己的遗嘱,并说明遗嘱的书写人。受托保管密封遗嘱的人应当将遗嘱人的陈述记录于封面上,记明遗嘱提交的时间,并与见证人一起签名"。

④ 第34条第5项规定,"密封遗嘱,可按自书遗嘱或代书遗嘱的要求制作后加以密封和加盖封印。遗嘱人可以自行制作密封并加盖有封印的遗嘱,并交给公证人及两名证人;或者在公证人与两名见证人面前对其遗嘱加以密封和加盖封印。在后一种情况下,遗嘱人应声明此件之内容是其遗嘱,遗嘱是由其本人亲自书写或由另一人代为书写并经其本人签名。密封遗嘱的遗嘱人、见证人及公证人员应当在封存好的密封遗嘱的封口上分别亲笔签名,并注明年、月、日。密封遗嘱,可以由遗嘱人自行保管;或由遗嘱人指定的继承人或遗产管理人保管"。

私密性,尚具有一定的灵活性。

(六)公证遗嘱的独立性与效力位阶

1. 公证遗嘱的独立性

在我国,公证遗嘱是公证机关根据当事人的申请,在对当事人是否具有遗嘱能力及其所立遗嘱依法进行审查的基础上,确认遗嘱内容为遗嘱人的真实意思表示且不违反法律和社会公共利益。进而由公证机关出具公证书以对遗嘱的真实性、合法性予以证明的一种活动。需要特别指出的是,公证遗嘱的目的是对遗嘱制作行为的真实性、合法性的确认和证明,而非对于遗嘱内容的真实性、合法性的确认和证明。因此,公证机关在办理公证遗嘱时只应进行形式审查而不能对遗嘱具体内容进行实质审查。所谓“公证遗嘱的独立性”,是指公证遗嘱作为遗嘱意愿的书面载体,具有独立的意思表示价值,独立于公证书而存在。基于公证遗嘱的独立性,公证遗嘱仅受《继承法》的规范,不论公证程序是否合法、具体公证环节是否符合规程,都不能因此而否定遗嘱本身的效力。司法部颁布的《公证程序规则》旨在规范公证程序事项,而公证遗嘱则受《继承法》规范,不能以公证程序或公证文件形式上的瑕疵否定遗嘱本身的效力。① 例如,《公证程序规则》规定,公证证词中注明

① 在“张达宁诉张达明等遗嘱继承案”中,(2001)京崇证内民字第1418号公证书卷宗内的材料(遗嘱书、公证书、国内公证申请表、李荣华的身份证复印件、接谈笔录、2001年5月16日所立遗书及李荣华于1996年12月书写的信函)。经鉴定,公证卷宗材料中的公证遗嘱书、公证书、国内公证申请表、接谈笔录及李荣华于1996年12月书写的信函上的签名字迹为同一人书写,2001年5月16日所立遗书上的签名字迹与上述文件的签名字迹不是同一人书写。原告对此解释为遗书书写时间为2001年5月,而公证遗嘱时间为2001年9月,且自书遗嘱不是公证程序中必要收集的材料,公证卷宗中其他材料为同一人书写,亦可说明到公证处做公证遗嘱的是李荣华本人。北京海淀区人民法院审理认为,公证遗嘱上的签字与公证卷宗内2001年5月16日遗书上的字迹有明显不同,原告从书写时间进行辩解,不足以解释遗嘱人本人具有书写能力,其本人可亲自到公证处办理公证,却提交一份非其本人书写的遗嘱存入卷中。故公证行为存在程序瑕疵,公证遗嘱不符合法定形式要件,应为无效。原告上诉后,北京市第一中级人民法院审理认为,公证行为是以公证员及公证机关的公信力对事实加以证明的活动,其核心是公证的公信力,而非为当事人提供保全证据的相关服务,因此公证卷宗中对于公证的证明力起到关键作用的材料,不是申请人提交的遗嘱草稿,而是公证员打印并由申请人签名的遗嘱正本及相关的公证书。参见北京市第一中级人民法院(2010)一中民终字第8117号民事判决。

的文件是公证书的组成部分。公证书不得涂改、挖补,必须修改的应加盖公证处校对章。公证遗嘱中的遗嘱即是公证证词中注明的文件,亦即公证书的组成部分。因此按照《公证程序规则》即可推理公证遗嘱内容的修改必须加盖公证处的校对章方为有效。如此推理即违背了公证遗嘱的独立性,公证遗嘱的效力只受《继承法》的规范。[①]

2.公证遗嘱的效力位阶

根据我国《继承法》第20条之规定,"自书、代书、录音、口头遗嘱,不得撤销、变更公证遗嘱"以及《最高人民法院关于贯彻执行〈继承法〉若干问题的意见》第42条的规定,我国将公证遗嘱的效力置于绝对高于其他形式的遗嘱,即公证遗嘱的撤回也必须采用公证的方式。对于现行《继承法》公证遗嘱的优先效力位阶是否应当延续,存在两种不同的看法:绝大多数学者认为公证遗嘱的优先效力不仅给遗嘱人带来诸多不便,也增加了公证遗嘱的变更与撤回的成本。遗嘱人一旦订立了公证遗嘱,非经公证程序对其予以撤销或变更,采取其他任何方式订立的遗嘱都不能被适用。即在继承开始后,即使遗嘱人在临终前已订立其他形式的新遗嘱,但仍然要适用先前订立的公证遗嘱,而不论此公证遗嘱是否仍然体现遗嘱人最终的真实意思。如此一来,公证遗嘱在适用效力位阶上的优先性,有可能使遗嘱人最终的真实意思得不到实现,从而导致遗嘱人以遗嘱自由处分个人财产及其他事务的权利被剥夺。[②] 如杨立新教授主持起草的《继承法修正草案建议稿》删除了公证遗嘱效力最高的不合理规则,认为公证遗嘱虽有证明遗嘱真实性、合法

---

① 在"王敬坤诉王敬一所有权确认案"中,被继承人王捷三、张玉兰生前于西城区公证处进行了遗嘱公证,将两人名下的全部财产留给女儿王敬一(系本案被告)。遗嘱内容由他人代写,二人均在公证处于遗嘱上签名、盖章。但公证书所附遗嘱中关于房屋坐落的记载存有明显改动痕迹,改动处仅盖有王捷三与张玉兰两人的名章,而没有加盖公证处校对章。原告王敬坤(系两被继承人之子)认为遗嘱中修改处未加盖公证处的校对章确认,所以公证遗嘱无效。北京市西城区人民法院审理认为,张玉兰、王捷一所立遗嘱内容与接谈笔录中有名称不符以及房产地址更改的瑕疵,但更改之处已加盖遗嘱人名章,不属于篡改,遗嘱真实有效。原告上诉后北京一中院二审判决维持原判。参见北京市第一中级人民法院(2012)一中民再终字第15510号民事判决。

② 陈法:"论我国公证遗嘱适用的效力位阶",载《现代法学》2012年第5期。

性的证明力优势，但如果设立、变更、撤回都需要以公证的方式进行，对遗嘱人真实意思及时做成遗嘱设置了很大障碍。因此，规定公证遗嘱具有对抗一切遗嘱的效力，过于绝对化，特别是在被继承人做出了公证遗嘱之后，没有能力或条件通过公证再立遗嘱撤回、变更公证遗嘱时，等于剥夺了遗嘱自由的权利，应当改变这种做法。[①] 被继承人所立多种形式的遗嘱内容相互抵触的，应当尊重遗嘱人的真实意思表示，以最后所立的遗嘱为准。梁慧星教授主持起草的《民法典草案建议稿》1881 条规定，“遗嘱人得以任何一种法定遗嘱形式撤销其先前依其他法定形式所设立的遗嘱”。陈苇教授主持起草的《继承法修正案学者建议稿》第 38 条规定，“遗嘱人有权变更先前订立的遗嘱。前遗嘱与后遗嘱两者的内容不一致的，以最后订立的遗嘱为准”。此外，张玉敏教授起草的《继承法草案》也改变了公证遗嘱的优先效力做法。只有少数学者主张继续沿用现行《继承法》关于公证遗嘱效力优先的做法，如王利明教授主持起草的《民法典草案建议稿》规定，“遗嘱人立有数份形式不同的遗嘱，其内容相抵触的，如果有公证遗嘱的，以最后所立的公证遗嘱为准；没有公证遗嘱的，以最后所立的遗嘱为准”。

“个人的主体地位与社会的安排之间有很强的互补性。重要的是同时承认个人自由的中心地位和影响个人自由的程度和范围的社会因素的力量。为了解决我们面临的问题，我们必须把个人自由视为一种社会的承诺。”[②]法律赋予公证遗嘱以优先的效力位阶，并不利于保护遗嘱人的遗嘱自由权。究其实质，公证遗嘱与其他形式的遗嘱仅仅是记载方式、表现形式不同而已，应当具有同等效力并不存在何种形式的遗嘱效力更优先的问题。从本质上而言，遗嘱的效力取决于遗嘱内容本身的真实性，遗嘱的要式性规定也是以此为目的，以在最大程度上保障遗嘱人的终意真实。公证遗嘱与其他遗嘱的差异在于其保障遗嘱内容真实性的审查程序不同，具体而言，当就遗嘱的真实性产生争议时，

① 杨立新、刘德权、杨震：《继承法的现代化》，人民法院出版社 2013 年版，第 31 页。

② ［印度］阿马蒂亚·森：《以自由看待发展》，任赜、于真译，中国人民大学出版社 2013 年版，第 24 页。

其他形式遗嘱的真实性需要法院通过相关辅助证据予以确认,而公证遗嘱本身具有推定遗嘱真实性的功能。例如,根据《最高人民法院关于民事诉讼证据的若干规定》第9条[①]的规定,对于公证文书规定了高于其他证据的证明力,若无相反证据足以推翻公证文书所证事项,则人民法院应当径行采信公证书所证事实,而不必对公证书做实质审查。所以,在因遗嘱效力产生争议,法院在就遗嘱内容本身是否真实进行认定时,公证遗嘱具有较其他遗嘱形式较强的证明力而已。亦即公证遗嘱的优先效力应当是程序法上的优先而非实体法上优先。因此,不应盲目地强调公证遗嘱的优先效力,应当肯定遗嘱人得以任何一种法定遗嘱方式撤销其先前所立的遗嘱。各国立法例也均无公证遗嘱优先效力的规定,如《德国民法典》第2254条规定,“撤回遗嘱依遗嘱的方式为之”。《法国民法典》第1035条规定,“遗嘱,仅得以日后重订的遗嘱或在公证人前作成证书以声明改变意志而全部或部分取消”。《瑞士民法典》第509条规定,“被继承人可采用订立遗嘱的方式,撤销其自己订立的遗嘱”。《日本民法典》第1022条规定,“遗嘱人,无论何时,均得按照遗嘱的方式将其遗嘱全部或一部撤销”,等等。

(七)禁止共同遗嘱

共同遗嘱源于法国、德国等国的习惯法,盛行于中世纪。罗马法时代尚未承认这种遗嘱的效力。到了中世纪这种共同遗嘱方式开始在欧洲流行起来。当时,这种遗嘱形式主要发生在夫妻之间,他们以共同订立的遗嘱,相互遗赠或共同处分自己的财产。所谓“共同遗嘱”,是指两个以上的遗嘱人,将其意思共同表示于同一遗嘱书上,而形成的不可分离的关系。广义而言,共同遗嘱系两人以上依同一证书做成的遗嘱,亦即共同遗嘱并非单一独立之遗嘱,而为两个遗嘱,但结合成一个形式而表现于外部。[②] 现今各国对待共同遗嘱有两种截然不同态度:一种

---

① 该条规定:“下列事实,当事人无需举证证明:(一)众所周知的事实;(二)自然规律及定理;(三)根据法律规定或者已知事实和日常生活经验法则,能推定出的另一事实;(四)已为人民法院发生法律效力的裁判所确认的事实;(五)已为仲裁机构的生效裁决所确认的事实;(六)已为有效公证文书所证明的事实。前款(一)、(三)、(四)、(五)、(六)项,当事人有相反证据足以推翻的除外。”

② 林秀雄:《继承法讲义》,台湾元照出版有限公司2008年版,第225页。

是承认共同遗嘱有效,但主要限于夫妻之间的立法例,如德国、奥地利、我国澳门地区。[1] 英美法判例也承认共同遗嘱的效力,两个或两个以上的人可以在两份遗嘱或单独的遗嘱中将自己的财产转移给对方,或者约定将财产赠与同一受益人。共同遗嘱虽然可适用于任何人,但更多情况下是在夫妻之间发生或者夫妻共同将自己的财产留给其共同的子女。[2] 一种是完全禁止共同遗嘱效力的立法例,如法国、日本、瑞士、西班牙、埃塞俄比亚等国。[3] 禁止共同遗嘱主要是从遗嘱本身的原理来考虑的,而非从现实情况的需要为出发点。否定共同遗嘱的理由在于其与遗嘱的原理相悖。因遗嘱乃遗嘱人之单方法律行为,遗嘱人完全可以独立自主地决定、变更乃至撤销其单方的意思表示。而在共同遗嘱,便失去了这种订立、变更或撤销的随意性,必然要受到另一遗嘱人意思的约束,撤回时也应共同为之,进而违背了遗嘱自由原则。虽有学者认为,禁止共同遗嘱的理由,仅对于相关共同遗嘱以及相互共同遗嘱有其适用,而对于内容完全独立的单纯共同遗嘱,得依后一遗嘱撤回前遗嘱,则毫无禁止之必要。遗嘱成立、消灭无害于其独立性,即内容完全独立的共同遗嘱,不在禁止之列。[4] 但也有人认为,若两遗嘱人所立之遗嘱同时记载于同一用纸上,将其切离,而可成为两独立之遗嘱

---

① 《德国民法典》第2265条规定,“共同遗嘱只能由配偶双方做成”。《奥地利民法典》第583条规定,“一份遗嘱一般仅对一个被继承人有效。对于配偶的例外规定包含在‘婚姻协议’一章”。第1248条规定,“配偶双方可以在同一遗嘱中相互地指定他方为继承人,或者也指定第三人为继承人。此种遗嘱可以撤回,但配偶一方撤回其遗嘱,并不因此推断出另一方也撤回其遗嘱”。《澳门民法》第2018条规定,“两人或多人不得在同一行为中作出互惠或惠及第三人的遗嘱行为,但就婚姻协定所规定的情形除外”。

② [英]安德鲁·伊沃比:《继承法基础》,武汉大学出版社2004年版,第225~226页。

③ 《法国民法典》第968条规定,“二人或数人不得用同一文书为第三人受益或者以相互处分遗产的名义订立遗嘱”。《日本民法典》第975条规定,“遗嘱,不能由两人以上的人以同一证书订立”。《西班牙民法典》第669条规定,“两人或两人以上者不得以同一文书订立遗嘱,也不得为第三人的利益或者相互利益订立遗嘱”。

④ 史尚宽:《继承法论》,中国政法大学出版社2000年版,第418页。

时,此种遗嘱并非共同遗嘱,而应解为各自独立之自书遗嘱,①此种情形自不在禁止之列。

笔者认为,就遗嘱理论而言,自应禁止共同遗嘱,但不论何种形式的共同遗嘱一概否认也未免过于严苛。在夫妻财产越来越独立的现代社会,夫妻基于互相间身分上的共同关系通过共同遗嘱来处分共同财产,有着其他遗嘱形式所不可替代的作用。因此,应当借鉴德国、奥地利等国立法例对夫妻共同遗嘱予以承认。由杨立新教授主持起草的《继承法修正草案建议稿》即对夫妻共同遗嘱作了规定。② 同时,在我国现阶段的司法实践中也有对夫妻共同遗嘱予以承认的裁判。③

四、形式瑕疵遗嘱的效力

遗嘱重在尊重遗嘱人最终的意思,为确保遗嘱人的真意,各国法律

---

① [日]山畠正男:《注释相续法》(下),转引自林秀雄:《继承法讲义》,台湾元照出版有限公司 2008 年版,第 225 ~226 页。

② 建议稿第 37 条规定:"夫妻可以设立共同遗嘱。共同遗嘱的效力以配偶一方死亡前婚姻关系存续为前提。夫妻互相指定对方为继承人的遗嘱,自配偶一方死亡时生效。配偶一方撤回指定的,另一方的指定失效。夫妻可以共同指定遗嘱继承人或受遗赠人。若无相反内容,共同遗嘱在夫妻一方生存时对遗嘱继承人和受遗赠人不发生效力。夫妻双方协议,在共同遗嘱中对遗产作出效力上相互依存的关联处分的,该共同遗嘱的撤回适用合同解除的规定。在夫妻一方死亡后,另一方效力上相关联的遗产处分不得撤回。但继承人或受遗赠人对后死亡一方有丧失继承权情形的除外。"

③ 江苏省扬州市中级人民法院(2012)扬民终赠与性质,该赠与行为有效。故判决刘甲、禹甲共字第 0172 号民事判决。原告刘一系刘甲与禹甲之子,被告刘二、耿某为刘甲与前妻耿甲所生子女。刘甲生前与其妻禹甲共同立有一份遗嘱,载明将其共同名下的房产、存款等均归刘一所有。该遗嘱由禹甲书写,分别由刘甲与禹甲的亲笔签名,并由见证人刘某、冯某在场见证并签名。刘甲去世后,原、被告因遗嘱继承产生争议。扬州市邗江区审理认为,刘甲与禹甲共同所立遗嘱意思表示真实,该遗嘱内容由禹甲书写,对于刘甲而言,为代书遗嘱,但已由两人见证且有刘甲本人签名,被告并未举证证明两见证人与刘甲存在利害关系,所以应认定为有效的代书遗嘱。而对禹甲来说,该遗嘱则为自书遗嘱。因遗嘱中所指财产系刘甲与禹甲的夫妻共同财产,其中属于禹甲所有的财产目前尚无法继承。但庭审中禹甲已明确表示同意将属于自己的部分全部给予刘一,因此遗嘱中禹甲将属于自己的财产给予刘一的意思表示又具有同所立遗嘱中所涉的财产全部归原告所有。被告不服,提起上诉,扬州市中级法院审理认为,虽然《继承法》对共同遗嘱并没有作出明确规定,但同样也没有作出禁止性规定,本案夫妻共同所立遗嘱其内容具有可分性、独立性,属于两份独立遗嘱的叠加,该遗嘱可以分别生效。判决驳回上诉,维持原判。

要求遗嘱之作成须依一定之方式为之,始生效力。如果不按照法律规定的遗嘱方式设立遗嘱,则可能会出现何种结果?

(一)无效说

遗嘱应依法定方式为之,具备两层含义:第一,遗嘱只能以民法典继承编所规定的方式设立;第二,在设立各种具体的遗嘱时,必须按照法律所规定的步骤、程序进行。按照中国台湾地区"民法"第73条规定,"法律行为,不依法定方式者,无效。但法律另有规定者,不在此限"。[①] 违背法定方式的遗嘱无效。此点已得到判例实务的认可,1939年台上字第2293号判例认为,于自书遗嘱,依第1190条之规定,应自书遗嘱全文,记明年月日,并亲自签名。其非依此方式为之者,无效。如自书遗嘱"若采用印刷排版、自书再影印、电脑打字或请人用毛笔代誊后,再亲自签名者,均无效。没有年、月、日或使用图章、按指印也是无效遗嘱"。需要指出的是,(1)遗嘱的不同方式之间可以相互转换,而不必拘泥于遗嘱人的意愿,即欠缺此种遗嘱形式要件的遗嘱,如果符合彼种遗嘱的形式要件,按照彼种遗嘱发生效力。比如,遗嘱人本想制作一个密封遗嘱,但结果不符合密封遗嘱的条件,而符合公证遗嘱的要件,则此时应按照公证遗嘱处理。(2)遗嘱不符合法定方式者,遗嘱应为全部无效。[②]

各国继承立法一般都规定遗嘱为严格的要式行为,且大多数国家认为,凡遗嘱不符合法定的形式要件即为无效,如《法国民法典》第1001条规定,"违反民法典第二遍第五章第一、二节规定的普通遗嘱和特别遗嘱形式的,所立遗嘱无效"。《奥地利民法典》第601条规定,"除明确规定是仅为了慎重而作的要求外,如果遗嘱人不遵守形式的要求,则遗嘱无效"。根据《瑞士民法典》第520条、第521条的规定,遗嘱欠缺法定形式的,应经起诉宣告其无效。但在自书遗嘱的年月日未正确记载的情况下,只有该日期无法以其他方式加以确定,并且其对

---

① 《合同法》第36条规定,"法律、行政法规规定或者当事人约定采用书面形式订立合同,当事人未采用书面形式但一方已经履行主要义务,对方接受的,该合同成立"。

② 由烟台大学起草的继承编建议稿草案,第52条规定,遗嘱不符合法律规定的形式要求,可由继承人、利害关系人撤销。

判断遗嘱能力的有无、数个遗嘱的先后顺序或其他关系到遗嘱是否有效的问题至关重要时,才可以宣告该遗嘱无效。

我国现行《继承法》第17条第5款规定:"危急情况解除后,遗嘱人能够用书面形式或录音形式立遗嘱的,所立的口头遗嘱无效。"《最高人民法院关于贯彻执行〈中华人民共和国继承法〉若干问题的意见》第35条规定:"继承法实施前订立的,形式上稍有欠缺的遗嘱,如内容合法,又有充分证据证明确为遗嘱人真实意思表示的,可以认定遗嘱有效。"除此之外,"自然人订立遗嘱虽可以任意选择法律规定的遗嘱形式,但只能依法律规定的形式作成,非依法定形式设立的遗嘱无效"。①有学者认为,遗嘱是要式法律行为,法律对遗嘱的形式有明确规定,遗嘱人只能按照法律规定的形式制作遗嘱,不按照法律规定的形式设立的遗嘱,不能发生效力。若遗嘱的形式符合设立遗嘱时的法律规定,而其后法律对遗嘱的形式又有新规定时,则该遗嘱的形式应认定为符合法律要求。②

(二)可撤销说

该说认为,法律之所以对遗嘱的形式进行明确规定,根本目的在于确保遗嘱内容的真实性和可靠性,使得遗嘱的执行真正能够体现遗嘱人的意愿,因此,如果法律对遗嘱形式的要求过分严格,凡不符合法律规定的形式要件的遗嘱均为无效的话,那么遗嘱人的真实意思自由反而无法得到较好的保障。此外,遗嘱毕竟一般仅对继承人和受遗赠人以及其利害关系人有利害关系,而不涉及社会公共利益。所以对于欠缺形式要件的遗嘱以规定为可撤销的遗嘱为宜。对于遗嘱的各种形式要件不应当划分一般要件和核心要件,无论欠缺何种要件的遗嘱都应当规定为可撤销的遗嘱。③

(三)有效说——遗嘱形式强制的缓和

所谓"遗嘱形式强制的缓和",是指为了最大限度地确保遗嘱人的

---

① 梁慧星:《中国民法典草案建议稿附理由·继承编》,法律出版社2004年版,第185页。

② 魏振瀛:《民法》,高等教育出版社2000年版,第610页。

③ 郭明瑞、房绍坤、关涛:《继承法研究》,中国人民大学出版社2003年版,第129页。

终意表示得以实现,对于形式上稍有瑕疵的遗嘱,如有证据充分证明遗嘱确为遗嘱人的真实意思表示,则应当淡化遗嘱的严格形式要求,从而认定遗嘱有效。有的国家则对遗嘱形式欠缺进行了区分,对于欠缺核心形式要件的遗嘱,法律规定为绝对无效;对于欠缺一般形式要件的遗嘱法律规定为可撤销。如《意大利民法典》第606条规定:"自书遗嘱因非亲笔书写或者未签名而无效。由公证人制作的遗嘱因欠缺公证人本人制作的笔录、遗嘱人的声明或者公证人、遗嘱人的签名而无效。对于欠缺其他形式要件的遗嘱,可以根据任一利害关系人的请求撤销。提起撤销遗嘱的诉权自遗嘱执行之日起经过五年不行使而消灭。"《英国遗嘱法》规定遗嘱必须采取书面形式,但对其具体表达方式没有特别要求,只要遗嘱的内容明确清楚,在遗嘱人死亡时能够依1837年的《遗嘱法》规定产生法律效力并付诸执行,该遗嘱就是有效的。而且遗嘱人不必一定要签真实姓名或曾用名,可以签姓名的第一字母、假名或压上指纹,或写上"你亲爱的母亲"等。遗嘱中的记号只要能够表明确属遗嘱人所签就够了。如果遗嘱人患重病或眼睛失明,法律允许第三人帮他签名,比如拉着他的手在遗嘱上署名。[①] 在美国所有的州都曾经要求设立有效的遗嘱必须遵守严格的形式要件。一般而言,有效的遗嘱必须采取书面形式并在两个在遗嘱上签名的见证人的见证下由遗嘱人在遗嘱末尾签名。在有些州,即使有某些细微之处没有遵守这些要件(如在遗嘱人签名时有一个见证人走出遗嘱人所在的房间)也会导致遗嘱无效。但如今看来,这种遗嘱的形式要件越来越过时。批评者认为,形式强制的代价太高:不重要的细节缺陷就可以导致遗嘱无效,从而不尊重遗嘱人明确表示的意图。因此,在美国出现了简化遗嘱程序的趋势,1969年的美国《统一遗嘱检验法》第2-502条[②]就体现了这一趋势。多数州的判例也认为,完全由遗嘱人手写并由他签名的遗嘱,即使没有见证人并且不符合其他的一般要件,也是有效的遗嘱。[③]

---

① 陈碰有:"英国遗嘱继承制度研究",载《厦门大学法律评论》2001年第2期。

② 该条规定,"允许遗嘱由代表遗嘱人的其他人签名"。

③ 参见[美]约翰·G. 斯普兰克林:《美国财产法精解》,钟书峰译,北京大学出版社2009年版,第454~455页。

在我国越来越多的学者也意识到遗嘱形式强制固然有利于在最大程度上确保遗嘱内容的真实,但是在现实社会生活中形式瑕疵的遗嘱大量存在,但其确为遗嘱人的真实意思表示,如果在此情形仍然固守遗嘱形式强制则难免违背遗嘱形式强制的初衷及遗嘱人的真意。因此由杨立新教授主持起草的《中华人民共和国继承法修正草案建议稿》第34条①规定了遗嘱相对无效的事由,以尽量缓和遗嘱形式瑕疵对遗嘱效力产生的影响。严格的遗嘱形式其存在的主要理由在于继承开始后无法通过与遗嘱人对质的方式查明其内心真意,法律通过形式强制引导广大民众订立符合法律规定的遗嘱,以便日后有利于查明其真实意愿,定分止争;同时,在具体案件中,法官可以依据法律对遗嘱形式的要求,而直接裁决遗嘱的效力,无须为举证问题而迟疑不决。但是遗嘱形式强制也容易产生另外的不公平,即当遗嘱人的真意能够得到确证,却因疏忽大意或其他原因而没有完全符合遗嘱的法定形式要件导致遗嘱无效。显然,遗嘱形式强制体现的是一般正义,其代价可能是个案的非正义。虽然不能完全取消遗嘱的形式强制,但这种一刀切的做法在当今社会已经不能发挥以往那么大的作用了,从而有必要对遗嘱形式强制作适度的缓和,即"形式上略有欠缺的遗嘱,如在无合理怀疑的情形下证明确为遗嘱人真实意思表示的,不因该形式上的欠缺而影响遗嘱效力"。② 在某些情况下,还应当探求遗嘱形式背后的立法意旨。如对于"没有注明年月日的遗嘱"效力进行认定时,应当探求法律规定遗嘱须注明订立时间的立法目的或言之规范意旨。继承法规定遗嘱中须载明订立遗嘱的日期其立法意旨有二:一为根据订立遗嘱的时间判断遗嘱

---

① 该条规定,"遗嘱中没有注明年、月、日的,只有存在其他遗嘱且不能确定设立先后时,或不能判断遗嘱能力时,才可认定遗嘱无效。遗嘱证书没有标明页数、见证人对口头遗嘱、电子数据遗嘱没有记录、没有保管公钥、没有在每一页签字的,只有在对遗嘱内容的确定和真实性产生影响时,才可认定遗嘱无效"。

② 参见魏小军:《遗嘱有效要件研究》,中国法制出版社2010年版,第171~172页。

人有无遗嘱能力。[①] 遗嘱人具有遗嘱能力是遗嘱有效的前提条件。二为在遗嘱人立有数份遗嘱时,遗嘱订立时间是判断数份遗嘱先后的依据。因此对于自书遗嘱而言,只要没有证据证明遗嘱人生前曾存在无遗嘱能力的情形的,则未注明日期的自书遗嘱仍然有效。代书遗嘱如未注明遗嘱订立时间,只要各见证人均能证明订立遗嘱时遗嘱人有遗嘱能力且遗嘱内容为遗嘱人的真实意思表示,代书遗嘱不因未注明日期而无效。但从整体上说,在那些只要能够查明遗嘱表达的确实是遗嘱人的真意,即使不符合遗嘱形式要件,仍然赋予遗嘱以法律效力的国家,遗嘱形式已经不是严格意义上的要件了(不符合就会使其无效或可撤销),而是证明责任的一种分配手段。[②]

(四)遗嘱形式完整性向终意表示真实性的转变

综上所述,"遗嘱形式过于严格,则虽可确保遗嘱人之真意,但有害及遗嘱自由之虞,且易生遗嘱因方式不备而无效之结果,反之,方式过于缓和,则虽合乎遗嘱自由原则,并可减少遗嘱因方式不备而无效之情形,但却难以把握遗嘱人之真意。此二律背反问题,在立法上应如何予以调和,乃遗嘱法上之一大问题"。[③] 遗嘱形式强制是国家意志干预私法自治的产物,而遗嘱自由则是私法自治在继承法律关系中的体现。

---

① 各国或地区对于遗嘱能力的规定有两种立法例:一为规定遗嘱能力低于民事行为能力,如德国、日本、奥地利、西班牙及我国台湾地区;二为规定遗嘱人的遗嘱能力与民事行为能力一致,如瑞士、加拿大魁北克。我国《继承法》第22条第1款规定,"无行为能力人或者限制行为能力人所立的遗嘱无效"。依此规定我国现行继承法采取了遗嘱能力与行为能力相一致的做法。但本文认为,遗嘱能力不应与民事行为能力等同。从各国立法例来看,大多数都承认一定条件的限制行为能力人可以订立遗嘱,如《德国民法典》第2229条规定,"年满16岁的未成年人或暂时受监护的成年人,无须经法定代理人允许,可以立遗嘱"。行为能力制度在于保护未成年人的利益及交易安全而设,而遗嘱为单方法律行为,与交易安全无涉,因此只要具有识别自己行为及行为后果能力的未成年人,就应当具有遗嘱能力。鉴于我国《民法通则》规定以自己的劳动收入为主要生活来源的满16周岁的未成年人视为完全行为能力人以及劳动法规定,年满16周岁的未成年人具备参加劳动的能力,因此建议修改继承法时规定年满16周岁以上且精神健全的未成年人具有遗嘱能力。

② 魏小军:《遗嘱有效要件研究》,中国法制出版社2010年版,第23页。

③ 陈棋炎、黄宗乐、郭振恭:《民法继承新论》,三民书局2010年版,第250页。

两者的冲突与调和必然要考量各自背后所蕴含的立法目的与价值。据相关统计显示,在我国法院受理的遗嘱继承纠纷中,有60%的遗嘱被法院宣告无效,而遗嘱形式要件不符合要求是遗嘱无效的主要原因。从某种意义上说,对遗嘱形式要件过于严苛不利于被继承人遗嘱自由的实现。所以,无论从我国的现实需要出发,还是世界立法的潮流来看,都应当规定对形式上稍有欠缺的遗嘱,如有充分的证据证明确为遗嘱人真实意思表示的,不应仅因为形式上的欠缺而影响其效力。对于欠缺形式要件或者说形式存在瑕疵的遗嘱效力不能一概而论。古代法采用形式强制,原因是形式是法律行为内容的表现,乃法律行为具有拘束力的依据。法律后果并不产生于单纯的协议或意思表示,而是取决于形式的遵守。如果形式没有得到遵守,或者没有得到完全遵守,就不产生任何法律效果。相反,如果有关形式得到遵守,但当事人的意思方面存在缺陷(如错误或恶意),法律后果仍然产生。形式既具有实质性意义,又是充分的条件。[①] 这种形式被称之为"效力性形式"(Wirform)。反之,现代法之所以规定形式强制则在达成一定法律政策上之保护目的,这种形式则被称之为"保护性形式"(Schutzform)。[②] 形式强制可以起到警示、证据保全、公开性的目的,同时从法政策角度考虑,也必须赋予形式强制拘束力。《德国民法典》第125条规定,缺少法定形式的法律行为无效。对这类形式瑕疵(Formmangel)之所以必须产生无效的后果,原因在于如果仅仅规定具有形式瑕疵的行为是可以撤销的,那么形式规定的保护宗旨就无法达到。在效力性形式的情形,如形式有瑕疵,法律行为理应无效。而在保护性形式特别是形式规定旨在使法律关系清晰,以达保全证据的目的时,则应该允许撤销。法律实行"遗嘱形式(方式)强制",[③]无非是为了最大限度地确保遗嘱内容乃遗嘱人的真实意思表达。但如有学者所言,"遗嘱方式强制是一把'双刃剑',其虽然在一定程度上确保遗嘱人意思表示真实性,但也使得遗嘱设立变得烦琐困难,有可能使带有遗嘱人真实意思表示的

① [英]巴里·尼古拉斯:《罗马法概论》,黄风译,法律出版社2004年版,第64页。
② 王泽鉴:《民法总则》,中国政法大学出版社2001年版,第304页。
③ 所谓"遗嘱方式强制",是指遗嘱类型的法定性和遗嘱形式的要式性。

遗嘱因方式稍有瑕疵而不生效力”。[①] 因此,完全承认遗嘱的形式是效力性形式抑或保护性形式的做法,都有矫枉过正之嫌,有的立法例特采用折中的方法,规定因遗嘱要式重要程度的不同而异其法律效果(如《意大利民法典》第606条)。日本也有学者认为,“为了遗嘱自由而缓和方式要求,则担心影响真意确保;而为了真意确保采严格方式,又担心威胁遗嘱自由,立法上必须找到一个二律背反的妥协点”。[②] “遗嘱形式强制缓和的立法思路应从注重遗嘱形式完整性转向注重遗嘱人意思表示的真实性。应当区分遗嘱形式中的本体要素和证据要素,降低形式瑕疵对遗嘱效力的影响。”[③]本文认为,遗嘱形式强制的缓和摒弃了片面强调遗嘱形式完整性的观念,在法律价值取向上实现了由形式完整性向终意表示真实性的转变,而事实上此种观念在《最高人民法院关于〈中华人民共和国继承法〉实施意见》(以下简称《意见》)中已有体现,即“继承法实施前订立的,形式上稍有欠缺的遗嘱,如内容合法,又有充分证据明确为遗嘱人真实意思表示的,可以认定遗嘱有效”。但《意见》对《继承法》实施以前订立的,形式上稍有瑕疵的遗嘱采取了比较包容的态度,而对《继承法》实施之后订立的形式上有瑕疵的遗嘱则采取了比较严格的形式完整性立场。遗嘱的“要式性”无非是为了确保遗嘱最大限度地符合遗嘱人的真意,而依现行《继承法》如果遗嘱形式上稍有瑕疵,则动辄得咎摆脱不了无效的命运,即使通过其他证据能够证明遗嘱内容确为遗嘱人的真实意思表达。这种片面地、机械地遗嘱“形式强制”反而违背了遗嘱人的真实意愿,也与遗嘱要式性的立法目的相悖。私法的目的在于尊重和保障当事人的意思自治,而非阻却私权的实现。因此,建议修改《继承法》时能够将对待《继承法》实施之前订立的形式瑕疵遗嘱的包容性立法态度扩大到《继承法》实施之后,并作为处理遗嘱形式瑕疵的一般性法律规范予以明确规定。

此外,应当注意到,在我国的司法实践中一些地方法院在司法审判

---

① 孙毅:“继承法修正中的理论变革与制度创新”,载《北方法学》2012年第5期。

② [日]中川善之助、泉久雄:《相续法》,有斐阁1974年版,第435页。

③ 孙毅:“论遗嘱方式的缓和主义进路——以《继承法》修改的相关理念变革为中心”,载《求是学刊》2012年第4期。

中也意识到了固守遗嘱形式强制的弊端,而对遗嘱形式强制作缓和处理。例如在“廖某与陈某确认之诉上诉纠纷案”中,遗嘱由被继承人口授并由律师代为打印,被继承人在遗嘱上亲笔签名、捺手印,同时有四名无利害关系人在场见证,但其均为在遗嘱上签名。一审法院认定该遗嘱为有效,判决认为该遗嘱虽然在形式上稍有欠缺,但内容合法,又有充分证据证明为遗嘱人的真实意思表示,为有效遗嘱。佛山市中级法院对一审判决表示支持。① “在褚丙某等诉褚戊法定继承案”中遗嘱人因凌甲不识字、不会签字,故遗嘱由被告褚戊(系遗嘱人之子)之女根据凌甲的遗言整理后,于单位的电脑中事先打印好,在被告家中在其余见证人在场的情况下,将打印遗嘱向凌甲宣读,在凌甲向其他亲属核实所读内容与打印遗嘱一致后,捺了指印,但具体哪个手指印已不清楚。原告对该份遗嘱不予认可,认为不符合继承法关于代书遗嘱的形式要件规定,见证人和继承人以及被继承人均有利害关系,且遗嘱上的手印无从考证是凌甲本人的,见证人签字也存在代签的情况。一审法院上海徐汇区人民法院审理认为,系争遗嘱在代书人资格及遗嘱人签名两方面均存在欠缺,不符合继承法关于代书遗嘱形式要件的规定,故认定遗嘱无效。上海市第一中级人民法院则认为,遗嘱有效与否的最为核心的要件是遗嘱须是遗嘱人的真实意思表示,其主要考察的是遗嘱人在订立遗嘱时是否受到胁迫或欺诈、遗嘱内容是否被篡改、遗嘱是否系伪造。本案的特殊之处在于遗嘱人是一位不识字且不会书写自己姓名的老人,但从遗嘱本身及见证人的证言可以表明,该份代书遗嘱是遗嘱人真实的意思表示,故应认定遗嘱有效。② 在“邵某诉张某、郭某遗嘱继承案”中,系争遗嘱由包某代书,并有遗嘱人邵甲的亲笔签字,代书人包某为遗嘱人代书遗嘱时医生章某并不在场,但事后章某询问过遗嘱人,得到确认后,医生章某才在遗嘱上签名盖章。对于该代书遗嘱的效力,上海市黄浦区人民法院认为该遗嘱合法有效。被告不服提起上诉,上海市第二中级法院经审理认为,章某在遗嘱书写时虽不在场,但事先代书人曾要求其做见证人,事后代书人又将遗嘱让其过目,

① 广东省佛山市中级人民法院(2004)佛中法民一终字第352号判决。

② 上海市第一中级人民法院(2012)沪一中民一(民)终字第1333号民事判决。

章某在确认遗嘱上签名系遗嘱人邵甲本人签字并至病房询问邵甲的真实意思后在遗嘱上签了名,章某作为见证人虽有瑕疵,但不能改变其作为见证人的本质,故代书遗嘱有效。案件生效后,上海市人民检察院以原审认定事实和适用法律错误为由提起抗诉,上海市第二中级法院经再审判决:维持二审判决。① 在"杨某甲诉杨某乙的遗嘱继承上诉案"中,被继承人张某在其丈夫逝世不久,预感自己也不久于人世,担心自己死后,膝下两儿杨某、杨某兄弟会因财产的继承分割起纠纷,于是亲自电话约请义子唐某和生前好友汤某作见证人立下遗嘱,并指定遗嘱执行人为唐某。在遗嘱的书写过程中,因被继承人已患病不便书写,所以先由见证人唐某按照被继承人的意思草拟遗嘱内容,但唐某认为自己文化水平不够,特别是字写得不好,就跑去请村卫生室的老医生毛某书写。然后回到被继承人处,交被继承人及另一见证人汤某阅读。最后是被继承人张某、见证人汤某、唐某依次签名,并署上了年、月、日。被继承人张某病故后,杨某甲、杨某乙因遗产分割发生争议,杨某甲诉至韶山市人民法院,请求确认张某所立遗嘱有效。法院经审理认为:被继承人张某留下的遗嘱有效,杨某乙以代书人唐某没有亲自书写遗嘱,主张遗嘱无效的辩称不成立。遗嘱的核心价值是体现被继承人的真实意思。本案中被继承人能亲自电话约请见证人,并口述了对其财产的具体处分,由其中一见证人作了大体的记录,在庭审中,证人均证实被继承人当时是神志清晰的。虽然后来,见证人唐某认为自己的字写不好,或怕文化水平不够以致形成书面遗嘱时语句表达不清而另请"高明"代为书写,但最后是由被继承人张某本人和另一见证人汤某核对了的,并分别签字确认。张某的确认签字应该认定为是被继承人的真实意思表示,故遗嘱符合形式要件。② 在"牛海山、牛秀珍诉杜娟、杜仲遗嘱继承案"中,被继承人牛松林生前所立代书遗嘱没有其本人的亲笔签名或捺手印而只是盖章,遗嘱所注明的日期也未精确到日。对于此份形式具有瑕疵的代书遗嘱的效力认定,闸北区法院认为,"被继承

① 上海市第二中级人民法院(2012)沪二中民一(民)再终字第14号民事判决。

② 湖南省韶山市人民法院(2011)韶民一初字第55号民事判决、湖南省湘潭市中级人民法院(2011)潭中民一终字第149号民事判决。

人生前所立代书遗嘱虽只有盖章而没有签名、捺手印及注明时间未具体到'日',但因被继承人在以往所签协议签名位置有屡次盖章行为,故可认定其有盖章习惯,即被继承人本人认为其签名与盖章具有同等效力;至于被告提出代书遗嘱需精确到日的法律规定,因该遗嘱系被继承人真实意思表示,且公民意思表达真实即代表其个人意志,符合法律规定,故遗嘱落款虽未具名'日',但并不影响其处理个人遗产这一真实意思表示。《继承法》规定落款需年、月、日的立法本意在于确定立遗嘱的具体时间,以便确定在存在多份遗嘱时,以哪份遗嘱为准,而非要求遗嘱必须有完整的年、月、日,故该代书遗嘱真实有效"。[①] 同样在"王旭东、王嘉若诉黄允财、傅竹英继承纠纷案"中,该案遗嘱全文由电脑打印生成,仅有落款为"黄爱花"的手写体签名,未注明年、月、日,也无其他相关证据。一审义乌市人民法院认为,自书遗嘱应由遗嘱人亲笔书写、签名,并注明年、月、日。被继承人黄爱花生前所立的遗书虽然涉及其死后个人财产处分的内容,该遗书中"黄爱花"的签名也经司法部司法鉴定中心鉴定,系黄爱花亲笔所签。但是,由于该遗书属电脑打印而成,且仅有签名,未注明遗书形成的具体时间,因此不能按自书遗嘱对待。二审法院金华市中级人民法院认为,对有关民事行为效力的确定,应当审查民事行为是否违反了法律禁止性规定,只有违反法律禁止性规定的民事行为才能确认无效。对法律条文的解释和适用应当考虑适用法律的社会效果。对形式要件有一定缺陷的民事行为,其效力应综合分析判断。黄爱花所留遗嘱虽然未注明年、月、日,但法律规定遗嘱一般应注明年、月、日的立法目的在于区分遗嘱的时间顺序和效力,而本案只有一份遗嘱,不存在遗嘱先后的问题,更何况《继承法》并没有规定遗嘱未注明年、月、日即应无效,且原告并无证据证明遗嘱系伪造或篡改,据此判决遗嘱有效。[②] 2008年4月该案申诉至浙江省高级法院,经审理认为,遗嘱虽未注明具体时间,但这并不能否认遗嘱的效力,《继承法》没有规定未注明时间的遗嘱属于无效,裁定支持二审

---

① 上海市闸北区人民法院(2010)闸民一(民)初字第3726号民事判决。

② 浙江省金华市中级人民法院(2005)金中民一终字第214号判决。

判决。[1]

通过上述司法审判可知,各地法院在审判实践中的主要分歧即在于在认定遗嘱效力时究竟应侧重于形式要件抑或实质要件。我国《继承法》坚持严格的遗嘱要式性,而现实中遗嘱人的意志自由又往往与遗嘱的要式性产生冲突。事实上,遗嘱形式要件的规定其目的也正是为了保障遗嘱人真意的真实性及不被篡改。而在现实生活中,普通百姓对法律知识十分匮乏,其订立遗嘱时难免不能完全符合法律规定,因此如果一味地追求遗嘱形式要件的完整性则必然导致大量在客观上真实有效的遗嘱被认定为无效。因此,遗嘱欠缺形式要件时,应当通过证据辅助,强化实质要件在遗嘱效力认定中的作用,如此才能既尊重遗嘱人的真实意愿,使死者亡灵得以安息,又能妥善公平地解决纠纷。也就是说,遗嘱是否有效的主要标准在于终意表示的真实性,而非遗嘱形式的完备性。因为"即便符合法定方式的遗嘱,未必就是遗嘱人真实的意思表示;而方式欠缺的遗嘱,也未必就不是遗嘱人真实的意思表示"。[2] 故在各国或地区未来立法中,遗嘱形式强制的缓和乃大势所趋。立法与司法实务的重点应该是查清遗嘱内容是否为遗嘱人真实的终意表示,而非片面地强调遗嘱形式的完整性。

(刘耀东,大连海洋大学讲师)

① 浙江省高级人民法院(2008)浙民申字第104号民事裁定书。

② [日]岛津一郎:《判例:民法V继承、涉外家族法》,三省堂1984年版,第491页。

理论与探索

人类团体的本质

[德]奥托·冯·基尔克 著
仲崇玉 译

今天,我请你们思考一个在法学中引起探究之源的基础性问题,然而这个问题又是一个根源于所有的科学领域,与自然科学亦有关联的问题。我是受到某种内心力量的激发而对这个问题进行探讨的,因为这个问题已经成了我毕生研究工作的出发点,并仍是这一工作的中心。这就是人类团体的统一性问题:这些迥然不同的团体的本质问题,我们将这些团体置放于社会团体这一总体分类之下,并从而认为这些团体具有共同特征——上至尊崇机构如国家与教会下至最松散的社团以及最低级的乡村所共同具有的特征。

基于两个原因,法理学不得不研究人类社会的本质问题。首先,法律是社会生活的一部分。因此,法学如果不回到创造法律的社会生活之中,就不能解决法律的起源问题;法学必须回答接下来的问题:是否只有国家才可制定法律,其他机构能否以自治规则的方式创制法律,没有组织起来的社会是否也能以习惯法的形式创造法律。其次,法学必须明确由单个个体所构成的社团在创造法律过程中的地位。最后,法学必须澄清法律的内外两面之间的关系以及创造法律之前的理性决定和意志行为之间的关系。相应地,如果法学要厘清法律的运动轨迹,法学就必须在每一阶段上都要探究法律在整个社会生活中的功能以及这一功能与社会生活的其他功能之间的关系。显然,除非从一般意义上界定人类团体本质的明确观念,这一任务就无法完成。

然而,社团的观念并不是法学的独立目标,它不过是理解法律本质的一种手段。因此,今天我不想探讨法律本质这一问题。我毋宁转向其他方面,在这些方面,对于法学来说,社团问题显得日益重要。我前面说过,法律是社会生活的一部分;这里我必须再加上一点:社会生活的组织是法律的一部分。法律规则不仅覆盖个体生活的外部关系,而且还规制国家、教会、乡村和合作社的生活。并且,就所有这些组织而言,法律规则并不满足于像个人情况下那样仅仅规制其外部关系。绝不!法律还要辖制并进入社会组织的内部关系。因此,社团问题就不仅仅是法学的初步问题,而是一个基本问题。为了理解和评估组织社团生活的那部分法律,我们必须尝试去探索此时进入法律领域并从法律那里取得其组织形态的社团实际上是什么。我们认识到,我们的制定法就其承认的范围内,是将组织化的共同体作为其赋予法律人格的单一生物来对待的。他们被称为"法人",和个人一样,是权利和义务的主体。这些都是确定无疑的。但当追问这一法律现象的基础现实时,就产生了疑问。在这个问题上,法律学说没有达成一致意见。

有一种学说,它曾经事实上在很长时间内居于统治地位,并迄今仍得到那些个人主义社团观念的坚定拥护者的坚持,认为法人是个法律为了特定目的而假定出来的拟制。一个虚构的整体!某种凭空捏造的东西!该学说认为,事实表明,只有单个的人是自觉自足的统一体。每一个社团仅仅是一群彼此具有特殊关系的个人的总和。但是,无论如何,社团都在现实上缺乏个人据以天然地适于作为法律主体的物理—精神整体。单个的个人具有法律人格,因为他是一个自由意志的生命体,社团自身不能产生意志,也不能行为。这就是事实。多么精辟啊!然而,法律却不能满足于这种所谓的事实。法律需要一个为共同利益而形成的错综复杂的权利义务的统一承担者,一个对个人权利领域形成限制的共同利益领域的核心点。于是法律就利用其手中所掌握的现成的拟制特权去制造其所需要的主体性社团整体。法人是个拟制人!我不想展开论述这一总体观念的方方面面。最极端的拟制说宣称:新法律主体将是一个人造的个体,它是为了法律上的便利而从外部取得了一个第三者的地位,但却完全与团体成员相隔离。然而,它作为一个观念上的人只能像影子一样存在着,在其不能形成意志和为法律行为方面,它与儿童类似,或者稍好一点,和不能治愈的精神病人类似;它仅仅具有只能通过自然人的代表才能行为转借而来的行为能力。而从另一些方面来看,创造小矮人的诗情画意则从拟制中被抹去了。有人说,拟制仅仅意味着一个非人格化的机构才能被视为是法律上的人。或者有人说,拟制意味着多样性在法律上被视为统一性。但不管拟制如何改头换面,拟制说仍然坚持团体的人格只有透过法律拟制才能存在,通过法律拟制,团体在法律上呈现出了其在现实中所缺乏的属性。

理论界必须对这种观点进行严肃的抗议。这一抗议就是:滚开,拟制的法人!法人这一毫无生气的幽灵、这一生物人身边打扮得人模人样的稻草人在——仍是一个现实世界的——法律世界中的意义是什么?让我尊重现实吧!但是,在这些拟制之物空出的位置上应该安置谁呢?有人发现了无须主体的目的能力,因此,他消除的仅仅是拟制。因为,没有主体的权利本身就是一个矛盾,目的本身表现为一个拟制的主体。因此,他们在最后一步论证(即拟制——译者注)上投机取巧。如果只有个人天赋异禀,那么也应当只有他们才可以成为权利和义务的主体。所有的团体法充其量是共有法,所有的社团组织不过是个人关系延伸出来的网。个人主义理论,如果始终如一的话,当然不能从私法中抽象出法人这一概念,而这一概念却是由该理论在私法领域中合乎法律地确立起来的;但是该理论却能够将这一概念还原为一种技术工具、专业术语或者一个简化了的公式。对于公法来说,这种观念大行其道。因此在国家法中,这种观念的追随者发动了歼灭国家人格观念的战争,新近的公法认为其中心点就是国家人格问题。的确,当拟制人格概念运用于人间最高权力时,它就必然显得格外不恰当。然而这就是该理论的含义!生物人的生命权和财产权可以最后赋予想象中的观念主体吗?国王是作为一个就像精神残障者一样没有资格照管其自身利益的人的受托人,而取得其尊贵地位的吗?如果除了个人之外,没有真正的人,那么,国家——如果它是一个人——将只能是一个虚构的人。不过,胜利看上去将属于那些从公法中取缔国家人格观念的人。国家是一种身份,也可能是一种法律关系,还可能是一个法律的客体;国家不是法律主体。国家权力的主体当然只能是统治者,无论统治者是一个人还是一群人。其他主体是为了代表统治者而确立起来的;在宪政国家中,还有为国家权力运行过程中进行强制性协作而选定的主体。固有权利由国家公民享有而非统治者拥有。但是由法律组织起来的多样性的统一只有经由作为主体的统治者的地位才得以形成,在统治者之外没有其他主体。

那么,这就是学者们的最后结论吗?或者,难道在公法领域中个人主义团体观念的逻辑演练没有使我们进一步怀疑其整体结构的理论基础是不堪一击的吗?在笔者看来,毋庸置疑,清除国家人格的企图注定是一场空。因为,从历史上来说,这一点不可能实现。这种努力将使公法和文化陷入倒退。只有经过复杂的操作和频繁的回溯步骤,组织整体的独立人格才能成为思考的最终结论。国家人格总是被消解为最高统治者或者主权人民。专制主义者的支持者教导的是路易十四的公式:"朕即国家"。

对于这些论调,人民主权论的倡导者还击说,国家存在于公民的总和之中。但是最后,主权的真正主体是不朽的国家的观念却越来越有力,越来越明确。当至高无上的君主弗雷德里克大帝发出让人难以忘怀的话语——他是国家的第一公仆——时,上述观念充溢于他的灵魂之中。当法学创造了现代公法时,上述观念成了法学的指路明灯,其证据不仅源于永恒的、无形的国家统一体,而是也源于不断交替的人类世代,甚至还源于处于变迁中的宪法。在19世纪的宪政国家中,当国家统治权运作过程中,大众组织被统一于整体的协作之中时,这一观念的创造性解释能力就表露无遗。它将我们所有的公共机构贯穿在一起,并深深植根于人们的一般意识之中,已经成为我们当今文化的基本部分,这一点是任何逻辑演练都不能否认的。

所以团体人是不会屈服的。即使它们是幽灵,我们也必须承认其存在。然而,团体的顽强抵抗证明它们决不是什么鬼魂的影子,而是有生命的人,这难道不可能吗?当法律将有组织的团体作为人加以对待时,法律不是忽视了现实,而是更充分地表现了现实,这难道不可能吗?人类团体是真正的统一体,它通过法律对其人格的确认而仅仅获得了相当于其真实存在的东西,这难道不可能吗?

对此,我和其他许多人回答道:是的。并且,对我来说,任何一个人,如果他与个人主义团体观念决裂的话,如果他将人类共同体视为一个由个人所构成的更高层级的生命体的话,都必然这样回答。

自从关于国家和法律的科学创立以来,认为每个团体不过是个人之总和的观点就受到了另外一种观点的挑战,后者认为社会团体具有独立的整体,并有着自己的本质。认为固体具有独立本体的观念在古典哲学中有着最重要的地位。它还洋溢在基督教中世纪的社会理论之中。这种观念没有灭绝,但由于将所有团体消解为个人的自由联合的自然法社团理论的胜利,它不可挽回地淡出了人们的视野。但从18世纪之交以来,在政治理论所经历的转变过程中,这种观念带着更新的力量又流行起来。如果要评估这一复兴运动的意义,我们可以追溯费希特在其社会理论中所实现的从纯粹自然法式个人主义到关于团体的真实存在和原初价值的观念转变的不同阶段。从那以后,关于团体的真实性的科学证明就不断涌现。这种观念体现于从黑格尔到冯特的哲学中,体现于历史法学派的教诲中,体现于文化史、社会心理学以及普通社会学这些新兴学科之中。自然科学中进化观念的胜利强化了这种观念。诚然,不仅对方(即拟制论者——译者注)没有完全缴械,而社会立场的拥护队伍中意见也极不统一。认为有超个人统一体的实在论,有时是从形而上的思辨中抽象出的,有时则是从或多或少地掺进了想象的观察中拼凑出的,因而这一观念无论是过去还是现在都极不统一。如果一方面,这些观念通过如下方式——将某个具体团体的实在性能够与仿效柏拉图理论而抽象出的关于有机体的抽象概念的实在性混淆在一起——而被精神化,就会因此招致唯名论对实在论的消解;另一方面,这些观念被彻底地物质化,那么人们就有可能认为团体是一个有点像许多单个的珊瑚虫构成的珊瑚礁那样的纯粹自然生物体。我们仍然会注意到,这两种对立的观念都赋予了法人团体以某种形式的真实。这一结论没有排除错觉的可能性。但该结论激励我们将真实的法人团体之观念引入法人法律人格问题之中。

就让我们假定合法地组织起来的团体是一个整体,有其真实的统一性,然后,让我们从法律的视角来决断,如果现实必然为法律所反映的话,则这一整体是如何必然被构造出来的。法律赋予团体人以法律人格,那么,团体就和个人一样,它必然是一个物理——精神的生命整体,它有意志,并能将其意志转化为行为。但法律规范并控制了团体的内部结构和生命。那么,区别于个人,团体法人必然是一个活的结构,在其中,能够通过用来调整人类意志的客观准则调整整体与其组成部分的关系。

这就是所谓的有机体说赖以萌发的基础观念。这些观念经历了古典时期的政治理论、中世纪的社会理论,它们出现在历次反对自然法推理进路中所包含的原子——力学式最终结论的战斗尝试之中,但只有到了 19 世纪,这一学说才在人类社会生活的新观念的影响下获得了科学的展开。

有机体说认为,国家和其他团体都是社会有机体。该说主张存在着这样一个集体组织,其组成部分是个人,它高于个人有机体。于是,有机体说只将它能从中发现共性的现象归于有机体这一范畴之下。但由于有机体观念最初源于个人生命之本质,有机体说自然而然地倾向于对社会有机体和个人有机体进行对比。这种对比古已有之,并一直在缺乏自觉的人类意识上打上自己的烙印,它已经在日常用语中留下了不可磨灭的印记,甚至是法律技术词汇的基础。

然而,对比总是仅仅作为观察的工具而存在。对比可以解释事物但不能定义事物。如果对比被用于从所比较事物的某个特征具有一致性,得出另一些不经对比就根本认识不到的特征也有一致性的结论,那么,对比就会成为错误之源。有机体论还没有完全摆脱这种对比的滥用。

有机体说的批评者强调有机体说夸大其词。当批评者们抨击这种夸张时,他们是正确的;但当批评者们将这一夸张看作将自然人和社会团体进行对比的必然结果,那他们就错了。如果我们正确理解对比,就会发现对比所主张的不过是,我们在社会团体中发现了源于各独立组成部分的整体生命统一性——那种我们除了在自然生物之外在别处都未曾发现的统一性。我们不要忘记由人所构成的整体的内在结构必然具有这样一个特质:自然生命结构不能作为其模型;我们不要忘记在整体那里产生了精神联合,这一联合由心理驱动的行为所创立、赋形、运作和解散;我们还不要忘记在整体那里自然科学宣告退出,而哲学和心理学则宣告登场。但是,我们将社会整体视为一个活的结构——正如个人有机体那样,并将集合团体和个体生命中一起都归入到一个总体概念——生物——之下。而伴随这一过程偶尔出现的各种比喻,部分是出于清晰化的需要,部分是出于语言的局限性。所有的智识上的进步都是在想象的帮助下才得以实现的。我们最抽象的概念产生于绘画。如果我们在头脑中保留着事实,而无须绘制物体自身的图画,那么我们也可以在科学领域运用想象。但只要我们能够指称物体自身的概念中的形象印记尚未涤除,我们就必须仔细地将概念内容和形象杂质分离开来。

然而,只要有机体说坚持这种进路,它就会受到其反对者的批评:有机体说跨越科学的界限。在个人的生命统一体之外容忍别的生命统一体就是神秘主义。我们的感觉告诉我们只存在单个的人。那些赋予无形的社团以独立生命的学者向可见的现实世界引入了超自然因素。

不管这种议论如何常见,它也是完全肤浅的、含混的。首先,说我们的感觉没有告诉我们关于团体的存在,这一论调是错误的。因为团体生活在以外部方式呈现出来的物质世界中也具有一席之地。我们听到军团行军时的号角;我们看到投票者将选票投入壶中;我们在公众游行中被一群警察粗暴地推回;通过这些事例和其他不胜枚举的直观现象,我们会立刻意识到正在发生着关乎国家命运存续的大事。诚然,我们却永远只能看到国家整体的单个组成部分。虽然我们可以把单个个人作为一个整体来看待,但却不能把一个国家的物理属性作为一个整体来看待。因此,艺术不可能像描绘一个人一样把一个国家有形地描绘出来,它会找到一个符号并通过这一符号呈现给我们关于日耳曼尼亚或普鲁士的高贵女士形象。而在这里我们还没有发现否认社会团体之真实性的证据。因为感知不能理解总体印象这一事实不能成为否认外部客观性的证据。我们毫不怀疑地球是球状的,虽然我们只能直接感受到它的一小部分。

另外,有一点是确定无疑的,那就是无论我们观察到多少团体的真实性,我们绝对不能看到其生命整体!我们所能感知到的永远是行动中的个人。如果我们将个人行动解释为生命整体在运转,那么我们就在透过看到的去揭示看不到的,并且当我们赋予任何一个社会团体以法律人格时,我们就把事先准备好的主体属性赋予给了这一无形整体。并且对于单个的生物人来说,情形也无二致。生物人的生命统一体也无法通过感觉去感知。生物人的人格也不过是归属于无形统一体的属性而已,我们只能通过其行为才能发现这一无形统一体。如果有人宣称其能亲眼看到这一个人的人格,那是信口开河。个人的肉体发生了变化,但其法律人格却保持同一,当其肉体失去某一组成部分时,其法律人格既不会分裂也不会受损。至少,我们的感知完全可以辨别一个人在何种意义上是一个独立的个体,以及他在何种意义上是某个社团的成员。只要我们不得不面对这一观念:整体区别于其以个人方式来行为的部分之和,我们就正进入一个无形世界。但是我们就因此抛弃现实这一牢固基础吗?那些感知可以感觉到的现象就是真实的吗?主张这一理论的人还没有跨过哲学反思的门槛。

最后,反对有机体说的观点认为,通过引入模糊的概念,有机体说遮蔽了而不是澄清了它企图进行解释的问题。有机体的本质本身就是一个无解之谜。自然科学早已不再无谓地解释其本质。因此,社会科学采用有机体这一未知概念进行研究,必然收效甚微甚至一无所获。这一反驳也是不成立的。我们认为是真实的事物必然也会在我们的理性世界中找到栖身之所,尽管它的本质是无法解释甚至也许是不可能解释的。有机体之谜一如生命之谜,虽然我们不知道生命真正是什么,但我们不能因此而将生命概念从科学中驱逐出去。因为我们知道生命的确存在着,甚至我们还能够描述和界定生命现象。我们就以这种方式构建了生命这一概念,我们可以运用它进行自然科学和哲学上的探索。但是一旦我们假定生命的存在,我们就会发现一个呈现出某些特征的生命载体。我们发现,团体这一生命载体是一个有组织的整体,它有其不同的组成部分,并通过这些组成部分有目的地协作而维持自身;我们还会发现,尽管其组成部分发生了变化,但与其组成部分一起运转的整体却保持不变,并且整体不等同于其组成部分之和。对于我们来说,这一统一体的真正本质是隐而不彰的,但我们不能就因此而将生命机构组织这一主体从科学中驱赶出去。不仅如此,我们还能够确定并描述这一生命载体的特定属性,并相应地构建了关于这一生命载体的概念,并且为了运用这一概念,我们采用"有机体"这一术语指称这一经验整体的特定结构。这一概念正如其他任何通过从上述情形中的已知事实进行精确抽象而得出的概念一样,是合乎科学的、恰当的,都反映了现实。这一概念的合法性并不依赖于它解释作为其基础的现实的能力。因此,就我们从社会中的统一体中识别出生命的统一载体这一方面而言,我们有权利也有责任运用有机体这一概念来指称社会中的统一体。

但是这一识别又能怎样?有机体说不仅能够应对其对手的批评,而且还能提供其科学正当性的有力证据吗?有机体说能够证明有生命的社会整体的存在吗?

迄今还没有发现证明生命的社会整体的直接证据。但是同样个人的生命整体也是不能直接证明的。但是,我们仍然可以根据他们的行为间接推断出个体的存在。当然,这种证据的说服力对每个人来说是不同的,因为每个人的世界观是不同的。但是,即便是那些看上去最牢不可破的科学见解的基础也不过是具有充分依据的假说而已。

首先,是社会经验促使我们接受有生命的社会统一体这一观念。通过考察我们正常地生活于其中的社会机构,但尤其是通过对人类历史的探索,我们发现人类和其他团体的行为已经将世界型塑为坚实的社会关系之网,并创造了物质和精神文明。由于团体源于个体,都在个人之间并通过个人而创设。但就个人的行为与社会团体发生关联这一点上来说,这些个人受到源于其团体成员身份的身体及精神约束力的控制。诚然,我们观察到,团体中占支配地位的个人发挥着创造性的作用,他们凭借只有他们自身才具有的特质塑造了团体。但是这也只有在个人向团体引入的战略得到团体的配合并作为自己的目标加以接受时才有可能。团体与个体各自对社会生活之巨大变迁所产生的积极影响有多么深远,对于这个问题可能有着截然不同的看法。但是,不论我们是陷入片面的英雄崇拜狂热,还是沉湎于片面的集体主义历史图景,我们仍然不能忽视这两种因素不断互动这一事实。不管怎样,团体是一种能动的存在物。不过,应归属于团体的行为不能解释为仅仅源于一群能动的个人。因为团体行为不可能部分地从任何孤立的个人那里产生,我们也不能认为整体的法律效果可能会与部分的法律效果相似,只不过在数量上更为巨大而已;相反,它们本身是一种特殊的类型。武装组织、法律组织、道德组织、国家经济组织、演说组织——这就是马上进入我们脑海的现象。因此,这种能动团体不能看成其能动部分的总和,相反,它一定是超越于其个体组成部分的具有统一生命的整体。当我们从文明历史的事实中引申出社会统一体的存在时,我们仍然生活在一个外部经验世界。并且我们有正当理由在整个社会科学领域中,将这一从我们所发现的现实内容中抽象出来的统一体概念当作科学的基础概念加以运用。

不仅如此,我们从外部经验所引申出的结论为内部经验所证实。因为我们也在我们的个人自觉中发现了团体的实在性。对于我们来说,我们自我意识中的具有更高等级社会机制的团体是一种个人体验。我们会感觉我们自己是自足自洽的生命,但是我们也会体验到我们自身是栖息于我们内心世界并影响我们内心世界的整体的一个组成部分。如果我们领悟了我们在特定民族和国家、宗教共同体和教会、职业团体、家庭和数不清的其他团体中的成员身份,我们将不再认为我们自己是悲惨的多余者。但当我们仔细思考这些问题的时候,我们就会清楚地认识到,这些身份并不仅仅是使我们凝聚起来的外部约束,而更是一种心灵牵系,它深入我们内心并使我们结成一体,从而成为我们精神存在的必备要素。我们会感觉到决定我们因渗透于我们心灵的共同体而产生的行为的那部分内在力量。我们就逐渐认识到我们正在过着一种团体生活。如果我们从我们的内在体验中形成关于我们生命的实在性确证,那么,这种内在体验肯定并非仅仅建立在我们构成了个体的生命实体这一事实之上,而且也建立于我们是更高生命实体的一分子这一事实之上。的确,在我们的自觉当中找不到更高的生命实体。鉴于我们只是整体的组成部分,因此我们自身中不能包含着整体;通过内心的经验我们仅仅可以直接了解团体的存在而不能洞察社会团体的本质。然而,我们可以间接地从团体对我们产生的影响中得出结论:社会实体具有物理——精神性质。因为这些影响存在于以身体为中介的精神事件里,所以,我们不仅要讨论社会团体和他们的成员,而且还要论及人的精神、民族意识、群众信念、大众意志、阶级精神、博爱精神、家族精神等。由此,我们指明这些非常真实的精神力量,当我们用我们的个性去反对这些共同性的精神力量时,我们还根本没有察觉到它们的真实性。内省可以向我们证明这种精神力量天天都存在着。不过,有几个小时,团体精神以其原始力量并以一种几乎可以触摸的形式证明其自身,它充溢于并控制了我们的内在生命,乃至于我们几乎意识不到我们的个体存在,我于1870年7月15日在柏林体验到了这样一个神圣时刻。

所以笔者认为,我们已经很好地确立了人类团体具有真实物理——精神统一体这一观念的科学依据。在这之外,科学上的直觉仍未得到大家认同,生命整体的真正本质之谜仍然悬而未解。在这些方面,想象或者信仰就会登场。对世界统一性之图景进行形而上学研究的必要性仍未消灭,这一宇宙之谜总会激起通过知识和信仰相掺杂的方法寻求解决的各种新尝试。各单一科学唯恐卷入到对超验事物的研究之中。他们的任务就是运用与其性质相适应的研究方法去探索自己领域中的现象的基本关系,进而深入可识别的最终影响因素。因此生命社会实体之观念将会在不同的具体科学领域中扮演不同的角色,而这些科学领域从属于像文化科学或社会科学那样的更广学科。就每种科学所研究的现象最终要回溯到有效的社会作用这一意义上来说,科学必须求助于这一观念并且根据其特定研究任务的需要程度去发展这一观念。

对于我所从其出发而现在又回归于其的法理学问题来说,只有那些其统一体以法律组织的形式加以表现的团体才是研究的对象。因为,只有它们被称为或有资格成为法律上的人,由此,众多非常活跃有力的团体就被排除在外了,特别是未能构成国家或者超越国家的民族共同体就被排除了,因为民族只有作为一个国家时才能成为法律上的人。的确,民族的生命社会统一体——族群——在法律中是强有力的力量,一如在语言、道德以及所有的精神和物质文明中那样,因此,在法理学上需要加以关注。但是民族不会出现于法律主体之列。国家联盟同样可以制定法律,但也没有成为法律上的主体性整体。就宗教团体如教堂仍不是法人这一意义而言,宗教团体也不是法律主体。阶级、职业和兴趣共同体,以及政治和社会党团,就其仍未集合为组织化的团体而言,也不是法人。但是只要共同体以法律组织体方式出现,就会产生如下法律问题:生命社会整体是否或者以何种正当性被确认为一个团体人。只要有团体人出现的地方,法理学都要面临如下任务:理解、调整和制定约束团体外部和内部生活的法律规则,并表现社会有机体的物理——精神生命整体。

那么,法人问题如何解决对法学而言是不是无关紧要呢？我们是不是仅仅在探讨理论及学术争论,其结论并非纯粹法律学研究所必需,而且这一探讨对于法律的实际制定和实施毫无意义呢？

绝不！法律的整个体系结构,最重要的法律概念的形式和内容,众多非常实际的具体问题的解决都有赖于集体人格的构建。有机体观念表明只有法人理论才能揭示什么与我们的法律知觉和生活需要相符合。今天我不能进一步展开论述,我只能给出一些建议。

如果团体法是社会团体的生活系统,那么规制社团内部生活的那部分团体法必定在根本上不同于那些规制社团外部关系并认定社团是主体的法律。人同时是其自身的实体,又是更高实体的组成部分,与人的这种双重性本性相一致,法律必须分为两大支系,我们可以称其为个人法和团体法。应当归入团体法范畴的法包括:国家法(宪法)和其他所有的公法,还有表现为私法的私法人内部规则体系。团体法应当包括那些个人法所不包含的法律概念,因为在法人那里,法律规制延伸到一个个人法无法调整的领域。

在这里,因为社会组织的内部结构同时也是个人或者更小团体的外部生活,并且也就是在这个意义上来说,法律可以通过规则决定其组成部分对生命整体的创建过程,并决定整体的统一性在一体化过程中所起到的作用。因此,法人章程这一概念产生了。成员创建社团的过程由法律规则所规制。由此产生了成员这一法律概念。作为一种法律状态,成员身份获得了由一系列权利和义务所构成的内涵;团体为其成员所确定的生活和行为范围由个人仍然得以自由行为的范围来界定;通过成员身份的失与得,加入和脱离团体这一事件就成了法律事实。进一步说,团体的组织形式受到法律原则的规制,因为每个成员在整体中各就其位,就建立起了高低不同的秩序,杂乱的成员得到分工,某位成员甚至可能被确认为团体的合法领导。并且更重要的是,法律原则决定组织形式,通过这种组织形式,这些受整体约束的构成要素组成了一个统一体。就法律规定整体的生命统一体可以在特定的条件下通过其特定成员或成员集体的行为取得法律认可而言,法律已经将有机体概念作为法律概念加以接受。大量复杂的、因规制不同社团而迥然不同的,并常常是相互关联的规则用来规制法人机关的数量和类型,授予每个机关以明确的行为范围作为其权限或职责,调整各机关之间的关系,确保它们的协作和各级上级机关到最高机关对下级机关的指导,界定履行机关职能的程序形式,并按照其目标调整其功能。因此,通过指定某一个人或一群个人暂时以机关的名义从事法律行为,法律规则就延伸到了机关的设立,延伸到机关职权的获得或丧失,延伸到有机体人格与参与者个人人格的关系。机关这一法律概念具有特定含义,不应与个人主义式的"代理"概念混为一谈。在这里,不是一个自立自足的人被另一个自立自足的人代理,而是,正如当眼睛看、嘴巴说,或者双手抓时,就意味着一个人在看、说、抓一样,当机关在其正当职权范围内运作时,生命整体自己就在直接行为。于是,通过机关,无形的集合人作为一个有知觉的、能够思考的、能够产生意志和能够行动的整体出现了。我们法律中的法人不是一个需要法定代理人来代理的哑巴,而是一个能够在外部世界中为其自身而行动的主体,它能够处理其自身事务。它还能有过错行为并能为其违法行为承担责任。当然,拟制说会顽固地拒绝这一点,但这一点已经在法律实践中得到了有力证明。但由于机关是一个根据法律组织起来的共同体,所以机关的内部精神事实也受到法律规则的规制,因为对于组成机关的人来说它们就是外部事实。在这里,法律关心的是从最初的动议开始的各个阶段的机关意思行为,各种动机的冲突和各种理由的权衡,以及形成决议并将决议付诸实施。法律规则规制审议、投票和议决,规制集体机关的统一,规制决议的公布与实施,同样,在个人法中是没有这些相应规则的。在这里,我们受到了合同理论的批评,根据这一理论,独立的主体们就其共同的意志内容达成一致,他们就制定了约束其关系的准则。但实际上,这里所有的一致同意不过是从为了达成一致而聚集起来的众多单个意志中创造出的单一的共同意志而已,每一个从相互冲突的意见中产生的决议不过是整体的统一意志的完成而已。机关中每一个未决冲突都是使社会有机体自身瘫痪、震动或者毁灭的潜在威胁,如果通过现行法成功施加的强制力而解决这一危机,那么这就证明存在着一个真实整体,法律不能创造它,只能规范它。

进一步说,团体法的特征是它能够进入团体内部规范整体与其组成部分的关系。然而一个单独的个人与其组成部分或者器官的法律关系却是无法想象的。但另外,团体对于其成员和机关享有权利,这一权利在国家的主权——世界上最高的权利——那里达到顶峰,并在下至私人俱乐部主权上至国家主权所组成的不同位阶的团体主权渐进层级中不断重现。但是,也有成员和机关在团体内的权利:参与管理团体及其财产的权利,以投票权方式参与形成共同意志的权利,取得包括世袭君主统治权在内的特定成员身份和机关职位的权利。所有这些法律关系都具有不同于个人法上的法律关系的结构,个人法上的法律关系存在于享有特定权利能力的平等主体之间,依照这一法律关系,即使是国家和公民个人间的相互关系也被简化为私法关系。但是,如果将个人法律关系置于团体内部,它们将经历一个团体法转变,这一转变派生于财产权、非个人化权利、职责以及其他权利义务的特殊方式。

社会团体的设立与消灭也是法律上的事实,而按照个人法观念这些事实将无法解释,因此,这些事实开启了团体法观念的新天地。例如,创设集体人的自由意志行为不是合同行为,而是创生性的集体行为。这一结论适用于北德意志同盟和德意志帝国的建立,同时也适用于任何一个社团的设立。相应地,社会团体的解散、其剩余财产的处置、其不动产的处分都受到特定法律规则的规制。同样地,由团体的分立与合并衍生出一系列特殊的法律概念。

最后,一个丰富的团体法规范体系规制较低层级的社会有机体融合到较高层级的有机体,一直到最终所有的有机体融合到主权国家。社会团体和单个个体一样,在享有作为一个独立整体的权利能力的同时,又享有作为更大团体的成员或机关的权利能力。但是打开法律观念新天地的却是即使是成员和机关的内部生活也要受到集合有机体的法律影响这一事实。

我们的文化在其不断分化和组合的进化过程中所产生的依法组织起来的社会有机体的类型丰富多彩,并且不断地产生新的类型。各种团体,不论大型的还是小型的,非常发达的还是非常简单的,控制型的还是依附型的,古老的还是短暂的,乡土的还是基于财富的,致力于多种共同目的的还是仅限于单一目的或经济目标的,都能在这些类型中找到。理所当然,这些团体需要的不是基本一致的法律,而是从根本上不同的法律。国家在根据其至高无上的完整权力对种类团体进行衡量后,依照根本大法赋予其的权力,仅允许那些它认为可以成为公共营造物的机构能够在某种程度上享有公法上的特权。具有信仰使命的教会需要适用于自己的法律。而区域性共同体则需要另外一种特殊制度。私法人法则将根据社团的目的之不同,进而根据法人组织形式之不同进行区分。最终,每个单个社会机构在自己的运作过程中构建起一种与其具体特征相适应的特别法律。的确,那些伟大的其政体史构成世界史的极其重要的一部分的法人,已经各自非常完善地构建并重构起其法律体系,以至于在每一个国家法和教会法的具体实例中,都可以发现法律思想的特殊体系。面对这些差异,在某些人看来,似乎根本无法进行一般性比较研究。但是在实际生活中,类型上的无限多样性和差异性并不排斥对其基础结构上的普遍规则的科学认知。同理,我们相信,在社会机构的法律审查方面,我们能够找到贯通所有团体法的法律结构的共同基本原理。

笔者认为,根据上文所述,关于社团的有机体解释在法学中肯定是正确的。法学只是就社会机构参与法律关系的意义上对其进行关注,因此,法学必定仅仅是从一个层面研究社会机构。因为法律行为仅仅是团体生活中的一个层面,而且绝非是其最重要的层面。法学必须对这种单一层面研究保持清醒。我们还必须记住,社会有机体的活跃力量体现于所有的强力和文化运动之中,从而超越于法律之外,我们还应当认识到它们最强有力的社会效果独立于法律之外,甚至与法律相反。然而,必须让其他科学来揭示所有的团体关系,并研究有影响力的团体。但是只有当某一科学接受其他科学分支证实团体实在性的知识,它才能够继续坚持如下主张:其对团体实在性之法律解释的确认与对这一问题的核心所进行的每项社会调查是息息相关的。

然而,法律学者还会认可一个问题:关于团体真实统一体观念的伦理意义问题。只有从这一观念出发,才能推导出共同体具有自身价值的观念。只有为了整体相对于部分所具有的更高价值,才能产生人们为整体而生和——如果必要的话——为其而死的道德义务。如果人民在事实上仅仅是现有单个成员的总和,而国家则仅仅是为现有和将来的个人的福祉而服务的一个机构,那么个人可能会被迫地为国家利益而献出他的力量和生命。但是在道德义务意义上,任何人都无权要求他这样做。因为过去总是宣扬为国捐躯的崇高道德观念的光环已经变得越来越暗淡。为什么个人应该为了其他那些和自己没有两样的人的福祉而牺牲自己?对于个人之间的伦理关系来说,如下命令是正当的:爱邻居,如同爱自己!那些具有理想主义情结的极端个人主义者,例如托尔斯泰,希望仅仅在这一命令的基础上建立人类社会生活——您瞧,他们还要摧毁国家、鼓吹无政府主义!在宗教中,爱邻居这一命令是由首先爱上帝这一命令来补充的,当然,这一命令只适用于不同于俗世的天国。但是,对于俗世的团体,这一命令也意味着:热爱整体,甚于热爱你自己!只有当整体在某种意义上高于其个人成员之总和并具有更高价值时,当团体不仅仅是一种个人追求其目的的工具的时候,当一个人为了他的民族和国家的荣誉、福祉、自由和权利而生活和战斗,而不是为了空洞的词语而生和死时,这一命令才能有意义。

(仲崇玉,西南政法大学民商法学院副教授)

论萨维尼的法学方法论*

[德]卡尔·拉伦茨 著 黄家镇 译

众所周知,萨维尼与其同侪共同缔造的“历史法学派”被视为晚期自然法学中的“哲学”学派的主要对手。对此习以为常的人初读到萨维尼1802年冬季学期教学讲义①时,可能就会莫名惊诧于萨维尼的以下开篇词:“立法学”(Gesetzgebungswissenschaft)——正如在此法科学(Rechtswissenschaft)所意指的——“首先应该是历史的学问,其次还应该是哲学的学问”;这二者应该统一起来,法学必须“是同时兼备历史性和哲学性的学问”。如果说此时萨维尼的思想中尚留有自然法的“残余”,那么这些残余稍后是被他清除了呢,抑或是这种与自然法的关联此后一直被保留在萨维尼的思想呢?值得注意的是,萨维尼在

* 本文译自[德]卡尔·拉伦茨:《法学方法论》(学术版),斯普林格出版社1991年版,第1章。

① 萨维尼的法学方法论著述传世两种:一为雅各布·格林记录整理的、在1951年由魏森贝格出版的《1802/03冬季学期听课笔记》——所谓“早期著作”,另一则为1840年出版的《当代罗马法体系》第1卷,其中包含了更为完善的方法论学说。在这两部时间相去甚远的著述中间还有另一本享有盛名的作品——《论立法与法学的当代使命》(1814)。此书中同样包含了大量方法论论述,只不过散见于各处而未成完整体系。这些完全成熟的历史观和有机体思想表明萨维尼已经与其“早期著作”中的某些观点拉开了相当距离,但与其后来的《体系》相比,这些观点又不尚具有独立意义,故而在此无须单独加以讨论。——本文括号中给出的页码开始部分是指1951年魏森贝格版《1802/03冬季学期听课笔记》一书的页码,后面部分是指向1840年版的《当代罗马法体系》一书的页码。在研究萨维尼早期方法论讲义的著述中,笔者认为以下作品为个中翘楚:舒尔特:“青年萨维尼的法学方法论”,基尔大学1954年博士学位论文;基辅勒:“青年萨维尼”,载萨维尼诞辰200周年纪念日学术庆祝大会文集,原稿由莱赛尔1979年出版(供马堡大学法学院使用)。

“早期著作”中使用的“哲学的”这一表达与“体系的”同义；而在《当代罗马法体系》的方法论中，“体系”要素的地位举足轻重。在“早期著作”中，萨维尼在何种意义上将“体系的”和“哲学的”这两个表达相互等同？这一点从他的以下论述可以窥见：“所有体系都通向哲学。一个纯粹的、历史的体系阐释通向一个整体、一个构筑于自身之上的理念。这种体系阐释就是哲学。”（第48页）于此，萨维尼将哲学法学或者自然法与（实证）法学中的哲学的或体系的要素区分开来：“即便没有自然法，借助这种要素同样能很好地学习法学。”（第50页）对于法律人而言，无论如何，哲学“并非不可或缺的基础知识（Vorkenntnis）”。言及法学的“哲学的”要素，不意味着接纳任何自然法的学理，而是指某种法学自身特有的方向，该方向立基于一个从自身固有前提出发的整体之上。按照萨维尼的观点，这一方向是法学和哲学共同的方向。在这一意义上其也被称为“体系的”，即致力于给质料赋予知识的形式，以“揭示并完全展现其内在的统一性”，正是这种努力，也就是说，体系化的处理方法，使得法学与哲学具有亲缘性。

与其后期力主习惯法优位说不同，萨维尼在其方法论讲义中仍然将实证法（das positive Recht）与制定法（Gesetzesrecht）等而视之。但那个时代，制定法立法进程已经开启，并且这一进程指向“一个法历史的概念，这一概念刚好与国家和民族的历史联系在一起；因为立法是一种国家行为”（第17页）。此外，萨维尼将法律研究区分为解释性的、历史性的和哲学性的（体系性的）三类。解释性法律研究的任务是“重建在立法中被表达的、只要能够从立法中被识别的法律思想”。这种解释必须“将解释者自身置于立法者的立场并从立法者的言辞中人为（künstlich）地形成”。为达成这一目标，解释必须具有以下三重维度，“逻辑维度、文法维度和历史维度”（第19页）。“为了能获知法律思想”，解释者必须将法律思想产生的历史背景纳入考察视野。解释甚至必须更进一步意识到某一孤立文本的特殊性以及其对于整体的意义。因为，“立法只表达整体”（第25页）。而法律的“整体”又只能在体系中显现。因此，可以观察到在法律的每一次解释中已然既包含了历史的要素，也包含体系的要素（第18页）。而同时各个要素又为法学设定了特殊的工作任务。历史的处理应该“将体系纳入一个整体并将体系作为一个发展的体系来思考,也就是说,将体系作为整体中的法学体系的历史来思考”(第32页)。相反,法的体系化研究的任务在于将多样性(Mannigfaltige)置于其所处的体系关联中来考察。为完成这样的任务,萨维尼借助了按照其“内在脉络”而发展出的概念、法学原理,最后还借助类推来进行法律漏洞填补——当然萨维尼当时尚未使用法律漏洞这一术语。

萨维尼“早期著作”中特有的“法律实证主义”①路径最典型的表现是其对所谓的“广义解释”与“严格解释”这一分类的否弃。他指的是对法律条文文字所做的扩大解释或限制性解释,意即按照法律的目的或立法的理由来解释。但如萨维尼所说,通常情况下这不应该是法律的内容;它必须在“人为的方式进行的解释中被发现并被添加”(第40页)。甚至是在立法者已经给出理由时,他也不应将其“设定为普遍的规则”,而只能从其出发来解释这个被设定的规则。因此,这种立法理由不能像法规则那样被适用。在此,萨维尼拒斥了一种“目的论的”解释;并非立法者所意欲的目的,更准确地说,仅仅是他实际上已经确定的目的才是制定法的目的:法官应当关注的是,作为法律条文规整的内容,它的逻辑的、文法的和从体系脉络中展现的意义、术语。法官只应当理解法律,而不是创造性地续造法律。“虽然法律的完善是可能的,但仅能通过立法者来完善,绝不能允许法官插手这一过程。”(第43页)尽管如此,萨维尼容许类推。对此,他提出如下理由,当人们在法律中发现一条规整类似案件的特别规定,该规则归属于一条“上位规则”并且这一未决的特殊案件不能按照这条“上位规则”裁判,此时允许类推。被否定了的严格解释或扩张解释的方法与此处所谈的方法截

① 我有幸先睹约阿希姆·吕克特不久将出版的、考据详备的专著《萨维尼思想中的唯心主义、法学与政治》,在该书中作者论证,萨维尼始终遵循了一种思考方式,这种思考方式并不依赖于特定的哲学体系,按当时的哲学观念,可称之为广义的“客观唯心主义”。据称这种思考方式在萨维尼“早期著作”中已初见端倪。在其著述中,吕克特反对我在上文中使用的、但并非没有理由地用引号括起来的术语“法律实证主义”。人们将如下萨维尼完全不会表达的观点与他联系起来,即法律的内容是由立法者任意(“专断”)地确定,这是不符合事实的。这里他本来只是想指出萨维尼对法律文本解释所假定的严格限制。或许“形式的”这一表达更允当些,但同样容易导致误解。

然不同，以至于法律没有被添加任何东西，而仅仅是“法律从其自身被补充”（第42页）。当然前提是，在法律中被表达出来的、特殊的规则应当被视为仿佛代表了未被规定、但其意义在立法中应被包含的普通规则——这一前提是萨维尼没有详细解释的。然而，显而易见，这背后是一种可以追溯到晚期自然法的观点①，该观点认为立法中未被包含的“特殊”规则始终应当被理解为能从某种普遍的包罗万象的基本原理中推导出来，借助这种推导被遗漏的特殊案件同样能被调整，如同在立法者的精神中形成补充性的特别规则一样。

这一构想在当下必须以极为不同的方式来理解，萨维尼最早是在《论立法与法学的当代使命》一书中指出，不再是制定法，而是民族的共同法律确信、“民族精神”才是所有法的终极源泉。能够孕育这种共同法确信的形式，显然不是逻辑的演绎，而是直接的感受和直观（Empfindung und Anschauung）。但这种感觉和直观并不能直接形成规范或“规则”（Norm und Regel）——因为规范或规则已经是抽象——普遍性的了，因此只能作为理性思维的产物才能理解——而是仅仅把握住了具体的，并且同时是典型的主体对客体的行为方式，这些行为方式刚好被法律共同体在“内在必然性”的意识中一般性地考察——也就是说在它的法律意义中意识到典型的生活关系自身。这些生活关系，譬如婚姻、家父权，不动产所有权、买卖，被作为与法律相关的秩序来思考和配置规范时，就是“法律制度”（Rechtsinstitute），因此法律制度这一概念被萨维尼作为法律发展的出发点和根基。相应地，萨维尼在《当代罗马法体系》一书中也是从法律制度概念出发。正如他指出的，一个“有机的本质”（第9页），“不仅在其生机勃勃的各组成部分的脉络中，而且在其持续不断的发展中”（第9页）展现出来。法律制度是一个作为典型的可理解的人类关系自身在时间中不断演变的意义整体，这一意义整体绝不可能通过徒劳地将孤立的、与之相关的法律规则简单加总来描述。不是法律规则群在其脉络中得出法律制度，毋宁是

① 关于（近代的—理性主义的）自然法在历史法学派中的持续影响，参见拜尔勒：《德国法律科学》（第4卷），第15页以下；科夏克：《欧洲与罗马法》，第279页；蒂默：《自然法与欧洲私法史》，第46页；维亚克尔：《私法史》，第372页以下。

法律规则——如萨维尼所强调的——首先通过“抽象”(第11页),通过一个“人为的过程”,从法律制度的“总体直观”(从其“有机脉络中”)被抽取出来(第16页)。因此,尽管法律规则拥有完整的概念构成和结构形态,但“它的深层根底保留在法律制度的直观中”(第9页)。

按照这种观点,在解释制定法中的法律规则时,规则不能仅从其自身出发而被理解——这与萨维尼在“早期著作”中的代表性观点相反,而只能从法律制度的直观出发,以规则以及表述法律规则的立法者的立场为准则。在萨维尼看来,在这种直观与某一特定规则的抽象形式之间存在一种“龃龉”,这种抽象形式总是指向整体关系的某一单一的、人为割裂的局部,在法学上消除这种“龃龉”的努力已经被放弃很久了。正如立法者必须“呈现对有机的法律制度的整体直观”,并且由此出发“通过一个人为的流程形成法律的抽象规定”,这必须与其目的相适应,所以另一方面如下进程是必须的,立法同样应该运用这一进程,即“通过一个逆向的流程将抽象规定整合进有机的脉络,从这一脉络出发,立法仿佛呈现为一种单一的平均值(Durchschnitt)”(第44页)。这意味着,法律思考不应当仅仅在一个层面上运思,而应该在直观与概念之间不断游走,在此直观表现了整体。而概念以及借助概念形成的规则此时只能被理解为局部片段,并且因此刚好必须通过直观一再加以补充和校正。应当说,萨维尼本应该非常严肃地对此进行阐述,以使得他的后继者能够遵循这一学说,若如此,后继者们本可以不走上“形式的概念法学”之路的。

与此同时,萨维尼并没有成功地阐明,他所要求的制度“直观”以何种方式过渡到“规则的抽象形式”,并再由此能回溯到之前最初的直观。基于此,正如我们所指出,萨维尼的方法论学说实际的影响很小。因此,我们必须追问,是否无须类型化的观察,法律制度就可以被“直观”?另外,如果法律制度的有机脉络仅仅是在直观中被给予并且由此无法做概念性的把握,那么先前通过“抽象”,即通过对制度的分解并有意忽略法律制度整体性构成而得到的个别规范,又如何能够再被“整合”到“有机脉络”之中呢”?事实上:如果法律制度的整体只在直观中被给予,那么将不可能对其进行科学的理解;进而,一旦抽象规则形成并且它的科学研究已经完成,人们却发现无法对其进行追根溯源。科学也只能够从本就抽象的规则中提炼出如此抽象的概念,这种概念与制度的“总体直观”始终相去甚远。这一点与萨维尼自身建构的私法体系同样典型。① 他创造了一个作为“意志支配”之法律关系的抽象概念,并且由此入手按照可想象的“意志支配的诸主要客体”对私法法律关系进行形式——逻辑的划分(第335页),形成了“权利的三种主要类型”的划分(第345页)。由此形成体系的并不是制度的“有机脉络”,而是(抽象的——一般的)概念的逻辑脉络。但在这一脉络中,法律制度的“总体直观”不再紧随而至。相反,如果人们将法律制度(以及总体看是权利)的意义脉络发展为黑格尔哲学意义上的具体—普遍概念;那么形成法律规则所必需的抽象概念出现了不可避免的片面化(Vereinseitigung),这种片面化本身已经被认识到,并且在可能被这种片面化引出意义背反的边缘性案例中,我们可从(具体——普遍概念的)意义脉络出发来矫正。萨维尼正确地强调了法律制度相对于单一法律规则的最根本特性,指出对作为(意义整体的)制度的适切把握只有在直观中方为可能,但概念性的思考只能限于以形式逻辑的方式来把握必定抽象的法律规则,正是通过这些观念,他为普赫塔的形式的“概念法学”开辟了道路。

在《当代罗马法体系》的解释理论中,我们又看到了对“早期著作”中若干思考的详细阐释。也正当其时,“按照制定法内在的意图进行重构”(第213页)被视为制定法解释的任务。为了达致这一目的,必须“置身于立法者的立场来思考并人为地重现他们的活动,由此,制定法能在解释者的思维中被重新形成”。作为解释的“四要素”再次被给出:语法的、逻辑的、历史的和体系的。这不是解释的四种类型,而是“若要成功完成解释,就必须综合运用的四个不同活动”(第215页)。体系要素关涉“内在的意义脉络,其将所有法律制度和法律规则连接为一个更大的整体”。解释的成功取决于:“首先,我们鲜活地回想了

① 在《论19世纪法学方法论》(1958)一书的第61页,作者威廉正确地指出,就萨维尼的法学体系理论而言,“正如人们在其学派理论中宣扬的,要前后一致地抛弃所有自然法的体系在法学实践中是不可能实现的”。

这一精神活动,呈现在我们面前的单个思想命题正是源出于这一精神活动;其次,我们已经对历史——教义整体拥有了充分的直观,凭借这种直观才能得到单个独立的观点,以便同时洞察到该观点与当前文本的联系”(第 215 页)。与“早期著作”不同的地方在于,在这里,相比“措辞”,作者更加强调的是“意图”和最终以一全面的“直观”为导向的“精神活动”,法律规则正是源出于这一活动。① 在这一强调重心的转移中,通过新的法源理论,作者有条件地放弃了“早期著作”中的狭隘的制定法实证主义的表达方式。

如果我们将这种阐述纳入视野,即萨维尼当时只是针对立法的目的或者如他所说的制定法的理由,那么这种放弃将更为清晰。尽管他当时也强调,这种目的“与制定法的内容是相分离的”,而且不应该被看作是制定法的组成部分(第 218 页)。然而,萨维尼坚持,只有“在极为谨慎的情况下”,方可允许以立法目的对制定法进行解释(第 220

① 然而我并不认为以下观点是正确的,像多数人认为的那样,该观点将萨维尼举为“主观”解释理论的代表人物,这种理论认为解释的任务在于经验事实的查明,在于查明历史上立法者的心理学意义上的“意志”(或者查明——赫克命名的变种——促使立法者行动的“原因性利益”)。萨维尼确乎主张,应当在精神中重现产生出制定法的立法者的活动,并且在这种思考中将制定法重新生成,他进一步还要求确证那些确定的事实,即特有的精神活动,其不可避免地要越过这些事实,这是历史上的立法者在其用语中实际上已经考虑的。因此,如其所言,这一在解释中被包含的“自由精神活动”(《体系》第 1 卷,第 207 页)能确保“我们认识制定法的真实状态”。在进行这种精神活动之时,解释者,如同立法者本人,受到“法律制度直观”的引导,也就是说,他应当追溯到立法者的意图背后的在法律制度中被现实化的客观法学思想。稍后被发展出的、以温德夏德和比尔林为代表的“主观解释理论”预设了一个心理学的意志概念,这种概念与宾丁、瓦赫和科勒等教授立基于理性主义的制定法概念之上而阐发的“客观解释理论”中的意志概念,都与萨维尼的理论旨趣相去甚远。这两种理论皆是实证主义时代的表达,各有偏颇,它们都不再能够领会到在萨维尼那里所预设的法与法所规整的生活关系(法律制度)之间的内在统一性以及实践理性与立法者意志之间的统一性。萨维尼的见解与这两种带有时代局限性的理论中的任何一个都泾渭分明,必须指明,正因为这种差别,萨维尼思想的独创性与伟大不能被误读。与萨维尼类似,黑格尔的思想也是如此:他的思想所蕴含的要远比所有人能够意识到的丰富得多,这些思想后来只是在这一或那一“时刻”才被袭用并因此以简单化和逻辑上充满矛盾的方式片面地理解,也许事实上,生活是建立在任何时候都被强暴学说之上的。

页)。在制定法所使用的措辞含义不确定时,“制定法内在的脉络”与制定法的特定目的应当同等地被引用,只要该特定目的是可以被证明的(第228页)。如果一个特定目的不能被证明,就应当回溯到一种“普世理由”——今天我们称为:一种普世的法学思想(第228页)。与“早期著作”不同,萨维尼当时已经认许扩大解释与缩限解释,而且对不完善的措辞进行了调整。在这种情形,我们首先判断是“历史路径”(第231页),在这里立法者的意图与不完善的措辞结合在一起。在此,与“内在脉络”一道,制定法的特定目的再次能发挥作用。如果“立法者的真实意图”能够以这种方式被认识到,那么该措辞旋即可被校正(第233页)。这种校正应该防止规范以与其规范目的相矛盾的方式被适用,而且进一步导向对“规范适用真正界限的发现”,终至规范不被以“残缺或不必要的方式来适用”(第234页)。与此相反,萨维尼同样反对,制定法的措辞简单地依据“普遍的理由”,或是“普遍的法学思想”来校正,因为这样将“使校正自身完全带有了作为法律多种多样的续造形式之一的解释的品格”(第238页)。

最后在关于通过类推而进行的漏洞填补问题上,萨维尼还发展出一个与“早期著作”的立场明显不同的观点。现在,对相关法律制度的整体直观的回溯取代了对特定法律条款所述的未被明确表达的“更高规则”的回溯。萨维尼区分了两种情况。第一种情况是,“出现了一种新的、迄今尚未被认识的法律关系,而现今已经形成的实证法中并无一种法律制度可以作为其范型”。于此,“必须依据制定法中与之最具亲缘性的法律制度,将可作为范型的法律制度全新地塑造出来”(第291页)。这是新创造,其尽可能地与现有的法律制度结合在一起。但更常见的是第二种情况,“在现有的法律制度中新出现了一个孤立的法律问题”。萨维尼认为,这种问题应当“根据该制度所属的法律规范群的内在相似性”来回应,于此,这种回应特别依赖于对原理以及法律规范群的特殊目的的正确洞察。他认为,任何类推都建立在“法律预设的内在一致性之上”;不过,这种一致性未必总是仅表现为像“前提与结论之间的单纯关系”那样的逻辑上的一致性,而是同时可以是“有机的”一致性,也就是说,一种“来源于对法律关系及其范型的实践本质的整体直观”之一致性(第292页)。

我们现在可以盖棺定论。从一开始,萨维尼的方法论最为突出的就是要求将“历史的”方法与“体系的”方法结合起来。前者已经注意到每一制定法都恰好可溯源于某种特定的历史环境。这一点旨在将法规范整体与立基其上的法制度理解为一个融贯一致的总体。然而“早期著作”只是将法体系理解为法律规则的体系,这种法律规则彼此之间是类型的逻辑联结关系,特别规则被理解为源自一般规则并且能够被回溯到一般规则;与此相反,后期著作毋宁是以存在于普遍意识中的鲜活的“法制度”的“有机”脉络为出发点。因此,萨维尼当时认为,恰恰是从这种制度中个别的法律规则才能嗣后借由“抽象”而被推导而出;故而,如果想正确理解某一特定规范,那么在解释时就必须始终保持对整体的“直观”。相较于“早期著作”中严格固守制定法的文义表述的立场,在后期著作中,萨维尼更加注重制定法的目的以及整体直观中彰显的意义脉络。不过萨维尼仍未阐明,如下事实是如何可能,即经由“抽象”而来的单一法律规则如何再次追溯到法制度的意义整体?以及如果该意义整体只能在直观中彰显,而不能借由概念性思考而获得,该如何确定已达致此种回归?萨维尼后期著作中的方法论思索对此未加考虑,这一事实要对此种不清晰的长期存在负相当大的责任,受到萨维尼巨大影响的人们应当看到这一点。除历史维度外,持续产生影响力的是,在从法学概念中被构成的“科学”体系意义上的体系思想——这种科学体系成为了“概念法学”的肇端,萨维尼本人不应该,或者说只能有保留地被划入这一学派。①

(黄家镇,西南政法大学民商法学院副教授,法学博士)

① 克里勒在《法的获得理论》1976年第2版,第71页正确地指出,即便萨维尼的确(通过“概念法学”)参与了对“法学的阉割”,那也不过是无意识的间接后果。“他要求的是有机的法的续造。”

时间观念的发展与时间所有权的私法构造

马俊驹　王　恒

目　次

法律制度、规则和法律意义因人而生,而人本身却是时间性的存在。[①] 于是,法律因时而生,时间成为一切法律的"天网"。一部法律史,描述的就是时间中的法律规则与意义的变迁,"法律是历史(时间)的产物"成为共识。这种法律史观实际上是把时间当成了法律存在的外在条件,法律的演进表现为法律规则或者法律意义在时间轴上的说明。不仅如此,几乎所有的法律理论都是以时间为前提来理解和解释法律变化的,时间是法律生成和演化的宏大背景舞台。这是当今法学界普遍所持有的法律时间观。这种时间观只看到了时间是法律存在的外在条件,而忽视了时间本身也可以内化于法律之中,成为法律调整的对象。

本文以私法的核心组成部分——民法为立论基石,试图论证时间

---

① [德]海德格尔:《海德格尔选集》(上卷),孙周兴选编,上海三联书店 1996 年版,第 663 页。

可以内化于民法,成为民法的调整对象——私权的客体,从而达到构建起时间所有权的目的。

一、时间观念的发展

时间是个古老而多元的话题。无论是在深邃的哲学还是在神秘的宗教,无论是在琐碎的生活还是在尖端的科技,它都带给人们无尽的遐想。时间的魅力或魔力恰恰就在于对人的限制——我们生于时间,死于时间。如何挣脱或突破这种限制成了人类自感知时间这位魔术师以来最急切的愿望。于是,所有的哲学、宗教和学科都为之努力。

今天,人们所拥有的时间观是多种合力的结果,其中特别离不开哲学、社会学和现代经济学各自的塑造。

(一)哲学中时间观的发展

在哲学史上,时间观念大致遵循本体论时间观、认识论时间观和现象学—存在主义时间观的演进过程。由于时间与空间总是构成人们思考世界与思维的维度,因此,时间与空间一起构成了我们的分析对象。

1. 本体论时间观

在本体论时间观中,哲学家们思考时间大致有两个方向:一个客观(唯物)主义方向,另一个是主观(唯心)主义方向。亚里士多德系统论述了空间、时间、物质、运动的相互联系,开创了客观(唯物)主义的本体论时间观。他认为,空间是物体所处的地点,是一个物体与另一个物体之间的关系;①时间是计量物体运动的并且连续的"数"。② 空间与时间构成了运动物质的存在形式。与亚里士多德不同,奥古斯丁开创了主观(唯心)主义时间观之先河。他在《忏悔录》一书中指出,"时间不过是伸展,但是什么东西的伸展?我不知道。但如果不是思想的伸

---

① 参见[古希腊]亚里士多德:《物理学》,张竹明译,商务印书馆1982年版,第92~107页。

② [古希腊]亚里士多德:《物理学》,张竹明译,商务印书馆1982年版,第127页。

展,则更奇怪了”。[①] 从此,人类在苦苦追寻时间本质的过程中,有了理解时间的两个不同的视角:其一,时间与物质运动有关,具有客观性,不以人的意志为转移;其二,时间与意识有关,具有主观性,可以通过人的意志来体验感悟。[②]

2. 认识论时间观

在认识论时间观中,哲学家们对时间的认识表现为三种形式:其一,经验主义时间观,是以近代实验科学和经验观察为基础而产生的感性认识时间的观念,其代表人物是牛顿。牛顿在《自然哲学的数学原理》一书中认为,时空是“实在的存在物”,但它“与任何外在的东西无关”,[③]所以空间是与任何外在事物无关的永恒不动和相同的客观存在物;时间是与任何外在事物无关的均匀流逝(延续性)的客观存在物。牛顿看到了时空的客观存在性,却割裂了时空与物质、运动的关系,是一种机械唯物主义时空观,因而又被称为“绝对时空观”。其二,唯理主义时间观,是以消极态度看待经实验和观察得来的感性认识时间的观念,其代表人物是莱布尼茨。莱布尼茨在《人类理智新论》一书中认为,时空是“一种关系、一种秩序”,人们能感受到的时空是事物关系的经验表现,时间代表着事物的连续关系,空间代表着事物的并存关系。

---

① [古罗马]奥古斯丁:《忏悔录》,周士良译,商务印书馆 1963 年版,第 253 页。奥古斯丁的这句话可作如下理解:其一,时间有思想(心灵、意识)的特性,而非物质的特性(在这点上对抗着亚里士多德),思想的延伸就是时间。其二,思想(心灵、意识)是指上帝的思想,还是人的思想,指代不明。不过,作为基督教教父哲学的集大成者,结合本书的写作意图——向上帝“坦白”——来看,这里的“思想”应该理解为上帝的思想,即时间是上帝思想的延伸。这样的理解无疑是给时间多一个客观唯心主义的本体论说明。但是,如果我们把这里的“思想”理解为“人”的思想,那么时间就是人的思想的延伸。这样的理解无疑又给时间多一个主观唯心主义的本体论说明。

② 就时间存在属性而言,有两种理解方式:其一,时间是物质的存在属性之一(另一属性是空间),依赖物质而存在;其二,时间是意识的产物,存在于人的头脑中或上帝那里。在我们看来,两种时间观之间具有一定的相通性:客观主义无法抹杀时间的主观性,主观主义也无法排斥时间的客观性。两种本体论时间观都是抽象的时间观:人是抽象的,物质也是抽象的。在亚里士多德那里,作为时间“计数者”是抽象人,客观物质世界也是抽象世界。在奥古斯丁那里,“人”则是匍匐在上帝权威下的“信徒”,同样是个抽象的“信徒人”形象。

③ [英]牛顿:《自然哲学的数学原理》,赵振江译,商务印书馆 2006 年版,第 7 页。

他坚持认为,时空这些感性直观的经验表现只有在理性思维中才能得到整理和理解,[①]因而他的时空观被称为"唯理主义时空观"。其三,先验感性论时间观,是在批判牛顿和莱布尼茨的时空观基础上的"调和"理论,其代表人物是康德和黑格尔。康德在《纯粹理性批判》一书中把时间与空间理解为"两种感性直观的纯形式",本身是不可定义的。[②]康德的时空观用简单的语言表述就是:我们能直观感受到的时间和空间其实是经验(现象)世界的时间和空间表象,通过这些表象不能找到时间和空间本身;时间和空间本身先天地存在于人的理性认知范围内,但要认知时空,必须通过经验(现象)世界才能得以完成。康德的时空观被称为"先验感性论时空观"。黑格尔批判地继承了康德的时间观,并赋予时间以辩证法。他认为,"时间如同空间一样,也是感性或直观的纯粹形式","时间是那种存在的时候不存在、不存在的时候存在的存在"。[③] 黑格尔对时间观念的重要哲学贡献在于他把时间赋予了辩证法。这为辩证的理解时间的法理性质奠定了哲学基础。用辩证法理解时间,其实就是用对立统一的矛盾观看待时间,这对理解时间非常重要。

---

① [德]莱布尼茨:《人类理智新论》,陈修斋译,商务印书馆1982年版,第130~138页。

② [德]康德:《纯粹理性批判》,邓晓芒译,人民出版社2004年版,第563页。既然不可定义,所以只能对它们进行"阐明",即"将一个概念里所属的东西作出清晰的(哪怕并不是详尽的)介绍"(参见康德:《纯粹理性批判》,邓晓芒译,人民出版社2004年版,第28页)。康德首先对时间与空间进行形而上学的阐明,然后进行先验的阐明,得出了时间与空间具有两个重要的特性:经验的实在性和先验的观念性。前者是说,"凡是在经验中被给予的对象(即现象),时空对之有实实在在的(客观)作用和效力";后者是说,"时空既不是客观存在的事物或者其属性,也不是经验事物'本身'的属性的抽象,而纯粹是主体的认识能力本身具有的先天直观形式"(参见杨祖陶、邓晓芒:《康德〈纯粹理性批判〉指要》,人民出版社2001年版,第87页)。

③ 在黑格尔看来,时间也是一种直观感性的观念性东西(这一点与康德如出一辙)。参见黑格尔:《自然哲学》,梁志学等译,商务印书馆1980年版,第47页。

这样，经过本体论时间观和认识论时间观的共同孕育，①人们对时间的认识有了大致认同的界定：时间是物质运动的延续性、间断性和次序性，其特点就是一维性（不可逆性）。

3. 现象学——存在主义时间观②

现象学时间观的代表人是胡塞尔，他认为，现象学视野中的"时间"是"排除"了客观时间的"时间"。他在《内在时间意识现象学》一书中，第一件事情就是剔除客观时间。③ 胡塞尔提出"客观时间"与"主观时间"并非指两种不同形式的时间，而是指认识时间的两种方法：一种是根据事物在空间中的运动去把握时间，即"客观时间"；另一种是根据时间在意识中的显现，依靠主体的体验去把握时间，即"主观时间"。在胡塞尔看来，时间不过是一种与"存在"无涉的意识现象。④ 与胡塞尔的认识不同，海德格尔把时间直接"引入"本体，试图从本体论

① 认识论时间观与揭示人的认识能力和认识可能性的认识论有着一致的精神"内核"：无论是在经验主义者（如牛顿）那里，还是在唯理主义者（如莱布尼茨）那里，抑或是在先验感性论者（如康德）乃至辩证法论者（如黑格尔）那里，时间都是作为一种认识事物真理的前提。特别是在牛顿和康德那里，经验现象作为感受时间的必要条件，为后来的自然科学的发展奠定了哲学基础。物理时间、数学时间等自然科学时间（经验的时间现象）成了人们生活中的重要时间形式和时间体验方式。牛顿的绝对时空观对后世影响很大，至今人们都还坚持认为，时间与空间是外在于事物的存在。另外，莱布尼茨把时间理解为事物的秩序，也获得了人们的普遍接受。

② 现象学时间观则重在探讨认识时间的方法，存在主义时间观则从另一个角度探讨时间的本体。现象学的创始人是胡塞尔，而存在主义的代表人物是海德格尔。鉴于胡塞尔与海德格尔有师承关系，且他们都对时间的理解在哲学史上有重要的影响，因此一并称为"现象学——存在主义时间观"。

③ ［德］胡塞尔：《内在时间意识现象学》，杨富斌译，华夏出版社 1999 年版，第 6 页。

④ 在哲学史上，从意识角度来理解时间的开拓者是奥古斯丁，胡塞尔与奥古斯丁的不同在于：第一，时间虽然都作为一种意识，但意识的主体不同，在胡塞尔那里，时间的主体是人；在奥古斯丁那里，时间的主体是上帝。第二，两者探讨时间的目的不同，胡塞尔是为探寻时间作为认知的确定性；奥古斯丁是为回答"上帝创造世界前在做什么"的质疑。第三，两者的时间观不同，胡塞尔把时间理解为内在意识现象，与探讨时间存在的本体论无关；奥古斯丁却是在本体论意义上把时间理解为意识的特性。

的视野来理解和把握时间。[①] 海德格尔的本体——存在是"此在","此在"是人的存在。[②] 他认为,哲学的核心是探究"在的意义",[③]而"在的意义"只能在自身显现自身去寻找;能够自身显现自身的就只有人的存在(即"此在")才符合"在的意义"。这样,西方哲学在历尽了两千多年的探索后,终于找到了"人"在本体论中的终极关怀。时间与空间在"此在"相连。人("此在")是在世界中存在,时空有限性乃是人的有限性——人皆有生死,向死而生。生是"入世"(进入这个世界)、死是"去世"(退出这个世界)。也可以说,"时间"进入"空间"为"生",退出则"死"。这样,"此在"是"空间化"的时间,或是"时间化"的空间。所以,海德格尔说:"没有人就没有时间。"[④]

综上所述,我们从哲学家们坚持不懈地探索中可以得出时间具有二重性的重要结论:一方面它是客观时间,另一方面它也是主观时间;客观时间与主观时间不是两种时间形式,而是同一时间的两个方面——客观又主观。特别是海德格尔,他认识到时间"因人而生",而人既是客观的又是主观的。从此,人们把时间与"人"牢牢地联系起来,"人"(无论是作为类的概念还是个体概念)当仁不让地成了时间的主体。这一认识成为人们能够占有和支配时间的理论前提。

(二)社会学中时间观的发展

社会学中的时间观不同于哲学中的时间观:哲学中的时间观均秉持哲学所具有的抽象、思辨、形而上的思维特质;社会学中的时间观虽受哲学时间观的指导来理解时间,但社会生活是形而下世界的"现实生活",维持社会作为一个群体的存在、解决群体内各成员间的社会规

---

① 从本体论的视野来理解和把握时间,这本是由亚里士多德开始的时间哲学观,但海德格尔一反西方哲学传统,把"存在"理解为"动词",而不是"名词",这样"存在"就成了"去存在"、"成为存在",从而使传统西方哲学发生了根本性转变。

② [德]海德格尔:《时间概念史导论》,欧东明译,商务印书馆2009年版,第200页。

③ [德]海德格尔:《时间概念史导论》,欧东明译,商务印书馆2009年版,第195页。

④ [德]海德格尔:《面向思的事情》,陈小文、孙周兴译,商务印书馆1999年版,第19页。

则问题是社会学研究的首要课题。社会学中的时间具有定位性、规范性、控制性、协调性和共时性的特质，利用时间来分析、比较、说明社会事件和自然事件。而能承担此重任的时间只能是客观时间而非主观时间。此时的“人”是社会人——每个人都被设想为“适合于和别人过社会生活”。[①] 社会学中的时间之所以不能一味地“主观化”，正是由于社会对秩序的严格要求；试想，如果一个社会中的时间都是由个人从主观体验来理解和执行，那么这个社会的秩序就很难得以建立。因此，社会学的时间观强调时间的客观性，普遍承认客观时间。以研究社会时间而闻名的社会学家乔治·古尔维奇认为，要把时间放在单纯的哲学理论之外，“社会学家不能参与从巴门尼德和柏拉图到黑格尔的许多哲学家一直兴致盎然地在作证明时间的永恒性或者否定其永恒性的论战”。[②] 可见，社会学的时间观还是刻意保持着与哲学时间观一定的距离。

纵观整个人类社会对客观时间的理解，大致经历了从循环时间观向线性时间观的发展轨迹。

1. 循环时间观

循环时间观认为，时间的形状是圆形的，曾经存在过的人和事总会按照某种意志或规律在将来某个时间循环往复。在这种时间观里，“世界万物是反复出现的，逝去的必然再生，过去蕴含了未来变化的一切可能，未来无非是过去的复现”。[③]

循环时间观既可以获得生活体验和经验观察的根据，也可以获得哲学、宗教的支持。生活中的日常例行公事，每天的上下班、“日出而作、日落而息”、在固定的时间重复做某事等，无不让人体验到时间的循环性。通过经验观察，人们认识四季更替、阴晴圆缺、潮涨潮落等。这些体验和观察都是节律性的，都具有周期性。不仅外在于我们的世

① [德]塞缪尔·普芬道夫：《人和公民的自然法义务》，鞠成伟译，商务印书馆2009年版，英译本编者导言，第16页。

② [法]乔治·古尔维奇：《社会时间的频谱》，朱红文等译，北京师范大学出版社2010年版，第17页。

③ 熊赖虎：“时间观与法律”，载《中外法学》2011年第4期。

界有节律,就是人类自身也有一定节律,如心跳、呼吸、月经、睡眠。“所有的有机体,从单个细胞到人类甚至整个生态系统,都展示着节律的习性。”①在哲学上,西方哲学源头的形而上学就是探寻万物出自本体,演化后最终又回归本体的过程。② 这本身就是一个循环论思想。特别是毕达哥拉斯学派提出的人的灵魂不朽——转世论,③更为人们理解时间的循环性奠定了哲学基础,古希腊时期的哲学家几乎都是循环时间观论者。在东方,受佛教“轮回说”的影响,中国和印度的文化中也存在循环时间观。在中国,“五德终始”、“阴阳交合”、“八卦轮替”等也是循环时间观念的表现;④在印度,“传统的时间观是单纯的循环论,它不包含其他任何形式,完全由无休止的往复循环组成”。⑤

从根本上讲,古代社会的循环时间观是由古代农业生产方式的经济基础决定了的,依靠自然赋予的条件和春耕、夏耘、秋收、冬藏的生产生活节律,注定了人们把时间理解为一种循环形式,“无论是天、季节、年度或代,所有这些时间单位都是一些前后相继的、纠缠在一起的,总是以同一面目重复出现的‘整体’。在这样的情况下,农民无疑会把时间看作在本质上是循环的”。⑥ 显然,这种时间观有明显的局限性。首先,循环时间观对待“现在”是消极的,既然“现在”发生的人和事是过

① [英]芭芭拉·亚当:《时间与社会理论》,金梦兰译,北京师范大学出版社2009年版,第87页。

② 被誉为西方第一位哲学家泰勒斯就认为水是世界的本原,万事万物都由水发生而后又复归于水。参见汪子嵩等:《希腊哲学史》(第1卷),人民出版社1988年版,第160页。

③ 汪子嵩等:《希腊哲学史》(第1卷),人民出版社1988年版,第256页。

④ 严格说来,中国古人没有古希腊人意义上的循环时间观,也没有基督教意义上的线性时间观。尽管中西方的时间观本质上都反映的是人们对宇宙万物和生命的理解,但其差异恰恰在于:中国哲学包括它的时间观,走的是一条“内敛性”的中庸之道,与纯粹、极端、排他的“外向性”的西方哲学有着内在的不同。所以中国人的时间观,一方面强调“时”的循环,另一方面也强调“史”的线性。中国人的循环时间观与线性时间观能够“和平共处”,根源就在于面对时间无常:人应该如何实现“天人合一”的最高人生境界。

⑤ [印]罗米拉·塔帕尔:“早期印度的循环时间观和线性时间观”,载里德伯斯编:《时间》,章邵增译,华夏出版社2006年版,第24页。

⑥ [法]孟德拉斯:《农民的终结》,李培林译,社会科学文献出版社2010年版,第62页。

去的“再现”，将来还要“出现”，那么“当下”的抉择就没有意义，“生命也失去了它的偶然性和暂时性”。① 反正“现在是这样，将来也是这样”。② 其次，循环时间观对待自然界是消极的。人们看到重复循环、有规律的自然，不是积极主动去利用、改造它，而是被动承受，抹杀了人的主观能动性。因此，古代农业社会反对个性和革新行为，新生的事物对这种时间观是没有意义的，有意义的事情是从“此处（时间内）”走向“彼处（时间外）”，这个过程就是超越时间，把自己置身于永恒。③ 最后，循环时间观具有内在背反性。循环时间观的内在动机是超越流变、追求永恒和不朽，这使得它在取消了时间方向性的同时，事实上也取消了时间。

因此，随着社会的发展，起主导作用的循环时间观逐渐被线性时间观所替代。

2. 线性时间观

线性时间观认为，时间的形状是直线性的，从过去经现在向未来延伸。与循环时间观不同，时间具有了方向性——一维性（不可逆性）——指向未来。

线性时间观的兴起主要有以下三个因素：第一，人对有限生命时间的深刻认识，体察到生命时间“一去不复返”，体会到时间不能完全重复。第二，现代工业生产方式的出现并取得了主导的地位。工业文明打破了循环时间对自然节律的依赖，使得整个社会都处于一种流动和变化之中，客观上需要有一个新的时间标准来调整所有人的行动以形成有效的社会秩序。第三，基督教时间观的确立。④ 在基督徒的世界里，永恒与时间被分开，永恒是上帝的属性，时间是上帝的创造，是有始

① ［苏］A. 古列维奇：《中世纪文化范畴》，庞玉洁等译，浙江人民出版社 1992 年版，第 107 页。

② ［美］伊迪丝·汉密尔顿：《希腊方式：通向西方文明的源流》，徐齐平译，浙江人民出版社 1988 年版，第 153 页。

③ ［法］路易·加迪等：《文化与时间》，郑乐平等译，浙江人民出版社 1988 年版，第 230 页。

④ 关于基督教对循环时间观的打破，参见［法］路易·加迪等著：《文化与时间》，郑乐平等译，浙江人民出版社 1988 年版，第 225～266 页。

有终的。人生没有“轮回”,不可重新再来,人直接面临“末日审判”这一终局裁决。“世俗化”的时间构成了人类存在的“大限”。在“时间”与“永恒”之间只有获得神的“恩赐”的人,才能“跳出”时间进入永恒。①

线性时间观表现的是流动变化的时间,“时间好像一条由发生的各种事件构成的河流,而且是一条湍急的河流,因为刚刚看见了一个事物,它就被带走了,而另一个事物又来代替它,而这个也将被带走”。②过去、现在、将来都是时间轴上的三个时间状态,人是生逢“现在”的。因此,“现在”具有了重要的意义。过去是曾经的现在,将来是尚未实现的现在,能够“体味”的时间只有短暂的现在。把握现在的抉择是决定未来的关键。

线性时间观在现代社会也能以某种体验的形式存在。我们能感受到“时不我待”、“光阴似箭”的时间之矢。如果没有线性时间观,我们在“子在川上曰:逝者如斯夫,不舍昼夜”的喟叹中就体会不到“现在”的弥足珍贵和人生的意义。

循环时间观是通过事件或者现象的周期性来展示时间,而线性时间观则是通过物理时间——钟表来展示时间。现代社会是工业文明主导的社会,社会时间以钟表时间来体现。钟表时间是机械时间,人造时间。钟表时间最大的优点在于其抽象性和均质性。格林威治时间的确立,建立了统一的世界时间,即世界的共同时间。钟表时间成为我们这个世界通用的时间刻度,一年、一月、一日、一小时、一分钟、一秒钟③——无论是在国内还是在国外——在世界上任何一个角落都是同质的。正是在这个意义上,现代世界依靠着钟表完成了对社会的整合,建立起全球统一的时间标准。线性时间观更能适应现代工业社会的发展。

---

①　[苏]A. 古列维奇:《中世纪文化范畴》,庞玉洁等译,浙江人民出版社1992年版,第122页。

②　[古罗马]马可·奥勒留:《沉思录》,何怀宏译,三联书店2002年版,第39页。

③　本文所使用的“秒、分、时、日、月、年”等时间刻度概念,都是在线性时间意义上讲的,是一种人为制造的钟表时间刻度,这与根据生活经历或者天体运行划分的时间刻度不同。

时至今日,线性时间观取得了对社会的主导作用。在这种线性时间观中,过去、现在、未来都由钟表来安排,时间跳出了“循环”的周期。钟表时间在日常生活中取得了支配地位,是全球贸易、金融、运输和通信网络运行的先决条件,支撑着全球化的组织、企业和跨国公司的日常营运、合作、交易和管理。由钟表时间所承载的线性时间在现代社会中发挥着越来越重要的作用,为人们调整、支配和计算时间奠定了基础。社会学家刘易斯·蒙福德对此评论说:“工业社会的重要引擎(key-machine)是钟表而非蒸汽机。”①

(三)经济学中时间观的发展

与社会学的时间观一样,经济学中占主导地位的时间形式也是客观的线性时间。在经济思想史上,时间观经历了从“时间是衡量财富的手段”(以下简称时间手段观)到“时间是财富”(以下简称时间财富观)的发展过程。

1. 时间手段观

社会财富是经济学研究的核心问题,社会财富的生产和分配是经济学的永恒主题。然而,对财富的认识,经济学家们经历了一个长期的探索过程。在经济学之父亚当·斯密那里,财富就是人们创造的交换价值,衡量交换价值(财富)大小的是劳动。斯密认为,一个人的贫富,取决于他所享受人生的必需品、便利品和娱乐品;在分工的条件下,则取决于他能够购买多少劳动。因此,劳动是衡量财富交换价值的“真实尺度”。② 斯密正确认识到了劳动是创造财富的源泉,为古典经济学的发展做出了重要贡献。沿着这个思路,大卫·李嘉图进一步区分社会财富(商品)的交换价值和价值,认识到了劳动创造的是价值而非交换价值。但是,李嘉图还没有区分劳动二重性,未能得出正是抽象劳动创造商品价值的深刻道理。马克思在批判继承前人的基础上,找到了衡量一个社会财富(商品)的“内在尺度”——生产商品的社会必要劳

---

① L. Munford, *Technics and Civilization*, New York: Harcourt, Brace & World, 1934, p. 14.

② [英]亚当·斯密:《国民财富的性质和原因的研究》(上卷),郭大力、王亚南译,商务印书馆1972年版,第26页。

动时间。在马克思看来,“资本主义生产方式占统治地位的社会的财富,表现为‘庞大的商品堆积’。”①商品作为社会最主要的财富,用社会必要劳动时间来衡量其价值在马克思那里得到了最充分、最完整的表达。

时间是衡量财富的手段,一直是西方主流经济学和我国经济学研究的基本前提。然而,随着科学技术的发展和人们时间观念的变化,时间观也从时间是衡量财富的手段逐渐向时间就是财富本身转变。

2. 时间财富观

在传统西方经济学中,时间仅仅是财富创造的一个外在约束条件,任何财富都是在一定的时间中创造的。在萨缪尔森(美国1970年诺贝尔经济学奖的获得者)和诺德豪斯看来,“财富就是指在一时点上,所拥有的财产的美元净值”。② 由于“西方经济学摒弃了价值(更准确地说是劳动价值——引者注)范畴,决定了它不能把时间作为重要的经济变量来对待;它所能做的,只是把时间作为限定的条件,分析其他经济变量的短期和长期、在连续的期间的变动”。③

把时间作为经济学的变量来分析时间的经济意义,开始于美国经济学家加里·贝克尔(1992年诺贝尔经济学奖的获得者)在20世纪60年代所进行的开创性研究,由此诞生了一门西方经济学新理论——时间经济学理论。根据这一理论,“时间是一种稀缺的资源,人们把它分配给不同的活动,直到它能产生一个相等的边际收益。对于工作的人来说,时间的边际价值由工资率决定。对于不工作的人来说,它就是家庭活动的边际价值,或者是时间的‘影子价格’”。④

我国学者张维达把马克思的价值决定论和时间经济学结合起来,用函数模式的方式论证了时间的价值。在他看来,“时间的价值就是

---

① 马克思:《资本论》(第1卷),人民出版社2004年版,第47页。

② [美]保罗·A. 萨缪尔森、威廉·D. 诺德豪斯:《经济学》(第14版)(上),胡代光等译,北京经济学院出版社1996年版,第399页。

③ 张维达:《张维达文集:中国市场经济与国有企业改革的政治经济学研究》,长春出版社2001年版,第242页。

④ [美]理查德·B. 弗里曼:《劳动经济学》,刘东一等译,商务印书馆1987年版,第23页。

时间的经济价值,是标准化的劳动时间所创造的,并以货币形式表现的收入量"。① 时间的价值有两种形式:一是个人的时间价值,另一个是社会的时间价值。个人的时间价值等于单位时间给他带来的收入,这取决于个人的工作效率或劳动生产率。社会的时间价值等于总产量和总劳动时间之比,表示单位时间内生产的平均产量或标准量。对社会的时间价值而言,劳动生产率越高,时间的价值越高,人们越把时间视为一种稀缺的资源。

在这里,无论是西方经济学者,还是我国经济学者都承认时间是一种稀缺的资源,是一种有经济价值的客观实在,它的内涵与恩格斯在《政治经济学批判大纲》中所提出的"价值是生产费用对效用的关系"②的意义有异曲同工之妙。从此时间从衡量财富的手段,转变成为财富本身,成了一种可以计算的资源,③人们可以有意识地交换或分配时间了。④

二、时间能够成为民法调整的对象

现代民法学对时间的认识与理解离不开哲学、社会学和经济学有关时间观的指引。在哲学上,时间具有主、客观二重属性,这是研究有关时间问题的理论起点;在社会学上,从现实生活出发,强调时间的客观属性,并将客观时间作为考察时间观念演进的哲学基础,得出线性时间观符合社会发展的需要;在经济学上,又以线性时间为本体,论证了时间可以成为一种具有交换价值的资源。至此,时间成为民法的调整对象有了理论基础。经济学上对线性时间的二重理解,即时间既是衡

---

① 张维达:《张维达文集:中国市场经济与国有企业改革的政治经济学研究》,长春出版社 2001 年版,第 251 页。

② 《马克思恩格斯全集》(第 1 卷),第 605 页。

③ E. P. Thompson, Time, Work-Discipline and Industrial Capitalism, *Past and Present*, Vol. 38, 1967, p. 21.

④ 近几年在我国兴起的"时间银行"这种社会服务管理模式就是一种人们交换时间的典型案例。"时间银行"这一概念在 20 世纪 80 年代初由美国人埃德加 · 卡恩提出。在这个特殊的银行里,时间是唯一受认可的"货币",会员通过为他人提供服务来储蓄时间,当自己需要帮助时,再从银行支取时间以获取他人服务。

量财富的手段,又是财富本身,这一普遍认可的时间观念仍具有重要的现实意义,所以它们也必然反映到法律的调整和适用层面。

(一)法理建构——时间与现代民法之间的两个辩证命题

在时间与民法的关系上,我们看到了时间的两面性:一方面,时间涵盖民法,表现为"民法在时间中";另一方面,时间内含于民法,表现为"时间在民法中"。这是两个极富辩证色彩的命题,但法学界只承认第一个命题而有意无意地忽略了我们所关注的第二个命题。从法理上讲,只有将上述时间的两面性均融入民法制度中,才能完整地体现出时间的民法特性。

1."时间中的民法"

第一个命题:"时间中的民法",即"民法在时间中",这个命题所揭示的时间与民法的关系是:时间是民法存在的宏大叙事背景,一切民法概念、规则、制度都在时间这个大尺度的框架内生长、演化、消灭;任何民法概念、规则、制度仅仅是时间发展的产物,依靠时间得以证成。简言之,民法与时间"历时"。

在传统思维习惯上,法学界正是从这个角度来认识和理解时间与民法的关系的。时间无论是作为一个时点(学界通常理解为"期日")还是作为一个时段(学界通常理解为"期间"),学者们一般都把时间看成法律关系或权利义务的前提,是民法存在的一种"外生变量"。梁慧星认为,时间属于法律事实,影响民事权利的存续、发生或消灭。① 刘得宽认为,凡人之出生、死亡以及权利能力、行为能力、公法上或私法上法律行为效力之发生与消灭,甚至于法令本身效力之发生或消灭,莫不与时间发生关系。② 龙卫球把时间作二分理解:一种是就其本质属性的抽象,规定为特定法律事实或法律关系的一种时间属性(如出生时间、死亡时间、限制行为能力期间),这种时间具有时间标志或度量的

---

① 梁慧星:《民法总论》,法律出版社2007年版,第252页。持相同观点的还有郑玉波:《民法总则》,中国政法大学出版社2003年版,第473页;王泽鉴:《民法总则》(增订本),中国政法大学出版社2001年版,第508页;李宜琛:《民法总则》,中国方正出版社2004年版,第247页。

② 参见刘得宽:《民法总则》(增订第4版),中国政法大学出版社2005年版,第317~318页。

意义；另一种是针对某种特殊事实状态的存在，由于涉及当事人利益关系的稳定，规定使其经过一定时间即赋予一定法律事实的意义，发生权利变动的效果（如时效制度）。[①] 李锡鹤认为："民法规定时间，只是为了表示民事权利义务的发生时间和终止时间，没有其他作用。"[②]梅迪库斯把时间理解为对权利的一种限制，[③]它所限制的是权利的发生和消灭。

可见，把时间理解为法律关系或权利义务存在的环境或条件，是权威学者在处理民法时间问题的一种普遍做法。这种做法的实质就是把时间从民法中剥离出去，把时间看成外在于民法的一种自然常态而非社会创造；时间成了一切权利义务关系设立、变更、终止、消灭的外在条件，而没有把时间内化于法律关系之中。

在我们所查阅的文献范围内，拉伦茨对时间与民法的关系认识较为深刻。他除了像上述学者一样坚持法律关系有"时间上的开始和结束"外，还分析了权利的时间结构。在拉伦茨看来，不同的民事权利有不同的时间结构。在债权关系中，"时间上的存在并不是债权本身的目的，而仅是达到目的的手段"。[④] 债权只要没有得到履行，它就一直存在，直到履行为止；即便是因罹于时效而丧失了法律保护的可能，债权沦为自然债权，债务人履行债务后仍不得以罹于时效为由进行抗辩，这时的债权仍然遵循因履行而消灭的法理。所以，债权存续时间是债权的重要手段。从时间意义上看，债权能够作为民法调整的对象，正是因为债权的存续时间。形成权的时间结构与债权相似，形成权一经行使它就结束了，即这种权利在行使的同时也即消灭了；如果在一定时间内没有行使，它也会消灭。

在所有权关系中，时间上的存在则与债权的情况不同。所有权不是通过履行义务来结束自己；恰恰相反，它是靠自己在时间上的存在来

---

① 龙卫球：《民法总论》，中国政法大学出版社 2001 年版，第 682～684 页。

② 李锡鹤：《民法原理论稿》，法律出版社 2009 年版，第 637 页。

③ ［德］梅迪库斯：《德国民法总论》，邵建东译，法律出版社 2000 年版，第 88～89 页。

④ ［德］卡尔·拉伦茨：《德国民法通论》（上），王晓晔等译，法律出版社 2003 年版，第 260 页。

证明自己的意义。所有权是人对物全面支配的权利,所有权不同于债权就在于它是依靠权利主体自己的自由意志便可实现对物的支配。尽管所有权是随着特定主体对特定物的支配而共始终,但所有权是依赖自己在时间中的存在而存在的,只要权利人不死或物不灭,所有权就一直存续。所以,时间不是所有权的存在手段,而是所有权的存在目的。在人格权和亲属关系中也有类似所有权的时间结构。

通过拉伦茨对权利与时间结构的分析可以看出,权利的时间形式有两种:一是时间是权利存在的手段或条件,如债权与形成权;二是时间是权利存在的目的,如所有权和人格权。无论这两种时间形式与权利的关系如何,时间仍是外在于权利的,与梅迪库斯的认识一样,拉伦茨所理解的时间仍然是权利的限制条件。

总之,传统民法理论只是承认时间是一种影响法律关系变化的外部条件,而忽视了时间的客观性意义,没有把客观时间“内化”于民法之中,使之成为民法的调整对象。正如王利明所言:“任何法律关系都可能受到时间的影响,而时效是时间对法律关系产生影响的最直接的体现。”①因此,时效制度中,无论是取得时效还是消灭时效,都反映的是时间对权利的某种影响。在除斥期间、失权期间等传统民法制度中,人们所关注的都是在宏大的时间背景下法律关系的演变而已。

2.“民法中的时间”

第二个命题:“民法中的时间”,即“时间在民法中”。这个命题所揭示的民法与时间的关系是:时间是民法的一个内在的组成部分;民法可以把时间纳入自己的调整对象。简言之,时间与民法“共时”。

“共时”是两者“同时在场”,其本质内涵不是民法遭遇了时间,而是时间遭遇了民法。时间与民法的共时,不是民法本身的共时;作为形式理性的民法规范,只能是人与时间的共时,不是时间占有了我们,而是我们占有了时间。民法中的“共时”,其实是作为民事主体的人与时间发生的占有关系。占有,意指时间是民事主体的身外之物,是意志支配的对象。人与时间的共时,人作为不可动摇的权利主体,理所当然地成了所有法律制度设计的目的。时间为人所生,为人所用,没有人就没

① 王利明:《民法总则研究》,中国人民大学出版社 2003 年版,第 700 页。

有时间。

从古希腊哲学开始,人类获得了理解时间的客观主义和主观主义两种思维角度,从而使时间具有主客观的二重性。亚里士多德的客观主义时间观把时间理解为衡量事物运动的“数”,为我们构建时间内在于民法的法理奠定了哲学基础。既然时间为“数”,就意味着时间可以被计量;可以被计量的时间才能为人们所理解和控制,就如同我们可以像数珍珠一样去“粒数”时间。这种可数的时间观其实是把时间具体化,符合人类对具体事物认知的形象思维方式。

人是时间性的生物,社会是由人组成的群体。在社会学中,对线性时间的紧张感是身处时间之流的人们最真切的时间感受,有限的人生时间对于人而言是何其短暂、珍贵。出于对生命的深切感悟,没有人会觉得时间是个多余;宇宙时间是无限的,但人们控制和支配的时间是有限的,每个人过好一生是一个基本要求。在现代社会,时间(更准确地说是由钟表展示的线性时间)成为一种可控制、可支配、可交换的重要资源。在市场条件下,人们交换时间,以纸币(货币符号)为载体,“时间就是金钱”(富兰克林语)、“一寸光阴一寸金、寸金难买寸光阴”(中国俗语)是对时间交换价值的生动写照。现在,是可以考虑把时间作为民法中的一个“内生变量”的时候了。在现代社会,时间的交换价值日益凸显,人们在处理时间上有了越来越多的自主选择。时间已经成为一种可供支配和利用的珍贵资源。现代社会所表现出时间具有交换价值的现象,理应在民法制度中得到体现。然而,在传统民法理论中却找不到把时间作为调整对象的任何蛛丝马迹。何以至此?根源就在于传统民法理论囿于时间是法律关系存在的外在条件的窠臼。

如果说社会学时间观让人真真切切感受到了时间是宝贵的话,那么,经济学则从数量上回答了时间到底有多宝贵。在时间经济学中,时间是一种有价值的变量,可以用数理模型的方式计算时间的价值量。社会学对时间珍贵的真切感受与经济学对时间价值的变量分析相结合,已为哲学时间观的发展带来新的契机,时间不仅仅是事物存在的条件,它还可以因其可控性和稀缺性成为人们支配和计量的对象。

因此,“时间中的民法”与“民法中的时间”之间构成这样的辩证关系:前者的时间是“无背景”的高度抽象的时间,是描述民法现象的宏大叙述方式,它构成民法产生、存在、演变和消亡的时间维度;后者的时间是"有背景"的具体的、相对的时间,是特定民事主体针对一个现世的可控时间。无论是抽象时间还是具体时间,它们都统一于现代民法适用和调整的共同时间——线性钟表时间,都具有不可逆的、可测量的、可控的和可预见的时间特性。

(二)立法依据——时间具备民事权利客体的基础要素

任何事物要成为民法调整的对象,最直接的表现就是它能够作为民事权利的客体。客体是民事权利得以成立的根据。在民法上,自由意志是权利的核心。但自由意志是无法精确地被界定的,所以民事权利体系的构建,必须依赖于立法对权利客体的认可和分类;否则,自由意志的支配力、请求力就没有明确的目标。因此,讨论和论证时间能否成为民事权利的客体,是解决立法上能否承认时间权利,进一步确认时间所有权制度的基础问题。

1. 客观存在性

民法观念上认为,民事权利的客体并非只能是有体物,一些具有经济价值而又无形体的客观存在(如无线电频谱)也能成为民事权利的客体,而时间就是一种客观存在。时间这种客观存在性是它能够成为民事权利客体的前提条件。

在学理上,民事权利客体的客观存在性是指客体独立于人的意志,不以人的意志为转移,是一种"身外之物"的存在。那么,时间能够成为"身外之物"吗?从哲学上讲,人不可能超越时间,因为人本身就是时间性的存在。即便是把时间作为一种具有交换价值的资源,人们交换时间也不是为了超越时间或占有更多的时间。按照亚里士多德、牛顿的时间观,时间是物质存在的属性之一,是独立于人的意识,并能被人的意识所把握的客观存在。时间是无形体的客观存在,但这并不影响它的客观实在性。诚然,时间在没有进入法律调整范围之前,它只是一种事实的存在。当法律将时间作为调整对象之后,它就成为一种权利的客体。时间的客观存在性,是分析时间权利的起点,是将时间纳入民法调整范围的事实基础。

2. 有用性

时间要成为民事权利的客体,还必须满足权利客体的有用性。一般来讲，有用性体现为事物对人需要的满足关系。这种关系是以人为中心来看待世界的相互作用的，正如马克思、恩格斯在《德意志意识形态》一书中所指出的那样："凡是有某种关系存在的地方，这种关系都是为我而存在的。"①同样，权利作为自由意志的表现形式，从本质上讲也是权利客体对权利主体的满足关系。所以，民法的客体必须满足人们社会生活的需要，②即对人们有用。只有具有这种"有用"特性的客观事物，才能构成权利的客体。

时间的有用性，是指时间能满足人的某种需要的特性。时间的有用性来源于时间具有经济价值，是一种能够进行交易的对象。时间对每个人来说是宝贵的，生于时间内的人大致有两种存在样态：要么劳动，要么休息。③ 如果这是我的劳动时间，无论是为自己劳动还是因契约关系或公共关系为他人劳动，那么在这段时间内，我可以按照劳动规则和劳动要求安排好我的劳动时间；如果这是我的休息时间，那么在这段时间内，我可以享有支配时间的自由，至于我以什么方式休息，在所不问。社会学和经济学已经证明，线性时间是"一种建立在计算理性基础上"④的重要资源，有价值，能够交换，而这正是时间有用性的真切体现。时间有用性的意义在于人们能够利用时间、支配时间，满足自己创造新的生产力和对物质、文化生活的需要。

3. 有限性

时间要成为民事权利的客体，还必须满足民事权利客体的有限性。当然，有限性并不是所有民事权利客体的必备特征，如人格要素作为人格权的客体就无有限性的要求。但是时间是一种稀缺的资源，在人们普遍承认和运用线性时间的前提下，对特定的人来讲，一生的时间是有限的，时间只能向前延续，不能回转再生。即使对一个国家和民族而言，也会有着不同发展阶段的历史进程，它所经由的时间也不是无限

---

① 《马克思恩格斯全集》(第3卷)，第34页。

② 梁慧星、陈华彬：《物权法》，法律出版社2004年版，第24页。

③ 对于所谓的"只工作不休息"、"只休息不工作"、"既不工作也不休息"的非理性假设不予考虑。

④ N. Thrift, *Owners' Time and Our Time: The Making of a Capitalist Time Consciousness, 1300–1880*, Australia National University, p. 57.

的,失去了历史机遇,社会发展必然受到挫折。时间如此宝贵,民法就应将其作为一种稀缺的资源来对待,将掌控时间作为人们普遍享有的权利来维护。

4. 可控性

时间要成为民事权利的客体,还必须满足权利客体的可控性。时间的可控性,又称时间的可支配性,时间必须保持在人的理性实践所掌控的范围内;如果超越理性实践的范围,便丧失了时间的可支配性。那么,时间的可控性应该如何理解呢?在社会学中,线性时间观为人们支配时间提供了理论依据,而钟表的发明为人们支配时间提供了计量工具。根据钟表时间,人们可以有计划地参与活动,降低时间成本、提高时间的利用效率。

在传统民法学中,作为权利客体的物一般局限于有体物,然而随着现代社会经济和科学技术的发展,权利客体已经不限于有体物,也不限于知识产权以及电、光、声、热、核能、频道等无形物,随着人们交易对象的日益增加,权利客体的内涵迅速拓展,甚至连空间也进入了民事权利的范围。[①] 如果要把时间作为一种特殊的无形物由民法调整,那么它必须具备法律上排他的可控性或支配性。时间显然具备这样的特征:一方面时间是可控的,这是因为钟表时间是一种物理学时间,人们可以通过控制社会生产和生活过程来实施对时间的消耗。在发达的电子信息时代,时间的计量尺度被压缩,时间的价值成倍增长;另一方面时间是可支配的,这是因为时间与人同在,一个人支配自己的时间,其实也是支配自己的人身。在现代社会,线性时间成为人们控制和交易的对象,人们可以交换由分钟、小时、天、周等构成的钟表时间,并确定时间交换价值的大小。此种情形下,人们可以像支配自己的财物一样支配着自己的时间,在支配自己时间的过程中体现自己的自由意志。

总之,时间具有客观性、有用性、有限性和可控性,符合民法的关于民事权利客体的基本特性,这为时间纳入民法的调整对象提供了立法根据。

---

① 梁慧星、陈华彬:《物权法》,法律出版社2004年版,第156页。

(三)法律意义——促进和维护时间价值的实现

法理构建和法律制度是一定历史阶段的产物。正如马克思所说“每个原理都有其出现的世纪”,[①]而“我们时代的理论思维,都是一种历史的产物,在不同的时代具有非常不同的形式,并因而具有非常不同的内容”。[②] 以这样的唯物主义历史观观察和分析时间在当代社会生活中的基础地位和功能,人们发现,时间资源不仅是创造财富的基本元素,而且还是财富本身。时间作为一个独立的客体进入法律领域不仅是假设,而且将成为现实。以上认识,就为时间成为民法的调整对象并扩展出一项新的民事权利提供了理论基础和法制空间。其意义体现在以下方面:

1. 时间具有交换价值,是市场经济运行中必须应对的法律现象

在人类不同的历史阶段,人们对时间的占有和支配有着不同的方式。在农业社会,农民一般只能收到或保留他们所实际产量的一部分,劳动时间没有必要转换成为货币。在工业社会,人们开始将财富与时间连接在一起,劳动力和金钱都越来越按照时间来计价,并在随后的年代里时间的锁链箍得越来越紧。[③] 到了当今社会,由于市场经济的发展,时间已经成为一种可以商品化的资源,这是线性时间观在现代社会的生动体现,为我们理解时间提供了全新的视角。通过钟表所展示的线性时间具有中立、不带任何色彩、去背景化的均质性和抽象性,给人们交易时间带来契机;由标准化劳动时间所创作的价值能够以货币形式被量化,从而使时间能够作为交易标的进入市场。当双方当事人在法律规定的范围内达成了时间交易的合意,就会形成时间交易法律关系。当代著名社会学家吉登斯正是看到了钟表时间的这种去情景化并

---

① 马克思:“哲学的贫困”,载《马克思恩格斯选集》(第2卷),人民出版社1995年版,第146页。

② 恩格斯:“自然辩证法”,载《马克思恩格斯选集》(第2卷),人民出版社1972年版,第465页。

③ [美]阿尔文·托夫勒:《财富的革命》,吴文忠、刘微译,中信出版社2006年版,第53页。

可与他人交易的事实,认为钟表时间是“商品化时间的真正表达”。[①]商品化时间,意味着时间不仅是一种可支配的资源,更重要的是它具有了交换价值。时间的这一特性,使它更能够适应市场经济的运行和发展,更能够适应现代工业文明的快速、高效的社会生产、生活的节奏和规律,其法律意义深远。

正如前文所述,时间价值可以分为个人时间价值和社会时间价值两种形式。个人时间价值是个人间不同的工作效率或劳动生产率会创造出不同数量和质量的社会财富,由此形成个人特定的时间价值。这意味着,个人在其单位时间所应取得的经济收入,即为个人的时间价值。虽然个人的时间价值会随着其工作效率或劳动生产率的变化而变化,但是在某一特定的单位时间或环境下应该是确定的或可预知的,这就为个人时间的交易奠定了基础。在任何一项劳动合同中,首先必须确定劳动者在每一单位时间的工资标准,这一标准可能是国家限定的,也可能是用人单位自主确定的,但它必须以劳动者的劳动时间价值为根据。

从整个社会的视角考察,社会时间价值是指全社会之总产量除以总劳动时间,从而得出劳动者在单位时间的平均生产量或价格标准。显然,一个社会的劳动生产率越高,劳动者拥有的时间价值越高。社会的时间价值只体现社会总的劳动生产率带来的价值水平,通常并不作为特定时间的交易根据。但在公共秩序领域,当人们的时间因故遭受延误和损失,其价值的赔偿则可以以社会的时间价值为参照。这种情况下,时间充当着去语境化的抽象价值标准,免除了人与人之间因年龄、身份、权势差异产生的不同诉求,使赔偿得以顺利进行而不会陷入无休止的具体化中。

2. 确认时间资源的归属,是对知识和信息时代的法律回应

自20世纪以来,科学技术的不断进步,促进了社会生产力的飞跃性发展,给人们的生产和生活方式带来了广泛又深刻的变革。在知识和信息时代,人们之间、财富之间以及它们相互之间的空间距离被拉

① A. Giddens, *A Contemporary Critique of Historical Materialism: Power, Property, and State*, London, Macmillan, 1981, p. 134.

近，人们在社会经济生活中高速运行的时间维度被压缩。时空浓缩，其价值增长，人们不得不珍惜每一立方的空间和每一分钟的时间。就时间而言，劳动和生产率的提高，使其单位时间的价值大幅度提升。当人们乘坐飞机或高铁就会轻易地比过去乘坐其他交通工具快上数倍或数十倍，当人们运用计算机或其他先进设备进行工作时，其效率就会轻松地提高数十倍、数百倍。这种情况下，个人或社会的时间价值也随之提高数倍、数十倍甚至数百倍。时间的价值提高了，各种有关时间的新概念出现了，如"互联网时间"、"数码时间"、"时间饥荒"。但人们并没有普遍认识到时间存在的真正价值，似乎有形财产和已经被认知的智力成果和信息才有实际意义，而时间仅是一个哲学上的抽象概念或是一种主观感受而已。虽然人们已经认识到时间的有用性和有限性，也把珍惜时间、"不虚度年华"视为一种美德、一种促进社会发展的重要因素，但浪费时间、延误时间、侵占他人时间的现象还十分普遍，这是为什么呢？原因在于法律没有将时间纳入调整范围、没有对占有和支配时间的行为加以规范。从法律意义上讲，时间仅是一项无主的客观存在、一项无主的社会资源而已。

高科技发展不仅促成经济形态的改变，而且对调整社会关系的法律也产生重大影响。在不断变化的财富体系中，时间已经以一种新的财富形式加入了进来。人们发现，21 世纪的时间远远比工业时代的时间贵重得多，后一个时间段比前一个时间段更具经济价值，因为后一个时间段能够创造出更多的财富。时间价值的迅速提升，促使法律必须给予回应，而首先就是要为时间确认其归属：一个没有归属的时间就没有人对其主张权利、履行义务和承担责任，就没有解决社会冲突和安稳社会的基础。要解决时间的归属问题，就要将时间纳入民法调整的范围，使时间成为每一个自然人自主掌控的对象。时间有了归属，人们就会更加关注时间在社会和经济发展中的价值，节省时间，提高效率，在有限的时间内发挥出更大的创造力，为人类社会的进步和持续发展开辟道路。

3. 承认时间收入的合法性，是促进社会生产力最大化的现实需要

市场经济条件下，国民收入中最大的一部分是劳动收入，剩余部分是各种形式的交易收入和财产收入，也包括由政府提供的转移支付。

对于个人而言,财产收入的取得是以其占有的财富为前提,财富包括有形财产,也包括无形财产,即所有有价值的东西都可以作为确定收入的生产要素。如前所述,社会学家和经济学家已经论证了时间的当代内涵,时间不仅是计算劳动量和劳动价值的尺度,而且也是一种有限的经济资源,以时间为要素投入生产的劳动者也应取得相应的回报。所以,时间的价值属性决定了时间也是生产要素,人们可以以时间直接作为生产投入而取得收入。事实上,以时间投入生产或金融领域并获取收益的经济现象早已被人们所认同。例如,因存款而取得利息,并非来自该项存款的使用收益,而是由整个社会的资金供给和需求所决定的利息率决定的。在一定的社会经济条件下,利息率与时间呈正相关。所以,对资金的拥有者而言,时间成了获取利息收入的根据。又如窖藏陈酒价格的提升,并非厂家有了新的成本投入,而仅是时间的等待和积累。当然,等待和积累时间也有成本,这个成本就是构成陈酒价格的时间价值。一些服务行业也是以时间作为计量服务价格的,它们并不注重服务的技术成本,此时,服务者的劳动和其他付出均凝结在时间的价值之中了。

时间能够成为生产要素,是劳动者取得时间收入的前提。劳动者投入生产过程的时间,包括劳动时间、休息时间和因劳动对象受自然力作用的劳动中断时间以及生产资料的储备时间。劳动时间是直接作用于劳动对象并创造经济价值的时间,它为劳动者带来劳动收入。但是,随着社会现代化的发展,劳动者的休息时间、劳动中断时间等非劳动时间不断增加,这就为时间成为劳动者自由掌控的生产要素提供了条件,也为劳动者越来越多地取得时间收入奠定了基础。法律应该适应经济生活的这种变化,为促进社会生产力的最大化提供法律保障。

4. 时间兼具人身属性,是法治社会实现公民人身自由的具体体现

在法治社会,时间价值具有两面性,即既有财产属性,又具有人身属性,这是时间构成权利要素的重要特征。我们将时间纳入民法的调整范围,归根到底还是解决法律如何对待人的问题。人的尊严和自由是近代法律秩序的核心理念,人有了自由的时间(还有空间)才能充分施展个人才华、最大限度地发挥其积极性和创造性;一个自由的国度才能保证它的人民在精神、心态和社会肌体上的健康和活力。所以,人生

自由的取得是以个人对时间的自由支配为前提的。在法律规定的范围内,个人能够按照自己的意志自由支配时间,如自主选择职业或参与各项社会活动,而不应该受到非法的约束、控制或妨碍。

能够自由支配时间是人作为时间性存在的客观要求。随着科学技术的发展以及劳动和工作方式的改变,人们占有更多的自由时间成为需要和可能。这种因“第一生产力”发展而“腾出来”的自由时间,在现代人权运动的启迪下,成为衡量个人尊严和自由的重要尺度。自由时间成为个人的自由空间,任何人都负有尊重和不得侵犯的义务,法律(包括民法)理应对个人自由时间给予保护。民法保护个人对自由时间的占有,意味着时间必须内化于民法之中,其实质是用民法的调整方式来保护个人的人身自由。对于劳动者而言,他们对自己的劳动时间享有自主掌控和转让的权利,对于超出法定工作时间需要加班的,有权就其被占用的个人自由时间获得补偿。换言之,不仅劳动者的劳动时间有价值,其休息时间也有价值和交换价值。在一个法治昌明的社会,当个人的自由时间受到国家机构或个人的侵害,受害人应当得到因此而失去的时间价值的赔偿,这包括因此产生的全部财产损失的赔偿。人们会认识到,对一个获徒刑的囚犯而言,法律对他的惩罚就是剥夺其自由的时间,从而使其丧失了对个人时间的自由支配,这意味着囚犯要用自己的时间为自己的罪行“埋单”。如果出现司法上的错误羁押、错误判处徒刑,均会对当事人造成自由时间的侵害。由于时间不可逆转,自由不可重返,所以为了弥补受害人的损失,只能以其失去的时间价值作为赔偿的货币计量标准,这已经成为各国法律的通常做法。这就是说,当事人因错误羁押或者误判而被剥夺的时间是有价值的,被错误地“拿走”了多少时间,就应该赔偿多少时间的价值。在这里,虽然囚犯获徒刑失去的是自由,但徒刑计量的是时间;如果因被误判而获得赔偿,并不是对自由的赔偿,也不是对时间维度的赔偿,而是对时间价值的赔偿。

三、时间所有权的概念和基本构造

(一)为什么选择时间所有权?

本文已经论证,时间能够成为民事权利的客体,那么时间是何种民事权利的客体呢？或者说，在具有交换价值的时间上，我们能够为它设置何种民事权利。

在传统民事权利的二元结构中，人身权是权利主体意志对自我作用的结果，财产权是权利主体对他人意志或特定物作用的结果。时间虽然“因人而生”，具有人身属性，但在社会经济生活中，时间更多的体现是客观的存在物，并在市场经济中具有交换价值，所以，我们为时间设置财产权是妥当的。在财产权的体系中，债权和物权都是调整财产关系的基本法律规范，时间作为一种经济资源，可交换性是其内在特征，债权对时间资源的流转有着重要的规范作用。但是，时间作为一种特殊的经济资源，对现代人的意义首先不在于调整时间流转行为，而在于对时间的占有和自由支配，这是发生时间流转的前提。因此，我们把时间权利界定在物权概念的范围内更为贴切。

在物权领域，所有权作为最基本的制度形式，符合时间纳入民法调整的规范要求。按照传统理论，时间是无形的客观存在，不可能进入物权的调整视野，更不可能成为所有权的客体。但是，无论在农业社会，通过保护土地所有权，赋予农民对农耕、农业投资的积极性；还是在工业社会，通过保护知识产权，促进科技人员创造发明新技术投资的积极性；抑或是在当今社会，通过保护时间权利，激励人们更有效地利用时间资源的积极性，最终都是为了实现社会整体生产力和社会财富的最大化。所以，土地所有权、知识产权和时间权利在构造上是相互平行的权利，它们在不同的社会形态中却有着相同的社会需求和相同的社会功能。[①] 时间也能够像实物和智力成果一样成为交易对象和资本投入的标的，并在市场运作中单独产生新的价值。因此，设置时间所有权有利于人们对时间的占有和支配，促进社会的进步和发展。

在构建时间所有权的过程中，我们曾考虑过使用时间权的概念，但时间权的内涵过于宽泛，具有较大的不确定性；同时社会学中已经广泛

① [日]加藤雅信：《“所有权”的诞生》，郑芙蓉译，法律出版社2012年版，第3页。

使用了"时间所有权"的概念,①并且时间作为民事权利的客体又具备民法上"物"的特征;从所有权制度的发展来看,它已经逐步形成一个多元化的权利体系。② 因此,将时间作为所有权客体能够顺应民法调整范围不断扩展的趋势。同时,时间成为一种所有权客体并不妨碍以此为基础的其他权利形态的扩展,因为所有权是其他财产权的基础,就如同以房屋所有权为基础可以将房屋设定用益物权和担保物权,并可以成为债权关系的交付标的一样。

(二)时间所有权的概念与特性

所有权是一种最能体现权利主体自由意志的权利。按照王泽鉴的理解:"所有权者,指于法令限制之范围内,对物为全面支配的权利。"③根据我国《物权法》关于所有权的规定,④以及时间所有权的特殊性质,时间所有权是指权利人自主掌控、让渡和转让其特定的钟表时间,以及从该时间创造的价值中获得收入的财产权利。

---

① "时间所有权"概念不是我们的首创,是一些西方社会学者在研究商品化时间和资源化时间的基础上提出的概念。参见[英]查理德·惠普等编:《构建时间:现代组织中的时间与管理》,冯周卓译,北京师范大学出版社 2009 年版,第 20 ~ 29、156 ~ 166 页;[英]芭芭拉·亚当:《时间与社会理论》,金梦兰译,北京师范大学出版社 2009 年版,第 123 页;[英]约翰·哈萨德编:《时间社会学》,朱红文等译,北京师范大学出版社 2009 年版,第 14 ~ 15 页;G. Ingold, Time and Idnetiy, *Time and Society*, 1995, 4/1: 5 – 28; B. Knickerbocker, More Workers Balking at Compulsory Overtime, *The Christian Science Monitor*, 22 March, p. 7; Moss Murray, Time Ownership in UK, *Industrial Management & Data System*, Vol. 84. Iss: 9. pp. 25 – 27; A. Giddens, *A Contemporary Critique of Historical Materialism: Power, Property and the State*, University California Press, 1981, pp. 130 – 133.

② 随着社会的发展,所有权的界定越来越困难,"这就启发我们不能一味地追求统一的所有权概念,而应建立一个多元化的所有权体系。所有权的弹力性说和单一所有权概念已经无法解释当今复杂的社会现象"。参见[意]奥利维耶罗·迪利贝托:"论所有权的范围及其限制——从罗马法到近代民法典的历史流变与简评",翟远见译,载《罗马法、中国法与民法典化国际研究会论文集》,中国政法大学出版社 2009 年版,第 376 页。

③ 王泽鉴:《民法物权:通则、所有权》,中国政法大学出版社 2001 年版,第 149 页。

④ 我国《物权法》第 39 条规定:"所有权人对自己的不动产或者动产,依法享有占有、使用、收益和处分的权利。"以上是以规定所有权的内容的方式来定义所有权的,至于所有权的内容包括哪些权能,在理论上意见并不完全一致,这就为我们讨论特殊的所有权形式留下了学术空间。

时间所有权是建立在现代物权理论基础上的财产权。然而,它却不同于一般所有权:

第一,时间所有权的主体是自然人。人是时间性的存在,时间因人的生命出生而取得,因人的生命持续而同在,因人的生命终结而消失。人的出生、持续和终结是自然生理现象,这里的人是指能够取得民事主体资格的自然人。自然人与时间不可分隔的属性,决定了时间所有权的立法宗旨是维护自然人支配自己时间的自由,所以时间所有权是一种具有人身属性的财产权。自然人作为时间所有权的主体,是为了维护自然人支配自己时间的自由状态,保证其时间价值的实现。自然人的时间所有权无法转让,但他可以将自己时间的使用权投入或赋予某些组织或个人,进而构成受让人有权支配的无形财产,但时间所有权仍掌控在该自然人手中。对于社会组织而言,它们在法律或合同规定的条件下,可以支配和利用其成员个人的时间以组织生产和工作,并将其时间创造的价值归于本组织,但是它们只是时间使用权的主体,而不是时间所有权的主体。

第二,时间所有权的客体是钟表时间。一般所有权的客体是有形物——动产或不动产,占据一定的空间,因此能被人的感官感觉知晓。而时间所有权的客体为无形的时间,只能靠人的意识去体验。现代社会人们体验到的时间形式是钟表时间;钟表时间本身不是社会时间,①而是用物理学的时间形式来展示的社会时间,②从而使社会时间具有可度量性和可交换性。作为时间所有权客体的钟表时间,是一种描述时间的"标准"形式,这种时间是一种"去场景"的抽象线性时间。现代人之所以能够交换线性时间,是因为这种时间能够凭借钟表划分成不同的时间段,在不同的时间段内,人们从事不同的活动会产生不同的物质利益或精神利益。在前工业文明社会,人们关注的是时间段内所创造的物质或精神的财富;在工业文明社会,人们已经开始关注能够创造

---

① P. A. Sorokin and R. K. Merton, Social Time: A Methodological and Functional Analysis, *American Journal of Sociology*, Vol. 42, 1937, pp. 615 - 629.

② J. D. Lewis and A. J. Weigart, the Structures and Meanings of Social Time, *Social Forces*, Vol. 60, 1981, pp. 432 - 462.

财富的时间本身。

第三,时间所有权的行使方式是支配某一特定的时段。一般所有权的行使依靠权利主体自己的意志直接作用于外在的标的物上,因此这种行使方式具有表象性,如对动产或不动产的直接占有和使用。时间所有权的客体是时间,时间为无形之物,它虽然具有客观实在性,但却没有实物与之相对应,我们不能在客观世界里指着某物断定它就是时间。而人本身就是时间性的存在,这是海德格尔的存在主义时间观为我们提供的最有价值的时间哲理。这意味着时间与人共时,时间所有权的行使,只体现权利主体能够自由支配自己(而非他人)的时间。在法律的限定内,或将某一时段投入劳动以取得经济利益,或将某一时段安排休息以保障身心健康。随着社会的进步,劳动时间与休息时间的界限趋于模糊,个人能够自由支配的时间将越来越充分、越长久。

第四,时间所有权是一项增长性权利。增长性是财产所有权的基本属性和功能,它是指权利人从对财产的拥有中获得收入的权利,而获得收入的途径,或者通过资源的生产性开发,或者通过资源的交换。① 强调时间所有权的增长性有着特别的意义。时间是无形之物,对于自然人而言,从时间的拥有中获得收入时,虽不可能开发出新的时间来,但能够通过提高单位时间的利用效率,创造出更多的个人的时间价值,从而获得直接的生产性收入;在社会化的生产条件下,自然人更多的是通过契约关系将其个人时间的使用权投入社会组织,由该组织统一占有和支配每一个成员的劳动和工作时间,从而创造出更高的生产力,使其成员个人从时间的交换价值中获得工资或相关收入。时间所有权的这一特性,决定了它的内容及其民法规范的构造。

(三)时间所有权的基本结构

所有权的目的是得到收入,时间所有权也不例外。时间所有权可以为权利人带来生产性收益、交易性收益、财产性收入。生产性收益和

① [美]克里斯特曼:《财产的神话》,张绍宗译,广西师范大学出版社2004年版,第3页。我们理解,这里的拥有实际上就是所有之意,收入包括劳动收入和财产性收入。蒲鲁东早年所称的所有权收入是指一种意外的好处,即财产性收入,如地租、利息和利润等形式。

交易性收益属于劳动收入,财产性收入属于劳动剩余的额外收入,这是时间所有权结构的核心内容。具体而言,时间所有权的结构由以下三组相关的权能和收入构成。

1. 时间所有权的掌控权能形成生产性收益

掌控权是指自然人对他自己的时间拥有一种独立的权利,无须他人同意,即可以占用和使用,并能排除他人干涉。占用和使用时间是进行转让或者交易时间的先决条件。民法上,占有的时间是一种有刻度的线性时间。现代世界凭借钟表把整个社会秩序纳入了一个极其抽象、完全可控的时间表内。时间的均衡性使得生于其中的每个人都能凭借自己的意志占有一定的时间。占有时间是对时间的一种掌控。需要注意的是,个体劳动时间和休息时间是时间所有人自由掌控的时间,那么集体劳动时间呢?时间一经投入某个社会组织的劳动就要服从管理者的指挥,就要遵守劳动纪律,此时劳动者好像丧失了自由掌控时间的权利。其实,社会劳动时间也是以自然人的时间所有权为前提的。时间所有权关注的是时间的占有者面对时间的自由抉择——如何参与劳动和休息的权利。使用时间是把自己的时间功利化,权利人根据自己的意志,控制和改变时间的占有和使用,保持对时间支配状态的决策权,从而达到理想的实际效果。使用时间又分为相关使用和非相关使用,相关使用时间是指权利人与其他人相互进行劳动的配合和合作,进而产生共同的或共有的生产性收益,但这种配合和合作并不是时间使用权的转让和交换;非相关使用时间是权利人独自利用自己的时间去创造生产性收益,或主动将自己的时间使用权无偿让渡他人。实质上讲,时间所有权的制度构成也是民法设置的一种收益分配机制。

当劳动还是作为正当谋生的主要手段时,社会财富的分配是以劳动时间为尺度:有劳动能力者参与社会财富的分配,是为了更好地劳动;暂无劳动能力者参与社会财富的分配,是为了将来能够有能力参与社会财富的创造;丧失劳动能力者参与社会财富的分配,是为了回报劳动者对创造社会财富的贡献。从这个意义上讲,任何一个人无论参与劳动与否,都被视为自己时间的使用者,均有权获得相应的社会财富的分配。

2. 时间所有权的转让权能形成交易性收益

转让权能是时间所有权结构中最有分量的元素之一。从本质上讲,转让权能是一种交易权,其目的在于获取收益。在社会化生产中,个人时间只有聚集为社会时间,形成最佳的时间组合,才能创造出更高的生产力。个人时间的聚集不是靠强制的力量,而是通过平等契约关系的交易来实现。在民法上,时间交易是一种双边的、有条件的时间转让行为。正如前文所述,时间所有权具有人身属性,它与权利人的人身密不可分。对于让与人来说,特定的时段、特定的条件下所发生的时间转让,并不是所有权意义上的时间转让,只是时间所有权的一项权能即使用权的转让,而让与人并不因此而丧失时间所有权,他仍然保留着对自己时间的处置权和请求权。时间所有权的转让权能,只是让与人在法律或组织体规章规定的范围内将特定时段的身体自由,即从事某种劳动或工作的身体行动或智力开发,归由受让人管理、组织和支配。作以上限定,是为了更好地保护权利人因转让时间使用权而人身自由不受侵犯。

在上述转让关系中,让与人是为了获取收益,受让人是为了取得一种特权,即支配和使用让与人转让某段时间的权利,这是一种平等的交易关系。对于让与人而言,将自己的时间使用权转让他人,也是向市场付出的一项实际的交易成本,理应获取相应的收益。从民法角度看,让与人所以能够获取转让收益,是他对自己的时间享有所有权的结果。这种获取收益的权利也应涵盖在时间所有权的定义之中,时间的收益权与时间的占有权、使用权和转让权等共同构成了时间所有权的总和。在完善的市场中,时间所有人因转让其使用权而获取的时间收益,应该是让与人个人的时间价值的真正体现。当然,时间收益的获取也是有条件的,它还会随着当事人意志的改变而改变,所以时间收益的取得又具有偶然性。由此看来,时间使用权的转让通常具备以下条件:(1)双方当事人之间的互动;(2)市场经济的存在;(3)社会上稳定的信用关系;(4)当事人偶然性的需要和愿望。不言而喻,与时间使用权转让密切相关的是劳动关系。劳动者根据劳动合同规定将自己的时间使用权让与用人单位,接受其管理和指挥并获取相应的经济收益,在劳动者和用人单位之间,法律更应强调对劳动者合法权益的特殊保护。但是也须承认,劳动者虽然投入了相同的劳动时间而获取的收益可能是有差异的,这是因为每个劳动者的个人时间价值是由他们的劳动生产率创造的产品和成果决定的,所以劳动者之间由此获取的收益存在一定差异也是正常的。

3.时间所有权的相关权能形成财产性收入

由时间所有权产生的财产性收入可以分为两类:一是时间额外产生的财产增值收入。随着社会经济的发展,个人拥有的动产和不动产不断增长,这些财产即使不投入市场也可从延续的时间中取得增值收入。例如,房地产和收藏品的增值收入的取得,不需通过生产和经营,也不需进行交易和转让,只需权利人能够对时间自主占有和使用,由此产生的增值收入已在囊中。这里时间是产生增值收入的关键因素,是一项隐形的、实在的价值资本。在市场经济条件下,取得收入离不开生产要素的投入,时间作为一种生产要素是产生以上财产性收入的主要原因。二是时间与其他生产要素相结合产生的财产性收入。如利息收入、有价证券的股息和红利、房地产的租金收入,这些收入是在金融或租赁市场中形成的,它们离不开财产要素与劳动力的结合,也离不开与时间要素的结合,各种要素的结合是创造价值的必要条件。所以增值了的价值,本质上是劳动者剩余劳动的结果,但也离不开上述各种要素的贡献,[①]包括时间在内的各种要素都应按其贡献取得相应的财产性收入。由此看来,财产性收入的取得离不开时间资本的投入,时间是产生财产性收入的不可或缺的重要因素。

(四)时间所有权的民法保护

时间是珍贵的资源,但很少被人们所重视,更缺乏法律上(包括民法)的切实保护。实际上,妨害甚至剥夺权利人对时间的自由支配的情形常有发生,而受害人却缺少法律保护的途径,也难以得到公平的补偿。就民法制度而言,时间所有权的保护机制既适用于物权的保护方法,也适用于债权的保护方法,有时还适用于人格权的保护方法,这是由其特殊的存在形态和属性决定的。

① 何玉长:“财产权利与财产性收入”,载《黑龙江社会科学》2011年第1期。

1. 时间所有权的物权保护方法

时间所有权是绝对性的财产权,应准用于物权法的保护。当时间所有权的自由支配权受到妨害或有被妨害之虞时,权利人为恢复其圆满状态,有权请求妨害人为一定行为或不为一定行为。物权请求权作为一种救济方式,其基本类型包括返还原物、排除妨害和防止妨害的请求权。由于时间内在于人,时间所有权与权利人的人身不可分离,不可能出现他人占有的情形,所以返还原物请求权不适用于时间所有权的保护。

排除妨害请求权的保护方法,适用于时间所有权因自由支配状态受到妨害,以致直接或间接地影响了生产和工作的正常进行,或给权利人造成了身体上或精神上的妨害的情形。造成上述妨害可因不同的原因而产生,一是因特定人的违法行为所致,如妨害人的行为构成了对权利人自由支配自己时间的干预,或增加了权利人自由支配自己时间的负担,或妨害了权利人自由支配自己时间的行使;二是由诸如意外事件、不可抗力等情形所致,如电站因意外事件而停电影响了客户的营业时间,或航班因天气原因而延误了乘客的旅行时间,给权利人造成了不能正常地自由支配自己时间的状态,只要妨害的事实持续存在,权利人又无容忍的义务,那么妨害人无论有无过错,均负有排除妨害的责任或因其造成损害的赔偿责任。有的情况下,虽然妨害还未发生,但时间所有权人自由支配自己时间已经面临遭受他人行为或事实上的妨害,此时权利人有权请求该人为一定行为或不为一定行为,以防止妨害的发生。所以,时间所有权也适用于防止妨害请求权的保护。

2. 时间所有权的债权保护方法

时间所有权作为一项财产权,其经济价值一旦遭受他人因过错的不法侵害,即在双方当事人间产生债权债务关系,加害人有义务向受害人赔偿由此造成的损失。时间所有权遭受损害主要表现在时间的流逝和浪费,从而妨害了其经济价值的实现。在这里,侵权行为的法律规范应作扩大解释,它包括国家赔偿法、经济法和行政法中的有关规定,只要给时间所有权造成损害,其加害人就应承担赔偿义务。例如,法官误判致被告人失去的自由时间、行政误罚致工商户失去的经营时间,由此给受害人造成的时间经济价值上的损失,应依法给予赔偿。根据侵权行为原理,对时间所有权的侵害应适用一般侵权行为规则,其损害赔偿应以加害人有过错为必备的构成条件,其损害赔偿的方式是金钱赔偿,或重新调整对其时间的使用。因为时间与人生同在,失去的时间无法复原,所以不适用于恢复原状。

时间所有权遭受侵害,其权利人行使物权请求权遇到给付障碍,以致无法实现原有给付请求时,法律应允许权利人转而以债权请求权来弥补因此而造成的损害。[①] 由于物权请求权在加害人给付不能或不完全给付的场合,时间所有权的物权形态已经灭失或部分灭失,不能或不能完全再恢复圆满状态,因此此时将物权请求权转化为债权请求权,以准用债权的相关规则,这对维护时间所有权人的合法权益有重要意义。可见,物权请求权与债权请求权之间是此长彼消、相互补充的关系。在某些情况下,时间所有权遭受的同一侵害,有可能发生物权请求权与债权请求权的竞合。[②] 例如,根据劳动合同,用人单位违反了关于工作时间或休息、休假时间的约定,由此侵害了劳动者对自己时间的自由支配权,劳动者就此同一侵害事实,为达同一利益目标,既可行使物权请求权,也可行使债权请求权,但只得行使其中一项请求权,其选择权由劳动者自行决定。

3. 时间所有权的人格权保护方法

时间所有权因客体具有人身属性,决定了它在遭受侵害时,适用于人格权的保护方法。时间所有权的行使须以自由意思为前提,在民法上,权利人对自己时间的自由支配权是一种自由型的人格权,其自由的性质应作广义的理解,它既包括身体行动的自由,也包括决定意思的自由。自由型人格权的立法宗旨,在于维护人格尊严与人格的自由发展,而对时间的自由支配是其实现的基本前提。当因时间所有权遭受侵害,造成了受害人的生理和精神上的创伤,受害人就可行使人格权请求权,要求加害人承担相应的民事责任。这项民事责任有两个方面:一是针对损害后果,承担损害赔偿责任,包括由此造成的财产损失,也包括精神上的损害;二是针对妨害行为,承担去除妨害行为或消除危险,恢

① 辜明安:《物权请求权制度研究》,法律出版社2009年版,第178、184页。
② 马俊驹、陈本寒:《物权法》,复旦大学出版社2007年版,第102、104页。

复或保全受害人自由支配时间的圆满状态。这里,人格权请求权可能与基于同一损害事实引起的物权请求权或债权请求权发生竞合,从而使受害人为了维护自己的时间价值有了更多的法律途径。

4. 时间所有权损害赔偿的评定标准

时间所有权遭受侵害致财产损失,应以受害人个人的时间价值或以社会的时间价值为损害赔偿的评定标准。侵害时间所有权的行为,致受害人遭受财产损失是最常见的法律后果,赔偿因延误或侵害时间所有权所造成的财产损失是最基本的责任方式。损害赔偿的评定应区分两种情况:一是按受害人个人的时间价值计算赔偿数额。如以劳动合同提供的劳务时间、或专项的服务时间或被非法剥夺的自由时间、或有固定收入人员的误工时间,这些时间的自由支配权受到妨害并造成财产损失的,受害人有权按其个人受损时日原本能够取得的经济收入得到赔偿。二是按社会的时间价值计算赔偿数额。如在公共事件、公共物品中发生的时间妨害、或高速轨道运输和民用航空等高度危险区域中发生的时间妨害、或无固定收入人员的误工时间,受害人应该按其受损时日就当前总的社会生产量的时间价值计算个人平均时间价值的财产损失得到赔偿。如出现无法按个人的时间价值进行赔偿的情形,则应按社会的时间价值来计算个人所应得到的赔偿数额。如加害人因侵害(或占用)他人的时间而获得了财产利益,应以该项利益赔偿受害人因此而受到的财产损失。

四、结语

以上是我们对时间所有权的基本私法构造的思考。自 20 世纪 50 年代始,所谓"第三次浪潮"滚滚向人们袭来,新的财富体系正在进行着一次完全的重新组合,时间元素恰是这一组合中的一颗灿烂的明星。时间不再仅是衡量财富的尺度,而已经成为财富体系中不可缺少的重要成员。人们已经牢固地将财富与时间连接在了一起,从而改变了个人和时间深层原理之间的关系。现在,人们也在试探着重新协调人与时间以及因占有时间而发生在人与人之间的关系,正像阿尔文·托夫勒所言:"我们正在财富创造和时间的深层原理这两者之间进行着最广泛的变革。”①我们还看到,人们安排的时间表也变得越来越个体化、多样化、非固定化,个人有了更多自由支配时间的能力和期盼,这本身就是人格价值的一次提升。此种情形下,法律特别是民法应如何应对?我们的基本观点就是承认时间建构的两面性,将时间纳入民法的调整对象,以适应和促进人类社会进步和经济生活的飞跃发展。此文仅是这样的一次初步的探索和尝试。

(马俊驹,西南财经大学特聘教授;王恒,西南财经大学法学博士研究生)

① [美]阿尔文·托夫勒:《财富的革命》,吴文忠、刘微译,中信出版社2006年版,第40页。

私法自由的归来:“非国家法”在冲突法中的适用之探

孙南翔

目　次

一、导言

2006年,在第17届比较法的国际会议上,比较法国际学会(International Academy of Comparative Law)提出了一个具体议题——“不受私国际法和非国家法调整(non-state law)的合同”。[①] 该议题在学界随即产生两大思考,其一,为不受法律管辖的合同(*contrat sans lois*)的法律地位,其分析主要以反身法(reflective law)或自创生理论为路径;其二,为受非国家法调整的合同。随着全球法律多元主义的思潮及国际民商事实践的客观要求,“非国家法”在国际民商事关系中的

① 非国家法,或称为非国家规范(non-state norms or non-national norms)、非正式法(informal law)、非官方法(non-official law)、民间法(folk law)等。本文将其统一为非国家法(non-state law)。

适用成为亟待厘清的问题之一。

虽然,“非国家法”的概念逐渐得到理论界和实务界的认同与关注。然而截至目前,“非国家法”概念仍不甚明确。西蒙尼德斯将“非国家法”定义为私人制定的法或者是非正式法,同时其认为非国家法不仅仅是“新商人法”(new *lex mercatoria*)。① 英国利兹大学唐正(音译)则采取更为广泛的视角观察非国家法,其认为非国家法包括所有并非由主权国家产生或从属于主权国家的规范、原则、习惯和惯例。② 还有学者将非国家法定义为非国家行为体(non-state actors)制定和执行的规范体系,具体还包括宗教法、国际体育法等。③ 概念的多元化亟待理论的辨明。我国《涉外民事关系法律适用法》(以下简称:《法律适用法》)草案中曾提及对非国家法适用的规定,然而,由于实践难度大,“非国家法”的适用并未出现在最终版本中。由于《法律适用法》遗珠,“非国家法”在中国的立法和司法实践,仍体现出模糊性和矛盾性。有鉴于此,本文从“非国家法”时兴的逻辑起点谈起,通过定义冲突法视域下的“非国家法”,以此为根基,进一步探寻“非国家法”的形式、适用场域和适用方式,并比较国际上对“非国家法”立法的趋势,希冀在阐明“非国家法”在冲突法中的应有地位与作用前提下,为我国的立法完善和司法实践提供部分指导意见。

二、全球法律多元主义:“非国家法”时兴的逻辑起点

(一)法律多元主义与非国家法

虽然“非国家法”概念并不统一,但是“非国家法”现象已经得到众多学者的关注。“非国家法”突破了由国家“垄断”的立法权,并形成了

---

① See Symeon C. Symeonides, Party Autonomy and Private-Law Making in Private International Law: The Lex Mercatoria that Isn't, 2006, *SSRN*, pp. 4-6.

② Zheng Sophia Tang, Non-state law in party autonomy-a European perspective, *International Journal of Private Law*, Vol. 5, No. 1, 2012, p. 23.

③ See Hertogh M, What is non-state law? Mapping the other hemisphere of the legal world, J. van Schooten & J. M. Verschuuren(eds.), *The state legislature and Non-State Law*, 2008, p. 4.

“法律多元主义”(legal pluralism)的思潮。① 法律多元主义的核心观点为多个法律秩序和多个法律体系或规则体系的共存。②

传统中,殖民地法是研究“法律多元主义”的最初源泉。在殖民主义时期,西方法社会学者对非洲、亚洲等地出现了欧洲法和固有法(indigenous law)重叠并产生交互作用的现象进行研究。③ 该理论认为,在一个地理区域上,可能存在两种及其以上的法律秩序。宗教法和制定法的并存也是例证。更深入而言,著名的罗马法教授尤根·埃利希论证了“活法”(living law)的运作与效果,埃利希观察到虽受其约束,但大多数人在处理实际问题中并不遵守奥地利官方的法,而是根据自己所处的社会团体中的规范进行生活。④

追本溯源,非国家法的地位问题首先应回归到“法”的定义上,法律实证主义将官方指定或认可作为法律的必要条件之一,这必然导致对“法律”的狭隘理解。20 世纪 80 年代以来,规范性成为判断法律的重要因素,以此为基础,非国家法的作用和地位得到认可。需要注明的是在某种程度上,法律多元主义并未撼动传统的国家立法中心原则,可适用的国内非国家法也多由国家以习惯法的形式赋予给其保障规则执行的权利。⑤ 相对而言,国内层面的非国家法的影响仍非常有限,直至

---

① 20 世纪 80 年代,美国还有期刊更名为《法律多元主义和非官方法期刊》(Journal of Legal Pluralism and Unofficial Law)。

② [英]威廉·退宁:《全球化与法律理论》,钱向阳译,中国大百科全书出版社 2009 年版,第 287 页。

③ See Hertogh M, What is non-state law? Mapping the other hemisphere of the legal world, J. van Schooten & J. M. Verschuuren(eds.), *The state legislature and Non-State Law*, 2008, pp. 4 -6.

④ Hertogh M, What is non-state law? Mapping the other hemisphere of the legal world, J. van Schooten & J. M. Verschuuren(eds.), *The state legislature and Non-State Law*, 2008, p. 8;参见[奥]尤根·埃利希:《法律社会学基本原理》,叶名怡、袁震译,中国社会科学出版社 2009 年版,第 364 ~378 页。

⑤ 例如,美国的《联邦印第安法》、澳大利亚、新西兰和加拿大都对土著居民地位和权利给予关注。坦桑尼亚在独立的时候,穆斯林法、印度教法和习惯法都被正式确认为国家法的渊源。参见[英]威廉·退宁:《全球化与法律理论》,钱向阳译,中国大百科全书出版社 2009 年版,第 288 ~289 页。我国法律也给予特定的少数民族的风俗习惯以规范作用。

法律全球化推翻了主权国家为唯一立法中心最后的樊篱。

(二)法律全球化与非国家法

非国家法不仅为国内范畴,在国际和跨国层面,"非国家法"并非是新兴的事物,早在中世纪就已经存在欧洲商人法(*lex mercatoria*),其一度成为跨国贸易有拘束力的"自治规范"。随着"威斯特伐利亚体系"建成,国际或跨国规范的制定权和决定权收归于主权国家,甚至成为国家的"专属物"。商人法院或被禁止或被并入国内法院体系,并且跨国贸易惯例要遵循国内规制。① 传统的国际法即建立在主权国家的基础之上,基于法律实证主义,国家成为法律来源的单一主体。然而晚近以降,随着经济全球化的深入发展,在国际层面上非国家行为体的作用越发明显,②其也渗透到国际立法的领域,同时法律已表现出"脱域"特征,③二者共同推动形成错综复杂的法律全球化现象。

法律全球化是一种在全球层面开展的涵括"国际化"或"法律国际化"进程在内的多元化开放性进程。④ 法律全球化不同于传统的法律国际化之处在于:其认同主权国家之外的非国家行为体的立法权限和非国家法的法律效力。新商人法的兴起就是一例。⑤ 不仅是新商人法,随着政府间组织的兴起,区域间条约或国际公约也不断涌现。欧盟相关条约成为了特殊形式的"非国家法"。

法律多元主义与经济全球化共同促成全球法律多元主义(global legal pluralism)的客观现象。同时,全球法律多元主义产生了合法间性

① 参见[英]博温托·迪·苏萨·桑托斯:《迈向新法律常识——法律、全球化和解放》(第2版),刘坤轮等译,中国人民大学出版社2009年版,第258~259页。

② Arts B. Regimes, Non-State Actors and the State System: AStructurational'Regime Model, *European Journal of International Relations*, Vol. 6, No. 4, 2000, pp. 513-542.

③ 鲁楠:"全球化时代比较法的优势与缺陷",载《中国法学》2014年第1期。

④ 邓正来:"作为一种'国家法与非国家法多元互动'的全球化进程——对'法律全球化'争辩的中立性批判",载《河北法学》2008年第3期。

⑤ [德]贡特尔·托依布纳:"全球的布科维纳:世界社会的法律多元主义",高鸿钧译,载《清华法治论衡》2008年第10辑。

(inter-legality)。[1] 该概念的首倡者——桑托斯认为:我们的法律生活是由不同的法律秩序相互交叉而建构的,合法间性是一个高度的过程,因为不同的法律空间是非同步的,因此产生了法律代码(在符号学意义上)的不平衡的和不稳定的混合。[2] 换言之,全球法律多元主义内在地要求认可非国家法的作用与地位,然而认可法律多元将潜在地引发法律秩序间的交叉或冲突。由此,认识全球法律多元主义的根本在于承认合法间性,在于明确不同时空下法律秩序的适用。

(三)冲突法语境下“非国家法”的形成与时兴

在全球法律多元主义背景下,跨越国界的“非国家法”的概念得以产生及发展。以解决冲突为核心目的的冲突法本身应成为解开合法间性难题的首要场域。在冲突法研究中,“非国家法”也逐步得到学者的关注。

保罗·伯尔曼(Paul Berman)是首位研究法律多元主义对冲突法影响的学者。伯尔曼认为制定法律并非仅是国家权力,而是定义群体(communities)的问题;制定法律的权力不应局限于国家,也可以是其他群体。因此,只要该群体的法律能够具备法律说服力(jurispersuasion),非国家群体的规范秩序就可成为准据法。[3] 托依布纳也明确指出:国家法与各种各样社会准法律秩序之间的冲突,或者后者之间的冲突,是与新冲突法有关的另一个领域。[4] 戈德曼指出商人法是一种完全可以独立于国内法之外的自治的法律体系。这种法律体系不仅有自己的实体法,而且发展了自己的冲突规则,即实体跨国规则。根据这种规则,

---

① 桑托斯将合法间性现象描述为法律多元性对生活于法律多元性条件下的个人和社会群体的法律经验、认知和意识有影响,这种影响涉及的问题包括人们的日常生活贯穿着或完全被渗透在不同而又经常相互对照的法律秩序和法律文化中。参见[英]博温托·迪·苏萨·桑托斯:《迈向新法律常识——法律、全球化和解放》(第2版),刘坤轮等译,中国人民大学出版社2009年版,第119页。

② [英]博温托·迪·苏萨·桑托斯:《迈向新法律常识——法律、全球化和解放》(第2版),刘坤轮等译,中国人民大学出版社2009年版,第536~537页。

③ Ralf Michaels, The Restate-ment of Non-State Law: The State, Choice of Law, and the Challenge from Global Legal Pluralism, *Wayne Law Review*, Vol. 51, 2005, p. 1212.

④ 笔者认为,此处的冲突法更似泛指法律的冲突。参见[德]贡塔·托依布纳:《法律:一个自创生系统》,张骐译,北京大学出版社2004年版,第122页。

商人法可以作为准据法而得到选择与直接适用。[①] 随后,莱斯卡诺和托依布纳更直接认为“冲突法概念不再是基于一个与冲突最密切联系的领域上的法律,而是寻找识别争议法律问题归属的功能体系”。[②] 当然,也有学者否定了非国家法成为冲突法中准据法的可能性。[③]

虽然,目前全球多数国家的冲突法仍未将“非国家法”视为与“国家法”同等的地位,但各国均以不同的方式赋予当事人选择并适用“非国家法”的权利。不管在欧洲还是美国,对非国家法的选择都可通过允许当事人将非国家法并入合同的方式而具有法律效力。[④] 更有甚者,对新版美国《统一商法典》(Uniform Commercial Code,以下简称 U.C.C.)评论强调:当事人通过明示其由适用于商业交易的受认可的规则体系或原则的调整,如《国际统一私法协会国际商事合同通则》(UNIDROIT Principles of International Commercial Contracts,以下简称《国际商事合同通则》),当事人可以背离 U.C.C. 的可变规则。[⑤] 同时,也有部分国家或地区放松了对非国家法的限制。如美国俄勒冈州修正法规已经明确规定当事人可以选择调整其关系的“法”(law),而非“国家(笔者注:或州)的法”(law of a state)。[⑥] 综上,非国家法得到大多数国家普遍的关注。

---

① 参见 Filip De ly, *International Business Law and Lex Mercatoria*, Elsevier Science Ltd, 1992, pp. 214 - 215. 施米托夫对新商人法在仲裁中的运用表示支持,对在国内法院的运用却持谨慎态度。参见[英]施米托夫:《国际贸易法文选》,赵秀文等译,中国大百科全书出版社 1993 年版,第 16 ~ 19 页。

② Andreas Fischer-Lescano、Gunther Teubner, Regime-Collisions: The Vain Search for Legal Unity in the Fragmentation of Global Law, *Michigan Journal of International Law*, Vol. 25, 2004, p. 1021.

③ Eg. Peter M. Flanagan, Demythologising the law merchant: the impropriety of the lex mercatoria as a choice of law, *International Company and Commercial Law Review*, Vol. 15, No. 9, 2004, pp. 297 - 306.

④ Ruhl, Giesela. Party Autonomy in the Private International Law of Contracts: Transatlantic Convergence and Economic Efficiency, *CLPE Research Paper*, Vol. 3, No. 1, 2007, p. 17.

⑤ 参见 2001 年版 U.C.C. 第 3 部分第 1 ~ 302 节及其评论。

⑥ 《俄勒冈州修正法规》第 81.120 部分。

三、对“非国家法”在冲突法中的适用的理辨

国际私法调整的国际或涉外民商事法律关系,首先面临不同的法律秩序。厘定当事人权利和义务的前提是通过冲突规范确定准据法。因此,非国家法在冲突法中的地位和适用问题应回归到探明非国家法的概念、形式、性质和适用范围之上。

(一)非国家法的概念和类型化区分

非国家法的发达产生于法社会学者、法人类学者和国际法学者对“什么是法”之孜孜不倦的探索。晚近以降,法律实证主义已然受到后现代主义思潮的质疑与挑战。特别是在全球法律多元主义视角下,国家无法“专有垄断”制定规则的权力。定义“非国家法”的概念应回归到其兴起的理论与实践背景——法律多元主义与法律全球化,由此非国家法具有两个特征:其一,非国家法并未由主权国家制定,或已经得到国家制定法的认可;其二,非国家法是可具有法律拘束力的规范或法律原则。

鉴于此,本文所述的“非国家法”的概念界定为:非由主权国家制定或认可的可具有约束力的规范或法律原则。需要注意的是,冲突法语境下的非国家法并不完全等同于国际法层面的非国家法,其特殊性有三,其一,此处的国家法和非国家法是指国际私法意义上的“法域”,即具有或适用独特法律制度的区域。① 因此,在某些情形下,“国家法”包含有“州法”的概念。其二,国际私法视域下的非国家法仅是调整国际民商事关系的法律,而不包括国际气候变化规范、人权宣言等国际公法文件。其三,某些形式上的非国家法可能成为直接适用或经转化为国家法。由国家缔结的条约有些可能直接在国内法院适用,或者通过并入(incorporation)或转化(transformation)程序,条约就被赋予与国家

① 国家(State)在国际私法中具有特殊的含义。准确而言,其应如戴西所言的“在一个主权之下从属于一个法律体系的某一领土的整体”或称为“法域”(lawdistrict)。在冲突法意义上,其可以与,也可以不与 country 相一致。参见[英]J. H. C. 莫里斯主编:《戴西和莫里斯论冲突法》(上),李双元等译,中国大百科全书出版社 1998 年版,第 20 ~ 22 页。该观点也被冲突法法律文件所支持,如《俄勒冈州修正法规》第 81. 100 对“state”的定义。若无具体言明,本文的“国家”均为“法域”概念。

法相同的规范权力。[①] 该类型的非国家法实际上已经成为国内法的一部分,其适用本身与国家法无异,亦不涉及冲突规范,因此此类法律规范并非冲突法视域下的非国家法。结合国际私法的特殊性,调整国际民商事法律关系的潜在非国家法囊括国际公约和惯例、一般法律原则、新商人法和互联网等自治规范。[②]

1. 国际公约和惯例

国际公约或惯例是非国家法的主要来源。国际公约或惯例是通过在双边、区域或多边层面上,由国家之间形成的官方协定。[③] 一般而言,国际公约或惯例能够具备成熟的立法技艺,妥善平衡各国利益,并被广泛认可。在国际商事领域,《联合国货物销售合同公约》(以下简称CISG)即为例证。虽然CISG在签署国之间有效,但是其并非是当然的国家法,除非它们被并入或转化为特定的国内法律体制。除此之外,《跟单信用证统一惯例》、《统一提单的若干法律规定的国际公约》(以下简称《海牙规则》)、《联合国国际货物多式联运公约》等均为此类型的非国家法。

2. 经编撰的一般法律原则

在国际仲裁实践中,一般法律原则经常被视为仲裁员裁决的依据。[④] 经编撰的一般法律原则是非国家法的重要来源。《国际商事合

---

① Zheng Sophia Tang, International Treaties in Chinese Private International Law, *Hong Kong Law Journal*, Vol. 42, 2012, p. 602.

② 当然,此是以笔者在借鉴和综合其他研究的基础上所作的区分。不同学者观点不尽相同。例如,著名的兰德教授就提出著名的论断,其认为商人法包含八种要素:国际公法、统一实体法、一般法律原则、国际组织的规则,未经编撰的习惯和惯例、由国际组织编撰的习惯和惯例、标准格式合同、公开仲裁裁决(reported arbitral awards)。See Ole Lando, The Lex Mercatoria in International Commercial Arbitration, *International and Comparative Law Quarterly*, Vol. 34, 1985, pp. 747 – 748. 兰德教授主持编纂了《欧洲合同法原则》。其观点也被中国学者所借鉴,如徐国建:“现代商人法论”,载《中国社会科学》1993年第3期;黄进、胡永庆:“现代商人法论——历史和趋势”,载《比较法研究》1997年第2期。

③ Zheng Sophia Tang, Non-state law in party autonomy-a European perspective, *International Journal of Private Law*, Vol. 5, No. 1, 2012, p. 24.

④ 国际仲裁员甚至还能够使用“善良公允价值”作为裁决依据。

同通则》和《欧洲合同法原则》(the Principles of European Contract Law)均为例证。《国际商事合同通则》由国际统一私法协会所编撰，该协会在国际私法界负有盛名。虽然对一般法律原则的编撰对任何国家都没有法律拘束力，但是基于其规定体现良好架构性、明确性和公正性的特征，①此类原则已成为国际商业交往中的有效依据。

3. 新商人法

广义的商人法也包括上述的国际公约与惯例、经编撰的一般法律原则。笔者认为，商人法最重要特征为规范的自治性。因此，本文的新商人法是其他非国家的商事法律规范的总称。主要包含以下几点：第一，未经编撰的商事习惯或一般法律原则；第二，跨国公司使用的受国际法协会、国际商会认可的标准化合同；第三，某些行业的特定商事规范，如英国银行业协会规则、国际谷物和粮食贸易协会规则。②

4. 宗教法、互联网等自治规范

除商事领域外，国际私法的"非国家法"还囊及其他领域，如宗教法、部落法、互联网规则、人权法等规范。英国法院的裁决案件中曾涉及伊斯兰法(islamic law)能否用于调整合同的争议。③ 互联网产生之

---

① Symeon C. Symeonides, Party Autonomy and Private-Law Making in Private International Law: The Lex Mercatoria that Isn't, *SSRN*, 2006, p. 4.

② See Hertogh M, What is non-state law? Mapping the other hemisphere of the legal world, J. van Schooten & J. M. Verschuuren(eds.), *The state legislature and Non-State Law*, 2008, P. 15; And see Symeon C. Symeonides, Contracts Subject to Non-State Norms, *The American Journal of Comparative Law*, Vol. 54, 2006, p. 222.

③ 在 Shamil Bank of Bahrain EC v. Beximco Pharmaceuticals Ltd. and Others 案中，选择宗教原则的可能性被考察。英国法院认为对非国家法选择的条款不能作为准据法的条款进行执行；但是对非国家法的选择，若其是确定和非模糊的，可以作为合同的一部分并入，从而成为合同的条款。若是非国家法是模糊的，那么就意味着其是无意义(meaningless)的条款。由于宗教法并不明确，因此，当事人的选择视为无意义的条款。See Shamil Bank of Bahrain EC v. Beximco Pharmaceuticals Ltd. and others, 1WLR 1784 (CA 2004) (UK); and see Zheng Sophia Tang, Non-state law in party autonomy – a European perspective, *International Journal of Private Law*, Vol. 5, No. 1, 2012, pp. 25 – 26; Andreas Junius, Islamic Finance: Issues Surrounding Islamic Law as a Choice of Law under German Conflict of Laws Principles, *Chicago journal of International Law*, Vol. 7, 2006 – 2007, pp. 537 – 538.

初,并未受到国家主权影响与制约,当前支持互联网运作的互联网名称和代码分配机构、互联网工程任务组都是非政府组织,也都在设置网络空间的规则,①其在电子商务等领域也发挥"非国家法"的功能。在某种程度上,最近兴起的非政府组织制定的人权法及人权原则,也可能成为潜在的可供适用的私法规范。②

传统的冲突法研究均以国家法律为研究对象,然而非国家法的存在愈发受到世界各国的认可和重视。非国家法适用与当事人意思自治具有密切的联系。当事人意思自治是指争议当事人具有确定其私人权利和义务的适用法的能力。近乎所有学者和司法裁决都在合同法领域普遍接受当事人意思自治的原则。③ 非国家法的适用主要是依据当事人的选法自由。相应地,非国家法也大量聚集在契约型义务领域,国际公约与惯例、一般法律原则、新商人法等均集中调整商事关系。尤其是,大量的国际商事交易行为使用CISG、《国际贸易术语解释通则》等非国家法。因此,下文拟从民商事领域最发达的合同领域出发,考察非国家法的适用问题。

(二)非国家法在不同场域的适用

在国际私法中,当事人民商事纠纷可通过法院或仲裁机构加以解决。当前,非国家法的适用也主要存在于上述两类场域。显而易见,适用场域的差异也对非国家法的适用方式、方法等产生影响。

---

① See Paul Rosenzweig, The International Governance Framework for Cybersecurity, *Canada-United States Law Journal*, Vol. 37, 2012, pp. 409 – 410.

② See Hertogh M, What is non-state law? Mapping the other hemisphere of the legal world, J. van Schooten & J. M. Verschuuren (eds.), *The state legislature and Non-State Law*, 2008, pp. 16 – 17.

③ 拉丁美洲部分国家仍不承认当事人意思自治原则。See Symeon C. Symeonides, The Hague Principles on Choice of Law for International Contracts: Some Preliminary Comments, *The American Journal of Comparative Law*, Vol. 61, 2013, p. 876. 当事人意思自治原则在侵权法和不当得利法等领域也有发展,主要体现在《罗马条例Ⅱ》第14条等规定。See Mo Zhang, Party Autonomy in Non-Contractual Obligations: Rome Ⅱ and its Impacts on Choice of Law, *Seton Hall Law Review*, Vol. 39, 2009, pp. 861 – 917.

1. 国际商事仲裁

相比于法院判决,非国家法在国际仲裁中得到广泛应用。[①] 经2006年修订的《联合国国际贸易法委员会国际商事仲裁示范法》(Uncitral Model Law on International Commercial Arbitration)第28条就明确规定:仲裁庭应按照当事各方选定的适用于争议实体的法律规则(rules of law)对争议做出决定。在该示范法中,该法律规则本身意味着包含国家法和非国家法在内的所有实体性规则。[②] 更进一步,第28条还表明,在经过当事各方明确授权下,仲裁庭可以依善良公允原则(*ex aequo et bono*)或进行友好调解(*amiable compositeurs*)做出决定。相似的条款也规定在其他国际仲裁规则中,如《联合国国际贸易法委员会仲裁规则》第33条、《国际商会仲裁规则》第17条和《伦敦国际仲裁院仲裁规则》第22条。

除当事人意思自治选定非国家法作为合同的准据法外,在仲裁协议和合同中对可适用的实体法无规定时,仲裁庭还可能依据“其所认为适当的法律规则”适用非国家法。[③]《关于承认与执行外国仲裁裁决的公约》(以下简称《纽约公约》)是调整非国内仲裁裁决承认与执行的公约,根据该公约规定,非内国仲裁裁决中,若仲裁员按照明示条款适用非国家法,在缺失其他理由时,单纯地适用非国家法并非是仲裁裁决不予承认或执行的抗辩理由。[④] 同时,内国法院对仲裁裁决的审查也多为形式审查。此观点在仲裁实践中,也得到认可。在 Deutsche

① 非国家法在国际商事仲裁的适用,可参见赵秀文:“商人习惯法及其适用”,载《国际经济法论丛》(第5卷),法律出版社2002年版,第370~381页。

② 在《示范法的解释评注》(the Explanatory Note to the Model Law)第35段中,法律(law)和法律规则(rules of law)之区别得到阐述:通过提及法律规则的选择,而非法律,示范法给予当事人选定适用于争议实体性问题的大范围的选择权,例如,那些被国际机构制定的法律规则,虽然其未并入任何国家法律体系。

③ 如《国际商会仲裁规则》第17条第1款规定:当事人得自由约定仲裁庭解决争议实体问题所适用的法律规则。如无此约定,仲裁庭得适用它所认为适当的法律规则。《伦敦国际仲裁院程序规则》第22条、《世界知识产权组织仲裁规则》第59条等也有相似规定。

④ Symeon C. Symeonides, Contracts Subject to Non-State Norms, *The American Journal of Comparative Law*, Vol. 54, 2006, pp. 212 – 213.

Schachtbau and Tiejbohr-Gesellschaft MBH v. Ras Al Khaimah National Oil Company 案中,英国上诉法院就支持适用“普遍接受的法律原则”的涉外仲裁裁决,法国法院也拒绝以适用“国际贸易法的一般原则”为由撤销仲裁裁决理由的诉请。①

2. 各国法院裁判

相比于仲裁裁决,国内法院对“非国家法”适用的态度更趋于保守,其多以援引并入合同的方式对非国家法进行适用,且多数涉外法律文件不承认“非国家法”的准据法作用和地位。以1980年《合同义务的法律适用公约》(以下简称《罗马公约》)的立法和司法实践为例,《罗马公约》第1条第1款规定:本公约的规定适用于任何涉及须选择采用不同国家法律的情况的合同义务。在ShamilBank v. Bexiaco案中,英国上诉法院明确指出:《罗马公约》第1条第1款的用语表明不适用于任何国家法和非国家法律体系之间的冲突,非国家法律体系包括商人法、一般法律原则,或者是本案中的伊斯兰法。② 而该观点在随后的Halpern v. Halpern得到进一步的证实。③ 在后案中,英国上诉法院认为:合同必须存在于能被国内法院所执行的充足(adequate)的法律系统内,④非国家法并不被视为充足的法律系统。不仅在英国,在其他国家法院对非国家法的适用也未形成统一实践。

(三)在法院裁决中非国家法的性质与适用方式

具备更大灵活性和弹性的仲裁适用非国家法不存在理论或实践中的争鸣。然而,对法院裁决而言,非国家法的适用看似复杂且面临重重阻碍。考察非国家法在法院的裁决应回归到非国家法的性质上。目前而言,对非国家法的性质而言,具体有“不独立的法律论”、“事实论”和

---

① 法国案为 Channel Tunnel Group Ltd. v. Bajfour Beatty Constructions Ltd.。See Hop Dang, The Applicability of International Law as Governing Law of State Contracts, *Australian International Law Journal*, Vol. 17, 2010, p. 145.

② Shamil Bank of Bahrain EC v. Beximco Pharmaceuticals Ltd. [2004] 1 WLR 1784 (CA).

③ Halpern v. Hakern [2007] 3 WLR 849(CA).

④ Hop Dang, The Applicability of International Law as Governing Law of State Contracts, *Australian International Law Journal*, Vol. 17, 2010, p. 139.

“独立的法律论”之分。[①] “不独立的法律论”是通过内国将非国家法并入或转化为国内法,或规定直接适用效力,进而赋予形式性的非国家法以实质性的国家法的地位,“不独立的法律论”不属于本文讨论的范畴,在此不赘述。

另外,“事实论”是指非国家法具有契约效力,其使用只能通过当事人援引并入合同中,法院也不能主动援引;“独立的法律论”则能使非国家法具备规范性(normative)效力,可成为合同的准据法。因此,非国家法的性质之争也是非国家法的适用之探。“事实论”与“独立的法律论”的区分是非常必要的。如果将非国家法视为法律,那么通过法律冲突选择,其成为可适用的法律,其适用将与本国法的地位相同;如果非国家法被视为仅仅是事实,其将只能在该国家法所许可的范围内发挥作用。[②] 换言之,援引并入方式为直接具有契约效力,而准据法方式则通过冲突规范形成间接适用的效果。

1. 援引并入(incorporation by reference)

尽管缺乏关于国际条约能否作为国际私法中的准据法的统一见解,但是大多数国家都接受由当事人选择将其并入合同之中的实践做法。例如,欧盟《罗马条例Ⅰ》(Rome I Regulation)详述(recital)13 就明确规定:其不排除当事人将非国家法律体系下或国际公约通过援引的方式并入合同中。[③] 援引并入的适用方式使非国家法及相关条款成为合同的组成部分,规定当事人的具体权利与义务。该过程不涉及任何的冲突规范,非国家法也并非是调整合同的准据法。例如,在合同中使用 CIF、FOB 等贸易术语。实质上,援引并入方式将非国家法及相应条款视为具有“契约性法律效力”或“当事人实体上的意思自治”,换言

---

① 非国家法的属性与法院适用过程中准据法的属性是不同的,美国将准据法视为“事实”,由当事人提供;德国将准据法视为是“法律”,法院应知悉。See Ruhl, Giesela. Party Autonomy in the Private International Law of Contracts: Transatlantic Convergence and Economic Efficiency. *CLPE Research Paper*, Vol. 3, No. 1, 2007, pp. 34 – 36.

② Ralf Michaels, The Restate-ment of Non-State Law: The State, Choice of Law, and the Challenge from Global Legal Pluralism, *Wayne Law Review*, Vol. 51, 2005, p. 1234.

③ Zheng Sophia Tang, International Treaties in Chinese Private International Law, *Hong Kong Law Journal*, Vol. 42, 2012, p. 604.

之,非国家法只有在当事人同意适用时才对当事人产生约束力。①

2. 准据法(lex causae)

非国家法是否能成为合同的准据法的争论仍未停歇。这也从另一个侧面,有利于对非国家法的适用方式进行剖析。2012年由海牙国际私法会议特别委员会通过的《海牙国际合同法律选择原则》(Hague Principles on Choice of Law for International Contracts,以下简称《海牙原则》)第3条"法律规则"规定:在本原则下,当事人选择的法律可能为作为中立的、衡平的规则体系的,在国际、超国家或区域层面得到普遍接受的法律规则,除非法院地法另有规定。② 在国际实践中,有很多当事人可能选择非国家法作为准据法,以避免对任何国内法的适用。若要将其作为准据法,那么能依据指定的条约进行解释、运作,并调整合同违反或无效的后果,以及确定当事人承担的责任。同时,在以非国家法作为准据法解释和适用合同时,不能够侵犯该非国家法中的强制性规则。③

有学者认为,在绝大多数案件中,使用非国家法作为契约型术语(contractual terms)与使用其为准据法,在裁判中导致的结果是相似的。④ 然而,除了是否需援用冲突规范外,笔者认为,援引并入方式和准据法方式还具有其他的显著区别。具体如下:其一,产生的后果不同。若是援引并入方式,则合同整体仍由国家法所管辖,包括适用国家法的强制性规范。若是以法律选择的方式,非国家法成为合同准据法,合同不受其他法律调整。在存在分割论(*Dépeçage*)的情形下,合同的

① 许军珂:"国际私法上意思自治与国际贸易惯例",载《北京科技大学学报》(社会科学版)2006年第4期;肖永平:"论国际商事惯例在我国的适用",载《河南省政法管理干部学院学报》2003年第1期。

② Symeon C. Symeonides, The Hague Principles on Choice of Law for International Contracts: Some Preliminary Comments, *The American Journal of Comparative Law*, Vol. 61, 2013, pp. 892 – 894.

③ 《国际商事合同通则》和《欧洲合同法原则》都禁止背离它们的强制性规定,如诚信原则。参见《国际商事合同通则》第1条和第3条、《欧洲合同法原则》第1条等。

④ Zheng Sophia Tang, International Treaties in Chinese Private International Law, *Hong Kong Law Journal*, Vol. 42, 2012, p. 605.

某部分受到该非国家法的全面调整。其二,承担的任务不同。准据法的功能之一在于成为确定当事人具体权利和义务的依据,同时,契约解释依据契约准据法已成为普遍做法,非国家法的准据法功能还表现在用非国家法解释合同中的条文。在合同规定不明时,非国家法承担部分的补充说明作用,而契约型术语则无此类功能。其三,适用的救济机制不同。援引并入方式通过合同条款无效等触发救济机制,准据法则通过冲突法规则来保障公共利益,如公共秩序保留、禁止法律规避制度、直接适用的法制度。上述区别正是非国家法应作为准据法,而非仅成为合同术语的内在原因与独特价值。

(四)非国家法的其他适用问题

1. 国家契约与非国家法的适用

一般而言,国际私法调整的主体都为地位平等的民商事主体。在国际法层面上,以国家或政府作为当事一方的合同也并不缺乏,特别是在资源开采、道路建设等合同中。国家契约的显著特点为当事双方更不愿选择东道国或投资母国的法律为准据法,其多数使用非国家法进行调整。① 以《解决国家与他国过民间投资争端公约》(以下简称《ICSID 公约》)为例,其第 42 条规定,仲裁庭应根据当事人双方协议的法律规范解决争议;在没有协议下,应适用东道国的法律以及可适用的国际法规范。同时,在双方当事人同意基础上,仲裁庭也可以适用公平与正义原则裁断争端。该条款明确了国际法规范——这一非国家法,甚至是公平正义原则,作为解决争议的适用法的可行性。在实践中,ICSID 仲裁庭也频繁地在当事双方未有协议下,适用国际法规范来解决争议。在比照 ICSID 相关案件后,有学者更直言在东道国法律缺乏

---

① 例如,ICC 仲裁裁决第 7357 案,伊朗政府和美国公司的契约纠纷案最终适用非国家法裁决。See Philip J. McConnaughay, The Scope of Autonomy in International Contracts and Its Relation to Economic Regulation and Development, *Columbia Journal of Transnational Law*, Vol. 39, 2001, pp. 621 – 640; and See Zheng Sophia Tang, Non-state law in party autonomy-a European perspective, *International Journal of Private Law*, Vol. 5, No. 1, 2012, pp. 30 – 31.

关联的情况下,国际法规范具有适用上的占优性。[①]

2. 合同分割法与非国家法的适用

合同准据法的分割论越来越得到普遍认同。分割法允许当事人选择不同的法律调整合同的不同部分。准据法不再是单一的特定国家的法律,而是当事人指定的一系列的法律体系。[②] 合同分割法为非国家法提供了适用空间。非国家法尚未能形成与国家法相媲美的自足体系,很多非国家法都仅针对某一商业领域的某一特定问题,例如,CISG仅适用于货物合同销售领域,《国际商事合同通则》只适用于合同法领域。分割法能够使非国家法适用于合同的特定部分,而合同的其他部分由其他准据法所调整。这也化解了对部分非国家法规定不全面造成适用困境的担忧。

3. 最密切联系原则与非国家法的适用

有学者认为选择非国家法不能超越当事人意思自治的范围,[③]然而该说法不完全正确。虽然基于当事人意思自治原则,非国家法广泛存在于契约义务中,但是在仲裁中,仲裁员在特殊情况下可能主动适用非国家法。[④] 另外,虽在法院裁判实践中,非国家法的选择仍未突破当事人意思自治原则,但学界对冲突法中最密切联系原则的探讨也涉及非国家法。最密切联系原则是合同补位规则,绝大多数国家规定在当事人未选择准据法时,根据最密切联系确定适用的准据法。传统的最

---

① 例如,ICSID 案件中, Benvenutti and Bonfant v. Congo, Klockner v. Cameroon, Amco v. Indonesia 等案件最终都适用国际法规范或衡平规则。See Hop Dang, The Applicability of International Law as Governing Law of State Contracts, *Australian International Law Journal*, Vol. 17, 2010, pp. 156 – 157.

② Zheng Sophia Tang, Non-state law in party autonomy-a European perspective, *International Journal of Private Law*, Vol. 5, No. 1, 2012, p. 31.

③ Symeon C. Symeonides, Contracts Subject to Non-State Norms, *The American Journal of Comparative Law*, Vol. 54, 2006, p. 211.

④ 如,在当事人未选择适用商人法或贸易惯例,而因为合同本身联结因素而得到适用。参见单文华:"国际贸易惯例基本理论问题研究",载《民商法论丛》(第7卷),法律出版社1997年版,第642页。

密切联系原则均指向某一特定国家法域。[①] 随着全球法律多元主义的兴起,国家和非国家群体在规范层面上的差异消弭。伯尔曼认为:我们所采用的法律选择规则不应该从单个国家的视野,而应该从全球法律系统,进而解决法律选择问题。[②] 根据该观点自然推演,冲突法不应该基于适用最密切联系的地域法,而是应适用与争议案件最密切联系的法律体系,其自然包括非国家法。需要注意的是,该观点目前仍处于论理阶段。

四、“非国家法”适用的立法文本及最新趋势

国内立法和法院裁决的保守倾向对商事主体的救济机制造成实质性的不公待遇。以仲裁为代表的私裁决机构能够允许以国家法或非国家法为准据法适用,然而以法院为代表的公力救济方式却仅能以国家法为准据法,当事人如何能够全面地维护和保障自身所主张的合法权利?特别是当前,相当程度的非国家法体现良好架构、全面、公正和明确的特点。同时,合同分割法也不再严格要求准据法的自足特性。传统上,否认非国家法适用的理由受到质疑。晚近以来,伴随经济全球化速度加快,大量非国家法生成,并成为跨国交易者合意选择的需求,对“非国家法”的立法和法院司法实践上,也反映出“非国家法”与“国家法”同化的适用趋势。

(一)美国立法

1. 第二次冲突法重述

第二次冲突法重述第 187 节第 1 小节规定:被当事人选择的国家的法律(the law of state)应得到适用。从文本出发,第二次冲突法重述将当事人选法的自由限制于国家的法律。同时,在对第 187 节的评论(comment)中,该条款规定了将非国家法援引并入合同的方式,即主张

① Hop Dang, The Applicability of International Law as Governing Law of State Contracts, *Australian International Law Journal*, Vol. 17, 2010, p. 154.

② Paul Schiff Berman, Towards a Cosmopolitan Vision of Conflict of Laws: Redefining Governmental Interests in a Global Era, *The University of Pennsylvania Law Review*, Vol. 153, 2005, p. 1851.

当事人可以选择直接指明合同的条件,或者通过援引外在素材(extrinsic material)而并入合同,如其他国家法律的条文。这些外在素材可能是其他国家的法律,也可以是与合同相关的条约及其他非国家法。[①] 同时,报告者评注(reporter's Notes)也明确规定当事人可以规定对贸易协会规则或知名的商业惯例的适用。[②]

2. 统一商法典

U. C. C. 第 1 - 105(1)节规定:当交易与法院地国有合理的联系,同时与其他州或国家也有合理联系,当事人可以同意要么选择法院地法,要么选择其他州或国家的法律确定权利与义务。2001 年版 U. C. C. 区分了补充或可变规则(*jus dispositivum*)、不可变规则(*jus cogens*)。[③] 只有可变规则才能够适用非国家法。这在其评论中有明确规定,"基于当事双方同意其关系受到被认可的(recognized)法律体系或原则的调整,当事人可更改 U. C. C. 的可变规则"。[④] 评论进一步指出:这些体系或原则包括由联合国国际贸易法委员会或国际统一私法协会等机构颁布的规则或原则,如《国际商事合同通则》。同时,新版 UCC 在具体章节中也明确了援引并入原则的可适用性。在信用证、银行存单与托收等相关条款,新版 U. C. C. 直接规定条文的效力可依据协议或列明的条款或援引并入而更改。[⑤]

3. 俄勒冈州、路易斯安那州的法律规定

更进一步,《俄勒冈州修正法规》(Oregon Revised Statute)和《路易斯安那州民法典》(Louisiana Civil Code)则走得更远。2001 年《俄勒冈州修正法规》对非国家法的适用采取了积极的态度,其明确规定当事

---

① Symeon C. Symeonides, Contracts Subject to Non-State Norms, *The American Journal of Comparative Law*, Vol. 54, 2006, pp. 216 - 217.

② 参见《美国冲突法重述》(第 2 版)第 187 节和美国冲突法重述(第 2 版)报告者评述。

③ 参见 U. C. C. 第 1 - 301 节、第 1 - 302 节。

④ 参见 2001 年版 U. C. C. 第 1 - 302 节及其评论。

⑤ 参见 U. C. C. 第 1 - 302 节、第 4 - 103 节、第 5 - 103 节等。

人可以选择适用的"法",而非"国家的法"。[①] 在其官方评论中,其直接表明,国际合同的当事人可选择《国际商事合同通则》调整合同的关系,以提供国际商事交易更大的统一性。[②] 1999 年路易斯安那州冲突法汇编虽未明示,但却并未排除其适用。《路易斯安那州民法典》第 3540 条规定应"由当事人明确选择或其明显依赖的法律进行适用"。[③] 虽然该民法典的条文的"法"与"国家"联系紧密,但是其暗含只要经合同规定,该规范就与成文法(statutory law)具有同等的拘束力。[④]

美国第二次冲突法重述确定了以当事人在合同中援引并入的方式对非国家法进行适用,其并未体现出非国家法的准据法作用。实际上,完成于 20 世纪 60 年代的第二次冲突法重述还未能够反映出当前的商事需求。[⑤] 随后 2001 年版 U. C. C. 和《俄勒冈州修正法规》均进一步认可了非国家法在合同中的地位与适用,甚至突破了当事人选择国家法的限制,赋予非国家法以准据法地位。

(二)欧盟立法

1980 年《罗马公约》和其官方报告均未有条款直接涉及非国家法。根据《罗马公约》第 1 条第 1 款,其适用不同国家法律选择的契约义务的情形。同时,在《罗马公约》起草的过程中,也并未将非国家法作为领域之一进行谈判。因此,通说认为《罗马公约》不适用于非国家法,

① 值得注意的是,《俄勒冈州修正法规》第 81 条将"法"定义为"由国家采纳的具有普遍法律适用性的规则,不管是国内规则、外国规则,还是来源于国际法、宪法、条例,其他公开采用的措施或公开的司法先例"。当然,也有学者对法院是否能以非国家法作为准据法表有疑惑。See Symeon C. Symeonides, Oregon's Choice-of-Law Codification for Contract Conflicts: An Exegesis, *Willamette Law Review*, Vol. 44, 2007, p. 228.

② 参见《俄勒冈州修正法规》第 81. 130 条及其评论。

③ 参见《路易斯安那州冲突法汇编》第 3540 条。

④ Symeon C. Symeonides, Contracts Subject to Non-State Norms, *The American Journal of Comparative Law*, Vol. 54, 2006, p. 222.

⑤ 不仅在非国家法适用上,第二次冲突法重述第 187 节第 2 款还要求当事人选法有三层限制:(1)合同选择的州必须与当事人或交易有"实质联系",或者当事人选择必须基于"其他合理的基础";(2)对准据法的适用必须不能与在缺少当事人选择下的国家的"基本政策"相违背;(3)后者的国家必须没有比适用法的国家具有更多的利益。

该观点也得到英国法院等司法实践的支持。[①]

2002 年始,欧洲委员会开始考虑如何将《罗马公约》转化为《罗马条例Ⅰ》。在其讨论中,基于欧共体法律的非国家属性,非国家法的适用成为重要的议题。2005 年,欧洲委员会公布《罗马条例Ⅰ》草案,该草案第 3 条第 2 款规定:当事人可以选择受认可的国际性或共同体的合同实体法原则和规则作为准据法。然而,在未明确规定调整争议事项的此类原则或规则时,争议事项应有隐含的一般原则所调整,或在缺乏此类原则时,符合本条例在缺乏选择时适用的法律。[②] 该草案条款要求适用的非国家法具备三个要素:其一为受认可的(recognised);其二为国际性的或共同体性质的(internationally or in the community);其三属于实体的原则或规则(the principles and rules of the substantive law)。委员会评论认为该条款旨在促进当事人意愿的影响力,赋予当事人选择受认可的国际性或共同体层面的非国家法,如《国际商事合同通则》、《欧洲合同法原则》或其他未来的共同体文件(community instrument),其明确排除了商人法或其他由私人编撰但未达到国际社会认可的规则。[③] 遗憾的是,该条款没有被规定入《罗马条例Ⅰ》的最终版本。

现行的《罗马条例Ⅰ》还是采纳了《罗马公约》的规定。但是,其在两个详述中明确非国家法的适用问题。详述 13 规定:本条例并不排除当事人将非国家法或国际公约并入合同之中;详述 14 规定:在适当的法律文件中,若共同体采用的实体合同法的规则,包括标准术语和条

---

① Zheng Sophia Tang, Non-state law in party autonomy-a European perspective, *International Journal of Private Law*, Vol. 5, No. 1, 2012, p. 25.

② Article 3(2) of the Proposal for a Regulation on the Law Applicable to Contractual Regulations(Rome I), COM(2005)650, 15 December 2005.

③ 参见《关于将 1980 年〈合同之债的法律适用公约〉转换为共同体立法及其现代化的绿皮书》(GREEN PAPER on the conversion of the Rome Convention of 1980 on the law applicable to contractual obligations into a Community instrument and its modernization)及其评论。

款,这些文件应该规定当事人可以选择适用该规则。① 然而,这也导致共同体文件(或欧盟法律文件)到底是并入合同,还是为合同准据法的疑惑。②

虽然《罗马条例Ⅰ》在“非国家法”的适用上采取“高高扬起的鞭子轻轻地落下”的态度,但是该条例的制定过程无疑是一种崭新的、积极的尝试。从中也反映出,各国对非国家法作为准据法的不同态度,更反映出非国家法在适用上的难题与困境,这为其发展指明了方向。

(三)海牙国际私法会议的相关文件

欧美国家对非国家法的相对谨慎的态度未能满足理论界和实务界的期待。2012年,海牙国际私法会议特别委员会通过了《海牙原则》。不同于往常的文件,《海牙原则》是不具有约束力的软法文件。③ 然而,根据该原则的序言,其旨在成为“对国内、区域、超国家或国际性文件的范本”,并积极“解释、补充和发展国际私法规则”。

《海牙原则》第3条规定,本原则中所提及的法律包括作为中立的、平衡的规则体系,在国际的、超国家的或区域的层面得到普遍接受的法律规则,除非法院地法另有规定。理解该条款在于认识下述文本

---

① Zheng Sophia Tang, Non-state law in party autonomy-a European perspective, *International Journal of Private Law*, Vol. 5, No. 1, 2012, p. 27.

② Zheng Sophia Tang 分析道:详述14是为了将来共同体文件的适用,特别是将来的欧盟合同法。那么,在这种选择进入(opt-in)的程序中应被看为是并入合同,还是选择其为准据法?根据条例第23条规定:在特定领域,本条例不应对规定合同义务的冲突法规则的共同体法律条文的适用中构成偏见。这表明:在《罗马条例Ⅰ》和其他共同体文件的关系中,共同体文件优先。因此,选择进入程序和选择的文件的地位应由未来的共同体文件的条文决定,而非《罗马条例Ⅰ》。无疑,《罗马条例Ⅰ》避免了对非国家法的地位的明确回答。See Zheng Sophia Tang, Non-state law in party autonomy-a European perspective, *International Journal of Private Law*, Vol. 5, No. 1, 2012, p. 27.

③ 海牙国际私法会议于1983年成立,其在某些领域的法律协调上取得很大成功,如家庭法,但是在法律选择上却进展缓慢。关于法律选择领域,海牙会议有1955年公约和1986年公约。1955年公约在1964年生效,1986年公约至今没有生效。20世纪80年代后期,海牙国际私法会议启动有对法律选择立法的再讨论,但是该项目后被搁置。通过硬法的方式实现的国际法律选择上的协调看似机会渺茫,因此2012年该原则采用软法机制。See Ralf Michaels, Non-State Law in the Hague Principles on Choice of Law in International Contracts, *SSRN*, 2014, pp. 9 – 10.

含义:第一,法律规则(rules of law)。根据法律多元主义的视角,该法律规则包含非国家法,但并非所有的非国家法都能构成法律规则,作为原则、规则和公理融合物(amalgam)的新商人法并非是此处的"法律规则"。同时,其也潜在地排除了并非法律规则的宗教法、互联网规范等非国家法。第二,规则体系(set of rules)。该条文要求法律规则是以"规则体系"形式存在。其内在地要求法律规则具有相对的完整性和全面性。当然,在合同分割法情况下,其完整性和全面性要求可能在某种程度上得到弱化。第三,中立的和平衡的(neutral and balanced)。此处要求非国家法制定的形式是中立的和平衡的,一般由相对独立于当事人的中立机构所制定。非国家法的规定也不应明显偏向任何一方,其明显排除了由利益机构制定的法律规范。第四,在国际的、超国家的或区域层面得到普遍接受(generally accepted on international, supranational or regional level)。其要求非国家法在跨国界层面上得到交易者或相关国家的普遍接受,其排除了零散的、不被认可的或纯国内的非国家法的适用。①

(四)简短的评论

在其他国际性或区域性法律文件或国内法典也有对非国家法适用的规定。典型例证为1994年《美洲国家间关于国际合同法律适用的公约》(Inter-American Convention on the Law Applicable to International Contracts,以下简称《墨西哥公约》)第10条规定:在前述条款之外普遍接受的其他条文、指导规范、习惯和国际商法的原则、商业惯例,都应得到适用。然而,《墨西哥公约》目前也只被墨西哥和委内瑞拉所批准。相似的条款也被《乌拉圭国际私法法典》所规定。②

基于选择的视野,纽约大学法学院研究人员Sagi Peari提出自己的主张:反对当前不给予非国家法选择的可能性的规定,但同时对该类型

① 对该条款的分析部分借鉴迈克尔斯教授的解读。See Ralf Michaels, Non-State Law in the Hague Principles on Choice of Law in International Contracts, *SSRN*, 2014, pp. 14 – 18.

② See Ralf Michaels, Non-State Law in the Hague Principles on Choice of Law in International Contracts, *SSRN*, 2014, p. 6.

的选择也应施加显著的限制。[①] 这应验了关于非国家法适用的三个潜在发展趋势:其一,在当事人意思自治的范围内,非国家法的适用几乎得到所有国家的认可。其二,晚近以来,非国家法的性质瑞丰处在由“事实”向“法律”转变的过程之中。换言之,对非国家法的适用从援引并入方式逐渐转化为准据法方式。[②] 其三,即使非国家法能够成为合同的准据法,但其适用也并非如此简单。并非所有的非国家法都能够得到适用。经当事人选择的非国家法应满足受认可、跨国性或国际性、普遍接受等形式要件,也要符合明确性、全面性的实质要件。这在 U. C. C.、《罗马条例Ⅰ草案》、《海牙原则》等文件均有体现。

五、“非国家法”在中国的法律实践及改进建议

历史上,仲裁被称为“同伴间的正义”,由于其私权利救济的属性及不涉及司法主权,仲裁赋予当事人在适用法律上更大的灵活性,这亦体现在中国的涉外仲裁规则中。《法律适用法》第 18 条规定:当事人可以协议选择仲裁协议适用的法律。同时,以中国国际经济贸易仲裁委员会为例,其 2012 年新版《仲裁规则》第 47 条增加了第 2 款,该条款规定:当事人对于案件实体适用法有约定的,从其约定。当事人没有约定或其约定与法律强制性规定相抵触的,由仲裁庭决定案件实体的法律适用。从文本出发,当事人选择的实体适用法包含国家法,也包含非国家法;仲裁庭在缺乏当事人合意下,也可能选择非国家法决定案件的法律适用。当事人选择非国家法作为准据法已被司法实践所承认。[③] 同时,作为《纽约公约》的缔约国,我国在不予承认与执行涉外仲裁裁决情形也不包括适用非国家法的情形。综言之,非国家法在我国涉外仲裁的适用没有法律上的障碍。鉴于此,下文具体考察我国法律文本

① Sagi Peari, The Choice-Based Perspective of Choice-of-Law, *Duke Journal of Comparative & International Law*, Vol. 23, 2013, p. 485.

② 单文华:“国际贸易惯例基本理论问题研究”,载《民商法论丛》(第 7 卷),法律出版社 1997 年版,第 642 页。

③ 在厦门象屿集团有限公司与米歇尔贸易公司确认仲裁条款效力案中,法院就承认了讼争合同所约定首先应适用的《联合国国际销售合同公约》及《国际商事合同通则》系实体争议的准据法。参见(2004)厦民认字第 81 号。

和司法实践中,对非国家法的适用问题。

(一)法律规定的模糊性

《涉外民事关系法律适用法》在立法过程中,有学者建言对国际条约、国际惯例的适用进行规定。《法律适用法》的最初版本包含新的条款:允许当事人选择国际条约调整当事人间的合同。① 同时,2002年《民法草案》第9编第4条也规定,涉外民事关系的当事人可以经过协商一致以明示方式选择适用国际惯例。然而,在全国人大常委会第三次审议《法律适用法》草案时,全国人大法律委员会认为国际条约涉及面广、情况复杂,对国际条约的适用问题暂不做规定。② 因此,2010年通过《法律适用法》最终版并未规定与非国家法适用相关的条款。

2012年《最高人民法院关于适用涉外民事关系法律适用法若干问题的解释(一)》(以下简称《司法解释(一)》)中明确规定了涉外民事关系的法律适用涉及适用国际条约的,人民法院应当依据《中华人民共和国民法通则》(以下简称《民法通则》)第142条第2款等予以适用;涉外民事关系的法律适用涉及适用国际惯例的,人民法院应当根据《民法通则》第142条第3款等予以适用。我国《民法通则》第142条规定,我国缔结或参加的国际条约优先于我国民事法律规定;在我国法律和我国缔结或参加的国际条约没有规定的,可以适用国际惯例。我国通说认为该规定并非给予国际条约相同于准据法的地位,但是却将其作为中国法律体系的法律渊源。若民事争议属于经我国批准或加入的国际条约的管辖范围,该条约得到适用,除非该条约允许当事人在合同中排除适用,并且当事人在合同中也有明确约定。③ 因此,国际条约成为国内法律渊源,而不能成为准据法加以适用。

另外,国际惯例具有补位的作用,其也被视为我国法律渊源的一部

---

① Zheng Sophia Tang, International Treaties in Chinese Private International Law, *Hong Kong Law Journal*, Vol. 42, 2012, p. 598.

② 最高人民法院:最高人民法院民四庭负责人就《关于适用〈中华人民共和国涉外民事关系法律适用法〉若干问题的解释(一)》答记者问,载 http://www.court.gov.cn/xwzx/jdjd/sdjd/201301/t20130106_181593.htm,2014年5月27日访问。

③ 该观点也反映在2004年广东省高级人民法院关于印发《关于涉外商事审判若干问题的指导意见》的通知之中。

分,而得到适用。《民法通则》第150条却规定:依照本章规定适用外国法律或国际惯例的,不得违背中华人民共和国的社会公共利益。再者,2012年《司法解释(一)》第9条规定:当事人在合同中援引尚未对中华人民共和国生效的国际条约的,人民法院可以根据该国际条约的内容确定当事人之间的权利义务,但违反中华人民共和国社会公共利益或中华人民共和国法律、行政法规强制性规定的除外。

因此,我国对非国家法的立法存在几点模糊之处:第一,我国立法体制中,仅规定国际条约、国际惯例和其他未生效的国际条约,其他非国家法是否可以得到适用?第二,《法律适用法》第3条规定的当事人意思自治选择的"法律"是否包括非国家法?① 如果不包括,为何在《司法解释(一)》将未生效的国际条约纳入当事人选择的范畴?特别是《民法通则》和《司法解释(一)》还借公共秩序保留排除国际惯例、其他未生效的国际条约的适用。第三,非国家法的适用方式之间产生矛盾。经缔结或参加的国际条约、国际惯例是我国法律体系的一个部分,还是可以充当准据法,条款中的"适用"非常模糊,未生效的国际条约由当事人合同"援引"得以确定当事人权利与义务,其是否意味着未生效的国际条约是援引并入合同的方式,还是以准据法的方式确定权利与义务?除此之外,我国法律并未对其他形式的非国家法的适用进行规定。如此可见,我国对非国家法的适用立法较为混乱,并缺乏明确

① 根据《法律适用法》第3条规定,当事人依照法律规定可以明示选择涉外民事关系适用的法律。基于全球法律多元主义的观点,一般立法用"法律"和"国家的法律"作为区分是否包括非国家法的方式。因此,有学者认为此处应推断为当事人所选择适用的准据法可以是国内立法,也可以包括国际民上市条约,但必须为实体性规范。参见孙南申、张苏锋:"论未对中国生效的国际私法条约在国内法院适用问题",载《武大国际法评论》2013年第1期。当然,现在主流观点为此处的"法律"不包括"非国家法"。其理由为,根据立法原意和我国《民法通则》第八章立法实践,并且通过第6条规定涉外民事关系适用外国法律情形,可知此处的"法律"仅仅指"国家法"。See Zheng Sophia Tang, International Treaties in Chinese Private International Law, *Hong Kong Law Journal*, Vol. 42, 2012, pp. 605 - 607.

性,这也反映在具体的司法实践中。[①]

(二)司法实践的矛盾性

由于我国《民法通则》、《法律适用法》等均未对非国家法的适用作出规定。在司法实践中,也反映出相当程度的矛盾性。

1. 经缔结或参与的国际条约适用

经缔结或参与的国际条约适用可分为两个层面:第一,为国际条约与我国民事法律同一。实践中,存在要么适用国际条约,要么适用我国民事法律的不同情况,[②]这并不存在疑问。第二,若是我国民事法律规定与国际条约不同或我国民事法律规定没有规定,一般都适用国际条约。如金乡县冰川棉业有限公司与V. C. E. 有限公司(捷克)等买卖合同欠款纠纷上诉案。[③] 然而,在上海振华港口机械有限公司诉美国联合包裹运送服务公司国际航空货物运输合同标书快递延误赔偿纠纷案中,涉案运单背面印有"华沙公约及其修改议定书完全适用于本运单",最终法院依据我国《民法通则》第142条规定及当事人选定的《华沙公约》为准据法下,使用《华沙公约》及《海牙修改议定书》进行审理。[④] 这不免对国际条约是否能成为当事人合同的准据法产生疑惑。

2. 国际惯例的适用

在我国法律适用上国际惯例构成补缺功能。在我国签署的国际条约和我国民事法律未规定情况下,可以适用国际惯例。例如,阿尔甘尼

① 我国学者对非国家法的适用问题的探讨,可参见许军珂:"当事人意思自治原则对法院适用国际条约的影响",载《法学》2014年第2期;张晓东、董金鑫:"论统一实体国际条约不宜作为准据法",载《海峡法学》2011年第11期。

② 例如,美国恒达食品有限公司诉日照市水产集团总公司、日照日荣水产有限公司购销合同纠纷案适用的是与国际条约相符的我国民事法律;瑞士米里米特公司与河南省土产进出口公司货物销售合同纠纷上诉案则适用的是CISG。相关的适用情形可参见刘瑛:"论《联合国国际货物销售合同公约》在中国法院的直接适用",载《法学评论》2009年第5期。若在当事人排除公约适用且公约允许当事人排除情况下,则适用冲突规范。如加拿大水上休闲运动品有限公司与东辉塑胶(上海)有限公司买卖合同纠纷上诉案,即(2007)沪高民四(商)终字第6号。

③ (2007)鲁民四终字第6号。

④ 《最高人民法院公报》1996年第1期。具体分析可参见廖艳嫔:"国际商事条约在我国司法实践中的适用",载《河北法学》2011年第1期。

姆公司诉威顺海运有限公司等海上货物运输合同纠纷案所示。[①] 在中保财产保险有限公司福建省分公司诉俄罗斯远东海洋轮船公司案中,法院认为国际惯例并非是我国允许的准据法,最终拒绝适用国际惯例。[②] 然而,根据《民法通则》第150条的规定,在海南省木材公司诉新加坡泰坦船务私人有限公司、新加坡达斌(私人)有限公司提单欺诈损害赔偿纠纷案中,法院却以公共秩序保留为由,排除《跟单信用证统一惯例》的适用。[③] 其无疑变相承认了国际惯例的准据法地位。国际惯例能否充当合同的准据法之谜并未解开。

3. 未对中国生效的国际条约的适用

未对中国生效的国际条约中,有法院将此类国际条约作为国际惯例加以直接适用。例如,中铁国际多式联运有限公司上海分公司诉上海吉微亚电子有限公司货运代理合同纠纷案,法院依职权主动适用中国尚未加入的《联合国国际货物多式联运公约》中的规定。[④] 而德国美最时洋行诉广州远洋运输公司和招商货柜航运有限公司“强河”轮无正本提单交货纠纷案,法院却确认《海牙规则》属于当事人选择适用的准据法。[⑤]

对于其他非国家法,主要是经编撰的一般法律原则及其他商人法,如《国际商事合同通则》,由于其在我国的法律适用上的地位不明,其导致现有司法裁判难以认可其适用的地位,[⑥]更遑论宗教法、互联网等自治规范的适用问题。

(三)对“非国家法”在中国适用的改进建议

对非国家法规定的缺席导致了司法实践矛盾频出。究其缘由,我

① (2010)沪高民四(海)终字第57号。

② (1999)厦海法商初字第11号。

③ 《最高人民法院公报》1993年第2期。具体分析可参见孙南申、张苏锋:“论未对中国生效的国际私法条约在国内法院适用问题”,载《武大国际法评论》2013年第1期。

④ (2010)沪铁民初字第578号。

⑤ 孙南申、张苏锋:“论未对中国生效的国际私法条约在国内法院适用问题”,载《武大国际法评论》2013年第1期。

⑥ 据笔者目力所及,主要是通过北大法宝和中国裁判文书网查询,仍未有相关案件涉及《国际统一私法协会国际商事合同通则》的适用。

国当前对国家法适用的规定不符合全球法律多元主义的潮流,更不能满足跨境民商事实践的发展。鉴于此,追本溯源,我国应从将来的法律文件或司法解释中明确非国家法的形式、地位和适用方式。

1.界分国家法与非国家法

非国家法适用的司法实践的混乱在于定位不清。因此,区分国家法和非国家法至关重要。第一,经缔结或参与的国际条约不是非国家法。根据《民法通则》,经缔结和参与的国际条约实质上已经成为我国法律体系的一部分,因此其构成"国家法",不属于非国家法的范畴。在具体的司法实践中,适用经缔结和参与的国际条约本身就是在适用我国的法律体系,其应得到直接适用,而无须任何的冲突规范,除非当事人一致排除其适用且该公约允许此类排除适用。第二,国际惯例、未对中国生效的国际条约应属于非国家法。《民法通则》和《司法解释(一)》均规定对国际惯例、未对中国生效的国际条约的适用。从文本分析,其适用方式可能潜在地包含非国家法的使用方式。因此,笔者认为国际惯例、未对中国生效的国际条约等属于非国家法范畴。

2.扩展可适用的非国家法的形式

我国目前仅规定了国际惯例和未对中国生效的国际条约的非国家法,在实践中,国际惯例与未对中国生效的国际条约在辨别上也存在难度。首先,应明确界分国际条约和国际惯例。国际条约是需有国家或地区缔结或参加才能生效的国际协定,一经生效即产生效力。而国际惯例则无需国家或地区的缔结和参与,只要由当事人选定既能产生拘束力,其只产生一次适用的效果。其次,应拓展对其他非国家法的适用。民商事领域应最大限度地发挥当事人意思自治,特别是应将经官方编撰的一般法律原则纳入当事人选择的范围之中,如《国际商事合同通则》。最后,《法律适用法》第3条规定当事人意思自治范围内选择的"法律"应明确是否包括非国家法,以及包括何种形式的非国家法。根据商业实践,借鉴欧美国家立法和国际性法律文件,建议扩大当事人的选法自由,将"法律"界定在"国家法及经认可的、普遍适用的、跨国的非国家法"。经认可的普遍适用的非国家法包括国际条约、国际惯例和经编撰的一般法律原则,排除新商人法、宗教法和互联网等规范和国内的非国家法。

3. 确定非国家法在冲突法中的准据法地位

根据晚近以来的实践,越来越多的国家规定当事人选择非国家法适用的方式,要么以援引并入的方式,要么给予准据法地位。契约型效力和法律效力具有不同的功能与作用。根据我国《民法通则》的规定,我国已经在实践中采用"分割法"。[①] 而且也在法律上规定,以公共秩序保留和"直接适用的法"阻止国际惯例等的适用。鉴于此,笔者认为应明确规定赋予当事人给予非国家法的准据法的适用地位的权利。若当事人合意将非国家法并入合同,则只能调整合同的具体事项,确定具体的权利和义务;若当事人意图将非国家法视为准据法,则法院应认可非国家法在冲突法中的地位与作用,并运用公共秩序保留、禁止法律规避等冲突规则调整准据法的适用,并通过法院地法的规定限制非国家法的不当适用。唯有如此,才能根本上实现冲突法的终极价值——让私法自由精神实现法律文本和司法实践的真正归来。

(孙南翔,西南政法大学国际法专业博士研究生、中国—东盟法律研究中心研究员)

① 根据《民法通则》的规定,实际上是将我国法律、我国缔结或参加的国际条约与国际商事结合起来,分别适用于合同的不同法律问题。参见肖永平:"论国际商事惯例在我国的适用",载《河南省政法管理干部学院学报》2003 年第 1 期。

法经济学视野下的安乐死

刘廷华　张　茜

目　次

所谓安乐死，是指有尊严地死亡或无痛苦致死术。① 而现代意义上的安乐死，一般指"患不治之症的人或其他特定状态下的人在严重濒死状态时，由于精神和躯体的极端痛苦而无法解脱，在病人或亲友的要求下，经过医生的认可，用人为的方法，使病人在无痛苦状态下度过人生最后阶段而终结生命的过程"。② 尽管安乐死的初衷是为了减轻病人痛苦，但毕竟是一种故意结束生命的行为。因此，安乐死能否合法化的最基本问题在于"可否证明故意杀人是正当的"。③ 本文拟从经济学和法学两个角度来分析安乐死的正当性，并在考察国外安乐死实践的基础上提出我国安乐死立法建议。

① 楚东平：《安乐死》，上海人民出版社 1988 年版。

② 周德新：《死亡学概论》，光明日报出版社 2009 年版。

③ Theo A. Boer, Recurring Themes In The Debate About Euthanasia and Assisted Suicide[J], *Journal of Religious Ethics*, 2007(3): 529 - 555.

一、安乐死的经济学分析

1. 安乐死的益处

(1)节约资源

为了判断一个病危患者是否应当继续活下去,人们不仅要考虑患者病情是否有治愈的可能和治疗的必要,而且还要考虑那些为了维持他的现状而在感情和经济上付出巨大代价的其他人,以及那些因被垂危患者占用而得不到稀少医疗资源的其他可以治愈的患者。① 对于病危患者而言,在医院接受治疗要花费各种仪器治疗费、住院费、医药费、护理费等费用。在明知道治疗已经无效的情况下,以安乐死的方式结束生命,必然节省不菲的医疗费用。② 对社会而言,安乐死可以避免不必要的医疗资源浪费,使有限的医药资源得到更合理的利用,保证其他病人得到有效治疗。③ 与其他资源一样,医疗资源的利用同样遵循边际效用递减规律。如果将濒死病人占用的大量资源转移给那些缺乏医疗资源的病人,其利用效率将明显提高。

(2)减少痛苦

随着现代医学水平的不断进步,人类寿命得到了延长。对于一个健康人而言,长寿是件好事。但是对濒死病人来说,"更长的寿命的礼物很可能是无价值的,如果最终它不得不付出疼痛,无能力或丧失尊严的话"。④ 无疑,濒死病人生命的延续是以承受痛苦为代价的。"死亡恐惧与生俱来,人皆有之。它是一种根本的恐惧,影响着其他各种恐惧。不管这种恐惧具有什么样的伪装,却无人能为之幸免。"⑤当病痛足以让病人战胜对死亡的恐惧,这种病痛肯定是令人无法忍受的。医院提供的维生技术延长了等待死亡的过程,病人除了忍耐身体上的疼

① E. K. Suckiel. 死亡及其对永久性无意识病人的好处:安乐死的证明[C]//邱仁宗. 医学的思维和方法:国外医学哲学论文选. 北京:人民卫生出版社 1985 年版,第 516 页。

② 彭现美、翟振武:"安乐死的成本与效用分析",载《人口与经济》2005 年第 3 期。

③ 周德新:"安乐死:经济与伦理的博弈",载《江汉论坛》2012 年第 3 期。

④ [美]罗伊·波特:《剑桥医学史》,张大庆等译,吉林人民出版社 2000 年版。

⑤ [美]恩斯特·贝克尔:《拒斥死亡》,华夏出版社 2000 年版。

痛以外,还得饱受死亡恐惧带来的精神痛苦。"双重的痛苦使人产生犹如生活在地狱的感受,对这样一个病人而言,怎不有'生不如死之叹'呢?又怎能不愿意采取一种合适的无痛苦的方式早早地安息?"①

(3)保持尊严

对于那些濒死病人,通过心脏起搏器等维生手段勉强维系生命不仅增加痛苦,而且有损尊严。因为只有当生命的价值不被低估的时候,生命才是有尊严的。按照"值得活的生命"理论,在伦理上真正有意义的不是无辜的生命是否被终止,而是被终止的生命是否是值得活的生命。一个生命是否值得活,取决于其主观价值与客观价值的对比。生命的主观价值与一个人自己如何看待自己生命的存在状态有关,而生命的客观价值更多是从社会角度来评价一个人的生命价值以及其死亡可能对他人产生的影响。有时,生命价值的主观评价与客观评价会发生冲突,辛格指出:"如果我们是顺序功利主义者,我们必须允许,一个继续活下去的渴望可以屈从于其他渴望。"②换言之,当生命的客观价值低于主观价值时,生命的尊严就不复存在了。除了其亲人朋友精神上的牵挂外,濒死病人生命的客观价值几乎荡然无存,生命的尊严很难维系。那么,此时,应当尊重患有不治之症的病人选择尊严死亡的权利,这也是社会文明进步的一种体现。③

2. 安乐死的成本

(1)心理伤害

生命具有最大的经济价值,而且人与人之间的生命是等值的。那种认为可以牺牲一个人的生命去挽救另一个人的生命的观点是违反生命价值原则的,会引发生命不平等的严重后果,导致一些人践踏其他人生命的事件发生,同时也不符合现代平等的生命价值理念。④ 安乐死愿望通常建立在患者对病情和医疗技术的判断之上,其判断所依据的信息有出现错误的可能。有些安乐死请求者是出于对死亡的恐惧,或

① 郑晓江:《穿透死亡》,江西教育出版社2000年版。
② Peter Singer, *Practical Ethics*, Cambridge University Press, 1993.
③ [瑞]托马斯·弗莱纳:《人权是什么?》,中国社会科学出版社2001年版。
④ 周德新:"安乐死:经济与伦理的博弈",载《江汉论坛》2012年第3期。

者是因为医生或他人夸大了死亡概率。有人认为,如果安乐死的自我意愿容易被扭曲,普遍的安乐死项目对重症患者带来的心理恐惧将是无法估量的。此外,安乐死者的家人、朋友和医务人员等直接参与安乐死的人也将因此而受到负疚感等心理伤害。这种观点值得怀疑,因为安乐死合法化后是否选择安乐死是病人的权利而非义务,社会并不会通过比较不同个体的价值而擅自决定为某个低价值个体实施安乐死。通过立法,安乐死能够得到很好的管理,病人的自由意志也能够得到尊重。至于安乐死参与人遭受的精神痛苦,确实存在。但是,与这种痛苦相比,那些本能够但却没有帮助濒死病人解除痛苦的人,日后可能会为因为自己的优柔寡断致使濒死病人遭受更长时间的不必要的巨大痛苦而更加内疚。

(2)可能阻碍医学发展并使濒死病人丧失医学发展带来的受益机会

在医学史上,医学技术的发展总是在冲破一个又一个疑难杂症中实现的。安乐死可能会阻碍医学技术向更高水平进军的步伐。[①] 而且,安乐死对象虽然已经处在濒死边缘,但毕竟还是未死之人,有可能从医学的最新发展中受益,甚至重新回到社会中为社会创造经济和社会价值。[②] 笔者不同意上述观点。医学的发展和临床研究是有一定联系的,但这种联系并不是绝对的,很多医学上的成果是先在实验室中研究出来,然后再适用到临床。如果为了所谓的"医学进步"而忽视患者正在承受万分痛苦这一客观事实,把患者作为研究对象以期发现救命良方,这并不人道。根据伦理上的基本原则,即便为最美好的目的,人亦不可被当作客体来看待,不可被当作事物而予以利用。[③] 就现实生活中的病例而言,在足够短的时间内由于医学上的新突破而治好濒死病人的可能性也是十分渺茫的。实际上,在人们对一病例考虑进行安

① 李惠:"安乐死社会伦理探析",载《上海大学学报》(社会科学版)2004 年第 2 期。

② 周德新:"安乐死:经济与伦理的博弈",载《江汉论坛》2012 年第 3 期。

③ Burton M. Leiser, *Liberty, Justice, and Morals*, New York: Macmillan Publishing Company, 1986.

乐死时,病人的病情往往已经严重到根本不可能予以挽回。

(3)可能导致严重的后果

有学者认为安乐死在道德意义上就是杀死一个无辜之人,一旦立法使安乐死普遍化,就会导致对生命权这一基本人权价值的公然践踏,[①]人们必将沿着安乐死立法这一可怕的斜坡堕落到合法地结束生命甚至堕落到纳粹大屠杀的罪恶境地。众所周知,那场恶梦开始于针对不治之症病人的安乐死项目。为避免类似纳粹悲剧再次重演,安乐死应予以禁止。但是,如果考虑到那场灾难发生时的特定历史和政治背景,反对论者的滑坡理论实在敏感过头。[②] 对于痛苦不堪的濒死病人,死亡在短期内将是一种必然。在这个意义上,安乐死所解决的矛盾,不是从"生"向"死"的转变,而是从"痛苦"向"安乐"的转变,[③]不会导致无法控制的严重后果。

二、安乐死的法律分析

1. 生命自主权是安乐死的权利基础

当今世界各国的法律都规定公民拥有生命权,人们常常有意无意地把死亡权排除在生命权之外。"要谈死亡权,这是件很特别的事。"[④]但从性质来看,生命权是指自然人支配自己生命,以防他人干涉的权利,是对世权和支配权。[⑤] 既然自然人对其生命享有支配权,也就意味着他可以对自己的生命处分享有自主权。[⑥] 休谟宣称:"如果人类可以

---

① Penney Lewis, The Empirical Slippery Slope from Voluntary to Non-Voluntary Euthanasia, *Journal of law, medicine & ethics*, 2007(35): 197 - 210.

② Burton M. Leiser, *Liberty, Justice, and Morals*, New York: Macmillan Publishing Company, 1986.

③ 祝世讷、冯秀云、梁中天:"关于《安乐死暂行条例(草案·建议稿)》的若干说明",载《医学与哲学》1999年第10期。

④ [德]汉斯·约纳斯:《技术、医学与伦理学:责任原理的实践》,张荣译,上海人民出版社2008年版。

⑤ 李锡鹤:《民法哲学论稿》,复旦大学出版社2000年版。

⑥ 杨立新、刘宗胜:"论安乐死合法化的民法基础",载《云南大学学报》2005年第4期。

设法延长生命,那么人类也可以缩短生命。换言之,生与死都是人的权利。”[①]尊重独立的原则告诉我们,要允许富有理性的人们根据自己独立的决定去过自己的生活,而不受强迫或干预。如果独立的理性人选择安乐死,那么对独立的尊重之心将引导我们帮助他们去做他们所选择的事情。[②]

就法律而言,即便最珍贵的权利也是附加一些限制的,[③]生命自主权也不例外。美国学者范伯格归纳,现代社会对私人事务进行干涉的根据主要包括损害原则、冒犯原则、家长或统治原则、合法的道德主义以及福利原则。[④] 安乐死不会损害任何其他个体和公共利益,损害原则因此没有适用的可能。同时,安乐死是当事人在明白一切相关事实和可能偶发事件的情况下进行的自愿行为,其目的是为了减少痛苦而不是伤害自己,家长或统治原则也不能适用。至于冒犯原则,主要是为了防止对他人的冒犯而对自主权进行的限制。通常,安乐死不会让人产生厌恶、羞耻和困窘等不快的感觉。因此,冒犯原则也不能成为禁止安乐死的理由。“人生不仅是个人的事情。它包含着过去、现在、未来和他人,包含着对社会的参与和义务的复合体。”[⑤]比如,对子女的抚育,对老人的赡养、对爱人的呵护。表面上看,安乐死与福利原则相悖。但是,请求安乐死的人或者已经履行完这些义务,或者在客观上不可能或无力履行这些义务。[⑥] 因此,进入晚期的绝症病人结束自己的生命并不是一件错事,[⑦]很难从道义上对安乐死进行非难。综上所述,安乐死是公民生命自主权的当然内容,具有正当性。

---

① 冯泽永:《生命迷案》,重庆出版社 1999 年版。

② Peter Singer, *Practical Ethics*, Cambridge University Press, 1993.

③ Burton M. Leiser, *Liberty, Justice, and Morals*, New York: Macmillan Publishing Company, 1986.

④ 范伯格:《自由、权利和社会正义》,贵州人民出版社 1998 年版。

⑤ 何光沪:“人生,还是死? 人,还是非人?”,载《读书》1992 年第 9 期。

⑥ 李明华:“安乐死:生命的尊严”,载《西南民族学院学报》2000 年第 10 期。

⑦ [美]舍温·纽兰:《我们怎样死? 关于人生最后一章的思考》,世界知识出版社 1996 年版。

2. 安乐死具有出罪的可能性

任何一种犯罪都必须具备三个特征:社会危害性、刑事违法性及应受刑罚性。① 这三个要素是一切犯罪成立的必备条件。安乐死具有违法性阻却事由,不具有违法性,因此不构成犯罪。所谓违法性阻却事由,是指“虽然在客观上造成了一定损害后果,表面上符合某些犯罪的客观要件,但实际上没有犯罪的社会危害性,并不符合犯罪构成,依法不成立犯罪的事由”。② 作为违法性阻却事由理论体系的基本内容,在大陆法系刑法学界目前存在着“法益衡量说”、“目的说”和“社会的相当性行为说”三种学说。法益衡量说包括优越利益说和利益阙如说。优越法益说认为,如果行为是为了保护价值大的权益而牺牲了价值小的权益,则行为不具有违法性。③ 有学者认为,当个体生命已经进入濒死阶段,患者的生活利益(包括“既得利益”与“期待利益”)显然已经成为高于生命利益的“优越的法益”,医生为患者实施安乐死因而是符合优越法益说理论要求的。④ 笔者认为应该比较的法益是“极度痛苦地慢慢死去的法益”与“安乐地死去的法益”,由于濒死患者死期将至,后者明显优于前者。此外,刑法的任务是保护利益,而利益是分属于各个主体的。当安乐死主体自愿放弃生命时,该利益实际上也就不存在了。按照利益阙如说,既然没有应受法律保护的利益,也就无须追究责任。目的说认为违法性的本质是违反了作为法秩序基础的社会伦理规范,违法性的根据在于恶的行为与内心。安乐死当事人并不存在这种恶的行为与内心。根据社会相当性行为说,社会生活属于历史形成的各种社会伦理秩序范围,如果行为为此秩序所容许,自然阻却违法性而成为刑法中的正当化行为。⑤ 安乐死只是濒死患者行使死亡方式的选择权,没有超出社会伦理秩序,属于社会相当性行为。

此外,按照期待可能性理论,如果不能期待行为人实施其他合法行

---

① 高铭暄、马克昌:《刑法学》,北京大学出版社、高等教育出版社 2000 年版。

② 张明楷:《刑法学》,法律出版社 2003 年版。

③ [日]木村龟二:《刑事法辞典》,顾肖荣译,上海翻译出版公司 1991 年版。

④ 王晓慧:《论安乐死》,吉林人民出版社 2004 年版。

⑤ [日]木村龟二:《刑事法辞典》,顾肖荣译,上海翻译出版公司 1991 年版。

为,就不能对行为人的行为进行非难,也就不存在刑法上的责任。[①] 相反,如果能够期待行为人实施适法行为,而行为人实施了违法行为,即产生责任,要对行为进行刑事非难。期待可能性程度越高,反映了其主观恶性越大,行为人应负较重的刑事责任;反之,行为人只应负较轻的刑事责任。即行为人应负的刑事责任的大小轻重与期待可能性高低成正比。可以认为,安乐死是濒死病人别无选择的选择,是极端痛苦状态下个体趋利避害的天性使然,不应该受到法律追究。正是期待可能性的缺乏,构成了阻却形式上该当故意杀人罪构成要件的安乐死免罪的法理根据。[②] 此外,陈兴良教授在讨论刑法的谦抑性时指出,立法者应当力求以最小的支出(少用甚至不动用刑罚)获得最大的社会效益。[③] 实际上,追究安乐死的罪责并不能在客观上减少此种行为,不能获得社会收益。从这个角度看,安乐死非罪化是一种趋势。

三、安乐死在国外的立法与司法实践

至今仍有很多国家和我国一样严格禁止安乐死,在希腊、波兰、爱尔兰和罗马尼亚等国实施安乐死会被判处期限长短不一的监禁,而在克罗地亚、波斯尼亚和塞尔维亚等国,实施安乐死被视为谋杀。日本等国虽然没有合法化却默许消极安乐死,美国等国则通过立法支持消极安乐死,荷兰等国则通过立法使安乐死彻底合法化。总的来看,各国安乐死立法和司法实践呈现出复杂格局,支持消极安乐死的国家较多,赞成积极安乐死的国家则相对较少。

1. 默许消极安乐死

根据《日本刑法典》第 202 条的规定,帮助自杀行为,两厢情愿的杀人行为,即使是被害人请求或者同意的,行为人的行为都属于犯罪行为,将被处以 6 个月以上 7 年以下监禁。由此可见,实施安乐死在日本属于犯罪行为,但安乐死进程却并未因此而停滞。在 1962 年 12 月 22

---

① 高铭暄:《刑法学》,北京大学出版社 2007 年版。

② 梁根林:“事实上的非犯罪化与期待可能性——对安乐死出罪处理的路径及其法理解读”,载《中外法学》2003 年第 2 期。

③ 陈兴良:《刑法哲学》,中国政法大学出版社 2000 年版。

日的判决中,名古屋高等法院认为实施积极安乐死可以成为刑法规定的"正当行为",如果它同时具备以下6个条件:(1)被害人患有不治之症而且死期临近;(2)被害人饱受不堪忍受的痛苦;(3)夺去生命只是为了缓和被害人的疼痛和痛苦;(4)得到被害人在神志清醒状况下表达的真诚同意;(5)原则上由医生负责执行;(6)实行的方法在伦理道德上具有妥当性。1992年,日本医学会生命伦理委员会在"给临终关怀医生的建议"的报告中,肯定了上述6个条件的积极意义。然而,委员会同时指出,在实践操作中不可能同时满足上述条件,间接地表明了不支持积极安乐死的立场。[①] 1994年,日本科学委员会死亡与医学保健专门委员会报告明确指出,即使是为了减轻患者痛苦也不得通过药物方式杀死病人,清楚地表明其禁止积极安乐死的立场。值得注意的是,报告还指出,停止生命维持措施是可以允许的,如果同时满足以下3个条件:第一,患者的病情在现有医学条件下无法逆转;第二,患者在意志清醒时表达了安乐死的愿望;第三,终止治疗措施必须由医生负责执行。总的来看,日本至今没有安乐死的专门立法,积极安乐死一直被视为犯罪行为,但消极安乐死却基本上得到社会认同和法律默许,没有因为消极安乐死而受到法律追究的案例。[②]

2. 消极安乐死合法化

1977年1月1日,美国加利福尼亚州"自然死亡法案"正式生效。该法案允许成年病人制定所谓"活遗嘱",授权医生撤除或终止维持生命的人工设备和其他措施。"活遗嘱"的中心意思是"我的生命不再用人工方法来延长",其生效条件包括:第一,病人身患不治之症且死亡迫在眉睫,维持生命系统的唯一作用只是延缓死亡的到来时间;第二,至少有两名见证人,而且见证人不得是病人的主治医生或病人家属;第三,必须本人申请,等待14天后才能执行。在满足上述条件下,医生可以根据病人的"活遗嘱"终止维持生命的辅助设施,其对病人的死亡不

---

① Hoshino K. Euthanasia, Current problems inJapan, *Cambridge Quarterly of Healthcare Ethics*, 1993(2):45-47.

② 祝彬、姜柏生:"日本安乐死立法之考察与研究",载《医学与哲学》2006年第10期。

负任何责任。同时,病人的死亡不被看作自杀,不影响家属领取人身保险赔偿金。自此以后,除华盛顿和纽约两个州的法律禁止安乐死外,美国其他各州纷纷效仿,通过了类似法律,对于执行安乐死的医疗行为免予追究法律责任。1985 年,为了统一各州消极安乐死法律,美国统一州法委员会通过了《统一重危病人权利法》,规定成年人有权要求医生在其生命垂危时保留或撤除生命维持系统。1994 年,俄勒冈州通过《有尊严地死亡法案》,1997 年该州 60% 的公民赞同病人有权在医师协助下完成安乐死,该法得以正式施行。医生协助自杀的条件如下:第一,经主治医生和会诊医生确诊,病人无法治愈且生命预期不足 6 个月;第二,病人自愿申请以服用药品方式结束生命;第三,病人首次口头请求 15 天后须第二次提出口头请求,在提出书面申请 48 小时后,医生才能开出致命药品处方;第四,主治医生在开除致命药品前,必须告知药品的风险、后果、可选择的替代方案以及有权随时撤销申请,确认病人足够理智。1997 年,联邦最高法院就宪法是否赋予晚期病人在医生协助下进行死亡协助进行言词辩论,并就协助自杀作出判决,认为为了保护人民而禁止医生协助病人自杀的法律并不违宪。1999 年,美国国会通过《疼痛缓解促进法》,授权医生可以开出可能增加死亡危险的处方止痛药,但不得以致死或帮助他人致死的故意而为上述行为。与此同时,美国众议院通过法律授权药物管制的执法人员严厉打击有目的使用受联邦政府管制的麻醉药以助病人死亡的医生,重申了认可消极安乐死但禁止医生协助自杀和实施积极安乐死的立场。

3. 医生协助自杀和积极安乐死合法化

1996 年,澳大利亚北部地区议会通过《垂危病人权利法》,它规定了医生协助自杀的合法条件,具体包括以下几个方面:第一,必须是年满 18 岁以上的绝症病人,二位医师及一位精神科医师对病人病情及其精神状态进行诊断;第二,病人在意志清醒状态下以书面签署安乐死意愿书的形式提出申请;第三,提出安乐死请求并获得医生同意后必须经过 7 天以上的冷静期和 48 小时以上的等待方能执行,在此期间病人随时可以撤销申请。由于该法案极具争议性,1997 年 3 月 25 日澳大利亚参议院以 38 票对 33 票通过了中止《垂危病人权利法》的提案。尽管如此,医生协助自杀合法化的进程在世界范围内却逐渐加快,在哥伦比亚和瑞士等国,如果晚期绝症病人清楚地表达了自己的意愿,那么医生帮助病人自杀就不属于犯罪行为。与允许医生协助自杀相比,荷兰在安乐死道路上走得更远,也更激进。2000年11月,荷兰下议院通过了安乐死法案。2001年4月,荷兰上议院通过了安乐死法案,以成文法形式把医生对患者实施积极安乐死行为合法化。在完全符合下列要求的前提下,帮助患者实施安乐死的医师可以免予追究法律责任:确信患者的请求是自愿的、深思熟虑与确定的;确信患者处于持久的难以忍受的痛苦之中;告知了患者现在所处的情形和将来的命运;得出了确定的结论认为对患者没有任何合理的可替代性治疗方案;与至少一个以上的中立的医生进行会诊,该医生诊断患者病情后得出与主治医生同样的判断;以医学上适当的方式结束生命;医生及时上报安乐死情况,接受地方评估委员会的审查。需要指出的是,该法案规定安乐死只适用于12岁以上的人,不包括新生儿、昏迷病人等不能表达自己意愿的病人。虽然联合国人权委员会对荷兰安乐死法案提出了批评,认为那样会导致麻木的"怜悯杀害",但这丝毫没有延缓荷兰安乐死立法的进程。2005年,荷兰又以成文法形式规定,如果病患儿童所承受的痛苦远远超过其幼小身躯的承受能力,经病患儿童父母同意,可对病患儿童实施安乐死。更令人吃惊的是,2012年3月荷兰自愿终结生命协会成立了世界上第一家安乐死诊所——"终结生命诊所",通过流动医疗队在全国范围内进行安乐死服务,协助符合安乐死法定条件的患者在家里结束生命。①

四、我国安乐死立法的几点建议

我国最早的安乐死实践出现在1986年,陕西第三印染厂职工王明成为身患肝癌晚期绝症的母亲夏素文申请"安乐死",主治医生蒲连升为他母亲注射了100毫克的复方冬眠灵后被陕西汉中人民检察院以故意杀人罪提起公诉,汉中市法院终审判决宣告蒲连升无罪。但该个案并不意味着安乐死具有合法性和普适性。17年后王明成经西安交大第二医院确诊为胃癌晚期后正式向医院提出了安乐死的请求,医院以

① 杨静:"安乐死出罪的域外司法实践考察",载《中国检察官》2013年第1期。

“国家没有立法,不能够实施”为由拒绝其申请,致其在饱经病痛折磨后死亡。事实上由于不允许安乐死,我国还有不少身患绝症的病人像王明成一样被病痛折磨至死,也有不少病患家属遭遇了邓明建一样的悲剧命运。值得反思的是,蒲连升的无罪和邓明建的获刑之间的鲜明对比使得司法的延续性受到挑战。前文的分析已经充分证明,安乐死在经济和法律两个层面都具有正当性。国外尤其是荷兰的实践已经证明,安乐死有条件合法化后不会引起不良后果。而国内近20年来,因安乐死获刑者大多被判处缓期执行也足以说明我国民众对安乐死具有相当高的认可度。因此,有必要尽快启动安乐死立法,通过法律来规范安乐死的实施。

1.适用对象

安乐死的对象只能是身患绝症、濒临死亡且处于不堪忍受的持续的身体痛苦之中的患者。所谓绝症必须是现代医学技术尚不能治愈的疾病,不是指收治患者的医疗机构不能治愈的疾病;濒临死亡是指患者已经处于不可逆转地接近死亡的状态,生命预期非常短暂,一般不超过6个月;不堪忍受的持续的身体痛苦这一条件排除了单纯的精神痛苦,即使其强烈、持久且难以忍受。有学者认为,安乐死的适用对象除了濒死的极端痛苦的病人外,还包括出生时即为重残、痴呆的婴幼儿、重度精神病患者、重度残疾人以及处于不可逆昏迷中的“植物人”,促使其在无痛苦感受中死亡。[①] 至于对这些人适用安乐死的理由,学者多是从功利主义角度进行论证的。如陈绍辉认为,如果不允许对这类对象实施安乐死,必将给家庭乃至全社会带来不幸及负担。[②] 笔者认为这种做法是不人道的,而且侵犯了当事人的生命自主权,不具有正当性。此外,安乐死是否适用所谓脑死亡的病人?人的生命价值应当包括生命安全利益以及其他生命价值。前者指自然人的生命安全的维护和生命活力的维持,后者是指自然人的人格尊严、情感、社会交际以及其他生活的乐趣,前者是基础,而后者才是人生的真谛。大脑死亡意味着“人格”生命的死亡,而仅存“生物人”生命,而这样的生命不再具有人

① 欧阳涛:“安乐死的现状与立法”,载《法制与社会发展》1996年第5期。

② 陈绍辉:“安乐死立法论纲”,载《社会科学辑刊》2002年第5期。

之为人的神圣性,即不再具有人的尊严。[1] 从这个意义上讲,脑死亡病人已经"死亡",自无安乐死的必要。因此,安乐死的适用对象仅限于濒死的极端痛苦的病人。

2. 自愿申请

濒死病人提交的安乐死申请必须完全出于自愿。为了保证这种申请是发自内心的真实想法,其主治医生必须向他毫不隐诲地陈述实际病情,并对治疗的后果进行预测。如果病人确信当前医疗技术无法救治自己而提交安乐死申请,还必须安排心理医生对患者进行诊断,以确认其神志清楚,安乐死申请应有上述医生签字同意方为有效。安乐死申请可以在濒死时作出,也可以通过"生命遗嘱"的方式提前作出。与濒死病人提交的安乐死申请不同,"生命遗嘱"是健康人对自己死亡方式的提前安排。因为在很多时候,濒死病人由于饱受痛苦的折磨,其求死的意愿反而不那么真实。病人表达"不想活"的意念时,常常只是传达了绝望或渴求解脱的心理,这种绝望的心情不能太快被诊释为希望立刻被"杀"死的意思。[2] 相反,如果一个人在没有任何苦痛的情况下对死亡方式进行了安排,这种愿望通常可以被认为是深思熟虑的结果,是真实的内心想法,应予以确认。此外,笔者支持"生命遗嘱"还有另一重要原因。在某些案例中,濒死病人暂时丧失意识或者不能表达自己的意思,自己无法作出安乐死申请,有学者建议在这种情况下由其亲属或所在单位提出申请。[3] 由于无法判明患者的真实意愿,由他人申请可能侵犯患者的生命自主权。因此,在任何情况下,对死亡方式的选择只能由本人作出,他人无权代为处置。为了避免濒死病人无法表达意愿的情况,可以通过广泛的宣称教育,让人们提前对死亡方式进行选择。

3. 审查核准

在审查安乐死申请时,需要对病人的病情、痛苦状况以及安乐死意

---

① 恩格尔哈特:《生命伦理学基础》,范瑞平译,湖南科学技术出版社1996年版。

② 张晓华:"安乐死的伦理辩析",载《科技与法律》2006年第4期。

③ 孙明先:"关于安乐死的立法和思考",载《同济大学学报》(社会科学版)2002年第4期。

愿是否真实进行全面审查。在临床上,濒死状态尚无明确的、具有可操作性的、可资借鉴的标准,对濒死状态的判定,是医生基于经验得出的,而由于患者在精神状态、机体特殊性上的差异,有可能产生误判,[①]而现实中因为医疗设备陈旧落后和医务人员的业务水平不高而引起误判的可能性也较大。[②] 因此,濒死状态的认定必须由县级以上的医院作出,诊断证明必须得到3名以上具有中级技术职称的医生进行会诊后一致认定以体现对生命严肃性的尊重。至于病人遭受的痛苦,应该涵盖肉体的疼痛和精神上的痛苦。[③] 但是,由于对痛苦的忍受度存在极大的个体差异,想要确定一个"极度痛苦"的标准是困难的。在审查濒死病人是否痛苦时,可以适当考虑社会大众平均的痛苦忍受程度。如果一般民众觉得处于濒死病人相同处境时都难以忍受那种痛苦,病人遭受的极端痛苦就具有很大的可信度。至于当事人的意愿问题,可以考虑设置一个冷静期,要求濒死病人递交安乐死申请后冷静一段时间再确认申请。冷静期的长短必须合理,足以保证申请人有充分的时间进行反思,同时又不能过于漫长造成患者在巨大痛苦中等待死亡。如果申请人在冷静期后重新确认了申请,可以认定其意愿是真实的。最后,安乐死毕竟在客观上加速了病人的死亡,必须是没有其他可以减缓患者痛苦的替代性措施时迫不得已的最后选择。为了加强对安乐死的审查工作,笔者建议在地市级以上城市设置包括由法官、检察官、医生、卫生执法人员等专业人士组成的安乐死委员会。经过审查,核准安乐死的,必须发出书面的安乐死实施通知书,将执行安乐死的具体时间通知申请人及其家属。

4.具体执行

按照安乐死实施通知书的时间和地点,安乐死委员会指派专人到安乐死的实施现场负责监督安乐死的执行,整个过程必须严格保密。

---

① 王继红:"关于安乐死制度设计的几点设想",载《中国医学伦理学》2011年第3期。

② 陆敏:"安乐死的立法思考",载《海南大学学报》(人文社会科学版)2003年第1期。

③ 翟晓梅:"安乐死的概念问题",载《自然辩证法通讯》2000年第3期。

在执行前,必须出具安乐死实施通知书并再次核实申请人的资料,由相关人员签字予以确认。执行医生必须出示相关资格证明,向在场人员报告该次安乐死的准备情况、拟采用的技术和药物种类与剂量。需要说明的是,执行安乐死的方法必须符合人道主义的要求,而且应当是快速致死且无痛苦的,严禁使用暴力致死的手段。否则,安乐死的施行即会因背离了“无痛苦死亡”的本意而丧失其存在的意义和价值。可以考虑的方式主要有三种:在注射催眠剂使患者入眠的情况下,注射氰化物而导致患者死亡;口服安眠药品,使患者入眠,再注射会导致窒息的强力镇静药品;先让患者以麻醉剂沉睡,再注射凝血剂,堵塞静脉。最后一种方式致死后的表情与生前一样,非常安详,呈现睡眠状,从病患家属的情感角度考虑最能被接受。无论如何,在具体执行前,必须尊重申请人后悔的权利。只要申请人提出暂缓实施或撤销申请,或者监督人员发现不应实施安乐死,都应当停止实施。若停止实施后申请人又要求实施的,必须重新按规定程序提出申请。最后,安乐死的实施过程必须全程录像,实施完毕后需要由法医出具死亡证明,在场人员必须在实施笔录上签字确认,连同录像一并送交安乐死委员会归档。如果安乐死参与人员未能严格按照上述规定执行安乐死,必须承担相应的法律责任。例如,未经申请核准程序而擅自执行安乐死的,应按故意杀人罪追究责任;执行人员采用不符合规定的实施方法的,应承担行政责任;因参与人员故意或重大过失导致安乐死信息泄露造成恶劣影响的,应承担损害赔偿等民事责任。

(刘廷华,四川宜宾学院副教授;张茜,宜宾市第二人民医院颌面外科医生)

判解研究

公司章程中“股权转让限制”条款的效力

吕 彬 高 飞

目 次

一、基本案情

原告杨某是被告某市政设计研究院有限责任公司(以下简称市政设计院)的股东,被告市政设计院于1991年6月8日设立,现有股东45人(含市政设计院工会),工会持股20%,杨某持股12%,为被告最大的自然人股东,其他43人均为自然人小股东。2013年6月3日,被告市政设计院召开股东大会对《2007年版的公司章程》进行修改,被告不认可股东召开大会的程序及公司章程修改内容,依法向南京市玄武区人民法院提起诉讼,要求法院确认被告于2013年6月3日作出的《股东会第十次会议决议》无效。

原告诉称:2013年6月3日,被告市政设计院在未按《公司法》和《公司章程》的规定提前通知原告的情况下,召开股东会。该次股东会对公司章程进行了修改,并表决通过了“股东行使优先购买权需通过股东会决议”等明显违反《公司法》强制性规定的股东会决议。原告对此已向被告表示异议,但被告一直置之不理,且拟于近日强行办理公司章程修正案备案登记及股权转让变更登记。

原告认为,被告于2013年6月3日召开的股东会不仅召集程序违法,违反了《公司法》及该《公司章程》关于召开股东会会议应提前通知全体股东的规定,严重侵犯了原告的参与决策权;另外,其决议通过的《公司章程》第24条第3款的内容亦是部分股东滥用股东权利,利用股东会资本多数决原则对原告行使优先购买权加以限制,违反了《公司法》第72条关于优先购买权的强制性规定;同时,《公司章程》第23条的规定侵害了股东之间股权转让的自由定价权;因此该决议内容应属无效。为此请求法院依法判令:确认被告于2013年6月3日作出的《股东会第十次会议决议》无效。

被告市政设计院辩称:(1)原告以各种方式拒绝接受2013年6月3日股东会的相关通知且未说明合法理由,事后也未亲自领取或授权他人代为领取《股东会第十次会议议案表决情况、股东会决议》。基于上述两点理由,原告未能获得相关股东会决议系其自身原因,市政设计院并无不妥之处。(2)市政设计院已按《公司法》和《公司章程》的规定对原告尽到了通知义务,是原告自身的原因未出席且未委托他人出席,因此,2013年6月3日召开的股东会第十次会议在程序上是合法的。(3)2013年6月3日股东会第十次会议通过的《公司章程修正案》和《股东会决议》在内容上是合法的,并未侵犯原告的权利。(4)《公司法》第72条第4款但书部分,认可了股东的优先购买权可通过公司章程予以规定。

根据原被告提供的证据,法院经审理查明:2013年5月6日,被告市政设计院董事会发出《关于召开某某市政设计研究院有限责任公司股东会第十次会议的通知》,主要内容为:(1)2013年5月15日上午9:00在南京市同仁街31号办公楼7楼会议室召开股东会第十次会议;(2)审议《公司章程修订方案(草案)》。当日,原告杨某签收了相关会议材料。

2013年5月15日,被告市政设计院董事会在公司第十次股东会议上作了《关于公司章程修改的说明》并提请到会股东审议了《市政设计院章程(讨论稿)》。对此,部分股东提出异议,认为公司章程修改稿应提前7天分发股东,对会议的表决程序提出异议。于是,当日形成会议纪要,会议时间修改到2013年5月23日下午4点半,地点不变,决议事项不变。原告杨某的委托代理人郭某在该会议纪要上签名。

2013年5月22日,被告市政设计院通过电子邮件向原告杨某的××163.com的电子邮箱发送《股东会通知》,告知将股东会第十次会议的时间由2013年5月23日改为2013年6月3日下午2点半,地点不变,会议主要议程不变,不能出席会议的股东可委托代理人出席。如需要《章程修改稿二》及修改说明等书面会议材料,请速到公司办公室领取。同日,被告的工作人员也通过其手机向原告杨某手机发送短信,告知上述事项。

2013年5月23日,被告市政设计院通过EMS向原告杨某邮寄了《股东会会议通知》及《关于公司章程修改调整部分文字的说明》。EMS再投邮件批条显示,收件人拒收。

2013年6月3日,被告市政设计院股东会第十次会议决议如期召开,应到股东45人,实到股东34人,股东授权代表10人,以88%的同意表决权数,以12%弃权表决权数,超过2/3的同意表决权数,通过了《市政设计院章程修订方案(草案)》。

另查明,2013年6月3日,被告市政设计院第十次股东大会决议通过的修改后的现公司章程(2013年版),在原公司章程(2007年版)的基础上内容主要作了如下修改:(1)第23条,是原公司章程第23条与第26条合并为现公司章程第23条第1款,即“股东之间可以相互转让让其全部或部分股东,股权转让价格由双方商定,如双方商定不成,按公司上一年度经过审计的净资产确定价格”,原公司章程第23条第2款、第3款内容不变。(2)第24条,原公司章程内容为“股东不得向股东以外的人转让股权”,现公司章程修改为“第一款,股东原则上不得向股东以外的人转让股权。但是,按照本条规定的条件和程序,股东可以向股东以外的人转让股权。第二款,在合计持有公司50%以上(不含50%)股权的股东书面申请将其持有的公司股权转让与股东以外的同一受让人的条件下,股东应向董事会提出书面的股权转让申请书,申请书应载明受让人的名称、住所、受让价格等基本事项,并提供受让人同意受让公司全部股权、同股同价的要约。董事会应当在收到上述股权转让申请书后10日内向公司全体股东进行公告,并针对上述股权转让事项作出董事会决议;在董事会决议同意上述股权转让后的十五日内,董事会应召集公司全体股东并召开股东会会议对上述股权转让事项作出决议,经股东会决议同意后,所有愿意转让股权的股东可按股东会决议实施股权转让。第三款,在董事会就股权转让形成决议并向全体股东公示后的七日内,未申请转让股权的股东,有权要求行使优先购买权,并同时向董事会提出行使优先购买权的书面申请,要行使优先购买权的股东应当提交受让公司其他股东的全部股权、同股同价的收购要约,要约所载明的股权转让条件应与董事会已经公告的股权转让条件相同。董事会收到行使优先购买权的书面申请及要约后,应一并提交公司全体股东召开股东会会议进行决议,经股东会决议同意后,主张行使优先购买权的股东方可实施优先购买权”。

二、法院裁判

法院审理认为,公司股东会或者股东大会、董事会的决议内容违反法律、行政法规的无效。股东会或者股东大会、董事会的会议召集程序、表决方式违反法律、行政法规或者公司章程,或者决议内容违反公司章程的,股东可以自决议作出之日起60日内,请求人民法院撤销。

本案中,原告认为,2013年6月3日股东会召集程序违法侵犯了原告作为股东的知情权,但原告并未诉请对该股东会决议撤销,因此本院对原告的诉请理由不予支持。

本院还认为,有限责任公司股东会决议可以对股权转让价格、股东的股权转让权、优先购买权等主要内容作出限制或剥夺,但应当在公司设立时的初始章程制定,因为公司初始章程须经全体股东同意,其具有合同性质,在公司章程中对股权转让价格作出规定,对个别股东的股权转让权、优先购买权作出限制或剥夺的规定,是股东对自身私权利的处分,法律应当尊重当事人的意思,这符合私法自治的原则。

本案中,原告认为,现公司章程第23条第1款规定“股东之间可以相互转让其全部或部分股权,股权转让价格由双方商定,如双方商定不成,按公司上年度经审计的净资产确定价格",该条款违法,侵害了股东的自由定价权的意见,本院认为,该条款并非新增条款,是原公司章程第26条的规定,原告作为股东在原公司章程上已签名认可,况且,股东间如对股权转让价格不能协商一致,可以选择是否转让股权,该条款对股权转让价格的确定并没强制性拘束力,故原告的该项意见,本院不予采信。原告认为现公司章程第23条第2款规定"股东之间转让股权的须经股东会同意。股东会决议不同意转让的股权,在同等条件下,所有其他股东均具有优先购买权。同意购买的股东按其各自的出资比例购买该股权",第24条第1款规定"股东原则上不得向股东以外的人转让股权。但是,按照本条规定和程序,股东可以向股东以外的人转让股权"。该两条款内容违法,侵犯了股东的股权自由转让权,本院认为现公司章程第23条第2款内容并没修改,仍是原公司章程第23条第2款的内容;原公司章程第24条第1款规定的"股东不得向股东以外的人转让股权"与现公司章程第24条第1款规定的"股东原则上不得向股东以外的人转让股权",该修改内容并没加重限制股东的权利而是不同程度地释放了股东股权的自由转让权,又因原告在原公司章程上签名认可,因此原告的该项意见,本院亦不予采信。

关于公司章程修改时,哪些股东的股利可以限制,哪些应当经过股东的同意,本院认为虽然公司章程的修订,无须全体股东一致同意,而是采取资本多数决的原则,同时《公司法》第72条第4款也规定"公司章程对股权转让另有规定的,从其规定",但是对"另有规定"的理解,应分为两类情形进行理解,即股权转让程序的"另有规定"和股权处分权的"另有规定"。对于"股权转让的程序性规定"的内容,本质上涉及公司的人合性,是对公司内部事务的一种制度性安排,并不直接涉及作为私权性质的股权,与股东个别意思无关,因此对该部分内容公司章程的"另有规定"无论是初始章程还是章程修正,均可以由股东会决议形成公司章程的该部分内容。但对于"股权处分权"的内容,由于本质上涉及股东私权的处分,因此,除依法定程序予以限制或剥夺外,应当尊重当事人的意思,始符合私法自治的原则。换言之,由于初始章程具有合同性质,对个别股东的股权转让予以限制或剥夺的"另有规定"应"从其规定";而在资本多数决原则下的章程修正,对个别股东的股权转让予以限制或剥夺缺乏正当理由,不符合公平正义的法治理念。

本案中,现公司章程第24条第2款"只有持有公司50%以上(不含)股权的股东书面申请将其持有的公司股权转让与股东以外的同一受让人的条件下"、"经股东会决议同意后,所有愿意转让股权的股东可按股东会决议进行转让"。第24条第3款:"在董事会就股权转让形成决议并向全体股东公示后的七日内,未申请转让股权的股东,有权要求使优先购买权,并同时向董事会提出行使优先购买权的书面申请,要行使优先购买权的股东应当提交受让公司其他股东的全部股权、同股同价的收购要约","经股东会决议同意后,主张行使优先购买权的股东方可实施优先购买权"。以上前一条款的内容,限制甚至剥夺了少数股东的股权对外转让权,违反了《公司法》同股同权的法律原则。后一条款的内容,事实上剥夺了少数股东的优先购买权。因此,现公司章程第24条第2款、第3款,应属无效。

综上,本院认为,被告市政设计院股东会于2013年6月4日通过的现公司章程中,第24条第2款、第24条第3款侵害了股东的股权转让权以及优先购买权,其他修正条款内容并未违反法律规定,据此,依照《中华人民共和国公司法》第20条、第22条第1款、第72条第3款,《中华人民共和国民事诉讼法》第144条之规定,判决如下:

一、确认被告2013年6月3日作出的股东会第十次会议决议通过的公司章程第24条第2款、第3款无效。

二、驳回原告的其他诉讼请求。

一审判决后,被告不服,向中级人民法院提起上诉,后被告自行撤诉,一审判决现已生效。

三、案例分析

本案主要涉及的争议焦点在于公司章程对股权转让进行限制的效力问题,而这一问题的实质是要搞清楚公司章程自治的权利限制问题。围绕这一争议焦点,我们很有必要先对以下问题进行探讨,方可作出判断。

(一)什么是公司章程自治

公司章程自治的理论基础是公司自治。所谓的公司自治是指公司依照《公司法》和公司章程,自主安排公司治理机构,配置公司权力(利)、义务和责任的活动。除了法律法规之外,公司章程是公司最重要的规范性文件,是指导公司设立及运营的基础性文件。在公司设立之前,股东必须协商一致明确章程内容,其中规定了股东的权利与义务、公司的组织结构及运营制度等关系股东利益、公司自治管理的重要问题。公司设立之后,公司将按照公司章程的规定进行公司的经营管理、重大问题决策、股东权利与利益的分配等事项。所以公司主要就是通过公司章程来实现自治的,公司章程是公司自治的最为重要的表现形式。

(二)公司章程自治近年来的发展

1993 年颁布的《公司法》赋予公司意思自治的权利是非常有限的,条文中仅有个别条款规定了“公司章程另有规定,从其规定”的例外方式。但随着市场经济的发展、经济体制改革的深入,公司寻求自治的欲望更加强烈,需求更多样化。为了顺应公司自由化、个性化发展的需要,2005 年修订的《公司法》更加尊重公司章程的法律地位,赋予公司通过公司章程行使更多的自治权,例如在有限责任公司股东表决权(第 43 条:股东会会议由股东按照出资比例行使表决权;但是,公司章程另有规定的除外)、股权转让(第 72 条第 4 款:公司章程对股权转让另有规定的,从其规定)、股权继承(第 76 条:自然人股东死亡后,其合法继承人可以继承股东资格;但是,公司章程另有规定的除外)等方面规定了“公司章程另有规定的,从其规定”,从而排除了《公司法》的适用,给了公司及股东更多的自由操作空间。但是《公司法》在赋予公司更多自治权利的同时,也带来了争议,对“另有规定,从其规定”应如何进行理解?是进行扩大性解释,还是限制性解释,它是否也要受到哪些法律规范、法律原则的限制?由于《公司法》或其他法律规范对此缺乏明确性的规定,导致在司法实践中大家理解不一,理论观点纷争、裁判结果各不相同。

(三)公司章程自治是一种相对性的自治

任何一种自由都不是绝对性的自由,失去了制约,自由将名存实亡。公司章程自治同样不是绝对性的、毫无限制的。公司章程自治也应当遵守《公司法》及其他一些强制性法律规范,这一观点目前基本被大多数专家学者所认可,在此不做讨论。

但是在实践中,《公司法》和强制性法律规范不可能涉及法律事务的方方面面,难免存在空白,那么在这种情况下,如何去判定当事人排除法律适用的意思表示的效力。特别是针对目前有一些股东滥用公司章程的自治性,任意设定利己条款,损害其他股东特别是中小股东的合法权益的行为。这种行为没有强制性法律规范进行明确,那么它是否可以适用公平、合理、诚信等法律原则来判定呢?不同的法律价值又该如何取舍呢?

法律原则是法律的基本原则或准则,是其他规则的基础或本源。通过立法技术的处理,法律原则可以变成具体的法律规则,可以弥补具体的法律规则的不足、不明确。司法实践中,法院运用法律原则进行裁判的案例也很多,它弥补了成文法律条文的不足。因此,在司法实践中,运用法律原则进行裁判是存在的事实。但是,不同的法律原则具有不同的特性,在不同的法律领域甚至是在同一部法律中又具有不同的分量,相互之间又可能存在冲突。例如,在民法体系,当某个契约行为是当事人通过意思自治达成的,但是该行为又具有一定的不平等,那么在这种情况下,该如何取舍契约自由原则与公平原则?如何衡量两者的价值?笔者认为,法律原则没有绝对的效力高低之分,只有根据具体的案件情况才能推定出来应当适用哪一法律原则。个案是不具有普遍适用性的,没有一项法律原则是可以完全的、通用于所有案件的,我们只有回归案件本身,才能去探寻法律所保护的价值。

所以公司章程自治除了受法律强制性规范约束外,还应当受到法律原则的制约,只是这些法律原则没有绝对适用性,它必须根据案件具体情况来确定。

(四)公司章程对股权转让限制的分析

通过前文分析后,笔者的思路再次回归到本文裁判案例当中。本案争议焦点就是公司章程对股权转让进行限制的效力问题。2005年修订的《公司法》第72条对有限责任公司股权转让的操作规则虽然进行了具体的规定,但同时在该条第4款规定"公司章程对股权转让另有规定的,从其规定",可见该条款属于任意性条款,该条款为指导性条款,赋予公司对股权转让进行自治的权利。那么对股权的限制转让

(本文仅涉及有限责任公司股权转让限制的讨论,其中既包括禁止所有股东转让股权,也包括设置条件限制个别股东转让股权)是否有效问题,主要存在着三种观点:

第一种观点认为,限制股权转让是有效的。

其理由主要认为,《公司法》既然规定有限责任公司的公司章程可以对股权转让进行“另有规定”,就相当于同意股东及公司通过另行规定的方式对股东股权的转让进行限制,这符合公司人合性的特点,有利于维护公司的稳定性,是公司意思自治的体现。

第二种观点认为,限制股权转让是无效的。

其理由主要认为:(1)股权作为一种财产权利是可以转让的。财产的所有者拥有对自有财产的支配处置权,禁止股权转让损害了财产所有者的权利,是对私法自治的任意干预。出售股权是股东的一项基本权利,公司法应当建立股权流通机制,任何剥夺股东权利的行为都应当认定为无效的。(2)禁止股权转让不符合公司的基本性质。股份的自由转让性是公司区别于合伙以及其他类型企业组织形式的基本法律特征。股份的自由转让有利于公司的稳定,免遭散伙而解散。而且由于有限责任公司的人合性特点,如果股东不想继续留在公司了,勉强留住一个人,对公司没有什么好处,还不如再寻求与公司有共同发展愿景的股东,继续努力促进公司的发展。①

第三种观点认为,要区别情况辩证分析。

要区别的情况主要包括两个方面:

1. 区别原始章程和修正章程对股权转让的限制

该部分学者认为,章程制定和章程修改具有不同的法理,其制定遵循不同的法律规则,它们之间的区别可能导致对股权转让限制理解的不同。

公司原始章程是股东在设立公司之时,经过共同协商一致确定的关乎每个股东权利义务、公司组织架构等重要问题的规则。如果不是协商一致,不同意原始章程的股东完全可以不认可该章程并退出公司

① 陈彦晶、董惠江:“论有限责任公司章程中股权转让限制的效力”,载《黑龙江社会科学》2011 年第 4 期。

的组建。因此从这种意义上来说,公司原始章程是股东的合意,符合合同原理。而章程修正案是在公司运营过程中根据实际情况的变化进行的修改,根据《公司法》的规定,修改公司章程必须经代表 2/3 以上表决权的股东通过,即资本多数决原则。从该程序上看,章程修正案并非全体股东的合意,更多的是体现公司意志,不能代表全体股东意思,它并不完全符合合同原理。因此,原始章程与章程修正案的制定过程及反映的本质不同,我们在考查公司章程的"另有规定"时,要区别原始章程和章程修正案的不同。

笔者认为,上述观点有法理可循,论理充分。原始章程是经过全体股东合意产生的,股东也在章程上签字确认,是对"另有规定"的认可,因此具有合同性质的"原始章程"是可以对股权转让进行限制的。而章程修正案只是"资本多数决"的产物,如果股权转让限制了个别股东的权利,损害了个别股东的利益,这种限制就不是章程订立之初的本意,这样的"另有规定"就是无效的。

2. 区别程序性事务与实体权利的限制

该部分学者认为,《公司法》关于公司章程"另有规定"之规范分为两部分,一是对内部事务(程序性事务)的规范,二是对股权(实质性权利)之规范。前者是对公司内部事务的制度性安排,不涉及作为私权性质的股权,与股东个别意思无关,因此不能依照合同原理来进行解释,无论是采一致同意规则的初始章程还是采资本多数决原则的章程修正案,其所作的"另有规定"均具有正当性的基础。但对于后者,由于公司章程"另有规定"涉及作为私权性质的股权,因此任何对个别股东权的不同安排,本质上属于对股东私权的一种处分,除依法定程序予以限制或剥夺外,应当尊重当事人的意思,始符合私法自治的原则(钱玉林:"公司章程'另有规定'检讨",载《法学研究》2009 年第 2 期)。

笔者认为,程序性事务与实质性权利确实具有不同的法律原理与机制,确实需要区别对待。上述这两种情况可归纳总结为:对于原始章程中股权转让的限制,不论是程序性事务还是实体性权利,其"另有规定"都是有效的。但对于章程修正案,则要区别程序性事务与实体性权利的不同。

四、笔者浅显的个人见解

综合上述分析，笔者本人是比较认可第三种观点的，每个案件的具体情况不是绝对相同的，完全地认为股权转让限制为有效或无效都是片面的，在缺乏具体法律明文规范的情况下，审判人员就要运用法理、法律原则对案件背后的法律现象进行透彻全面的分析，方可实现法之公平正义。

就本案而言，法院根据案件的具体情况，在缺乏具体法律规范的情况下，运用法律原理进行分析，层层推进，区别原始章程和章程修正案不同的法律原理，就公司内部事务和股东股权价值的不同，特别强调了在公司法领域股东股权平等的法律原则，将本案争议焦点进行透彻剖析，最终得出一份有理有据的判决。

当然这样的个例并不一定适用于所有相同或相似的情况，每个案例都有个性的地方，在没有成文法明文规定的情况下，还需司法审判人员进行认真推导、严谨求证。《公司法》“另有规定”看似只是《公司法》体系中的细枝末节，但事实并非如此，这一规范对《公司法》体系和公司自治理念都产生了重大影响，也是司法实践中容易引发争议的地方，笔者仅就“另有规定”当中的更为细节的“股权转让限制”一题进行浅显探讨，求教于方家。

（吕彬，南京市玄武区人民法院法官；高飞，南京市玄武区人民法院法官）

专利法上"禁止反悔原则"的原理与实践

——兼评"一种舵机案"等近期案例

张　鹏

目　次

一、问题的所在

(一)专利法上"禁止反悔原则"在原理认识上的龃龉

我国《专利法》第59条第1款规定发明或者实用新型专利权的保护范围以其权利要求的内容为准,同时说明书及附图可以用于解释权利要求的内容。但是一般来说,确定专利保护范围时所参考的资料并不仅限于说明书及附图,专利权人在专利权授权审查程序和专利无效宣告审查程序,以及随后的司法审查程序中对有关技术特征的说明,也是解释权利要求的重要依据。特别是在解释权利要求时在参考了说明书及当时的技术水准后其用语的含义仍不明确的情况下,审查过程中的资料往往起到十分巨大的参考作用。另外,尽管权利要求中用语的含义十分明确,但是在参考审查过程中申请人提出的相关资料后,发现该解释与其所提交的修改书、意见陈述书、答辩书等表达的意见相矛盾时,往往依照禁止反悔原则排除当事人自相矛盾的主张。

在2010年1月1日起实施的《最高人民法院关于审理侵犯专利权纠纷案件应用法律若干问题的解释》(法释〔2009〕21号)(以下简称“解释”)第6条中对禁止反悔原则的适用作了明确规定。此后又在一系列判决中深化了对于“禁止反悔原则”的理解,特别是最高人民法院在“一种舵机案”①中首次明确提出了禁止反悔原则的法理基础是诚实信用原则,其具体在《专利法》中则表现为:其一,不得损害善意第三人对其的合理信赖或正当期待;其二,防止专利权人在授权程序和侵权诉讼中的两头得利。这一理解脱离了抽象的主张“诚实信用原则”,②而是具体地回答了专利权人为何要对于其在审查与侵权诉讼过程中的矛盾主张承担禁止反悔责任的内涵。任何人都有变更自己行为的自由,如果通过诚实信用原则禁止与自己先前行为相矛盾的言动的话,必须存在一定附加利益的保护目的,③而最高人民法院认为这一附加利益就是第三人信赖利益的保护与权利人两头利得的禁止。④ 这一提法具有里程碑意义,极具指导实践的应用价值。

但是这一提法尚存在不够全面之处,具体来说面临两个方面的质

---

① 最高人民法院民事判决书(2011)民提字第306号。

② 学说上多主张抽象的“诚实信用原则”,明确提出其内涵的并不多见(参见吴汉东:《知识产权法》,北京大学出版社2009年版,第196页;刘继祥:“试论专利侵权诉讼中的等同原则的适用”,载程永顺编:《专利侵权判定实务》,法律出版社2002年版,第86页;黎运智:“专利禁止反悔原则比较”,载《电子知识产权》2007年第6期;魏玮:“等同原则在专利侵权诉讼中的适用与利益平衡”,载《法律适用》2005年第228期;冯晓青:《知识产权法》,中国政法大学出版社2008年版,第267页;冯晓青:《知识产权法利益平衡理论》,中国政法大学出版社2006年版,第429页)。从这个角度看,最高人民法院在“一种舵机案”中的提法具有里程碑意义。

③ 愛知靖之:“審査経過禁反言の理論的根拠と判断枠組み(一)”,载《法学論叢》2005年第155卷6号。

④ 学说上也存在两头得利禁止的提法,参见尹新天:《专利权的保护》,知识产权出版社2005年版,第449页。而对于包括专利审查过程中案卷公示产生的第三人信赖利益的保护的提法,也可参见张晓都:“美国与日本专利侵权诉讼中的禁止反悔原则”,载《中国发明与专利》2008年第4期。

疑:其一,在侵权诉讼中被告要证明禁止反悔情形的存在,就必须查阅记录相关的专利审查案卷。原则上在我国任何人均可向专利局请求查阅和复制公布后的发明专利申请案卷和授权后的实用新型和外观设计专利申请案卷;对于已经审结的复审案件和无效宣告案件的案卷,原则上可以查阅和复制。① 尽管通过对于案卷的自由查阅在制度上保障了审查过程的信赖利益,但是除此之外,作为禁止反悔的适用要件,必须存在主张者对于先行行为的现实信赖。② 可是在专利侵权判断的司法实践中,法院从来没有要求被控侵权人证明其对于专利权人限缩性修改的现实信赖,而只是抽象地适用了该原则。③ 诚实信用原则下的禁止反悔适用,所解决的是保障个体间的公平正义问题,若以一般的抽象信赖代替现实的具体信赖的话,则需要在个体间利益考量外,增添新的法理基础。于是可以说,最高人民法院所述之信赖保护作为原则并未体现在具体适用要件构成之上,出现了理论与实践的脱节。

其二,最高人民法院在"沈其衡与盛懋公司专利侵权案"④中认为法院可以主动适用禁止反悔原则,即禁止反悔原则是对等同原则的限定,并非只是当事人的一种抗辩权,法院在审查是否存在等同侵权时,应当依职权对是否存在禁止反悔的情形进行审查。从逻辑上看传统的禁止反悔原则体现的是对于专利权利要求范围的限制,需要诉讼一方就先前陈述的内容,限制作用所及的范围大小等问题进行举证。同时,

① 《专利审查指南》第5部分"第四章专利申请文档第5节查阅和复制"。参见崔国斌:《专利法:原理与案例》,北京大学出版社2012年版,第647页。

② Donald S. Chisum, Patens, 10 §18. 05 [1] [a] [i]; John R. Thomas, On Preparatory Texts and Proprietary Technologies: the Place of Procecution Histories in Patent Claim Interpretation, 47 UCLA L. Rev. 183, at 202, 203 (1999); Toshiko Takenaka, Interpreting Patent Claims: the United States, Germany and Japan, IIC Studies: Studies in Industrial Property and Copyright Law vol. 17, note 28, at 135; Paul C. Onderick, Narrowing Claim Amendment or Just Redefining the Invention: Prosecution History Estoppel and the Doctrine of Equivalents Under Turbocare v. General Electric, 4 Minn. Intell. Prop. Rev. 123, at 130(2002).

③ 在我国司法实践中确认适用禁止反悔原则的诸多判决中并不存在要求被告证明其对于对于专利权人限缩性修改的现实信赖。

④ 最高人民法院民事裁定书(2009)民申字第239号。

专利权人也有权对此提出反驳。[①] 而法院主动适用该原则有可能违反了民事诉讼的基本原则。[②] 但是该案中最高人民法院支持主动适用禁止反悔原则的态度也体现了禁止反悔原则中所体现的不因当事人之间利益关系所左右的公共政策,而不仅仅囿于当事人之间诚实信用的保护。[③]

因此从原理的角度看,我国司法实践中理解的禁止反悔原则也许并不能全面反映该制度的全貌,进而影响系统的构造其要件效果,因此本文的首要任务就是探寻《专利法》上"禁止反悔原则"特有的法理基础,从而进一步完善最高人民法院提出的信赖利益保护与两头得利禁止的观点。

(二)专利法上"禁止反悔原则"在要件效果认识上的龃龉

实践中尽管适用禁止反悔原则的判决不少,但是由于缺乏对于禁止反悔原则的原理构造及要件效果的充分说明导致一以贯之的适用的欠缺,故而不乏就事论事性质的判决。例如,最高人民法院在"一种舵机案"中对于独立权利要求被宣告无效是否构成禁止反悔原则的适用提出了"概括与否说",即如果该从属权利要求中的附加技术特征未被该独立权利要求所概括,则因该附加技术特征没有原始的参照(未能得到概括),故不能推定该附加技术特征之外的技术方案已被全部放

---

① 传统上意义上的禁反言(estoppel)作为英美衡平法上的原则,主要指主张前后相反立场的行为将有违衡平[Grenn K. Beaton, File Wrapper Estoppel and the Federal Circuit, 68 Denv. U. L. Rev. at 284(1991)]。其作为侵权抗辩事由的一种,只有在被控侵权人主张时法院才可以适用。

② 崔国斌:《专利法:原理与案例》,北京大学出版社 2012 年版,第 647 页。

③ 在 2001 年北京市高级人民法院公布的《专利侵权判定若干问题的意见(试行)》(以下简称"意见")(京高法发〔2001〕229 号)第 46 条中曾指出"禁止反悔原则的适用应当以被告提出请求为前提,并由被告提供原告反悔的相应证据"。而在北京市高级人民法院近期公布的《专利侵权判定指南》(以下简称"指南")(载 http://bjgy.chinacourt.org/article/detail/2013/10/id/1104565.shtml)中仍然坚持了这一观点。这明显与最高人民法院在"沈其衡与盛懋公司专利侵权案"中的观点相异。此外学说上也多主张"禁止反悔原则"的适用应有被告主张(参见程永顺:《中国专利诉讼》,知识产权出版社 2005 年版,第 254 页;程永顺:"专利侵权判定中几个主要原则的运用",载程永顺编:《专利侵权判定实务》,法律出版社 2002 年版,第 55 页),其背后体现了对于"禁止反悔原则"原理认识上的龃龉。

弃。此种判断标准在“一种舵机案”这一个案中可以说实现了妥当的处理(弹性排除说的适用),即针对从属权利要求附加的“银膜”技术特征,属于在独立权利要求中并不能概括的技术特征,因此对于附加技术特征型权利要求适用“概括与否说”不会产生完全性禁反言效果。

但是对于“上下位概念型”权利要求则会产生并不妥当的适用效果,比如说独立权利要求为“一种由酸配制的农药”,从属权利要求为“一种由盐酸配制的农药”,在无效宣告程序中发现“一种由硝酸配制的农药”为现有技术,因此宣告独立权利要求无效,仅保留了从属权利要求。在侵权诉讼中权利人针对“一种由硫酸配制的农药”提起等同侵权主张。假设尽管“盐酸”与“硫酸”属于等同技术方案,但因为“盐酸”可以为“酸”所概括,因此对独立权利要求“酸”的无效(尽管非自我放弃)则意味着对于除“盐酸”外的其他技术方案的放弃,构成禁止反悔,不能适用等同原则。这样的话“概括与否说”的适用将人为地导致“附加型权利要求”与“上下位概念型权利要求”在“禁止反悔原则”适用上的根本区别。本来仅仅是形式上权利要求书写法上的区别,而不涉及技术方案的实质,却产生了实质性制度适用的天壤之别(此外“附加型权利要求”往往多用于机械等技术领域,而“上下位概念型权利要求”则多用在化学医药等领域,这也就实质造成的技术领域上对于同一制度适用上的差别),因此不得不思考“禁止反悔原则”具体的要件效果。

不可否认禁止反悔原则的适用不能脱离个案中不同的情况,但是将这一问题系统化、理论化本身意义是巨大的。专利保护范围的确定问题是专利侵权诉讼中最重要的争点,往往决定案件胜负的走势。考虑到作为专利权的保护对象的无形性特征,极有必要明确权利的效力范围。由于禁止反悔原则的适用直接关系到专利技术范围所及之边界,因此尽可能地从要件及效果两方面明确其适用是极其必要的,这在为法院提供判决指针的同时,也排除了判决的恣意性,对于确保预见可能性和法的安定性有着重要实践意义。

(三)本文的方法与构成

因此,本文将以《专利法》上的“禁止反悔原则”为切口,探讨其防止对于实体审查制度的规避功能所体现出的政策性考量。在这个基础上,我们才可以说明,《专利法》上的“禁止反悔原则”到底如何实现权利保护的周全化与技术范围的明确化的平衡以及我国司法实践选择的处理路径的得失(二、专利法上“禁止反悔原则”的原理认识)。

如果在原理上承认“禁止反悔原则”的防止对于实体审查制度的规避功能的话,考虑到只有权利人的与在先行为相矛盾的在后行为只有实质上规避了实体审查制度时才应积极适用“禁止反悔原则”,因此,一个非常棘手的问题是,如何通过恰当的要件效果论搭建出稳定的适用模式,从而排除判决的恣意性。考虑到比较法上以及我国司法实践中效果构造上已经体现出的两种理念差异(完全排除说与弹性排除说),可能造成的要件上已有的多种选择,进而导致效果上的迥异,应该明确两者的成立和适用应该遵循的规律及缺陷,并在此基础上提出更加妥当的“可预见排除说”。关于这些问题,最终还是要回归到“禁止反悔原则”的功能上才能厘清,才有可能真正的释疑解惑(三、专利法上“禁止反悔原则”的要件效果认识)。

本文希望说明清楚的,就在于只有从原理认识的角度,从要件效果论的构建来把握“禁止反悔原则”的运用,才能符合我国现有产业政策与经济发展阶段的要求,进而为规制与自由找到更多接点(四、结论)。

二、专利法上“禁止反悔原则”的原理认识

(一)“禁止反悔原则”的原理认识再考

除通过诚实信用原则推导出来的信赖利益保护与两头得利禁止外,“禁止反悔原则”更加突出地体现了《专利法》上特有的制度架构,即在专利权生成与专利侵权判断上的主体分离现象。例如,在著作权法制度领域,对于某一文学艺术领域的创作是否构成著作权法意义上的“作品”的判断(比如“独创性”要求是否满足)与著作权侵权诉讼中被疑侵权作品与著作权所保护作品是否满足“接触”加“实质相似”的判断,往往是由法院一并处理的,很少会出现著作权权利构成判断与著作权侵权判断的判断主体分离所导致的矛盾结果的出现。[①] 而与著作权法相比,专利权的生成与消灭均存在有别于司法判断的行政行为介

① [日]田村善之:“判断機関分化の調整原理としての包袋禁反言の法理”,载《知的財産法政策学研究》2004 年第1号。

入,即对于发明专利实行授权前实质审查程序,并通过设立专门技术性行政机关集中处理这一任务,只有经审查满足发明要件的才授予发明专利权。[①] 此外,专利法也就专利权的消灭设计了无效宣告程序,由隶属于行政机关的专利复审委员会依申请作出宣告专利权无效的决定(《专利法》第46条),并且宣告无效的专利权视为自始即不存在(《专利法》第47条)。而侵权诉讼中对于被控侵权产品是否落入专利保护范围之内的判断则由法院主导。因此才可能出现在权利成立的审查阶段,专利申请人限缩性解释其权利范围,而在侵权判断阶段则扩大性解释其权利范围的矛盾状态的频发。倘若不通过制度性手段纠正这一起因于审查主体分离的矛盾现象的产生的话,将会从根本上抽离专利制度赖以维持的审查主义原则。[②] 举例来说,权利要求中注明一种"酸",在审查过程中审查员提出"固体酸"为现有技术,要求申请人修改权利要求,申请人主张本发明所指酸为液体酸,因此得到授权。在此种情况下如果申请人认为审查员所指固体酸为现有技术有所不当的话,可以通过向专利复审委员会提出复审请求,乃至行政诉讼等预留审查路径对抗审查机关的判断,但是其选择了限缩性解释权利要求从而迅速得到授权的手段。如果在侵权诉讼中再次允许权利人主张本专利中的"酸"包含"固体酸"的话,审查阶段权力范围中排除"固体酸"的审查主义宗旨则完全没有在权利范围解释中体现,因此审查环节的审查意见通知书送达与申请人答辩等流程丧失了其存在意义。[③]

考虑到专利行政机关在专利审查中相比于法院的突出优势,即专

---

① 其典型例为:专利申请经审查后,没有发现驳回理由的,由专利行政部门作出授予发明专利权的决定(《专利法》第39条、第40条:"专利授权决定");申请人按期办理登记手续的,专利行政部门应当授予专利权,颁发专利证书,并予以公告(《专利法实施细则》第54条:"专利公告行为"),专利权自公告之日起生效。

② 通说认为专利法上存在四大原理性规则(参见玉井克哉:"特許法における発明者主義(一)",载《法学協会雑誌》1994年第111卷第11号):发明人主义、权利主义、先申请主义及审查主义。其中作为程序性原理的审查主义,与前三种作为实体法上的原理相对照,往往被认为具有更加突出的政策性色彩。

③ 吉田広志:"最近の裁判例に見る禁反言の研究:新版",载《知的財産政策学研究》2004年第1号。

利制度中存在的各种政策调节手段(具体而言就是专利授权要件)起到了依据不同的技术领域,产业类型的特点贯彻专利制度促进经济发展的政策目的。① 由于这种政策目的的实现很难通过个别的或者确定的预先设计所实现,而是仰仗经验主义的大样本调整,通过专利审查机关大量的实践逐步试错、反馈、微调从而得出适应产业发展的政策,所以应该加强专利行政机关在专利审查中的主导地位。② 而《专利法》上"禁止反悔原则"正是出于防止专利权人在侵权诉讼中规避实体审查程序的有效手段。在比较法上这也与美国学说上对于"专利禁止反悔"原则认识上的"用尽行政上的救济手段说"(exhaustion of administrative remedies)不谋而合。③

(二)原理认识对于要件效果上构成的影响

如上文所述,由诚实信用原则出发揭示出的"信赖利益保护"与"两头得利禁止"可能无法解释出"禁止反悔原则"本身所体现的《专利法》特有的制度性公益功能,而防止实体审查制度规避说的提出可以妥当地解释"禁止反悔原则"的公益功能,即为法院主动适用"禁止反悔原则"找到了恰当的理由。而在适用要件与效果上,信赖利益的保护往往意味着明确化专利权保护范围的边界,即由于等同原则将专利权保护范围延伸到权利要求字面含义之外,第三人根据权利要求等公开的专利文件获得专利权保护范围认识的确定性就会降低,而"禁止反悔原则"的适用使得专利权人在专利权授权审查程序和专利无效宣告审查程序,以及随后的司法审查程序中对有关技术特征的说明同样具有了公示功能,产生第三人

---

① Dan L. Burk & Mark A. Lemley, Policy Levers in Patent Law, 89 Virginia Law Review 1575(2003). 该文的中文翻译见于 Dan L. Burk and Mark A. Lemley:"专利法的政策杠杆",载李扬主编:《知识产权法政策学论丛 2009 年卷》,汤俊芳等译,中国社会科学出版社 2009 年版。Dan L. Burk & Mark A. Lemley, The Patent Crisis and How The Courts Can Solve It(2009).

② 该观点详见张鹏:"美国专利权无效判断再审查制度评析及启示",载《比较法研究》2014 年第 4 期。

③ Donald S. Chisum, Patens, 10 § 18. 05 [1] [c]; Kevin R. Casey, Judge Learned Hand Guides the Federal Circuit: A Model for a Uniform Doctrine of Prosecution History Estoppel, 1985 U. Ill. L. Rev. 363, at 388 – 390(1985).

的信赖利益。因此公示的限缩性行为理应具有在适用效果上的完全性排除等同原则适用的作用,即只要是客观上做出了限缩性行为均在效果上完全排除等同原则的适用(完全排除说);而不管是两头得利禁止还是防止实体审查制度规避都体现了对于信赖利益完全保护的限制,即并不是所有限缩性行为都产生信赖利益,仅在专利权人利用该限缩性行为在审查过程与侵权过程两头得利的机会主义行为下,或者仅在限缩性行为实际上起到了规避实体审查制度的前提下,才排除等同原则的适用(弹性排除说)。也可以说这种限制体现了对于等同原则适用的支持,从另一个角度看就是支持了等同原则在权利人利益保护周全化的突出作用。因此原理认识上提炼的平衡权利范围明确化与权利保护周全化两种利益将直接体现在要件效果的适用上,①以下将具体探讨两种利益平衡下"禁止反悔原则"适用上的妥当处理。

三、专利法上"禁止反悔原则"的要件效果认识

(一)专利法上"禁止反悔原则"的适用要件②

1. 适用对象

根据"解释"第6条的规定,在专利授权或者无效宣告程序中的限缩性修改均可能构成禁止反悔的效果。由于美国法上无效程序与侵权诉讼程序均在法院进行,在同一审查机构内很少出现二重得利等违反诚实信用的情况,所以美国法上的禁止反悔原则一般仅指审查过程中

① 这两种利益的提炼首次见于日本学者愛知靖之的论文中,极具启发意义。见于:"審査経過禁反言の理論的根拠と判断枠組み(1)-(5)",载《法学論叢》2004~2005年,第155卷6号,第156卷1~2号,第157卷1~2号。

② 美国学说上曾将禁止反悔原则的适用要件进行三分法,即典型的审查过程禁反言(classic prosecution history estoppel,指以现有技术回避为目的的专利文件修改)、根据承让的审查过程禁反言(prosecution history estoppel by admission,指除专利文件修改以外的申请人及其代理人的意见陈述等)以及非技术性的审查过程禁反言(non-art prosecution history estoppel,指以现有技术回避以外事项为目的的专利文件修改)(见于Carol F. Barrett, The Applicability of the Doctrine of File Wrapper Estoppel to Prevent Recapture of Abandoned Patent Claims, 54 St. *John's Law Review*. 771, 1980)。但是由于该种分类方法糅合了行为范围与行为目的两个要件,因此本文将其拆开作为两个独立要件予以探讨,希望使得本文论点更加清晰。

的禁反言(prosecution history estoppel)。考虑到在我国专利法语境下的无效宣告程序中依旧会产生由于判断机构不一致(无效宣告程序中的复审委员会与侵权诉讼中的法院)而导致的判断主体差异所造成的专利权人两头得利与规避实体审查制度等现象的出现,因此,对于无效程序中专利权人的限缩性修改也适用禁止反悔原则的规定是十分妥当的。

由于专利无效程序与专利授权审查程序不同,在侵权诉讼与无效宣告程序间存在由于先后关系产生的可否适用“禁止反悔原则”的复杂问题,因为不存在明文规定,需要进一步从解释论角度探讨。

(1)在某一侵权诉讼过程中,专利权人主张被疑侵权产品属于其权利要求范围之内并取得胜诉确定判决后,在之后的无效宣告程序中,专利权人为了避免被疑侵权产品所涉及的技术属于现有技术而主张其权利要求不包含该技术特征的情况下,能否适用禁止反悔原则的问题。尽管此种情况下专利权人并没有在侵权诉讼中对于权利要求进行限缩性解释,相反扩大性解释其权利要求以求包含被疑侵权产品。但是从法院与专利行政机关的判断职责分化角度上看实质上与申请过程中限缩性解释权利要求,侵权诉讼中扩大权利要求范围的主张并无实质不同,应在后续无效程序中适用“禁止反悔原则”,宣告专利权无效。之后可以依据这一无效宣告判断再审前一侵权判决,并推翻原判决中的侵权结论(《民事诉讼法》第200条第12款)。

(2)当无效宣告程序与侵权诉讼程序同时进行,侵权诉讼程序不因无效宣告程序的提起而中止时,由于不管是侵权判决还是无效宣告决定都未产生确定的法律效力,因此其程序进行先后关系的不同产生了复杂的情况。从结论上说,由于两程序同时进行的情况下也满足对于专利有效性与否及专利侵权构成与否判断上的主体分离,因此仍旧应以“禁止反悔原则”防止两机关矛盾主张的发生。从效果上看矛盾主张发生时,在先行行为尚未被撤回的前提下,应该对于后行行为产生遮断效果,阻止后行行为相矛盾主张的发生。①

(3)此外,对于专利权人在某一侵权诉讼中主张某一现有技术不

① [日]田村善之:“判断機関分化の調整原理としての包袋禁反言の法理”,载《知的財産法政策学研究》2004年第1卷。

包含于其权利要求而取得胜诉判决后,又在另一侵权诉讼中主张该现有技术包含与其权利要求的情况下,由于不涉及判断机关的分离,因此不属于专利法特有的现象,应适用一般民事诉讼法原则处理(诉讼法上的诚实信用原则),而不应适用"禁止反悔原则";而在专利授权确权程序中,由于也不存在判断机关的分离现象,因此同样不存在"禁止反悔原则"的适用基础。在"爱普生墨盒案"①复审委似乎强调"禁止反悔原则"的独立性并欲将其扩大运用到行政程序中,最高人民法院虽然没有斩钉截铁地否定复审委的主张,但却指出:法律的明确规定以及其他同等重要的原则也限制着禁止反悔原则的适用,在专利授权确权程序中适用禁止反悔原则必须综合考虑上述因素,并且得出针对本案强调,禁止反悔原则在该修改范围内应无适用余地的结论。这一判断也印证了"禁止反悔原则"的适用对象应仅限于权利有效性与权利侵权构成判断上机关分离的特殊情况。

2. 行为范围

在"一种舵机案"中最高人民法院认为一般情况下,只有权利要求、说明书修改或者意见陈述两种形式,才有可能产生技术方案的放弃,进而导致禁止反悔原则的适用("解释"第6条;"意见"第43条;"指南"第57条),以下将行为范围区分为专利文件的修改与非专利文件的修改两种情况,具体分析如下:

(1)专利文件的修改

实践中大多数专利文件的限缩性修改(比较典型的包括增加技术特征构成的限缩性修改②)都是应审查员要求进行的,③对于此种情况

① 最高人民法院行政裁定书(2011)知行字第53号。

② 上海市高级人民法院(2005)沪高民三(知)终字第63号(国家法官学院、中国人民大学法学院编:《中国审判案例要览·2007年商事审判案例卷》,人民法院出版社、中国人民大学出版社2008年版,第376~378页);山东省高级人民法院民事判决书(2003)鲁民三终字第35号。

③ 贵州省高级人民法院民事判决书(2010)黔高民三终字第33号;四川省高级人民法院民事判决书(2010)川民终字第63号;最高人民法院民事判决书(2009)民提字第20号,载《中华人民共和国最高人民法院公报》2010年第7期;北京市高级人民法院(2005)高民终字第1262号。

适用“禁止反悔原则”往往是最无争议的。其中需要注意的是区别限缩性修改与专利权人针对权利要求中用语含义的进一步明确化解释，而这往往难以区分。因此在证明责任的分配上应由被疑侵权行为人证明在先行为到底是否属于对于专利文件的限缩性修改；而争议较大的则集中在“主动修改”问题上，即尽管专利申请人没有接到审查员的要求修改专利文件的审查意见通知书，却主动地进行了限缩性修改的情况。从专利卷宗的公示功能角度看，无论是主动修改还是应审查员要求进行的修改在公示出来的结果上并不存在实质差异，因此针对两种情况设置不同的适用要件的做法值得质疑。所以不管是应审查员要求还是主动修改，只要客观上构成对于专利文件的限缩性修改，就应满足行为范围要件的要求。

(2)修改以外的行为

对于专利文件修改以外的行为，主要包括独立权利要求书的删除[①]与无效及意见陈述。对于前者在“一种舵机案”中最高人民法院推翻了二审的看法，即从属权利要求3被维持有效的原因在于，在权利要求1中增加了从属权利要求2以及从属权利要求3记载的附加技术特征，这实质上就是修改权利要求1。但是从该案的实质上看属于弹性排除说的适用，即尽管对于独立权利要求的删除或被宣告无效后剩余的从属权利要求不适用完全排除，而应结合“概括与否说”判断“禁止反悔”的效力范围，因此并未将独立权利要求的删除或无效视为行为范围要件之外。在采取独立与从属权利要求写法撰写权利要求时，删除独立权利要求，保留从属权利要求在实质上与限缩性修改(比如增添技术特征)权利要求没有任何差异。[②] 不应因为权利要求写法的差

① 在四川省高级人民法院民事判决书(2010)川民终字第142号中，虽然该专利申请人在权利申请文件中删去了包含压缩弹簧这一技术特征的从属权利要求4，但独立权利要求1已包含弹性阻力装置(其属于压缩弹簧的上位概念)在内的更大保护范围，故在曙光公司根据独立权利要求1来确定其保护范围的情况下，本案不适用禁止反悔原则。

② 孔祥俊：“《最高人民法院关于审理侵犯专利权纠纷案件应用法律若干问题的解释》适用若干问题”，载《电子知识产权》2010年第2期。

别而产生“禁止反悔原则”适用上的区别待遇;[1]对于后者实践中普遍承认其作为构成禁止反悔原则适用的行为类型。[2] 在学说上曾存在一种观点,即将审查过程视作审查员代表公众与专利申请人为缔结最终契约而做的准备工作,而最终公开的说明书文本则为表达当事人意图的最终契约文件。因此依据英美契约法上的“Parol evidence rule”,[3]只有最终公开的说明书才可以作为解释当事人意图的有效文件,在审查过程中的意见陈述等并不应作为解释当事人意图的证据使用。[4] 但是由于对于意见陈述等的公示功能的重视,进而保护第三人的信赖利益的需求,这一观点早已被抛弃。因此只要是客观上构成限缩性解释的意见答复,仍旧构成适用“禁止反悔原则”的行为基础。

3. 行为目的

尽管对于行为范围采取了非限定性看法,即不管是主动修改还是被动修改,只要客观上存在对于专利文件的限缩性修改的法的效果,并由于公示使第三人产生抽象的信赖的话,都构成可以评价为“禁止反悔”的行为范围。但是另一方面限缩性的修改仍存在应受修改行为目的的限定的学说与实践。也就是说,要追溯是以现有技术回避为目的,还是出于现有技术回避以外的目的进行的限缩性修改。在实践中有案例认为行为的目的仅限于回避对于新颖性和创造性的评价;[5]也有认为包括与专利授权相关的实质性理由都可以作为评价的目的(比如为

---

① 学说上存在反对意见,认为此种情况下不应构成适用“禁止反悔原则”的行为类型,见于闫文军:“专利无效过程中的修改是否都导致禁止反悔——从一起专利纠纷中禁止反悔原则的适用谈起”,载《电子知识产权》2011年第1期。

② 山东省高级人民法院民事判决书(2009)鲁民三终字第92号;广东省高级人民法院民事判决书(2006)粤高法民三终字第43号;福建省高级人民法院民事判决书(2006)闽民终字第396号;上海市高级人民法院(2007)沪高民三(知)终字第24号;江苏省高级人民法院民事判决书(2004)苏民三终字第104号;江苏省高级人民法院民事判决书(2004)苏民三终字第017号。

③ 沈达明:《英美合同法引论》,对外经济贸易大学出版社1993年版。

④ Kevin R. Casey, Judge Learned Hand Guides the Federal Circuit: A Model for a Uniform Doctrine of Prosecution History Estoppel, 1985 U. Ill. L. Rev. 363(1985).

⑤ 广东省广州市中级人民法院民事判决书(2006)穗中法民三初字第173号。

回避说明书支持而进行的修改[①])。在规范层面,“指南”第 58 条中提出“基于克服缺乏新颖性或创造性、缺少必要技术特征和权利要求得不到说明书的支持以及说明书未充分公开等不能获得授权的实质性缺陷”;而在“意见”中存在一定的不明确之处,首先在第 43 条有关“禁止反悔原则”的定义中明确限定了作为回避新颖性和创造性评价目的,而在第 45 条适用要件上又指出了“必须对专利权的授予或者维持专利权有效产生了实质性作用”。而学说上则多主张不限于克服新颖性与创造性的评价。[②]

从比较法上看,美国早期存在行为目的限制在克服新颖性及非自明性(non-obvious)的实践,[③]但为 Warner-Jenkinson 案[④]所推翻,特别是该案中对于行为目的提出的 Warner-Jenkinson 推定极具启发意义,并为“指南”第 58 条所采纳。因此有必要详细介绍如下:(1)当专利权人在审查过程中的限缩性行为构成为克服与专利授权相关的实质性理由回避目的时,满足适用“禁止反悔原则”的要件;(2)当专利权人在审查过程中的限缩性行为目的不明确时,推定其是为了克服与专利授权相关的实质性理由回避目的;(3)但是如果专利权人能够证明该限缩性行为与专利授权与否没有联系;且法院认为专利权人的这一证明构成不适用“禁止反悔原则”的充足理由的话,该推定可被推翻。该推定的实质是将限缩性行为目的的证明责任施加到专利权人一方,使其承担因不能证明行为目的而适用“禁止反悔原则”的后果。[⑤] 但是该推定并未解决何种情况属于“与专利授权与否没有联系”的规范判断问题。

---

① 最高人民法院民事判决书(2009)民提字第 20 号,载《中华人民共和国最高人民法院公报》2010 年第 7 期。

② 中国专利代理(香港)有限公司专利法修改研究小组:“《最高人民法院关于审理侵犯专利权纠纷案件应用法律若干问题的解释》解析”,载《中国专利与商标》2009 年第 4 期;孔祥俊:“《最高人民法院关于审理侵犯专利权纠纷案件应用法律若干问题的解释》适用若干问题”,载《电子知识产权》2010 年第 2 期。

③ Exibit Supply Co. v. Ace Patents Corp. 315 U. S. 126,52 USPQ2d 275(1942).

④ Warner-Jenkinson Co. ,Inc. v. Hilton Davis Chemical Co. 520 U. S. 17,117 S. Ct. 1040,41 USPQ 2d 1865(1997).

⑤ [日]愛知靖之:“審查経過禁反言の理論的根拠と判断枠組み(三)”,载《法学論叢》2005 年第 156 卷 2 号。

从实践上看该情况可能包括译文错误的更改、记载错误的更正、用语含义的明确化等目的。从结论上说行为目的应为克服一切专利实体授权要件的所有限缩性修改,其中包括:新颖性及创造性(《专利法》第22条)、说明书支持(《专利法》第26条第4款)、明确性要件(《专利法》第26条第4款)、实施可能性要件(《专利法》第26条第3款)、必要技术特征要件(《专利法实施细则》第20条第2款)。

(二)专利法上"禁止反悔原则"的适用效果

传统上认为在"禁止反悔原则"的适用效果上存在"完全排除说"①(complete bar approach)与"弹性排除说"②(flexible bar approach)的对立。对于前者学说上均持批判态度,③但是从保护范围明确化以

---

① 例如在山东省高级人民法院民事判决书(2009)鲁民三终字第92号中,在涉及该技术的对比是否构成等同问题上适用等同原则应当严格,应当将孙守辉在无效宣告请求程序中明确表明的"梯形端面设计"作为其区别技术特征,对于其专利有效具有重要意义,应对其在专利保护阶段对专利保护范围的界定作出限定。被控侵权产品的外框架体为卡通鱼形,内框架为长方形,端面均不是梯形,不能达到最大限度地节约材料的效果,因此被控侵权产品的特征B与第1项必要技术特征不构成等同。同样的观点亦见于:江苏省高级人民法院民事判决书(2004)苏民三终字第017号。

② 例如在四川省高级人民法院民事判决书(2010)川民终字第63号中,优他公司在专利确权程序中放弃了仅包含药品剂型、组成和配比特征的技术方案以及以2000年版药典一部中的现有技术作为独一味提取物提取方法的技术方案。但通过比较可知,万高公司独一味提取物的提取方法与2000年版药典一部中记载的提取方法并不相同,区别在于万高公司的提取方法增加了对煎煮加水比例的限定,并增加了将干燥所得物研成细粉的限定。可见被控侵权产品的技术方案并不在优他公司在专利确权程序中所放弃的技术方案范围内,故一审判决将被控侵权产品的提取方法特征与涉案专利相应特征进行等同对比与禁止反悔原则并无冲突。此外尽管是附带理由,在广东省高级人民法院民事判决书(2006)粤高法民三终字第43号中,本案专利的权利要求所记载的只是在钛白粉中加入0.05%~5%的铬化合物,并没有明确排除添加其他化合物。专利权人在陈述书中表示涉案专利不含有氧化锑,这与权利要求的记载相符,并不当然意味着所有加入氧化锑或其他化合物的钛白粉就不落入该专利保护范围。

③ 闫文军:《专利权的保护范围:权利要求解释和等同原则的适用》,法律出版社2007年版,第486页;侯宇:"论对等同原则的恰当限制",载国家知识产权局条法司编:《专利法研究2006》,知识产权出版社2007年版,第302~304页;最高人民法院民三庭:"最高人民法院《关于审理专利纠纷案件适用法律问题的若干规定》条文释义",载曹建明编:《新专利法司法解释精解》,人民法院出版社2002年版,第92页。

及公示功能项下第三人信赖利益保护的周全化角度看,“完全排除说”对于第三人迂回专利技术方案,促进改良发明与周边技术的投资大有益处。另外该说则极大地忽略了权利保护的周全化利益。“一种舵机案”二审判决中在承认独立权利要求无效构成实质性限缩性修改的同时,便适用了“完全排除说”排除了除“银膜”以外的其他金属构成等同侵权的可能性,而最高人民法院也是在这个意义上纠正了二审适用上的偏差。而对于后者尽管学说上均持积极态度,但是由于缺乏明确的判断标准,因此对于弹性适用的幅度很难准确掌握,举例来说,为了避免审查意见通知书中对于 pH 12.0 这一现有技术,而结合实施例将权利要求修改为 pH 6.0 ~ pH 9.0 之间,此时对于被疑侵权产品为 pH 9.1 的,如果适用“弹性排除说”排除“禁止反悔原则”的适用的话,一般不存在异议,而对于 pH 11 的被控侵权产品也可以以现有技术抗辩等免于等同原则的适用,而判断的难点就在于如果是 pH 10 的话,如何较为妥当地适用“弹性排除说”尚没有定论。①

在抛弃“完全排除说”,并主张“弹性排除说”的基础上,本文尝试提出“可预见排除说”(foreseeable bar approach)这一判断标准,以期减少适用上的恣意性。② 具体来说,以澳诺(中国)制药有限公司与湖北午时药业股份有限公司侵犯发明专利权纠纷案③为例,该案可以视作典型地体现了可预见排除说,在申请文件的公开文本中,其独立权利要求为可溶性钙剂,可溶性钙剂包括葡萄糖酸钙、氯化钙、乳酸钙、碳酸钙或活性钙。说明书中仅对其中的“葡萄糖酸钙”和“活性钙”提供了配制药物的实施例。申请人根据审查员的要求为满足说明书支持这一实体授权要求,对权利要求书进行了修改,将“可溶性钙剂”修改为“活性钙”。在限缩性修改的过程中由于“葡萄糖酸钙”在申请时是可以预见

---

① [日]田村善之:《特許法の理論》,有斐閣 2009 年版,第 258 页。

② 学说上也存在对该认识萌芽性质的提法,参见何怀文:“中国禁止反悔原则的‘死角’:隐形放弃与两头得利——兼评最高人民法院‘中誉电子提审案’”,载《中国专利与商标》2013 年第 3 期。此外这一观点的提出也深受原上海市高级人民法院张晓都法官的启示,特至感谢。

③ 最高人民法院民事判决书(2009)民提字第 20 号,载《中华人民共和国最高人民法院公报》2010 年第 7 期。

的(已经写入说明书,其存在以及与“活性钙”的置换可能性在申请时可预见),并且能得到说明书的支持(在修改时将其写入权利要求并不存在任何困难),因此未将“葡萄糖酸钙”写入权利要求应该视为放弃,理应依“禁止反悔原则”排除等同原则的适用。

另外,假设在申请时并未预见到“葡萄糖酸钙”的存在以及在手段、功能、效果上与“活性钙”的置换可能性的话(例如实施例仅写明了“活性钙”且本领域技术人员只能认识到“活性钙”),其对于“禁止反悔原则”的适用与否则取决于:(1)若修改时仍旧不可能预见到“葡萄糖酸钙”,则不应适用“禁止反悔原则”;(2)若修改时可以预见到“葡萄糖酸钙”,但却没有将其写入权利要求,则应该适用“禁止反悔原则”;(3)若即使修改时可以预见,但是因为“修改超范围判断”上“形式性判断说”①的采纳,而不可能写入权利要求书时,例外的排除“禁止反悔原则”的适用。

也就是说,作为判断适用“禁止反悔原则”与否,应以预见可能性为准:在申请时及修改时都不可能预测,否定“禁止反悔原则”的适用;在申请时预测可能的情形,修改时都要写入权利要求书,否则排除等同

① 对这一学说的系统整理请参见张鹏:“专利法中‘修改超范围判断’的原理与实践”,载《清华知识产权评论》创刊号。简述观点如下:在《审查指南》第2部分第8章5.2.2.1节中对于数值限定型修改存在如下规定,即对于含有数值范围技术特征的权利要求中数值范围的修改,只有在修改后数值范围的两个端值在原说明书或权利要求书中已确实记载且修改后的数值范围在原数值范围之内的前提下,才是允许的。例如,权利要求的技术方案中,某温度为20℃~90℃,对比文件公开的技术内容与该技术方案的区别是其所公开的相应的温度范围为0℃~100℃,该文件还公开了该范围内的一个特定值40℃,因此,审查员在审查意见通知书中指出该权利要求无新颖性。如果发明专利申请的说明书或者权利要求书还记载了20℃~90℃范围内的特定值40℃、60℃和80℃,则允许申请人将权利要求中该温度范围修改成60℃~80℃或者60℃~90℃,而不能修改为一端起点为50℃,因为该起点未在原说明书或权利要求书中记载,即使该起点的写入有可能实质上并未违反“修改不能超范围”的要求,但是专利审查机关仍会遵循形式性判断排除该起点的写入。此时若被疑侵权产品是50℃的话,如果适用“完全排除说”的话,则该温度点免于等同侵权认定,若适用“可预见排除说”的话,取决于在修改时对于该温度点的存在以及本领域技术人员对于其与60℃~90℃温度范围的手段、功能、效果的置换可能性的预见性,若可以预见,但因修改超范围无法写入的话,可以免于适用“禁止反悔原则”。

的适用；[①]在申请时不可能预测，而在修改时预测可能的，原则上必须写入权利要求，否则视为放弃，例外的对于因违反修改超范围，而不能写入权利要求的情形，排除适用“禁止反悔原则”。

对于围绕“可预见排除说”的证明责任分配问题，由于该事实的证明不同于上述“禁止反悔原则”适用要件的证明，而是等同原则适用与否的效果问题，因此应有主张该效果对自身有利的主张者负有证明责任。[②] 即主张适用等同原则的专利权人承担证明责任，此外专利权人作为限缩性修改的行为人，往往也对于修改时的技术水平相比于被疑侵权人有更深入的了解。而对于在修改时可以预见的技术要素，由于修改超范围规范的限制不能写入的情况，专利权人应该实际就修改超范围与否通过意见答复、向复审委员会提出行政复议、向法院提起行政诉讼等方式予以证明，而不能仅仅单纯主观性的主张写入会导致“修改超范围”的结果。

四、结论

中国最高人民法院所作“一种舵机案”等近期判决吸引了各方的关注，成为了解我国专利司法政策的风向标，但是因为缺乏学理上的系统整理，对于“禁止反悔原则”的认识并不清晰，更遑论归纳出明确的适用要件与效果。对于确定专利权保护范围的边界这一重大课题，如何正确理解和适用“禁止反悔原则”成为当务之急。对于司法机关来说，如何平衡专利审查过程中修改与答复等的公众告示功能的明确化与权利人权利保护的周全化两种利益，也值得更加审慎的思考。而对于这一相辅相成的问题的系统整理似乎更是迫在眉睫。

当然，在本文所主张的禁止反悔原则适用要件效果上的“非限定可预见排除说”之外，尚存在迫切需要归纳的其他类型的“禁止反悔原

① 比如在贵州省高级人民法院民事判决书（2010）黔高民三终字第 33 号中，弘益公司最初的权利要求所记载的配方基质包含了聚乙二醇 4000，之后弘益公司根据国家知识产权局的审查意见，对其权利要求进行了修改，将其配方基质限定为聚乙二醇 6000，应适用“禁止反悔原则”。

② ［日］愛知靖之：“審査経過禁反言の理論的根拠と判断枠組み（五）”，载《法学論叢》2005 年第 157 卷 2 号。

则”判断实践,[①]本文限于篇幅只能就此问题浮光掠影的简单梳理,无法进一步展开(不可否认的是“禁止反悔原则”判断问题涉及技术上的专业判断,很难划一地明确提出具体操作规程,但是通过对于大样本趋势的分析,仍然可以形成系统化的判断标准,而这也是本文着力阐明的)。此外,上文去谈“禁止反悔原则”的原理可能多少也有些老生常谈,但是本文的真正目的,是想借由这些议论提醒行政机关与司法机关,如果能够站在“禁止反悔原则”在纠正行政与司法矛盾判断的功能高度,重新审视专利法上“禁止反悔原则”的意义的话,可能制度的解释和选择会更精准一些,制度的运行也会更顺畅一些。

(张鹏,复旦大学法学院博士研究生)

① 例如,有关审查过程中当事人行为与专利权保护范围确定的综合性论述,参见[日]西井志織:“特許発明の保護範囲の画定と出願経過”,载《法学協会雑誌》2013 年连载中。

著作权侵权损害赔偿中的实际损失和市场价格

徐卓斌

目　次

一、问题的提出

三元公司为电视剧《三进山城》的著作权人。2012 年 7 月 14 日、8 月 21 日、10 月 16 日，三元公司分别委托代理人向上海市徐汇公证处、上海市东方公证处申请证据保全，获得了全土豆公司所属“土豆网”、合一公司所属“优酷网”未经许可播放电视剧《三进山城》的证据。三元公司向法院提交了 2011 年 10 月 8 日其与案外人环球影视公司签订的涉案电视剧《网络版权独占专有授权合同》(合同标的额为 1260 万元)，及双方于 2012 年 7 月 13 日签订的终止前述授权合同的《合同书》，以证实因全土豆公司、合一公司的侵权行为，环球影视公司与三元公司终止了合同，三元公司遭受了 1260 万元的经济损失。原告三元公司请求法院判令被告全土豆公司、合一公司赔偿经济损失 1260 万元。一审法院上海市第一中级人民法院认为全土豆公司、合一公司的行为构成侵权；关于三元公司与环球影视公司签订的著作权授权合同，鉴于环球影视公司地址、办公传真均系广州市内，非环球影视公司在香港的注册地址,且亦无证据证实该公司在广州设立有办事机构或双方依约实际支付了合同款项等,故该《网络版权独占专有授权合同》及《合同书》的真实性存疑,一审法院不予采信;遂判决:全土豆公司赔偿三元公司经济损失40万元,合一公司在前述赔偿款20万元范围内承担连带责任。

判决后,三元公司、全土豆文化公司、合一公司均不服,分别向上海高院提起上诉。三元公司认为其与环球影视公司就涉案作品签订的信息网络传播权授权合同真实有效,现因侵权行为导致环球影视公司解除合同,应依据该合同标的额确定三元公司所受的侵权损失。全土豆文化公司、合一公司则认为,三元公司与案外人的授权合同不具有真实性,合同内容不符合商业惯例,授权价格过高;其已尽到合理注意义务,侵权后果轻微,一审判决的40万元赔偿额过高。二审中,三元公司向法院提交了其与山东广播电视台等签订的六份涉案作品著作权许可合同以及相关的业务凭证、发票、银行业务回单等,目的是证明其将涉案作品许可给电视台所获得的许可费,并进而证明本案确定赔偿金额应以此为据。二审法院认为,三元公司在本案中提供的证据无法证明其与环球影视公司签订的信息网络传播权独占许可合同的真实性;三元公司与山东广播电视台等签订的六份许可合同,因缺乏与本案的关联性而不能采信,因此亦无法作为确定本案侵权赔偿数额的依据;三元公司的实际损失或者侵权人的违法所得均无相应证据予以证明,故法院应根据本案侵权行为的具体情节酌情确定赔偿数额。一审法院依据涉案作品的类型、知名度、播放集数、持续时间、侵权行为情节、性质、后果等因素综合确定赔偿数额为人民币40万元,并无不妥;全土豆公司、合一公司上诉理由亦不成立。遂判决:驳回上诉,维持原判。①

本案涉及两组合同,产生了两个法律问题。一是三元公司所称的与环球影视公司就涉案作品签订的信息网络传播权授权合同,对于该合同一、二审法院均不认可其真实性。但一个颇具现实意义的问题是,假如有证据表明这份合同是真实的,三元公司是否可据此获得与合同

① 本案详情见(2013)沪一中民五(知)初字第50号民事判决、(2013)沪高民三(知)终字第133号民事判决。

标的额等量的损害赔偿。二是三元公司向法院提交的其与山东广播电视台等签订的六份涉案作品著作权许可合同,法院是否应作为确定损害赔偿数额的依据。

二、实际损失问题

本案中,三元公司向法院提交其与环球影视公司签订的涉案电视剧《网络版权独占专有授权合同》(合同标的额为1260万元),及双方其后签订的终止前述授权合同的《合同书》,以证实因全土豆公司、合一公司的侵权行为,环球影视公司与三元公司终止了合同,三元公司遭受了1260万元的经济损失。三元公司的观点是,假如没有全土豆公司、合一公司的侵权行为,其与环球影视公司的授权合同将可以得到实际履行,三元公司将可以获得1260万元的著作权许可费收入。现因侵权行为环球公司根据该授权合同有关条款解除了合同,三元公司由此减少了该笔1260万元的收入,应由侵权人赔偿。[①] 侵权法上的财产损失包括直接损失和间接损失,直接损失是受害人现有财产的减少,间接损失是受害人的可得利益丧失,即应当得到的利益因受不法行为的侵害而没有得到。[②] 本案中三元公司与环球影视公司之间的合同尚未实际履行,合同解除导致三元公司不能获得1260万元的著作权许可费收入,此笔损失不属于三元公司现有财产之减少,因而不属于直接损失,著作权许可费对三元公司来说属于未来的可得利益,并不是现实的财产或利益,因此,因合同解除而不能获得的著作权许可费不能说是直接损失。从侵权法上看,三元公司是提出了对间接损失的赔偿请求。

(一)侵权法保护间接损失

侵权法上的财产损失,包括直接损失和间接损失。直接损失是指受害人现有财产的减少,如物之损毁。间接损失,是指被侵权人可得财产利益的丧失。所谓可得财产利益的损失,侵权法上一般称为所失利

---

① 为讨论问题的便利,本文假定《网络著作权独占专有授权合同》是真实且有证据支持的。同时,假设三元公司与山东广播电视台等签订的著作权许可合同也是真实有效的。

② 杨立新:《侵权法论》(第4版),人民法院出版社2011年版,第173页。

益,是指新财产之取得因损害事实之发生而受妨害,属于消极的损失,[①]为因损害事故之发生权利人应增加未增加之额数。[②] 在侵权法上,所失利益是间接损失的同义词。[③] 已有财产权益的损失和可得财产权益的损失,均为实际损失。从《侵权责任法》的条文看,所失利益并未被排除在保护范围之外。根据《著作权法》第49条的规定,侵犯著作权的,侵权人应当按照权利人的实际损失给予赔偿,实际损失可以理解为包括直接损失和间接损失。《最高人民法院关于审理著作权民事纠纷案件适用法律若干问题的解释》第24条规定"权利人的实际损失,可以根据权利人因侵权所造成复制品发行减少量或者侵权复制品销售量与权利人发行该复制品单位利润乘积计算",因侵权所造成的复制品发行的减少量,并不属于直接损失的范畴,表明司法机关至少在著作权领域对所失利益采取了可予以保护的态度。从比较法上看,《德国民法典》第252条、我国台湾地区"民法"第216条之规定,均为对保护所失利益也就是间接损失之肯定。

(二)侵犯著作权之实际损失

著作权是无形财产权,侵害著作权实际上并不会产生直接损失,法律规定要根据权利人的实际损失赔偿,实际损失均为间接损失,但这些间接损失均为权利人本应得到且将来极有可能得到的利益,因为作品可以到市场上进行许可交易并获利,由于侵权行为的发生,其市场交易会受到影响,由此丧失应得且极有可能获得的预期利润,因此即使权利人无法证明具体数额,法院也要判给法定赔偿。赔偿数额计算的依据是市场价格,而不是某一次交易可能获得的对价。赔偿数额的另一种计算方式是侵权人获利数额,其依据为侵权人未经许可使用他人作品,所获利益为不当得利,应返还给权利人,法院所酌定的法定赔偿数额,亦应与侵权行为人的不当得利数额相当。所以,法院根据案情酌定的

① 王泽鉴:《民法学说与判例研究》(第6册),北京大学出版社2009年版,第27页。

② 曾世雄:《损害赔偿法原理》,中国政法大学出版社2001年版,第157页。

③ 在我国台湾地区的民法著作中,财产损失分为所受损害和所失利益,笔者认为所受损害相当于直接损失,所失利益相当于间接损失,其内涵和外延并无本质不同。参见曾世雄:《损害赔偿法原理》,中国政法大学出版社2001年版,第155~160页。

法定赔偿数额,实际上就是对权利人因侵权行为所受的间接损失(所失利益)的赔偿。比如在美国著作权法上,著作权所有人可以获得因侵权而遭受的实际损失以及侵权人因侵权所获而没有计入实际损失的任何利润。实际损失是指著作权所有人因侵权行为而遭受的市场损失,或者说是如果没有侵权行为权利人可以获得的收益,而实际损失的计算方式是销售损失或许可使用费。[①]《德国著作权法》第97条规定,对损害赔偿之计算,得考虑侵权人因侵权取得的收入,也得根据假设侵权人取得许可利用被侵害的权利应当支付的适当报酬计算。[②] 根据《日本著作权法》第114条之规定,侵犯著作权之损害赔偿,可以根据侵权人不当得利计算,或根据权利人行使著作权应得金钱数额计算。[③]《韩国著作权法》第125条之规定亦如此。[④] 可见对于侵害著作权的损害赔偿,各国计算方法有共通之处,一是根据著作权人的实际损失,二是根据侵权人之不当得利,而实际损失之计算依据则是著作权人的所失利益。不独著作权方面如此,专利权、商标权等其他知识产权的损害赔偿,亦如此。比如美国专利法上,补偿性损害赔偿的计算依据为利润损失(lost profits)和合理的许可费,目的是将专利权人的财政状况恢复到"要不是"(but for)被侵权的状况。[⑤] 而在日本专利法上,一般也用"逸失利益"来解释损害赔偿问题。[⑥]

侵权损害赔偿责任的目的在于填补受害人所受实际损失,根据受害人所受实际损失确定赔偿数额,实际损失包括直接损失,也包括间接损失。从损失是否实际发生的角度看,三元公司与环球影视公司签订

---

① 李明德:《美国知识产权法》,法律出版社2003年版,第231页。

② 《十二国著作权法》翻译组:《十二国著作权法》,清华大学出版社2011年版,第180页。

③ 《十二国著作权法》翻译组:《十二国著作权法》,清华大学出版社2011年版,第416~417页。

④ 《十二国著作权法》翻译组:《十二国著作权法》,清华大学出版社2011年版,第540页。

⑤ [美]J. M. 穆勒:《专利法》(第3版),沈超等译,知识产权出版社2013年版,第464页。

⑥ [日]田村善之:《日本知识产权法》(第4版),周超等译,知识产权出版社2011年版,第305页。

的授权合同的标的额1260万元,并非其实际损失的数额,三元公司要获得1260万元的信息网络传播权独占许可费,其相应对价是许可环球影视公司对涉案作品信息网络传播权的独占性的使用。解除合同后,三元公司对涉案作品仍享有完整的信息网络传播权,其仍可以对外许可使用,此次交易没有完成,乃是一种机会损失。况且,三元公司与环球影视公司之授权合同,虽因被告侵害行为之实施而解除,但即使没有被告之侵害行为,该合同也并不必然得以完全履行。

(三)赔偿之范围

笔者认为,侵权责任法当然保护所失利益,直接损失和间接损失均在赔偿范围之内。民事权利受到侵害,损害赔偿计算标准为该权利的市场价格。如前所述,侵犯著作权之损害赔偿,实际是弥补因侵权导致的权利人之市场损失,在权利人能举证其因侵权导致的发行减少量时,以此数量乘以单位利润,为其实际损失,或可依据侵权人不当得利数额计算,被侵害作品的许可使用费亦可作为计算标准。笔者认为,作为计算标准的许可使用费,只能是普通许可的许可使用费,不应当是独占性许可的许可使用费,原因就在于侵权人之侵害行为,相当于未交许可使用费之一般使用,侵权行为发生后,权利人之对外普通许可使用并不受影响,如以独占性许可使用费计算,显然超出侵权损害之范围。本案中,三元公司与环球影视公司签订的是独占性许可合同,三元公司所可能获得的未来利润是基于该独占性许可,难以作为确定侵权损害赔偿数额的依据。如三元公司能够举出有效的普通许可使用合同,则其许可费为有力的证据,可证明该作品的普通许可使用费的市场价格。另外,合同上的可得利益与侵权法保护的所失利益,两者并非等同,三元公司基于某一授权合同的可得利益,并不在侵权法所保护的以市场价格计算的间接损失范围之内,赔偿范围应止步于以市场价格计算的数额,不应扩大到一次特定交易的对价或者可能获得的利润。本案中,法院所判赔的40万元,实际即为法院酌定的涉案作品信息网络传播权的市场价格,同时也就是三元公司之间接损失。

(四)主观过错

本案还可从主观过错和因果关系的角度分析,如果主观过错要件和因果关系要件不能满足侵权构成的要求,则难言被告行为针对三元公司的因合同可能获得的收益部分构成侵权。关于主观过错,被告的行为侵害了三元公司就涉案电视剧享有的信息网络传播权,具有过错,当无疑问。但对于三元公司与环球影视公司签订的授权合同,被告显然难以知悉,如果被告知悉该合同的存在并为破坏两者交易之目的而为相关侵害行为,导致合同解除,则有可能构成侵害债权。现被告并不知悉合同之存在,且一般而言,交易双方并不能要求第三方预见其签订的合同以侵权行为之发生作为解除条件,被告对于三元公司与环球影视公司之间合同之解除,并无过失,亦无故意。如认定被告此时具有主观过错,则此案中侵权法上的注意义务标准未免设定过高、保护范围未免"射程"过远。对于三元公司而言,在授权合同中订入以侵权行为之发生作为解除条件的条款,现确因侵权行为之发生而解除合同,属于正常的商业风险。因此,被告对于三元公司与环球影视公司之间授权合同之解除,并无主观过错。

(五)因果关系

所失利益本质上系期待权,是否为因果关系范围内应予赔偿之项目,仍依因果关系之有无定之。[①] 关于因果关系,大陆法系国家一般采相当因果关系说,英美侵权法则区分事实上的因果关系和法律上的因果关系。相当因果关系的构造分为"条件关系"和"相当性"两部分,[②]其基本含义是:加害人必须对他的不法行为为相当条件的损害负赔偿责任,但是对超出这一范围的损害后果不负民事责任。[③] 事实上的因果关系和条件关系,均采"but-for"检验方法,即满足"若无此行为则无此后果"的,因果关系成立;法律上的因果关系以可预见性作为判断标准,而可预见性亦为"相当性"之重要考量因素;可以说,事实上的因果关系与"条件关系"、法律上的因果关系与"相当性",存在着一定的对应关系,因而两大法系关于因果关系的认定,实殊途同归。就条件关系而言,本案环球影视公司与三元公司解除合同,是基于合同中的约定解除条款,正是由于被告的侵权行为,导致环球影视公司基于约定解除权

① 曾世雄:《损害赔偿法原理》,中国政法大学出版社2001年版,第158页。

② 王泽鉴:《侵权行为》,北京大学出版社2009年版,第187页。

③ 张新宝:《侵权责任法》(第2版),中国人民大学出版社2010年版,第33页。

解除了合同。若无被告的侵权行为,则此合同一般可得以履行,三元公司可以获得相应的许可费收入,因而被告侵权行为与三元公司可得利益丧失之间的条件关系可以成立。就因果关系中的相当性而言,相当性属于价值判断,旨在合理移转或分散因侵权行为而生之损害,①合理界限侵权责任的范围,②是一种法律政策工具,其重要的判断标准是可预见性,即就社会上一般人而言,是否可以预见某一行为通常将导致某一后果,如果是可以预见的,则可认定相当因果关系成立,可对行为人课以侵权责任。本案中,对于三元公司与环球影视公司订立的授权合同以侵权行为之发生作为解除条件,被告并非合同当事人,也无证据表明其知悉该合同存在,因此对于合同解除的后果实难预见。此情况不同于《最高人民法院关于审理著作权民事纠纷案件适用法律若干问题的解释》第24条所规定的权利人因侵权造成复制品发行减少。盗版盛行会导致正版复制品销量下降,属可预见范围之内,但侵害行为导致他人之间独占性许可合同之解除,以社会一般观念衡量,尚不属于可预见范围。因此,本案被告的侵害行为与授权合同之解除及由此造成许可费收入之丧失,难以构成侵权法上的相当因果关系。

从反面讲,如果侵权责任法对因侵权行为导致的特定合同解除产生的可能利益损失加以保护,则有可能导致影视作品权利人纷纷与有关联关系的人签订以侵权行为为解除条件的著作权许可合同,待侵权行为发生后请求赔偿所谓的可得利益,借此牟利。对于侵权行为人而言,其赔偿范围将难以预计、无限扩展。这显然与侵权责任法的宗旨背道而驰,对于此种道德风险,法律适用过程中不能不予以考虑。

综上,三元公司请求被告赔偿因侵权行为导致合同解除而丧失的著作权许可费,不能得到支持。著作权为无形财产权,其侵权损害之实际损失均为间接损失,侵权责任法所保护的间接损失应以市场价格计算,并非某一次特定交易的对价或可能获得的利润。因侵害著作权的行为导致著作权人与第三人之间签订的著作权许可合同解除的,该合同解除所致损失不属于侵权法上的间接损失。间接损失(所失利益)

① 王泽鉴:《侵权行为》,北京大学出版社2009年版,第187页。

② 王泽鉴:《侵权行为》,北京大学出版社2009年版,第195页。

要依据侵权责任法获得损害赔偿,须满足以下条件:(1)该利益属于必然或极有可能获得的利益,且损失数额只能依市场价格计算。(2)对于导致该利益丧失之侵害行为,仍应分析是否满足侵权构成要件,特别是主观过错要件和因果关系要件。

三、市场价格问题

本案二审中,三元公司向法院提交了其与山东广播电视台等签订的六份涉案作品著作权许可合同,请求作为确定损害赔偿数额的依据。这涉及赔偿数额计算标准的问题。根据《著作权法》和有关司法解释的规定,侵犯著作权或者与著作权有关的权利的,侵权人应当按照权利人的实际损失给予赔偿;实际损失难以计算的,可以按照侵权人的违法所得给予赔偿;权利人的实际损失或者侵权人的违法所得不能确定的,由人民法院根据侵权行为的情节,判决给予50万元以下的赔偿;人民法院在确定赔偿数额时,应当考虑作品类型、合理使用费、侵权行为性质、后果等情节综合确定。《侵权责任法》规定,侵害他人财产的,财产损失按照损失发生时的市场价格或者其他方式计算。笔者认为,在计算著作权侵权赔偿数额时,市场价格是最重要的考虑因素,但必须是真实的、相关的市场价格。

(一)所侵害的具体权利

本案中,被告侵权行为所侵害的是作品的信息网络传播权,而三元公司与山东广播电视台等签订的六份涉案作品著作权许可合同,其合同标的并非信息网络传播权或并非仅包含信息网络传播权。三元公司许可电视台播放涉案作品,其在合同中并未明确说明属于著作权的何种具体权利。但在电视台播放,无非是以无线和有线两种方式进行传播。《著作权法》规定,广播权是以无线方式公开广播或者传播作品,以有线传播或者转播的方式向公众传播广播的作品,以及通过扩音器或者其他传送符号、声音、图像的类似工具向公众传播广播的作品的权利。电视台以无线方式传播以及再以有线方式传播涉案作品时,必然涉及作品的广播权,直接以有线方式传播的,属于广播权所未能涵盖的应当由著作权人享有的其他权利。[①] 因此,被告侵权行为与三元公司和山东广播电视台等签订涉案作品著作权许可合同,其所涉及的具体权利内容不同。

(二)不同权利市场价格相异

不同的著作财产权,其作品的交易对象、传播渠道均有所不同,比如广播权的交易,一般发生在权利人与电视台之间,信息网络传播权的交易,一般发生在权利人与视频网站经营者之间,这就导致涉案作品的传播范围、受众数量、营利模式等都有所区别,广播权的交易市场和信息网络传播权的交易市场,存在着诸多的区别,是两个不同的市场,因而市场所反映出来的交易价格也不相同,不能相互替代。事实上,著作财产权类型众多,同一作品的复制权、发行权、出租权、展览权、表演权、摄制权、改编权、翻译权等,均在不同的市场价格下进行交易。比如同一部中文小说,其翻译权可能无人问津,但其摄制权却众人争抢,其市场价格必有较大的差距。目前,电视台是电视剧发行营销的主要对象,[②]电视剧的权利人通过信息网络传播权对外许可的获利仍相当有限。本案中三元公司就涉案作品许可电视台播放所获得的许可费,与三元公司就涉案作品信息网络传播权对外许可所可能获得的许可费,两者之间不能等同、难以类比。三元公司和山东广播电视台等签订的涉案作品著作权许可合同所体现的价格,是许可合同所涵盖的著作财产权的市场价格,并不能证明涉案电视剧信息网络传播权的市场价格。因此,三元公司要求以此价格来确定损害赔偿数额,难言有事实和法律依据。

综上,在确定著作权侵权赔偿数额时,应当考察所侵害权利的具体类型,并根据不同类型权利的市场价格来确定赔偿金额,而不能将同一作品的不同类型著作财产权的价格相互替代。

(徐卓斌,上海市高级人民法院知识产权庭法官、中国社会科学院研究生院博士研究生)

---

① 王迁:《知识产权法教程》(第2版),中国人民大学出版社2009年版,第148~150页。

② 潘娜:"民营电视剧的著作权交易与保护",载《产权导刊》2011年第4期。

海峡两岸

由两岸视角评析海事侵权争端的现行立法*

方丽琼　张晏瑲

目　次

一、前言

对跨境侵权行为法律的研究越来越成为理论和实践部门共同关注的热点问题。其根本原因是20世纪以来经济贸易的迅速发展,世界各国之间联系越来越密切,使得跨境的侵权行为越来越多。而各种侵权纠纷又因不同国家的不同的法律规定而不同,以至于处理各种侵权行

* 本文为国家社科基金一般项目,《维护国家海洋权益的政府管理体制研究》,项目编号:13BZZ062;上海市政府决策咨询研究项目,《中国海洋管理体制改革研究》,项目编号:2012Z45C;山东大学自主创新基金,《涉两岸的海上侵权争端解决机制之研究》,项目编号:IFW12065,阶段性研究成果。

为纠纷的方式也纷繁复杂。本文所述的两岸专指我国大陆和台湾地区,目前多数争端解决机制的研究视角均集中于两岸经贸纠纷,对于海事侵权问题着墨甚少,更没有专门机制来解决涉及两岸的各种海事侵权法律争端。然而,随着两岸"大三通"的全面展开,海运直航的不断发展,两岸的海事侵权问题必然会在今后的经济发展中大量涌现。当前,两岸理论界和实务界都在努力探索,寻找解决问题的方法和途径。为了保证两岸交流的顺利进行和海上直航的展开,协商制定两岸间的海事侵权争端解决机制具有很重要紧迫性和现实性,对于此方面的研究也必将会填补法律研究的空白,并为实践中妥善处理两岸海事侵权纠纷夯实基础。

二、两岸关于海事侵权争端之一般界定

一般来说,海事侵权争端是指由海事活动中所产生的对他人人身权益和财产权益的侵害行为所引起的争端。根据两岸的海事侵权争端问题的整体综合情况,主要分为以下几类:

1. 船舶碰撞[①]与触碰

船舶碰撞与触碰,是海事侵权的重要组成部分。自然状态的船舶碰撞与触碰又与法律定义上的有所不同。而且因法律、公约等对之法律定义的不同,从而使得船舶碰撞与触碰的具体概念也各有不同。值得注意的是,船舶碰撞与触碰也是不同的状态和概念。

1530年英国海事最高法院才有有关船舶碰撞案件的记录和关于船舶碰撞的阐述。后来随着海洋事业的发展,船舶碰撞案件的增多,为了统一法律原则处理因船舶碰撞而发生的法律问题,1910年国际社会通过《统一船舶碰撞若干法律规定的国际公约》(International Convention for the Unification of Certain Rules of Law with respect to Collision between Vessels,1910),公约中指出,船舶碰撞是海船与海船或海船与内河船发

---

① 司玉琢、吴兆麟:《船舶碰撞法》,大连海事大学出版社1995年版,第5页;邓瑞平:《船舶侵权行为法基础理论问题研究》,法律出版社1999年版。

生碰撞,致使有关船舶或船上人身、财产遭受损害。① 同时,公约对船舶的范围也作了限定,而且还把公约扩大适用于即使在碰撞实际上未曾发生的状况下,由于进行或不进行某种操纵,或由于不遵守规则,而给他船或任一船上的货物或人员造成的损害的赔偿。②《1952 年船舶碰撞中民事管辖权方面某些规定的国际公约》(International Convention on Certain Rules Concerning Civil Jurisdiction in Matters of Collision, 1952)规定,本公约适用于一船因执行某项操作,或因不遵守航行规则而造成的对另一船或该船所载财物或人身的损害而引起的诉讼。即使未曾发生实际碰撞,亦得适用。③ 国际海事委员会起草的 1987 年《里斯本规则》(Lisbon Rules)更是直接将间接碰撞纳入船舶碰撞的定义

① International Convention For The Unification of Certain Rules of Law With Respect To Collision Between Vessels, 1910, Article 1: "Where a collision occurs between sea-going vessels or between sea-going vessels and vessels of inland navigation, the compensation due for damages caused to the vessels, or to any things or persons on board thereof, shall be settled in accordance with the following provisions, in whatever waters the collision takes place."《1910 年统一船舶碰撞若干法律规定的国际公约》第 1 条:"海船与海船或海船与内河船舶发生碰撞,致使有关船舶或船上人身、财物遭受损害时,不论碰撞发生在任何水域,对这种损害的赔偿,都应按下列规定办理。"

② International Convention For The Unification of Certain Rules of Law With Respect To Collision Between Vessels, 1910, Article 13: "This Convention extends to the making good of damages which a vessel has caused to another vessel, or to goods or persons on board either vessel, either by the execution or non-execution of a manoeuvre or by the non-observance of the regulations, even if no collision had actually taken place."《1910 年统一船舶碰撞若干法律规定的国际公约》第 13 条:"本公约的规定扩及于一艘船舶对另一艘船舶造成损害的赔偿案件,而不论这种损害是由于执行或不执行某项操纵,或是由于不遵守规章所造成。即使未曾发生碰撞,也是如此。"

③ International Convention on Certain Rules Concerning Civil Jurisdiction In Matters of Collision, 1952, Article 4: "This Convention shall also apply to an action for damage caused by one ship to another or to the property or persons on board such ships through the carrying out of or the omission to carry out a manoeuvre or through non-compliance with regulations even when there has been no actual collision."《1952 年船舶碰撞中民事管辖权方面某些规定的国际公约》第 4 条:"本公约亦适用于一船因执行或不执行某项操作,或因不遵守航行规则而造成的对另一船或该船所载财物或人身的损害而引起的诉讼;即使未曾发生实际碰撞,亦得适用。"

中,从而将船舶碰撞的范围扩大。

在我国《海商法》中,船舶碰撞是指船舶在海上或与海相通的可航水域发生接触造成损害的事故。① 此外,船舶因操纵不当或者不遵守航行规章,虽然实际上没有同其他船舶发生碰撞,但是使其他船舶以及船上的人员、货物或其他财产遭受损失的,也适用此规定。② 这里的船舶包括船舶属具,但政府公务船舶和20总吨以下的小型船艇除外。然1995年我国《最高人民法院关于审理船舶碰撞和触碰案件财产损害赔偿规定》进一步解释了船舶碰撞是船舶在海上或者与海相通的可航水域,两艘或两艘以上的船舶之间发生接触或者没有直接接触,造成财产损害的事故。2001年实施的我国《最高人民法院关于海事法院受理案件范围的若干规定》中明确规定,海事法院受案范围包括船舶碰撞损害赔偿案件,包括浪损等间接碰撞的损害赔偿纠纷案件。而我国台湾地区法律对船舶碰撞之定义并未有特别详细的说明,但规定了不同情况之下的船舶碰撞后的法律后果、赔偿责任等。③

从以上公约和法律规定,不难得出法律意义上的船舶碰撞与普通意义上的船舶碰撞有一定区别。虽然也有学者认为"间接碰撞不是船舶碰撞"。事实上,间接碰撞确实缺乏实际碰撞这一所谓的形式要件,但在世界各国的立法和司法实践中,间接碰撞的概念已经存在并具有

---

① 《海商法》第165条规定:"船舶碰撞,是指船舶在海上或者与海相通的可航水域发生接触造成损害的事故。前款所称船舶,包括与本法第三条所指船舶碰撞的任何其他非用于军事的或者政府公务的船艇。"

② 《海商法》第170条规定:"船舶因操纵不当或者不遵守航行规章,虽然实际上没有同其他船舶发生碰撞,但是使其他船舶以及船上的人员、货物或者其他财产遭受损失的,适用本章的规定。"

③ 我国台湾地区"海商法"第134条(船舶碰撞之法律适用)船舶之碰撞不论发生于何地,皆依本章之规定处理之。第135条(因不可抗力之碰撞)碰撞系因不可抗力而发生者,被害人不得请求损害赔偿。第136条(因一船过失之碰撞)碰撞系因于一船舶之过失所致者,由该船舶负损害赔偿责任。第137条(因共同过失之碰撞)碰撞之各船舶有共同过失时,各依其过失程度比例负其责任,不能判定其过失之轻重时,双方平均负其责任。有过失之各船舶对于因死亡或伤害所生之损害,应负连带责任。第138条(因引水人过失之碰撞)前二条责任,不因碰撞系由引水人之过失所致而免除。第139条(消灭时效)因碰撞所生之请求权,自碰撞日起算,经过两年不行使而消灭。

了实际法律意义和对司法实践有理论指导意义。

船舶触碰则是不同于船舶碰撞的另一概念。在我国《最高人民法院关于审理船舶碰撞和触碰案件财产损害赔偿的规定》中,船舶触碰是指船舶与设施或障碍物发生接触并造成财产损害的事故。包括船舶直接与设施或障碍物发生触碰而造成的损害事故和船舶相互碰撞而导致的其中一船与其他设施或障碍物发生触碰而造成的损害事故。而我国台湾地区的相关法律未作任何说明。显而易见,从定义即可看出,船舶触碰与船舶碰撞有区别,当然这也会导致船舶触碰侵权和船舶碰撞侵权的法律适用和解决机制的不尽相同。

2. 海上人身伤亡[①]

相对于传统的陆地经济,海洋环境有着特殊的风险性,由此带来的海上人身伤亡事故也相对较多和较为复杂。海上人身伤亡,是指在海上与海相通的可航水域和港口区域,在有关海上运输、生产等海上经营或管理的过程中,发生的有关人员的生命、健康和身体遭受侵害而导致伤亡的后果。

目前,我国大陆关于海上伤亡损害赔偿的相关法律主要有《民法通则》、《侵权责任法》、《海商法》、《海洋环境保护法》等,以及最高人民法院的司法解释如《关于审理涉外海上人身伤亡损害赔偿的具体规定》、《关于确定民事侵权精神损害赔偿责任若干问题的解释》以及相关法律法规。[②] 虽然在这些相关的法律法规中,涉及有关海上人身伤亡损害赔偿的法律救济,但是显然随着事故的频发和复杂化,传统的海事法律已经不能完全适应现代海事侵权争端的发展,尤其是在两岸"三通"之后,两岸航运的不断发展,两岸海事人身侵权事件的发生具有必然的可能性,因此需要专门的条文对海上人身伤亡损害赔偿予以规制。

---

① 司玉琢主编:《海商法专题研究》,大连海事大学出版社 2002 年版,第 332 页。

② 《中华人民共和国港口间海上旅客运输赔偿责任限额规定》:责任人对旅客人身伤亡的责任限额,按 4 万元人民币乘以船舶证书规定的载客定额计算,但最高不超过 2100 万元人民币。交通部 1993 年发布的《关于不满 300 总吨船舶及沿海运输、沿海作业船舶海事赔偿责任限额的规定》、《中华人民共和国海事诉讼特别程序法》、《最高人民法院关于海事法院受理案件范围的若干规定》海事侵权案件包括:船舶在海上或者通海水域进行航运、作业,或者港口作业过程中的人身伤亡事故引起的损害赔偿纠纷案件。

3. 海洋环境污染

随着全球经济的迅猛发展,人们加快了利用各种海洋资源的步伐,与此同时,也不可避免地引发了各种海洋环境问题。我国的海洋总体情况并不乐观。近年来,国家监测结果显示沿海的工业污染和生活污染给近海海域环境产生了严重的影响。此外,突发性的海洋事故频发,加重了对海洋环境的污染,如2011年发生在渤海湾的康菲钻井平台漏油事件。①

一般来说,海事侵权中的海洋环境污染主要是指因船舶碰撞或是溢出或排放有害物质等,或者海上、港口作业中对海域造成的环境污染的侵权行为。当然,这里所说的海洋环境污染与海事侵权中的海洋环境污染并非完全等同。从海事侵权的外延可以看出,海洋环境污染侵权与海事侵权互有交叉,但海洋环境污染侵权的外延并不局限于由海事侵权中的海上油污等,包括海洋工程建设项目对海洋环境的污染损害、海岸工程建设项目对海洋环境的污染损害等。②

目前,我国大陆现行立法也没有关于海洋环境侵权的特殊冲突规则,其法律适用遵循一般侵权行为的冲突规则。③ 现行立法中,尚无海洋环境污染侵权行为的明确定义。但是《海洋环境保护法》中涉及对

---

① 美国康菲公司与中海油合作开发的蓬莱19-3油田于2011年6月发生溢油事故,康菲被指责处理渤海漏油事故不力;12月,康菲公司遭到百名养殖户的起诉。

② 《最高人民法院关于海事法院收案范围的规定》:海事法院受理我国法人、公民之间,我国法人、公民同外国或地区法人、公民之间,外国或者地区法人、公民之间的下列案件:海事侵权纠纷案件:①船舶碰撞损害赔偿案件,包括浪损等间接碰撞的损害赔偿案件;②船舶触碰海上、通海水域、港口的建筑物和设施的损害赔偿案件,其中包括船舶触碰码头、防波堤、栈桥、船闸、桥梁,以及触碰航标等助航设施和其他海上设施的损害赔偿案件;③船舶损坏在空中架设或者在海底、水下铺设的设施损害赔偿案件;④船舶排放、泄漏有害物质或污水、海上或港口建设、作业以及拆船,造成水域污染或他船及货物损害的损害赔偿案件;⑤船舶航行、作业损坏鱼网、其他捕鱼设施和水产养殖的索赔案件;⑥航道中的沉船、废弃物、海上作业设施不当影响船舶航行造成损失的损害赔偿案件;⑦海上运输或海上、通海水域、港口作业过程中的人身伤亡事故引起的损害赔偿案件;⑧非法留置船舶和船载货物案件;⑨其他海事侵权纠纷案件。

③ 《涉外民事关系法律适用法》第44条规定:"侵权责任,适用侵权行为地法律,但当事人有共同经常居所地的,适用共同经常居所地法律。侵权行为发生后,当事人协议选择适用法律的,按照其协议。"

海洋环境污染损害的规定,[1]即可间接视为海洋环境污染侵权之定义概括。但针对我国对"海洋环境污染损害"的定义中的有害影响,其规定略显模糊。何为"有害影响"?如何量化?这都需要一个具体的标准。进一步说,如果有了这个标准,那么标准是否要随着人类对环境质量要求的提高而提高?如果承认这个标准是处于一个动态模式中,那么这个动态的量化标准又该如何制定和执行。是否会因为海洋环境的全球性而使某些发达国家强制发展中或者不发达国家按照他们所制定的标准来执行或者是全球一起来讨论有关海洋治理的问题。如何使得海洋环境污染之有害影响不流于形式,而是能够比较量化体现出来。

此外,环境污染侵权之复杂,还包括其兼具私害性和公害性,对相对区域的不特定多数人的多种权益同时造成侵害,于是环境污染之公益诉讼问题也是两岸在处理海事侵权争端之时不可避免的问题之一。所以,有必要进一步细化海洋环境污染之评估体系,以利于我们更好地处理海事侵权中的海洋环境污染问题,同时也有利于更好地实施海洋环境问题的国际合作。

三、两岸海事侵权争端解决之立法规定

在我国台湾地区,针对海事侵权问题,优先适用作为民事特别法的"海商法"的规定。在实体的"海商法"没有规定时,则适用程序的"民事诉讼法"规定为补充。

我国台湾地区"海商法"第 101 条规定"关于碰撞之诉讼,得向下列法院起诉:一、被告之住所或营业所所在地之法院。二、碰撞发生地之法院。三、被告船舶船籍港之法院。四、船舶扣押地之法院。五、当事人合意地之法院。因侵权行为涉讼者,得由行为地之法院管辖"。"民事诉讼法"第 15 条规定"因侵权行为涉讼者,得由行为地之法院管辖。因船舶碰撞或其他海上事故,请求损害赔偿而涉讼者,得由受损害之船舶最初到达地,或加害船舶被扣留地,或其船籍港之法院管辖"。

---

① 《海洋环境保护法》第 95 条第 1 款:"海洋环境污染损害,是指直接或者间接地把物质或者能量引入海洋环境,产生损害海洋生物资源、危害人体健康、妨害渔业和海上其他合法活动、损害海水使用素质和减损环境质量等有害影响。"

另外,根据我国台湾地区“民事诉讼法”第24条及第26条规定“当事人得以合意定第一审管辖法院。但以关于由一定法律关系而生之诉讼为限”。“于本法定有专属管辖之诉讼,不适用之。”我国台湾地区“民事诉讼法”中所规定的专属管辖仅包括“不动产之物权或其分割或经界涉讼”(我国台湾地区“民事诉讼法”第10条)、人事诉讼程序(我国台湾地区“民事诉讼法”第568条第1款、第583条、第589条、第592条、第597条、第620条、第626条第1款)、再审(我国台湾地区“民事诉讼法”第499条)、督促程序(我国台湾地区“民事诉讼法”第510条),不包括关于侵权的规定。故此,对于侵权事件按照我国台湾地区的“法律”是可以由当事人协议管辖的。

总结以上规定,如若发生海事侵权,依我国台湾地区“法律”规定,当事人可以协议管辖。除此之外,关于船舶碰撞的诉讼的管辖法院是以下六种:被告之住所或营业所所在地之法院;碰撞发生地之法院;被告船舶船籍港之法院;船舶扣押地之法院;当事人合意地之法院;受损害之船舶最初到达地法院。而对于其他财产人身侵权行为,我国台湾地区法律仅规定“因侵权行为涉讼者,得由行为地之法院管辖”。

而中国大陆关于海事侵权纠纷的法律适用规定如下:

1. 侵权行为地法原则

《民法通则》第146条第1款前段首先规定:“侵权行为的损害赔偿,适用侵权行为地法。”《海商法》第273条关于船舶碰撞的法律适用,适用侵权行为地法。最高人民法院的《民通意见》第187条还解释道:“侵权行为地的法律包括侵权行为实施地法律和侵权结果发生地法律。如果两者不一致时,人民法院可以选择适用。”

2. 当事人共同属人法原则

《民法通则》第146条第1款后段规定:“当事人双方国籍相同或者在同一国家有住所的,也可以适用当事人本国法律或者住所地法律。”

3. 双重可诉原则

《民法通则》第146条第2款规定:“中华人民共和国法律不认为在中华人民共和国领域外发生的行为是侵权行为的,不作为侵权行为处理。”这条规定对在中国领域外发生的侵权行为采用了“双重可诉原则”。

4. 法院地法原则

尽管《民法通则》没有规定法院地法原则,但《海商法》对该原则作了规定。《海商法》第 273 条第 2 款规定:“船舶在公海上发生碰撞的损害赔偿,适用受理案件的法院所在地法。”第 275 条规定:“海事赔偿责任的限制,适用受理案件的法院所在地法。”

5. 船旗国法原则

《海商法》第 273 条第 3 款规定:“同一国籍的船舶,不论碰撞发生于何地,船舶碰撞之间的损害赔偿适用船旗国法。”

总之,当发生船舶碰撞,如果是同一国籍的船,无论碰撞地点都适用船籍国法;如果不是同一国籍的船,在公海碰撞的适用法院所在地法,在某国领海内碰撞的适用侵权行为地法。对于其他一般侵权行为,一般适用侵权行为地法,当当事人双方国籍相同或者在同一国家有住所的,也可以适用当事人本国法律或者住所地法律。

我国台湾地区方面,针对解决法律适用冲突虽然有专法,即“涉外民事法律适用法”,但针对侵权行为法律冲突之解决亦仅概略地宣称,“关于侵权行为而生之债,依侵权行为地法”。①

中国大陆方面,在审理海事侵权案件时,在实体方面,可以适用的有关法律有《海商法》、《民法通则》、《海洋环境保护法》、《最高人民法院关于审理涉外海上人身伤亡案件损害赔偿的具体规定》(试行)等。在程序方面,则可适用《海事诉讼特别程序法》的规定,在《海事诉讼特别程序法》没有规定时,可以适用《民事诉讼法》以及相关司法解释和法律法规等。此外,中国大陆还加入了若干国际公约,如《1910 年统一船舶碰撞某些法律规定的国际公约》、《1952 年船舶碰撞中民事管辖权方面某些规定的国际公约》、《1990 年国际油污防备、反应和合作公约》。

根据中国《海事诉讼特别程序法》第 6 条第 1 款的规定:“因海事侵权行为提起的诉讼,除依照《中华人民共和国民事诉讼法》第二十九条至第三十一条的规定以外,还可以由船籍港所在地海事法院管辖。”而《民事诉讼法》第 28 条规定:“因侵权行为提起的诉讼,由侵权行为

① 我国台湾地区“涉外民事法律适用法”第 25 条规定:“关于由侵权行为而生之债,依侵权行为地法。但另有关系最切之法律者,依该法律。”

地或者被告住所地人民法院管辖”;第29条:“因铁路、公路、水上和航空事故请求损害赔偿提起的诉讼,由事故发生地或者车辆、船舶最先到达地、航空器最先降落地或者被告住所地人民法院管辖”;第30条:“因船舶碰撞或者其他海事损害事故请求损害赔偿提起的诉讼,由碰撞发生地、碰撞船舶最先到达地、加害船舶被扣留地或者被告住所地人民法院管辖。”而对于海上污染行为,根据《海事诉讼特别程序法》第7条第2款的规定:“下列海事诉讼,由本条规定的海事法院专属管辖:(二)因船舶排放、泄漏、倾倒油类或者其他有害物质,海上生产、作业或者拆船、修船作业造成海域污染损害提起的诉讼,由污染发生地、损害结果地或者采取预防污染措施地海事法院管辖……

由上述法律可知,若发生海事侵权,依中国大陆的法律,当事人不得协议管辖。而海上一般财产人身侵权行为可以由侵权行为地法院、被告住所地法院管辖或者船籍港所在地海事法院管辖;若因海上事故请求损害赔偿提起的诉讼,由事故发生地、船舶最先到达地、被告住所地或者船籍港所在地海事法院管辖人民法院管辖;因船舶碰撞或者其他海事损害事故请求损害赔偿提起的诉讼,由碰撞发生地、碰撞船舶最先到达地、加害船舶被扣留地、被告住所地或者船籍港所在地人民法院管辖。对于海上污染行为只能由污染发生地、损害结果地或者采取预防污染措施地海事法院专属管辖。即使只是单一海事侵权案件,法律的规定也会造成不同法院均对此有管辖权。而如果是一个复杂的案件涉及多种侵权类型,那么管辖权的确定和选择就会相当复杂。

此外,针对不同的海事侵权行为的类型,中国大陆还制定了专门性的法律。例如1995年最高人民法院针对船舶碰撞和触碰的侵权通过了《关于审理船舶碰撞和触碰案件财产损害赔偿的规定》,该规定是结合了我国有关法律和司法实践并参照1987年《确定海上碰撞损害赔偿的国际公约草案》(《里斯本规则》)制定的。对请求赔偿的范围、原则以及相关的船舶损害赔偿额都作了明确的规定,弥补了我国有关法律的空白。2008年,最高人民法院通过《关于审理船舶碰撞纠纷案件若干问题的规定》,对海事司法实践中有争议的船舶触碰案件的法律适用、船舶碰撞责任主体、船载货物权利人提起侵权之诉的选择权以及对互有碰撞责任的两船提起诉讼时对碰撞责任比例的举证责任分配等问题予以明确。

人身权是作为人来说的民事主体最基本的也是最重要的权利,是大多数权利赖以存在的前提条件。国家法律保护此项民事权利,维护民事主体的人格。侵权行为造成的人身权的损害,法律多数情况下是以损害赔偿的方法来进行保护的。但是,综观上述法律法规,大多数都是基本的原则性的规定,即使是1992年的《最高人民法院关于审理涉外海上人身伤亡案件损害赔偿的具体规定》和2003年的《关于审理人身损害赔偿案件适用法律若干问题的解释》对此作出的较为详尽的规定,但因为立法层次较低,适用范围受限制等诸多因素,这些规定难以得到广泛的应用和实施。

同时,我国《海商法》对涉外海上人身伤亡法律适用未作出特别规定,因此对于海事侵权行为造成的涉外海上人身伤亡纠纷案件,原则上可适用《民法通则》规定的一般侵权行为准据法的规定,即侵权行为的损害赔偿,适用侵权行为地法律。当事人双方国籍相同或者在同一国家有住所的,也可以适用当事人本国法律或者住所地法律。另外,《涉外民事关系法律适用法》规定,侵权责任适用侵权行为地法律,但当事人有共同经常居所地的,适用共同经常居所地法律。侵权行为发生后,当事人协议选择适用法律的,按照其协议。其中第9条规定,涉外民事关系适用的外国法律,不包括该国的法律适用法。

虽然涉外海上人身伤亡的案件纷繁复杂,但总体来说主要可以分为以下两类:有合同关系的双方之间发生的海上人身伤亡和无合同关系的双方之间发生的海上人身伤亡。

具体来说,有合同关系的双方之间发生的海上人身伤亡的法律适用根据发生地点的不同,可以分为在公海发生的海上人身伤亡的法律适用和在一国内水或者领海发生的海上人身伤亡的法律适用。中国《海商法》规定,船舶在公海上发生碰撞的损害赔偿,适用受理案件的法院所在地法律;同一国籍的船舶,不论碰撞发生于何地,碰撞船舶之间的损害赔偿适用船旗国法律。[①] 由此可知,如果船舶在公海上发生碰撞,向我国法院提出诉讼请求,此时可以适用我国法律,但这种情况

① 《海商法》第273条规定:"船舶碰撞的损害赔偿,适用侵权行为地法律。船舶在公海上发生碰撞的损害赔偿,适用受理案件的法院所在地法律。同一国籍的船舶,不论碰撞发生于何地,碰撞船舶之间的损害赔偿适用船旗国法律。"

下,排除了同一国籍的船舶碰撞问题。结合《涉外民事关系法律适用法》可知对于公海上发生的人身伤亡,一般情况下,侵权责任适用侵权行为地法。如果当事人是同一国籍或者是有共同经常居住地的,应适用当事人本国法或共同经常居所地法。但当事人如果协议选择适用法律的,优先按照其协议来适用法律。

对于发生在外国内水或领海的海事侵权行为,各国法律适用规定各不相同。根据我国《民法通则》和《涉外民事法律适用法》的规定,一般情况下可以适用侵权行为地法,但是也必须根据不同情况来对我国法律规定加以适用。如果是一国内水或领海中,未涉及其他国籍等的利益相关方的海上人身伤亡或者当事人双方有同一国籍或共同经常居所地,则可以适用船旗国法或当事人双方的本国法或共同经常居所地法;如果是一国内水或领海中,涉及其他国籍的利益相关方的海上人身伤亡,可适用侵权行为地法。

如果是双方当事人之间存在合同关系的利益纠纷,此时发生海上人身伤亡。那么要看当事人选择提出何种诉讼。如果是违约之诉,那么应适用合同约定的准据法;如果是侵权之诉,就要按照以上原则根据不同情况分别对不同的情况进行法律适用。如果按照上述原则,仍不能确定或查明准据法的,可适用与案件或争议当事人有最密切联系关系的法律或者适用法院地法。

我国大陆法律对涉外海上人身伤亡争端解决的方面,就目前来说,立法还不是很完善,赔偿标准也不统一,有关法律法规的制定多以原则性内容为主,缺乏具体化和系统化;多数情况下没有明确海上人身伤亡损害赔偿的范围和赔偿标准等。在现有的法律框架下,调整涉外海上人身伤亡损害赔偿的法律主要有:《民法通则》、《侵权责任法》、《海商法》、《劳动合同法》、《工伤保险条例》、《最高人民法院关于审理人身损害赔偿案件适用法律若干问题的解释》、《最高人民法院关于确定民事侵权精神损害赔偿若干问题的解释》、《最高人民法院关于审理涉外海上人身伤亡损害赔偿的具体规定》(试行)等,但各个法律效力等级又各不相同,规定的赔偿范围、数额的具体标准也不相同。司法实践中尚无统一的适用法律,所以在法官实行自由裁量时,赔偿数额也就因人而异,于是便在理论上存在诸多争议。

根据以上的法律法规来看,我国大陆对于海上人身伤亡侵权的法律救济,比较具有参考价值的就是最高人民法院的司法解释及1992年《关于审理涉外海上人身伤亡损害赔偿的具体规定》(试行),该规定只适用于具有涉外因素的人身伤亡赔偿,且只适用在1993年《海商法》正式生效之前,《海商法》生效之后,此规定是否还可作为司法实践中的法律依据,非无疵议。2003年,《最高人民法院关于审理人身损害赔偿案件适用法律若干问题的解释》,对人身伤亡赔偿权利人、赔偿义务人、赔偿方法等作了与《涉外海上人身伤亡损害赔偿的具体规定》相比更具体详细的规定,如《涉外海上人身伤亡损害赔偿的具体规定》指出:涉外海上人身伤亡损害赔偿案件,是指案件的主体、客体和法律事实具有涉外因素的,在海上(含通海水域)和港口作业过程中因受害人的生命、健康受到侵害所引起的海事赔偿案件。伤残者本人、死亡者遗属均有权依法向有管辖的海事法院提起诉讼,请求侵权人赔偿损失。而在《最高人民法院关于审理人身损害赔偿案件适用法律若干问题的解释》中具体规定:"赔偿权利人",是指因侵权行为或者其他致害原因直接遭受人身损害的受害人、依法由受害人承担扶养义务的被扶养人以及死亡受害人的近亲属。"赔偿义务人",是指因自己或者他人的侵权行为以及其他致害原因依法应当承担民事责任的自然人、法人或者其他组织。此外,我国《最高人民法院关于审理人身损害赔偿案件适用法律若干问题的解释》规定了精神损害赔偿问题,自然人因生命权、健康权、身体权遭受侵害,向人民法院起诉请求赔偿精神损害的,人民法院应当依法予以受理。

我国大陆处理海洋污染引起的民事责任侵权时,所涉及的相关法律法规有《民法通则》、《侵权责任法》、《海商法》、《海洋环境保护法》、《防污条例》、《陆源污染管理条例》、《倾废条例》、《海岸工程管理条例》、《海洋工程管理条例》等。尽管这些法律有的是公法性质的立法,但其中涉及个别民事条款。此外,还有相关的司法解释和国际公约,如2011年《最高人民法院关于审理船舶油污损害赔偿纠纷案件若干问题的规定》、《1992年国际油污损害民事责任公约》(International Convention on Civil Liability for Oil Pollution Damage,1992)以及2001年《燃油公约》(International Convention on Civil Liability for Bunker Oil Pollution Damage,2001)。从防止海洋环境污染的国内立法来看,我国先后制定了大量的法律法规和部门规章,主要包括《海洋环境保护法》、《防止船舶污染》及其实施办法、《海洋倾废管理条例》、《防治陆源污染物条例》、《防治海岸工程污染管理条例》以及2010年3月实施的《防治船舶污染海洋环境管理条例》等。同时,我国也十分积极地加入国际公约,包括《1982年联合国海洋法公约》(United Nations Convention on the Law of the Sea)、SOLAS公约(《1974年国际海上人命安全公约条款》International Convention for the Safety of Life at Sea)及其附则等。当国内法无法解决海洋污染损害民事责任时,就需要相应的国际公约来解决海洋污染损害赔偿案件。

我国目前虽然存在对海洋污染损害赔偿民事责任的相关立法条文,但是这些法律规定是分散在不同的单行法之中,没有一个整体的体系。从上述法律文件中,可以得知我国大陆目前已经初步形成由宪法、侵权责任法、环境保护基本法、海洋环境保护单行法、海洋环境保护行政法规、部门规章、地方性法规以及我国参加的有关国际立法等组成的海洋环境法体系。

当然,面对众多纷繁复杂的国内法,应如何适用以便来解决海洋污染案件呢?目前,理论界尚未形成统一的说法,司法实践方面也不统一。如船舶污染案件,有适用《海洋环境保护法》的,有适用《海商法》的,有适用《民法通则》的,还有参照行政性法规或是国际惯例等,因我国一贯对涉外法律关系和非涉外法律关系分别适用不同的法律,这在海商法领域表现由为明显。如我国《海商法》第11章,采用《1976年海事赔偿责任限制公约》(Convention on Limitation of Liability for Maritime Claims),其中的赔偿限额的计算方法也仅仅适用300总吨以上从事国际航线运输的船舶,其他的则按照交通部制定的规章处理。在这种法律适用混乱的局面下,我们必须要仔细分析国内法适用的不同观点,作出理性的解决方案,才能有助于指导我国海事司法实践。

从目前司法实践的情况来看,大多数判决皆适用我国法律,但并不排除外国法的适用,如上海海事法院的判决中就曾涉及美国法的适用。①

① (2004)沪海法商初字第465号案。该案法院认为,提单背面约定适用美国COGSA的前提是货物进出口美国港口或者COGSA被装货港所在国法律规定为强制适用。但涉案货物起运港为上海港,我国法律中也没有强制适用COGSA的任何规定,故美国法不适用。

涉台民商事纠纷适用我国或外国法律没有阻碍,但是对于台湾地区"法律"的回避和模糊处理是实务中普遍存在的。但是随着直航的发展、两岸交流的增加,可以遇见很难避免将会遇到当事人明确要求或选择适用台湾地区法律的情况,或者是根据冲突规范连接点的具体确定最终还是要适用台湾地区"法律"的情况,这时法院就必须对此做出回应。

四、两岸海事侵权争端解决的司法协助现状

众所周知,关于两岸法院的判决与执行的现状不容乐观。因政治、历史等多方面的原因,两岸长期对立隔绝,同时,在此基础上也形成了不同法域,而目前鉴于法律制度的不同,两岸在法律上的冲突还需进一步协调,两岸间难以避免的政治原因,使得两岸没有司法协助之共同法律依据,本应寄希望于相关协议之签订,但司法机关尚未进行正式的磋商,遂两岸只能分别制定相关法律法规,①单方面表示对对方的法律的认可和执行等,由此可以看出,两岸司法的司法协助还在探索的初级阶段。

海事侵权争端的案件,本质上还应属于两岸民商事法律争端问题,可类推适用两岸民商事司法协助的相关内容。因海事侵权案件在两岸间并不多见,因为两岸虽然在立法上承认对方的法律以及相关的判决执行,但是事实上,两岸在法律冲突、管辖权问题以及司法协助等方面还存在一定的分歧。而且在两岸的法律中都有公共秩序保留这一原则,这就极大地限制两岸海事侵权案件的处理。

近年来,随着两岸经济贸易的不断发展,两岸各种民商事纠纷不断涌现,中国大陆人民法院受理涉台案件的数量不断增加。② 而据统计在我国台湾地区,1997~2007年间,第三人向台湾地区"高等法院"申

① 陈荣传:"两岸司法互助的现状与展望",载张立勇编:《海峡两岸民生与经贸往来中的法律问题》,法律出版社2009年版,第14页。

② 仅就民事案件统计,2003年至2007年,人民法院共审理涉台民商案件16130件,案件类型涉及婚姻家庭、合同纠纷、侵权纠纷(包含交通事故损害赔偿)。其中婚姻家庭、合同纠纷占70%~80%。见大陆国务院台湾事务办公室新闻,http://www.gwytb.gov.cn:82/zyjh/zyjh0.asp?zyjh_m_id=1556,2013年2月17日访问。

请裁定认可大陆法院判决的案件共25件。[①] 而两岸“三通”的现实情况将对包括民商事司法协助在内的纠纷解决机制提出更高的要求,司法协助的执行无疑是确保诉讼当事人行使司法救济权之程序权并使其最终获得实体利益之保障,虽然我国大陆与台湾地区在司法协助方面已经取得一定进展,[②]但仍存在相当多的空白。[③]

一般情况下,司法协助之内容包括司法文书的送达、证据的调取、法院判决和仲裁裁决的承认与执行等。

目前,我国大陆虽没有制定有关两岸海事侵权司法协助的专门法律,但是长期以来针对我国大陆和台湾地区法院在受理相互的民商事法律案件中面临的文书送达的问题,我国大陆根据需要出台了《关于涉台民事诉讼文书送达的若干规定》,[④]这是目前我国大陆在两岸送达协助方面的主要法律依据。此规定主要包括:适用范围;送达的文书种类;送达的方式和要求;送达的期限等。这一规定有利于进一步解决两岸间的民事诉讼的法律问题,也补充了两岸的民事诉讼程序方面的一些空白,保障了两岸当事人的诉讼权利的实现。但必须指出,这仅仅是我国大陆单方面的规定,而台湾地区并没有对此做出相应的回应来认可大陆地区的送达规定。

相对于我国大陆的立法而言,我国台湾地区的相关立法就显得简单而笼统。我国台湾地区在进行域外民事司法协助时,往往并非以国际条约或双边协定作为基础,而是以互惠原则作为主要依据。在相关法规方面,最重要的是1963年公布施行的“外国法院委托事件协助法”。[⑤] 对于

---

① 黄国昌:“一个美丽的错误:裁定认可之中国大陆判决有无既判力——评最高法院九十六年度台上字第二五三一号判决”,载《月旦法学杂志》2009年第167期。

② 两岸协议主要涉及两岸人员的公证书使用、遣返、挂号函件查询补偿、两会会务人员往来及港台航运等方面的内容。包括1990年《金门协议》、1993年新加坡“汪辜会谈”《汪辜会谈共同协议》、《两会联系与会务制度协议》、《两岸公证书使用查证协议》、《两岸挂号函件查询、补偿事宜协议》以及《海峡两岸共同打击犯罪及司法互助协议》。

③ 两岸在海事侵权争端方面尚无相关法律协议,两岸协议集中在经济婚姻家庭方面。

④ 制定本规定的目的是:为维护涉台民事案件当事人的合法权益,保障涉台民事案件诉讼活动的顺利进行,促进海峡两岸人民往来和交流。

⑤ 其中第5条规定,“法院受托送达民事或刑事诉讼上之文件,依民事或刑事诉讼法关于送达之规定办理。委托送达应于委托书内详载应受送达人之姓名、国籍及其住所、居所或事务所、营业所”。

两岸间的司法协助问题，我国台湾地区于1992年颁布的“台湾地区与大陆地区人民关系条例”是目前专门为处理两岸的法律冲突等相关问题的基本法律。但是不可否认，“台湾地区与大陆地区人民关系条例”对于两岸法律层面的一系列问题，仅仅是作出原则性的规定，①至于我国台湾地区向我国大陆送达文书等方面，尚没有具体的法律法规，也没有其他专门性的制度安排。一般来说，我国台湾地区在送达方式上主要有三种：一是依照我国台湾地区的“海峡交流基金会”和我国大陆的“海峡两岸关系协会”共同协商的方式送达；二是当事人委托我国台湾地区律师送达；三是采取公示送达的方式。在目前的司法实践中，我国台湾地区“司法院”以及相关机构是委托我国台湾地区的“海峡交流基金会”来处理有关向我国大陆送达文书等事项。② 总体来看，我国台湾地区对于两岸送达的性质没有进行专门的规定，但是从其将与涉外文书送达分开规定③表明，对于两岸间的司法协助之送达行为，我国台湾地区认为属于特殊涉外司法协助。根据具体的送达方式可以看出，我国台湾地区在送达方面做法相当保守，且对于两岸司法文书的送达规定较少，而依据已有的规定又难以保证文书送达的实际效果，在一定程度上阻碍着两岸司法文书的送达和两岸民商事诉讼的顺利进行。

在两岸间的相互调查取证方面，我国大陆和台湾地区还未有比较专门的规定，但相关的规定可散见于两岸各自制定的法律法规之中。此外，为进一步落实《海峡两岸共同打击犯罪及司法协助协议》，我国大陆出台《最高人民法院关于人民法院办理海峡两岸送达文书和调查

---

① 根据该条例第7条的规定，“在大陆制作之文书，经台湾‘行政院’设立或指定之机构或委托之民间团体验证者，推定为真正”。其第8条亦规定，“应于大陆地区送达司法文书或为必要之调查者，司法机关得嘱咐或选择第4条之机构或民间团体为之”。

② 其具体做法是台湾地区各级法院直接函请“海基会”代为送达司法文书，而以副本送我国台湾地区“司法院”民事厅，待送达完成后，再由海基会将送达证书寄还特定之法院，且以副本送“司法院”民事厅。

③ 我国台湾地区涉外文书送达是根据“民事诉讼法”和“外国法院委托事件协助法”来进行的，而大陆地区的文书送达的相关问题则是根据“两岸人民关系条例”来进行的。

取证司法互助案件的规定》,协议中就有专门关于调查取证的内容,[①]但是此协议对于调查取证的适用条件、范围等的限制也是显而易见,而且实际操作的条款内容并不具体明确。当然,除了两岸签订的协议之外,虽然调查取证的立法内容并不多见,但是这并不等于两岸之间没有开展过此类活动。在实践中,有关两岸相互调查取证的活动已经开展,只不过是通过两岸官方授予民间机构的方式来展开。[②]

在两岸民事判决的承认与执行方面,最高人民法院相继颁布了《关于当事人持我国台湾地区有关法院民事调解书或者有关机构出具或确认的调解协议书向人民法院申请认可人民法院应否受理的批复》、《关于人民法院认可台湾地区有关法院民事判决的规定》以及《补充规定》,这些规定在一定程度上以法律的形式确立了我国台湾地区民商事判决在我国大陆的法律效力,并对承认和执行我国台湾地区的有关民事判决的条件和情况等作出了具体的规定,更好地解决了有关两岸法院的民事判决的相关问题,维护了当事人的合法权益,[③]但与此同时,在认可和执行我国台湾地区法院的民商事判决方面仍是设定了相对严格的标准。[④]

而我国台湾地区方面颁布的"台湾地区与大陆地区人民关系条例"中的规定,[⑤]也在对等互惠的方式下,有限地承认了大陆地区的民事判决的承认与执行。同时,我国台湾地区在"两岸人民关系条例实施细则"中规定[⑥]实际上也增加了我国台湾地区认可我国大陆法院判

---

① 《最高人民法院关于人民法院办理海峡两岸送达文书和调查取证司法互助案件的规定》第15~21条。

② 杜焕芳:"台湾地区与大陆区际司法协助问题述评",载《法令月刊》(台湾)2004年第5期。

③ 钟鼎文:"我国两岸民商事判决的承认与执行——刍议最高人民法院关于人民法院认可台湾地区有关法院民事判决的补充规定",载《决策与信息》(下旬刊)2009年第4期。宋锡祥:"海峡两岸司法协助新探",载《政治与法律》2006年第2期。

④ 宋锡祥:"海峡两岸司法协助新探",载《政治与法律》2006年第2期。

⑤ 第74条:"在大陆地区作成之民事裁判或民事仲裁判断,不违反台湾地区公共秩序或善良风俗者,得申请法院裁定认可。前项经法院裁定认可之判决或判断,以给付为内容者得为执行名义。"

⑥ 申请法院裁定认可之民事确定裁判、民事仲裁判断、应经行政院或指定之机构或委托之民间团体验证。

决的法律环节，①无形中也加大了执行中国大陆法院判决的难度。② 事实上，我国台湾地区对于其“台湾地区与大陆地区人民关系条例”中公共秩序和善良风俗之设定，赋予了其限制对我国大陆法院判决的承认和执行的合法理由，这也使得在实际的司法实践中，我国台湾地区法院可以灵活运用这两个法律条款来拒绝认可和执行中国大陆法院判决。此外，在“长荣案”③中，我国台湾地区“最高法院”以中国大陆民事确

① 陈力：“海峡两岸民事判决的相互承认与执行：困境与出路”，载《法治论丛》2002年第5期。

② “台湾地区与大陆地区人民关系条例”第74条：“（裁定之认可等）在大陆地区作成之民事确定裁判、民事仲裁判断，不违背台湾地区公共秩序或善良风俗者，得声请法院裁定认可。前项经法院裁定认可之裁判或判断，以给付为内容者，得为执行名义。”

③ “浙江省纺织品进出口集团公司诉长荣海运股份有限公司案”基本案情：2000年7月31日和8月7日，浙江省纺织品进出口集团公司作为卖方与案外人KARIM'S INTERNATIONAL（H. K. ）LTD.（以下简称K公司）签订了男女生校服各20万套的《售货确认书》，约定以信用证方式付款。在起运港通过华海国际货运有限公司、鸿海国际船务货运公司、上海外联发国际货运有限公司和上海三星国际货运有限公司的依次代理，分21批次向立荣海运股份有限公司（以下简称立荣公司）订舱出运，并取得了立荣公司代理人签发的涉案21套正本海运提单。21套提单载明的托运人分别为AL HOSAN FOR IMPORT AND EXPORT（2套）、AL FARIS FOR IMPORT（7套）和FAST TRADING AND CONTRACTING HEAD OFFICE QATAR（12套）三家国外公司，浙纺公司已向各生产厂商全额支付货款。涉案货物出运时均已过规定的出运期限及信用证有效期，浙纺公司仍按原计划出货，向货运代理人华海国际货运有限公司支付了海运费，立荣公司自上海三星国际货运有限公司收取了海运费。涉案货物出运以后，浙纺公司通过交通银行杭州分行向HBZ FINANCE LIMITED托收货款，因无人赎单，全套贸易单证由银行退回，退单背面均未经伊高教科研部指示背书。立荣公司确认其已将涉案货物交伊拉克政府指定的伊拉克国家水运公司，后者将所有货物交付伊高教科研部，涉案正本海运提单均未收回。浙纺公司向上海海事法院提起诉讼，请求判令立荣公司赔偿其经济损失。

由于长荣公司在我国大陆无可供执行的财产，浙纺公司遂向我国台湾地区法院申请认可及执行。2004年8月11日，台湾桃园地方法院根据“台湾地区与大陆地区人民关系条例”第74条第1项的规定进行审查，认为上海海事法院（2001）沪海法商初字第441号民事判决经过上海市高级人民法院（2003）沪高民四（海）终字第39号民事判决驳回上诉，已经确定，且不违背台湾地区公共秩序或善良风俗，遂裁定对上述判决予以认可。判决获得认可之后，浙纺公司又向法院申请强制执行，桃园地方法院又作出“94年度执字第17060号”强制执行事件，对长荣公司的财产进行强制执行。

定判决经我国台湾法院裁定认可后只具有执行力,并不具有与我国台湾地区法院作出判决的既判力为由,而最终未予执行中国大陆法院作出的判决。①由此可见,尽管理论上和立法中,我国台湾地区对中国大陆的法院判决予以认可,但是现实中,判决的承认和执行还受到相当多的限制。

虽然在两岸的司法协助问题上,目前面临种种困难,但两岸地区之间就建立两岸司法协助关系达成协议是可行的,②有关协议的签订已经为两岸的司法协助提供了良好的合作基础,同时也为未来制定两岸统一的司法协助协议积累了宝贵的经验。现阶段较为理想的方式就是两岸均秉持相互尊重、相互合作的态度,抛开政治上的偏见和分歧,实事求是地坦诚磋商,达成两岸双方都可接受和可行的全方位的司法协助的协议。

五、两岸现行法律规定之比较分析及存在的问题

针对侵权行为特殊性,很多国家的立法开始对侵权行为视其性质

长荣公司则以浙纺公司为被告在桃园地方法院提起债务人异议之诉,请求法院判决浙纺公司不可持"93 年度声字第 1032 号"裁定对长荣公司强制执行,并撤销"94 年度执字第 17060 号"强制执行程序。

后我国台湾地区"高等法院"根据"最高法院"的发回意旨重新审理,并据此对案件的实体进行重新审查后,判决:

撤销桃园地方法院"94 年度重诉字第 208 号"民事判决;确认长荣公司与浙纺公司间就桃园地方法院"93 年度声字第 1032 号"裁定书认可的上海市高级人民法院(2003)沪高民四(海)终字第 39 号民事判决、上海海事法院(2001)沪海法商初字第 441 号民事判决所示的浙纺公司间对长荣公司的损害赔偿债权不存在;浙纺公司不可持桃园地方法院"93 年度声字第 1032 号"民事裁定对长荣公司强制执行,"桃园地方法院 94 年度执字第 17060 号"强制执行程序应撤销。浙纺公司不服判决,上诉至台湾"最高法院"。"最高法院"同样认为,案涉大陆地区判决经我国台湾地区法院依两岸关系条例第 74 条规定裁定许可强制执行,固然使该判决成为强制执行法第 4 条第 1 项第 6 款规定的执行名义而有执行力,但并无与我国台湾地区确定判决同一效力之既判力。遂于 2008 年 11 月 13 日作出终审判决驳回浙纺公司上诉。

① 刘仁山:"我国大陆与台湾地区民商事判决相互承认与执行之现状、问题及思考",载《武汉大学学报》(哲学社会科学版)2009 年第 6 期。

② 除了借鉴港澳模式的司法协助以外,两岸已经签订了有关《两岸公证书使用查证协议》以及《海峡两岸共同打击犯罪及司法协助协议》。

和种类而分别规定了特殊的法律适用规则。[①] 我国台湾地区"涉外民事法律适用法"并不分侵权行为的种类和性质,只是笼统地规定一个准据法,单一规则抹杀了不同性质的侵权行为的特殊性。[②]

而且因为利益的冲突,两岸虽然目前没有完全互相承认对方法律在内法域的效力,在实践中也几乎不可能适用对方的法律。目前且不谈实体法方面的区别,综观两岸法律,单从法院管辖方面来看,两岸就存在相当多的不同之处,可能存在以下亟须解决的问题:

1. 合意管辖问题的冲突。中国《民事诉讼法》对于涉外合同纠纷的管辖有特殊规定,但是并没有对涉外海事侵权或者其他侵权行为的管辖进行特别规定。在实践中涉外侵权纠纷只能参照国内纠纷处理,此处体现了立法的空白。且中国大陆的涉外协议管辖仅限于财产纠纷,对于侵权行为并不能协议管辖。而我国台湾地区"民事诉讼法"对于侵权问题允许双方当事人协议管辖。

2. 我国台湾地区法律中没有对因船舶排放、泄漏、倾倒油类或者其他有害物质,海上生产、作业或者拆船、修船作业造成海域污染损害提起的诉讼的管辖权作出规定,只在"民事诉讼法"中规定:"因侵权行为涉讼者,得由行为地之法院管辖。"[③]但是当一艘船舶发生环境污染之情事,此时行为地并不在我国台湾地区管辖海域内,如果当事人分别向两岸提出,我国台湾地区法院是否可以对该案行使管辖权,不无疑问。

3. 对于海上的一般侵权行为,按照中国《民事诉讼法》第 29 条规定"因侵权行为提起的诉讼,由侵权行为地或者被告住所地人民法院管辖"。但是我国台湾地区"民事诉讼法"第 15 条规定"因侵权行为涉讼者,得由行为地之法院管辖",据此,若侵权行为发生在公海上,双方没有协议管辖,加害人又是台湾人,那么按照现行法律的规定,中国大陆法院没有管辖权,我国台湾地区法院也不具有管辖权。这样两岸的

---

① 籍灵:"浅议涉外侵权行为法律适应的发展及中国的相关法律现状",载《社科纵横》2006 年第 2 期。

② 参见游劝荣主编:《区域经济一体化与权益保障研究》,人民法院出版社 2007 年版,第 444 ~451 页。

③ 我国台湾地区"民事诉讼法"第 15 条。

法律在实际运行中就存在空白,急需合理机制填补。

4. 关于船舶碰撞的诉讼的管辖法院,两岸有许多重复之处。在实践中必然造成两岸多个法院同时拥有管辖权。因我国大陆规定在当事人未向人民法院申请承认和执行该外国法院判决的情况下,向人民法院起诉的,人民法院应当受理。据此,当一方当事人已经在我国台湾地区法院起诉,而在另一方当事人在中国大陆又行起诉之时,我国大陆法院应当受理。这样就必然产生两岸法院就同一纠纷作出两项判决的情形,而现在两岸又都承认对方的判决效力,当双方当事人至对岸申请承认执行法院判决之时,就需要一个协调机制对两岸管辖权冲突作出安排。

综观两岸规定,对于法律冲突在实践中可能存在以下需要解决的问题:

1. 我国台湾地区法律对于"最密切联系"地点的法律规定过于简单化以及单一化。认为对于侵权行为具有最密切联系的法律仅仅是"侵权行为地法"。这是不符合当代世界国际私法立法趋势的。应予考虑的重要联系地法应当包括:(1)损害发生地;(2)加害行为发生地;(3)当事人的住所、居所、国籍、公司成立地和营业地;(4)当事人之间有联系时其联系最集中的地方。这种突破单一"侵权行为地"的立法模式已经受到美国《冲突法重述(第二次)》以及1995年《英国国际私法法典》的肯定。

2. 对于海事侵权案件的法律适用完全参照侵权行为规定,没有体现海事侵权行为(特别是船舶碰撞)的特殊性。一方面,从规定的合理性上看,两艘台湾籍船舶在我国大陆海域发生碰撞,而其回我国台湾地区法院诉讼却要适用大陆法律,此规定是否合理?另一方面,从规定的实用性上看。如果两艘船舶的碰撞发生于公海之上,那么根本不存在所谓的"侵权行为地法",此时法院应当如何适用法律?这显然体现了立法上的空白。况且,立法也未明确上述规则是否适用于区际法律冲突。

3. 我国大陆采取了"双重可诉原则"。若侵权地点在我国台湾地区海域,双方为台湾人,按照我国台湾地区法律某规定为侵权,但是按照我国大陆法规定此行为并非侵权。双方当事人在我国大陆法院起诉,按照"双重可诉原则",此争议将不会作为侵权行为处理。但是这样明显会造成法律适用和结果上的不合理。在国际上普遍对"双重可诉原则"进行弱化甚至抛弃,世界各国都在扩大本国法院管辖范围的今天,我国大陆已没有必要固守传统的"双重可诉原则"。特别是在处理两岸的海事侵权案件中,亟须对侵权的法律适用作出重新规制。

六、结论

通过以上分析可以得知,由于海事侵权的特殊性,再加上两岸之间的相关法律存在分歧,造成实务界在适用上的困扰。一个可行的做法是协调建立一个海事侵权协商机制,并在其中明确案件之管辖权判定基础,以及准据法判断规定。同时,在司法协助层面上,两岸虽已经有相关立法和实践活动,但是区际司法协助的立法层次较低,而且单方性过强,有些规定相当笼统,原则性较强的规定广泛存在。此外,法律中规定的限制条件过于宽泛和笼统,这使得法律规范在司法协助的理论层面可以使用,但在实践中,两岸的司法协助困难重重。在送达程序、调查取证等方面,成功率较低的现象仍然大量存在。对两岸法院判决的承认和执行以及仲裁裁决的承认和执行,两岸法律中都有宽泛的保留规定,这也使得司法实践当中,承认和执行对方的判决、裁决的可能性很小。虽然两岸现已在一些领域建立了两岸司法协助制度,并且取得了一定的成效。但是,总的来说,两岸的司法协助制度还须进一步完善和发展。

(方丽琼,山东大学法律硕士;张晏瑲,山东大学法学院教授,博士生导师)

体育法

美国规制体育领域性别歧视的判例法研究

周青山

目　次

性别平等，禁止性别歧视已经成为国际社会的共识，体育领域也不例外。在美国，体育领域曾经广泛存在着性别歧视，特别是女学生无法获得平等的参与体育活动的机会。美国作为普通法系国家，根据其判例法规则，法院的判例对于嗣后的案件具有拘束力，法院在裁判相关案件时，必须遵守上级法院做出的有关判例，并在裁判中适用判例所形成的法律规则，因此，在美国的司法实践和法律发展过程中，判例有着重要的意义。本文集中关注美国法院在体育领域性别歧视方面所做出的相关判例，并试图从中归纳出若干一般性的规则，探讨司法判例在美国体育领域追求性别平等过程中所起到的重要作用。

一、美国体育性别歧视诉讼的法律适用

一般情况下，针对高中或大学体育领域性别歧视所提起的诉讼所适用的法律主要有 3 项：一是美国宪法中的平等保护条款；二是美国

1972 年《教育法》修正案第 9 章；三是部分州通过的《平等权利修正案》（equal right amendment）。另外，对于体育雇佣中的性别歧视，还可以通过《民权法案》第 7 章提起诉讼。

（一）宪法平等保护条款

平等保护条款主要指的是美国宪法第 5 和第 14 修正案，这两条修正案保护美国公民在法律面前人人平等。第 5 修正案“非经大陪审团提出报告或起诉，任何人不受死罪或其他重罪的惩罚，唯在战时国家危急时期发生在陆、海军中或正在服役的民兵中的案件不在此限。任何人不得因同一犯罪行为而两次遭受生命或身体伤残的危害；不得在任何刑事案件中被迫自证其罪；未经正当法律程序，不得剥夺任何人的生命、自由或财产；非有恰当补偿，不得将私有财产充作公用”。第 14 修正案第 1 款规定：“在合众国出生或归化合众国并受合众国管辖的人，均为合众国和他所居住的州的公民。无论何州均不得制定或实施任何剥夺合众国公民的特权或豁免权的法律；无论何州未经正当法律程序不得剥夺任何人的生命、自由或财产；亦不得拒绝给予在其管辖下的任何人以同等的法律保护。”平等保护条款主要涉及法院在审查体育性别歧视案件时采用哪一种审查标准问题。在美国司法史上，基于性别的区别曾经被认为是不需要质疑的，但现代的美国平等保护理论已经发展成为具有层层递进要求的三个审查标准的精细理论，分别为合理审查标准（rational basis scrutiny）、中级审查标准（intermediate scrutiny）和严格审查标准（strict scrutiny），体育领域基于性别的区分需要满足其中的某一审查标准才能是合理的。传统的对基于性别所做的区分的审查采用的是合理审查标准，只要基于性别的分类与政府的利益和目的存在合理的联系，则这种区分是可以的。在这种审查标准下，要推翻性别歧视的法律和规则，赢得诉讼是很难的。高中和大学体育中女性被以合理理由区别对待时，法院一般要求必须提供确切的事实根据，而不采纳诸如男女之间存在的可能性体质差别这些假设性理由，但一般情形下，合理审查标准比较容易达到。

随着对女性权利保护的越来越重视，美国联邦最高法院在合理审查标准的基础上，通过给被告施加更多的义务，形成了中级审查标准，该标准介于合理审查标准和严格审查标准之间，该标准首先在 Reed v.

Reed案中确立。该标准要求,基于性别的区分必须是服务于重要但不是迫切的政府目标,并且与该政府目标的实现有公正的、实质性的联系。这一区分的理由必须是客观存在的,而不能是基于偏好或想象,比如假想地认为某一性别的人更能胜任某一工作。一般情形下,对于体育领域基于性别的区分不会适用严格审查标准。严格检验标准适用于严重侵害公民基本权利的区分,或某一区分属于可疑分类(suspect classification),只有这些政策或实践是为了实现政府的压倒性利益并且其适用范围被严格限制时,这些政策或实践才是合法的。在体育领域,对以种族、原国籍而进行的区分才适用严格审查标准,而对于以性别为标准的区分则不适用。但是,在美国的一些州的平等保护立法中,性别区分标准也可以适用严格审查标准。在这种情形下,体育规则制定者必须证明存在压倒性的政府利益并且该区分对于达成该利益有直接联系,也没有其他更少伤害性的方式来达到这一目的。在这一严格标准下,很少有体育规则或行为能达到这一要求,如没有达到这一要求,则被认定为构成性别歧视。

依据平等保护条款提起性别歧视诉讼,对体育领域中的此类案件,法院一般会考虑如下3个因素:第一,该体育行为是否为政府行为,只有是政府行为,才受美国宪法平等保护条款的规制。但对于很多体育组织的行为是否为政府行为,仍然存在着争议,比如NCAA、美国奥委会的行为。第二,该项行为是否为身体对抗性运动,在身体对抗性运动中,基于安全和健康考虑,法院已经承认了可以基于性别进行区分,如果是在非身体对抗性运动中,在没有按照性别进行组队时,必须按照个人的能力进行选拔,如果笼统地基于性别而不是个人的能力排斥某一性别的参与,将会被认定构成性别歧视。第三,两性是否有平等的参与机会,主要表现为是否有足够的男女运动队,如果只有一支不分性别的运动队时,个人是否拥有平等的机会。当然,具体到个案当中,情况也有可能不一样,很多法院不愿意去干预体育组织所做出的决定,认为这属于体育组织的自治权范围。并且,由于根据平等保护条款起诉是一项私力救济,原告需要承担诉讼费,法院在先前也不支持原告在提起一项第9章诉讼的同时也提起宪法的平等保护诉讼。在2009年的Fitzgerald v. Barnstable一案中,联邦最高法院确认并不禁止在学校领域同时提起第 9 章和宪法上平等保护性别歧视之诉。

（二）教育法

美国 1972 年《教育法》修正案的通过，特别其中的第 9 章（Title IX）成为美国女学生争取平等机会、反抗性别歧视的有力武器，其核心条文规定：在美国，任何接受联邦资助的教育项目或活动中，任何人不得因为性别而被拒绝参与，或被拒绝从中获益，或受到歧视。根据第 9 章提起性别歧视诉讼成为法院体育性别歧视诉讼的主要类型，从效果上来看，法院一般也倾向于保障女学生根据第 9 章所应该享有的平等参与体育活动的机会。

无论原告是依据平等保护条款还是第 9 章提起性别歧视之诉，一般会诉称其被剥夺了平等对待的权利。美国法院在审理这类案件时，一般会从 3 个方面来考虑原告是否受到了歧视：第一，该项运动是否是一项身体对抗性运动。女性被排除出体育运动，特别是非身体对抗性运动，一般会被认定为对平等教育机会的违反。但如果是一项身体对抗性体育运动，第 9 章则给予了豁免，认为可以拒绝女性参与到男子身体对抗性体育项目中去。第二，提供给男女两性体育运动机会的数量和质量是否平等。教育部民权事务办公室是教育领域第 9 章的具体实施机构，根据该办公室的解释，法院应该考察被诉的机构是否充分考虑了受歧视方的参与机会以及其是否受到了平等对待。如果是依据平等保护条款提起的诉讼，法院则要考察被诉的"规则"是否对某一性别构成了不公平的歧视。第三，法院需要考察争议运动项目的竞赛层次及运动员的年龄。运动员越年轻，则两性之间的生理差别越小，由于不存在显著的生理上的差别，以性别为理由排斥另一性别的共同参与和竞赛的理由就越不充分。一般情形下，法院对于越年轻的运动员，越倾向于不对两性做区分，从而保障男女平等的体育参与权。

（三）州法——《平等权利修正案》

1972 年，美国众议院和参议院曾通过了一项宪法修正案，明确禁止性别歧视并要求法院对所有基于性别所做的区分适用严格审查标准，但这一修正案在规定的期限内没有获得所需的 38 个州的批准，最终没有生效。在这样的情形下，很多州通过了类似的州宪法修正案，州通过的《平等权利修正案》也被用于挑战体育领域的性别歧视。但在美国,并不是所有的州都通过了《平等权利修正案》,《平等权利修正案》比宪法修正案中的平等保护条款提供更强大的保护,该法案的目的是反对所有类型的性别歧视并保护妇女的权益。很多体育性别歧视案件依据州通过的《平等权利修正案》得以解决。尽管这些案件还可以依据其他法律进行歧视,一个重要原因是根据该修正案起诉,无须担心性别歧视实施者的法律地位,无须证明其必须是接受政府资助的机构。

二、美国体育性别歧视诉讼的类型

(一)平等的参与机会

第9章的宗旨是为女性争取平等的受教育机会,体育教育作为教育的重要组成部分,实现体育教育平等是第9章的应有之义,争取平等参与体育的机会是实现体育教育平等的重要途径,很多女学生因为没有获得第9章所保护的平等待遇,向法院起诉。

1. Cohen v. Brown university 案

Cohen v. Brown university 一案是一起集体诉讼案件,也是联邦巡回法院判决的一件有标志性影响的关于第9章涉及体育问题的案件。1991年,布朗大学基于财政压力,准备将4支运动队从学校正式代表队降为俱乐部形式的运动队,其中包括女子排球队和女子体操队,另外两支是男子高尔夫队和男子水球队,这些运动队的性质改变后仍然可以参加比赛,但学校将不再提供财政支持及各种服务,虽然这一措施没有明显影响男女学生体育运动队的比例,但问题是布朗大学的男女学生比例分别为52%和48%,但男女学生运动员的比例则为63%和37%,也就是说在男女学生运动员的比例上是不协调的。为此,以科恩为代表的该校女学生运动员向联邦地区法院提起诉讼,诉称布朗大学违反了第9章:第一,该校的男女学生运动员的比例与男女学生的比例不适应;第二,该校不仅没有采取措施增加女学生参加体育运动队的机会,比如增加女子运动队或减少男子运动队,反而减少女子运动队,在某种程度上加剧了这一不平等现象。地区法院发布了一个初步禁令,要求布朗大学恢复被降级的两支女子运动队的地位,但对该校是否违反第9章则没有作出裁决。布朗大学不服,上诉至联邦第一巡回法院。

因为是第一次处理涉及第9章在体育领域适用的案件,所以联邦第一巡回法院首先需要明确是否应该适用教育部对第9章做出的政策解释,该院认为,根据联邦最高法院在 Chevron U. S. A. Inc. v. Natural Reserve Defense Council, Inc. 案中的意见,司法机关应对行政机关所做出的决定给予充分的尊重。那么对于行政机关制定的规定,司法机关更应该予以尊重,而且议会已经明确授权行政机关在体育项目中贯彻实施第9章,因此法院可以适用教育部根据第9章而制定的具体实施规则。

根据教育部1979年制定的具体规则,对于布朗大学是否遵守第9章,必须从3个方面来判断:第一,需要考察的是在奖学金方面,是否为男女学生运动员提供了平等的受资助机会;第二,学校是否在体育设施、设备以及教练配备、训练时间的安排等方面给予男女学生平等的待遇;第三,学校是否为男女学生提供了平等的参与机会。也即此3条标准必须完全符合才表明布朗大学遵守了第9章。在本案中,前两个方面不存在争议,焦点集中在布朗大学是否达到第三条要求,也即布朗大学是否满足了学生参加体育运动的需要。根据教育部1979年的解释,布朗大学可以通过3种途径(three-part test)来证明其是否达到了这一要求:第一,布朗大学的男女学生比例与男女学生运动员比例是否协调,从前面我们可以看出,这一比例是存在失衡,并不协调;第二,布朗大学是否一直在为减少性别方面的歧视而采取切实的措施,根据地区法院查明的事实,布朗大学在20世纪70年代确实大力推进过该校的女子体育运动,但在随后的20年里则停滞不前,因而这一标准也没有达到;第三,布朗大学是否设置有足够多的运动队,从而满足既有兴趣并有相应能力的女学生参加体育运动的需要。第三条正是本案的争议点所在,布朗大学将女子排球队和女子体操队降低级别,使得部分爱好并在排球和体操方面有一定技能的女学生运动员失去了参与的机会,显然,布朗大学无法满足这一要求。

通过以上分析,联邦第一巡回法院认为布朗大学的行为构成了对第9章的违反,因而支持了地区法院做出的初步禁令。但由于地区法院并没有就布朗大学是否违反第9章作出判决,因而上诉法院将此问题发回地区法院重审。地区法院根据上诉法院的分析,裁决布朗大学违反了第9章的要求,布朗大学就地区法院的这一判决再次上诉至联邦第一巡回法院。在上诉中,布朗大学提出了两条抗辩理由,第一,认为按照教育部1979年的政策解释中的第三项考察内容,特别是其中的比例要求,为女性提供的参与体育运动的机会多于她们的实际需要。因为一般来说,女性参加体育运动的兴趣要低于男性,这样会使得第9章成为一项要求采取"积极行动的法律"。但法院认为,第9章的比例要求是选择性的要求,而不是必须性的要求,也就是说,受第9章规制的体育组织可以不符合这一比例要求,但只要符合其他要求也不构成对第9章的违反。第二,因为女性参加体育运动的兴趣低于男性,因而其中的比例要求应理解为对参加体育运动感兴趣且符合资格的学生比例,比如某一大学虽然男女学生各占50%,但在男生中有50%的学生对体育运动感兴趣,而女生中只有25%对体育运动感兴趣,那么学校的男女学生运动员的比例只要达到2:1就可以认为其符合第9章的要求。法院认为,采取这种标准没有任何科学依据,也无法具体操作,更不符合第9章保障女性参加体育运动的权利这一立法宗旨,因而是错误的。据此,驳回了布朗大学的上诉。

本案是第9章适用于学校体育领域的一个具有标志性的案例,较为典型也较为完整地体现了法院如何适用第9章,特别是对于三项标准(three-part test)的适用和考察,从本案可以看出,法院尊重OCR制定的第9章相关政策解释特别是三项标准,严格地按照其中所列指标进行考察,维护了女学生的权利。

2. Jennifer L. Boucher v. Syracuse University 案

1995年5月,8位圣卡鲁斯大学的毕业女生,包括该校7名长曲棍球俱乐部成员和1名垒球俱乐部成员,向纽约地方法院提起诉讼,指出圣卡鲁斯大学没有为女运动员提供与男运动员平等的运动机会,没有为女子运动员提供与男运动员平等的运动设施,也没有为女运动员提供与男运动员平等的奖学金。原告提出以下诉讼请求:第一,学校为男女运动员提供平等的运动设施和奖学金;第二,学校正式建立女子长曲棍球运动队和女子垒球运动队。

在提起诉讼时,女生在圣卡鲁斯大学的比重超过50%,但在该校运动员中,女生比重只有32.4%。在NCAA公布的1993~1994年赛季数据中,圣卡鲁斯大学共有681名学生运动员,其中217名为女生,464名为男性,女性占运动员的比例低于女学生占所有学生比例19个百分点。在学校建立的正式运动队方面,1995年圣卡鲁斯大学共有11支男子运动队和9支女子运动队,就在这起诉讼提起之前,该校刚刚宣布增加两支女子运动队,女子足球队和女子长曲棍球队,但分别在1996～1997赛季和1997～1998赛季才开始正式运作。另一个值得指出的事实是该校从1981年至1995年已经有14年没有增加新的女子运动队了。

1996年6月,地方法院作出初步裁决,针对原告的平等对待诉求,法院指出,由于原告都已经不再是该校的学生运动员,因而她们不是适格的原告,无权提起第一项诉讼请求,但是针对原告的第二项诉讼请求,法院将继续审理,并建议原告可以提起另一平等对待之诉,挑战该校在男女运动队之间的资助标准。

地区法院认为,根据OCR1979年发布的政策解释,对一所学校的体育部门是否遵守第9章应从以下3个方面来考虑:第一,需要考察的是在奖学金方面,为男女学生运动员提供了平等的受资助机会;第二,学校是否在体育设施、设备以及教练配备、训练时间的安排等方面给予男女学生平等的待遇;第三,学校是否为男女学生提供了平等的参与机会。在本案中,争议集中在圣卡鲁斯大学是否为男女学生提供了平等的参与机会,根据联邦第一巡回法院在Cohen v. Brown university案中确立的分析框架,一个机构即使符合前两个方面的要求,但不能满足第3方面的要求,也可以认定为该组织违反了第9章的要求,而对于第三方面的要求,民权办公室也提出了3条检验标准(three-part test):第一,男女学生比例与男女学生运动员比例是否协调;第二,是否一直在为减少性别方面的歧视而采取了切实的措施;第三,是否设置有足够多的运动队,从而满足既有兴趣并有相应能力的女学生参加体育运动的需要。这3个标准是选择性的,每一项都是一个"安全阀",也就是说一机构只要符合了这3条标准中的一条标准则被认为已经达到了第9章的要求。原告需要证明的则是男女学生参与校际比赛的比例与该机构男女学生的总人数比例不相称,或者该机构某一性别的学生运动员没有达到相应的比例,或者仍有学生虽然具备相应的能力和兴趣,但无法获得相应的机会。

在本案中,原告证明了女性占运动员的比例低于女学生占所有学生比例19个百分点,性别比例没有达到要求。圣卡鲁斯大学认为,虽然在性别比例上没有达到要求,但其符合安全阀中的第二个“安全阀”的要求,即该校不仅在历史上扩大了女性参与校际体育运动的机会,而且这一努力一直在继续。可见被告要证明这一“安全阀”的存在,需要证明两个不同的事实:一是该校在历史扩大了女性参与校际体育运动的机会;二是这一努力一直在继续。对于第一个事实的证明,OCR在1996年发布的《学校体育政策指南再澄清:三个检验标准》这一政策解释中,明确了达到这一要求被告所需要证明的具体事实,共有3项:(1)为受歧视性别增加了参加校际比赛的运动队的数量,或者提升了受歧视性别组成的运动队的级别;(2)增加了受歧视性别参加校际体育的人数;(3)该机构对学生或其他人员就体育歧视问题提出的要求做出了积极的回应。圣卡鲁斯大学在1971年至1982年间,增加了多支女子运动队,虽然在1982年至1995年间没有增加任何女子运动队,但在这期间,该校改善了女子运动队的训练设施,增强了教练班底,并在其他服务设施上进行了完善。女子运动员人数从147人增加到217人,增长了47%,而同期男子运动员只增长了3%。从1995年起,该校又增加了女子长曲棍球队和女子足球队,并计划在1999年再增加女子垒球队。法院认为,该校的这些措施足以证明,该校在历史上一直努力增加女学生参与校际体育运动的机会,以符合第9章的要求。至于第二个事实的证明,法院一般考察该机构是否有正式、稳定的规章制度来保证其会满足学生不断增加的需要。虽然圣卡鲁斯大学没有类似的规定,但有证据表明,该校之所以在1995年和1999年共增加3支女子运动队,就是在听取了女学生的意见,并经过充分的调研,为了满足女学生的需要而增加的,学校已经形成了非正式的听取学生关于体育运动需要的渠道,这一渠道主要是通过该校的体育部门主管来实现的。因而可以认为该校存在着这样一种机制保障学生的需要。

通过以上分析,法院认为圣卡鲁斯大学符合第二个“安全阀”的要求,即该校不仅在历史上扩大了女性参与校际体育运动的机会,而且这一努力一直在继续,从而达到了第9章的要求,法院驳回了原告的起诉,这也是少有的被告胜诉的案例之一。

从本案可以看出,被告虽然在比例上没有达到要求,但仍然胜诉,主要原因是其一直在努力向第9章所要求的标准趋近,符合三项标准中的例外要求。由此我们可以大胆地推测,第9章的要求并不是静止刻板的,而是具有相当的灵活性,它允许在客观条件存在限制的情形下,受其规制的机构只要能够采取积极的措施,尽力向第9章的要求趋近,即使在一段时间内没有达到其要求,也会得到豁免。

3. Mercer v. Duke University 案

Mercer v. Duke University,本案最后衍生出一个系列案,共有3次诉讼,反复达7年之久,涉及一系列关于第9章实施的法律问题。

梅塞(Mercer)1994年进入杜克大学,在高中时梅塞是其所在学校足球队的队员,因此进入杜克大学后,她希望能继续参加足球队并代表该校参加校际足球比赛,梅塞向杜克大学足球队主教练高德史密斯(Goldsmith)提出申请,陈述了她高中参加足球运动的情况,高德史密斯同意她可以试一试。根据梅塞的表现,高德史密斯没有同意她加入足球队,但同意她作为球队管理者参与足球队。在1995年4月,因为一个偶然的机会梅塞上场并打进了制胜的一球,高德史密斯看到了梅塞的潜力,同意她作为足球队的正式成员,但是就在梅塞成为正式成员后,媒体开始关注梅塞并出现了一些负面的报道。为此,高德史密斯开始后悔他的决定,并在1995年夏季开始不再允许梅塞参加正式比赛。1996年夏季,高德史密斯正式通知梅塞将她清除出队,这也是高德史密斯第一次以个人能力为理由清除队员。

对于高德史密斯的行为,梅塞向联邦地区法院提起诉讼,诉称杜克大学及高德史密斯对她构成了性别歧视,违反了第9章,并请求法院发布禁令、判决赔偿损失。地区法院审理后认为,根据第9章的身体对抗性运动的豁免的规则,梅塞无权获得救济,法院驳回了她的请求。梅塞不服,向联邦第四巡回法院提起上诉,法院推翻了地区法院的判决,认为在此案中不能适用第9章的身体对抗性运动的豁免的规则,该院认为,对第9章的身体对抗性运动的豁免规则可以存在着两种解释:一是所有的身体对抗性运动项目都在第9章的规制范围之外;二是这一豁免只在身体对抗性运动队是否接受异性参加该队才适用。法院采纳了第二种解释,认为如果采取第一种解释的立场会根本性地颠覆第9章的立法目的。法院认为,如果一个运动队已经接受了一名异性参加该队,那么即使其是身体对抗性运动项目,也应该认定其放弃了豁免,不能再援引其中的豁免条款为其行为寻找正当性依据。上诉法院将案件发回地区法院重审,地区法院在重审过程中采用了陪审团审判,陪审团认为,高德史密斯的行为构成了性别歧视,违反了第9章,法院判决梅塞可以获得惩罚性赔偿200万美元、补偿性赔偿1美元及389000美元的律师费补偿。地区法院认为,惩罚性赔偿是第9章的救济方式之一,并且梅塞作为胜诉方,在歧视性案件中可以有权要求败诉方支付其合理的律师费。

杜克大学不服,向联邦第四巡回法院提起上诉,这就形成了"梅塞第二案",在审理过程中,联邦最高法院正在审理Barnes v. Gorman案,在此案中,联邦最高法院认为,根据其先前的判例,私方当事人根据1964年《民权法案》第6章提起诉讼不能获得惩罚性赔偿,由此可以类推出私方当事人根据《美国残疾人法》和《康复法》提起的诉讼也不能获得惩罚性赔偿。根据美国的判例法传统,联邦第四巡回法院认为,第9章的解释和适用类似于1964年《民权法案》第6章的适用,因而私人当事人根据第9章提起的诉讼亦不能获得惩罚性赔偿。至于梅塞能否获得律师费补偿,联邦第四巡回法院认为应该由地区法院来裁决,也即梅塞无法获得惩罚性赔偿,只获得象征性的1美元补偿性赔偿的前提下,她是否有权获得律师费补偿。地区法院参照联邦最高法院在Farrar v. Hobby案中的判决认为,梅塞只获得了象征性的1美元补偿性赔偿,虽然她胜诉了,但代价巨大。既然已经证明存在着性别歧视,则表明被告违反了联邦法律,授予原告寻求律师费的救济权利有助于帮助原告获得必要的法律建议,这不仅有利于保护他们的权利,也有利于保障联邦反歧视政策目的的实现。因此,地区法院认为,梅塞共花费律师费430000美元,但考虑到其是部分胜诉,法院并没有完全支持其诉讼请求,因此地区法院最终判决被告需支付梅塞律师费349243.96美元。杜克大学再次上诉,但联邦第四巡回法院这次完全支持了地区法院关于律师费的判决,这也就形成了"梅塞第三案"。

从此案我们至少可以得出3点结论:第一,虽然第9章存在着身体对抗性运动的豁免规则,但如果某一组织通过其行为明示放弃了该规则的豁免,那么根据禁止反言的原则,如果该组织随后将女性排斥出去就构成了对第9章的违反,而不能再适用豁免规则;第二,私人当事人根据第9章提起的诉讼不能获得惩罚性赔偿;第三,在以第9章为法律依据的诉讼中,如果原告胜诉,其有权要求被告为其支付相应的律师费。

(二)实施《教育法》修正案第9章引起的反向歧视

为达到第9章所规定的要求,一些学校不是采取提升女学生体育地位,增加对女子体育投入的方式,而是通过削减男子体育项目或人数来达到这一要求,那么这一行为是否构成了对男子体育的反向歧视。但到目前为止,美国法院认为实施第9章所采取的这一行为没有违反平等保护的要求。

Neal v. Board of Trustees of TheCalifornia State Universtes。加州州立大学贝克斯菲尔德分校(California State University,Bakersfield,以下简称CSUB)是一所接受联邦财政资助的公立大学,1996年该校男女学生占总学生人数的比例分别为36%和64%,而另一数据显示,在1992年至1993年度,男性学生运动员占该校学生运动员总数的61%,并且获得了该校提供给学生运动员奖学金的68%。该校体育项目存在的男女比例严重失衡引起了全国妇女联合会加州分部的注意,并将CSUB告上法庭,诉称CSUB违反了州法,双方在法庭的主持下达成了和解。CSUB同意为女学生提供更多参加校际体育活动的机会,使得女性学生运动员占运动员总人数的比例与女本科生占本科生总数比例差距控制在5个百分点内,为达到这一目标,CSUB采取了一种相对来说比较缓和的方式,没有如一些学校一样通过直接削减男子项目来达到平衡。CSUB增加了部分女子体育项目,对于男子体育项目,CSUB则通过削减已有项目的人数来控制男子运动员的总人数,但没有将任何一个男子体育项目完全撤销。

在这种情形下,男子摔跤队也未能幸免,人数受到削减,这遭到了队员的强烈反对,但没有奏效,为此CSUB男子摔跤队队长尼尔(Neal)于1997年1月将CSUB告上法庭,诉称CSUB为了达到第9章的要求,削减男子摔跤队的人数,违反了宪法的平等保护条款和第9章。地方法院同意了原告的诉求,发布了一个初步禁令,要求CSUB停止削减男子摔跤队的人数。CSUB不服,向联邦第九巡回法院提起上诉,CSUB认为,其有权根据体育项目所拥有资金的状况来调整男女运动员的比例,从而使得这一比例能够达到第9章的要求。但尼尔认为,对于性别歧视的救济应该在确保校方根据男女两性对体育运动的兴趣已经提供了足够机会的前提下才能实行,但很显然,男性相对于女性来说更热衷于参加体育运动,因此,如果这构成一个前提条件的话,在有限的资金条件下,CSUB就没有足够的空间提高女性运动员的比例。第9章的立法目的是鼓励女性参加体育运动,通过增加提供给女性的运动员奖学金名额和运动项目,吸引女性参加体育活动。事实上,自第9章实施以来,大学女学生运动员的比例已经从1972年的15%上升到了1998年的37%,很难说在这一期间是女性对体育运动兴趣的增加促成了这一数据的上升,而更多地应该归结于第9章的强力实施。如果采用了被上诉人的分析思路,第9章的实施不是促进,反而可能阻碍女性更多地参与到大学校际体育运动中去。事实上,很多法院已经认可,在实施第9章及其政策解释时,既可以通过增加没有达到比例要求的性别的机会这一方式,也可以通过消减超过比例的性别的机会的方式,在本案中就是通过减少男学生的机会,这两种方式都是合法的,没有违反第9章。

至于是否违反了平等保护条款,法院认为,根据第一巡回法院在Cohen v. Brown university案中的意见,教育部对第9章的政策解释是合宪的,没有违反宪法第14修正案的平等保护条款。根据对性别区分所适用的中等审查标准,反歧视作为政府的一项重要工作目标,第9章的政策解释即是为了促进这一目标的实现。具体到本案中,CSUB的行为是为了消除性别歧视,从而达到第9章及其政策解释的要求,因而符合中等审查标准的要求,符合平等保护条款,是合法的。

第九巡回法院最终撤销了地方法院的初步禁令,也就是说CSUB消减男子体育项目人数的行为是合法的。同样在Boulahanis v. Board of Regents一案中,联邦第七巡回法院也确认削减男子体育项目的做法并没有违反第9章。

2008年,联邦第四巡回法院裁决了一件反向歧视案件,仍然坚持了先前形成的判例法。詹姆斯麦迪逊大学(James Madison University)在2006年削减了7支男子运动队和3支女子运动队,目的是为了符合第9章的要求,由运动员、教练员和观众组成的体育平等组织(Equity in Athletics,EIA)起诉至教育部,认为该校的行为是对男性运动员的故意歧视,违反了第9章和宪法的平等保护条款。联邦第四巡回法院认为,没有学生失去运动员身份,并且他们继续享有运动员奖学金,也可以转学到其他有自己喜欢项目的学校,而如果学校继续保持这么多的运动队,就会面临财政和行政上的困难。联邦第四巡回法院认为,第9章所指的平等机会是指实际参与,而不是其他无所指涉的利益,最终,法院判决驳回上诉,维持了地方法院支持詹姆斯麦迪逊大学削减行为的裁决。事实上,这也符合联邦巡回法院在此问题上的一贯立场,即通过减少男子运动队来达到第9章的要求并不违反第9章,也不构成反向歧视。

从这一系列案件中,我们可以看出,受制于政府及学校对体育项目的资金投入,为符合第9章对男女平等的比例要求,很多学校不得不通过削减男子体育项目或者虽然不削减男子体育项目,但消减各男子项目人数的方式来达到遵守第9章的目标。当然,单纯地通过增加女子项目来达到第9章的要求是大家都最乐意看到的结果,但在资金有限的前提下,通过削减对男子项目的投入来发展女子项目,则是不得已而为之的选择。虽然表面上来看这是损害男学生的利益,但事实上,根据第9章的要求,这些利益是他们本来不应该获得的,这是他们占用了本属于女学生的体育教育资源。第9章无权要求学校为体育项目增加更多的投入,因为这是学校自治的范围,第9章所要求的是男女平等的结果,仅此而已。法院对这一问题采取了支持的态度,允许通过减少男子运动队来达到第9章的要求,不构成反向歧视。

(三)报复行为的救济

第9章在体育领域的适用主要集中在学校,包括大学和高中,但众所周知,学生由于所处地位的特殊性,也由于他们心智的成熟程度,在面临校方性别歧视的时候,无法或者不愿意采取比较强硬的措施。这时,学校一些有责任感的工作人员成为受歧视方的利益争取者,通过他们的力量促使校方为受歧视方提供更多更好的待遇。但也在这一争取的过程中,这些工作人员很可能会引起校方的反感,受到校方的打压,有的被校方降职,有的被调离原工作岗位,甚至有的被校方以其他理由解聘。对于本人虽然不是性别歧视的直接受害者,但为别人争取第9章的权益而遭受报复行为如何获得救济,是否可以根据第9章获得救济,在2005年之前一直没有一个明确的答案。有3个联邦上诉法院对类似案件作出了判决,但它们对这一类诉讼作出的判决也不一致,联邦第四和第五巡回法院认为这样的报复行为可以根据第9章获得救济,而联邦第十一巡回法院认为,对于此类报复行为不能根据第9章获得救济。

在Preston v. Commomwealth of Virginia案中,原告开始在被告的学生服务系统工作,负责维护学生权益,在1985年到1989年,她连续申请该校其他工作岗位,但均被拒绝,为此她向法院提起诉讼,诉称她受到了种族歧视和性别歧视。陪审团认定原告没有获得新职位部分原因是学校的报复行为,但是陪审团也指出,即使不存在报复行为,原告也不可能获得该职位。据此,地方法院判决原告无权获得损害赔偿,联邦第四巡回法院支持了地方法院的判决,虽然原告输了官司,但在判决中,上诉法院承认原告有权因为学校的报复行为而根据第9章获得司法救济。

联邦第五巡回法院也确认了个人为他人争取第9章的权利而受到报复,可以根据第9章提起诉讼获得救济。在Lowrey v. Texas A&M University System案中,原告是被告所属女子篮球队的主教练,并在1992年被任命为女子体育部门的负责人。1993年,原告参与了一项性别平等项目,目的是揭露体育领域违反第9章及《民权法案》第7章的行为。在该项目结束后,原告竞聘该校的体育主管职位,但遭到了拒绝。1994年,原告被免去了女子体育部门主管的职位,但仍然被聘请为女子篮球队的教练。原告于1995年向联邦地方法院提起诉讼,诉称她受到了雇佣歧视及报复,根据第9章应该获得救济。就在原告提起诉讼不久,该地区法院的上诉法院,联邦第五巡回法院判决了Lakoski v. James案,认定个人不能以第9章为依据提起一项雇佣歧视之诉,在这种情形下,原告试图修改她的诉讼请求依据,增加《民权法案》第7章、宪法第1修正案、第5修正案及第14修正案等为诉讼依据,但地方法院没有允许,并参照 Lakoski v. James 案驳回了原告的诉讼请求。1996 年,原告重新提起诉讼,在这一诉讼中,原告没有以第 9 章为诉讼依据,而是以《民权法案》第 7 章、宪法第 1 修正案、第 5 修正案及第 14 修正案等为诉讼依据。第五巡回法院认为,地区法院不允许原告修改她的诉讼请求依据是错误的,但这一错误并不影响巡回法院对原告提起的以第 9 章为依据的诉讼的上诉管辖权,巡回法院要求原告将第 9 章增加并作为其唯一的诉讼法律依据。在此案中,第五巡回法院认为,虽然第 9 章没有明确指出个人如果因为为他人争取第 9 章的权利而受到报复,可以根据第 9 章提起诉讼获得救济,但根据联邦最高法院的判例,在 Cannon v. University of Chicago 案中,最高法院指出在第 9 章条文中没有明确授予私人可以依据该法提起民事诉讼,但隐含着个人可以根据该法对自己因为性别歧视而受到的损害向法院寻求救济,因而,个人可以获得根据第 9 章提起民事诉讼的诉权。而在 1992 年最高法院判决的 Franklin v. Gwinnett County Public 案中,指出个人基于第 9 章的性别歧视诉讼胜诉者可以获得金钱损害赔偿。由此可以推断出第 9 章隐含着个人如果因为为他人争取第 9 章的权利而受到报复,可以根据其提起诉讼获得救济。

1999 年,罗德里克·杰克逊(Roderick Jackson)被任命为伯明翰市恩斯莱高中的体育老师和女子篮球队教练。他上任后发现,无论是在体育设施,还是在经费方面,女子篮球队的待遇都要比男子篮球队差。于是,杰克逊向学校体育部门主管以及校长反映了这个问题,但问题没有解决,并且事情扩大到该校的上级主管部门也知道了这些情况。之后,学校对杰克逊做出了工作表现不佳的评价,并且在 2001 年 5 月解除了他的教练职务,但没有解聘他,其仍然担任学校的体育老师。

2001 年 7 月,杰克逊将伯明翰学区教育委员会告上了联邦法院,诉称他因为为女子篮球队反对歧视而受到了报复,他应该可以根据第 9 章获得救济。地方法院驳回了他的请求。在诉讼中,杰克逊的律师、来自美国全国妇女法律中心的迪娜·拉索(Dina R. Lassow)指出,杰克逊起诉的法律依据是第 9 章,该法禁止任何接受联邦资助的教育机构进行性别歧视,这包括杰克逊所在的学校。伯明翰学区教育委员会聘请的律师肯尼斯·托马斯(Kenneth L. Thomas)辩称,第 9 章是保护女性体育运动权利,其目的是保护女运动员享有与男运动员同等的待遇。根据该法规定,这些女运动员是第9章的主要受益人,因此只有她们才有权对任何违反第9章的行为提出申诉和诉讼,据此,杰克逊不能援引第9章提起诉讼。联邦地区法院的判决接受了托马斯的观点,认为杰克逊没有提供其受第9章保护的法律依据,因为第9章不支持因举报性别歧视受到报复而提出的诉讼。杰克逊对这一判决不服,上诉至联邦第十一巡回法院,该院维持了地方法院的判决。判决认为,杰克逊的起诉没有法律依据,因为第9章保护的是女性,而不是男性,即使第9章禁止因举报性别歧视问题而进行报复,并允许就此提出诉讼,也应由直接受到歧视的女子篮球队队员,而不是由作为男性教练的杰克逊提出诉讼,杰克逊并不属于第9章保护的群体。

2003年5月,杰克逊上诉至美国联邦最高法院,该院就本案涉及的两个主要问题进行了审理:第一,第9章除了禁止性别歧视以外,是否还禁止对举报、揭露性别歧视问题的人进行报复;第二,举报、揭露性别歧视问题的人,虽然并非性别歧视直接受害人,是否有权根据第9章提出诉讼并要求得到赔偿。杰克逊的代理律师指出,第9章不仅保护直接受到性别歧视的人,也应该保护那些敢于揭露歧视问题的人。人们不应该因为举报歧视问题而受到报复,这是免受歧视权利的应有之义,受到报复者也应该可以根据第9章提出诉讼获得救济。美国联邦最高法院在2005年作出有利于杰克逊教练的判决,对第9章做出了扩大解释。以奥康纳大法官为首的多数意见指出,受第9章规制学校的教练和老师如果因为代表他人争取第9章的权益而受到报复,他们可以以受到报复为由根据第9章提出诉讼得到救济。虽然第9章没有如《民权法案》第6章那样明示报复行为的受害者也受到该法的保护,但这一权利是隐含在其中的,因为第9章是总括性地反对公立学校的性别歧视,并没有明确列举禁止歧视行为的类型。更进一步,第9章也没有要求报复行为的受害者一定也是性别歧视的受害者,所以即使杰克逊是男性也受到第9章的保护。

联邦最高法院2005年作出的这一判决具有重要意义,不仅解决了联邦下级法院在这一问题上的分歧,对报复行为可以根据第9章获得救济做了肯定的回答,而且大大扩大了第9章的保护范围,明确了报复行为也受到法院的保护,保护了那些与体育领域性别歧视作斗争的人的利益不受侵害。一般认为,原告需要在诉讼中证明如下 3 点:第一,原告从事了受保护的为别人争取第 9 章所保护的利益的行为;第二,雇主存在报复行为;第三,报复行为与受保护的行为存在因果关系。当然,笔者认为,如果能够通过立法行为将联邦最高法院这一判例所确定的法理进行明确,将更有利于第 9 章目标的实现。

三、结论

消除体育领域的性别歧视是一个长期而艰巨的过程,不仅有赖于整个社会性别观念的进步,也需要建立相应的规制性别歧视的法律制度和体育制度。实现体育领域的性别平等不仅有利于体育的和谐均衡发展,也对整个社会的发展有着良好的推动作用。通过对上述案例的分析,我们可以得出以下结论:

第一,在美国,体育领域的性别歧视主要体现在业余体育领域,为促成业余体育中的性别平等,美国采取了一系列法律措施。对性别歧视的救济主要依据联邦宪法和州宪法,以及教育法的相关规定,对于体育雇佣中的性别歧视,也可以依据《民权法案》第 7 章提起诉讼。其中尤以 1972 年《教育法》修正案第 9 章对消除美国政府资助的学校体育领域的性别歧视起到了关键性作用,并且也取得了巨大的成就。

第二,有关体育领域性别歧视的诉讼主要表现为争取体育参与权,包括女性争取体育权的诉讼,也包括男性因为反向歧视而提起的诉讼。另外,他人因为为女性反抗性别歧视争取体育权而受到报复,也成为一种新的诉讼类型。

第三,美国的判例法传统对于体育领域性别歧视的规制起到了非常重要的推动作用,法院的判例发展直接影响到女学生体育权的整体保障程度,法院的判例也清晰展现了美国立法特别是《教育法》修正案第 9 章在维护体育领域性别平等中的演变轨迹。

(周青山,湘潭大学法学院副教授,法学博士)

美国国家橄榄球联盟标准运动员合同

周青山　译

本合同当事人为____（以下简称“运动员”）和____（以下简称“俱乐部”），该公司在NFL（National Football League，联盟）名为____。基于双方的合意，运动员和俱乐部达成以下协议：

1. 期限

本合同有效期为____赛季，自____年3月1日至____年2月28日或29日，除非根据本合同的其他条款延长、终止或更新。

2. 雇佣与服务

俱乐部雇佣运动员作为一名有着专业技能的橄榄球运动员。运动员接受雇佣。同意尽其所能的工作并忠诚于俱乐部，无论在比赛场上还是场下谨言慎行，认识到职业橄榄球的成功不仅取决于比赛，也取决于公众的认可。运动员应该及时报道并全程参加俱乐部组织的强制性小型训练营、赛前训练营、俱乐部会议、训练会，参加俱乐部安排或参与的季前赛、常规赛和季后赛。除非得到联盟的许可，运动员不能参加非本联盟举办的任何橄榄球比赛。

3. 忠诚条款

没有俱乐部的书面许可，运动员不能参加俱乐部组织之外的橄榄球或者与橄榄球相关的运动。也不能参加其他有严重人身危险性的活动。运动员承诺其作为橄榄球运动员，具备具有自己特点的优秀运动技能，包括相应的知识、技术、体能和经验，运动员的运动技能受到的影响具有不可确定性，而且也无法进行公平或者充分的赔偿。因此，运动员应该同意俱乐部按照相关程序禁止其参加俱乐部组织之外的橄榄球或与橄榄球相关的活动，禁止其参加其他有严重人身危险性的活动。

4. 广告与运动员工会集体许可

(a)球员在此以个人名义并以集体名义共同授予俱乐部和联盟权利与权威去使用,并授权他人使用,如下文提到的:他的名字、昵称、(姓名或组织名称等的)缩写、肖像、影像、图片、照片、动画、形象、签名(包括副本形式)、声音、个人信息或任何及所有其他识别特征(统称"公开权"),其唯一的用途或目的就是宣传和推广橄榄球。联盟或其任一成员俱乐部以任何方式使用任一或所有媒体或格式,无论是模拟的、数字的、其他已知的或今后开发的,包括但不限于印刷品、磁带、光盘、计算机文件、广播、电视、电影、其他视听和音频作品、互联网、宽带平台、移动平台、应用程序和其他营销平台。不限上述权利,这项授权包括联盟或其任一成员俱乐部为宣传推广橄榄球的以下几方面使用球员的公开权:品牌、游戏、门票销售、赛事广播和电视转播、以橄榄球为主题制作的节目、一个或多个国家橄榄球联盟俱乐部的赛事和活动(例如:教练类节目、橄榄球队的故事等精彩节目、重击等幕后节目)、其他 NFL 相关媒体产品(例如:以 NFL 比赛连续镜头及其他改进计划为特点的品牌内容片段)、媒体营销平台(例如:NFL. com、NFL 移动、NFL 网络)、官方活动(例如:NFL 开球、NFL 选秀)、官方认可的奖励计划(例如:年度最佳新秀)以及公共服务或面向社区的活动(例如:锻炼 60 分钟)。为明确起见,前面提到的授权包括在本合同有效期过后联盟有权利与权力去使用及授权附属公司或业务合作伙伴使用固定于一个有形媒体的公开权(例如:拍摄、拍照、记录或以其他方式捕获),仅限本合同有效期内本文所述目的。尽管有任何相反规定,上述授权并不赋予联盟,在本合同有效期内或过后,通过第三方品牌的播放器、产品或服务("代言")在某种程度上构成认可的使用球员公开权的任何权利与权力。为明确起见,但不限于此,它不应成为俱乐部或联盟使用,或授权他人使用的一项代言,包括但不限于球员参与 NFL 比赛或其他 NFL 活动的第三方广告和宣传材料、镜头和照片,这些并不过度关注、标志或强调球员在某种程度上引导理性消费者相信他是一个第三方商业产品或服务的一位发言人或推动者。球员将与新闻媒体合作,并将根据要求参加合理的活动,以促进俱乐部和联盟的发展。球员和国家橄榄球联盟球员工会(以下简称"NFLPA"),包括其任何附属机构在本合同有效期内或过后将不提出异议,这在此证实,他们承认联盟、俱乐部、任何橄榄球联盟成员俱乐部(i)在现场的、推迟的或存档的基础上,在任一及所有已知的或今后开发的媒体里电视直播、广播或于其他媒体分配、传输或发布任何NFL比赛或任何相关片段以及(ii)在现场的、推迟的或存档的基础上生产、许可、要约出售、销售、推销或以其他方式分配或发布(或授权给第三方去做任一前述之事)的专有权。任何NFL比赛或任何相关片段出现于任一及所有已知的或今后开发的媒体包括但不限于传统媒体、其他电子或数字媒体。此处的任何内容都不应解释为授予在许可的消费产品中使用任何公开权,无论是传统的或数字的(例如:电子游戏、游戏卡、服装),除了这些符合规划的产品(如本文所述)或不论使用何种媒介的新闻和信息产品(例如:DVD、数码标志产品)。

(b)球员在此指定国家橄榄球联盟球员工会及其授权附属机构享有专有的和无限的使用权,授权其使用并转授使用他的名字、昵称、(姓名或组织名称等的)缩写、签名(包括副本形式)、声音、图片、照片、动画、影像、肖像、形象、球衣号码、统计资料、数据、版权、个人信息或其他个人标记(个人和集体的"权利"),用于与任何产品、品牌、服务、外观、产品系列或其他商业用途和任何赞助、其代言或推广相关用途。当涉及超过五名橄榄球球员权利时,无论其是否加入球队以及这个数字是否同时或单独达到了在连续12个月期间以任何形式、媒体或媒介使用球员权利(一个集体授权计划)。对于赞助、代言及推广活动,集体授权计划被进一步定义为:(i)根据行业标准定义的任一的产品类别,或(ii)不同类别的产品,如果它们都使用类似的、模仿他人的设计或艺术作品,或者使用一个球员产品推广另一球员产品。

这些权利也可用于推广国家橄榄球联盟球员工会、它的附属实体及其指定人(以下合称"国家橄榄球联盟球员工会实体"),只要这样的推广没有构成球员代言,不是集体授权计划一部分的一种商业产品。在国家橄榄球联盟球员工会的要求及没有额外补偿的情形下,球员同意参加合理的活动以促进国家橄榄球联盟球员工会实体的发展,这包括在现场的、推迟的或存档的基础上,在任一及所有已知的或今后开发的媒体里电视直播、广播或于其他媒体分配、传输或发布任何NFL比赛或任何相关片段中每年至少三次亲自露面,或在现场的、推迟的、或存档的基础上生产、许可、要约出售、销售、推销或以其他方式分配或发布(或授权给第三方去做任一前述之事)过程中每周至少花15分钟致力于促进国家橄榄球联盟球员工会实体的发展。如果该个体或实体没有为任何商业目的同时利用五个或更多其他国家橄榄球联盟球员的权利,球员保留授予他人使用其权利的权力。如果球员因个人独家代言协议阻止参与国家橄榄球联盟球员工会计划,他可以给国家橄榄球联盟球员工会提供该阻止的即时书面通知,国家橄榄球联盟球员工会应同意将该球员排除在这个特定计划之外。如果球员未能履行本协议中的义务,如与这次集体授权的任务有任何联系,国家橄榄球联盟球员工会可扣留应付给该球员的报酬。考虑到这一权利的转让,国家橄榄球联盟球员工会同意使用从集体授权计划中得到的收入来支持由国家橄榄球联盟球员工会章程规定的目标及由国家橄榄球联盟球员工会董事会做出的其他决定。国家橄榄球联盟球员工会还同意作出合理的努力来推动在集体授权计划中使用国家橄榄球联盟球员的权利、为所有国家橄榄球联盟球员提供集体授权的机会以及监管未经授权的第三方使用这些权利。除了本合同中所明示的,国家橄榄球联盟球员工会并无就集体授权作出任何声明。本合同应根据弗吉尼亚州的法律解释。本段中的任务将于12月3日到期,后者(在现场的、延迟的或存档的基础上,在任一及所有已知的或今后开发的媒体里电视直播、广播或于其他媒体发布、传输或分配任何NFL比赛或任何相关片段)将于本合同执行后的第三年到期、(在现场的、延迟的或存档的基础上生产、许可、要约出售、销售、推销或以其他方式发布或分配或授权给第三方去做任一前述之事)将于本合同执行后的第一年到期,直到这些日期为止,不得撤销、终止或由球员以其他任何方式分配。无论是俱乐部还是联盟都不是本段条款中的当事方,它们包含在此仅为方便管理球员及国家橄榄球联盟球员工会的利益。第4条b段中的任何规定不应以任何方式解释或视为修改第4条a段中所规定的权利,事实上,出现在球员合同中的第4条b段(或其任一条款)不应提及、作为依据或以其他方式被球员、国家橄榄球联盟球员工会或其任一附属机构在任何纠纷或法律诉讼中作为国家橄榄球联盟、任一国家橄榄球联盟实体、任一俱乐部或俱乐部附属机构、任一上述的任一被许可方准许、同意、承认或不争辩对第4条b段的适用或解释。

5. 报酬

根据运动员的工作表现以及俱乐部的承诺,俱乐部应该按照如下规定支付运动员的年薪:

$ __________ for the 20 ______ season;

$ __________ for the 20 ______ season;

$ __________ for the 20 ______ season;

$ __________ for the 20 ______ season;

$ __________ for the 20 ______ season.

另外,俱乐部应该根据合同规定支付:运动员表现奖;运动员从住所至训练营所在地的必要旅费;运动员在季前训练营和在俱乐部主场外的其他城市进行的季前赛、常规赛和季后赛期间所产生的食宿费;如俱乐部终止合同运动员返回住所的旅费;在合同存续期间集体议价合同所规定的其他费用。(就本合同而言,集体议价协议视为合同一部分,甚至可以延续至双方同意延长本合同的最后期间)

6. 支付方式

除非本合同及集体议价合同另有规定,运动员应该在赛季内按照合同获得全部薪酬,俱乐部应该从运动员参加的第一个赛季第一场正式比赛开始,每周或者双周按时发放。除非本合同有另外的约定,否则如果合同结束或者运动员在赛季开始之后才开始履行合同,则其年薪按比例扣减,其余薪酬按照运动员实际履行合同之日起按周或者双周均等发放。除非本合同另有约定,否则如果合同将在赛季开始之后结束,则其年薪按比例扣减,其余薪酬按周或者双周均等发放至合同结束之日。

7. 薪资扣除

运动员提前支取的款项应予以归还俱乐部,联盟或者俱乐部对运动员所做出的合理处罚,可以以现金交纳,也可以直接从应该支付给运动员的薪金中扣除,扣除的数额由俱乐部决定,除非有效的集体议价合同另有规定。

8. 身体状况

运动员向俱乐部承诺其会具备且保持最佳的体能状态。运动员应该根据俱乐部的要求进行一项全面的体能测试,体能测试中运动员应该向俱乐部全面告知其可能会影响到其比赛状态的身体和精神方面的信息,并且诚实全面地回答俱乐部医生有关其身体状态方面的提问。如果运动员没有达到或者保持队医所要求的身体状态,或者没有按照队医的要求全面诚实的披露相关信息,俱乐部可以终止合同。

9. 伤病

除非本合同有特别的约定,如果运动员在合同执行过程中出现伤病并且及时地将伤病向俱乐部队医和教练报告,运动员在合同存续期内可以根据队医的安排享受相应的医疗服务,在此期间,运动员因为伤情无法履行合同义务,可以继续享受该赛季年薪待遇。如果因为运动员在履行合同过程中死亡的,其在受伤赛季没有支付的薪金将支付给其法定受益人,在没有法定受益人时,支付给遗产继承人。

10. 工作人员补偿

工作人员在集体议价合同和本合同存续期间,因为暂时地全部失去身体机能、永久失去身体机能、暂时部分失去身体机能或者永久失去部分身体机能,运动员可以从俱乐部活动相应的补偿,俱乐部应该支付相应的补偿。

11. 技能、表现及行为

运动员应意识到其一直在与俱乐部其他同一位置的运动员在竞争上场机会。任何时候,俱乐部认为运动员的技能或者表现与俱乐部其他运动员相比不尽如人意的时候,或者俱乐部合理地认为运动员的个人行为对俱乐部构成了损害,俱乐部可以终止合同。另外,在合同存续期间,任何工资帽条款如果需要满足,而根据俱乐部的意见,运动员预计将比俱乐部可能会引进的其他运动员或者已经在俱乐部大名单上的运动员对俱乐部的贡献要小,或者为其他俱乐部需引进的人空出位置,亦可以终止合同。

12. 终止条款

本合同规定的合同终止权不影响合同当事人根据法律所享有的合同终止权。合同的终止在书面通知后立即生效,运动员的死亡将自然导致本合同终止,除非是因为履行合同时受伤所引起的死亡。如果本合同被俱乐部或者运动员终止或者俱乐部要求终止,那么终止前运动员可以享受俱乐部队医的全面身体检查。

13. 伤病仲裁

除非俱乐部终止本合同时有效的集体议价合同另有规定,应适用如下的伤病仲裁程序:如果运动员认为俱乐部解除本合同是因为其在履行合同的过程中产生伤病而无法继续履行合同,除非本合同另有约定,运动员可以在俱乐部队医检查后的60天内,可以自费选择一名医生进行检查。如果运动员聘请医生得出的关于运动员身体状况能否履行合同义务的观点与俱乐部队医的观点相反,该纠纷可以在合理时间内提交给俱乐部和运动员共同选择的仲裁员,作出具有拘束力的终局裁决。如果俱乐部与运动员没有就仲裁员达成一致,根据每个仲裁协会的程序选择仲裁员。

14. 规则适用

在本合同存续期间,对于没有与本合同及有效集体议价合同冲突的俱乐部规则,运动员必须遵守。运动员同时应该了解联盟作为俱乐部的联合体,根据相应的规则和程序发挥其功能,这些规则和行为将影响运动员与联盟和俱乐部之间的关系,并且独立于本合同的条文。

15. 忠诚条款

运动员认识到,对于联盟和职业橄榄球的伤害将损害公众对NFL赛事公正的信心,损害NFL运动员良好形象。运动员应该明白他接受贿赂或者参与操纵比赛,没有及时报告行贿意图或意图操纵比赛,对NFL比赛进行赌博,故意与赌博组织者合作或参与赌博行为,为增强竞技体能使用或者为其他运动员提供刺激剂或兴奋剂,或者从事其他联盟总裁认为有损联盟或者职业橄榄球的行为,在给予相关运动员充分的听证机会,允许其进行申辩后,联盟总裁可以对运动员处以适当的罚款,一定期间的禁赛和/或终止合同。

16. 合同延期

除非本合同另有规定,如果运动员加入美国或者其他国家的武装部队,或者作为活跃运动员,退出职业橄榄球,或者不能履行、拒绝履行本合同的义务,本合同在运动员加入部队、退休、不能或拒绝履行合同义务之日起,至运动员回归职业橄榄球这段期间,合同将暂时停止执行,运动员将不能获得任何补偿。运动员回归职业体育后,本合同的有效期将顺延与合同“停摆”同样长的时间长度。合同延展期结束后,如有可能,仍然可以续订。

17. 让渡

除非本合同另有约定,俱乐部可以将本合同及本合同下的运动员服务让渡给俱乐部特许的继承者或者是联盟中的其他俱乐部。运动员在被告知合同让渡后,应该及时地到接受让渡的俱乐部报道,勤勉地履行本合同义务。受让渡俱乐部应该支付给运动员报道所需要的旅费,并与运动员共同勤勉地履行合同。

18. 存档

本合同在生效后对运动员和俱乐部立即具有拘束力。在合同生效后10天内,本合同的副本及相关附件应由俱乐部送至联盟总裁处。主席有权基于合理的理由否决本合同,这些理由包括但不限于合同任何一方试图损害其他俱乐部的权利,对合同双方权利和义务的描述不确定或者不完备,本合同的条款与集体议价合同相冲突。除非在收到本合同10天内联盟总裁通知双方不批准本合同,或者为了调查需要延长该期限延缓做出决定,否则合同自动获得批准。在得到不批准或者终止的通知后,双方基于本合同的权利和义务自动解除。

19. 纠纷解决

在集体议价协议有效期间,运动员和俱乐部之间任何有关对NFL集体议价协议和本合同的解释所产生的纠纷,都应该提交给集体议价协议所规定的具有拘束力和终局性的仲裁程序予以解决。

20. 通知

任何关于本合同的通知、要求、同意等应以书面做出,并由一方按照本合同上的地址或者接收人给发送人所预留的地址,通过专人或者邮寄(双方约定的方式或最快捷方式)给另一方。

21. 其他规定

本合同及其相关附件属于一个整体,运动员和俱乐部不能通过口头方式修改。运动员和俱乐部承认除了本协议及其附件,他们之间没有其他口头或书面协议的存在。运动员与俱乐部之间的权利义务由本协议规范,除非本协议的条款与合同存续期间的有效集体议价合同相冲突,如果发生冲突,集体议价协议优先。

22. 法律适用

本合同根据____州法制定并受其规制。

23. 弃权

运动员放弃：(i)2011 年停摆期间的所有诉求；(ii)与选秀、自由球员限制、运动员形象权特许、运动员形象权转让、运动员进入限额、新秀补偿限额或者在本合同签订之间的任何雇佣条款或条件；(iii)运动员根据合同存续期间集体议价合同相关条款从事的相关行为。还包括根据 White 案所形成的相关规则可以从事的行为也得放弃。但根据 2006 年集体议价协议所拥有的申诉权和根据 2011 年集体议价协议所拥有的申诉权和提起仲裁权无须放弃。

24. 其他条款

(a)在本合同后签名的运动员确认：(i)本合同，经重新谈判、延长或者修改后，应包含了所有运动员参加职业橄榄球比赛所应获得的薪酬（无论该薪酬是直接由俱乐部提供或者俱乐部的相关或分支机构提供）；(ii)没有任何明示或默示、口头或书面的其他协议存在。也不存在其他的承诺、保证或没有向 NFL 披露的谅解存在，包括在合同期间向运动员支付，或者向受运动员控制、附属运动员、与运动员相关的个人或实体支付。

(b)本合同进一步确认，出发本合同附件中另有规定，双方当事人不得将本合同解释为存在违反《谢尔曼法》反共谋条款。本合同任何条款不得认定为试图规避或违反 2011 年 8 月 4 日生效的集体议价协议，包括但并不限于新秀补偿限额、工资帽条款。然而，集体议价协议允许的行为也不能认为违反了本合同。

(c)出场奖：运动员应该被吸引于他可根据集体议价协议第 28 条获得出场奖，获得的数额取决于他的上场时间。

25. 特别条款

本合同一式六份。运动员在签署本合同前承认其已获得充分的机会从他自己选择的经纪人处获得建议。

（周青山，湘潭大学法学院副教授，法学博士）

美国国家篮球联盟标准运动员合同

臧岑岑　译　周青山　校

本协议制定于______,是______(以下简称作俱乐部)国家篮球联盟(National Basketball Association,NBA 或联盟)成员和______运动员个人(以下简称运动员)之间制定的,下面会给出该运动员地址。考虑到下文中包含的相互承诺,本合同双方当事人承诺和约定如下:

1. 合同期限

从合同年 9 月的第一天算起的____年时间里,俱乐部特此雇用这名具有熟练篮球技能的运动员为俱乐部效力。

2. 运动员服务

根据这份合同运动员提供的服务应当包括:

(a)集训营

(b)练习、会议、锻炼体能或者是每个赛季由各俱乐部组织的技巧训练。

(c)在任何常规赛中对俱乐部的比赛安排。

(d)联盟或俱乐部策划的任何常规赛季之前或期间的表演赛。

(e)NBA 的全明星赛(包括新秀挑战赛)和与此全明星赛相关的所有事项安排,如果运动员被邀请参与。但必须同 NBA 与篮球运动员工会之间现行的集体议价协议(以下简称 CBA)的第 12 款所述相符。

(f)由 NBA 联盟策划的继任何常规赛季之后的季后赛。

(g)这个合同和 CBA 中规定的俱乐部和联盟的营销推广活动。

(h)任何全美篮协发展联盟的工作安排都同 CBA 中的第 42 款的规定相一致。

3. 薪金与补偿

(a)根据下面的3(b)的规定,作为提供服务和履行义务的回报,俱乐部同意向运动员支付在附件1和附件1A中所提到的酬金(扣除政府当局需要扣留的总和并且不包括运动员有权从季后赛联合经营中获得的总和)。除附件1中另有规定除外,酬金应该按合同规定从每年的11月15日开始支付,接下来每个月的1日和15日继续支付,平均每半个月支付一次在12个月内付清。

(b)俱乐部同意在运动员参加集训或者是表演赛的第一场常规赛之前的每个星期(俱乐部的老队员最多是四周,而新秀的最多则是五周)支付给运动员1500美元,按照比例,扣除政府当局需要扣留的总和。但是,如果运动员在被要求出席集训营训练之前,已经根据集训营之后直接开始的NBA赛季日程拿到了10000美金或者更多的酬金,那就不需要再支付酬金给该运动员了。根据上面3(a)的规定,俱乐部在此条中所付给的酬金都应该被认为是应付给运动员酬金的预付款,而这种酬金的第一次定期付款(或者因第一次付款不足而后的那些付款)会因为这种预付款的总和而减少。

(c)俱乐部不会因为队伍赢得了NBA中任何特殊的比赛或在一系列常规赛中胜出或者在特定的日期是在联盟的积分榜拿到一定的积分而支付运动员任何奖金或任何的物质性奖励,运动员也不能接受俱乐部给予的任何这类的奖金或奖励。

4. 费用报销

俱乐部同意支付给运动员一切适当的和必要的开支,包括运动员为参加本俱乐部比赛"旅途"时间和集训营时间(指训练营的第一天至俱乐部第一场表演赛的当天)运动员不在家居住时段的合理住宿费用。运动员"在路上"期间(集训营期间以及只要运动员不在家居住而俱乐部又不能直接付餐费的情况下)还应得到CBA中所述的必要的餐费津贴。飞机上的供餐服务不算作从此类餐费津贴中扣减的费用。集训营期间(只要运动员不在家居住而俱乐部又不能直接付餐费的情况下)的餐费津贴应自训练营的地一个星期起,按照每周次付清。这一"在路上"的时间是指从俱乐部离开家乡,到再次回到家乡城市的时段。

5. 运动员义务与纪律

(a)运动员在任何时间,不论是在场上或是在场下,都应遵守和服从所有的俱乐部规范以及经过修改并公布的 NBA 集体议价协议中的内容,NBA 集体议价协议的一切规则应当被认定被视为标准运动员书面合同的一部分,对运动员有约束力。

(b)运动员同意:

(i)向俱乐部付出他最好的服务以及最大的忠诚义务,只为他的本俱乐部或他的受让俱乐部打球。

(ii)在公共场合的着装应整洁而得体。

(iii)球场上下都保持高标准的忠诚态度,保持一个良好公民的形象以及一名优秀运动员的道德风貌。

(iv)不得作出对俱乐部和联盟不利或有害的行为。

(c)对于任何违反俱乐部规则,违反合同条款或者任何背弃诚信及完全的抛弃责任的行为,俱乐部可以依照与运动员在集体议价协议中的条款,合理地对运动员进行罚款或禁赛。

(d)运动员同意遵从 NBA 章程第 35 条的规定,该条款作为本科通的附录,已经生效。运动员应了解总裁有权力根据该条所列举的情形给予运动员罚款或禁赛,这类罚款或是禁赛应符合集体议价协议的规定。

(e)运动员同意如果总裁根据个人判断发现了运动员已经或者提供尝试以金钱或者其他贵重物品为赌注来赌任何一场 NBA 俱乐部参加的比赛的结果,那么总裁有权自行裁决给予运动员无限期的禁赛或者是将其开除出 NBA 的任何一个俱乐部。而且总裁的裁决是最终的、有约束力的、确定的、不可更改的。

(f)运动员承诺在合同期间避免任何直接或间接的怂恿诱导和劝说,或者企图怂恿诱导和劝说和 NBA 俱乐部有合同关系的运动员和教练对他作为运动员或教练员的服务项目展开谈判,除非是有俱乐部预先的书面同意。违反该项规定将会遭受总裁给予的罚款或禁赛的处罚,除非为俱乐部采取可行的救济措施。

(g)俱乐部或 NBA 对一个运动员给予罚款或禁赛,应书面通知(抄送一份给运动员工会),其中应该说明罚款总额或是禁赛的期间以及理由。

6.税款的缴纳

(a)如果在运动员被俱乐部或是NBA罚款或禁赛,俱乐部应该扣留罚款的全部金额,还有在禁赛的情况下,按照集体议价协议第6条规定原本应归或即将归运动员所有的当前基本薪金,因为考虑到该合同年度因为运动员不当行为导致了罚款或禁赛的发生(或者是在接下来的那个合同年度如果运动员已经拿到了所有当时的合同年应付给他的当前基本薪金)。如果在运动员遭受罚款和禁赛的时候,根据该合同规定留下来付给运动员的当前基本薪金不足以支付罚款或是禁赛,那么运动员同意直接立即向俱乐部付清。运动员绝不允许除他以外的任何人代他支付罚金或被禁赛。

(b)任何根据第6项的规定从运动员处扣除的当前基本薪金都应该被俱乐部或是联盟保留,不过也要视情况而定,除非运动员根据集体议价协定的相关规定对罚款和禁赛的处罚进行了及时的申诉。如果申诉已经开始了并且符合集体议价协议第13节第31条的规定,那么从运动员处扣除的罚款金额将会被存入有息账户中,直到按照该协议第9节第31条的规定申诉得到解决为止。

7.运动员的身体状况

(a)运动员同意在俱乐部确定的时间地点报告自己保持了良好的身体状况,并在NBA的每个赛季自始至终保持良好的身体状况。

(b)如果一名运动员经队医的诊断,在他的首场比赛前身体状况不好,或者在任何赛季之前或之中,他不能保持良好的身体状况(除非这一状况是因为运动员在参与俱乐部本赛季的任何训练或比赛时,造成的直接的比赛伤害),经队医诊断不适宜参加篮球比赛的话,俱乐部将有权对这名运动员实行禁赛,直到经队医诊断,认为运动员的身体状况足够好并且适宜参加比赛为止。在这种禁赛事件中,任何赛季支付给此运动员的报酬(不包括任何转会费或奖金)都应当按照比例,减去禁赛时段的报酬部分。该条款的任何规定都不能认定授权俱乐部仅仅因为运动员受伤或生病对其实行禁赛。

(c)在合同的有效期限内,如果参与俱乐部的任何篮球训练或者为俱乐部打比赛是导致运动员受伤的直接原因,俱乐部将支付运动员合理的住院和医疗费用(包括医生的账单),医院和医生需是俱乐部指定的,而且俱乐部有义务支付那些与运动员的伤势后续治疗直接相关的直接产生的医疗费用。根据 NBA 章程的规定,如果在俱乐部医生的诊断中,该运动员是为俱乐部打比赛而直接受的伤,并且导致该运动员不适合继续比赛,那么只要这样继续下去,在受伤期间,运动员得到了本赛季的全部基本工资后,俱乐部应该获得该赛季按照合同附录一规定的基本工资。俱乐部在协议项下的义务应该据此减少:

(i)任何工作者的赔偿福利待遇,在法律允许的范围内,由俱乐部据此分配给运动员,并且

(ii)任何提供给运动员的保险由俱乐部支付,不论已付或应付。

(d)运动员同意将任何可能对合同要求的运动员的服务能力造成不利影响的伤害、疾病和他所承受的医疗条件的情况向俱乐部的教练员、体能师和队医提供及时通知,包括时间、地点、原因、伤害和疾病的性质及状况。

(e)运动员是否应当承受在比赛中造成的伤害、疾病和他所承受的医疗条件,他应该去俱乐部指定的医生那里做医学检查和适当的医疗,除非是因为运动员的一些举动或行为违反了合同条款而有必要做这样的一些检查,否则在俱乐部要求下做的检查费用由俱乐部支付。

(f)运动员同意

(i)在每个合同年年头和年尾的时候去做医学检查,还有在其他俱乐部认为有必要接受医学检查的合理的时间去做。

(ii)本合同生效后,根据俱乐部的要求提供一份完整的先前的病史记录。

(g)运动员同意提供完整真实的与体格检查相关的信息或是本合同要求的医学信息。

(h)运动员咨询医师需要将详情告知俱乐部,除非咨询的是俱乐部指定的医师,而且还需要授权和指导那些医师给俱乐部提供信息,包括所有的依俱乐部医师判断可能会对运动员的篮球技能造成影响的任何信息。

(i)如果到了该合同或集体议价协议的第 22 条规定的需要授权或促使公开医疗信息的程度,那么运动员应该应俱乐部或对运动员进行

身体检查和治疗的个人健康顾问的要求进行个体授权。

8. 违禁物质

运动员应该明确了解,根据集体谈判协议第18条(反违禁药物项目)的规定,一旦运动员违反,他即将面临被任何俱乐部无条件解雇或开除的风险,并且联盟也将取消其参赛资格。尽管合同规定俱乐部对运动员有支付工资的义务,但对于违禁物质的使用一经发生,俱乐部与运动员的合同一旦因本事项终止,俱乐部的任何义务,包括支付工资的义务也行将停止。俱乐部只负责支付在合同终止前的应支付给运动员的工资。

9. 运动员的独特技能

运动员应具备适用于篮球竞技的熟练技能,并在尽可能长时间的范围内保持这样的竞技能力,运动员是无法替代的,这方面的损失能够用赔偿金来充分补偿,运动员任何违反合同的行为都将会对俱乐部及其受让人造成不可挽回的损失。因此,双方同意,如果运动员被俱乐部指控在合同期限内为其他任何个人、公司、主体、组织比赛,企图或威胁将为他们比赛,或者是以为他们比赛为目的进行磋商,俱乐部及其受让人有权向有管辖权的法院和仲裁员处获得适当公平的救济(除了其他可行的公正的救济方法或是经由仲裁解决),包括裁定禁止运动员其他类似违反合同的行为,还有禁止运动员在合同期间为其他任何个人、公司、主体、组织进行篮球赛。运动员同意俱乐部或者NBA强制执行这项权利。在任何的用来获得平等救济的诉讼、行动、仲裁程序中,运动员特此放弃他原有的陪审审判和提出反诉的权利。

10. 选手交易

(a)一个俱乐部有权和其他任何俱乐部签署运动员转让合同,被转让的运动员应同意接受转让,并忠诚地履行和执行这个合同。这一合同具有和前一合同相同的效力如同运动员已经进入受让人的俱乐部。

(b)如果合同被转让给了其他的NBA俱乐部,运动员及其家人从现住地搬到受让方俱乐部主场所在地产生的合理费用应由受让方俱乐部支付。

(c)如果合同被转让给了NBA的其他俱乐部,应立刻给予运动员书面或口头的通知，亲自转交运动员本人或快递邮寄到他最后所告知地址，运动员应该在收到该通知48小时内向受让俱乐部报到（如果转让是在赛季内进行的），或是在收到通知后一周内（如果转让是在赛季之间进行的），或者是在通知有对报到时间作出规定的更长的时间内。NBA也应立刻将转让告知运动员工会。运动员还应进一步同意，基于受让俱乐部的报告要求，立即让受让俱乐部指定的队医对其进行体格检查。俱乐部的医生可以为受让俱乐部的队医和行政管理人员提供有关这名运动员的所有相关的医学信息。

（d）如果运动员没有合理的理由在（c）款规定的时间内不向合同受让俱乐部报到，那么

（i）如果合同转让成功，运动员可能会受到受让俱乐部的惩戒，如果合同转让没有完成，或是因为运动员没能报到而导致转让合同无效，球员可能会受到转让俱乐部惩戒。

（ii）根据NBA章程第35条d款的内容，这些行为应该归为会对NBA造成不利影响的行为，而且应依照NBA的相关条款对运动员进行纪律处分。

11. 合同的有效性和归档

（a）合同必须是有效的且对运动员和俱乐部都有约束力，一经签署，立即生效。

（b）合同签署后俱乐部应将一份生效合同及任何修改文件，尽快通过传真或邮件方式寄送NBA主席，在任何情况下，生效合同或合同修改的备案不超过48小时。

（c）如果根据NBA章程规则或集体议价协议，主席在收到合同后的10天内不签署这个合同，合同即行终止。运动员和俱乐部间的权利义务也不再存续，合同对双方不再有任何效力。在任何法律程序中包括集体议价协议里关于仲裁的规定（包括任何申诉），如果总裁对合同的否决随后被推翻，合同将重新获得对运动员和俱乐部的约束力。而且总裁将会再有另外10天的时间去否决这个合同，如果NBA总裁不支持这份合同，联盟应即刻通知运动员工会。

12. 其他体育活动的限制

俱乐部和运动员知悉并同意运动员参加其他运动可能会削弱或损

害他作为一名篮球运动员的能力和技术，并且运动员参加赛季之外的篮球运动可能导致他受伤。因此，运动员同意在没有得到俱乐部书面同意的情况下，不会从事危害他健康和安全的活动运动。包括但不限于：

(i)跳伞、悬挂式滑翔运动、滑雪、摇滚、登山(区别于徒步旅行)、攀升下滑、蹦极。

(ii)搏斗、拳击或摔跤。

(iii)驾驶摩托车或轻便摩托车。

(iv)参加机动车竞赛。

(v)操作任何飞行器。

(vi)参加任何俱乐部为防止运动员遭受伤害、疾病、残疾或是死亡而采取的保险政策所排除或禁止的其他活动，对此保险政策运动员在合同生效之前已经收到了俱乐部的书面通知。

(vii)任何有关篮球、足球、棒球、曲棍球、长曲棍球的游戏和表演赛，或其他竞技运动。如果运动员违反了本条规定，他将受到俱乐部和NBA总裁的处罚。本条不能解释为要求运动员得到俱乐部的书面同意，作为业余运动员参加高尔夫、网球、手球、游泳、徒步旅行、垒球、排球和其他类似的运动，一般人都不会认为这些运动会将参加者置于有身体伤害的重大危险之中。

13. 商业推广活动

(a)在俱乐部或联盟设定的合理时间，运动员应允许俱乐部或联盟或与联赛相关组织拍摄单照或合照，包括拍摄照片、电影动画、电视节目的制作。无论拍摄的是谁，这些照片可能被俱乐部或联盟用于预期的任何形式的宣传或商业推广活动中。这些由俱乐部或联盟拍摄的照片或影像的所有权归俱乐部和联盟所有，因其中体现的是俱乐部或联盟的利益。

(b)运动员同意在合同期限内，没有俱乐部的书面同意他将不会举行任何公众见面会，参加电台或电视节目、拍摄照片、撰写或主持报纸或杂志文章、赞助商业产品，除非是涉及俱乐部或是联盟的合理利益的情况。前述事项应当按照1986年8月13日波特兰开拓者诉达内尔瓦伦丁和吉姆·帕克森案的裁决86-2来解读。

(c)经过要求,运动员应该同意在适当的时间接受媒体代表的采访。

(d)除了以上提到的,根据集体议价协议中第8节第2条设置的条件和限制,运动员应按要求同意参加所有俱乐部、NBA和联赛相关主体举办的营销活动。因为每一次在这种促销活动上的出场都代表着俱乐部的商业赞助,所以俱乐部同意支付给运动员2500美元或者经俱乐部同意按惯例给予更高的报酬,否则不合理。

14. 集体特许协议

(a)运动员按协议规定将自身的肖像的专有使用权授予美国篮球协会资产有限公司,根据美国篮球协会资产有限公司和国家篮球运动员工会在1995年9月18日制定,并在1999年1月20日和2005年6月29日进行修订的协议,且集体特许的用意也在该协议做出了解释,经运动员请求将会提供给他该协议的复印件,而且运动员同意应协议的要求举行见面会。

(b)尽管与集体特许协议或该合同中的规定相抵触,公司为提升联盟形象可能使用运动员的。

(i)姓名或绰号,或是

(ii)可能会被用在游戏动作镜头或照片中的运动员的特征。根据先前条款的规定美国篮球协会资产有限公司对运动员特征享有独家使用权且不应被要求将运动员特征成队地或作为多名运动员中的某一个使用。联盟推广应该指NBA、NBA资产有限公司或NBA俱乐部安排的广告、销售、辅助材料或行销方案。

推广内容包括:

(A)NBA俱乐部参加的任何比赛或者比赛节目,有线电视节目和广播(包括季前赛、表演赛、常规赛和季后赛),

(B)NBA、NBA俱乐部或运动员,或

(C)篮球运动本身。

15. 俱乐部违约

如果俱乐部在根据合同支付给运动员酬劳的过程中有违约行为,或是俱乐部不兑现其承诺的物质报酬,那运动员可以将其违约和不兑现承诺的事实以书面通知的形式告知俱乐部和联盟。如果俱乐部和联盟不在收到这类书面通知的5天之内对他们的违约和失职行为采取补救的话,根据集体议价协议的相关规定,运动员工会有权代表运动员请求将相关纠纷直接提交给内部诉愿仲裁。如果仲裁结果给出支持运动员的判决,俱乐部和联盟在判决书送达后的 10 天内不履行裁决结果,那运动员有权通过书面通知告知俱乐部和联盟终止合同。

16. 合同终止

(a)俱乐部可单方面解除合同的情形有:

(i)因运动员的个人行为,在任何时间,因自己的行为放弃、拒绝或疏于营造自己的公民形象,违背道德准则(此处的定义为不从事反公德或犯罪行为)以及体育精神,不能保持最佳的身体状况或不遵守俱乐部的训练规则。

(ii)在任何时间对俱乐部、NBA 的官员和雇员或出席 NBA 球赛及相关活动的人进行严重的不可原谅的人身攻击。考虑各种因素,包括(但不限于)引起攻击产生的挑衅程度,攻击的性质和范围,运动员在进行攻击时的心理状态及攻击造成的伤害程度。

(iii)在任何时间依俱乐部管理者的个人判断看来,未能充分表现出有资格继续为俱乐部效力的技能或竞争力。但是:

(A)根据该条规定,在任何赛季的 1 月 10 日之前,如果俱乐部中止了这份合同,运动员在他为俱乐部效力而引起的伤害导致他在这段终止期内不适合去进行技能篮球比赛,运动员应该继续获得全额的基本薪金,工作人员的薪金福利(法律认可的标准)和俱乐部为运动员已支付或应支付的伤害保险费,直到运动员适合进行技能篮球比赛为止,但是不能超过合同终止的那个赛季。

(B)如果俱乐部中止了这个合同,根据该条规定,在任何赛季的 1 月 10 日到该赛季结束期间,运动员有权在该赛季拿到他的全额基本薪金。

(iv)在任何时候不可拒绝或疏于为俱乐部服务或是其他严重违反合同规定的行为。

(b)如果俱乐部因为运动员不能为俱乐部比赛而终止合同,这是运动员直接因为代表俱乐部参赛而受伤导致的残疾,导致运动员无法继续参赛,而受伤情况已由运动员告知,运动员有权在损伤持续的这个赛季获得他的全额基本薪金,低于全职员工的奖励和俱乐部准备的因运动员遭受上述损伤而支付或应支付的保险费。

(c)尽管根据上文第16条b款的规定,如果俱乐部在常规赛季的第一场比赛之前,因运动员受伤或损伤持续,在上一赛季受伤或在该赛季之后在运动员为俱乐部参加任何训练或比赛之前受伤,从而不能提供服务而终止了合同,根据上文第3条b款规定,合同终止之日前由俱乐部支付的酬劳、运动员的餐饮、住宿以及在集训营期间的费用,运动员到家乡城市合理的差旅费,在培训期间由俱乐部提供给运动员的专业训练和指导都应该全额支付给运动员。

(d)如果俱乐部在俱乐部安排的训练营期间终止合同,根据上文第3条b款规定的合同终止之日前由俱乐部应支付的酬劳、运动员的餐饮、住宿以及到合同失效前期间的合理费用,运动员到家乡城市合理的差旅费,在培训期间由俱乐部提供给运动员的专业训练和的指导都应该全额支付给运动员。

(e)如果俱乐部在常规赛季的第一场比赛之前终止合同,该合同16条a款第3项和b款所规定的情形除外,运动员有权获得他已经从该赛季获得的薪金,并有权按比例获得附件1所发放的常规赛奖金,还有运动员到家乡城市合理的差旅费。

(f)如果俱乐部计划根据16条a款a项的规定终止合同,那必须首先遵从以下弃权程序:

(i)俱乐部应该请求NBA总裁从其他所有俱乐部处取得弃权说明书,这些弃权请求不能被撤回。

(ii)一收到弃权说明书,任何其他俱乐部可以联盟规定的弃权价格对该合同的转让提出主张,优先主张权应该根据NBA章程和规则来决定。

(iii)如果合同被提交,俱乐部同意根据本合同中第10条c款的规定告知运动员该合同转让给了受让俱乐部,运动员也同意根据同一条款的规定向受让俱乐部报到。

(iv)如果合同在弃权期间届满之前未被受让,那合同转让终止,俱乐部应该尽快将终止情况书面通知运动员。

(v)NBA应该将弃权请求的处理情况告知运动员工会。

(vi)尽量不同前述事项的规定相矛盾。

(g)在本合同生效时,NBA章程和规则中规定的有效的弃权程序,作为合同附件予以适用。

(h)如果运动员终止合同,俱乐部支付给运动员酬金的义务应自终止之日起结束,除非在合同中约定有其他终止日期。

17.合同争议的解决

如果俱乐部和运动员之间因本合同发生任何争议,或者关于合同执行及解释产生纠纷(除因第9条产生纠纷之外),双方经协商仍不能解决,争议应按照集体议价协议第31条中的申诉及仲裁程序进行解决。

18.运动员身份的认定

在合同或在NBA的章程和细则中的任何条款都不得将运动员解释为NBA的会员,或赋予他权利或授予他会员的特权。

19.伤害与医疗责任的免除

运动员特此声明放弃他可能享有的或是在合同期限内可能产生的索赔权:所针对的对象是:

(a)NBA及其有关的单位,NBADL及其有关组织,和NBA或NBADL的成员,对每名董事、高级职员、业主、股东、受委托人及合作伙伴,以及NBA和NBADL的员工及所属的实体,任何NBA成员和他们相关的实体(不包括所有成员雇佣的运动员)的成员。

(b)任何被NBA或运动员工会聘请的反滥用药物项目人员,诉愿仲裁员,内部仲裁员,以及任何其他根据集体议价协议被NBA和运动员工会聘请的仲裁员或专家,不管是上述案件a、b中的哪种情况,起于或是与之相关,也不论是否因为过失:

(i)任何根据第7条所受的伤害行为。

(ii)任何发生在训练NBADL比赛或NBA表演赛、常规赛、季后赛中的打斗暴力或违反体育道德的行为(任何发生在球场上或使用训练和比赛的设施的情形)。

(iii)在合同第8条和NBA/NBADL反滥用药物计划中规定的测试程序或施加的任何处罚。

(iv)任何在其受雇期间发生的伤害,雇员有权索要员工补偿利益。上述规定不适用于对队医或其他医务人员进行索赔的医疗纠纷。

20. 完整合同

这份合同(及其附则)包括了除集体议价协议另有规定外当事人双方协议的全部内容,列出了运动员从俱乐部或是俱乐部隶属的机构处获得的酬金的全部构成,而且没有其他的协议或任何形式的交易(不管是否透露给了NBA),明示或默示的、口头或书面的、承诺、担保、表征、委托、诱因、有意图的保证或任何协定(不管是否透露给了NBA)。

(a)有关该合同的重新谈判、延期、或修正或签订新运动员合同;

(b)包括俱乐部及隶属机构要想运动员、运动员相关的人或实体支付的酬金或任何形式的回报(包括但不限于投资或商业机会)。

(臧岑岑,湘潭大学法学院硕士研究生;周青山,湘潭大学法学院副教授,法学博士)

非洲法

厄立特里亚的土地法改革:被遗忘的民众*

Jason R. Wilson 著
贺玉彬　朱伟东　译

目　　次

一、引言

1993 年 5 月,厄立特里亚在经历了近 30 年的武装斗争后,终于通过公民投票脱离了埃塞俄比亚,并宣布独立。① 独立运动的结果之一

* 本文原文发表在 *North Carolina Journal of International Law and Commercial Regulation*(Issue 2,1999)上。本译文是朱伟东教授主持的国家社科基金课题"中非经贸投资纠纷解决机制研究"(项目编号:BFX158)的阶段成果之一。

① See Jonathan M. Lindsay, Creating a Legal Framework for Land Registration in Eritrea:Consolidated Final Report of the International Legal Consultant, U. N. Food and Agriculture Organization, Main Report, at 9, U. N. Doc. TCP/ERI/4554 (1997) [hereinafter Main Report].

就是厄立特里亚的农村和基础设施遭到广泛破坏。① 为了收拾这场残局,厄立特里亚政府实施了许多措施对国家进行重建和改革。1994年,厄立特里亚政府颁布了土地公告,②这一公告启动了在全国范围内的土地改革进程,它把所有土地的所有权授予政府,同时授予厄立特里亚人有限的用益物权,并且向国内外的投资者提供土地租赁。③ 厄立特里亚土地公告的目的在于:

"确保农业和工业的发展;提高并保证受益人和生产者的主动性和积极性;鼓励私人投资和首创精神;避免矛盾、摩擦和纠纷;为改善厄立特里亚人民的生活标准而铺平道路;成为全国通用的土地制度标准;并用全新的、有活力的土地所有制代替厄立特里亚目前阻碍进步的土地制度。"④

虽然有此壮志雄心,但是厄立特里亚的土地公告并没有直接确立与本土牧民生存密切相关的财产权。本文主要侧重于阐述厄立特里亚土地法中没有涉及的牧民对土地可能享有的法定权利。⑤ 第二部分则简要概述厄立特里亚土地使用的相关历史。接下来,第三部分分析了土地公告的内容。第四部分考察了非洲其他国家在经历了一次又一次的土地改革后的土地所有制。最后,第五部分的结论是厄立特里亚政府将有可能采取一套对游牧民不利的被动定居政策,而不是其他更公

---

① See Tesfa G. Gerbremedhin, Beyond Survival: The Economic Challenges of Agriculture and Development in Post-Independence Eritrea 5 – 6(1996). 斗争夺走15万多厄立特里亚人的生命,损毁了大量粮食以及大约70%的牲畜。See id. at 5. 据统计,在1993年,约75%的厄立特里亚人依赖粮食援助。See id. at 6. 此外,大部分基础设施包括道路、河堤、邮局、铁路都受到严重损坏。

② ERI. PROC. No. 58/1994, Main Report, Annex F.

③ See The Economist Intelligence Unit, Eritrea Country Profile 1997, available on The Economist Intelligence Unit CD-Rom, Country Reports: Sub-Saharan Africa(Dec. 28, 1997). 《布莱克法律词典》将"用益权"(usufructuary rights)界定为个人使用自己并不拥有的财产的权利。See Black's Law Dictionary 1544(6 th ed. 1990).

④ ERI. PROC. NO. 58/1994, Main Report, Annex F. at 1.

⑤ ERI. PROC. NO. 58/1994, Main Report, Annex F(指明土地公告没有直接规定本土牧民的财产权利)。土地公告第48条规定"厄立特里亚所有村民必须依据当地习惯使用草地和树林"。Main Report. at 16. 这是公告中唯一涉及集体所有权的规定。

正的政策,如保护流动的放牧活动。

二、厄立特里亚土地法改革背景

(一)传统的土地制度

目前,土地公告是厄立特里亚有关土地及其使用的最重要的一个法律文件。① 该公告为土地法的巨大变化与改革提供了可能。然而,如果不首先了解厄立特里亚1994年以前的传统土地所有制,要理解新的土地法律制度是不可能的。②

厄立特里亚的地形决定了其土地的使用和价值。厄立特里亚由独特的三部分地形组成:高地的高原平地、西部低地和红海沿岸的沿海区。地形区域也划分了国民的种族与宗教。以提格里尼亚语为母语的基督教徒从事固定的农业,主要居住在高原。贝尼阿梅尔人和其他历来居住在西部低地的人从事畜牧业和农畜牧业。沿海区的以阿拉伯语为母语的阿尔法人和撒胡人从事畜牧业,也被称为"Danakalia"。大约有80%的厄立特里亚人居住在农村地区,在这80%的人口中,25%～30%的人是游牧民族或者是半游牧民族。③

虽然要从这些地区中归纳出传统的土地所有制是很难的,不过一些土地使用的大致类型还是能够确定的。厄立特里亚传统存在的农村土地所有制种类起源于该国的文化传统、人口密度、土地的容纳能力和殖民影响。大多数厄立特里亚人所使用的土地制度中最重要的就是集体土地所有制。④ 在这种制度中,整个村庄或大家庭拥有土地的权利。⑤ 通常,这种土地的集体所有制允许对土地进行耕作,但是一般不

---

① See Main Report, at 10,13.

② See Main Report, at 13.

③ See Tesfa G. Gerbremedhin, at 12; Sandra Fullerton Joireman, at 271(60%的人仅从事农业,30%的人从事农畜牧业,5%的人继续游牧生活).

④ See Tesfa G. Gebremedhin, Constraints to a Viable Agricultural Development in Eritrea, 1 ERI. STUD. Rev. 95, 122－23(1996).

⑤ See Tesfa G. Gebremedhin, op. cit.(在土地集体所有制下,单个农民对土地享有用益物权,但是没有单独使用土地的权利).

得将任何个人排除在外。[①]

在高地农民所经常使用的一类土地集体所有制被称为“diessa”,或称为“以居所为基础集体所有制”(residence-based communal tenure)。[②] 根据这种制度下,村庄的土地以每 5~7 年的轮换制重新分配给村民。要想分得一块土地,村庄的男性居民首先必须结婚,并且脱离父母的家庭建立一个新的家庭。[③] 此类村庄成员也被称为“Ballabats”,他们是唯一可以分得村庄可耕地的团体成员。[④] 村庄的土地不能被出售或者被继承,在村民去世后土地将被退回村庄。通常村庄的习俗和法律允许带有孩子的寡妇、孤儿和鳏夫获得一半的家庭土地。这种 diessa 土地所有制规定,所有的牧地供集体使用。

在高地区域,还特别适用另一种集体土地的使用类型:risti(risty)。在这种土地所有制中,只有那些起源于村庄创立者的家庭即 Enda[⑤] 才有权获得可耕地。这种大家庭土地制度不允许个人将土地分成不同份额分配给自己的孩子,也不允许剥夺任何后代的继承权。因此,risti 制度比 diessa 制度更公正,因为男性后裔,有时女性后裔,都可继承相等部分的土地。个人也可以在一个以上的存在拥有土地,如果他能证明自己是这些村庄创立者的直系后裔。[⑥] 此外,土地所有者有权耕作他的土地,并将土地租给他人,但只有在整个大家庭同意的情况下,他才可出售土地。另外,所有牧地是公共所有的,这一点和 diessa 中的制度是相似的。[⑦]

这两种形式的土地所有制是厄立特里亚的农村村庄生活主要土地

① See Tesfa G. Gebremedhin, at 123.

② See Sandra Fullerton Joireman, at 271; see also Main Report at 14(“diessa”土地所有制的定义).

③ See Kidane Mengisteab, at log; See Tesfa G. Gerbremedhin, at 25.

④ See Tesfa G. Gerbremedhin, at 25. “Ballabats”是指村庄创立者的后裔。

⑤ “Enda”是指村庄创立者的家庭。See Tesfa G. Gerbremedhin, at 22.

⑥ See Tesfa G. Gerbremedhin, at 23.

⑦ See Kidane Mengisteab, at 110.

制度,但它们并没有反映出所有类型的传统牧民土地制度。① 传统上,牧民在厄立特里亚农村人口中占有相当大的比例。

厄立特里亚的牧民团体大致可以分为:流动牧民、畜牧牧民和定居牧民。② 虽然这三个团体都在很大程度上依赖牲畜数量来获得财富和生活保障,但他们对于土地制度的看法却不相同。对于牧民,有不同的集体土地使用制度,有的对牧地实行无限制的开放,有的集体附属的牧地仅对一个或几个团体开放。③

三种类型的牧民的生活方式有所不同。厄立特里亚传统的游牧团体的游牧并不影响他们有永久居住地,或者通过农业生产将自己与土地捆绑在一样。这些游牧牧民可以在半干旱的低地、有水的海滨区以及放养牲畜的土地上自由行动。④

畜牧牧民生活在西部低地区域的半永久性村庄,这一区域靠近水和土地资源,能够从事农业以及放养牲畜。他们以水和放牧的需求为导向来移动他们的牲畜群。当资源变得匮乏时,他们就会离弃村庄。⑤

厄立特里亚的定居牧民成为第三种类型的牧民。这个团体的成员住在永久居住地并在高地高原耕种一些农作物,但是绝大多数依靠他们的牲畜来维持生存。⑥ 牲畜提供的牛奶和肉对所有牧民来说是至关重要的。⑦

(二)来自殖民的影响

传统的土地所有制由于殖民的影响、人口和家畜的增加以及战争

---

① 最初从事"diessa"和"risti"农业类型的村民几乎没有国内纠纷,然而那些从事混合性产业(既从事农业又从事畜牧业)的村民经常会经历村庄以外的纠纷。See Main Report, at 15.

② See Tesfa G. Gerbremedhin. at 45 - 46. 畜牧业将放牧视作社会最重要的经济活动。See THE RANDOM HOUSE DICTIONARY OF THE ENGLISH LANGUAGE 1419 (2d ed. 1987). 农畜牧业结合了农业生产和畜牧业生产。See Tesfa G. Gerbremedhin, at 13.

③ See Main Report, at 14.

④ See Tesfa G. Gerbremedhin, at 45 - 46.

⑤ See Tesfa G. Gerbremedhin, at 46.

⑥ See Tesfa G. Gerbremedhin, at 45 - 46; Sandra Fullerton Joireman, at 270.

⑦ See Tesfa G. Gerbremedhin, at 46.

的影响,在过去10年中其特征已发生改变。[①] 1890年,意大利加入了欧洲其他国家在非洲进行殖民化的行列。在接下来的57年里,厄立特里亚成为意大利的殖民地。[②] 意大利实施的土地所有制度对厄立特里亚具有深远的影响。[③]

在1909年和1926年,意大利政府对厄立特里亚的大块土地实行国有化,它把此类土地认定为"demaniale",或政府的土地。尽管大部分被征收的土地原本在本土村庄和牧民的控制下,但是殖民政府却将其视为"未占用",并将其中的一部分授予意大利的农民使用。[④]

由于意大利的长久侵占,殖民政府为意大利殖民者征收了最为肥沃的土地。[⑤] 这极大地限制了低地地区的牧民使用最好、最合适的土地来放牧。另外,当地的地主(被称为"Diglals")占有许多尚未被殖民政府控制的低地肥沃地区。[⑥] 殖民政府和当地地主的行为使大部分低地地区的人民处于无地状态。由于大多数牧民没有土地,他们就向意大利殖民政府和当地地主租用可放牧的土地。殖民政府和当地地主则通过征税、劳役以及免费获得牛奶和肉类的方式剥削低地区的游牧人民。[⑦]

意大利的土地政策也影响了定居的牧民。殖民政府注意到轮换分配制的diessa土地制度比起以血缘进行分配的risti土地制度对于外人来说更为有利。因此,殖民政府开始积极地在高地高原区推广使用diessa土地制度,而不是risti土地制度。[⑧]

---

① See Kidane Mengisteab, at 111 – 112.

② See F. F. Russell, Eritrean Customary Law, 3 J. AFR. L. 99, 99(1959).

③ See generally Kidane Mengisteab, at 110(论述被意大利殖民政府按尺寸划分的厄立特里亚的土地,这些土地被接任的政府当作为"国家土地").

④ See Main Report, at 14.

⑤ See Sandra Fullerton Joireman, at 271.

⑥ See Tesfa G. Gerbremedhin, at 46. 低地区的首领要求牧民通过租用或提供服务的方式来换取部落土地的使用权。See Tesfa G. Gerbremedhin, at 46. 厄立特里亚农业人口中拥有土地少于2%,牧民想要使用他们的土地就需要通过租用或者提供服务的方式来换取。See Tesfa G. Gerbremedhin, at 40, 46. 在厄立特里亚独立之后,封建地主就不再存在。See Tesfa G. Gerbremedhin, at 41.

⑦ See Tesfa G. Gerbremedhin, at 46.

⑧ See Sandra Fullerton Joireman, at 271.

由于在第二次世界大战期间英国兵力的入侵,意大利于1941年结束了对厄立特里亚的侵占。① 厄立特里亚在英国的殖民统治下,土地被继续征收,特别是在低地地区。② 英国对继续留在厄立特里亚的意大利人的土地进行了重新分配。③

英国在控制厄立特里亚期间,殖民政府开始废除许多意大利殖民统治时颁布的土地政策。英国殖民当局认为意大利殖民者所推广使用的以公共所有为基础的diessa土地制度落后于个人所有制。英国军事管理当局(BMA)认为"土地应该分配给个人而不是公共团体"。④ 虽然英国军方提倡在厄立特里亚实施个人土地所有制,但它并没有实施大范围的土地改革。因此,牧民在低地地区的土地权变得更不确定和混乱。⑤

(三)改革之路

1952年9月,按照联合国大会的意愿,厄立特里亚成为埃塞俄比亚的联邦。⑥ 为保护财产所有权,厄立特里亚联邦在其宪法中增加了第37条规定。该条规定:

"根据习惯或者法律所确立的并由部族、不同人群以及自然人和法人在厄立特里亚所实施的财产权和具有物权性质的权利包括有关国

① See F. F. Russell, at 99. 英国于1941年侵占了厄立特里亚,但意大利直到1947年都没有放弃对厄立特里亚土地的占有;See Sandra Fullerton Joireman, at 271. 在厄立特里亚脱离意大利的统治获得自由时,仍有70000的意大利人居住在那里。See Kidane Mengisteab, at 111.

② See Kidane Mengisteab, at 111. 英国于1952年9月5日结束了对厄立特里亚的统治。See F. F. Russell, at 99.

③ See Kidane Mengisteab, at 111. 在20世纪50年代期间,当地的常住居民最终发动了一些叛乱,由于英国将他们从土地上驱逐出去并没收他们的个人土地。See Tesfa G. Gerbremedhin, at 29.

④ See Sandra Fullerton Joireman, at 271.

⑤ See Sandra Fullerton Joireman, at 272.

⑥ See F. F. Russell, at 99; UNICEF, CHILDREN AND WOMEN IN ERITREA: 1994 17(1994). 经考虑"(1)厄立特里亚居民的意愿和福利,(2)东非和平与安全的利益,和(3)埃塞俄比亚基于地理、历史、种族或者经济原因的权利和主张,包括厄立特里亚适当靠近海洋的特殊立法需求",联合国决定将厄立特里亚变成埃塞俄比亚的联邦。G. A. Res. 390(V), U. N. GAOR, 5th Sess., Supp. No. 20, at 20, U. N. Doc. A/1775(1950).

家土地的权利,不应被任何具有歧视性的法律所损害。"①

虽然该宪法性规定会确保所有厄立特里亚公民免于受到歧视性的财产法的损害,但它并没有做出任何行动去改革厄立特里亚全国内现存的多样的土地制度。另外,厄立特里亚联邦政府也没有试图去建立一套一致性的土地所有权政策。② 厄立特里亚牧民的处境日益艰难,他们已经成为该国最受压迫和轻视的人群之一。③

1962 年,在经历了埃塞俄比亚和厄立特里亚联邦政府几年的紧张关系后,海尔·赛拉西一世统治下的埃塞俄比亚政府正式将厄立特里亚合并为埃塞俄比亚的一个省。④ 埃塞俄比亚和厄立特里亚的武装斗争迅速为改革拉开了序幕。⑤ 在埃塞俄比亚的影响下,厄立特里亚高地实行了以集体为基础的定居性土地制度(communal residence-based),这一制度与传统的 diessa 土地制度相似。由于厄立特里亚西部出现强有力的反叛势力,低地地区的牧民未能使用一致性的土地政策。因此,在战争期间,厄立特里亚适用的仍是多样化的土地使用制度。⑥

这场战争对于厄立特里亚牧民的影响是复杂的。厄立特里亚的两个主要解放团体即厄立特里亚解放阵线(ELF)⑦和厄立特里亚人民解

---

① ERI. CONST. pt. I, ch. 5, art. 37(埃塞俄比亚于 1962 年吞并厄立特里亚不值一提), in ETHIOPIA AND ERITREA: A DOCUMENTARY STUDY 201, 211(Habtu Ghebre-Ab ed., 1993).

② See generally Sandra Fullerton Joireman, at 272(阐述当埃塞俄比亚卷入改革时,其政府直至 1974 年发展的一致性土地所有制度是怎么失败的).

③ See Tesfa G. Gerbremedhin, at 46.

④ See Main Report, at 9.

⑤ See generally Kidane Mengisteab, at 112(厄立特里亚和埃塞俄比亚之间的武装冲突开始于 1960 年,结束于 1991 年),埃塞俄比亚军队通过烧毁村庄、农作物和抢劫财产的方式给厄立特里亚农民造成巨大的压力。See Kidane Mengisteab, at 112.

⑥ See Sandra Fullerton Joireman, at 272.

⑦ See Tesfa G. Gerbremedhin, at 5. 厄立特里亚解放阵线是第一个有组织的独立团体;See Sandra Fullerton Joireman, at 272. 这个团体的主要成员由工人和农民组成,这些成员在殖民统治期间要求独立;See Sandra Fullerton Joireman, at 272. 厄立特里亚解放阵线的大多数支持者来自牧民为主的低地地区。See Sandra Fullerton Joireman, at 273.

放阵线(EPLF)[①]均意识到,为了巩固厄立特里亚解放区的稳定,进行土地改革是很有必要的。然而,厄立特里亚解放阵线和厄立特里亚人民解放阵线对于牧民采用了完全不同的土地所有政策。[②]

厄立特里亚人民解放阵线通过给牧民提供牲畜的兽医服务和孩子的教育服务,引导游牧的牧民定居在村庄并成为农民。它在 1975 年创制了农业委员会,并试图实施自给自足的农业政策,这会增加军队的粮食供给。[③] 相反地,厄立特里亚解放阵线维持了游牧牧民的生活方式。[④] 这些团体不同的土地改革政策体现了它们支持者的经济和政治基础。厄立特里亚解放阵线的大多数支持者来自牧民为主的低地地区,而厄立特里亚人民解放阵线则与各种部族团体结盟。[⑤]

(四)实现独立

由于改革的拖延,厄立特里亚人民解放阵线成为厄立特里亚反抗运动的主导力量,并在 1991 年控制了整个国家。厄立特里亚人民解放

① See Tesfa G. Gerbremedhin, at 5. 厄立特里亚人民解放阵线是继厄立特里亚解放阵线后另一个团体。See Tesfa G. Gerbremedhin, at 5. 它在厄立特里亚与一些团体形成了一个基础深厚的同盟,之后厄立特里亚人民解放阵线成为了这个国家内最主要的反抗团体;See Sandra Fullerton Joireman, at 273. 另外,在独立运动期间和独立运动后,厄立特里亚人民解放阵线拥护妇女的权利。See Tesfa G. Gerbremedhin, at 72. 该团体在 1991 年获得了国家的领导权。See Sandra Fullerton Joireman, at 273.

② See Sandra Fullerton Joireman, at 272.

③ See The Agricultural Commission, EPLF, Problems, Prospective Policies and Programs for Agricultural Development in Eritrea, in EMERGENT ERITREA: CHALLENGES OF ECONOMIC DEVELOPMENT 89, 91 (Gebre Hiwet Tesfagiorgis ed., 1993). 厄立特里亚人民解放团体放弃了直接从事农业的计划,同时它将焦点转向了解决农民在农业生产中所产生的问题。See Sandra Fullerton Joireman, at 272.

④ See Sandra Fullerton Joireman, at 272. David Pool, in an article for the Manchester Papers in Politics Working Papers Series,记述了厄立特里亚人民解放阵线鼓励那些试图以农业生产为目的征收牧民土地的农民定居别处的时期。See Sandra Fullerton Joirema, at 272 - 273.

⑤ See Sandra Fullerton Joirema, at 273.

阵线很早就认识到厄立特里亚因适用不同的土地所有制度所造成的问题。① 甚至在厄立特里亚正式宣布独立前,该组织就开始考虑进行某种土地改革。为了回应这一需求,厄立特里亚人民解放阵线于 1993 年设立了厄立特里亚土地委员会,以制定一套全国统一的土地制度。②

该委员会研究讨论了几种不同的土地所有制度。它考虑过几种方案:如通过私有化来改革国家土地使用政策、回归 diessa 土地制度、实施经修订的每 20 年进行重新分配的 diessa 土地制度以及其他类似的计划。③ 土地委员会相信厄立特里亚的传统土地制度阻碍了国家的发展,所以他们提议进行彻底的土地改革。④

三、厄立特里亚 1994 年土地公告

1994 年,第 58 号公告即"土地公告"成为厄立特里亚土地所有制的基石。土地公告将全部土地的所有权授予国家,这彻底改革了厄立特里亚的土地所有制。土地公告还规定了个人对土地的用益权制度,同时允许政府保留对土地的最终处置权。⑤

---

① See Sandra Fullerton Joirema, at 273. 除了多种传统土地政策在实施外,厄立特里亚解放阵线和厄立特里亚人民解放阵线还创制了一些新的类型。See Sandra Fullerton Joirema. at 272. 厄立特里亚人民解放阵线意识到土地所有权问题只会增长解放部队返回家乡的数量。See Sandra Fullerton Joirema, at 273.

② See Sandra Fullerton Joirema, at 273.

③ See Sandra Fullerton Joirema, at 273.

④ See Jonathan M. Lindsay, Creating a Legal Framework for Land Registration in Eritrea: Consolidated Final Report of the International Legal Consultant, U. N. Food and Agriculture Organization, Executive Summary, at 1, U. N. Doc. TCP/ERI/4554 (1997) [hereinafter Executive Summary]. 厄立特里亚人民解放阵线认为传统的土地制度阻碍了国家农业部门的发展和进步。See id. 传统的土地使用制度限制了适度范围的农场的建立,这导致过度的细化了土地,并阻碍了农民永久性的改善土地。See supra note 2, at 150. 厄立特里亚农业部门的发展对缓解贫穷和保护环境起到了重要作用。See Sandra Fullerton Joirema, at 156.

⑤ See Executive Summary, Jonathan M. Lindsay, at 1; See Sandra Fullerton Joirema, at 273. 返回修改"diessa"制度同时私有化这些制度是委员会考虑和拒绝的事情。See Sandra Fullerton Joirema, at 273. 委员会认为这些制度创立不了国家寻求的集体所有制。See Executive Summary, Jonathan M. Lindsay, at 1.

根据该公告,土地将分配给所有公民,并且土地可供租赁。① 首先,厄立特里亚的所有公民,不论性别、种族、宗教或者信仰,对分配给他们的住房、商业或农业用地享有终生的用益权。② 每一片土地都可用于出租,但不能出售,还可由受抚养人继承,如果他愿意放弃政府分配给他的其他土地。③ 其次,所有未被政府分配的土地仍有政府控制和管理。④ 由政府管理的土地可以出租给外国的投资者,保留为矿业和林业资源用地,还可在公民需要时分配给公民。⑤

由于土地公告包罗万象的性质,它的实施将会对厄立特里亚大部分个人和团体产生强有力的影响。⑥ 该公告的目的在于促进人们对农场的资本投资,这是因为人们可以确信他们对土地的使用权,而不是像在 diessa 土地制度中,每5~7年就要重新分配土地。⑦ 另外,在政府对土地进行登记和记录后,有关土地的争议也容易得到解决。⑧ 对于希望澄清自己土地权利的个人,他可以查询所记载的有关土地边界和使用权的证据。⑨

---

① See ERI. PROC. No. 58/1994, Main Report, Annex F, at 3-4, 12.

② See Main Report at 3-4, 6; See Sandra Fullerton Joirema. at 273.

③ See ERI. PROC. No. 58/1994, Main Report, Annex F, at 9-13; See Sandra Fullerton Joirema, at 273-274.

④ See ERI. PROC. No. 58/1994, Main Report, Annex F, at 4.

⑤ See Sandra Fullerton Joirema. at 273; see generally ERI. PROC. No. 58/1994, Main Report, Annex F, at 2-3(政府持有的土地特指"发展和重建所需土地",除此之外,也可用于资本投资、城市扩张、采矿业和工业).

⑥ See Main Report, at 1. 1997年4月,土地公告在厄立特里亚国内全面实施。See Main Report, at 273. 首先,选择了两个实验区对公告进行试验性运行,但是其中一个正在运行的试验区已经停止。See Main Report, at 273. 1996年12月,土地委员会进行抽签分配,位于 Adi Guadid 的一个村庄是第一片试用新制度的土地。See Main Report, at 22. 很明显,村民比土地要多,所以土地委员会实行抽签制。See Main Report, at 273 没有选择抽签的土地的命运在 Lindsay 报告的公布时期是不明显的。See Main Report, at 273.

⑦ See generally Main Report, at 7(土地登记制为土地所有者提供了极大保障,引导他们在自己的土地上进行投资).

⑧ See Main Report, at 7.(阐述土地登记是怎样减少边界纠纷的)

⑨ See generally Main Report, at 7.(说明土地登记提供了土地边界证据)See Main Report, at 8. 然而批评者认为,在目前的方案下农业存在一些潜在的缺点,包括土地登记制度可能会破坏已经运行良好的确定边界的传统方式。See Main Report. at 8.

土地公告的目的在于试图调节厄立特里亚人口的增长,为实施现代化的土地使用制度提供机会,并提升人民的生活水平,但它并没有考虑到低地地区的牧民和农牧民的需求。① 土地公告实际上完全忽略了这些团体。这些团体仍存在于厄立特里亚,必须在新的土地权利的法律框架内,最终解决有关他们身份的问题。

本文下面的内容力图探索出一些解决这一困境的可能方法。通过比较研究面临同样问题的其他非洲其他国家的情况,可以对一些可能的解决方法提供一定的线索。虽然结果不同,但有些土地制度可能被证明为比其他制度更为有效。

四、对厄立特里亚土地法改革的评析

(一)"公地悲剧"(the Tragedy of the Commons)

如果不首先了解世界上有关土地改革的基本哲学概念,就不可能理解非洲土地所有制改革的发展以及它对游动牧民的影响。1968 年,一种被称为"公地悲剧"的哲学理论出现。② 这一理论认为共有的土地必然会导致对自然资源的过度开发。③ 自从"公地悲剧"理论发表后,发展中国家就利用这一理论作为推行废除资源共同所有的土地利用政策的基础。④

"公地悲剧"理论展开的前提是,所有在公地放牧的人都希望使用

---

① See ERI. PROC. No. 58/1994, Main Report, Annex F, at 1; See Sandra Fullerton Joirema, at 275. 土地公告没有直接规定牧民的权利。See generally ERI. PROC. No. 58/1994, Main Report, Annex F. (说明土地公告未能直接规定当地牧民的所有权)该公告第 48 条仅规定了传统村庄牧场土地的使用。See Main Report, at 16. 土地公告间接导致当地地主的土地再分配权利被取消。See Tesfa G. Gerbremedhin, at 46 – 47.

② See Garrett Hardin, The Tragedy of the Commons, 162 SCI. 1243(1968).

③ See Garrett Hardin, at 1244.

④ See Carlisle Ford Runge, The "Tragedy of the Commons" and Resource Management in Botswana, in A COLLOQUIUM ON ISSUES IN AFRICAN LAND TENURE 1, 1(1985). 那些鼓励个人持有的土地的国家体现了"公地悲剧"理论,包括博茨瓦纳、加纳、肯尼亚、索马里、乌干达和津巴布韦。See Richard Barrows & Michael Roth, Land Tenure and Investment in African Agriculture: Theory and Evidence, 28 J. MOD. AFR. STUD. 205, 205 (1990).

土地来满足自己的利益而不是别人的利益。在实践中,这意味着每个人都想尽力扩大自己牧群的数量。个人通过扩大自己牧群的数量,实质上是想达到"坐享其成"的目的,因为扩大牧群的成本将转移给其他所有使用公地的牧民,仅仅有个人才会获取这个利益。由于没有强制性的规定禁止这种类型的行为,所有使用公共放牧区域的人都想扩大自己的牧群,以从公地中获取自己的利益。根据这一理论,唯一的结论便是,放牧过度和土地恶化是不可避免的。这就出现了悲剧。①

根据"公地悲剧"理论,公共财产被看作不被任何人拥有和保留、可供公共使用的财产。② 在缺乏明确的、私有的土地产权制度时,牧民会继续有这种"打一枪换一炮"的放牧想法。③ 这样,唯一的解决方法就是实行私有的土地制度,使每个人都可排除其他人使用自己的牧场,每个人都想更好地管理和维护自己的土地,从而防止过度放牧。④

一些非洲国家试图将"公地悲剧"理论应用在土地改革政策上。⑤它们所采用的最普遍的方式就是引导牧民在固定的边界内过上一种定居的生活,从而避免"公地悲剧",并且能使政府更大程度地控制这些团体。⑥ 通过政府立法或对牧场进行划界,可以鼓励牧民去采用更为固定的生活方式。⑦

---

① See Carlisle Ford Runge, at 2.

② See Carlisle Ford Runge, at 3.

③ Kyle W. Danish, International Environmental Law and the "Bottom-Up" Approach: A Review of the Desertification Convention, 3 IND. J. GLOBAL LEGAL STUD. 133, 140 (1995).

④ See Carlisle Ford Runge, at 2 - 3.

⑤ See Steven W. Lawry et al., Land Tenure Policy in African Livestock Development, in A COLLOQUIUM ON ISSUES IN AFRICAN LAND TENURE 17, 17 - 18 (1985). 在非洲运用"公地悲剧"模式的一个鲜明的例子,就是博茨瓦纳在20世纪70年代的土地改革政策. See Carlisle Ford Runge. 1975年,博茨瓦纳的总统和国家议会宣布:"在我们的集体牧场制度下,没有个人的利益来限制公民的牲畜的数量,如果一个人带着牲畜离开了牧场,则另一个人可以带着他的牲畜进入该牧场,除非牲畜存栏数在某种程度上依赖于特定的放牧区且没有人有激励去控制放牧。" See Carlisle Ford Runge.

⑥ See Kidane Mengisteab, at 113.

⑦ See See Sandra Fullerton Joirema, at 280.

当政府积极推动游动牧民定居下来时,这通常需要大笔开销,包括管理费用。[①] 因此,牧地的价值对于商业开发具有极大的吸引力。[②] 坦桑尼亚所实行的村庄化项目就是政府积极推行定居政策的一个很好例子。[③]

坦桑尼亚的领导者认为游牧制是一种土地所有制的"倒退"制度。因此,政府试图将牧民安置在定居型村庄,以便提高土地的生产能力,促进国家的发展。[④] 强制定居制度导致全国上下大范围的社会和经济动荡。[⑤] 许多人发现他们的土地被政府征收了,并被重新分配给新设立的村庄。这最终引发大量有关失地民众土地权利的法律诉讼。[⑥] 结果,大部分国际观察员认为坦桑尼亚强制性的牧民定居项目是失败的,并被予以终止。[⑦]

在"公地悲剧"的理论框架内,邀请牧民自愿定居的被动型定居做法比政府推动的主动型定居政策要好很多。通过将土地分配给个人并鼓励他们去开发土地,政府消极地鼓励对这些非公用土地进行划界并予以保护。牧民被限制在较小的牧区内,这就有效地限制了牧区内牧群的数量。牧民通常要么不得不像他们的邻居那样接受划分界限并成

---

① See Steven W. Lawry et al. 政府采用强制性的解决政策时,必须提供基础设施的成本、扩大监管以及家庭和学校的建筑材料。See Steven W. Lawry et al.

② See VICTOR AZARYA, NOMADS AND THE STATE IN AFRICA: THE POLITICAL ROOTS OF MARGINALITY 76(1996). 传统的牧场通常被后殖民时期的非洲政府转换为农业、采矿业、放牧业和放养大片野生动物。See Steven W. Lawry et al.

③ See VICTOR AZARYA, at 80.

④ See Sandra Fullerton Joirema, at 281. Simon Coldham, Land Tenure Reform in Tanzania: Legal Problems and Perspectives, 33 MOD. AFR. STUD. 227, 228 – 229(1995).

⑤ See Simon Coldham, at 228 – 229. 政府认为,村庄化将促进公共服务,建立规模化养殖,并防止不平等和剥削农村人口。See Simon Coldham. at 228.

⑥ See Simon Coldham, at 229 – 230. 在 20 世纪 80 年代,坦桑尼亚的高等法院对这一问题的解决主张,政府在社会化国家土地上的利益大于个人的利益。See id. at 230. 自从那时起,政府提供了一些救济措施。See id.

⑦ See Sandra Fullerton Joirema, at 281 – 282; VICTOR AZARYA, Simon Coldham, at 228 – 229. 土地纠纷、缺乏信任、新的不平等以及过度开采导致坦桑尼亚政府在大部分地区实施其村庄化方案。See Simon Coldham, at 229. 没有法律规定了个人在集体土地上耕种或具体分配的权利。See Simon Coldham, at 229 – 230.

为定居居民,要么抵制圈地。而抵抗会引发暴力。[①]

(二)"公地悲剧"与厄立特里亚

厄立特里亚土地公告实行的个人土地持有制度以及未涉及牧民权利的做法,暗示着厄立特里亚政府在鼓励牧民定居。如果厄立特里亚土地公告置于"公地悲剧"模式中,这就可能出现被动实施牧民定居计划这一结果。[②] 随着大部分政府资源被投入土地公告的实施,从财政的角度讲,不可能再实施主动的牧民定居计划。[③] 然而,土地公告确实规定对每一分配的土地进行划界。随着越来越多的土地被圈定,牧民被迫撤退到更小、土地更贫瘠的放牧区或者接受定居生活。对低地地区游动牧民的忽视可能导致长久的不稳定,这会损害厄立特里亚的发展。[④]

进一步来说,厄立特里亚人民解放阵线政府的传统政治和经济基础也暗示了政府对牧民的态度。[⑤] 作为政策考量,厄立特里亚人民解放阵线更倾向于采取定居政策而不是游牧政策。[⑥] 此外,非洲近代史也表明,非洲社会牧民的命运在独立运动期间与他们所拥护的政权本质上联系在一起。虽然一些团体,例如毛里塔尼亚的摩尔族,在向独立转型过程中通过和执政政府联盟的方式保持了他们自由放牧的生活方式,但是其他大多数牧民团体没有那么幸运。[⑦]

例如生活在马里和喀麦隆的游牧民族富尔贝人,自国家独立后已丧失了许多自己的权利。这些国家后殖民时期的联合政府将富尔贝人排除在外。[⑧] 这样,富尔贝人就失去了所拥有的大量土地、在地方政府

---

① See Sandra Fullerton Joirema, at 281.

② See Sandra Fullerton Joirema, at 281.

③ See generally Sandra Fullerton Joirema. at 281.(由于有限的国家基金,厄立特里亚的政府可能鼓励消极的圈地政策,而不是一套积极的解决方案)

④ See Sandra Fullerton Joirema, at 278 – 279.

⑤ See Sandra Fullerton Joirema, at 278 – 279.

⑥ See generally The Agricultural Commission, Gebre Hiwet Tesfagiorgis(在厄立特里亚人民解放阵线的文件中,缺乏一种政策措施去保障牧民在牧地上的权力).

⑦ See AZARYA, at 73.

⑧ See AZARYA, at 71.

中的代表资格,并且因国家所实行的强制性数额限制而不得不将大量牲畜交给新上台的政府。[①]

虽然非洲新独立的国家通常都会遵循“公地悲剧”理论进行土地改革,但是这个理论受到许多观察者的怀疑,因为它过于简单并具有危害性。[②] 在农作物不能完全维持全体居民生活的干旱地区,游牧被证明是一种积极的生产方式。实际上,过度放牧的现象在多数牧民存在的区域并没有出现,因为他们对于环境的保护有较高的意识。[③] 政府通常主张的生产形式低估了传统牧民生产制度的效能。[④] 通过保持流动,游牧团体可以从季节性的放牧方式中获得好处,并因此避免了过度放牧。[⑤]

(三)“公地悲剧”与妥协

虽然一些非洲国家意识到“公地悲剧”模式的缺点,但它们通常对是否偏离个人土地所有制又犹豫不决。[⑥] 为了摆脱这一困境,一些国家试图建立一个妥协政策。例如,肯尼亚就实施了一项妥协制度。

在20世纪50年代期间,肯尼亚实施的Swynnerton土地巩固计划创建了个人土地持有制。[⑦] 马塞族牧民传统的部族信托土地具有很大的农业生产潜力,许多农民和进步的马塞族人开始定居并圈大面积的土地为私有。这让人感觉到,如果没有政府的引导,游牧的马塞族人就

---

① See AZARYA. 富贝尔人是指:自国家独立以来,无政治联系并依赖牲畜生存的人。See AZARYA, at 72.

② See Ahmed Yusuf Farah, The Plight & the Prospects of Ethiopia's Lowland Pastoral Groups, in IN SEARCH OF COOL GROUND: WAR, FLIGHT & HOMECOMING IN NORTHEAST AFRICA 124, 130 (Tim Allen ed., 1996); Sandra Fullerton Joireman, at 281 – 282; Carlisle Ford Runge, at 1; Steven W. Lawry et al., at 19 – 20.

③ See Sandra Fullerton Joirema, at 282.

④ See AGGREY AYUEN MAJOK & CALVIN W. SCHWABE, DEVELOPMENT AMONG AFRICA'S MIGRATORY PASTORALISTS 111 (1996).

⑤ See Ahmed Yusuf Farah, at 130.

⑥ See Steven W. Lawry et al., at 19.

⑦ See Barrows & Roth, Carlisle Ford Runge, at 209.

只能被迫在最边缘的干旱地区放牧。①

肯尼亚的后殖民政府意识到马塞族的问题,设法将部族信托土地转化成集体经营牧场(group ranch)。这种集体牧场经营制是允许牧民自由放牧和政府需要设立安全的土地持有制度之间的一种妥协。这一政策允许牧民团体通过将他们的土地登记在一起的方式使他们拥有大面积的土地用于放牧。土地登记后,所有人享有在该地块上专有的放牧权利,但所有人一般会允许相邻的团体使用这片土地,以免违反传统的互惠习俗。②

虽然集体牧场经营制存在一些问题,但是许多马塞人接受这一制度,这可以保护他们的土地不被雄心勃勃的农场主和土地投机者侵占。③ 然而在1989年,肯尼亚政府转变了立场,颁布法令规定,这种集体牧场经营制不是将来的可行选择,所有集体经营的牧场必须重新划分,由个人持有。④ 将集体经营牧场细分为个人占有土地这一做法使许多马塞人把土地出售给非马塞人。此外,由于马赛人不能实施他们传统的土地维护做法,导致传统的马赛土地上居住坏境拥挤和环境恶化。⑤

虽然这种集体牧场经营制在肯尼亚遭遇失败,但是它的基本前提确实是明智的。集体牧场经营制可能成为厄立特里亚牧民的可行选择。如果游牧团体被允许在集体牧场经营项目组织阶段表达他们的意

---

① See Carlisle Ford Runge. (quoting Simon F. R. Coldham, Land-Tenure Reform in Kenya: The Limits of Law, 17 J. MOD. AFR. STUD. 615, 621(1979))

② See AZARYA, at 80.

③ See Steven W. Lawry et al., at 19. 然而,集体经营牧场并没有与传统的牲畜管理保持一致。See Joy K. Asiema & Francis D. P. Situma, ndigenous Peoples and the Environment: The Case of the Pastoral Maasai of Kenya, 5 COLO. J. INT'L ENVTL. L. & POL'Y 149, 162(1994). 另外,肯尼亚的集体经营牧场由于牧场管理者没有传统合法性和邀请外人住在牧场而遭到破坏,也削弱了将公地转化为自由保有的非常政策。See Steven W. Lawry et al., at 19.

④ See Joy K. Asiema & Francis D. P, at 163. 肯尼亚政府可能终止集体经营牧场,因为他们不愿意成为自己未能引导马赛人的生活。See Steven W. Lawry et al., at 19.

⑤ See Joy K. Asiema & Francis D. P, at 165.

见,这种妥协政策就能更有效地实施。① 精心规划有助于避免困扰肯尼亚马赛族人的问题。② 既然所有的土体被归属在政府的名下,而且政府有权将土地用益权授予牧民,设立集体牧场经营制看来是可行的。这种集体牧场经营制可以授予低地地区牧民以保护性的土地权利,可以防止农民侵占他们的土地。为了实施这一制度,政府需要扮演一个积极的角色,有计划地将集体牧场经营制和牧民结合在一起。

(四)回归土地公有制

在厄立特里亚,政府应该在采取任何最终措施前,为牧民实施第三种替代制度即保留土地公有制。许多国际团体的人们意识到以"公地悲剧"模式为基础的政策是失败的,并且不足以令人信服,于是在学者中间又重新出现土地公有制的兴趣。③

在大多数情况下,公地公有制是最经济、最生态的选择。④ 大部分牧民在土地公有体制下经济繁荣。在非洲,很少有人拥有的牲畜超过一百头。在干旱地区,将土地分割为个人租用或者让他们仅享有土地的用益权,如厄立特里亚的低地地区所实行的那样,实际上使许多牧民无法获得充足的水和饲料。⑤

从生态的角度讲,土地公有制在许多方面也优于个人土地所有制。由于厄立特里亚低地地区干旱的条件和季节性的降水,畜群需要更大的区域来维持生存。在季节性降雨时,牧民必须随时准备改变放牧地点。这种资源的变动性特点需要采用灵活的土地所有制。要创建一种能够充分满足低地地区牧民季节性需求的个人土地所有制几乎是不可

① See generally Joy K. Asiema & Francis D. P. at 162 – 166(说明了肯尼亚集体经营牧场的失败原因包括缺乏影响力的马赛人的游说,同时还指出集体经营牧场也有一个优势:传统的马塞人的牧地仍在马塞人的控制之下).

② See Barrows & Roth, at 73 and accompanying text.

③ See Steven W. Lawry et al. , at 26 – 27. (说明将公地转为个人持有是不能解决与土地公有制相关的问题,同时指出,公地的使用对牧民生产仍旧很重要); see also Carlisle Ford Runge, at 1("公地悲剧模式"是"对公共资源使用产生的大量问题的错误和不准确描述").

④ See Steven W. Lawry et al. , at 26.

⑤ See Steven W. Lawry et al. , at 19 – 20.

能的。[①]

所提出的每一种土地政策都有优缺点。所采用的不同制度反映了现任政府不同政策目标追求。而且如果得到正确实施,每一种土地所有制都可能促进非洲的稳定。厄立特里亚必须选择出一个对其公民来说最好的制度。

五、结语

厄立特里亚土地公告是一个大胆且具有决定性的方案,它为大多数厄立特里亚人建立了公平的土地所有制。然而,这个公告并没有提到低地地区牧民的土地占有需求。公告忽视了大量的研究和经验,这些研究和经验证明了在干旱地区牧民活动的价值以及曾试图使游牧团体定居时所遭遇的困难。[②] 厄立特里亚政府必须考虑并实行土地所有政策来规制低地区的牧民。这篇文章分析了三个替代性土地所有制,厄立特里亚政府应该考虑这三个制度。每一个制度都必须按它固有的优缺点进行评判。

首先,非洲国家继续使用"公地悲剧"的游牧模式作为安置牧民的一种方式。虽然很多人否认在这种方式下去安置牧民的基本理念,但是它被非洲国家接受用来寻求个人土地占有的利益最大化。然而,牧民通常不愿意放弃他们传统的自由生活方式。牧民所占有的土地用于他们游牧的生活方式一般比农业生产更适合。[③]

其次,集体牧场经营制给"公地悲剧"模式提供了一个可行的选择。这个制度允许团体继续他们的游牧生活方式并享有自治权。然而在多数案例中,集体牧场经营制在平衡个人的需求和财产管理上存在困难。[④]

最后,应考虑实施受保护的开放的大面积放牧政策。虽然这种土

① See Steven W. Lawry et al. ,at 20.

② See Sandra Fullerton Joirema,at 282.

③ See generally Sandra Fullerton Joirema,at 282.("之后考虑畜牧业作为一种生产方式,而不是次于农业,它应对干旱的环境的一个积极响应,而农业在支持人群中是站不住脚的。")

④ See Steven W. Lawry et al. ,at 19.

地公有制没有为个人土地所有制提供发展空间,但是比起其他体制,它提供了更好的经济和生态效益。另外,游牧团体保留了他们的自治权,并且团体不受政府干扰,自由地在传统的法律制度和习惯下生活。这个政策有效地维护了厄立特里亚的游牧牧民的权利。厄立特里亚政府也应该考虑实施开放的大范围放牧作为一种可行的替代政策。

目前,只能就厄立特里亚政府有关牧民的政策进行评论。考虑到政府和游牧团体的友好关系,实施被动的定居政策似乎可行的。过去的失败也说明了这种政策对于牧民或者实施该政策的国家来说都不是一个最好的选择。考虑到厄立特里亚的土地和经济资源,实施开放的大范围放牧政策看起来是一个更好的选择。我们只能希望厄立特里亚政府在决定被它遗忘的民众的命运之前,考虑到所有可用的信息。

(贺玉彬,湘潭大学法学院硕士研究生;朱伟东,中国海洋大学法政学院教授)

非洲之角厄立特里亚土地法的最新发展*

Luca G. Castellani 著

罗心甜 朱伟东 译

目 次

本文在介绍了厄立特里亚高地上的土地所有制的演变史略后,对厄立特里亚新土地法的主要特征进行了阐述。本文认为,该立法旨在扩大国家对土地的控制。该法所采用的法律手段在撒哈拉以南非洲地区得到广泛运用(这一手段在很大程度上受到殖民政策的启发)。

---

* 本文原文是麦迪逊大学土地所有制研究中心在 2000 年 6 月发布的第 37 号工作论文。本译文是朱伟东教授主持的国家社科基金课题“中非经贸投资纠纷解决机制研究”(项目编号:13BFX158)的阶段成果之一。

一、背景

厄立特里亚位于非洲之角,与苏丹、埃塞俄比亚和吉布提接壤,隔红海与也门相望。它与埃塞俄比亚斗争了30年,最近才获得独立。它在1991年获得事实上的独立,1993年正式宣布独立。该国有3500万人口和大约36170平方英里的领土面积。厄立特里亚分为四大地理区域:东部低地、西部低地、高地以及达纳基尔沙漠。

现代厄立特里亚主要有9个民族(阿法尔、比伦、希达赖伯、库纳马、纳拉、萨霍、拉沙伊达、提格雷、提格雷尼亚)。他们的分布大致反映出了信奉基督教的高地人和信奉穆斯林的低地人之间的历史融合,这些高地人大多是提格雷尼亚民族的定居民,而低地人大多是其他民族的游牧民。这种区别虽然不适合说明本地的变化或者更小的民族,但对于大致确定文化区域可能会起到一定的作用。

高地提格雷尼亚人所居住的凯博撒(Kebesa)地区,传统上分为三个区域,即哈马森(Hamasien)、塞拉耶(Seraye)和阿克勒古泽(Akele Guzay),它们的习俗和语言有所不同。然而从1995年起,没有按照这个传统方式来划分行政区域。

二、厄立特里亚高地地区土地所有制的习惯法制度

提格雷尼亚习惯土地法包含在许多法典中,有些是书面的,对土地权利作出了很多规定。提格雷尼亚土地的一个显著特征是,它不像大多数其他非洲国家,它在前殖民主义时期就已经出现了人口过多和土地过度开发的问题,为了解决由此产生的问题而导致相关习惯法非常复杂。该地存在三种主要的土地所有权制度:resti、gulti、diesa或者叫shekh'na。

Resti的土地所有权属于大家庭或家族(extended family,enda,此类家庭有共同的祖先)。属于每个家族的小家庭(nuclear family)的一家之主终身享有定期分配的土地。此类土地所有权(resteynatat)的持有者被认为是村庄的最初居民,享有很高的社会地位。

在特殊情况下,在向家族的其他成员提出要价后,resti土地是可以出售的(并因此成为meriet worki,字面意思是"黄金之地"或用钱购买

的土地)。关于前殖民主义时期 meriet worki 的传承仍是一个未解决的学术争议问题。

Gulti 是指由埃塞俄比亚的皇帝向做出特殊贡献的个人所授予的土地的权利,如在征收土地税或军事战争中功绩显著者。身为军队首领和政府官员的领主(shum gulti)有权保留授予的土地份额,并要求农民为其耕作。尽管皇帝有权随时将 shum gulti 降职,但实际上土地所有权仍由少数有权势的家族持有。Kebesa 地区 gulti 的效力和扩展,毫无疑问随皇帝的政治影响而变化。而授予宗教组织的 Gulti 被更为恰当地称为 rim。

Diesa 或者说 shekh' na 是一种村庄土地定期在其居民之间进行分配的土地制度,这里的居民(resident)是指村庄里所有家庭的男性家长和永久移民。妇女有时也有权获得土地。土地是村庄的共同财产。

在 diesa 制度下,每个男性村民组成新家庭后可以获得一块土地。考虑到个人地位和家庭条件,所分配的土地的大小要根据一套复杂的规则来决定。居所地(residence)一般通过父系血缘关系来决定,但是也有根据父系和母系血缘确定的例外情况,前提是继承人只能在一个村庄持有土地。

每隔3年、5年或7年就会进行土地再分配(warieda)。长老小组(ghelafo)决定个人的居民资格,另一个小组(acquaro)分配土地,通过抽签进行分配,土地的面积和质量是相同的。小组成员由村委会选举或者酋长任命。为了满足那些在土地再分配(warieda)期间可能有资格获得土地的人民的需要,一些土地作为公共财产保留。

除了这三种主要的土地制度外,还有一些关于土地的临时性的权利,包括土地租赁协议(grat ferkha)和为家族成员或邻村人员的利益所实行的奖赏(grat messah),以显示一种政治上的联系(sedbi)。

总之,提格雷尼亚习惯土地法有许多复杂和灵活的法律手段来满足社会的需要。

三、意大利的殖民统治

1890年1月,厄立特里亚被正式并入意大利政府殖民地。仅仅6个月以后,意大利议会通过了第一个关于厄立特里亚殖民地土地使用权的法案。

意大利政府希望给贫困的意大利农民提供肥沃的新土地,以便让他们在那长期居住,这一意愿深深地影响了这一立法方式。为了实现这一目标,殖民地官员对传统的土地所有权制度视而不见,有时甚至否认它们的存在。持续的战争和饥荒造成了许多村庄人口减少,给人一种有大量闲置土地的假象,这使得情况变得更加混乱。

意大利殖民政府对厄立特里亚统治几年后开始宣布绝大多数的土地属于公共财产。这种做法意味着未来的意大利移民可以在所有的低地以及气候宜人、土地肥沃、人口密集的高地上受益。这种政策导致了当地人民的武装反抗,这种反应使得意大利当局在土地征收问题上更加慎重。事实上,从 1896 年开始,一些土地归还给了原来的厄立特里亚的土地所有人。

殖民政府逐渐放弃了在高地定居的政策,取而代之的是给予低地的主要投资者一笔补助。由于缺少意大利移民,厄立特里亚高地上的国有土地逐渐被格雷尼亚的农民占有。

意大利殖民政府在 1909 年 1 月 31 日颁布的第 378 号皇家法令,为殖民地的土地政策创建了一个全面的法律框架。该法令规定,除了那些有着古老起源的、本土的土地传统权利以及意大利政府承认或授予的土地权利外,殖民地全部土地的所有权专属于国家。因此,所有的土地要么由意大利殖民政府的法令调整,要么由厄立特里亚的习惯法调整。根据新的法令,牧地被宣布为国有财产,不过至少理论上,该法令承认游牧民族的土地习惯法。

意大利殖民政府在 1926 年 2 月颁布的第 269 号皇家法令(1926 年土地法),巩固和完善了既有的土地法律法规。尽管该法并没有改变土地习惯权利的地位,但它对土地征收过程增加了一些保护。其主要的创新之处在于特许权领域。殖民政府放弃了在高地进行农民殖民化的想法,仅规定了两类土地特许权:一种是授予亲自负责土地耕种的意大利农民的土地特许权,只需进行少量资本投资;另一种是授予大投资者、公司以及慈善机构的土地特许权。从这两种特许权的法律技术层面来看,总体上和其他非洲殖民地是一样的。

第 269 号皇家法令还改变了地籍册中登记注册行为和其他不动产

处置行为的效力。之前的登记行为对于物权行为的效力而言是强制性的,而新法规定登记行为仅仅有公示告知的作用。

意大利殖民政府颁布法令的目的是废除所有的gulti土地制度,而将gulti土地转化为国有土地。意大利殖民官员认为,土地本来就是归政府官员(即皇帝的代表)所有的。一些属于宗教机构的土地权利也被收归国有。意大利政府根据新的法律给向地酋长和传教组织分派土地,以换取他们对新统治者的支持。

在当地农民的要求下,意大利殖民统治者为了解决家族之间土地分配不均的问题,有时候将resti土地转化为diesa土地。事实上,不同时期的人口膨胀问题在很多情况下已对原来把村庄土地平均分配给每个家庭的做法提出了挑战。因此,一些由较小的家族控制的土地上出现了一些冲突。将不同土地制度进行转换的目的是让村庄的所有家庭都可以获得土地,无论他们属于哪个家族。另外,一些村庄在此期间不再对diesa土地进行定期分配。在埃塞俄比亚统治期间这种做法迅速蔓延,引起了社会的极大不满。

四、埃塞俄比亚帝制和社会主义制度时期

1952年,在英国托管10年后,厄立特里亚与埃塞俄比亚组成了联邦,由海尔·塞拉西皇帝统治。1962年,联邦瓦解,厄立特里亚成为了埃塞俄比亚帝国的一个省。为了通过法律制度进行国家现代化,埃塞俄比亚在1960年制定了民法典,该法典深受法国法的影响。这部法典现在在埃塞俄比亚和厄立特里亚仍然生效。

该法典不动产物权部分涉及土地法的问题。该法典有许多创新之处,如产权登记制度(仅对第三方产生影响而不会影响交易的有效性)、征收规定以及城市规划区域的基本规定。除了城市地区,这些规定在其他地方大多没有生效。为了防止这些新的规定迟迟不能得到全面实施,《埃塞俄比亚民法典》第3363条和第3364条规定,对于不动产的转让暂时适用地方惯例。在厄立特里亚这意味着意大利的规则仍有其影响,而意大利法律实际上和厄立特里亚新法典一样具有共同的法国法渊源。

《埃塞俄比亚民法典》(第1489~1500条)还有有关农业社团要在

六、厄立特里亚独立后对土地所有制的选择

1991 年,经过与埃塞俄比亚的 30 年斗争后,厄立特里亚取得了事实上的独立,随即厄立特里亚政府制定了一系列内容全面的法律,以使现有的立法与政府的新政策保持一致。通过厄立特里亚过渡民法典(ETCC,其内容来自于厄立特里亚人民解放阵线制定的民法典)的第 2/91 号公告包含了有关土地法的一些条款。

与此同时,人们更广泛地意识到需要进行更为激进的土地改革。1944 年 2 月,厄立特里亚人民解放阵线议会通过了一项决议,认为现有的土地法,包括国家法和习惯法,是"过时的、殖民主义强加的、不符合国家的现行需求,而且还自相矛盾"。该决议要求在遵循国有土地产权、所有国家公民平等地享有对土地的用益物权以及对所有被征收的土地给予适当补偿的原则基础上,进行彻底的土地改革。

政府的宏观经济政策重申了土地改革的基本路线。它们在 1997 年 5 月批准通过的《厄立特里亚宪法》第 23 条中得到最终确认,该条规定:

1. 根据本条第 2 款的规定,任何在厄立特里亚的公民个人应具有获取、拥有或者与他人共同处置所有财产的权利,也享有将财产留给继承人或者受遗赠人的权利。

2. 厄立特里亚境内的地表以下和以上的所有土地、水和自然资源归国家所有。公民对土地的权益由法律确定。

3. 国家或任何由法律授权的机关可以基于国家或公众利益没收财产,但应给予公正赔偿并遵循正当的法律程序。

然而到今天,这个规定的重要性仅体现在政治方面,因为该宪法尚未生效。

七、独立后厄立特里亚颁布的土地公告

(一)基本特征

独立后厄立特里亚的土地政策指示是通过颁布立法得以实施的。例如 1994 年 8 月 24 日颁布的第 58/1994 号公告、1997 年 5 月 19 日颁布的第 95/1997 号公告和 1997 年 5 月 19 日颁布的第 31/1997 号法律

通告。在起草这些法律时,深受普通法影响的特征与殖民时期所适用的意大利财产法和通过埃塞俄比亚民法典所移植的法国法中大陆法特征交织在一起。所有这些法律仅用提格雷尼亚语发布,因此,目前的分析都是基于非正式的英文译本。

厄立特里亚土地政策的基本宗旨是,所有的土地都归国家所有,因此,任何关于土地的合法权利必须由厄立特里亚政府授予。

除了国家财产,法律承认三种主要类型的土地权利:农田土地使用权、农村宅基地使用权和土地租赁权。根据解释可以得知,所有权利都归国家所有,因此这些土地权利都不是长久的。所有有效的权利由政府规定并且由地方政府正式登记。

由于害怕因受到惩罚而导致土地权利被政府撤销,人们都会根据土地所授予的目的有效地利用土地。唯一的例外是农村住房用地,人们每年要支付租金,租金数额由法律和财政部的法规来确定。

除法律明确规定的以外,土地权利不得转移。非法交易无效,并应被认定为犯罪而受到惩罚。

土地权利是由土地委员会通过其地方分支机构来授予,而每个省都设有土地管理机构(LAB, Land Administration Body)。厄立特里亚政府原本打算把土地委员会组建成一个独立的部门,但最终被纳入土地、水与环境部(MLWE)。

土地委员会负责根据土地的耕作质量划分土地,并负责将农用地以及非农用地分配用于不同的生产和社会活动。地籍图纸的目的在于通过特定的号码来划分每一地块。一旦土地划分过程完成,每个希望获得土地的人都可向土地委员会提出申请(在土地分配中如有歧视行为,将被视为犯罪)。如果申请成功,土地委员会会向权利持有人签发书面权利证书。否则,会将拒绝的书面通知送达给申请人,而申请人可在不久后再次提交申请。

地籍办公室是土地、水与环境部的一个部门,对现有和未来的土地权利进行注册登记。产权登记对于确保权利的有效性是很有必要的(意大利政府直到1926年一直采用相同的规则,后来由于在实践中其效率低而被废止)。登记过程的其他技术细节是沿用意大利殖民地时期对主要城镇实行的模式,没有什么变化。当事人可以对登记提起诉讼，可以首先在土地、水与环境部提起，然后在高等法院提起。地籍办公室还负责制作土地委员会使用的图纸，以对土地进行划分和分配。

关于土地征收的规定只适用于根据新的土地公告所授予的土地权利。国家总统办公室或总统委任的机构有权进行土地征收。只有为了“发展和旨在进行国家重建或其他类似目的的资本投资项目的目的”，才能下令对土地进行征收。征收决定是终局的，不能提起诉讼。

征地补偿是以现款或实物支付。补偿金额将与遭受的损失相当，并且补偿金会在土地持有者让渡土地使用权前支付。补偿金额由当事人和政府共同商定。若有分歧，被征地的土地权利人可以向厄立特里亚高等法院提起诉讼。当政府在支付土地赔偿金前而占有土地的，当事人也可寻求司法救济。

（二）土地权利

每个依法服完兵役的厄立特里亚人都有权在家乡获得住房用地。这个权利并不适用于仍缺乏相关立法的城市地区。

根据第58/1994号公告第31条的规定，建立在土地上的不动产可以出售、交易或者以其他方式转让或抵押。然而，第95/1997号公告声明，出售建在diesa土地上的农村住宅将自动转为租赁权，买方应签订新的租赁合同。简言之，农村住宅一旦出售，diesa土地权利就会终止。

每个厄立特里亚农民都有农业土地的使用权，只要他已成年、居住在农村、务农为生并已服完兵役。

第58/1994号公告中提到的土地用益权的定义（埃塞俄比亚民法典第1309条）存在误导。根据政府的意思，并考虑到用国家机构取代村庄权力机构，土地用益权相当于是diesa的现代版本。然而，用益权的内容与行政特许权的内容更相近，而不像财产权和埃塞俄比亚民法典或欧洲大陆的土地用益权相似。与财产权的稳定性相比，行政特许权的结果缺乏可预见性。

土地用益权不能转让，但在土地管理机构的严格控制下是可以租赁的。如果是在土地管理机构的监管下，农业收成分享合同（contracts of sharecropping）也是合法的。应用益权持有人的要求，用益权下可以转变成租赁。这样的好处是可以保证用益权可在一定时间后收回（例如，租赁确定的几年时间而不是终生的），并可再进行自由处置。

农业土地用益权随持有人的死亡而终止。在配偶一方死亡的情况下,为了孩子的利益起见,在世的父或母一方有权保留土地用益权(父母双亡的情况有更详尽的规定)。达到成年年龄的孤儿有权优先分得其已故父母的土地。

为投资和大型公共服务设施而保留的土地租赁权,厄立特里亚人和外国人都可申请,但外国人的申请需要获得国家总统的特别许可。然而,该规定的直接影响是限制了居住在采用互惠原则的某一外国的厄立特里亚人的法律能力,也就是说,由于住在厄立特里亚的外国人没有获得不动产的法律能力(总统许可的除外),住在国外的厄立特里亚人获得不动产的法律能力也被自动剥夺。

租赁权的目的在于在国家的控制和监管下,通过私有企业来促进经济的发展。除了有关租赁合同的具体规则外,厄立特里亚还受西方的启发采用了一系列法律手段(如土地规划和征收)来协助政府完成这一任务。

八、对厄立特里亚土地法的评论

独立后的厄立特里亚将土地法的改革(为数不多的通过了综合立法的几个领域之一)定为优先目标。然而,和通常情况一样,仅仅是法律的制定并不等于法律得到实施。事实上,由于为进行土地分类而进行的地籍调查存在技术难题,厄立特里亚政府在一些村庄实行土地分配时遇到障碍。因为财政紧张,在土地分类过程中利用先进技术的可能性难以实现。与此同时,厄立特里亚在1998年5月与埃塞俄比亚爆发了全面战争,导致这一领域的改革完全冻结。除了实施中的实际问题,厄立特里亚新的土地立法还提出了若干理论问题。

未来的土地所有制旨在加强政府对土地的控制。然而,这种控制没有一个与之相应的有效"制衡"制度,来应对可能的轻率的行政管理行为。事实上类似的情况在许多非洲国家普遍存在,在军人执政的国家,这可能被认为是正常的。经验表明,加强政府对土地的控制,这种选择并不是达到经济效率和社会公平的最好方式。

通过使用"埃塞俄比亚民法典第1309条所规定的用益权"这一术语,来描述根据新的立法所授予的有关农用地(和农村宅基地)的权利,这就强调了对使用土地的权利的时间限制,这不同于对土地所享有的财产权利的稳定性的强调。实际上,政府对土地“用益”干预如此广泛,以至于这些权利很难归类为“财产”。

厄立特里亚政府的愿望是用现代版的diesa土地制度来替代所有殖民地(意大利、英国、帝国主义和社会主义时期的埃塞俄比亚)的土地法。然而,农业土地用益权制度看起来更像小规模的行政特许权制度的新的版本,而不像diesa土地制度的改进版。它再现了典型的殖民时期土地法的核心规则,包括对财产权利的用益而进行的过度的官僚控制。而习惯土地法在一定程度的所确保的个人在土地分配过程中的有效参与,现在政治操纵中不复存在。土地管理机构任命地方官员在本质上是一个政治问题,厄立特里亚立法并没有规定保证土地分配过程不会受到政治影响甚至存在贪污——尽管厄立特里亚人民解放阵线的官员到目前为止有着诚实的信誉。为了防止像其他非洲国家一样由于缺乏基层参与而导致政府主导的改革失败,增加这样的规定是明智的。

另外,给予农民终生的农业土地用益权可以解决农民土地使用权的安全保障问题,因为一生的时间足以收获进行土地改良所生产的农作物——并且,在任何情况下,土地改良后的价值是可继承的。

为了避免社会动荡,每个农民都有权获得农业土地的权利,这是一种政治需要。在某种程度上它也复制了同样的diesa和resti土地制度,因为授予土地是通过某人属于某一社会团体(从更广泛的意义上说,厄立特里亚这个国家也是一个团体)而进行的。当然,由于土地稀缺而导致当地条件不允许进行土地分配时,这种权利也可能是空中楼阁。

农村住房用地制度重现了凯博撒地区土地习惯法所规定的权利,只是有一些必要的改变,以保留土地管理机构在土地分配和利用上的行政控制。

厄立特里亚新土地法废除了先前所有的立法,包括习惯法和厄立特里亚解放武装力量制定的法律。政府所拥有的对村庄进行划界并根据管理目的设立新的村庄的权力,是打破传统制度的有力武器。然而,这一措施只是在过去在有相关农民积极参与并不违反他们意愿的情况下,才取得成功。非洲传统模式的变革阻力不能被低估。

妇女在国家法和习惯法之间的冲突中发挥了重要的作用。新的立法根据根深蒂固的解放政策强调了性别的平等。但整个社会对女性的态度仍是极其不利的。

尽管新立法的目的是对土地权利作出全面规定,但可以看出它存在许多明显的漏洞。由于缺乏协调,技术性的小缺陷导致出现了相矛盾的规定。

新的土地政策忽略了低地地区的状况(达纳基尔沙漠由于环境恶劣不宜长期定居,该政策影响不大)。从历史上看,由于游牧民族的生活方式,国家很难在低地地区实施土地法。因此,习惯法在低地地区广泛适用。新的法律只不过认识到了实际情况但没有明确提出针对流动牧民们的创新发展。

新立法的另一个重要缺失是,没有对城市住房用地和市区土地征收作出规定,这是将来立法中所涉及的问题。对着敏感问题的政治上的不确定性导致了立法技术上的混乱。

根据现有法律,城市住房的私有制是允许的。第58/1994号公告第38条规定可暂时适用于农村住房用地权利转换为城市用地的某些方面,此类转让只需完成适当登记即可。然而,稍后的一条规定,即在出售时diesa土地权利会转换成租赁权,并不适用于城市住房用地。城市住房用地仍然可以出售、出租、抵押和遗赠。

此外,"由于战争或过去的殖民政权"非法分配的土地将由政府无偿没收(尽管文本的确切含义是模糊的)。据地方的解释,这个规则仅适用于军事政权分配的土地,不适用于根据意大利殖民政府和帝国主义时期的埃塞俄比亚的规定所分配的大量的城市住房的财产权。这一观点得到下面事实的支持:厄立特里亚第13/1993号法律通知专门对原来由军事政权非法分配的在Halhale地区的一些土地交还给农业部作出处理。

实际上,厄立特里亚首都阿斯马拉的房地产市场非常繁荣,房子以高价出售,且有时得到了重建的住房金融部门的支持。

另外,根据新的土地立法,强制性的国有土地所有权不再受到严重的挑战。因此,厄立特里亚政府曾下令以"最大限度"进行财产征收,也就是说，将意大利殖民政府授予的城市房屋财产的所有权收归国有。

显而易见的是，真正的危机来自厄立特里亚政府的政治意愿。鉴于有大量的法律方案来解决强制性国家土地所有权的问题，国家的意图在于扩大国家的控制，无论其采取的路线是剥夺目前业主的财产或是对未来城市房屋建筑实施国家控制。

新的征收规定——尽管仅仅适用于根据新的土地法所给予的权利——没有给予权利持有人充分的保护。征用的根据很模糊，被定义为"为各种发展和旨在进行国家重建或其他类似目的进行的资本投资项目的目的"（第58/1994号公告第50条）。此外，法律规定，当事人不得对政府的征收决定在法院内提起上诉，只有在对赔偿金的数额产生异议时，当事人才可向高等法院起诉。赔偿金的数额以现金或实物的方式支付，且应当与造成的损失相当。权利持有人只有在补偿支付前有保留土地的权利。

九、结语

厄立特里亚多次声称由于国家独立较晚，有机会吸取其他发展中国家的教训，避免重蹈覆辙。然而，新土地法的基本模式仍和非洲其他国家一样，尽管那些模式的效果明显很差。

厄立特里亚中央政府希望其控制力广泛且普遍。与占有土地的传统社会团体进行的斗争至少在高地地区是十分激烈的。除了正式废除习惯法外，厄立特里亚政府还根据早已完成的方案获得了修订村庄边界的权力，并且为妇女实施了平等的土地权利，这就进一步打破传统村庄的社会身份。

此外，低地地区的游牧民族被忽视，重申了厄立特里亚所有事实上或法律上的统治者实施土地改革的共同态度。

与以往一样，厄立特里亚政府对土地权利进行强制性的国家控制的目的是为了解决更高的社会需求。当然，最终目的是一旦达到了足够的经济发展水平，从公有（集体）财产到国有资产的演变最终会导致个人财产所有制的广泛采用。

厄立特里亚政府对公有财产抱有的这种不好的态度并没有得到证据支持。这表明事实上，高效的土地管理可以通过改造传统机构来达到。此外经验表明,将土地所有权收归国有在独立后的非洲通常是一个不可逆转的行为。

现在作为一个反映单一政党意志的厄立特里亚政府,对与其对立的社会团体的财产采取了一种激进的态度。这对于主权国家是一种合法的行为,也是非洲法的一贯模式。不过,鉴于非洲国家摧毁传统制度的能力有限,这样的行为往往伴随着经济效率低下、社会动荡、环境恶化,所有这些因素导致持续的发展落后。为了最大限度地降低此类危险,对现有的社会组织采取一种更为合作的态度,对国家来说不失为一种更可取的选择。

(罗心甜,湘潭大学法学院硕士研究生;朱伟东,中国海洋大学法政学院教授)

东南部非洲的土地所有制改革及权力平衡*

Liz Alden Wily 著
朱伟东 译

目 次

一、引言

(一)广泛的土地所有制改革

对土地权利进行认可和监管的法律和行政方式的改革正在撒哈拉

* 本文原文发表在*Natural Resource Perspectives*(No. 58, June 2000);本译文是朱伟东教授主持的国家社科基金课题“中非经贸投资纠纷解决机制研究”(项目编号:BFX158)的阶段成果之一。

以南非洲如火如荼地展开。早期的一些相关论文[①]对改革的某些方面进行过论述。本文旨在拓展讨论的地域范围,并将土地所有制改革置于民主化背景下进行分析。

2000年在东部和南部非洲,只有那些陷入内战或与其他国家交战的国家没有进行土地所有制改革。乌干达、坦桑尼亚、桑给巴尔、莫桑比克、赞比亚、厄立特里亚、纳米比亚和南非,在过去10年内制定了许多新的、重要的土地所有制法律,这些法律尚在实施过程中。卢旺达、马里、莱索托、津巴布韦和斯威士兰也颁布了新的国有土地政策,有的制定了土地法草案。肯尼亚是最近一个设立了土地事项调查委员会的国家(1999)。

(二)改革的推动力

进行土地改革目的是为了通过逐步发展,最终致力于对土地制度的大刀阔斧的更新,而不是谨小慎微的修补。各国进行土地改革的动机各异,有的是为了完善具有殖民起源的财产法的不足,有的是为了实行自由化的土地市场,有的是为了加速土地权益的发展进程,有的是为了对种族歧视性法律所造成的土地损失进行补偿。无论如何,通过固定大多数人、农村小块土地所有者以及城市失地穷人(非法占地者)的土地权利,可以在一定程度上实现土地的再分配,这也是很多人建议通过土地改革要实现的目的。私有财产在法律中得到认可的方式的变革,无论在哪个地方,都正逐渐成为一个重要的转型领域。

(三)作为社会—政治转型的土地改革

通常,政治变革会引发并引导土地改革。过去10年非洲国家(厄立特里亚、埃塞尔比亚、卢旺达、莫桑比克、纳米比亚、南非、赞比亚、马拉维和乌干达)所经历的新的独立或政治变革浪潮就表明了这一点。或者土地改革是因社会自身内部处于变动中的社会—政治关系所引起的,这种变动的社会—政治关系是因实行多党制、强化政权转移战略以

---

① Adams, M., *Land Reform: New Seeds on Old Ground?* Natural Resource Perspectives, No. 6, October 1995;, London: Overseas Development Institute; Adames et al., *Land Tenure Reform and Rural Livelihood in Southern Africa*, Natural Resource Perspectives, No. 39, February 1999, London: Overseas Development Institute.

及重视民众呼声与需求而实现的。土地分配与保障的这种政治性特征意味着“土地改革”已然成为政治动荡时代的焦点。正如当前津巴布韦发生的土地危机所表明的那样,土地改革很可能被用作推动或控制政治抵抗的工具。

土地所有制改革也不能孤立于法律之外,通过在自然资源行业和治理法律领域所同时发生的改革可以看到这种情况。这一地区的几乎所有非洲国家都制定了新的林业、野生资源和环境管理法,20 世纪晚期的国际立法发展推动了这一趋势。本地区有半数的国家都正在制定新的地方政府法,这可以加强政权的转移。1990 年后,莫桑比克、纳米比亚、赞比亚、马拉维、埃塞俄比亚、莱索托、乌干达、厄立特里亚和南非还制定了新宪法。坦桑尼亚、肯尼亚、卢旺达和斯威士兰的宪法也正在审议中。总之,这些发展标志着 21 世纪初重要的社会—政治转型,在这一转型中,财产关系的转型只是其中一部分,然而它对于未来社会的进一步“民主化”却意义重大。

二、土地改革过程的民主化

土地所有制改革鲜有预期的那样顺利。无论最初设定的目标多么有限,它最终会很快扩及出整个财产制度范围之外。每个民族国家都会发现自己不得不解决治理和一般意义上的国家—人民关系这些问题。对土地所采用的“公共信托”(public trust)这一概念常会遭致批评,正如在仅仅为了确定当初如何分配土地(肯尼亚、坦桑尼亚、乌干达、赞比亚和津巴布韦)而理解“公共财产”(public property)、“公共目的”(public purpose)和政府权力时所遇到的那样。这些宽泛的问题意味着需要进一步对权力进行再分配,而进行改革的政治意愿常常摇摆不定,如乌干达、坦桑尼亚、津巴布韦、南非、马拉维、莱索托和纳米比亚的情况就是如此。

这种情况造成的结果之一就是新的土地法比预料的更为片面,越来越多的此类法律中都含有进行审查的条款(如坦桑尼亚),这就暗示这些法律必须通过规章(如莫桑比克)或通过制定新的法律(如南非和厄立特里亚)对它们进行重新界定。目前越来越多的国家正在采用逐步立法的方式(如纳米比亚和南非)。

(一)从受益人到行为者

在所有这些土地改革进程中,民众的地位如何？除少数几个例外国家(特别是莫桑比克),民众一直被认为是上层推动并实施的土地改革的受益者。上层很少征求民众的意见,有时还故意限制民众的意见(如卢旺达、埃塞尔比亚和坦桑尼亚)。因此,这样的土地改革方式常常缺乏社会合法性以及来自本土的一些策略,而通过它们可以制定简单、高效、易行的新制度。有时,甚至是土地改革的最为核心的因素也必须回归底层(如莫桑比克、乌干达、赞比亚、南非和津巴布韦)。但在那些传统领导、本土治理和"集体"身份弱化、消亡、混乱或冲突的地方,如何在土地改革中采用建立在集体基础上的方式的这种想法起初会遇到问题(如南非和莫桑比克)。

(二)土地改革过程中的转型

土地改革方式的转变现在一目了然:"命令"方式不得人心;需要听取民众的意见;制定清晰、易用的新法律。不但法律的创制而且财产法本身的性质都已开始改变,因为在寻求权力和过程的完整性和透明度以及参与度时,土地法、行政法和家庭法的传统界限已被突破。对土地改革技术层面(如土地测量和规划)的关注也逐步转为对土地权利利用和再利用的关注。在法律内容方面,法律的统一性逐步让位于法律的多样性,同时加大权力下放,并提供自主的机会。随着要进行真正土地改革所需成本的逐步明朗,一些国家的土地改革实施计划开始在是要市场援助还是要政府资助之间摇摆不定。

本地区大部分国家的政府都在土地改革的某一关键方面踟蹰不前,它们都意识到前面的路漫长而又曲折。政策制定过程被放缓(如马拉维、赞比亚、卢旺达、莱索托和埃塞尔比亚);法律创制和修改被中止(如乌干达);或已颁布法律的生效被推迟(如坦桑尼亚)。"命令式"土地改革所带来的问题的解决,有点像亡羊补牢。土地改革一旦着手进行,一旦民众参与土地改革的意识被唤醒,人们就会认识到土地改革如此重要,不能听凭政府任其半途而废。

三、土地权利的民主化

(一)共同关注与不同反应

在土地改革过程中,到底有哪些方面会发生改变呢?对于本地区的大部分国家而言,下面的每一个问题都需要它们予以解决:

• 土地本身以及对土地本身所具有的权力应在多大程度上授予国家?

• 应在多大程度上允许并推动土地市场以及土地应该如何自由地向非公民转让?

• 财产关系应在什么社会程度以及行政部门有多大的自主权可以对它们进行调整和管理?

• 土地争议怎样才能更快捷、公正地解决?

• 未经登记的习惯法土地以及共同权利应在国家法律中如何处理?

• 妇女的土地权利如何解决,尤其是考虑到她们在农业中所发挥的重要作用时?

• 长期的农场工人和佃农的权利可以在多大程度上转化为所有权或得到其他方面的保障?

• 以狩猎、采集为生的人们以及牧民的土地所有权制度应在多大程度上予以认可?

• 日益增加的成千上万的城市贫民占地(因此被称为非法占地者)应该如何处理?

• 应该如何将所有土地权利纳入到一个简单、高效、可查询的档案和证明系统?

• 土地改革的预算成本应该怎样最小化以免使土地改革的实施面临风险?土地使用者能够支付多少土地使用费?

上述问题得到的反应各异。妇女、牧民和以狩猎采集为生的人们的权利的发展最为缓慢。相反,长期农场工人和佃农的保障得到很大关注(如乌干达、南非和津巴布韦)。而有关将城市非法占地者对土地的不稳定占有状态转化为有保障的土地权利的方案在新制定的土地法中获得一席之地(如南非、坦桑尼亚、纳米比亚和乌干达)。在此类非法占地区,对土地所有权的保障正逐步完善。

不过,最为显著的转变当属未经登记的习惯法权利如何作为整体纳入国家法中,这种转变相应地有助于推动上述各个领域的土地权利的保障。

(二)习惯法土地权利的转变

本地区的国家存在下述事实:尽管一个世纪以来,非习惯的土地所有权观念和法律规定一直在进行有目的地渗透,未经登记的习惯法土地所有权制度不但存续下来,而且截至目前仍然是本地区最主要的土地所有权形式。所采取的旨在忽略或消除习惯法土地所有权制度的任何措施无一成功。下面方框一列举了一些此类措施:

方框一:

> 对习惯法土地权利进行转化的措施:
>
> 这些措施包括加快将习惯法土地权利转化为使用权或租赁权(特别是在肯尼亚、马拉维和莱索托),以及将习惯法土地权利转化为"虚拟的"政府土地,如南非的黑人家园、津巴布韦、纳米比亚和马拉维的集体土地、肯尼亚的信托土地以及最近乌干达的"公共土地"。这些都是授予总统和国家的根据习惯法所拥有的土地,这将把习惯法土地上的居民变成了在其祖先土地上的无地占有人。
>
> 在所有措施中最为常用的是采取相关的系列自由策略,这一策略的前提认为,随着土地市场的扩展或通过更有力的财产转换方案,习惯法土地权利会自动地转化为有所有权的土地(如肯尼亚)。
>
> 即使一些国家在当初立法中考虑了习惯法土地权利,但它们只是想把这些权利转化为主流欧洲规则所接受的形式。因此,在20世纪60年代晚期,博茨瓦纳的《部族土地法》(Tribal Land Act)"忘记"把共有地(或公用权,commonage)纳入其中,而共有地是农牧土地所有权中一个最为重要的因素,这一漏洞导致该国以后的土地关系一直处于紧张之中。纳米比亚的《集体土地改革法案》(Communal Lands Reform Bill)重蹈覆辙,该法案旨在使共有地成为可以供个人自由租赁的土地。

（三）妥协安排

无权占有土地的长期存在已经成为本地区土地改革所面临的一个最为重要的问题，这一点也不令人感到奇怪。

现在撒哈拉以南非洲所进行的土地改革中最为激进的转变，也许是一百年来国家首次被迫承认非洲传统的土地权利制度是合法的，与国家法中的所有权/租赁权处于同样的地位。

在厄立特里亚，大部分习惯法土地权利都已重构为终生的用益权，并由国家予以保障（1994 年）。在赞比亚，早期（1995 年）所进行的将习惯法权利转化为租赁权的努力现在也在国家土地政策草案（1999 年）得到重新考虑。在南非，如何澄清黑人家园成千上万人的未经登记的土地权利并将它们纳入成文法中，似乎是一项比简单地采用恢复原状或重新分配的方式更为艰巨的挑战。不过，乌干达、坦桑尼亚和莫桑比克新制定的土地法在此领域作出了最为明确的安排。这些立法虽然采用的方法各异，但它们都认可根据习惯法所获得的土地是完全合法占有的土地，无论采用何种形式，以及无论它们具有何种特征。此外，此类权利也可如人所愿成为可登记的权利。津巴布韦和马拉维所通过的土地政策建议表明这些国家可能采用此类方式（1999 年）。

（四）变化中的土地所有权观念

上述这些发展会损害过去一个世纪以来财产关系依法构建所依据的那些原则。因为以前土地的记录、登记和授权都是为实现个人所有权而进行的。而今这种联系已被打破。虽然土地证书对于土地权利的确定性仍是必不可缺的，但土地权利证明不再必然与土地权利的个人化联系在一起。所以，南非、莫桑比克、乌干达和坦桑尼亚的土地法规定，不但个人，而且两人或多人、群体、社团以及团体都可通过合法和登记的方式取得土地。土地权利证明过程本身也不得不作出改变：它可以是口头证明的（如莫桑比克）。团体本身可以对土地权利作出裁判、记录以及授权程序（如坦桑尼亚）。当然，这些权利据以产生和维持的本土土地制度——习惯法土地所有权制度——也通过这样的方式日益巩固。

（五）共同财产制的新生

有关“共有地”的新的政治和法律观点合乎逻辑地从上述过程产

生。例如,过去大约75年来,有超过1亿亩的森林和林地被国家通过设立森林保护区的方式从地方上根据习惯法所拥有的土地予以征收。国家对习惯法土地进行征收的目的既是为了获取经济利益(如获取木材),也是为了对森林进行保护,它是基于一个长期以来所存在的假设,即农村居民没有对森林进行划界或保护的所有权意识。此外,森林一直被视为是传统上大家都可获取的范围,而不是传统上占有利益的范围。

现在,随着对群体和团体拥有财产的能力的认可,对共同财产本身的理解正在发生变化:昨天还是大家都可获取的共有地,今天已成为可依法登记的私人(团体)财产。共同所有权作为一种新形式的土地所有制正在出现。①

这些思维的转变在根据一些非洲国家新的森林政策和法律(如坦桑尼亚、肯尼亚、乌干达、莫桑比克、南非、马拉维、赞比亚、纳米比亚以及莱索托)所进行的设立森林保护区的过程中得到反映。作为非洲森林保护的重要战略,虽然很多非洲国家仍在采取将重要的森林专门划出,但它们开始把当地团体视为这些林地的合法的和更为有效的所有人——管理人。村庄和团体所拥有的森林保护区正日益成为这些国家森林保护制度的重要部分。②

四、有关土地所有制权力的民主化

(一)土地所有制管理权的转移

官方对土地权利的取得和处置进行批准和管理的权力正逐步转移给土地所有者。虽然这种转移的推动力是结构性的,例如,简化土地所有制程序,提高土地所有权转让的透明度,但它通过认可传统的土地所有制制度以及给此类制度的实施提供适当的正式机制(见方框二)而获得了民间的支持。

---

① Alden Wily, *Reconstructing the African Commons*, Paper Presented to the eighth biennial conference of the International Association for the Study of Common Property (IASCP), May 31 to June 4, 2000, Indiana. USA.

② Alden Wily with Mbaya, *forthcoming*, *A Study of Land*, *People and Forests*, IUCN with Natural Resource Institute.

方框二：

对有关土地所有制权力进行民主化的措施：

最为激进的民主化发生在乌干达。该国通过在大约4500个地方土地委员会基础上设立新的地区土地局，希望使土地管理能够完全独立于行政和地方政府。虽然这一计划被制定成法律已有两年时间，但由于其规模、费用以及官员的不情愿，它还没有得到实施。

坦桑尼亚新的土地法（1999年）越过地区这一层政府，直接指定每一村庄的当选政府作为土地管理人。有关土地的管辖、登记、授权及争议解决均在每一村庄团体内进行。简言之，根据坦桑尼亚1999年的《农村土地法》（Village Land Act），该国将有大约9225个土地权利管理单位。虽然该法意图与来自国家的干涉权力相调和，并将政府直接拥有的土地排除在该法范围外[1999年《农村土地法》（Land Act）]，但该法仍是该地区在土地所有制方面有较为积极转向的法律。新法尚未生效，但考虑到该法是在现有的机构下实施，所以成功实施的可能性很大。

在将习惯法土地权利限制为专属总统所有的20年后，津巴布韦在1998~1999年开始考虑这样的建议，即放弃集体土地制度，将习惯法土地所有制认可为成文法所规定的制度，并对习惯法土地的管理采用一种以团体为基础的管理制度。由于该国白人农场主的土地收复问题仍未很好解决，所以该制度的实施很难进行。马拉维土地委员会近来也建议采用相似的方式，对土地所有权及其管理进行民主化，将此类权力授予地方部门（1999年），但该国尚未付诸行动。

在上述两国，以及该地区的其他国家，有关土地所有权权力转移的进程之所以缓慢，在不同程度上是由下列因素造成的：在民间缺乏发展良好的制度（如纳米比亚和赞比亚）；传统领导与新制度之间日益发生的冲突（如莱索托和南非）；因长期自上而下的、隔离措施和民众的迁移所造成的“团体”本身的广泛解体（如莫桑比克和南非）。莫桑比克在1997年首先实施土地改革，它不得不利用土地法设计出新的制度，通过这样的制度，可以重建团体以及以团体为基础的制度。该地区其他国家也有同样的需求。如果给予关注，土地改革可能成为推动该地区21世纪早期地方政府治理发展的重要力量。

(二)争议解决的大众化

与此同时,在未来土地争议解决方式方面也在进行权力转移的一些措施。同样,其之所以进行这方面的改革也主要是因为目前土地争议解决制度的雍塞和不被人信任所造成的,此外还是由不断完善的地方参与机制以及代理人可信度方面的压力所促成的。

此种趋势的发展是建立独立于现有司法体系的正式法院,人们还可以求助于在地方层面运行的习惯法院,在某些情况下还可以利用由团体成员组成的法庭(如莫桑比克、坦桑尼亚、乌干达和厄立特里亚)。南非新土地法中还规定了土地争议的调解解决机制,但现在这种调解服务尚未深入当地团体。

五、背道而驰的趋势

从上述分析可以看出,非洲这一地区在有关土地事项的利益和权力方面正在进行一种真正的转型——从中心到边缘,从国家到人民,不过,这种转型仍在踌躇、摇摆中,尚未完成。此外,还有许多对抗的因素影响着这种转型。

(一)国家的根本权力

有一点十分清楚的是,该地区的国家一再重申而不是放弃它们对土地的根本权力。除乌干达外,该地区的所有国家都牢牢地将土地的基本所有权置于国家(或总统)手中,公民只拥有土地"利益"的权利。通过这种手段,国家可以随意地行使指定、管理、干涉和征收土地的权力——该地区的许多政府经常在没有明确目的、不负责任的情况下这么做,毫无疑问,这样做会增加寻租型的地主所有制。

(二)征收土地的权力

该地区一些国家的土地法对总统提高征收赔偿标准的权力进行了限制,还有的采用了更为透明的征收程序。但没有一部新的土地法对征收的理由进行大幅限制。因国家征收权力所产生的问题目前在津巴布韦非常突出,该国总统可以任意征收私有财产,这使该国陷入混乱,并且造成行政部门和司法部门的紧张冲突。虽然该地区一些国家的征收程序已得到很大改善,但只有坦桑尼亚的新土地法(1999年)才专门对处于更为弱势地位的人们所拥有的土地——如人们根据习惯法所拥有的土地——的非法征收做了明确的限制。同样,对"政府土地"(government land)或"国家土地"(state land)——由国家作为土地所有者所直接拥有的土地——的解释看来仍然盛行(除乌干达外)。此外,有迹象表明,一些国家做出的将黑人家园和团体土地从中央所有和控制中开放出来承诺可能不会一蹴而就。①

(三)条件和限制

国家还可通过其他方法对土地的地位和转让施加控制。在该地区一些经济比较发达的国家,可能会制定有关区划和规划、土地税征收以及土地转让的法律、法规(如南非)。强迫占有并利用农业土地以保持占有——这是非洲土地管理方面的一个长期特色——在新的土地法中和在旧的土地法中一样明显存在,尽管有大量证据表明这种占有不是固定的、长期的。对所拥有的土地的面积设置上限以作为对土地进行控制的策略的做法不减反增(如坦桑尼亚、厄立特里亚、埃塞俄比亚、莱索托和纳米比亚)。

上述这些条件限制了土地市场,特别是影响了那些未经登记的习惯法土地。虽然这些国家大部分的早期想法是推动建立完全自由的土地市场,但这一想法现在被认为是过于天真。

这些限制反映了国家机构不同时期的复杂面孔。在上述"克制的"和"善良的"面孔下,它们希望保护一些新的权利,以免受到不能控制的损害——但这常常给它们自己带来财产上的(以及寻租的)好处。

六、结语

民族国家的特点在于人民无法脱离他们创造或忍受的制度,但国家也不能无视人民的需求。如何做好二者的平衡,是东南非地区目前进行民主化所要追求的。由于当前土地改革中所采取的每一步骤都是为了提高普通公民的财产权益,国家权力本身的性质被改变,每一次的改革都更倾向于保护土地所有者的利益,而他们相应地在与国家的关系中变得越来越积极主动。通过这样的发展,可以实现巨大的改观,无

---

① Alden Wily with Mbaya,(forthcoming)*A Study of Land,People and Forests*. IUCN with Natural Resources Institute.

论是在民主的形式过程中,还是在更为广泛的社会关系中。不要心存幻想,前途并非平坦。

(Liz Alden Wily,肯尼亚内罗毕土地所有制和农村发展专家;朱伟东,中国海洋大学法政学院教授、湘潭大学非洲法律与社会研究中心副主任)

圣多美和普林西比投资法

刘　浩

目　次

一、圣多美和普林西比简介

圣多美和普林西比是几内亚湾岛国,面积 1001 平方公里(圣多美岛 859 平方公里,普林西比岛 142 平方公里)。人口 170372(E2002 年)。居民多为班图人,信奉天主教,官方语言为葡萄牙语。首都是圣多美(葡萄牙语:Sao-Tomé)。1975 年前圣多美和普林西比是葡萄牙属地。全国分为 7 个县:阿瓜格兰德(葡萄牙语:Agua-Grande)、梅索西(葡萄牙语:Me-Zochi)、坎塔加洛(葡萄牙语:Cantagalo)、考埃(葡萄牙语:Caue)、伦巴(葡萄牙语:Lemba)、洛巴塔(葡萄牙语:Laobata)和帕盖(葡萄牙语:Pague)。① 除帕盖县在普林西比岛外,均在圣多美岛。

① 圣多美和普林西比,中国外交部网站 http://www.fmprc.gov.cn/mfa_chn/gjhdq_603914/gj_603916/fz_605026/1206_606162/ ,2013 年 7 月 31 日访问。

1975年7月12日,中华人民共和国政府与圣多美和普林西比民主共和国临时政府,根据两国的利益和愿望,通过友好协商,一致决定建立大使级外交关系。圣多美和普林西比民主共和国临时政府承认中华人民共和国政府是代表全中国人民的唯一合法政府。同年,中华人民共和国政府和圣多美和普林西比民主共和国政府,为了增进两国政府和人民之间的友谊,在平等互利的基础上发展两国间的贸易关系,达成协议了贸易协定。但是,1997年5月6日,圣多美和普林西比宣布同台湾"建交"。同年7月11日,中国政府决定中止同圣多美和普林西比的外交关系,直到现在中国政府还没有与圣多美和普林西比建立外交关系。

此外,2008年第10届萨赫勒—撒哈拉国家经济共同体首脑会议在贝宁首都科托努召开时,毛里塔尼亚、肯尼亚、圣多美和普林西比三国正式加入萨赫勒—撒哈拉国家经济共同体,从而使该组织成员国从原来的25个增加至28个。萨赫勒—撒哈拉国家经济共同体成立于1998年,为非洲最大的地区经济共同体,覆盖了45%的非洲土地和非洲近一半的人口,其总部设在利比亚首都的黎波里。该组织的宗旨是加强成员国间的政治和经济合作,维护地区安全,促进地区一体化建设。圣多美和普林西比还是非洲联盟、中非国家经济共同体、葡语国家共同体成员国和法语国家组织成员国。

二、圣多美和普林西比投资法的法律渊源

(一)历史渊源

早在15世纪70年代,葡萄牙人就到达了圣多美和普林西比,将其作为奴隶贸易的据点,1522年沦为葡属殖民地。十七八世纪为荷兰、法国占领。1878年再度为葡统治。1951年成为葡的海外省。1960年圣多美和普林西比解放委员会成立(1972年易名为圣多美和普林西比解放运动。1990年又改名为圣多美和普林西比解放运动—社会民主党,简称解运),要求该国无条件独立。1974年葡当局同圣多美和普林西比解运达成独立协议。1975年7月12日宣告独立,定国名为圣多美和普林西比民主共和国,曼努埃尔·平托·达科斯塔任总统。独立后曾长期由圣多美和普林西比解放运动(简称解运)一党执政。1990年8月实行多党制。

圣多美和普林西比建国后,被联合国公布为世界最不发达国家之一,它也是以种植可可等经济作物为主的农业国。其独立后曾长期实行以国有经济为主的经济政策。1985 年开始实行经济自由化。1987 年实行经济结构调整计划。1985 年至 1995 年经济年增长率为 1%。20 世纪 90 年代末期经济略有起色。2000 年 4 月,圣普(最好用全称)与国际货币基金组织签订减债和经济增长三年计划,并出台了《2000 ~ 2003 年优先行动计划》和《2000 ~ 2005 年中期发展战略》,采取降低关税、修改投资条例及建立自由贸易区等一系列措施吸引外资、促进经济发展。2001 年至 2005 年经济增长率保持在 3% ~ 5%。2005 年,圣多美和普林西比政府继续实施结构调整计划,通过推行税收改革、鼓励私营部门发展等举措,努力保持宏观经济稳定。2002 年 2 月,圣多美和普林西比—尼日利亚联合开发局与美国等能源公司签署联合开发区第一区块石油分成合同,圣多美和普林西比获得 4920 万美元签约金。这是该国取得的第一笔石油美元。

2010 年,圣多美和普林西比政局基本稳定,国际货币基金组织、世界银行、欧盟和葡萄牙等继续向圣多美和普林西比提供援助,圣多美和普林西比货币与欧元实行挂钩,经济保持一定增长。圣多美和普林西比解放运动政府为重建和振兴国家经济采取了经济政策,进行了一系列宏观经济和结果改革,国内的经济得到了较大的发展。同时为了吸引外资,其还开展对外贸易,出口产品为可可,此外还有咖啡、椰干、棕榈仁等;主要进口粮食、燃料、工业产品和日用消费品;主要贸易伙伴为葡萄牙、荷兰、法国、比利时、安哥拉等。

(二)形式渊源

由于在殖民主义统治时期,欧洲宗主国在非洲殖民地附属国推行本国的法律制度,同时,在不妨碍宗主国根本利益的条件下,在某些领域适当保留了当地原有的法律和习惯,因此,今日圣多美和普林西比的法律渊源就包括两部分:殖民时期宗主国所强制推行的本国法律和保留下来的当地传统法律和习惯。

1. 国内法方面的渊源

(1)制定法

圣多美和普林西比的现行《宪法》于 1990 年 9 月颁布,其中规定:

圣多美和普林西比是一个独立的主权国家,是建立在基本人权基础上的民主法治国家。政教分离、司法独立。总统是国家元首、武装力量总司令,由普选产生,任期5年,可连任一届。总统有权任免总理、解散议会以及颁布法律、法令和命令等。

该国法律渊源还包括一般法(general law),它是最初由葡萄牙殖民者在非洲移植,后被非洲独立国圣多美和普林西比确认而成为现代非洲国家一部分的英美法(普通法)或大陆法。另外,还有《劳动法》和《税法》。

(2)司法判例

圣多美和普林西比受到葡萄牙等英美法系国家的影响,圣多美和普林西比的司法机关并不排斥对司法判例的运用,所以,司法判例也是圣多美和普林西比投资法律的渊源之一。

(3)习惯法

习惯是无论何种法律文化背景下都存在的一种法的渊源。[①] 习惯法作为非洲国家法律渊源之一,圣多美和普林西比也不例外,圣多美和普林西比的各个群体大都有其自己的规范和习惯。

2. 区域性、国际性法律渊源

区域性、国际性法律渊源主要包括双边条约和多边条约。圣多美和普林西比为了更好地与周边国家和其他国家进行经济交往与合作,签订了一系列的协定和条约。例如:同法国签有经济文化等合作协定。2006年6月,美国同圣多美普林西比达成协议,美军方将在圣多美和普林西比设立一个区域性海洋监测中心。2007年11月,美国与圣多美和普林西比签署了为期2年的"千年挑战账户"开始计划协议,该计划将为圣普提供870万美元的援助,用于政府实施税务改革、发展私有化等措施。另外,圣多美和普林西比同尼日利亚在2001年正式签署关于共同开发海上混合专属经济区的协议,并于2002年成立石油开发部长级联合委员会。

---

① 张文显:《法理学》(第3版),高等教育出版社、北京大学出版社2007年版,第93页。

三、外资进入的条件

(一)投资主体与企业形式

圣多美和普林西比的投资主体可分为两类投资主体:本国投资者和外国投资者。“本国投资者”是指在圣多美和普林西比投资的圣多美和普林西比公民或在圣多美和普林西比永久居住的外国公民,其中包括政府、公营企业和父母是圣多美和普林西比国民而且愿意被当作本国投资者的外国国民;“外国投资者”是指在圣多美和普林西比投资的外国国民或企业,包括在外国永久居住并愿意被当作外国投资者看待的圣多美和普林西比人。

圣多美和普林西比的投资企业形式有以下几种:(1)独资经营,外国投资者可以在圣多美和普林西比进行现金或其他形式的投资。有意独立投资的外国投资者应提供一定的现金投资和/或其他形式的投资,作为企业的启动资本。(2)在圣多美和普林西比或国外建立商业机构。(3)根据有关法律建立公营企业。(4)根据有关法律建立商业合作社。

(二)投资范围与投资环境

独立初期的非洲各国由于经济发展的道路不同,它们对外资的法律政策不尽一致。而且即使是同一个国家不同时期对待外资的政策也不尽一致。在投资法领域,为了发展经济,许多国家相继颁布了新的投资法律法规。在对外政策方面放弃了过去以国有化、本土化、非洲化为手段的对外资的限制和打击政策,采取各种形式吸引和鼓励外资流入非洲。尤其是20世纪90年代中期,非洲国家采取了更优惠的政策吸引外资,有的国家甚至开放了除军工以外的所有经济领域。无论是非洲大陆法系国家还是非洲普通法系国家,在外资法律规定方面都采取的是成文法形式,它们先后制定了一系列的法律、法令和条例,而且随着情况的变化不断加以修改、补充和完善。

在圣多美和普林西比进行投资的大多是葡萄牙人,也有少部分安哥拉人,以及来自尼日利亚和喀麦隆银行的外汇投资。圣多美和普林西比对外商投资的范围作了较详细的规定,积极鼓励外国投资者到圣多美和普林西比投资,或者开展与圣多美和普林西比的合作计划,不断

地扩大外商投资的私人企业的经济活动范围。对于投资范围,圣多美和普林西比作出了以下几方面规定:

(1)允许外商投资的范围:除为政府保留、要求与政府合资、为圣多美和普林西比人和其他本国投资者保留的领域之外的所有投资领域,均对外国投资者开放。优先投资领域有农业,渔业,旅游业。农业是该国的经济主导部门,占据国家经济的70%,占国内生产总值的20%。临靠海岸的圣多美和普林西比,渔业在整个国家经济中也扮演着重要的角色。旅游业在圣多美和普林西比是一个新兴的产业,虽发展缓慢但值得注意,吸引了来自欧洲和非洲的游客。

(2)禁止外商投资的范围包括:矿产或石油资源的勘察、勘探和开发,因为这些都是国家的重要自然资源,关系到国家的主权、经济的稳步发展与政局的稳定状态。

(3)有些投资领域是专门留给圣多美和普林西比国民的:银行、保险以及小额贷款及储蓄服务;转运及航运代理服务;广播与媒介。

圣多美和普林西比的投资环境分析:

优势:

- 存在多党派民主政党。
- 优越的地理位置离西非海岸,在几内亚湾油区附近。
- 包括石油等大量的自然资源。
- 没有种族、宗教或语言分裂。

劣势:

- 贫困和高成本的基础设施(道路,港口,机场,电力)。
- 行政能力弱。
- 劳动力水平低下。

投资机遇:

- 农业(可可,鲜花,水果和蔬菜出口)。
- 探险和生态旅游。
- 渔业资源。
- 区域转途程运输。
- 石油加工服务。

(三)资金要求

圣多美和普林西比政府为了吸引外资,不断降低投资额,几乎不设限。允许外商拥有不动产和不受限制地雇佣外籍人员。资金投入可涉及多个方面:本国或外国货币、流通证券、机器设备、房舍、创办资本、产权、专利权或其他企业资本。所以,最低资本出资不必是现金或有形财产,知识产权和其他权利也可用于投资。这些规定都降低了投资者设立公司的门槛,有利于吸引投资者,增强其投资的积极性。

(四)投资许可

外国投资者在圣多美和普林西比注册公司可以直接在该国找人代理申请,支付代理费用就可以全部办好。除了公司注册外,另外一个很重要而且必需的手续是投资许可,投资许可的办理比公司注册手续要复杂和难办得多。投资许可的申请手续除向投资与发展署提交公司注册文件外,还需提交公司最低注册资本证明、投资人投资证明、雇佣员工证明、环保证明或其他一些证明。

外国投资者(被当作国内投资者的外国公民,圣多美和普林西人的除外)、在有资格享受鼓励措施的领域投资的本国投资者以及以合作关系进行投资的本国和外国投资者都需要持有投资许可。另外,外国投资者若想购买一个现有企业并按目前状况经营或者打算购买一个现有企业的股份,都必须事先取得管理局的批准。投资者要取得投资许可证,应先主动向投资管理局提交投资许可的申请,履行相关的程序。投资许可证的有效期为一年,每年都应该更新。规定许可证应每年更新,直至开始销售产品或者提供服务。并且,投资者每6个月须向投资主管机构提交有关项目实施的进度报告。申请者更新投资许可证的申请至少应当在许可证一年有效期届满的一个月以前提出。投资主管机构若对项目推迟投产或完工的充足理由感到满意,便应当更新许可证。如果投资者有不当行为,投资主管机构可以视情况中止或吊销其投资许可证。

(五)投资企业设立程序

设立投资企业的有关程序为:投资者或投资者代理人备妥上述申请投资许可证的文件和资料—填写投资申请表—投资委员会法律专家和环境专家对项目可行性进行评估—合格后评估负责人审核—交公证

机关对有关文件进行公证—公证后的文件交回投资局登报公告—投资委员会颁发投资许可证和工商登记证—投资设备到位后,由投资委员会进行评估—投资委员会发放营业执照。

四、对外资经营活动的管理

(一)投资管理机构(应主要阐述该机构的组成、规则、程序等)

在圣多美和普林西比投资,除需要得到圣多美和普林西比国会的批准外,再进行一个合同式的签订即可。为了吸引外资,圣多美和普林西比为投资者着想,不断简化审批程序,为投资者提供了极大的便利。投资申请和奖励可以采取事先咨询或在实际应用过程中形成,必须将六份申请提交给经济规划管理局。投资者必须完成以下内容:

1. 提交一份包括该投资项目可能受到的宏观经济影响以及通常使用在项目分析报告里的其他经济和金融指标的分析。

2. 提交经主管机关行政协议的建议、评估,说明该投资项目的目标、宗旨、义务,保证和预期效益。

外国投资者可做相应规定的投资;本国投资者在可享受优惠的领域内所做的投资;本国与外国投资者的联合经营。

(二)劳工管理

圣多美和普林西比对外国投资者雇佣外籍劳动者方面的条件相对宽松,没有要求外国投资者一定要雇佣当地的圣多美和普林西比人,也没有相关的劳工限制。

五、对外资的保护与鼓励

圣多美和普林西比自建国以来,一贯坚持实行对外开放,不断放宽投资政策,改善投资环境,加强投资管理和服务,积极吸引外国投资者来圣多美和普林西比投资。

(一)关于国有化与补偿方面保证

对于投资的国有化及补偿方面,圣多美和普林西比不断地完善法律法规,严格依照圣多美和普林西比宪法,承认只有在公共利益要求的情况下才能对投资进行征收或国有化,对于国有化有着严格的要求。任何投资都不得征用或收归国有,除非公共利益需要这样做。在公共利益需要这样做的情况下,也应该依照法律的要求行事。

(二)对外国投资的鼓励与优惠

1. 税收优惠(这一部分的内容有些不清楚)

对于外国投资者的贷款、外汇使用和资金汇兑方面,圣多美和普林西比都给予了充分的保证。为了鼓励私人投资和促进外国资本与技术进入国内,圣多美和普林西比给予外国投资者很多税收方面的优惠。具体的优惠措施如下:

(1)外国投资者可享有从缴纳上税后的,被授权的国外转移利润免征企业所得税,保留作为公司储备资金。

(2)外国投资者可享有有权转让税后的收益利润,最多可达到每年10%的外资投资比例。

(3)免除从银行中涉外投资项目的进入交易税。

2. 经济特区的优惠

1998年,圣多美和普林西比政府通过立法,授权两个岛屿建立自由贸易区,允许外国公司进口材料的商品出口到其他市场制造免税。

国家立法建立的三个免税区:圣多美和普林西比机场——用于商业活动和援助提供给国家机场,包括基础设施项目;在普林西比港—以石油为援助活动,并在几内亚湾海上航行;海洋—离岸银行业务和其他活动。

圣多美和普林西比有几项在自由免税区的特殊政策:

(1)在自由免税区里投资贸易,十年内免除所有的税收。

(2)免除非本国国民税收的股息、利息或服务报酬。

(3)免除所有在圣多美和普林西比的关税和进出口税。

(4)由企业自由支配自己的活动范围内的外汇。

(5)简化通关手续。

3. 对投资的保护

按照《圣多美和普林西比共和国宪法》第47条第2款的规定,国家征用只允许在以公共利益为目的的前提下进行或只有在法律范围内进行。此外,根据《民法典》1308条,除非在法律规定下,任何人不得被剥夺全部或部分财产。当公共利益征用情况发生时,充分的赔偿必须支付给所有者。事实上,自独立以来一直没有对外国投资者的资产予以没收案件。

根据《圣多美和普林西比共和国宪法》第46条,国家保护知识产权,包括著作权权利。该工业产权的保护是由总统令设有的。

六、投资争端解决

投资争议,是指外国投资者和东道国在内的相关各方在涉及投资有关的问题上所产生的分歧与争执,这既包括国内外私人投资主体之间的争议,也包括外国投资者同东道国之间的争议。正确处理这类涉外投资争议是改善圣多美和普林西比投资环境的一个重要举措。

在圣多美和普林西比有三种渠道来解决与投资有关的纠纷:(1)通过该国的国内司法系统;(2)在圣多美和普林西比国内进行仲裁;(3)选择国际仲裁。其中,第一种是投资者的首选,但是由于该国的司法体系较为薄弱,可能会造成程序上的过分拖延。第三种仅提供给那些初次与政府有过合约规定的外国投资者,他们可将任何争端通过国际仲裁的方式来予以解决。1997年,在《葡萄牙—圣多美和普林西比的双边投资条约》中就允许投资者可以选择在对方的国家来解决投资争议,或者投资双方可以通过解决投资争端国际中心(ICSID),以谈判的方式来解决与其他国家的争议。若投资双方无法以第一种渠道来解决,则可以采用第二种渠道(参见第9条)。

但是,由于圣多美和普林西比不是ICSID的缔约国,所以ICSID公约的争端解决规定不能直接适用于圣多美和普林西比国民之间的纠纷。尽管如此,ICSID附加的便利规则将会授权ICSID秘书处来管理国家之间或国家与个人之间的ICSID协议,其中包括采取调解的手段或为投资当事人之间争端解决提供某一非缔约国的仲裁程序规则(诸如圣多美和普林西比)。

其余规定是国内的仲裁。2006年9月《自愿仲裁法》,该法建立的仲裁中心,与一个由圣多美与普林西比的商会,农业和工业任命三名法官至少一位在圣多美市工作。根据该法第1条(仲裁协议),仲裁适用于下列情况:

• 任何争端,不涉及农业,商业,工业或服务性质不可剥夺的权利,并且不保留向法院提起诉讼或根据具体立法强制仲裁,可以提交由当事人自愿仲裁的仲裁协议手段。

• 仲裁协议的对象可能是目前的争端,其中包括已经提交给法院(仲裁承诺),或潜在纠纷合同或非合同法律关系(仲裁条款)所引起的纠纷。

• 国家和公法管辖的其他实体可能订立的仲裁协议,如果通过具体的立法授权,或者如果他们的对象纠纷涉及私法。

• 仲裁协议必须符合宪法原则和民法。

七、结语

综上所述,圣多美和普林西比的投资环境仍有待改进,如国内的高技术工人非常缺乏、基础设施不发达、司法部门效率低。但是,给人以希望的是,与以前的投资法律法规相比,圣多美和普林西比现在的相关法律法规是不断在追求进步与完善的。相信随着经济的日益发展,前往圣多美和普林西比的投资者会越来越多,圣多美和普林西比也会不断地完善其投资法律和政策,为投资者提供良好的投资环境。

(刘浩,中国政法大学国际法学院博士生)

布隆迪投资法

刘　浩

目　次

一、布隆迪简介

布隆迪,全称"布隆迪共和国"(The Republic of Burundi),位于非洲中东部赤道南侧,国土面积27 834平方公里,人口约800万;北与卢旺达接壤,东、南与坦桑尼亚交界,西与刚果(金)为邻,西南濒坦噶尼喀湖。境内多高原和山地,大部由东非大裂谷东侧高原构成,全国平均海拔1600米,有"山国"之称。西部刚果尼罗山脉贯穿南北,形成中央高原,海拔大多在2000米以上,为尼罗河和刚果河(扎伊尔河)的分水岭;裂谷带地势比较平缓。境内河网稠密,较大的河流有鲁齐齐河和马拉加拉西河,鲁武武河是尼罗河的源头。

布隆迪国家经济以农业为主,农业人口占全国人口的90%。农业以粮食为主,主要粮食品种为水稻、玉米、云豆、红薯、木薯、饭蕉。咖啡、茶叶是布隆迪最主要的外汇来源,分别占布隆迪出口总额的70%和15%。布隆迪工业基础非常落后,除啤酒、饮料、蔗糖及小油漆化工外,没有什么有规模的工业企业。电力严重不足。国内交通几乎全部依靠公路运输,商品进出口须通过坦桑尼亚达累斯萨拉姆港或肯尼亚的蒙巴萨港转运。境内有国际航空站,没有铁路。电话通信可通达世界各国。水电能源紧缺。地下除有镍土矿(因缺乏冶炼能源尚未开采)外,其他矿产储量很少。机械、金属建材、纺织、日用轻工、燃油、农用物资等产品需全部依赖进口。据国际货币基金组织评估,2008年布隆迪国内生产总值增长4.8%,通膨率为22%,高于原预计的14%。布隆迪是世界最贫困的重债穷国之一,资源少,教育水平低,经济落后,人均年收入为100美元左右。

布隆迪于1993年10月至2005年7月,经历了12年的内战,基础设施遭到严重毁坏。2005年8月,经全国大选成立民选政府以来,政权稳定,社会基本安定,布隆迪在国际社会的大力援助下,为恢复社会和经济重建,正采取积极措施吸引外来投资,大力发展经济。2005年9月,经国民议会审议批准,颁布了新的投资法,对在布隆迪免税区内投资办厂的外国投资者给予更多的政策优惠。

二、布隆迪投资法的法律渊源

(一)历史渊源

约在16世纪中叶,布隆迪已建立王国,以放牧为生的图西人到此建立了对当地胡图人农民的统治。17世纪中叶,布隆迪王国开始向外扩张,到19世纪上半期,国王恩塔尔·鲁加安巴统一了布隆迪大部分地区,并占领了今卢旺达南部与坦桑尼亚西部的一些地区。但是这个王国未能建立中央集权的统治制度,长期处于分散割据状态,王子(甘瓦)在领地上享有政治和经济特权。

直到1900年,布隆迪国王(姆瓦米)只能有效控制国内一半领土,其余领土分属半自治的酋长控制。这一时期布隆迪王国的统治是以一种独特的封建保护关系为基础,即"保护人"将一定数量的土地或牛群分配给农民和牧民经营,向他们征收一部分收成,并强迫其服劳役。农牧民实际上处于农奴地位。国王姆瓦米是最高保护人,全国土地都属他所有。这种封建保护制度一直维持到1976年才废除。

19世纪下半叶,布隆迪政府和人民抵制阿拉伯贩奴商人和欧洲探险家的侵略活动,使外来殖民者未能在此立足。1885年,柏林会议(1884~1885)决定将布隆迪划为德国势力范围;1890年,德国将布隆迪并入它的“东非保护地”,1896年又在布琼布拉设立兵站,不断派出远征军侵夺各地。1899年,德国把布隆迪和卢旺达合并,改称卢旺达—布隆迪,划归德属东非殖民地,实行间接统治。1903年6月6日,布隆迪国王被迫与德国兵站指挥官签署协议条款,接受德国的保护,从此丧失独立。

(二)形式渊源

在鼓励投资的经济立法方面,布隆迪政府主要有两个法规:一是1987年颁布的《投资法》,二是1992年颁发的《免税区法》。《投资法》近年来主要在划分优惠企业的标准上陆续作了一些修改,基本框架没有变化,而《免税区法》则在2001年7月作了较大修改后重新颁布。

三、外资进入的条件

(一)投资主体与企业形式

在布隆迪设立或扩建企业,可根据投资额大小、有关业务范围以及可能提供就业人数的多少,采取下述四种体制之一:普通法体制、优先企业体制、专门协议企业体制或地方企业体制。主管部门是布隆迪贸易、工业与旅游部。

(二)投资范围

根据《投资法》和《免税区法》,凡在布隆迪投资的外国企业,在布隆迪设立商业类、生产类和服务类企业时,均可依法申请享有免税区的各项优惠。免税区企业分为4类,即农牧业类、工业和手工业类、商业类与服务业类。免税企业必须符合以下四项标准:(1)农牧业类、工业和手工业类及服务业类的企业,其产品必须全部出口;(2)农牧业类、工业和手工业类的企业,必须有显著的附加值,具体标准由各部制定发布;(3)所有企业必须符合有关环保、健康和公共卫生要求;(4)商业类企业在从事贸易时,需将进口商品原样或包装后转口时,其商品目录需由工商部审定。

（三）资金要求

1. 普通法体制

投资额低于规定的最高投资额时(新建企业为2000万布隆迪法郎，扩建为1500万布隆迪法郎)，任何自然人或法人建立或扩建现有企业只能按普通法规定，办理商业注册、递交公司章程等手续，并履行成为商人的其他条件。上述企业的合法存在，只要求企业遵守现行普通法条例，并向国家投资委员会秘书处提交计划投资的研究报告，而不要求其履行其他义务。

2. 优先企业体制

当投资额等于或超过2000万布隆迪法郎，并欲在农业、工业、手工业、旅游业和运输业方面创办企业及面向出口的企业，必须将投资项目的有关法律、经济、技术、财务文件呈报主管计划的部长批准。这些企业同时具备下列条件时，在布隆迪共和国领土上被认为是优先企业，可申请特别优惠。其条件是：无论在资金还是技术方面均能提出满意的保证。保证优先招聘和培训布隆迪籍人员。在"委员会"认为是优先发展的部门建立和扩大的企业。直接或间接地有助于实现社会经济发展计划所确定的目标。提供长期就业岗位。通过替代进口，或扩大出口的方式有助于改善贸易平衡。促进技术推广和发展，尤其是技术在当地的使用。在社会经济发展方面有助于地区平衡。遵守主管计划部长规定的投资法实施方式。

所有优先企业可8年内全部或部分免除利润税和不动产税、土地税、工资定额税。地方企业和4年以上的慢性成熟项目全部或部分免除设备进口税和5年之内的原料进口税。出口企业可免除出口税、免除设备进口税和5年之内的原料进口税、退回原料和出口产品的中间商品的进口税、国内税和保证金(退税)。

如果科研或发明成果使生产率提高，可退还25%的科研发明费；如果新产品的制造有利于使用当地原料或使贸易平衡，上述规定也同样适用。

优先企业的批准在征求"委员会"同意并经过内阁会议讨论后由主管计划和财政的部长发表联合命令作出决定。优惠期结束后，企业回到普通法体制。

3. 专门协议企业制度

当一个企业符合优先企业的各项条件，提出的项目又被认为对国家具有极其重要的意义，能提供大量就业岗位时，该企业除能获得优先企业享受的优惠外，还可得到一种专门协议优惠，保证该企业在直接税特别是所得税和实物税方面享受稳定税制。该优惠10年内不变。专门协议企业必须具备下述条件之一，经法令批准方能生效：(1)能够提供100～150个就业岗位的工业企业、农业企业或是农业—工业企业；(2)投资额不低于5亿布隆迪法郎的农业企业或农业—工业企业，或投资额不低于10亿布隆迪法郎的工业企业。此外，当协议投资额达到上述金额时，该企业可与政府谈判专门协议，享受其他补充优惠。

4. 地方企业体制

地方企业是指设立在布琼布拉市及市郊范围之外的优先企业或专门协议企业。这种体制旨在使投资不过于集中在首都和保证各地区的平衡发展。除享有上述优惠外，地方企业还可享受将上述对优先企业的减免税优惠期延长至10年。在免税期间，股息分配总额可达企业总股本的40%，由国家负担超出布琼布拉市及市郊企业的水、电价格的部分费用，但期限不得超过5年。免税期后减征45%至35%的利润税，无偿提供土地，提供中长期优惠信贷。地方企业的审批，可由主管计划部长和财政部长的联合命令或由一项法令决定。

(四)审批程序

1. 审批目的和作用

国家投资委员会主席可主动或应委员会成员的要求召见项目发起人或由专业人员就项目有关问题进行咨询。国家投资委员会每两个月召开一次会议，制定其内部条例。委员会秘书处由主管计划的部长负责。国家投资委员会对下述问题有资格发表意见。

2. 审批机构

在布隆迪投资注册企业，需要确定设立企业的形式。外国投资者在布隆迪可申请设立独资企业、合资企业和私营企业。受理机构为布隆迪司法部、工商业部和财政部。

3. 审批范围

外国投资者欲在农业、工业、手工业、旅游业和运输业领域投资时，必须将投资项目的技术、法律、经济和财务文件呈报布隆迪计划部，经主管计划的部长批准，再由他送交国家投资委员会审批，之后由计划部将批准的决定通知投资者。

4. 审批标准

——有关在布隆迪投资政策的任何问题；

——投资项目的经济活动部门的优先或非优先性问题；

——企业所属的体制问题；

——可以向企业提供的优惠条件；

——委员会建议的企业所属体制以及提供与该体制有关的优惠条件；

——总统府计划部长关于改变企业体制或修改企业已享有的优惠条件的建议。

5. 具体程序

首先，申请人要向司法部递交生产类或商业类企业注册申请书，并附申请人授权书1份（经公证的文件），公司章程2份。司法部根据申请的经营内容，会同有关主管部门审核批准。例如，主要经营范围为土建工程，由司法部征求工程部意见；主要经营范围以贸易为主，征求工商部意见。一旦获得工程部或工商部主管部门同意，申请人必须将司法部出具的无犯罪证书和银行存款证明附在申请文件上。上述文件经司法部总局长审阅后，即由司法部部长办公室送交该部下属的公证处准备同意公司注册的部令。部长签署后，再送公证处，申请人交纳印花税后，经部长办公室盖章，文件即生效。

其次，申请人取回部令后，向商业法庭递交部令，附上一份公司章程和一份注册申请书，交纳15000布隆迪法郎，即可得到一份商业企业注册文件。

再次，得到商业企业注册文件之后，申请人须向财政部税务总局申请办理税务登记号，附上公司章程一份。经税务检察官、收税员、税务局长共同审查，签字后发给一个税号。

最后，申请人要把企业注册文件、税号证明送到工商业部内贸局，附上申请企业证的申请书，领取一张空白的商业企业证（相当于国内的营业执照）；再到布琼布拉省政府购买2000布隆迪法郎的印花税票；然后持贴有2000布隆迪法郎印花税票的空白商业企业证到工商业部内贸局填写一份申请表格,内贸秘书在空白商业企业证全部打印好之后,贴一张企业法人照片,送内贸局长签字。这样整个商业企业注册和商业企业证书手续才算完成。

整个注册和领到证书的时间约为一个月。

四、对外资经营活动的管理

(一)购销业务管理

1. 物资采购(国内采购)

2. 产品内外销售

特殊情况下,如确认其产品在国际市场无法销售时,由免税区协商委员会建议后经工商部长批准,免税企业可以在当地销售其部分产品,条件是:当事人提出的申请要说明拟在当地销售的产品的性质和数量;拟在当地销售的产品不超过前一年总产量的15%;在海关交付当地商品应缴纳的服务税和各种税收;商业类免税企业不得在当地销售其产品,但如国内市场出现严重短缺商品时,工商部长可以指定当地进口商在一定时期内在商业类免税企业采购特定数量的商品以弥补市场存量。

(二)劳工管理

1. 雇佣外国人的限制(移民)

外国公民在当地开办企业、商店开展经营活动的,在布隆迪出入境管理局办理2年以上(含2年)的长期居住证即可,不需要办工作证,但办理2年居住证时,每人需交纳150美元的居住签证费和1250美元的保证(押)金,2年期满,如最终离境,布隆迪出入境管理局凭最终离境签证,退还1250美元的保证(押)金;如2年期满,需再延长2年,则另交纳150美元。

外国公民受雇于当地企业的,除由当地企业交纳保证(押)金办理长期居住证外,需在当地劳动保障部门办理劳动保险,费用分别由雇佣企业和受雇个人按比例缴纳劳动保险金。

2. 雇佣当地职工要求

根据布隆迪劳动法规定,工人每天工作8小时,每周工作五天半,为44个小时。雇主一般不得在星期日和节假日安排雇员加班,如需加班,下周应给予补休。经劳动总监同意的加班时间应支付额外报酬;超过每周合法工作时数的头两个小时应增付30%的报酬,而后每小时增加50%。劳动者有权享受年度休假,全年带薪休假合计20天,在同一单位工作每满5年增加一天休假。休假期内,劳动者有权享受不低于休假前日报酬的津贴,如有实物补贴,则应加上实物补贴。此外,劳动者遇以下情况,可请事假:婚假可请4天事假;妻子生产可请4天事假;配偶、父母等直系亲属去世可请4天事假;孩子结婚可请4天事假;劳动者调动工作需搬迁可请4天事假;祖父母去世可请2天事假;兄弟姐妹去世可请2天事假。女职工有权享受12周(需要时可延长至14周)产假,其中8周必须在产后休息。

此外,劳动者享受各种法定假日:

关于各类职工的最低工资标准,由于通货膨胀的缘故,每年都有变动。举例来讲,一般熟练工人每天的工资在500~600布隆迪法郎左右,工龄十年以上的熟练工人每月工资可达到4万~4.5万布隆迪法郎。

关于社会保险:向国家社会保险局支付保险费为工资总额的7.5%,其中4.5%由雇主负担,3%由职工自己负担。职工生病或发生事故,雇主必须提供医疗和报销药费。因生病或发生事故职工不能工作时,职工有权领取2/3的工资。

3.其他劳工方面的要求

工作时间方面:公职人员每周工作40小时。私营企业每周工作44小时,如节假日需要加班,顾主应征得雇员同意;加班工资按日标准工资的200%支付。

工资方面:普通工的最低工资标准每天不得低于800布隆迪法郎,普通技工每天800~1000布隆迪法郎,高级技工每天1500~2000布隆迪法郎,工程师月工资为15万~30万布隆迪法郎。

劳工分类方面:劳工可分为日工、临时工、非固定工和固定合同工。日工、临时工、非固定工均为短期雇佣的劳工,工资可按日、按周或按月发放。固定合同工按月发放。

社会保险方面:雇主应为长期固定合同工办理社会保险,企业应每月向国家社会保险局支付保险费,费率为工资总额的7.5%,其中

4.5%由雇主负担,3%由职工自己负担。职工生病或发生事故,雇主必须提供医疗和报销药费。因生病或发生事故职工不能工作时,职工有权领取2/3的工资。

劳动合同的确立方面:经劳资双方协商一致后即可订立劳动合同。合同必须符合布隆迪现行法律法规。合同期满后双方愿意,可续签新的劳动合同。劳动合同在有效期内,劳方如无重大过错,资方不得无故解除,但双方协商同意解除的除外。如一方无正当理由而自行终止劳动合同的,需向另一方赔偿损失。妇女在怀孕或哺乳期间,资方不得解除劳动合同。

(三)财务和资金管理

本部分内容法律上无相关规定,内容略。

五、对外资的保护与鼓励

(一)关于国有化与补偿方面保证以及关于外国投资利润及原本汇出的保证

布隆迪对在其国土上设立生产性企业的自然人和法人保证其定居和投资自由。企业可分为以下几种:

1.布隆迪资本企业。无论所投入资本属布隆迪人还是外国人所有,只要这些资本是在布隆迪筹集的均属布隆迪资本。此外,虽然资金在外国筹集,但属于布隆迪人的资金亦应视为布隆迪资本。

2.外国资本企业。若外籍自然人或法人将在国外筹集的资金用于在布隆迪实现项目,则该企业被视为外国资本企业。

3.合资企业。若资本由布隆迪资本和外国资本共同构成,该企业则为合资企业。所投资的外国资本根据其投资比例享受与外资企业相同的优惠。

对上述各类企业已获得的动产和不动产所有权和合法经营活动将给予保障,不加任何歧视。凡在上述企业供职的工作人员,只要他遵守公共治安条例规定,均保证其定居或迁移自由。关于企业资本及其收益的转移权,只要遵守现行外汇管制条例,布隆迪不实行任何歧视。

企业只要遵守现行外汇管制条例,布隆迪对它们实行优惠政策,保证其:

(1)从布隆迪共和国银行获得外汇,以进口原料和企业正常生产所需的任何产品。

(2)从布隆迪共和国银行获得外汇,以偿还由于对布隆迪投资而向外国的借贷。

(3)企业的外籍职工工资可汇往国外。

此外,布隆迪还向外资企业和合资企业提供下列保障:享受免除利润税和不动产税,在 8 年内每年分配给股东的股息不超过总股本的 30%的范围,外资公司投入资本的报酬可以股息形式全部汇往国外;合资公司可按外资比例将其投入资本的报酬以股息形式汇往国外;在企业出让或停止经济活动时,外国资本可汇往国外。

外籍自然人和法人必须履行其有关义务,特别是有关税务和财会规则的各项义务。

(二)对外国投资的鼓励与优惠

1. 税收优惠

根据《投资法》和《免税区法》,凡在布隆迪投资的外国企业,在布隆迪设立商业类、生产类和服务类企业时,均可依法申请享有免税区的各项优惠。

免税区企业分为 4 类,即农牧业类、工业和手工业类、商业类与服务业类。

申请由免税区协商委员会审核,由工商部长签发免税企业许可证。

免税企业必须符合以下四项标准:

(1)农牧业类、工业和手工业类及服务业类的企业,其产品必须全部出口;

(2)农牧业类、工业和手工业类的企业,必须有显著的附加值,具体标准由各部制定发布;

(3)所有企业必须符合有关环保、健康和公共卫生要求;

(4)商业类企业在从事贸易时,需将进口商品原样或包装后转口时,其商品目录需由工商部审定。

2. 税赋优惠待遇

各类免税企业 10 年内免除利润税,从第 11 年开始以 15% 计征利润税(商业企业例外),如雇佣 100 位当地人则减为 10% 计征,如将其利润的25%以上再投资则在其应征额上再减10%。商业类免税企业从设立之日起征收1%的营业税,如雇佣20位当地人则减为0.80%计征。所有企业的股东红利免征税收。所有企业免征各种直接税和注册印花税,包括交易税、公司资本转移和登记税等。

3. 海关优惠待遇

所有企业均可免证进口质量符合布隆迪标准的物品。所有企业按其批准的目录进口的原材料、中间产品、辅料及设备,免除各种直接税和间接税。所有企业均可免证不计配额出口质量符合布隆迪标准的物品,但须履行现行的行政申报手续。所有企业出口免征各种直接税和间接税。

4. 其他便利

所有企业均应在当地商业银行开立一个以上外汇账户,按现行汇兑规定进行收付。在免税区投资的外国人可申请入境,亦可办理落地签证。在免税区投资的外国人可申请无限期居留证,其外籍雇员可申请有限期居留证。在免税区投资的外国人在48小时内可获得处境签证。

5. 劳动与社会保险规定

免税企业可依法按以下条件雇用和解雇:不足一年者为试用工,解雇须提前一周通知并补发一周工资;试用期后按聘用合同规定解雇,提前两周通知,补发两周工资并给予每年两周工资的补偿;工资待遇及聘用期长短可自由确定,但不低于最低工资标准。

每周工作时间为40小时,加班时间不得超过15小时并按下列标准计酬:前10小时为基本工资的1.5倍,后5小时为基本工资的2倍;周末及节假日前10小时为基本工资的2倍,后5小时为基本工资的3倍。所有企业均须依法为其雇员交付社会保险。免税区企业允许雇用外籍高级职员。免税区企业外籍职员免缴3%的工资税,但不免专业薪酬税。

6. 免税企业的一般义务

免税企业的义务有以下几点:(1)遵守现行法律法规;(2)培训当地雇员;(3)同等条件下优先录用当地员工;(4)所有产品只供出口;

(5)每年向工商部报告一次运营情况;(6)不损害环境,不违反法律法规;(7)不得进口违禁品、军用物资、危险品、易燃易爆物品、放射或有毒物品以及法律禁止的其他物品;(8)不得进口转基因有机物;(9)依法接受年检。

7.海关监管

免税企业免税进口的设备、原材料、中间产品、辅料及其他产品均须接受海关监管。免税企业的经营地点和场所包括进口物品的存放地点须报审批。除非经工商部长批准,免税进口的设备不得搬离指定场所。免税进口的原材料、中间产品和辅料以及企业生产的成品搬离指定场所须经工商部长批准,以下情况除外:供出口或转口;按规定在当地销售;部长下令销毁;已经部长批准迁移。

8.违规与罚款

以下情况均视为违规并罚款:私自将免税进口的设备、原材料、中间产品和辅料以及企业进口或生产的成品搬离指定场所;在指定场所之外拥有免税进口的设备、原材料、中间产品和辅料以及免税企业进口或生产的成品;免税企业不能证明缺少的免税进口的设备、原材料、中间产品和辅料以及企业进口或生产的成品,又拒不接受海关罚款;非免税企业或个人拥有免税企业进口的设备、原材料、中间产品和辅料以及免税企业进口或生产的成品,占为己有又不接受海关罚款。

9.许可证的撤销

出现下列情况工商部长有权撤销免税企业许可证:免税企业确认有上述违规行为者;免税企业被判对以下行为负责:(1)物品缺失而无法证明符合规定;(2)舞弊试图内销其全部或部分产品;(3)破产;(4)企业倒闭或停业时;(5)企业不遵守第六项所列之规定者;(6)企业违反本法之规定者。

10.外资的一些规定

非布隆迪永久居民或法人,均可创立免税企业或者收购和融资免税企业;外资投资设立免税企业须向工商部长和共和国银行发函,并通过其商业银行证明其资金的来源;外国投资人如出售其在免税企业的来源于国外的资本,可汇回其合法所得,国库征收汇出资本的2%;非常驻股东可自由免税汇出红利。

在特殊情况下，当确认其产品在国际市场无法销售时，由免税区协商委员会建议后经工商部长批准，免税企业可以在当地销售其部分产品，条件是：当事人提出的申请要说明拟在当地销售的产品的性质和数量；拟在当地销售的产品不超过前一年总产量的15%；在海关交付当地商品应缴纳的服务税和各种税收；商业类免税企业不得在当地销售其产品，但如国内市场出现严重短缺商品时，工商部长可以指定当地进口商在一定时期内在商业类免税企业采购特定数量的商品以弥补市场存量。

（刘浩，中国政法大学国际法学院博士生）

国际法

论海牙国际私法会议之《国际合同法律选择海牙通则草案》

甘　勇

目　次

一、引言

当事人意思自治原则是确定合同准据法的基本原则之一，是许多国内、国际立法有关合同法律选择的一般规定。但对于当事人意思自治原则的具体内容，即当事人如何能够有效选择合同准据法，以及当事人有效选择的合同准据法具有何种法律效果，有关国家或者缺乏具体规定，而留待司法实践加以解决；或者虽有相关规定，但这些国家的相关规定或实践并不一致。为促进当事人意思自治原则在合同选法中的适用，加强当事人意思自治选法规则的明确性、可预见性，海牙国际私法会议自2006年开始,进行国际合同选法国际立法的可行性研究。①历经多年研究谈判,终于在2013年4月,海牙国际私法会议的总务会初步通过了《国际合同法律选择通则草案》②(Draft Principles on Choice of Law in International Contracts)(以下简称《海牙通则》或者《通则》),在就当事人意思自治选择合同准据法相关问题的国际立法上,取得阶段性成果。③

在2007年到2009年的相关可行性研究的基础上,④2010年,海牙国际私法会议常设局成立了国际合同法律选择立法的工作组,进行相关国际立法。经过三次工作组会议,于2011年6月拟定《国际合同法

---

① See, Hauge Conference on Private International Law, *Conclusions adopted by the Special Commission on General Affairs and Policy of the Conference*(3 – 5 April 2006), No. 2 of Prel. Doc. No. 11 of June 2006, para. 2, http://www.hcch.net/upload/wop/genaff_pd11e2007.pdf.

② 对于《海牙通则》的翻译,学者有不同意见,如刘仁山教授翻译为《国际合同法律选择原则》,参见刘仁山:"国际合同法律适用中'意思自治原则'的晚近发展——海牙2012年《国际合同法律选择原则》介评",载第六届东海大学两岸国际私法学术研讨会:《两岸司法互助及区域私法冲突法制》2013年5月17日。

③ See, Hague Conference on Private International Law, *Conclusions and Recommendations of the Council on General Affairs*, www.hcch.net/upload/wop/gap2013concl_e.pdf.

④ See, T. Kruger, "*Feasibility study on the choice of law in international contracts-overview and analysis of existing instruments*", Prel. Doc. No. 22 B of March 2007; I. Radic, "Feasibility study on the choice of law in international contracts-special focus on international arbitration", Prel. Doc. No. 22 C of March 2007; Questionnaire addressed to Member States to examine the practical need for the development of an instrument concerning choice of law in international contracts, January 2007; Questionnaire addressed to stakeholders in the field of international commercial arbitration to examine the practical need for the development of an instrument concerning choice of law in international contracts, January 2007; Conclusions and Recommendations adopted by the Council on General Affairs and Policy of the Conference (1 – 3 April 2008); Feasibility study on the choice of law in international contracts. Report on work carried out and suggested work programme for the development of a future instrument", Prel. Doc. No. 7 of March 2009; Conclusions and Recommendations adopted by the Council on General Affairs and Policy of the Conference (31 March – 2 April 2009), available at www.hcch.net.

律选择通则草案》案文及评论(以下简称《工作组草案》),于2012年11月提交海牙国际私法会议特委会讨论,[①]并形成了提交2013年4月总务会的《海牙通则》(或者《通则》)的案文,以及相关的补充说明,获得通过。2013年11月,海牙国际私法会议又出版了《海牙通则评论草案》(Draft Commentary on The Draft Hague Principles on Choice of Law in International Contracts),[②]该文件在总务会通过的《通则》案文及相关补充说明的基础上,在相关条款增加了示例说明,逐渐完善《海牙通则草案》。

本文分为四部分,第一部分介绍了《海牙通则》的性质、目的;第二部分对《海牙通则》的主要内容进行了介绍,并对涉及的重要法律问题进行探讨;第三部分对《海牙通则》的贡献和启示予以简单评价;第四部分为结论。文章认为《海牙通则》对当事人意思自治规定周全细致,由于《海牙通则》本身不具有约束力的性质,对世界各国立法机关、法院和仲裁的实践以及国际商事活动当事人选择法律的实践仅具有示范和引导作用,同时,《海牙通则》也还存在着不足之处;但是这不会影响《海牙通则》的规定对各国的立法和司法实践产生积极的影响。

二、《海牙通则》的性质、目标

(一)性质

在《海牙通则》制定之初,对于将要制定的法律文件应该采什么性质,即采有约束力的法律文件还是无约束力的法律文件,一直是争论的问题。有约束力的法律文件就是公约(Conventions);而无约束力的法律文件,既可以是像罗马统一私法协会制定的国际商事合同通则一样

---

① 2012年11月12日至16日,海牙国际私法会议关于国际合同选法的特委会在海牙召开,与会各国政府代表和专家对海牙国际私法会议《海牙通则草案》及评论进行了讨论,瑞士代表格斯伯格教授被选为特委会主席,中国代表郭玉军教授被推选为特委会副主席。Report of the Working Group meeting (21 – 22 January 2010); Report of the Working Group meeting (15 – 17 November 2010); Report of the Third Working Group Meeting(28 – 30 June 2011); available at www. hcch. net.

② See, *Draft Commentary on Draft Hague Principles on Choice of Law in Internatioanl Contracts*, November 2013, available at www. hcch. net.

采通则(Principles)形式,还可以采示范法(Model laws)的形式,又或者采行动准则(Good Practice Guides)的形式。最后,无约束力的法律文件——“通则”形式为国际合同法律选择的起草者所采用。其原因主要有以下几个方面:第一,早在1980年,海牙国际私法会议的成员国就同意采用较国际公约约束力较弱的法律文件来进行相关规则的国际统一。① 第二,同样在1980年,国际商会商法与实践委员会(The Commission on Commercial Law and Practice)所设的工作组就向其国别委员会提交了关于国际合同选法的准则。该委员会认为,国际商事合同关系中当事人的争议常常引起法律适用问题,因此有必要拟定一些有关国际合同的冲突法规则供仲裁员在处理相关案件时适用。尽管当时的这一设想并没有得到实施而且仅限于仲裁领域,海牙国际私法会议认为经过30年之后,将这一设想重新加以考虑并将其应用到诉讼领域并无不当。② 第三,其他国际组织如罗马统一私法协会和联合国贸易法委员会的积极实践也表明,通则或示范法或行动准则在相关利害方中具有较高的信誉和可用性,海牙国际私法会议在统一冲突法规则方面具有100多年的经验,将这一经验用于发展这类不具约束力的文件,有助于发展有关国际合同的冲突法规则。③ 第四,从发展国际合同选法规则的操作层面上,海牙国际私法会议通过不具有约束力的法律文件来也有其实际上的苦衷。这主要表现为两个方面:一方面,由于很多国家都是这样或那样的有关国际合同法律选择的地区性公约缔约国,要求这些国家再加入另外一个有拘束力的全球性公约实际上是不可能的。这些国家由于已经是地区性公约的缔约国,所以也不会投入很大的精力来再度参与一个国际性的公约,何况有些实体法公约已经足以调整可能产生的许多问题。而且,即便海牙国际私法会议最终还是希望形成一个公约,制定不具有约束力的文件也能够作为制定公约

① See, Feasibility Study on the Choice of Law in International Contracts: *Report on Work Carried out and Suggested Work Programme for the Development of A Future Instrument*, Prel. Doc. No. 7, March 2009, para. 21, available at www. hcch. net.

② Ibid, para. 22.

③ Ibid, para. 23.

过程中的必要而有效的一环。[①] 另一方面,制定不具有约束力的法律文件可以免于条约谈判常常带来的种种限制和妥协,有助于保证《通则》的客观性、专业性;对相关国家不具有约束力也不会带来与其他公约冲突的风险,欧洲国家不用担心该法律文件和《罗马条例Ⅰ》的冲突,或者与其他海牙公约的冲突。[②] 而且,这样一个法律文件会成为国际合同法律选择规则统一化的一个参照,促进国际合同冲突法规则的发展。

因为上述原因海牙国际私法会议最终决定以无约束力的法律文件——"通则"作为模式,同时确定了与制定通则相适应的方法。这就是首先通过召开代表各法系法律专家的国际会议,来讨论和制定这样一个文件,最后经过海牙国际私法会议成员国的特别委员会讨论通过。特委会的讨论有助于这样的一个法律文件在未来可能被相关立法不完善的国家作为示范立法加以仿效。[③]

总而言之,海牙国际私法会议最终决定以通则这一无约束力法律文件的形式作为国际立法模式,是经过深思熟虑的选择,也是海牙国际私法会议尝试以更加多元的方法进行国际私法规则统一化的第一次实践。

(二)目标

从可行性研究开始,国际合同选法项目的目的是建立起统一的国际合同冲突法规则。[④] 后来,海牙国际私法会议逐渐将工作的重点确定为国际合同选法中的意思自治原则,而将当事人没有选法意思时的法律选择规则的制定留待以后。因此目前制定的《通则》主要目标有以下四个方面。

1.增加明确性

通过对意思自治原则及其例外情形作出明确规定来促进意思自治

---

① See, Feasibility Study on the Choice of Law in International Contracts: *Report on Work Carried out and Suggested Work Programme for the Development of A Future Instrument*, Prel. Doc. No. 7, March 2009, para. 24.

② Ibid, para. 25.

③ Ibid, paras 27, 28.

④ Ibid, paras 15 and 16.

原则在国际合同选法中的地位提升。如《海牙通则》前言所说,通则的目标是要"确立国际商事合同法律选择的一般规则",尤其是对"国际合同选法中当事人意思自治原则及其少数例外情形"进行规定。① 可以说,在国际合同选法领域加强意思自治的必要,是海牙国际合同法律选择项目的重要指导思想和推动力量。这一指导思想源于海牙国际私法会议这样的认识,即尽管当事人意思自治在国际上的地位渐渐得到承认,这一制度在各国的发展程度并不一致,甚至还存在较大差距。② 因此《通则》在整个起草过程中是以促进意思自治——当事人能够选择适用于其合同全部或者一部的法律——作为其主旨的。其目的是促进各个法律体系之间的协调,通过对意思自治和其有限的例外进行明确规定来加强法律的可预见性。③

2. 提供示范

以"通则"形式来制定这一法律文件,可以为相关国家的国内立法或者国际条约的制定提供示范,以及供国内法院解释、补充和发展相关法律时参考。

对于《海牙通则》作为非约束力法律文件对国内立法具有的示范作用,通则前言第2段专门申明:"本通则可以用作国家、地区组织、超国家组织以及国际组织制定相应法律或者公约的示范。"其强调了《海牙通则》既可以作为国际立法的模范,也可以作为未来修改相关法律的参考。《海牙通则》的评论指出《通则》可以有几个方面的作用:一是作为国际商事合同选法规则的世界模范;二是为各国立法者提供参考,以及为进行有关选法实践的专业人士提供帮助;三是如果委员会同意,也可以作为未来制定有约束力法律文件的谈判基础。④《通则》之所以在未来能成为发展相关的统一冲突法规则的基础的原因在于,通则制

① See, Preamble of Hague Principles on the Choice of Law in International Contracts.

② See, Permanent Bureau of the Hague Conference on Private International Law, Consolidated Version of Preparatory Work Leading to the Draft Hague Principles on the Choice of Law in International Contracts, Prel. Doc. No. 1 of October 2012, para. 9, available at www. hcch. net.

③ Ibid, para. 10.

④ Ibid, para. 11.

定工作组专家对专题的熟悉程度较高，其客观性、科学性也具有保证，能够在具体法律问题采取客观科学的立场；同时也有助于保证所制定的法律文件不会与现有的区域性国际条约产生冲突，尤其是欧盟的《罗马条例Ⅰ》，以及美洲国家组织关于《国际合同的法律选择公约》(以下简称《墨西哥公约》)(1994)。①

3. 辅助发展相关的国际私法规则

《通则》前言还进一步规定："本通则可以用于解释、补充和发展相关的国际私法规则。"由于世界上许多国家都只是一般性地规定意思自治原则，例如，规定因为国际合同而产生的权利应该由当事人选择的法律来确定，除非另有规定。所以意思自治在适用中可能产生很多具体的法律问题，比如，如果当事人没有选择某一个国家的内国法，而是选择了非国家法；又如，很多国家一般规定当事人的意思自治不能够违反强制性规则，但是对何种强制性规则不能违反的标准，则没有规定。对于这些问题，《海牙通则》都作出了相应的规定。这些规定对于法院或者仲裁庭在处理相关案件时，无疑是具有很好的参考作用的。

4. 促进国际商事争议解决尤其是商事仲裁

《通则》前言规定："本通则可以为法院所适用，也可以为仲裁庭援用。"通过制定有关意思自治选法的规则，《海牙通则》不仅有助于加深世界各国对合同选法中的意思自治原则涉及的法律问题的认识，更为重要的是对国际商事仲裁具有特殊意义。在《海牙通则》的制定过程中，就有讨论涉及是否应该分别制定适用于法院和适用于仲裁的两套规则，《通则》最终决定只采用了一套规则，另外在有些规则(如强制性规则和公共政策)因为仲裁和诉讼不同而有必要做出区分的时候则明确提及。② 由于仲裁作为争议解决方式的重要性和自治性，所以《通则》未来在国际商事仲裁中发挥重要作用是完全可以预见的。

---

① See, Permanent Bureau of the Hague Conference on Private International Law, Consolidated Version of Preparatory Work Leading to the Draft Hague Principles on the Choice of Law in International Contracts, Prel. Doc. No. 1 of October 2012, para. 13.

② See, Report of the Working Group (15 – 17) November 2010 (hereinafter Report of Meeting No. 2), available at www. hcch. net.

三、《海牙通则》的主要内容

《海牙通则》的内容由三部分组成,即规则条文(black-letter rule),评论(Commentary)和示例(Illustration)。[①] 除此之外,工作组还起草了一份立法政策声明(policy document),对于处理通则所要涉及的法律问题所采取的基本政策做出了说明,以及需要在《通则草案》的评论中需要进一步解释的问题。[②]

《海牙通则》规则条文包括12条,分别为:前言;通则的适用范围(第1条);意思自治(第2条);非国家法规则(第3条);明示和默示选择(第4条);法律选择的形式有效性(第5条);合意(第6条);可分割性(第7条);反致的排除(第8条);选择法律的适用范围(第9条);合同转让(第10条);强制性规则和公共秩序(第11条);当事人的所在地(第12条)。同时对评论中需要补充说明的问题也作了列举。

其具体内容分别讨论如下。

(一)《海牙通则》的适用范围

首先,根据《通则》第1条第1款的规定,《通则》仅适用于国际"商事"合同的法律选择,即"合同当事人从事其职业活动而订立的国际合同的法律选择",同时《通则》第1条第1款第2段明确规定了《通则》不适用于消费者合同和雇佣合同。这种基于法律选择的目的将合同类型化的做法,既有好处,也有不足。[③] 简单地说,这能够在一定程度上增加选法的明确性和可预见性。但是也有过度规范和规范不足的问题,比如,普遍存在的连锁经营特许权授予合同,虽然合同双方都是当事人,但是特许权人和受许可人的谈判力量上也存在着类似消费者和服务商之间的不平等,而这种合同按照通则的规定也是商事合同的范

---

① See, Draft Commentary on Draft Hague Principles on Choice of Law in International Contracts, November 2013; also see, Report of First Meeting of the Working Group on Choice of Law in International Contracts(21 - 22 January 2010), available at www. hcch. net.

② See, Report of Third Meeting of the Working Group on Choice of Law in International Contracts(21 - 22 January 2010), available at www. hcch. net.

③ Symeon Symeonides, Party Autonomy in Rome I and II: An Outsider's Perspective, 28(2) Nederl. IPR. 191, pp. 192 - 193, 205(2010).

围。通则所规定的意思自治原则如果适用于这种情形,是可能产生对受特许人的不公的问题的。①此外,《通则》对如何判断消费合同的标准并没有明确。

其次,《通则》第1条第2款规定了《通则》仅适用于具有“国际性”的商事合同的法律选择。对于“国际性”,《通则》采用了否定性的定义,即定义了不具有国际性因素的合同,规定除此之外的其他合同都是具有国际性的。具体来说,不具有国际性因素的合同是指“合同的当事方在同一国家有营业所,并且当事人之间的关系,以及除当事人选择法律之外的其他相关因素都只和该同一国家有联系”的合同,其他任何不属上述情形的合同都是国际性合同。《通则》对合同“国际性”进行定义,其根本目的是为了扩大通则的适用范围,与通则的性质、目的相适应。同时,这一规定实际上否定了纯粹国内合同的当事人选择外国法,或者像《罗马条例Ⅰ》及有关国内法一样对其选择施加了更为严格的限制。②

通则对于合同“国际性”的定义,从国际公约或者海牙公约的实践来看,是对以前海牙公约相关定义的继承和发展。从海牙公约的实践来看,1955年《海牙国际货物买卖合同法律适用公约》仅仅提到如果合同的涉外因素只是当事人选择的法律时,公约不能适用,此外对于国际性再没有任何规定。③ 1986年《海牙国际货物买卖合同法律适用公约》则规定公约的适用依赖于合同同几个国家存在客观联系。也就是说,“只有当事人在不同国家有住所,或者法律关系的情形涉及需要在

① See Symeon C. Symeonides, *The Hague Principles on Choice of Law for International Contracts: Some Preliminary Comments* (April 25, 2013). Revue critique de droit international privé, Vol. 13, 2013. Available at SSRN: http://ssrn.com/abstract=2256661, p. 10.

② *Id*, p. 6.

③ See Article 1 of Convention on the Law Applicable to International Sales of Goods, it provides: La présent Convention est applicable aux ventes à caractèr international d'objets mobiliers corporels. La seule déclaration des parties, relative à l'application d'une loi ou à la competence d'un arbiter, ne suffit pas à donner à la vente le caractère international au sens de l'alinéa premier du present article.

不同国家法律之间进行选择时",[①]国际性因素才存在。2005年《海牙法院选择协议公约》则规定,商事交易的国际性在于,"除非当事人方在同一缔约国家有居所,且当事人的关系和其他相关因素(除被选法院的地点外)都只与该国相关",此外的所有情形都是具有国际性因素的情形。[②] 而2006年《海牙有关中间人持有证券若干权利的法律适用公约》规定商事交易的国际性在于"所有涉及选择不同国家法律的案件"。[③] 海牙公约以外的其他国际文件如罗马统一私法协会没有规定国际性,而是只说明国际合同的概念应该给予最广泛的解释,应该仅仅排除没有国际因素的场合。[④]《通则》草案在评论中对比了上述国际性的定义后,最终采纳了和2005年《海牙法院选择协议公约》一致的关于国际性的定义,同时借鉴了CISG第10(a)条关于当事人拥有一个以上营业所的情形;并省略了2004年联合国贸法会关于应收账公约中第5(h)条以当事人方的管理中心地作为确认相关营业地的规定。[⑤] 经过特委会的讨论后,"营业地"(Place of Business)的概念也被"所在地"(Establishment)的概念所取代,而存在多个所在地时,应该如何以哪个

① See Article 1 of Convention on the Law Applicable to Contracts for the International Sale of Goods. It provides: This Convention determines the law applicable to contracts of sale of goods-between parties having their places of business in different States; in all other cases involving a choice between the laws of different States, unless such a choice arises solely from a stipulation by the parties as to the applicable law, even if accompanied by a choice of court or arbitration.

② Article 1(2) of Hague Convention on Choice of Court Agreements, It provides: For the purposes of Chapter II, a case is international unless the parties are resident in the same Contracting State and the relationship of the parties and all other elements relevant to the dispute, regardless of the location of the chosen court, are connected only with that State.

③ See Article 3 of Convention on the Law Applicable to Certain Rights in respect of Securities Held with an Intermediary, it provides: This Convention applies in all cases involving a choice between the laws of different States.

④ See, Permanent Bureau of the Hague Conference on Private International Law, Consolidated Version of Preparatory Work Leading to the Draft Hague Principles on the Choice of Law in International Contracts, Prel. Doc. No. 1 of October 2012, para 29.

⑤ Ibid, paras. 30, 31.

所在地为基础来确定国际性的规定被独立出来成为第12条。[①]

根据本款规定,对于合同国际性的判断可以分为两步,首先是确定合同双方当事人是否在不同国家拥有所在地,如在不同国家有所在地,则合同具有国际性。[②] 其次,如果双方当事人在同一个国家有所在地,但一方当事人具有两个以上所在地时,此时,与合同相关的所在地为当事人在订立合同时的所在地,只要该地与对方当事人的所在地不在同一国家,合同也具有国际性;[③]或者如果双方当事人在同一个国家有所在地,但是其他因素并不在同一个国家里,该合同是国际合同。这里的其他因素,包括合同订立地,合同履行地,一方当事人的国籍,一方当事人的营业所在地,或者前述的与合同相关的当事人的所在地。[④] 尤其值得注意的是,仅有选择外国法律的协议不能作为判断合同国际性的标准,[⑤]合同的谈判地以及合同使用的语言或者货币种类这些因素单独并不能作为判断国际性的标准。[⑥]

最后,《通则》规定并非所有的国际商事合同以及国际合同的所有问题根据《通则》都适用当事人所选择的法律。通则第1条第3款明确规定"当事人的行为能力,仲裁协议与法院选择协议,公司、其他组织及信托,清算,合同的财产法效果,代理人与第三人的关系是否可以约束本人的问题"不在《通则》的适用范围之内。值得注意的是,通则该条款的规定在很大程度上参照了《罗马条例Ⅰ》第1条第2款的规定[⑦]以及1994年的美洲国家组织的《国际合同法律适用公约》第5条[⑧]的规定。评论部分则对于排除在公约适用范围之外的事项,有更多解释

---

① See Article 12 of Hague Principles on Choice of Law in International Contracts.

② See Draft Commentary on Draft Principles on Choice of Law in International Contracts, para. 1. 17.

③ Ibid, para. 1. 18.

④ Ibid, para. 1. 19.

⑤ Ibid, para. 1. 21.

⑥ Ibid, para. 1. 20.

⑦ See Article 1(2) of Rome Regulation.

⑧ See Article 5 of Inter-American Convention on the Applicable law to International Contracts.

说明。[①]

(二)当事人意思自治

1. 作为基本原则的意思自治原则

《通则》的一个基本目标就是促进意思自治原则在国际合同法律选择中的作用,使当事人的意思自治真正在国际合同的法律选择中起到决定性的作用。意思自治原则作为国际合同选法首要规则的理由有四个方面:一是意思自治表现了对当事人正当期待的尊重和对确定性的保护;二是当事人意思自治允许当事人选择争议发生时的合同准据法,甚至是解决争议的方式,可以减少争议解决的成本;[②]三是通过允许当事人选择适用于他们交易的法律,可以增进当事人对跨国交易的信心,从而最终促进了跨国经济活动;四是国际通信技术与经贸关系的发展,也使得当事人意思自治成为国际商事合同争议最为实用的解决方法。[③]

实际上,意思自治作为国际社会普遍接受的关于合同选法的一般原则,体现在很多国际公约、[④]地区性公约[⑤]以及国内立法[⑥]中,也是国

① See Draft Commentary on Draft Principles on Choice of Law in International Contracts, paras. 1.25 - 32.

② P Nygh, *Autonomy in International Contracts*, Oxford University Press, 1999, pp. 2 - 3.

③ A. Dickinson, " *Third-Country Mandatory Rules in the Law Applicable to Contractual Obligations: So Long, Farewell, Auf Wiedersehen, Adieu?*", Journal of Private International Law, Vol. 3, 2007, p. 59.

④ Art. 7 of Hague Convention of 22 December 1986 on the Law Applicable to Contracts for the International Sale of Goods; Article 5 of Hague Convention of 14 March 1978 on the Law Applicable to Agency; Article 2(1) of Hague Covnetion of 15 June 1955 on the Law Applicable to International Sales of Goods.

⑤ See Rome I Regulation, Article 3(1).

⑥ 如中国大陆《涉外民事关系法律适用法》第 3 条第 41 条;我国台湾地区"涉外民事法律适用法"第 20 条。Article 7 of the Act on the General Rules of Application of Laws of Japan(2006); Article 25(1) of the Conflict of Law Act of Korea(2001); Article 3540 of the Civil Code of Louisiana(1991); Article 434(1) of the Civil Code of Mongolia(1994); Article 3111(1) of the Civil Code of Quebec(1991); Article 1210(1) of the Civil Code of the Russian Federation; Article 116(1) of the Federal Act of 18 December 1987 on International Private Law of Switzerland.

际商事仲裁中基本的选法规则。① 值得注意的是,世界各国对意思自治原则的接受程度并不完全一致,比如美国的统一商法典要求当事人选择的法律必须与被选法律所属国有实质联系,②而很多国家对当事人选法并没有这一实质联系的要求。在一些拉美国家,意思自治原则甚至还根本没有得到承认。③ 因此《海牙通则》的制定对于促进国际合同选法规则统一化,促进争议结果可预见性具有重要意义。④

意思自治作为一般原则,也有限制的必要。《海牙通则》认为意思自治原则应该与强制性规则和公共秩序原则相协调,从而对强制性规则和公共秩序作出了专门的规定。本文将在后面相关部分详述。

2. 分割方法的接受

《海牙通则》允许以分割方法选法,即就合同的不同方面或者不同部分选择不同的法律规则进行规范。《海牙通则》在第2条第2款明确规定:"当事人可以选择:(1)适用于合同全部和一部的法律,以及(2)不同的法律适用于合同的不同部分。"

一般说来,合同的分割选法主要有两种主张。一种是当事人可以选择一个或多个法律来支配合同,这种主张在许多国内立法中都得到承认。另一种是当事人可以就合同的某一部分选择法律,而将其余部分留待根据冲突规则所确定的法律来支配。《罗马条例Ⅰ》明确规定了当事人可以就合同的部分选法。⑤

实践中,这种部分选法涉及由合同准据法支配合同的不同方面,比如有关合同价款支付所使用货币币种应该适用的法律;涉及合同履行应该适用的法律;以及合同责任应该适用法律,等等。⑥

---

① Article 33(1) UNCITRAL Arbitration Rules; Article 21(1) of the revised ICC Rules; Article 28(1) UNCITRAL Model Law on International Commercial Arbitration, with amendments as adopted in 2006.

② See Prel. Doc. No. 1 of October 2012, para. 36.

③ M. M. Albornoz, Choice of Law in International Contracts in Latin American Legal Systems, 6 J. Priv. Int'l L. 23(2010).

④ See Prel. Doc. No. 1 of October 2012, para. 35.

⑤ See Article 3(1) of Rome I Regulation.

⑥ See Prel. Doc. No. 1 of October 2012, para. 48.

对于分割方法是否应该进行任何限制,通则并没有直接加以规定。在《通则》的起草过程中,工作组认为这一问题应该在评论中加以说明,后来考虑到分割本身就是一种意思自治的表现,最终决定将这一方法的选择与否留待当事人自己决定。①

对分割方法的限制在司法实践中容易产生的问题主要有几个方面。首先是分割方法的援用是否必须以合同的相关部分具有可分割性为前提条件,对于这一问题存在争议,有人认为应该予以限制,即分割选法必须适用于可以分割的部分。其次是如果当事人选择的法律导致自相矛盾的情形时,则不应该根据当事人选择的法律,而是认定当事人的选择无效,转而根据冲突规范确定应该适用的法律。②

3. 当事人选择法律以及对选择的变更

当事人变更准据法的权利也是意思自治的一部分。法律选择的变更不仅会影响当事人的权利,还可能会影响到第三人的权利,以及影响合同的形式有效性。在《通则草案》中,第2条第3款规定,当事人在合同订立后选择法律或者变更之前选择法律不能影响第三方根据合同已经享有的权利以及影响合同的形式有效性。在《海牙通则》的评论中,两点补充说明:一是需要明确对法律选择变更的时间;二是本款规定不影响法院地程序法的规定。《海牙通则》第2条第4款规定,当事人选择的法律不需要与其交易之间有任何联系。本款规定与国际商事交易的非地方化趋势相一致,主要是针对有关国家比如美国冲突法中规定的当事人意思自治选择的法律必须与合同具有实质性联系这一要求而做出的,表明了通则对当事人意思自治选法自由的最大程度的尊重。③

(三)非国家法规则

1. 当事人选择非国家法规则

就当事人可以选择的法律而言,《海牙通则》没有限制当事人只能

---

① See Permanent Bureau of the Hague Conference on Private International Law, Consolidated Version of Preparatory Work Leading to the Draft Hague Principles on the Choice of Law in International Contracts, Prel. Doc. No. 1 of October 2012, para. 45.

② Ibid, para. 46.

③ See Draft Commentary on Draft Hague Principles on Choice of Law in International Contracts, November 2013, paras. 2. 15 – 16.

选择国家法，而是明文规定允许当事人选择非国家法规则（Rules of Law）。"非国家法规则"的概念来自于仲裁实践，在有关的仲裁国际和国内立法[①]以及仲裁机构的规则[②]中都有这样的说法。在《通则》中，所谓非国家法规则，是指其来源不是正式的国家法律的规则，根据《通则》第3条的规定，非国家法规则必须是"在国际层面上、超国家或者地区层面上普遍接受的、中立的、对双方当事人利益平衡的一套非国家法规则"。[③]

在通则起草过程中，非国家法的问题是工作组讨论较多的问题之一。在2010年6月的中期报告中，起草小组关于非国家法的工作组提出了三种规定选择非国家法的方式，这三种方式分别是：（1）将选择非国家法限于仲裁程序，这样的规定和现在许多国家的司法实践的现状保持一致；（2）允许在诉讼程序中当事人指定非国家法；（3）在海牙通则中不提当事人是否可以选择非国家法的问题，而是将这一问题留待法官、仲裁员去解释。[④] 工作组认为第三种方法的不足之处是留下了不确定性，实际上是将发展法律的任务留给了国际经贸关系的当事人。在工作组第三次工作会议上，专家组一致同意采用上述的第二种方案，即不论诉讼或者仲裁中都允许当事人选择非国家法。同时，工作组认为《通则》对"非国家法"不需要进行明确定义或者限制，这样可以不论争议解决方式如何，最大限度地促进意思自治原则的实现。但工作组也承认，对当事人选择非国家法应该有一些限制，其中特别提到当事人选择的非国家法必须是"一组规则"（a body of rules or a set of rules）以便和当事人在合同中所选择的个别条款相区别。[⑤]

就非国家法的实践来说，在仲裁中承认当事人选择非国家法的做法已经得到广泛承认，但是在法院，当事人选择非国家法并没有像在仲裁中那样得到广泛承认；法院认为相比较于国内法律体系的全面和周

---

① See Article 28(1) of UNCITRAL Model Law.

② See Article 21(1) of International Chamber of Commerce Rules of Arbitration 2012.

③ Ibid, para. 3. 1.

④ Ibid, para. 38.

⑤ Ibid, para. 39.

到来说,非国家法并不完整;但不否认法院应该可以利用非国家法来解释和补充合同法的相关规定。

就允许当事人选择非国家法的政策意义而言,这一问题具有下列3点重要性:第一,允许选择非国家法,强化了当事人意思自治选法这一原则的适用范围,这也允许当事人选择更加适合商事活动当事人需要的行业和交易规则;第二,可以使当事人之间的关系更趋平衡,因为其交易所适用的法律更加中立和明确;第三,尽管在某些情况下选择非国家法带来了确定上的困难,一般来说允许当事人自己选择还可以强化对当事人正当期待的保护。①

较具争议性的问题是,《海牙通则》是否应该规定当事人选择的非国家法必须是具有"正当性"(legitimacy)的规则。工作组在《工作组草案》中对这一标准并没有采纳。因此,根据《通则草案》的规定,当事人选择非国家法是不受任何限制的,比如必须是国际社会普遍承认的或者是在某一地区得到普遍承认的。因为没有对当事人选择的非国家法附加任何标准,海牙通则避免了任何对非国家法的性质和特点进行评估,当事人也不需要对其为什么选择某一非国家法提出任何理由来主张正当性。《工作组草案》在评论中认为如果对当事人选择的非国家法施加任何限制,可能会限制当事人选择的范围,同时还会导致在当事人选择非国家法的范围问题上产生更多的诉讼。② 但是《工作组草案》的规定,因为缺乏对非国家法的明确界定,遭到了很多国家的质疑和非议。③

鉴于《工作组草案》评论中有关选择非国家法的理由,以及有关正

---

① J. Basedow, "*Lex Mercatoria and the Private International Law of Contracts in Economic Perspective*" in J. Basedow, T Kono and G. Ruhl (eds.), *An Economic Analysis of Private International Law*, Tubingen, Mohr Siebeck, 2006, p. 71.

② Prel. Doc. No. 1 of October 2012, para. 42.

③ 比如,中国、美国和欧盟代表团就认为非国家法的规定容易导致不确定性,应该在通则的评论中详细的加以说明。See Report of Meeting No. 1, Special Commission on Choice of Law in International Contracts (12 - 16 November 2012); Also see Working Documents Nos 9 and 14 of Special Commission on Choice of Law in International Contracts (12 - 16 November 2012).

当性标准的讨论,最后《海牙通则》将允许当事人选择非国家法单独在第3条加以规定,并对什么样的法可以构成"非国家法"做出了相对《工作组草案》更加明确的界定,即必须是"在国际层面上、超国家或者地区层面上普遍接受的、中立的、对双方当事人利益平衡的一套非国家法规则",并规定了当事人是否可以选择"非国家法"不得与法院地法的规定相抵触。

2.补缺规则

在允许当事人选择非国家法的情形下,如果当事人选择的非国家法对某些问题没有规定,那么应该选用什么样的规则作为填补漏洞的规则,则成为一个问题。虽然通则本身对这一问题并没有明文作出规定,但是起草工作组对CISG和国际商事合同通则中的有关规定进行了研究,并在评论中对补缺规则进行了阐述,对补缺规则的地位和具体的例子提供更多细节规定。①

一般认为,国际商事惯例可以补充当事人选择的非国家法。由于国际贸易惯例常常只涉及合同某一方面的问题,而不是对合同的所有问题都有规定,因此并不构成一整套的全面的规则。所以,这种贸易惯例,比较适合起补充性的作用,而不太适合直接被当事人选为合同的准据法。《通则评论草案》规定要通过示例来着重强调非国家法和贸易惯例的不同,强调原则上贸易惯例只能辅助解释当事人选择的法律或者非国家法,而不能取代或者与之相抵触。②

(四)当事人意思自治的方式:明示与默示选择

对于当事人意思自治选择法律的方式,一般认为有明示和默示两种。③《通则》工作组基于稳定性和可预见性的考虑,鼓励当事人明确选择争议适用的法律,同时也规定了默示选择法律的方式。《海牙通则》第4条规定:选择法律的意思表示,或者任何修改法律选择的表示,必须以明示的方式做出,或者能够明显的从合同的条款或者其他情形

① See Prel. Doc. No. 1 of October 2012, para. 43.

② Ibid., para. 44.

③ 黄进、姜茹娇主编:《〈中华人民共和国涉外民事关系法律适用法〉释义与分析》,法律出版社2011年版,第13页。

中表现出来。

对于应该如何确定当事人的默示选择即默示选择的标准,在通则起草过程中经历了一番讨论。[①] 在比较国际私法上,并没有各国一致同意的默示选择法律的形式,即使在大陆法系国家内部或者英美法系国家内部,也是如此。[②] 从对现有的相关研究来看,默示选择虽然得到承认,但这种承认是有限制的。[③]

在《通则》的制定过程中,默示选择准据法的标准问题引起了争论。有人认为只有在当事人的意思是"明显清楚"(manifestly clear)的时候,才应该得到承认。但大部分专家对判断这种"明确清楚的意思"的标准表示质疑,因为这种标准在有些国家看来过于严格。基于对各种默示选择标准的讨论分析,《通则》最终决定采用可以从合同条款或者其他情况"清楚表现"(appear clearly)标准。[④]

因此,如果没有明示选择时,通则规定了当事人的默示选择应该是可以从合同条款或者其他情况中清楚推断的(appear clearly),而没有采用"明显清楚"(Manifestly clear)的标准。

对于判断默示选择的因素,《海牙通则》也作出了一些规定。《海牙通则》第4条明确规定:"当事人约定将管辖权授予法院或者仲裁庭本身并不等于选择特定国家的法律。"也就是说,当事人选择法院或者仲裁庭不能作为当事人默示选择某一国家法律的判断标准,当事人选择某一国家的法院或者仲裁庭并不意味着选择这个国家的法律。[⑤]《通则评论草案》指出,法院选择条款只是判断当事人是否默示选择某

---

① See Prel. Doc. No. 1 of October 2012, paras. 30, 31.

② See N. Joubert, "*Le choix tacite dans les jurisprudences nationales: vers une interprétation uniform du Réglement Rome I?*" in S. Corneloup & N. Joubet, *le règlement communautaire Rome I et le choix de loi dans les contrats internationaux, proceedings of the Conference organized* at the Université de Bourgogne on 9 and 10 September 2010, Paris, 2011, p. 234 *et seq.*

③ See Permanent Bureau of the Hague Conference on Private International Law, "Choix de la loi applicable aux contrats du commerce international: des Principle de la Haye;" Revue critique de droit international privé, 99(1), January-March 2010, p. 83.

④ See, Prel. Doc. No. 1 of October 2012, paras. 55, 56.

⑤ Ibid, para. 58.

一个国家法律的相关因素之一，但不是决定性的因素；[①]选择某一国家的仲裁也是如此。[②] 合同条款作为相关因素还包括使用在某一法律体系中才采用的标准合同（standard contracts），如使用劳埃德社的海事保险合同意味着当事人默示选择英国法；或者使用某一法律体系特有的法律概念，也意味着当事人默示选择那一法律。[③] 除了合同条款可以作为推断默示选法的因素外，围绕案件的特殊情形也可以作为考虑因素，比如当事人之前的类似交易。[④]

（五）选择的形式要件

对于当事人明示选择法律是否需要有法定形式要求的问题，《通则》在起草过程中经历了一个发展变化的过程。工作组最初认为应该有专门的条款加以规定，尤其是《通则》规定了默示选法的可能性，对于什么样的方式可以构成明示，应该有规定的必要。[⑤]

对于形式有效性的规定，是应该采冲突法规则还是采实体法规则也成为一个问题。工作组认为应该规定一条有关法律选择形式要件的实体规则，而不是像2005年法院选择协议公约那样规定冲突法规则。但绝大多数的实体法律都对法律选择的形式不做要求。[⑥]

现行有关合同选法的公约中，对于法律选择的形式有效性的规定，除了要求当事人的选择是明示以外，一般规定法律选择应该是当事人的意思表示是明确可见的（默示选择的情形），比如《罗马条例Ⅰ》第3条的规定（关于明示和默示选择的规定）。[⑦]

其他海牙公约中的规定也是如此，并没有对法律选择的形式专门作出规定，特别是1986年《海牙国际货物买卖合同法律选择公约》。该公约明文规定“当事人选择法律必须是明示的，或者可以从合同条

---

① See Draft Commentary on Draft Hague Principles on the Choice of Law in International Contracts, November 2013, para. 4. 12.

② Ibid, para. 4. 13.

③ Ibid, para. 4. 11.

④ Ibid, para. 4. 14.

⑤ Ibid, para. 59.

⑥ Ibid, para. 60.

⑦ Ibid, para. 61.

款和当事人的行为整体来看是清楚表明的”。①

在国内法上,决定合同形式有效性的法律一般是合同缔结地的法律,但问题是合同缔结地常常不易确定,因此在司法实践中有的国家适用当事人的住所地法律,有的适用国籍国法律或者主要办事机构所在地法律,不一而足。②

正因为现行的国内法和国际公约对形式问题的规定并不一致,而且大部分倾向于不作专门的规定,或者采用倾向与承认合同形式有效性的规定,以及不使当事人意思自治选法受制于形式的束缚,③所以《通则》第5条规定:“除非当事人另有约定,法律选择并不受任何形式方面的要求约束。”

(六)当事人选法合意与格式之战

《通则》第6条规定当事人选法合意的法律适用,其中第2款关于格式条款中相互冲突的法律选择条款的规定应属创新,第一次对相关问题作出明确规定,有助于促进当事人意思自治选法的确定性。④ 下面分述之。

和当事人意思自治原则相一致,《通则》第6条第1款第1项关于合意的规则规定当事人是否存在选择特定法律的“合意”应该受当事人选择的法律所支配。由于当事人是否存在选择该特定法律的合意本身还不确定,此时,这个当事人意思自治选定的准据法一般称为“表面上当事人选择的法律”(putatively chosen law or the law purportedly agreed to)。一旦当事人的合意根据这个法律得到确认,合同的其他有关问题也应该根据这个当事人选择的法律来确定,这时就不称为“表

① Article 7(1) of Hague Convention of 22 December 1986 on the Law Applicable to Contracts for the International Sale of Goods.

② L. Collins(ed.), Dicey, *Morris and Collins on the Conflict of Laws*, Vol. 2(2006) 1606; J. J. Fawcett, J. M. Carruthers and P. North(eds), Cheshire, *North and Fawcett: Private International Law*, 14 th ed., Oxford, 2008, p. 748.

③ See Draft Commentary on the Draft Hague Principles on the Choice of Law in International Contracts, November 2013, para. 5.3.

④ See Draft Commentary on the Draft Hague Principles on the Choice of Law in International Contracts, November 2013, para. 6.2.

面上选择的法律”了,而是直接称之为“当事人选择的法律”。

有了上述规定后,就没有必要在通则中规定涉及主合同的其他问题都适用“假定当事人选择是有效时当事人选择的法律”;同时与《通则》第9条关于被选择法律的适用范围中的规定保持一致,因为该条规定:“当事人所选择的法律支配当事人之间合同的所有方面。”①因此,当事人是否有选法的合意要根据表面上当事人选择的法律来确定,除非主张不存在合意的当事人能够根据本条第2款规定的例外进行抗辩。本条的规定参照了《罗马条例Ⅰ》,《国际货物买卖合同法律适用公约》的相关规定。②

值得注意的是,在制定第6条时,《海牙通则》有意避免使用“法律选择的存在和实质有效性”(existence and material validity)的用语。这是因为这一用语太过具体,在不同的法律体系下可能指向不同的问题,这会导致对法律选择条款的有效性在不同的法律体系下面受到的抗辩过于广泛,从而损害通则的确定性。因此通则只是使用了“合意”一词,以便包括所有涉及当事人选法有效性的问题。③

如果将本条和第7条有关法律选择条款的可分割性的规定联系起来看,有关主合同的合意问题,如胁迫、误导等抗辩理由,也可以作为抗辩当事人选法合意的理由,独立于对主合同的合意的抗辩提出。因此,第6条通过规定合意的问题应该由假定合意存在时当事人选择的法律来支配,最大限度地允许了意思自治。④

《通则》第6条第1款第2项对当事人之间是否存在合意常常发生争议的“格式之战”情形进行了规定。国际商事活动中,当事人使用标准条款(standard terms)或者一般条款(general conditions)(以下统一简称“格式条款”)订立合同屡见不鲜。一般说来,格式条款是指当事人提前拟定的适用与某一类交易的,不需要和对方当事人谈判就可以反

① Prel. Doc. No. 1 of October 2012, para. 65.

② Article 10(3) of Convention on International Sale of Goods and Explanatory Report by A. Von Mehren, paras 103 et. Seq; see also Art. 10(1) of the Rome I Regulation, and P. Nygh, supra note 29, pp. 93 – 97.

③ Prel. Doc. No. 1 of October 2012, para. 66.

④ Ibid, para. 67.

复使用的合同条款。[①] 由于《通则》对于当事人合意选法的形式并没有特别的要求,因此当事人也可以通过格式条款选法。如果合同双方当事人在其格式条款中均选定同一法律,或者仅有一方当事人使用格式条款指定合同准据法,则根据第6条第1款前述格式条款指定的法律为确定当事人是否存在选法合意的准据法。

当事人通过格式条款来订立合同时,如果发生格式条款相互冲突的情形,就称为"格式之战"(Battle of Forms)。第6条第2款所要解决的,乃是格式条款中选法条款发生冲突的情形,即选法条款的"格式之战",即双方当事人的格式合同中关于法律选择的条款指向不同的法律。[②] 在争议发生后,双方当事人就到底选择了哪一个法律发生争议时,按照《通则》第6条第1款第1项的规定,显然无法确定当事人选法合意是否存在。第6条第1款第2项的基本思想是,如果合同当事人存在选法条款的"格式之战",即双方格式合同的法律选择条款指向不同国家的法律,但是根据这些"表面上当事人选择的法律"——不同国家的法律,只有一方格式合同中的选法条款得到承认时,应该适用两项格式合同所指向的不同法律共同认定为有效的法律选择条款。只有当两项格式合同的法律选择条款所指向的法律不同,而且根据所指向的不同的法律,两项格式合同的法律选择条款相互优于对方格式合同的法律选择条款时,双方当事人之间视为不存在有效的法律选择,即不存在法律选择的合意。[③]

《通则》第6条第1款第2项规定,"如果当事人使用的格式合同条款选择了不同的法律,而且根据这两个不同的法律,只有一项格式合同的法律选择条款被视为优先,则该格式合同选择的法律适用;如果格式合同选择了不同的法律,两项格式合同的法律选择条款分别优先于对方,或者无法确定何项格式合同的法律选择条款优先,则当事人之间

---

① See Article 2:209, para. 3 of the PECL; also see Article 2.1.19, para. 2 of the UPICC.

② See Draft Commentary on the Draft Hague Principles on Choice of Law in International Contracts, November 2013, para. 69.

③ Ibid, also see Work. Doc. No. 6, Special Commission on Choice of Law in International Contracts(12 – 16 November 2012).

不存在法律选择的合意。”

一般情况下，当事人之间是否存在选法合意应该适用当事人表面上选择的法律来决定。但也有一个例外，如果一方当事人主张其没有同意另一方当事人所主张的法律选择，或者说没有该对方当事人所主张的选法合意时，而且根据案件的实际情况，适用前款法律规定来决定这一问题并不合理时，该当事人可以依据其惯常居所所在地的法律来主张其没有同意所称的法律选择的意思。[①] 此一例外规定于第6条第2款。其他的国际公约如《罗马条例Ⅰ》和美洲国家组织的国际合同法律适用公约也有相应的规定。[②]

（七）当事人所选择法律的适用范围

为了保证法律适用的确定性，《通则》第9条第1款明确规定当事人选择的法律应该支配合同的所有问题，但是这里还需要考虑第1条第3款所确定的公约适用范围的例外。[③] 比如合同当事人的能力，或者合同的财产法效果等根据第1条第3款是不受当事人选择的法律支配的。本条款的拟定，参考了海牙国际私法会议1986年《国际货物销售合同法律适用公约》以及欧盟的《罗马条例Ⅰ》。

根据《通则》第9条的规定：当事人所选择法律支配当事人之间合同的各个方面，包括但不限于下列问题：合同的解释；产生于合同的当事人的权利和义务；合同的履行，以及合同不履行的后果；合同义务消灭的不同方式，以及时效期间；合同的效力以及合同无效的后果；举证责任和法律推定；先合同义务。

本条所列举的问题是不穷尽的。在所列举的问题中，引起较大争议的主要有先合同义务，[④]以及举证责任。[⑤]

此外，《通则》第9条第2款将《工作组草案》的第9条关于合同的

---

① See Draft Commentary on the Draft Hague Principles on Choice of Law in International Contracts, November 2013, para. 68.

② See, Article 10(2) of Rome I Regulation, Article 12(2) of Mexico City Convention.

③ Prel. Doc. No. 1 of October 2012, para. 74.

④ Ibid, para. 76.

⑤ Work. Doc. No 18 E, Special Commission on Choice of Law in International Contracts (12 - 16 November 2012).

形式有效性的准据法的规定纳入该条,规定当事人选择的法律即使认定合同形式上无效,也不影响其他认为合同形式上有效的法律的适用。[①] 也就是说,就合同形式有效性的准据法而言,适用“尽量使其有效的法律”(lex validatis)。

(八)合同债权让与

《通则》第10条就合同债权让与中的当事人选择法律的问题进行规定。对于复杂的合同争议,即产生于两个以上合同的争议,《海牙通则》只规定了合同债权让与,而对于合同债务承担、[②](连带责任人的)追索权、[③]抵销[④]等复杂合同争议却没有涉及。海牙通则的评论承认,合同债权转让的情形并不直接涉及选法问题,但是讨论法律选择条款在涉及合同债权让与的情形具有重要作用。因为一方面这一问题在国际商务中常常发生;另一方面在转让合同与基础债权合同受不同的法律支配时,容易产生转让人和受让人,以及(基础合同)债务人的权利义务受何种法律支配的疑问。[⑤]

《海牙通则》规定了在合同债权让与的情形下,当事人选择的法律在决定不同合同当事人权利与义务方面的地位和作用。《海牙通则》的规定考虑了在其他国际、地区性条约以及国内立法的做法,[⑥]但是基于《海牙通则》的性质,第10条只是涉及了当事人选择法律的情形。

根据《通则》的规定,

“在合同债权人将其对债务人的权利进行让与的情况下:

如果让与合同的当事人选择了合同的准据法,则该选择的法律支

---

① Work. Doc. No 18 E, Special Commission on Choice of Law in International Contracts(12-16 November 2012).

② See Article 15 of Rome I Regulation.

③ See Article 16 of Rome I Regulation.

④ See Article 17 of Rome I Regulation.

⑤ Prel. Doc. No. 1 of October 2012, para. 82.

⑥ 通则所参考的立法包括罗马条例Ⅰ,联合国贸易法委员会的《应收账款公约》(第28条、第29条),《日本法律适用法》第23条,《俄国民法典》第1216条,以及2001年《韩国冲突法》第34条,《瑞士国际私法》第145条,我国台湾“法律适用法”第32条,《美国冲突法第二次重述》第210~211条。See, Prel. Doc. No. 1 of October 2012, para. 83.

配转让人和受让人因为让与合同而产生的权利和义务；

如果基础合同的债权人和债务人选择适用于该合同的准据法，该选择的法律将支配：(1)受让人是否可以对债务人主张转让的效力；(2)受让人对债务人享有的权利；以及(3)债务人的义务是否清偿。”

《通则》也考虑了其他当事人权利义务涉及多个合同的情形，如代位、授权和赔偿等，在评论中做出了说明，并特别说明这些问题和其他多数合同的细微差别和特别复杂的地方。评论还特别指出未来应该包括有关的示例，以说明当事人的权利义务受两个以上合同影响的各种情形。①

(九)强制性规则和公共秩序

对于意思自治选法的限制，主要可以分为法院地法(lex fori)的限制和合同本应适用的准据法(the applicable law in absence of choice of law)的限制。以此为标准，各国立法和国际条约的规定可以大致分为三类：第一类是只规定了法院地的法律对意思自治的限制，共有22部法典和4个国际公约采这种限制方式；②第二类是只规定了合同本应适用的准据法的限制；③第三类是既规定了法院地法的限制，又规定了合同本应适用法律的限制。第三类的组合规定又可以分为两类：一类是原则上受法院地法支配，特殊类型的合同也要受本应适用的合同准据法支配；另一类是原则上受法院地法(包括公共秩序和强行法)的限制，但是可以考虑包括本应适用的准据法在内的第三国的强制性规则也应该考虑。④

---

① See Prel. Doc. No. 1 of October 2012, para. 84.

② 如阿尔及利亚、克罗地亚、日本、约旦、北韩、列支敦士登、墨西哥、蒙古、卡塔尔、卢旺达、阿联酋、越南、也门、美国统一商法典、亚美尼亚、中华人民共和国、南韩、澳门、马尔多瓦、我国台湾地区、委内瑞拉等国家和地区，国际公约为1955年的海牙货物买卖法律适用公约、1978年的海牙代理公约、1986年的海牙货物买卖法律适用公约，以及海牙证券公约。

③ 如美国路易斯安那州、俄勒冈州、秘鲁以及第二次冲突法重述皆采这种限制方式。

④ 典型的就是《罗马条例Ⅰ》以及魁北克、俄罗斯、瑞士、土耳其、乌克兰、亚塞拜然、白俄罗斯、哈萨克斯坦、吉尔吉斯斯坦、乌拉圭、乌兹别克斯坦等国家和地区的法典。

《通则》对强制性规则和公共秩序的规定也是出于对当事人意思自治选法也应当受到一定限制的考虑,不允许当事人通过选法排除法院地的强制性规则和公共秩序规定的适用。在其他的国际国内立法中,[①]这两个问题常常是分别规定的,《通则》工作组考虑到现在通则的性质,认为将二者合并加以规定可以有助于更为原则和全面的考虑这一问题。[②]

通则的起草小组认为,要促进当事人意思自治,就必须要限制强制性规则和公共政策的适用,因此任何对当事人选择法律的限制都必须有充分清楚的理由,而且不能超过必要的限度。因此,《通则》强调了强制性规则和公共政策的例外性质,在评论中对这一例外的性质加以明确的说明,并且在未来对于哪些例外是潜在的合理的例外,将有更为详细的指引。[③]

《通则》第11条规定包括了5款,分别涉及法院地的强制性规则、第三国的强制性规则、法院地的公共秩序、第三国的公共秩序,以及仲裁中强制性规则和公共秩序的适用。

第1款强调了当事人选法和法院地强制性规则的关系。本款规定参考了其他国际公约和地区性公约以及不同国家国内立法的关于这一问题的立法,明确规定通则的规定不妨碍法院适用法院地的强制性规则。[④]

在《通则》起草过程中,关于强制性规则的定义在相关会议中得到了充分讨论,会议就强制性规则达成一致,并认为强制性规则是指"不论合同当事人选择的准据法为何而必须适用的规则"。关于是否应该更加详细定义强制性规则的问题,在通则的起草过程中也得到了讨论,最终的结论是详细定义强制性规则可能会产生与《罗马条例Ⅰ》详细定义强制性规则而导致的类似的问题。[⑤]

第2款涉及更为复杂和更具争议的问题,法院地国以外其他国家

---

① See Article 11, Article 18 of Inter-American Convention on the Law Applicable to International Contracts; Article 9, Article 21 of Rome I Regulation.

② See Prel. Doc. No. 1 of October 2012, para. 85.

③ Ibid, para. 86.

④ Ibid, para. 87.

⑤ Ibid, para. 88.

强制性规则的适用,即当事人选择法律所属国的强制性规则以及当事人选择法律所属国以外的第三国的强制性规则,也即"法院地法确定法院是可以还是必须适用或者考虑其他国家的强制性规则"。

1978年《海牙代理公约》和1980年欧洲《罗马公约》都有允许法院考虑第三国强制性规则的自由裁量权的规定。《海牙通则》的起草过程中考虑到了这些公约的相关规定,但是最终没有采纳这些公约中关于第三国强制性规则的规定。没有采纳的原因主要有以下几个方面:第一,按照上述公约有关第三国强制性规则的相关规定,一般都要求第三国必须与争议具有最密切联系。但是如果采密切联系标准,则不只一个国家的强制性规则可能采用,这样带来了不确定性。第二,上述公约有关第三国强制性规则的规定都规定了法院在决定是否适用第三国的强制性规则的时候具有自由裁量权,但是这种自由裁量的规定给予法院过度的自由裁量权来决定合同准据法的内容,从而降低了法律确定性。第三,采用自由裁量权的规定意味着复杂的政府利益分析,要求法官或者仲裁员在程序进行中确定某一外国法的立法意图,这一过程加大了不确定性的程度。①

由于上述这些考虑,《通则》最后采纳目前条文中的灵活开放的原则性规定,即"根据法院地法,包括国际私法规则来确定是否以及在何种情况下考虑第三国的强制性规则"。②

本条第3款规定涉及法院地的公共秩序。值得注意的是,本条规定了当事人选择的法律不得"明显不符"(manifestly incompatible)法院地有关公共秩序的"基本观念"(fundamental notions),否则就要排除其适用。其中"明显不符"、公共秩序的"基本观念"等用语,参考了有关国家立法和地区性国际公约③的规定用语,其目的是为了严格限制这些例外情形的适用。④

① See Prel. Doc. No. 1 of October 2012, para. 90.

② Ibid, para. 91.

③ 比如1978年的《海牙代理法律适用公约》第17条规定,2006年《中间人持有证券公约》第11条第1款规定,以及《比利时国际私法典》第21条规定。

④ See Prel. Doc. No. 1 of October 2012, para. 93.

本条第4款和工作组草案相比有所变化,工作组草案规定了上述3款在与仲裁相关的法院诉讼中的适用。《通则》正式案文则规定了当事人没有选择法律时合同本应适用的准据法所属国的公共秩序的适用问题。和第2款法院地以外国家的强制性规则的规定相比,本款关于法院地国以外国家的公共秩序的规定显然范围更窄,仅限于如果当事人没有选法时本应适用的准据法所属国的公共秩序,目的显然是为了防止当事人通过选法来逃避合同本应适用的准据法所属国的公共秩序。

本条第5款涉及在仲裁程序中公共秩序和强制性规则的适用问题。由于这一问题的复杂性,《通则》的规定最终采取一个较为中立的立场,即仲裁庭在决定是否以及适用什么样的公共秩序和强制性规则时具有一定程度的自由裁量权。①

本条规定实际上是对仲裁实务中的这一法律问题现状的描述,仲裁实务中对强制性规则和公共秩序的适用,显然不同于诉讼中情况。仲裁庭有义务作出能够得到承认和执行的仲裁裁决,因此,仲裁庭有必要考虑仲裁裁决可能得以执行的国家的法律规定。但是,《通则》本质上又只是一个不具有约束力的国际法律文件,不可能像公约一样赋予仲裁庭依法享有的权力以外更多权力。因此,本条的规定并不是授予仲裁庭权力的条款,而是明确本条规定不妨碍仲裁庭在其有权或者有义务考虑任何法律中的强制性规则或者公共秩序时去这样做。②

(十)其他规定

《通则》还对当事人法律选择条款的自治性、反致等问题分别在第7条和第8条加以规定。第7条规定了当事人的法律选择条款的效力独立于主合同的效力,不因主合同的无效而无效,其目的是为了更大程度地促进当事人意思自治在法律选择中的实现。这种规定和国际条约以及国内立法中给予法院选择条款或仲裁条款以独立性的规定具有相似性。③ 而《通则》第8条关于反致的规定和海牙公约一贯排除反致的实践是相一致的,即当事人所选择的"法律"是指一国中有效的实体法

① See Prel. Doc. No. 1 of October 2012, para. 95.

② Ibid, para. 96.

③ Ibid, para. 69.

规则而不是冲突法规则。但《通则》同时也规定当事人可以有不同的约定。因此《通则》规定一般原则是当事人所选择的法律不包括冲突法规则,但合同的当事人可以明确约定其选择的法律包括冲突法规则。[①]

此外,值得注意的是,在确定国际性的问题上,通则采用了一个不同的地域标准,即所在地(Establishment)。对于什么构成所在地,《通则》并没有明确规定,但是对当事人有几个所在地时,应该以哪个所在地作为标准来确定合同的国际性,《通则》在第12条进行了规定,即以合同订立时与合同有最密切联系的所在地为当事人的所在地。

四、《海牙通则》的贡献和启示

《国际合同法律选择海牙通则》专门就当事人意思自治选法作出详细的规定,意在推动意思自治在合同选法领域的国际统一。其规定翔实而细密,对于国际合同领域当事人意思自治选法的理论与实践既有总结又有发展,作出重要贡献,具有启发意义。

首先,《海牙通则》较为全面地总结了当事人意思自治选法涉及的法律问题。目前,大多数有关国际合同选法的国内法或者国际立法规定,都对意思自治作出了规定,同时也对当事人意思不备时合同的准据法作出了规定,这样的规定堪称全面。但是仅就当事人意思自治选法涉及的法律问题而言,则多不完备。一方面容易让人误解当事人意思自治选法在实践中不会遭遇很多问题,另一方面由于在意思自治选法涉及的法律问题上没有明确规定,也导致法院在处理意思自治选法问题上的实践各不相同,往往出乎国际合同当事人意料之外,有违当事人的正当期望。《海牙通则》对于实践中常常容易产生的有关意思自治的法律问题分别进行了规定,或者在其评论中进行相关说明,甚至还预备在未来的《海牙通则》的示例中给予更加明确的阐述,无疑是对有关当事人意思自治的法律问题的很好的总结。

其次,《海牙通则》在几个方面发展了当事人意思自治选法的法律制度。和现行的有关当事人意思自治选法较为完备的国际立法如欧盟的《罗马条例Ⅰ》,以及美洲国家组织的《国际合同法律适用公约》相比

---

① See Prel. Doc. No. 1 of October 2012, para. 73.

较,《海牙通则》至少在三个方面对于意思自治选法规则有了发展:一是有关当事人意思自治选法选择非国家法规则的情形;二是在当事人通过“格式之战”缔结合同时如何确定是否存在选法合意的问题;三是有关强制性规则和公共秩序保留的规定。

国际合同的当事人可以选择非国家法在《罗马条例Ⅰ》中只是在其前言(Recital)中做出了说明,根据前言第13条,《条例》并不排除当事人通过纳入的方式在合同中选择非国家法或者国际公约(non-State body of law or international convention)。[①]《墨西哥公约》则对该问题未置一词。国内法上对合同当事人选择非国家法作为合同准据法的规定则更为鲜见。但非国家法在实践中的重要性与日俱增又是法律实践不得不面对的现实,[②]《海牙通则》对非国家法专门作出规定,并在评论中对有关问题特别是贸易惯例作为非国家法的补缺规则的说明,无疑对相关的司法实践具有重要的指导作用,有助于相关国家法院或者仲裁庭在实践中填补法律漏洞。

对于“格式之战”下如何确定当事人的合意,《罗马条例Ⅰ》和《墨西哥公约》都有相应的类似规定,即当事人之间是否存在合意应该受假定合意存在时(或者合意表面上存在时)当事人选择的法律的支配,但如果一方当事人要主张不存在合意时,可以其惯常居所地的法律作为判断标准。这种规定显然有助于最大限度地促进当事人意思自治,已如前述。但是,对于现实生活中常常出现“格式之战”而导致的当事人表面上不存在选法合意时应该如何处理,无论是国际立法还是国内立法都没有涉及。《海牙规则》关于当事人通过“格式之战”缔结合同时是否存在合意的判断标准的规定,无疑是一项显著的进步,也是专家立法的优势体现。

和现有的国际立法相比较,《海牙通则》有关强制性规则和公共秩序的规定虽然不能说在实体内容上有了发展,但是就其规定的原则性

---

① See Recital 13 of Rome I Regulation.

② See Chi Manjiao, "The Iceberg Beneath the Water": The Hidden Discrimination against the Lex Mercatoria in Chinese Arbitration, 7(2) Journal of Private International Law 2011; also see J. Basedow, supra note 43, p. 72.

来看,无疑有助于突出强调强制性规则和公共秩序在当事人意思自治规则的例外性质。而将强制性规则和公共秩序合并加以规定,有助于突出强制性规则和公共秩序都作为意思自治原则例外的共同特点。应该说,这样的规定也是一种创新。

同时不能否认,《海牙通则》也有其不足之处。比如,对于当事人选择的法律使合同无效的时候应该怎么处理,尽管在《通则》的评论中有所提及,但是并没有给出确定的解决方案。又如,当事人所选择的法律在当事人选择法律时到争议发生时这一阶段发生变化,应该怎么适用法律,《通则》也没有给出答案。

总的来说,《海牙通则》对当事人意思自治原则的总结和发展,虽有不足,但是可以预见,其对于各国的国际商事合同意思自治选法规则的趋同发展无疑具有重要的参考意义。这对于消除我国大陆和我国台湾地区在意思自治选法制度上的不同,减少国际经贸活动的法律障碍,具有重要的启示。

五、结论

《国际合同法律选择海牙通则》是海牙国际私法会议在国际合同领域促进意思自治原则的一项尝试,该法律文件拟定采用通则而非公约的形式,有助于该文件作为各国立法的参考,为国际贸易当事人选法实践和各国法院和仲裁机构的实践提供示范。更为重要的是,其保证了通则内容具有较高的专业性和科学性,而不像公约一样因为缔约国法律制度的不同而受到限制。其规定内容细密翔实,对于国际合同意思自治选法规则所涉及的法律问题进行了较为全面的总结,并在有关问题上发展了意思自治选法规则,对于有关国家在司法实践中填补法律漏洞具有重要意义,尤其对我国区际私法的统一化和减少区际经贸往来中的法律障碍,具有重要的启示。《通则》有关规定值得深入研究,相信这些研究对于完善相关国内法规定,促进我国法院在相关问题上的司法实践的进步和促进意思自治原则在实践中的明确性可预见性具有长远积极的影响。

附:国际合同法律选择海牙通则

前言

1. 本通则确立了国际商事合同法律选择的一般原则,确认了当事人意思自治原则及少数例外情形。

2. 本通则可以用作国家、区域性组织、超国家组织以及国际组织制定相应法律或者公约的范本。

3. 本通则可以用于解释、补充和发展相关的国际私法规则。

4. 本通则可以为法院所适用,也可以为仲裁庭援用。

第1条 通则的适用范围

1. 本通则适用于合同当事人进行其职业活动而订立的国际合同的法律选择。不适用于消费者合同和雇佣合同。

2. 基于本通则的目的,除合同当事方在同一国家有所在地,并且当事人之间的关系,以及除当事人选择的法律之外的其他相关因素只和该国家有联系的情形外,其他任何不属上述情形的合同都是国际性合同。

3. 本通则不适用下列事项的准据法选择:

(a)自然人的行为能力;

(b)仲裁协议与法院选择协议;

(c)公司、其他组织及信托;

(d)清算;

(e)合同的财产法效果;

(f)代理人与第三人的关系是否可以约束本人的问题。

第2条 意思自治

1. 合同受当事人选定的法律支配。

2. 当事人可以选择:

(1)适用于合同全部和一部的法律,以及

(2)不同的法律适用于合同的不同部分。

3. 当事人可以在任何时候改变其所做的法律选择,合同订立后所做的选择或者修改不得影响合同的形式有效性以及第三人已经存在的权利。

4. 当事人选择的法律不需要与其交易之间有任何联系。

第3条 非国家法规则

本通则所指的法律包括在国际层面上、超国家或者地区层面上普遍接受的、中立的、对当事人双方利益平衡的一套非国家法规则，但法院地法另有规定除外。

第4条 明示和默示选择

选择法律的意思表示，或者任何修改法律选择的表示，必须以明示的方式做出，或者能够明显地从合同的条款或者其他情形中表现出来。当事人约定将管辖权授予法院或者仲裁庭本身并不等于选择特定国家的法律。

第5条 法律选择的形式有效性

除非当事人另有约定，法律选择并不受任何形式方面的要求约束。

第6条 法律选择合意与格式之战

1. 在不与本条第2款违背的情况下：

(1)当事人是否达成了法律选择的合意应该受假定当事人已经合意的法律支配；

(2)如果当事人使用的格式合同条款选择了不同的法律，而且根据这两个不同的法律，只有一项格式合同的法律选择条款被视为有效，则该格式合同选择的法律适用；如果根据格式合同所选择的不同法律，两项格式合同的法律选择条款分别优先于对方，或者无法确定何项格式合同指向的法律应该优先，则当事人之间不存在法律选择的合意。

2. 如果根据案件的情况，适用前款法律来决定这一问题并不合理时，可以依当事人一方所在地的法律来确定其是否同意所称的法律选择。

第7条 可分割性

不能仅仅基于法律选择条款所适用的合同的无效而抗辩法律选择条款的效力。

第8条 反致的排除

除非当事人另有明确约定，当事人所选择的某一国家的法律并不指向该法律中的国际私法规则。

第9条 选择法律的适用范围

1. 当事人所选择法律支配当事人之间合同的各个方面,包括但不限于下列问题:

a. 合同的解释;

b. 产生于合同的当事人的权利和义务;

c. 合同的履行,以及合同不履行的后果,包括损害赔偿的计算;

d. 合同义务消灭的不同方式,以及时效期间;

e. 合同的效力以及合同无效的后果;

f. 举证责任和法律推定;

g. 先合同义务。

2. 第1款第e项的规定并不排除适用其他法律决定合同的形式有效性。

第10条 合同债权让与

在合同债权人将其对债务人的权利进行让与的情况下:

a. 如果让与合同的当事人选择了转让合同的准据法,则该选择的法律支配让与人和受让人因为转让合同而产生的权利和义务;

b. 如果基础合同的债权人和债务人选择适用于基础合同的准据法,该选择的法律将支配:(1)受让人是否可以对债务人主张转让的效力;(2)受让人对债务人享有的权利;以及(3)债务人的义务是否清偿。

第11条 强制性规则和公共秩序

1. 本通则并不禁止法院不顾当事人选择的法律而适用法院地的强制性规则。

2. 法院地法确定法院是可以还是必须适用或者考虑其他国家的强制性规则。

3. 法院只有在适用当事人所选择的法律会与法院地公共秩序的基本观念明显违背的时候才能排除当事人所选择的法律。

4. 法院地法决定何时可以或者应该考虑当事人没有选法时应该适用的法律所属国的公共秩序。

5. 本通则并不禁止仲裁机构适用或考虑公共秩序,或者适用或考虑当事人选择法律以外的其他法律中的强制性规则,但限于仲裁机构有义务或者有权如此时。

第12条 当事人的所在地

如果一方当事人有一个以上的所在地,则基于本通则目的的相关的所在地是指在合同订立时,与合同有最密切联系的所在地。

(甘勇,武汉大学国际法研究所副教授)

域外法

nemo dat 规则与美国《统一商法典》§9－322(a)(1)

——古老财产法基本原则在美国当代动产担保法律体系中的颠覆与继承

宰丝雨

目　　次

一、*nemo dat* 规则

nemo dat 规则，拉丁原文"*nemo dat quod non habet*"，意思是"人不能给予他人自己所没有的"(one cannot give what he does not have)。也有学者将其译为"无论何人不得以大于其所有之权利给与他人"。①

① 史尚宽：《物权法论》，中国政法大学出版社2000年版。

核心意思就是人们处分财产时,不可能授予他人比自己所拥有的权利更优的权利。① *nemo dat* 规则是英美法系中一条古老的财产法原则,究其起源可以追溯到古罗马法学家乌尔比安(Ulpian),后被收录《查士丁尼法学汇编》(Justinian's Digest)。② 这条基本法律原则不仅历史悠久,而且至今仍是英美财产法运行和发展之根基与支柱。

不论在英美法系国家还是在大陆法系国家,*nemo dat* 规则在现代法律中都有着广泛的体现。当然,在某些特定的情况下,这条法律原则也会被个别规则所突破而产生例外情形,其中最著名的例外就是两大法系都承认的善意取得制度(the Good Faith Purchaser Principle)。善意取得制度是指动产占有人向第三人移转动产所有权或为第三人设定其他物权时,即使此占有人无处分权利,善意买受人仍可取得该动产的所有权或其他物权。当然,善意买受人在此情况下要取得财产也需要满足一些条件,具体说来,善意买受人必须(1)已取得占有,(2)已经支付对价,并且(3)不知道在先利益的存在。善意取得制度是为适应商品交换的需要而产生的一项法律制度,它维护了商品交换的秩序。在广泛的商品交换中,从事交换的当事人往往并不知道对方是否有权处分财产,也很难对市场出售的商品进行逐一调查。若买受人善意取得财产后,因转让人的无权处分行为而导致交易无效,并可以要求买受人返还财产,则不仅要推翻业已形成的财产关系,而且会使当事人在从事交易活动时,随时担心买到的商品有可能要退还。这样就会造成当事人在交易时的不安全感,不利于商品交易活动的进行。我国《物权法》第106条规定了无权处分和善意取得,本条规定的善意取得的三项要件与美国《统一商法典》第二编(即买卖合同法)的相关规定基本一致。③

① F. W. Maitland & F. Pollock, *The History of English Law Before the Time of Edward I*, Cambridge University Press, 1968.

② Steven L. Schwarcz, *Intermediary Risk in a Global Economy*, 50 DUKE L. J. 1541, 1573 & n. 135 (2001) (noting the long history of the principle dating back to the Justinian Code and the Longer Latin Formulation of "'*nemo plus iuris ad alium transferre potest quam ipse habet*' [no one can transfer more legal rights than himself has]").

③ U. C. C. § §2－403(1962).

二、美国动产担保交易制度及担保权登记完善制度概述

(一)《统一商法典》第九编的基本特点及其诞生与演进

美国《统一商法典》第九编为担保交易(Secured Transactions),这一编的规则适用于一切以合同在动产、不动产附着物、无形财产以及财产权利上设定担保权的交易,而不考虑该交易的形式如何。其特点是将社会经济生活中出现的不同形态的担保权利做了一体化的处理,建立起了动产担保制度的统一规范——凡是以除不动产以外的财产担保债权之履行的,不论其名称,也不论其担保物之所有权归属,均可归入"担保交易",并适用全美统一的规范。

在美国,包括动产担保交易在内的商事立法权原本属于各州普通法调整的范围,而各州间不甚协调的担保立法在19世纪跨州贸易活动日益频繁的背景之下逐渐沦为经济继续发展的一大阻碍。为了顺应经济发展的趋势,美国统一州法委员会(the National Conference of Commissioners on Uniform State Laws or"NCCUSL")和美国法学会(the American Law Institute or"ALI")共同成立了统一商法典起草委员会,开启了美国商事立法统一化与法典化的进程。

该编原来的设计并不是制定统一的动产担保法律制度,同时分别修订和完善动产按揭法、附条件买卖法等特别法,而是以一系列的特别法分别调整各种融资形态,如商用机械、消费品、农产品、库存和无形支付等。当年,随着起草工作的推进,起草者们发现这些不同形态的融资交易之间的相通之处远超差异之处。于是,他们决定起草统一的规则以调整所有形态的动产担保交易活动。同时,起草者们最终摒弃了各州普通法中历史的、概念化的分类方法,代之以功能和实务价值为导向的分类方法,而这一选择恰恰反映了将各州动产担保交易法律统一化、法典化的意义。其工程之庞大,实属不易。

当一个州采纳了第九编并使之在本州完善时,第九编就以一套简单便捷的担保法律规范取代了这个州在过去多年中逐步形成的调整动产担保活动的普通法。一项动产担保交易,在过去可能被命名为a pledge或者a chattel mortgage,但在第九编生效以后,交易文书的标题已经不再重要,交易的结果只有一个——设立了一项"第九编担保权"

(an Article 9 security interest)，并且规范这一担保交易的法律仅存在于第九编之中，别无他处。①

1952年，《美国统一商法典》正式对外公布。到了20世纪60年代末，全美所有州都采用了第九编，整整一代法律人边学习边适用第九编并依据它的规则开展诉讼。在接下来的数十年中，某些具体规定曾被修订，但是第九编作为一个整体保持着最初颁布时的原貌。直到1990年，负责法典更新的机构设立了一个研究委员会，而后又设立了一个起草委员会来准备起草一部全新的第九编。起草委员会的任务极其艰巨，期间也不乏争议，而最终在1998年颁布了一部全新修订的第九编。这一版本被称为新版第九编或修订版第九编，修订完成后被送发各个州。同时，为防止法律适用的混乱，负责法典起草的机构建议各个州统一从2001年1月1日开始使之生效。新版第九编被认为各个章节之间逻辑更加连贯，也更方便适用。②

一项第九编担保权从"出生"到"死亡"往往经历以下几个阶段：设定、附着、完善和执行。除此之外，设立在同一财产之上的不同担保权之间的优先顺位问题也至关重要，因为优先顺位问题关系到后位的担保权是否真的可以得到执行。作为第九编登记完善制度运行之背景，有必要首先简要介绍第九编划定的担保物范围以及担保权的设定和附着程序。

（二）第九编担保物的范围

第九编§9－109规定第九编所调整的担保交易是"以合同在个人财产上或在不动产附着物上设定了担保权的交易，而不考虑该交易的形式如何"。③ 本条至少蕴含两层含义：首先，除法律明确规定不受第九编调整的担保交易类型之外，所有依合意设定在个人财产或不动产附着物之上的担保权都受到第九编的保护和调整；其次，第九编的调整

① James Brook, 1946 – , Secured Transactions: Examples and Explanations / James Brook. –5th Ed., 4(2011).

② James Brook, 1946 – , Secured Transactions: Examples and Explanations / James Brook. –5th Ed., 4–5(2011).

③ U.C.C. § 9–109(a)(1), "[T]his article applies to…a transaction, regardless of its form, that creates a security interest in personal property or fixtures by contract."

范围是建立在交易的实际内容而非其形式之上——当事人可能出于某种目的(例如避税)而在文书层面掩饰其交易的真实性质,而这时,根据第九编的规定,唯一具有法律上的意义、可以用以判断交易性质的只有该交易的实际内容,形式在所不论。

在美国,当债权人和债务人商定以土地或房产等不动产作为担保物时,二人之间构建了抵押权法律关系(mortgage)。① 有关不动产抵押的立法权在各州,因此不动产抵押权法律关系并不在《统一商法典》的调整内容之列。当债权人和债务人商定以债务人的动产(美国法中的"个人财产"概念)②作为担保物时,二人之间的担保法律关系则很可能在第九编的调整范围之中。虽然§9-109给出了动产担保交易的调整范围,但是不论在大陆法系国家还是普通法系国家,"动产"这一概念的外延都具有不确定性。③ 随着社会经济生活不断丰富,动产外延的不确定性也进一步凸显,因而给第九编的调整范围的确定带来了挑战。

那么到底在什么样的"个人财产"和"不动产附着物"之上可以设立第九编担保权呢?通说认为动产分为以下三类:货物(goods)、权利凭证(indispensable records)和无形财产(intangible property)。第一类担保物货物是指包括消费品、农畜产品、库存、设备在内的有形财产。具体来说,第九编规定:"货物是指在担保权附着之时所有可以移动的东西。这一术语包括(i)不动产附着物,(ii)基于一个买卖合同,即将被砍伐和迁移的木材,(iii)尚未出生的幼畜,(iv)已成熟的、成熟中的和即将培植的农作物,不论这些农作物是长在树上、藤蔓上或灌木丛

① 或称让与担保法律关系,参见邹海林:"让与担保的价值定位与制度设计",载http://www.iolaw.org.cn/showArticle.asp? id=1653,2014年3月27日访问。

② 在美国,"个人财产"(personal property)概念是相对于"不动产"(real property)而言的,涵盖大陆法概念下的动产、无形财产和多种财产权利。

③ 例如,在美国,知识产权(intellectual property)这种无形财产(intangible property),属于财产法(property law)的保护和调整范围。而我国法律将"物"划分为有形财产与无形财产,我国《物权法》进而将有形财产划分为动产与不动产,《物权法》调整的客体仅限于有形财产,从而将知识产权排除在外。参见梁慧星、陈华彬:《物权法》(第5版),法律出版社2010年版,第43~50页,"与物权有关的物的主要分类"。

中,(v)移动住宅。货物这一概念也包括载入货物的计算机程序及所提供的与交易相关的支持程序,如果(i)此计算机程序习惯上被认为是这一(有形)货物的一部分,或者(ii)通过成为这一(有形)货物的所有人后,该所有人有权使用载入此货物的计算机程序。"①第九编在给出货物这一重要概念的同时,也强调了什么是不被涵盖在货物概念之下的:"货物这一概念不包括被输入某货物、单独构成程序以承载媒介的计算机程序。如果计算机程序被输入了一台计算机,因为计算机属于货物的范畴,所以担保权人只需就这台计算机进行描述和办理完善手续即可。如果是相反情况,则其必须另就软件进行描述和办理完善手续。这个概念还不包括账款、动产抵押凭证(chattel paper)、商业侵权法律主张、储蓄账户、文件、一般无形财产(general intangibles)、票据(instruments)②、投资财产(investment property)③、信用证权利、现金或者石油、天然气或其他未开采的矿石资源。"④

第二类担保物"权利凭证"又可分为权状(documents)、票据(instruments)和动产抵押凭证(chattel paper)等几种不同类型。第九编在§9－102(a)(30)的定义中将权状定义为"所有权权状或第七编§7－

---

① U.C.C. §9－102(a)(44)(2012). "'Goods' means all things that are movable when a security interest attaches. The term includes(i) fixtures,(ii) standing timber that is to be cut and removed under a conveyance or contract for sale,(iii) the unborn young of animals,(iv) crops grown, growing, or to be grown, even if the crops are produced on trees, vines, or bushes, and(v) manufactured homes. The term also includes a computer program embedded in goods and any supporting information provided in connection with a transaction relating to the program if(i) the program is associated with the goods in such a manner that it customarily is considered part of the goods, or(ii) by becoming the owner of the goods, a person acquires a right to use the program in connection with the goods. The term does not include a computer program embedded in goods that consist solely of the medium in which the program is embedded. The term also does not include accounts, chattel paper, commercial tort claims, deposit accounts, documents, general intangibles, instruments, investment property, letter-of-credit rights, letters of credit, money, or oil, gas, or other minerals before extraction."

② U.C.C. §9－102(a)(47)(2012).

③ U.C.C. §9－102(a)(49)(2012).

④ *Id.*

201 所称的仓单或提单"。[1] 最常见到的权状是货物运输人签发的提单和仓储人签发的仓单。第九编对"票据"(Instrument)的定义是"流通票据或者其他形式的证明存在金钱给付义务的书面证明;其本身不是担保协议或者租约,它在商业交易中被附以必要背书或者签字以实现交付转让。该术语不包括(i)投资财产,(ii)信用证,(iii)证明存在基于信用卡消费而产生的支付义务的书面凭证(writings that evidence a right to payment arising out of the use of a credit or charge card or information contained on or for use with the card)"。[2]

根据第九编中的定义,动产抵押凭证是指"证明在某货物上存在金钱之债和担保权的记录"。[3] 动产抵押凭证常见于商人以担保为基础销售货物时,此时该商人获得了一个购买价金担保权。如果该购买价金担保权已经购买人授权记载,则该授权之记载即为动产抵押凭证。商人可以该动产抵押凭证为担保物再行从银行获得融资。而在此时,银行的担保物是动产抵押凭证本身而非商人售出的货物。在商人违约的情况下,银行可以对动产抵押凭证进行执行,并可以直接要求购买人向银行为债务支付。但是,非在购买人违约的情况下,银行不可执行动产抵押凭证。

第三类担保物被统称为无形财产(intangible property),无形财产包括账款(account)和一般无形财产(general intangibles)。在英美法中,"账款"是一个外延十分宽泛的概念,因此,了解"账款"一词在第九编中的明确所指至关重要。第九编中的"账款"(account),除非是用于

---

① U.C.C. §9-102(a)(30),"'Document' means a document of title or a receipt of the type described in Section 7-201(b)."

② U.C.C. §9-102(a)(47),"'Instrument' means a negotiable instrument or any other writing that evidences a right to the payment of a monetary obligation, is not itself a security agreement or lease, and is of a type that in ordinary course of business is transferred by delivery with any necessary indorsement or assignment. The term does not include (i) investment property, (ii) letters of credit, or (iii) writings that evidence a right to payment arising out of the use of a credit or charge card or information contained on or for use with the card".

③ U.C.C. §9-102(a)(11).

"account for"的场合,系指对金钱之债的请求支付的权利。① 账款包括以下六种:(1)因财产的出售、出租、使用许可、让与及其他方式而产生的请求支付的权利;(2)因提供服务而产生的请求支付的权利;(3)因执行保险合约而产生的请求支付的权利;(4)因船舶之使用或出租而产生的支付权利;(5)因使用信用卡而产生的请求支付的权力;(6)因在州政府或者应州政府许可或特许的个人主持或主办的抽奖或其他游戏中获奖而产生的请求支付的权利。② 此外,第九编中的账款还包括医疗保险的保险赔偿金请求权。③ 我们暂且可以将第九编所称"账款"理解为会计学上的"应收账款"。第九编中,账款不包括以下几种权利:(1)以动产抵押凭证或票据为证明的请求支付的权利;(2)商业侵权请求权;(3)储蓄账户;(4)投资财产;(5)信用证权利或者信用证;(6)对金钱、发行或者出售的基金的收益权利。④

无形财产,除了账款以外,还包括一般无形财产。第九编所指一般无形财产概括了除货物、账款、动产抵押凭证、商业侵权请求权、储蓄账户、权状、证券、投资财产、信用证权利、信用证、现金及石油天然气或提纯前的矿物质以外的其他一切个人财产,包括电子支付和计算机软件。⑤ 换句话说,一般无形财产包括了可以作为担保物并且没有被第九编所列举的担保物类型所覆盖的又没有被明确排除在第九编之外的一切形式的动产、无形财产和财产权利,如专利权、商标权、退税权、多

① U.C.C. §9-102(a)(2).

② U.C.C. §9-102(a)(2). Article 9 refers to accounts receivable as "accounts". U.C.C. §9-102(a)(2). (A bank account is not an account for Article 9 purposes.)

③ U.C.C. §9-109(d)(8), "... but Sections 9-315 and 9-322 apply with respect to proceeds and priorities in proceeds." Section 9-109 narrows Article 9's exclusion of transfers of interests in insurance policies by carving out of the exclusion "health-care-insurance receivables". A health-care-insurance receivable is included within the definition of "account" in Section 9-102. U.C.C. §9-101, Official Comment 4a.

④ U.C.C. §9-102(a)(2).

⑤ U.C.C. §9-102(a)(42).

支付的养老金的请求退还权、违约赔偿请求权等。[①]

实践中与本文讨论的 *nemo dat* 规则产生矛盾的主要是这最后一种类型的担保物，即无形财产。

(三)第九编担保权的设定和附着

在个人财产之上设定一项第九编担保权并使之完善通常需要两份文书：担保协议(security agreement)和融资报告(financial statement)。担保协议是债权人、债务人之间签订的合同，合同中约定债务人以某项财产向债权人(即担保权人)提供担保。融资报告是根据 §9-501 条的规定向相关政府机构提交的公示文件，用于警示后来债权人这项财产之上已存在负担。换言之，担保协议的目的就在于在债权人、债务人之间设定担保权利，融资报告的目的则在于使这项担保权利产生对世的效力。

当然，要设定有效的担保权，担保协议必须达到一些特定的要求，这就要从第九编的一个重要概念说起——"附着"(attachment)。一项设立在特定财产之上的担保权经设定并且在债权人、债务人之间产生法律强制力，我们就说这项担保权被"附着"在这件财产之上了。[②]"附着"是动产担保法律制度中一个基础概念，担保权不附着就不具有法律上的强制力。[③] 第九编规定了担保权附着的三项必要条件：一是价值已经给付("value must have been given")，二是债务人对担保物享有权利或者能够将担保物之上的权利转移至担保权人("the debtor has rights in the collateral or the power to transfer rights in the collateral to a secured party")，三是债务人与担保权人之间达成担保协议(the debtor must have entered into a security agreement covering the collateral and

---

① 在此有必要指出，美国法之中的动产概念包括以知识产权为代表的无形财产，即在美国，无形财产是动产的下位概念；而在我国，无形财产是相对于有形财产而言的，而有形财产又划分为不动产和动产。参见梁慧星、陈华彬：《物权法》(第 5 版)，法律出版社 2010 年版，第 43～50 页，"与物权有关的物的主要分类"。

② U.C.C. §9-203(a).

③ U.C.C. §9-203(a)，"A security interest attaches to the collateral when it becomes enforceable against the debtor with respect to the collateral, unless an agreement expressly postpones the time of attachment".

giving a security interest in it to the secured party)。[①] 这三项必要条件可以依任何次序实现,但是非到三项条件都满足之时,担保权未设定完成。

(四)第九编担保权的登记完善制度

多数情况下,一项财产之上往往存在多项担保权,权利之间的优先顺位问题关系到各债权人的债权是否真的有所保障。债权人都关心自己的担保权是否会较之其他债权人的权益优先得到执行,特别是在债务人资不抵债或者担保财产的价值不足以抵偿全部债务的情况下。当债务人以一项担保财产担保多个不同的债权时,各担保权之间的优先顺位主要由两个因素决定:一是担保权何时设定(即何时附着);二是担保权是否完善。需要强调的是,担保权因附着而对债务人产生法律效力,而担保权因"完善"(perfection)[②]才产生了对世效力。换句话说,即使债权人没有通过转移占有或者进行登记的方式使担保权完善,只要担保权已经附着于担保物,债权人就可以对债务人主张担保权。通过完善担保权,债权人所能获得的利益是减少交易中的第三人对担保财产主张优先权利的风险。第九编第三章规范了担保权如何完善以及一项担保财产之上的各种权利的优先顺序这两个重要问题。

尽管担保权的完善可以由多种方式来实现,不同完善方式所产生的法律后果及其相互关系错综复杂,但完善程序的原理却十分简单:动产担保权是当事人以合同方式设定的,关于其存在往往只有债权人和债务人这两位合同订立方知晓。在这种情况下,担保权的完善程序就是要求担保权人按照法律设计的步骤,将其担保权向其他可能对同一担保财产享有权益的人进行公开。担保权经附着本已设定完成,在此背景下给担保权人增加完善程序负担,所要解决的是影响交易安全的外观所有权(ostensible ownership)问题。从第三人的角度看,担保权的登记公示可以使财产的购买者了解其所要购买的财产之上是否存在尚

---

① U.C.C. §9－203(b).

② Perfection 被定义为"Validation of a security interest as against other creditors, usu. by filing a statement with some public office or by taking possession of the collateral". Bryan A. Garner, A Handbook of Business Law Terms, p.453.

未终结的担保权,后来债权人可以知道其意欲附着担保权的财产之上是否早已存在优先于自己权益的其他担保权。

使担保权完善的过程是债权人(或担保权人)通过一定方式让公众知晓其担保权存在的过程,完善的方式通常包括两种:一是直接占有担保物,二是向公共机关登记公示文件。具体来说,第九编认可以下五种完善方式:(1)在公共机关登记融资报告;(2)占有担保物;(3)取得对担保物的控制;(4)附着即自动完善;(5)符合其他法律规定的完善要件。采用何种完善方式,取决于担保物的类型。针对有些担保物类型,只有一种完善方式可以适用,而针对另一些担保物类型,多种方式都可以适用,但采用不同的完善方式可能会导致不同的优先顺位。

§9－310(a)规定,除非符合§9－310(b)或§9－312(b)中规定的例外情形之一,否则一项担保权通常必须经登记融资报告而完善。① 登记融资报告是使担保权完善的最主要和最基本的方法,其他的公示方法,如直接占有担保物或取得对担保物的控制等,都是对这一基本公示方法的补充或者其例外情形。② 至于融资报告的内容则十分简单,仅需要包含担保物、债权人和债务人三方面的信息。可见,第九编所要求的登记只是要达到信息录入和公示目的的登记(notice filing),因此只要求提供最低限度的信息。如果查询者需要获得更加详细的信息,则可以按照§9－210规定的程序提出请求。

最低限度信息包括三方面的信息,其中有关债务人和债权人的描述无非是要求准确无误,实践中只要遵循第九编和各登记机构发布的具体规定就基本不会出现差错。融资报告准备完毕,那么应当由谁来进行登记呢?修改前的第九编要求融资报告须经债务人签字方可进行登记,修改后的第九编取消了这一要求,代之以"须经债务人确认"(authenticate)之要求,从而大大普及了电子登记这一更快捷的登记方

① §9－310(a),"Except as otherwise provided in subsection(b) and Section 9－312(b), a financing statement must be filed to perfect all security interests and agricultural liens".

② §9－310(a)("Except as otherwise provided in subsection(b) and Section 9－312(b), a financing statement must be filed to perfect all security interests and agricultural liens.").

法。也就是说，要使融资报告有效登记，债务人确认是必要条件。① 一经债务人确认，债权人就有资格登记融资报告，融资报告中对担保物的描述须与担保协议中的描述一致。② 但同时，只要获得债务人的同意（“in an authenticated record”），债权人欲在债务人确认融资报告之前，甚至在双方达成担保协议之前就登记自己的担保权，也是可能的。③

显然，一项未取得债务人同意的融资报告登记不能够使担保权产生登记完善的法律效力。那么如果债权人未经债务人确认就登记，而后债务人才签署担保协议并同意登记，这样的在先登记效力如何呢？后发生的债务人确认是否会使担保权的效力产生追溯力呢？一般来说，普通法的代理法律规则（the common law of agency）禁止追溯授权（retroactive ratification）对抗出现在授权行为之前的善意第三人。根据普通法的这一规则，债务人的确认至多只能够使担保权自确认发生时完善，而不能够追溯至登记时。然而，§9－509 正式评述三（comment 3）的最后两句话是这样表述的：

“Law other than this Article, including the law with respect to ratification of past acts, generally determines whether a person has the requisite authority to file a record under this section. … This Article applies to other issues, such as the priority of a security interest perfected by the filing of a financing statement.”④

不难看出，§9－509 在正式评述三中指出，担保权的优先顺位问题由第九编来规范，而不是其他法律，例如代理法。也就是说，未经债务人确认同意而登记的融资报告（此为后文反复提及的“预登记”），一旦登记后经债务人追认，其效力溯及既往，与先确认再登记效果无差。如此规定是因为登记的目的在于公示，无论登记时债务人是否已经确

① §§9－509，9－510.

② §9－509(b).

③ §§9－502(d)，9－509(a)(1)，“A person may file an initial financing statement, amendment that adds collateral covered by a financing statement, or amendment that adds a debtor to a financing statement only if … the debtor authorizes the filing in an authenticated record…”

④ §9－509, official comment 3.

认同意,于这一目的的达成都没有损害。当然,这样规定也带来一些问题。假设所有法院都依据这条正式评述的规定来裁判,那么债权人又有什么动力在提交登记申请之前来获得债务人的确认呢?这样一来,第九编的"债务人确认"这一要求就形同虚设了。

三、§9－322(a)(1)的"首先登记或完善规则"(the FTFOP Rule)是否彻底颠覆了 *nemo dat* 规则

作为规范财产法律关系的重要法律,《统一商法典》第九编的规则体系必然是建立在一些基本的财产法原则之上的,而这其中当然也包括 *nemo dat* 规则。但同时,第九编又包含了一项和善意取得制度同样著名的 *nemo dat* 规则的例外,而且这个例外更具突破性和革新意义。这个例外就是第九编的"登记优先规则"("Filing Priority Rule"),这一规则允许先进行预登记而后达成担保协议的担保权人,按照其预登记的日期,取得较高优先效力的担保权。

登记优先规则被法典化于§9－322(a)(1)之中,§9－322(a)(1)是这样规定的:"Conflicting perfected security interests … rank according to priority in time of fling or perfection. Priority dates from the earlier of the time a filing covering the collateral is first made or the security interest … is first perfected, if there is no period thereafter when there is neither filing nor perfection."§9－322(a)(1)规定了同一担保物上的有竞争关系的完善担保权之间的优先顺位问题,其规定也被称为"首先登记或完善规则"(first-to-file-or-perfect rule, the FTFOP Rule)。简单来说,§9－322(a)(1)规定,谁先登记或通过其他法定方式完善自己的担保权,谁就享有优先权。但这一规则的特殊之处在于,预登记可以发生在担保权设定之前,且经过预登记的担保权一旦设定就追溯自登记时产生对世效力。登记优先规则对 *nemo dat* 规则的突破并不像善意取得制度那么显而易见,接下来本文就通过一系列的例子来展示二者是如何互相联系又互相矛盾的。

例一：

第一天	担保权人甲在登记机关预登记了他就债务人的所有账款享有物上权利①的融资报告。
第二天	债务人将其所有账款出质给担保权人乙，以担保其业已负担的对乙的债务。
第三天	担保权人乙在登记机关登记其融资报告。
第四天	债务人与担保权人甲签署担保协议，同日，甲发放贷款；甲的担保权由此设定并附着于账款；由于甲进行了预登记，担保权的效力追溯至甲登记融资报告之日（第一天）。

根据§9－322(a)(1)的"首先登记或完善规则"，例一中甲的担保权的效力是优先于乙的。诚然，乙先于甲设立担保权，乙的债权也发生于甲的债权形成之前，甚至在乙的担保权完善之日（第三天）甲的担保权都尚未设定。但是，由于甲先于乙登记融资报告，甲的担保权享有更高的优先效力。需要注意的是，假设严格适用 *nemo dat* 规则，在第四天债务人通过担保协议在其所有账款上为甲设立担保权之时，甲只能够获得债务人自己就担保物（所有账款）所拥有的权利，而此时债务人由于在第二天已将账款出质给了乙，债务人对这些账款已然不享有优先权利。也就是说，§9－322(a)(1)的"首先登记或完善规则"允许债务人在已经将权利转让给了乙，从而自己不再拥有此项权利的情况下，再"转让"给甲这项债务人自己不再享有的权利——这与 *nemo dat* 规则是矛盾的。当然，在通常情况下，这项规定并不会对处在乙的位置上的担保权人产生任何损害，因为只要乙履行了法律所期待的社会一般人的审慎义务，在同意债务人以其所有账款出质之前到相关登记机构

① 为了前后举例的一致性并方便研习大陆法系民商法的中国同人们准确理解，此处借用大陆法的"物上权"概念。在《统一商法典》第九编的概念中，账款等特定类型无形财产之上的所有权也属于 Security Interest 的范畴。事实上，从例一到例四，第一天甲的行为的英文表述都应当是，"At day one, A files a financing statement against the debtor covering all debtor's accounts/payment intangibles."

检索这些账款上是否存在负担,乙就可以发现甲已经预登记融资报告以及债务人账款上已经存在负担。在此情形之下,乙不会愚蠢到继续同意债务人用已存在负担的担保物来担保债权的实现。

在此,有必要回顾一下§9-203有关担保权设定及附着的规定,因为对这一法律条文的深入理解是正确理解和适用第九编登记完善制度的前提。§9-203(b)(2)规定,除非债务人对担保物享有权利("right in the collateral")或者债务人拥有将担保物上的权利转让给担保权人的权力("the power to transfer rights in the collateral to a secured party"),否则担保权不得附着。显然,§9-203(b)(2)前半句的规定("right in the collateral")是 *nemo dat* 规则的体现——债务人不得在自己不享有任何权利的财产上为担保权人设定担保权,并且债务人只能够在自己所享有的权利的范围内为债权人设定担保权。① §9-203(b)(2)的后半句,"the power to transfer rights in the collateral to a secured party",似乎又颠覆了 *nemo dat* 规则,即当债务人就担保物不享有权利时,只要债务人(基于各种原因)有"权力"("power")向担保权人转让担保物上的权利,担保权也是可以依法设定的。然而,第九编并没有明确规定哪些情况下债务人拥有这样的"权力",有些情况在《统一商法典》中的其他部门法中有所规定,②更多的是从条文中推导得出的。例一中债务人为甲设定担保权的情形就是债务人依法"有权力向担保权人转让担保物上的权利"的情形之一。

那么,§9-322(a)(1)的"首先登记或完善规则"是否就此颠覆了 *nemo dat* 规则了呢?通过对以下几种更为复杂的担保交易的例子的分析,我们可以得出结论:"首先登记或完善规则"并没有彻底颠覆 *nemo dat* 规则,而是出于维护现代商业秩序的需要在古老财产法原则的王国中划出了一块适合自己的领地。

---

① See, e. g., Steven L. Harris & Charles W. Mooney, Jr., Security Interests in Personal Property 26(4th ed. 2006).

② U. C. C. §2-403(2)(2008)(规定了善意取得制度).

例二：

其他事实和例一中的保持不变，只是这一回，乙不是担保权人，而是担保物（账款）的买受人（或称“受让人”）。

第一天	担保权人甲在登记机关预登记了他就债务人的所有账款享有物上权利的融资报告。
第二天	债务人将其特定的数个账款转让（出卖）给买受人乙（注意：例一中债务人出质的是其“全部账款”，而这里转让的是“特定的数个账款”，这一区别反映实务中的真实状况，买受人通常不会购买某人名下的“全部账款”）。
第三天	担保权人乙在登记机关登记其就债务人的所有账款享有所有权。
第四天	债务人与担保权人甲签署担保协议，同日，甲发放贷款；甲的担保权由此设定并附着，且由于甲进行了预登记，担保权的效力追溯至甲登记融资报告之日（第一天）。

尽管例二中乙对特定账款拥有了所有权，这依然不影响甲就这些特定账款获得完善的担保权。其立法目的同例一是一致的表现为两点：其一，这样规定是为了防止债务人一边将担保物转让一边以担保物来获取贷款；其二，买受人乙完全可以通过检索担保物上是否存在负担来保护自己的利益。一些美国学者，虽然认同这一立法目的的正当性与合理性，却援引 *nemo dat* 规则诟病这一对买受人不利的法律规定，认为§9－322(a)(1)的法律条文本身并没有包含债务人出卖担保物的情形，因此，在此不应作扩大解释。[1] 反对者们还援引§9－318(a)的规定，即当债务人将账款、动产抵押凭证（chattel paper）、无形支付（payment intangible）或本票（promissory note）出卖，债务人就不再享有这些财产之上的任何权益了。[2] 持反对意见的学者论证到，虽然§9－

① Thomas E. Plank, *Assignment of Receivables Under Article 9: Structural Incoherence and Wasteful Filing*, 68 Ohio St. L. J. 231, 242－45(2007).

② U. C. C. §9－318(a)("A debtor that has sold an account, chattel paper, payment intangible, or promissory note does not retain a legal or equitable interest in the collateral sold.")(2010).

318(b)进一步规定,当买卖尚未生效时(例如买受人尚未取得对无形财产的控制),§9－318(a)不予适用,债务人在买卖生效前视为享有处分该财产的权利,[①]但是§9－318(b)并不适用于例二,因为例二中的债务人与买受人乙的交易已经生效。所以,持反对意见的学者们得出结论,转让行为导致债务人丧失对担保物的一切权利,因此,甲的担保权不可能附着于担保物,因而甲的担保权从未设定完成,效力也无法追溯。

然而,不要忘了,是源自§9－203(b)(2)的"授权",债务人才拥有此项"权力"的,因此,此种情形下的登记优先,不仅立法目的正当合理,更重要的是,它是有法可依的。"首先登记或完善规则"的设计是为了使先预登记再设定担保权的担保权人获得具有优先效力的担保权,隐含在这一规则之中的法律是:债务人,即使出卖担保物,根据§9－203(b)(2),保留了转移物上权利的"权力"。例二中,"首先登记或完善规则"突破 *nemo dat* 规则得到适用,其法律原理和例一中的法律原理并无二致。在例一和例二中都隐含了一条法律,即债务人在特定情况下有权授予他人自己已不享有的权利。简言之,§9－318(a)的"债务人转让这些无形财产后对这些财产不保留任何权利"的规定不妨碍债务人根据§9－203(b)(2)的规定拥有在此项财产之上设定担保权的"权力",只要担保权人依照§9－322(a)(1)进行了预登记。经过以上的论证和分析,例二的法律结果就是乙拥有购买的账款的所有权,而甲的担保权附着于这些账款并完善——乙购得了负有担保义务的账款。

例三:

如果将例二中的事实稍作变换,担保物由普通的账款变为无形支付(payment intangibles),[②]会对法律结果产生影响吗?无形支付作为

---

① U.C.C. §9－318(b)("For purposes of determining the rights of creditors of, and purchaser for value of an account or chattel paper from, a debtor that has sold an account or chattel paper, while the buyer's security interest is unperfected, the debtor is deemed to have rights and title to the account or chattel paper identical to those the debtor sold.").

② U.C.C. §9－102(a)(61).

第九编动产担保交易的客体，与账款最大的不同在于，设立于无形支付上的担保权一经附着自动完善，不需要进行登记。

第一天	担保权人甲在登记机关登记了他就债务人的所有无形支付享有物上权利的融资报告。
第二天	债务人将其特定的数个无形支付转让（出卖）给买受人乙（乙的权利不需要登记，立刻产生了对世效力）。
第三天	债务人与担保权人甲签署担保协议，同日，甲发放贷款；甲的担保权由此设定并附着，且由于甲进行了预登记，担保权的效力追溯至甲登记融资报告之日（第一天）。

例三与例二的法律结果是一样的：乙是无形支付的所有人，乙购得的是负有担保义务的无形支付，甲的担保权具有优先效力。也就是说，乙的权益一经附着立即完善不能改变甲进行预登记的法律效力。

例四：

这里，甲不再是担保权人，而是无形支付的买受人；乙的角色保持不变。在例四中我们会看到，针对账款、无形支付这一类特殊的无形财产，预登记到底有怎样的法律效力。

第一天	甲在登记机关预登记了他就债务人的所有无形支付享有物上权利的融资报告。
第二天	债务人将其特定的数个无形支付转让（出卖）给买受人乙（乙的权利不需要登记，立刻产生了对世效力）。
第三天	债务人向甲转让（出卖）相同的无形支付，同日，甲支付对价；甲的担保权（所有权）①由此设定并附着。

① 在第九编的概念中，对以账款、无形支付为代表的特定类型的无形财产的所有权也是包含在 security interest 的范畴之中的，因为根据 U. C. C. §9－109(a)，对账款（accounts）、无形支付（payment intangibles）、动产契据（chattel paper）和本票（promissory note）的买卖属于第九编动产担保交易（secured transactions）的范畴。这样的规定也是造成美国法中对这一类型无形财产的交易法律规范十分复杂甚是混乱的原因，在此不作深入讨论，读者只需要知道就以上四种无形财产进行买卖而获得的所有权也属于“担保权”，受第九编调整，参与担保权之间优先顺位的竞争。

根据“首先登记或完善规则”,甲和乙之间的权利优先效力的竞争取决于登记的先后顺序,对于例四的分析应当和例三一模一样,即甲基于其预登记行为获得顺位优先的权利,法律结果也应当是一致的。然而这里,甲是无形支付的买受人,而非一般享有担保权的债权人。若允许甲基于第一日的预登记而取得最优的所有权,第一日以后债务人的任何处分行为都存在归为无效的风险。在这种情况下,乙不是获得了有负担的财产,而是什么都无法获得。这合理吗?

逐字逐句来阅读§9-322(a)(1),可以发现,以上看似不合理的法律结果并不违背§9-322(a)(1)的规定。§9-322(a)(1)是这样规定的,“Conflicting perfected security interests ... rank according to priority in time of filing or perfection. Priority dates from the earlier of the time *a filing covering the collateral* is first made or the security interest ... is first perfected ...”§9-322(a)(1)所要求的有效的预登记文件是“a filing covering the collateral”,直译为“覆盖担保物的登记”。也就是说,无论预登记的内容和具体权利为何,只要是“覆盖担保物的登记”,就会产生优先于其他未登记的物上权利的效力。

一方面,“首先登记或完善规则”将担保权的优先顺位与登记的先后顺序挂钩,是出于登记对后来的担保权人的公示与警示功能的考虑。当一项融资报告的登记不再能够提供公示的功能,也就不再合乎§9-322(a)(1)的立法目的了。同样地,若一项担保财产不能够通过登记来完善,或者不需要通过登记来完善时,将优先顺位绝对地与登记的先后顺序挂钩也是不符合§9-322(a)(1)的立法目的的。当然,从另一方面说,不需要通过登记来完善担保权,并不意味着登记就不产生任何法律效力。很多时候,即使所持担保权自动完善,担保权人也仍然会去登记融资报告,而第九编也并不禁止这种行为。

需要指出的是,虽然“首先登记或完善规则”使得债务人在担保权人甲进行了预登记的情况下,有“权力”在本已出卖的账款上设立担保权,但这仅限于账款、无形支付等四种特殊类型的无形财产(或财产权利)。如果担保物是货物(goods),例二中的法律结果就不同了。① 例二中,甲第一天就乙的全部账款登记融资报告,乙第二天从债务人处购买特定的数个账款,并于第三天登记完善,第四天债务人和甲达成担保协议,甲的担保权附着于账款上。假设,本例中,担保物是债务人所有的生产设备(equipment),②并且债务人第二天将设备出售给买受人丙,并于第三天完成交付——"首先登记或完善规则"不适用于货物担保权人和买受人之间权利的竞争。③ 针对此种情形,§9－317(b)才是应当适用的条款:在货物担保物上的担保权完善之前,货物的买受人只要(1)不知道该担保权的存在,(2)支付对价,并且(3)完成交付,该买受人即可获得无负担的购买的货物。④

四、结论:§9－322(a)(1)对 *nemo dat* 是一种基于现代商业实践的变通的继承

基于本文第三部分的讨论,我们可以得出结论:是基于账款(accounts)、无形支付(payment intangibles)、动产抵押凭证(chattel paper)和本票(promissory note)这四种特殊类型担保物⑤的性质和交易特点,§9－322(a)(1)才制定了"首先登记或完善规则"。对以上四种财产或财产权利进行担保交易的主体一般只可能是职业的商人或金融机构,而非普通消费者。法律要求职业商人或金融机构承担高于普通消费者的审慎义务,在交易缔结之前到相关机构检索这些财产或财产权利之上是否存在负担,是完全合理的,也是符合现代商业秩序的。这

---

① 根据 U. C. C. §9－109(a),对账款(accounts)、无形支付(payment intangibles)、chattel paper 和 promissory note 的买卖属于第九编动产担保交易的范畴,因而这些特殊类型的无形财产之上经购买获得的所有权也就属于 Security Interest 的范畴了。

② U. C. C §9－102(a)(33)(2010).

③ U. C. C §9－322(a)("… priority among conflicting security interests and agricultural liens in the same collateral is determined according to the following rules…")

④ U. C. C. §9－317(b)("[a buyer of goods] takes free of a security interest … if the buyers gives value and receives delivery of the collateral without knowledge of the security interest … and before it is perfected.").

⑤ 有关这四种特殊类型的担保物究竟属于财产还是财产权利,美国学术界尚存在争论,本文不做展开讨论。

一规则的适用,虽然是对 *nemo dat* 规则的突破,却不至于给交易带来混乱的现象或不公平的法律后果,也并不构成对 *nemo dat* 规则的彻底颠覆。相反,由于其适用范围的设定非常明确,所以“首先登记或完善规则”只是在 *nemo dat* 规则的王国划出了一块合理的领地。

(宰丝雨,中国社会科学院法学研究所留学博士后)

美国养老计划实施中的受托人义务*

周 煜

目 次

导论

根据美国法律，某人或某个机构一旦被认定为养老计划中的受托人(Fiduciary)，那么就必须接受《雇员退休收入保障法案》(ERISA)的制约，背负法定的义务，这种义务就是所谓的“受托人义务”(Fiduciary duty)。如果他不能很好地履行受托人职责的话，那么就会麻烦上身，将会承担受托人责任(fiduciary liability)。

这实在不是一件好玩的事情，受托人一旦不能很好地完成自己的使命，尽职尽责地管理好养老基金，那么很可能会导致整个养老计划的失败，随后的事情就是那些已经退休的参与人(retiree)资金受损，无法

* 本文系国家社科基金项目“实体法和程序法双重视角下的民事推定制度研究”(项目编号:12BFX071)和山东大学研究生自主创新基金项目(项目编号:YZC12037)阶段性成果。

完整地领取本该属于自己的养老金,走投无路地哭诉。为了防止这样的事情出现,美国的法律将受托人义务列为整个美国私人养老信托的实施进程中非常重要的一环。

受托人是一个在现代商业环境中并不陌生的概念,自从"信托"诞生的那一天,自然就有了受托人。虽然其由英国古典的"由斯"(USES)制度演化成商业信托模式还是经历了不算短暂的过程,但是商业信托的大幕一旦打开,其发展是极度迅猛的。这源于人们经济理性觉醒后,对利益越发的追求和商业环境中越发的专业细致分工,受托人以其专业化的管理知识储备和丰富的实际操盘经验,越来越扮演着重要的角色。于是普通人将自己的资产交付给这些专业人士,然后只需要付出一部分的佣金,就可以获得比自己管理这些资金更为丰厚的回报,自然愿意让专业化的受托理财人为自己管理财产。

美国养老金计划的参与人同样不是例外。

在美国的公司刚刚开始建立养老金计划时,还没有过多地考虑这些计划中的资金应该怎样良好地管理,那要追溯到20世纪初的时光。那个时候美国现代意义上的养老保障系统才初出萌芽,只有那些财大气粗的大型企业才能提供给员工一些退休后的福利,这其中就包括了持续给付的养老金。当时的资金数额总量是很小的,不是完全覆盖,只有那些企业认为为自己做了很大贡献的员工才可能会领取到这些养老金。所以企业很少为这些基金进行信托化处理,也没有请专业的基金经理人进行管理,也就缺乏相关的监管。直到后来这些提供给员工的计划变得普遍和数额巨大,所有各方都意识到这是一笔很重要的资产的时候,信托化的管理措施才开始实施,随之受托人的行为也亟须进行监管。于是国会在1958年通过了《员工利益与养老金计划信息披露法》(Welfare and Pension Plans Disclosure Act),要求这些管理养老信托的机构必须进行一定范围的信息和财务公开。但是显然法案出台的速度有些慢,不愉快的事情还是发生了,司蒂蓓克汽车公司(Studebaker)的养老计划就是这样一件令人感到遗憾的事情。计划管理者乔治·巴莱时(George Barasch)用过山车式的投资手法,最终将养老金计划折腾的病入膏肓,尽管美国当局尽力挽回,但终究无力回天。① 这一事件也成为了导火索,导致随后一系列事件的出现,并促成了《雇员退休收入保障法》(ERISA)的出台。

在这一法案中,“受托人”这一名词作为非常重要的概念被提出,并被明确且强调其所应该担负的义务和需要承担的责任。随着养老基金资金数额的急剧膨胀,甚至其已经远远超越了一般的商业基金所聚集的资金池规模,这种对养老金受托人的规制已经与商业信托的规则进行接轨,在某些层面上已经超越了传统商业信托的规制强度,成为了新的标准。②

近些年,随着美国养老改革步伐的加快,一部分的 DB 型养老计划转化为 DC 型养老计划,③这样风险和收益都更加直接地由参与人获得。那么怎样找到一个适合的计划,无异于怎样找到一个更为合适的受托理财者,受托人的表现与养老计划的成败就息息相关,其地位也就显得更为重要了。

作为现今美国养老金计划规制中的中心环节,对受托人义务的讨论就显得尤为重要。这是一个简单又复杂的问题。简单的是,受托人义务从一开始到今后无论什么时候,其终极目标都无比显明——保值增值。这是指让投入养老计划中的资金能够不减损而且有固定稳定的收益率,能够利用专业投资知识和经验获得最大的收益。复杂的是这种“最大收益”怎么界定?将哪些人界定为受托人能够更好地对参与人的利益进行保护。商业环境是瞬息万变的,运营资金赚赔皆是常态,

① 周煜:“美国养老权益及员工福利保障的基础性法案”,载《民商法论丛》(第 56 卷),法律出版社 2014 年版。

② 美国现今的商业信托中,普遍出现了将 ERISA 作为重要参照规则适用的情况。

③ DB 计划是 defined benefit plan 的缩写,其基本含义是:企业和雇员按照一定的比例定期向养老基金注入一定的资金,这一部分资金并不是按照每个员工所缴纳的资金数建立个人账户,而是进入一个综合的信托账户进行管理。企业承诺当员工退休时按照一定的标准对员工提供养老金。DC 计划是 defined contribution plan 的缩写,其基本含义为:雇主为参加这个计划的员工建立个人账户(self-account 或者 individual account),并根据计划的规定,由雇主和员工按照分担比例向其定期(一般是按月)注入确定额的资金,由特定的信托管理方式进行保值增值。参见周煜:“美国养老权益及员工福利保障的基础性法案”,载《民商法论丛》(第 56 卷),法律出版社 2014 年版。

那么怎么界定受托人尽到了受托人义务从而勤勉地实现了对资金的管理呢？过多的干预受托人的行为反而使得信托的本质丧失。

正因为如此，对美国私人养老基金运行中的受托人义务展开讨论是必要的，能为我们更好地了解和借鉴美国的养老制度提供参考与借鉴。

一、"受托人"界定

根据ERISA §3(21)A的规定，一个主体成为养老基金管理中的"受托人"，需要至少满足下列条件之一：

(1)实施任何自由裁量权或者对计划有实质性的控制权或者可以有自由裁量权主导或者管理计划财产的分配；

(2)提出任何投资建议或者其他关于资产的处置方案，或者有责任或者权利提出这些建议；①

(3)对于计划的行政管理有决定权并负责任。②

本文所涉及的"受托人"指的是私人养老或者企业养老计划中的受托人，也就是在ERISA规则下的受托人范围。那么其他的一些主体就被排除在外：政府主导的养老金计划；教会主导的被ERISA规则排除在外的计划；单纯为了补偿员工或受失业或残疾保险法规定的金钱给付；在国外发起的计划，参与人也不是常住民；无法满足资金充足率的额外的计划；主要是为了给企业雇主或者高管提供的但资金不充足的养老金延迟给付计划；受美国法典26 U.S.C. §736条规定的计划。这些计划都属于公共范畴的计划或者特定计划，其原理上的不同使得其与本文中讨论的问题有一定的区别。

(一)享有"控制权"

怎样界定行为主体具有对养老计划的"控制权"(control)是一个很重要的问题。这种控制权的核心在于"自由裁量权"(discretionary authority)，在某些情况下，虽然实施的是管理行为(administrative activities)，但是并不能认为是自由裁量的行为，所以就不认为享有控

---

① 29 C.F.R. § 2510.3-21.

② ERISA § 3(21)(A),29 U.S.C. § 1002(21)(A).

制权。这些不能认为是行使自由裁量权的管理行为包括以下几种：

(1)对参与人或者受益人资格的认定；(2)计算确定受益人所能享受的服务和能够获得的养老金领取数额①；(3)为员工准备计划转接材料(communication materials)；(4)留存参与者的职业记录；(5)提交官方机构要求的报告；(6)对收益的会计计算②；(7)收取计划参与者的养老金给付和发放养老金的行为本身；(8)对新近参与者进行计划指导和说明，并对计划说明文件进行文字本身的解释和在文件说明的内容内给出一定合理的选择建议；(9)拟定关于某个参与者的利益报告；(10)处理索赔(claims)；(11)关于计划管理方面为参与者提供建议等。

这些日常的(routine)计划管理行为被称之为辅助行为(ministerial functions)。辅助行为本身是对计划的管理，但是因为不具备有"自由裁量权"，所以不是享有控制权的行为。其仅仅是辅助享有控制权的主体进行的管理行为，其行为遵循其他享有控制权的主体或者计划本身所制定的原则和流程，其无法享有单独的权利处分计划中的财产、指定或者制订投资计划、给出单独定制的投资建议。③

在 ERISA 法案中，受托人是一个广泛的概念，其不完全等于一般商业信托中的被委托人(trustee)，这就需要具体问题具体分析。英美法的传统决定了在不同的案件中可能会出现情况迥异的状况，所以法官要根据具体的案件情况，进行判断是否能够构成"实施控制权"。

第一种被讨论的主体是账户的提供者。在某些情况下，为了投资资金的整合，养老计划的提供方会将所有参与者的个人账户集中管理，从而形成一个总的账户，名义上其享有这个账户的控制权，但是实际上账户资金的处分和运用掌控在操盘手的手中。这样的情况下，操盘手是 ERISA 所规定的受托人，而账户的提供者不是受托人。这是因为其

---

① ERISA Opinion Letter 95 - 17A, 6 - 29 - 95.

② ERISA § 2509.75 - 8, Q&A D - 2(ERISA Interpretive Bulletin, 75 - 8).

③ 但是这些辅助人员，一旦行使了控制行为干预到了计划的实施，那么这种行为所带来的后果就是其可能会转化为受托人。比如精算师不单单负责计算还参与到了计划的制订之中。参见 *Mertens v. Hewitt Associates*, US Sup Ct(1993), 508 U. S. 248。

仅仅享有名义上的账户所有权,仅仅是为了资金归集的方便。但是,如果账户的提供者对账户本身享有真正的控制权,也就是其可以自由处分账户中的资金而不用征得每一个个人账户所有者的同意的情况下,应该将这类账户的提供者认为具有受托人身份。

另外,个人账户的所有者当然可以处分自己账户中的资金,如果这部分的资金同时还在参与养老金计划的过程中,①那么也不能认为参与者是受托人。原因明显,因为处分的是自己的财产。

第二种被讨论的主体是"指定受托人"(named fiduciary)。根据ERISA的规定,每个养老计划的主导性的受托人是指定受托人,并且每个养老计划中必须要有指定受托人。这类受托人的主体资格是直接规定在养老计划之中的,也就是由养老计划文件所直接"指定"的。②另外,针对比较大型企业内部的养老计划,也可能由股东会或董事会通过特别程序指定专业人员为指定受托人,③在某些情况下,公司本身也可能会成为指定受托人。④ 另外,对于塔夫脱—哈特莱计划中的(Taft-Hartley plan)受托人联合委员会成员,一般认为是指定受托人。

指定受托人不一定自己单独地承担养老信托的信托管理义务,其意义更多在于表示"对计划的成败盈亏要去负直接责任的人",所以指定受托人是可以去指定其他的受托人的,也就是可以将自己的一部分乃至全部的职责转托给他人。接受转委托的人自然也就成为了计划的受托人。⑤

---

① 在很多情况下,参与养老计划中的资金是被"锁定"的,也就是这一部分资金转入了总的信托账户,是不能被参与者任意处分的,参与者看到的仅是一个名义上的余额。这类似于理财计划,但是与理财计划不同的是养老计划的资金赎回方式并不完全是任意的,要根据专门的法律有更细致的规定。参见 ERISA §404(c);ERISA Opinion Letter 75-24,10-21-75。

② 在某些情况下,还会出现表见指定受托人的情况,也就是其实际上并没有被正式的规定在养老文件之中,但是因为实施某些行为,如去签署文件等,而被认为是指定受托人。参见 Donovan v. Mercer,CA-5(1984),747 F2d 304。

③ ERISA § 402(a)(2).,29 U.S.C. § 1102(a)(2).

④ ERISA § 2509.75-5,FR-3(ERISA Interpretive Bullet in 75-5).

⑤ 林弈:《美国的私有退休金体制》,北京大学出版社2002年版(2009年重印版),第234页。

但是计划的发起者,一般是雇主,却在大部分情况下不被认为是受托人。这在于"发起"(sponsoring)和"终止"(terminate)行为不被认为是执行控制权的行为。但是如果雇主在发起计划的过程中对相关信息的故意隐瞒或者歪曲,则被认为是受托人,因为美国的法律认为故意扭曲信息的行为相当于默认的行使了控制权。[①]

第三种被讨论的主体是行为主体被指定只能行使某些行为的情况。某些主体的行为在养老金计划的文件中被指定,并被限制只能行使指定的受托行为,因为书面"指定"行为,这类主体被认为是受托人。但是其受托责任的担负范围是有限的(limited),其仅仅担负被指定的行为的受托责任,如果牵涉几个受托人,可以按照指定行为的范围进行责任的分担。[②] 这类主体一般存在于"行动范围限定的指定受托人"和年金保险人(insurer)。[③] 年金保险人被认为是受托人是无可争议的,因为一般保险型养老计划的条款是由保险人(保险公司)制订的。但是这里之所以说是指定行为的受托者,是因为在某些情况下,控制权不单单由保险人享有,参与人本身也可以处分计划中的财产,在这样的情况下,参与人处分的那一部分资产,保险人是不用担负受托义务的。[④] 信托的本质在于受托者的"独立控制",所以细致地讲这里应该认为享有独立修改年金条款或者决定收益率的行为是受托行为,这种权利可

---

① 在判例法中,美国法院认为单纯的计划发起者,并没有被授权可以承诺计划的预期收益率或者投资前景。这些职责和权力是被授予受托人的。所以,不经过授权的承诺预期收益或者投资前景,被认为是越权的行为,被视为受托人了,要承担受托人责任。参见 Howe v. Varity Corp., US Sup Ct(1996), 516 U. S. 489. Cf . Sprague v. General Motors Corporation, CA - 6(1998), 133 F3d 388n; Blatt v. Marshall & Lassman, 812 F. 2d 810(2d Cir. 1987); Hamilton v. Allen-Bradley Co., 244 F. 3d 819(11th Cir. 2001)。

② 关于多个受托者责任分担的问题很复杂,几个受托者之间一般不是牵连关系,所以承担责任的方式一般是按份责任,而不是推定责任或者替代责任。参见 Schmidt v. Sheet Metal Workers' Nat'l Pension Fund, 128 F. 3d 541, 547 - 48(7th Cir. 1997)。

③ ERISA § 405(a), 29 U. S. C. § 1105(a).

④ 但是在一类特殊的情况下,保险公司可能不成为受托人,这种情况是保证给付保单(guaranteed benefit policy)的情况,这类保单可能被认为是单纯的人寿保险,而不涉及年金和资金的投资。参见 29 USCS § 1101, Mack Boring and Parts v. Meeker Sharkey Moffitt, CA - 3(1991), 930 F2d 267。

以被保险人保有而不去行使,但是一定要被赋予,这是决定是否为受托人的关键。①

第四类行为主体是基金经理人。这类行为主体是最主要的受托人。基金经理人是被赋予管理,取得或处置计划资产的权力的人:②

(1)独立自由的管理,取得或处置计划资产的权力;

(2)被注册为符合 1940 年《投资顾问法》指定条件的投资顾问;

(3)虽然没有被注册为符合 1940 年《投资顾问法》指定条件的投资顾问,但是被注册为主要营业地所在州的州法指定条件的投资顾问,并且其在劳工部(Department of Labor)有备案,主体必须是由至少被两个州的法律认可的保险公司或者银行;

(4)有被书面确认的受托人资格。

最后是一些零散的主体。在极特殊情况下,其他的一些主体可能也会成为受托者,其主要原因是其现有自由的控制权干涉到了计划的运行,比如仲裁员或者工会等。③

(二)提供"投资建议"

如果主体被赋予可以给出投资建议的权利或者义务,那么就是受托人。这些"投资建议"必须满足:这些建议是关乎计划财产的价值增长和亏损,一般涉及投资的证券的价值变动或者相关资产价值的波动,或者买卖、转让、参股等对计划财产的处理建议。给出建议的人可能同时具备对财产的自由买卖权,④这些建议将形成书面文件,作为养老计划投资的主要依据,并且针对每个参与者的要求和目的的不同,可以个性化定制。这些建议必须涉及计划资产的投资原则或者战略、总体资产组合的确定和分散化投资建议。⑤

根据美国的法律,这些投资顾问可能由下列主体构成:⑥

---

① Associates in Adolescent Psychiatry, SC v. Home Life Insurance Co., CA – 7 (1991), 941 F2d 561, cert. denied 2/24/92.

② ERISA § 3(38).

③ ERISA Opinion Letter 79 – 66A, 9 – 14 – 79.

④ 这种权利可以不去实际行使。

⑤ ERISA § 2510.3 – 21(c)(1)(ii)(B).

⑥ 29 U.S.C. § 4975(f)(8)(J); ERISA § 408(g)(11); P.L. 109 – 280.

(1)满足上节所述基金经理人条件的投资经理人;

(2)受联邦《联邦存款保险法》(Federal Deposit Insurance Act)管辖的银行或者类似的金融机构,但是只有金融机构的信托部可以给出这些投资建议,并受联邦或州银行监管当局定期监管;

(3)被州法允许进行投资咨询业务的保险公司;

(4)注册为根据《证券交易法》(Securities Exchange Act)的经纪人或交易商;

(5)上述机构的关联机构;

(6)雇员,代理人或任何上述机构的法定代表人,符合法律直接规定成为咨询者的。

这些投资建议可能是由上述符合专业基金经理人的主体给出的,对于一般的养老计划的信托投资自不待言,对于由参与人主导的养老投资计划,给出建议的主体同样可能成为受托人。

在这样的情况下,受托人是以专业的咨询公司的身份为参与者主导的投资计划提供咨询和建议,参与者并没有或者没有完全地将资金的控制权转移给基金经理人,仅仅是雇佣。ERISA 认为在这样的情况下,经理人给出的建议只要被计划所实际地采纳了,那么其就应该被认为是受托人,尽管其建议本身并不具备强制力。① 另外,基金经理人给出的建议必须符合审慎原则和禁止交易原则,这与一般的商业信托的规定是相似的,也就是说,不能为了自己的利益而不顾及参与者的利益去建议其采取符合经理人利益的投资计划或者分配计划。

在原先的法案中是完全禁止这种建议参与人投资咨询方股票的行为,但在 2006 年 PPA 法案(Pension Protection Act)出台后,这一禁止有了例外,这是源于计算技术的发达,使得原本必须由人工计算的精算过程转化为可以由计算机自主生成。在这样的情况下,如果投资咨询人使用由无利益牵涉的第三方设计的辅助投资软件进行合适的估算过程后,涉及的投资组合中的某些资产可能与自身利益相关,在经过劳工部的备案后,依然可以认为是合法的投资建议可以被予以采纳用来涉及养老投资的计划设计。这些由电脑设计的计算程序应该充分考虑到下

① ERISA Opinion Letter 2005 -23A,12 -7 -05.

列因素:

(1)应用普遍接受的投资理论,考虑到不同资产类别在特定的时间周期的历史回报;

(2)使用关于该参与者相关的信息,其中可能包括年龄,寿命预期,退休的年龄,风险承受能力,其他资产或收入来源,和对某些类型的投资的偏好;

(3)使用客观标准提供和配置投资组合;

(4)不采用偏向于投资与投资顾问利益相关联的附属机构的证券等可能不客观的预期程序注入;

(5)考虑到在指定计划下的所有投资选择,不偏激地对某类资产进行不恰当的偏向投资。

满足以上条件的电脑模拟模型在实际投入使用前必须由有经验的投资者(eligible investment expert)进行检验。这对相关程序的设计要求是很高的,这些模型程序要经过劳工部的备案,并且要进行合法性的检验。如果有计算机模型有重大变动,必须为修改后的模型获得新的认证。上述进行检验的有经验的投资者必须是无利益瓜葛的第三者,不能与受托人或者提供咨询者等相关利益人有利益关联。①

在另外一种情况下,如果咨询人收取的是固定金额的咨询费用,而这些费用的大小并不随着资产组合或者参与人选择投资组合的不同而产生变化,那么也可以视为是合理的建议。劳工部享有最终的权利去确定这些计划是否符合条件,诸如是否能成立IRAs计划或者其他养老计划。

计划的发起人或者雇主仅仅对选任计划的咨询者承担选任责任,但是对计划咨询者给出失败的咨询建议从而导致参与人计划资产损失并不负担直接的责任。②

(三)经纪商或者交易商

对于某些中间主体,如经纪商或者交易商,其行为的性质介于多主体之间,所以其代表员工利益进行证券交易的行为并不能认为是行使

① 29 U.S.C. § 4975(f)(8)(C)(iii);ERISA § 408(g)(3)(C).

② 这与侵权法上的雇主责任有很大的区别。

受托人权利的行为。其享有很多的行为的豁免,如果行使单纯的交易行为是不被认为是受托者的。这些主体包括以下几种:

(1)根据《证券交易法》注册的经纪人或者交易商;

(2)在一级市场上的报告经销商(reporting dealers)或者其分支机构;

(3)受美国国内法监管的银行。

其单纯的交易行为,符合美国国内的证券交易规则,不被认为是行使了自由控制权或者给出了受法律规制的投资建议。① 其行为仅仅是根据参与人或者真正的受托者的旨意进行的并没有超过其日常行为范围的交易行为。当然,如果这些行为主体行使了自由控制权或者给出了受法律规制的投资建议,那么其行为就不是单纯的交易行为,其就应该被视为受托人。②

(四)受托人资格的免除和终止

美国法律上不允许某些刑事犯罪人作为养老信托的受托人出现,也不允许其以任何方式转化成养老信托的受托人的可能出现。这个禁止期间是13年。从其犯罪行为出现时开始计算,如果其因为这个犯罪行为进入监狱服刑,则从其自由刑期满的日期开始计算。③

这些刑事犯罪包括:抢劫;贿赂;勒索;盗用公款;欺诈;重大盗窃行为;入室抢劫;纵火;谋杀;强奸;绑架;伪证罪;蓄意杀人的攻击未遂;受美国《综合药物滥用防治条例》(Comprehensive Drug Abuse Prevention and Control Act)中涉及管制物质的重罪;《投资公司法》§ 9(a)(1)下规定的犯罪;邮件诈骗罪;接受来自政府工作人员的回扣;违反《福利及退休金计划披露法》(Welfare and Pension Plans Disclosure Act)中相关的披露和陈述规则,其虚假陈述和隐瞒事实的行为构成犯罪;在联邦法院或者联邦行政司法院的司法程序中蓄意伤害工作人员、陪审员或者目击证人构成犯罪的;妨碍联邦司法程序构成犯罪的;进行资料篡改或偷窃以达到虚假保释的目的;蓄意妨碍任何联邦刑事程序的调查;威

---

① ERISA § 2510.3-21(d)(1);IRS §54.4975-9(d)(1).

② ERISA § 2510.3-21(d)(2);IRS §54.4975-9(d)(2).

③ ERISA § 411(a).

胁和暴力干涉商业秩序;诱使、协助或者教唆破坏养老金计划运行的行为;违反《劳资关系法》(Labor-Management Relations Act)第302条的规定构成犯罪的;违反《劳动管理报告和信息披露法案》(Labor-Management Reporting and Disclosure Act)构成犯罪的;违反ERISA法案构成犯罪的;滥用管理人地位,蓄意吞占养老计划资产或者非法谋取私利构成犯罪的,等等。

这些刑事犯罪的范围十分广泛。美国对受托人资格的限制是非常严格的,严格到规定除了不能担任受托人外,担任其他利益牵扯的主体也要受到限制,如资金保管人等。① 一旦发生对受托人资格的剥夺和禁止,那么受托人应该即刻丧失对养老计划资产的控制权,即使其要去上诉。② 蓄意地违反这条禁止性规定,可能会导致最高$10000的罚金和5年监禁。③

禁止期限13年一般是一个固定的期限,法律上没有缘由可以使其缩短。但是在极特别的情况下,美国地区法院(U.S. district court)可以作出决定(determination),在禁止时间内解禁,直接恢复受托人资格。在这种情况下,法院考虑的是如果恢复受托人资格,会更加有利于保护养老计划参与人的资产利益。

二、"受托人"义务

受托人义务衍生于美国的信托法律,但是比一般的信托制度更为严格。其包括四个层面的义务:(1)排他性利益原则(exclusive benefit rule),其衍生于信托法中的忠实义务,要求受托人的行为完全是为了参与者或者受益人的利益。④ (2)谨慎性义务(prudence),是核心投资准则,即投资者必须考虑所投入资金的安全和合理收益。有些州的法

---

① 另外,出于免罪推定的假设,任何情况下要剥夺受托人资格,必须经过公告、听证或者法院的程序,不经过这些程序,任何组织和个人没有权益单方面剥夺受托人的资格。ERISA § 411(c)(1).

② 在上诉期间其薪水照常发放,但是应该储蓄在一个托管账户中。当其被证明没有涉嫌犯罪时这些薪水才发放给他。ERISA § 411(d).

③ ERISA § 411(b).

④ ERISA § 404(a)(1)(A),29 U.S.C. § 1104(a)(1)(A).

律规定养老基金的受托人,只能将基金中的资金投资于国家指定的若干种证券。另一些州则规定凡谨慎而明智的人为保存资本和谋求合理收益愿意购买的证券,基金受托人也可购买。[①] (3)分散化投资的要求(diversify investments),要求受托人必须进行资产风险的评估,使用工具进行分散非系统性风险。[②] (4)合法合规义务,要求受托人必须按照养老金计划文件进行运作,并且同时应该遵循相关的法律。[③]

1. 排他性利益原则

这一原则是 ERISA 中防止利益侵占原则(anti-inurement rule)的同义重复,其要求"计划中的资产不能作为雇主获益而使用,其唯一的目的(exclusive purposes)是为了计划参与者和其受益人的得益或者摊付管理计划的合理费用而使用"。[④]

其宗旨在于受托者的行为必须全部以受益人的利益为出发点。受托人徇私舞弊或者自己谋利的行为是绝对禁止的。这就包括受托者不能为了自己的利益或者非利益第三方的利益而挪用计划资产,也包括不能滥用受托人权益来为了除了受益者外的其他人的利益行事,更不能受第三方非利益人的相关方驱使去为其利益而行事。唯一允许的情况是"顺带利益",也就是受托人的行为是为了受益人的权益,但是顺带着也给自己带来了一些私人好处。在这样的情况下,要看受托者的主要目的所在,是否是偶然地(incidentally)给自己带来了一些利益,并且这些利益是不与受益人的利益冲突的(conflict),那么法律是允许的。[⑤]

对于计划的合理开销,美国劳工部规定应该按照 ERISA 第 404 条进行确定。比如雇主雇佣计划分析师或者投资顾问是为了整个计划运

---

① ERISA § 404(a)(1)(B),29 U.S.C. § 1104(a)(1)(B).

② ERISA § 404(a)(1)(C),29 U.S.C. § 1104(a)(1)(C).

③ ERISA § 404(a)(1)(D),29 U.S.C. § 1104(a)(1)(D).

④ ERISA § 403(c)(1),29 U.S.C. § 1103(c)(1).

⑤ Craig C. Martin & Elizabeth L. Fine, *ERISA Stock Drop Cases*: *An Evolving Standard*,2005,38 J. Marshall L. Rev. p. 889 . Donovan v. Bierwirth,680 F. 2d 263(2 nd Cir. 1982). 参见周煜:"美国养老权益及员工福利保障的基础性法案",载《民商法论丛》(第 56 卷),法律出版社 2014 年版。

行的行为,只有其费用符合参与者或者受益者的利益,那么才是合理支出,而如果这些费用牵扯到雇主自己在计划中可能获得利益,那么牵扯到的这部分所产生的费用就不是合理开销,因为这仅仅是为了雇主自己而不是为了整个计划。计划的参与者可以拒绝这种费用从计划中支出,也可以要求其他受托人阻止这个受托人或者利益相关者的行为,同时也可以在审计中进行追缴。另外规定即使是合理的开销项目,其费用必须还要与市场的一般定价进行比较,不超过一般的市场定价或者符合参与者能够承受的预期时才被视为合理的。① 在2007年年底,美国劳工部又出台新规定,要求在5500表格中加入管理费支出的信息披露和计划服务者的信息披露要求。②

雇员福利保障局(EBSA)制定的规则也对合理支出问题进行了规定,其要求将费用的支出分为直接支出和计划的管理性支出。其中直接支出必须由相关的凭证予以印证是用于了计划的运行,对管理性支出的项目应该规定在养老计划的原始文件中,并且应该严格按照文件所记载的项目进行支出。其制定领域性协助公告(Field Assistance Bulletin)来规制401(k)和其他一些DC计划中的费用支出,包括其应该根据"合格的国内秩序法令"(QDRO)来确定。另外,国内税务署根据ERISA法案411(a)(11)的规定,任务受托人按照合理的比例花费原先管理的计划中的管理费用用于计划的管理,但是在现有的计划中并没有这项费用的开支,那么单纯地将这种支出项目的对比并不足以认为受托者在原先计划的运行中违反了合理费用支出原则。另外,如果一项支出是为了维持计划的"合格地位"(qualification),那么即使这项支出没有经过参与人预先同意,也没有在计划文本中明确规定,但是依然可以认为其是合理的支出。这在于这项支出是不可避免的。唯一的例外就是如果这项费用本是应该由发起者去承担的,那么就应该由发起者承担而不应该使用计划资产。EBSA的咨询建议对此予以了肯定。③

---

① ERISA § 404(a)(1)(A)(ii),29 U.S.C. § 1104(a)(1)(A)(ii).

② 72 Fed. Reg. 64731(Nov. 16,2007). 72 Fed. Reg. 70988(Dec. 13,2007).

③ EBSA Advisory Opinion 97-03A.

计划的修改费用,目的是为了使计划持续的满足“合格计划”的条件,那么这样的支出是合理的。计划的终止费用也被视为计划需要支出的合理费用,这包括审计计划资产、准备和提交年度报告、编制权益报表和计算的累积权益,通知参与者和计划受益者,或者修订计划,以便能够实现有序终止所支出的费用。①

劳工部表示,使用计划资产购买保险产品,应该实行定期的合规性审计,旨在确保该购买行为符合计划的内容要求和与 ERISA 法案不冲突。如果计划受托人确定审计对计划的实施是有益的并可以协助他们实现他们的审慎职责,那么这项支出就是合理的。② 另外,劳工部提醒,这种审计的目的根本上还是要以参与者和受益者的利益为出发点。

美国国内税务局对计划受托人没有提交规定的需要申报的计划运行信息所进行的罚款并不是合理的计划费用开支。③ 劳工部还进一步建议,凡是涉及因为受托人的行为导致国内税务局对计划实施的罚款支出都不是计划的合理费用。

受托人必须根据排他性利益原则进行行动,这是其所受的强制性义务。但是这一原则在实际的情况中却可能会遇到冲突,这源于受托者如果具有多重身份(Multiple Hats)的情况下,可能同时是计划的受托者又是计划的其他主体的情况。这种情况在一般的商业信托中很难发生,但是在养老金信托中的产生概率很高,这源于 trustee 和 fiduciary 确定方式的不同。

在美国法的判例中,法官往往认为计划的设计者、发起人或者变更者不是计划的受托者,因为其并没有参与计划的管理。④ 上述的这些主体在设计、建立和变更员工养老金计划的初衷和目的完全可能是为了企业的更好地运转甚至是其自身的利益,这也就说明了排他性利益原则就不适用于这些主体。这是私人养老金信托和公共福利性养老金

---

① ERISA Opinion Letter 2001 -01A,1 -18 -01.

② DOL Information Letter,7 -26 -98.

③ 26 U. S. C. § 6652.

④ Lockheed Corp. v. Spink,517 U. S. 882,890 -91(1996);Hughes Aircraft Co. v. Jacobson,525 U. S. 432,443 -44(1999).

很大的区别,其并不是完全以社会公共福利或者员工的福利为出发点,尽管其表面上看起来是这样的。

受托者的一切行动都是为了参与者的利益,雇主作为设计者、发起者或者计划的修改者存在为了自身利益考虑的可能性,这两个方面看起来都是合理的,但是问题在于如果这两个身份的主体由一个主体担任的时候,就存在了利益的冲突。而在ERISA法案下,这种重合不是被禁止的。另外,如果计划的受托人同时是参与者、公司高管等人员,其就具备了双重的身份,那问题可能就会更加复杂。企业高管同时还拥有可以开除和解雇员工的权利,如果其同时还是受托者,这多少会产生一些问题。这对传统的信托的基础,即"发起人—受托者—受益人"的架构产生了突破,也使得情况变得复杂。①

这一问题一直残留,但是根据既有的法律也没有更好的办法,只能凭借个案判断。在商业上的一种折中的解决方式是要求计划的发起者等主体应该同时作为计划的受益者出现,也就是要求雇主参与到自己发起的计划中并享受收益,这样的话,雇主的利益和计划的运行所产生的利益就重合了,但是这与其他的规则多少又有些抵触。② 毕竟法条中设计的"参与者"和"受益人"的概念是将雇主排除在外的。

比较好的解决方式是结合"禁止交易规则"(Prohibited Transactions)的联合适用。法律不允许计划的受托者参与到与参与人利益相矛盾的交易之中,并且即使其具有多重身份,也必须以受托人的职责为最优先考虑的职责行使。在这样的情况下,必须考虑行为人的主观动机,如果其是刻意地谋取自己的利益同时伤害到参与者的利益的话,那么其就被视为有任意处分财产或者串通交易的嫌疑。③ 但是主观动机的考察同时必须以客观的实际情况作为参考。在一个计划的运行中,如果受托人的某项决策给参与人带来了利益或者损失的避免,

---

① Daniel Fischel & John H. Langbein, *ERISA's Fundamental Contradiction*: *The Exclusive Benefit Rule*, 55 U. CHI. L. REV., 1988, pp. 1105, 1107, 1126 – 1157.

② ERISA §§ 3(7), (8), 404(a)(1), 29 U. S. C. §§ 1002(7), (8), 1104(a)(1).

③ 26 U. S. C. § 4975.

同时意外地、偶然地或者顺带也给自己或者雇主带来了一定的利益，那么在一般的情况下是被允许的，这牵扯到豁免(exculpatory clause)。但是如果能被证明其存在故意获利的主观意愿，并且可以证明另一项受托人可以很容易预测到的决策行为会给参与人带来更大的利益，但是因为不能产生对受托人或者雇主可以获取的利益从而没有被受托者选择的话，那么受托人就存在故意。

退休金计划受托人或者利益相关人禁止进行的交易包括：出售或交换或出租任何法律禁止交易的财产；借贷或者扩大信贷额；提供货物，服务或设施；转让或使用任何计划或资产给自己带来利益；违反§407，任意收购或者减少计划担保和固定资产。如果其违反了这项规则，利用计划的资产进行交易，就要承担惩罚税金和民事责任，特别严重的行为还可能受到刑事制裁。①

综上，禁止交易的行为分为三类：禁止利益相关人的交易、雇主投机性交易和与参与者利益相冲突的交易。

"利益相关者"(party in interest)包括以下几种：(1)养老金计划的参与者(员工)或该计划的所有受托人(这包括投资顾问，计划的行政管理员、财务人员、受托管理人和保管员)或是这些人的亲属；(2)任何为该养老金计划提供服务的个人或机构以及这些主体的亲属；(3)为计划供款的雇主；如果该雇主是个人的话，还包括该雇主的亲属；(4)任何雇员组织其成员是该计划的参加者；(5)任何拥有以上雇主或员工组织的50%以上的股份或利润等经济利益的股东或股份持有者；(6)任何持有以上列举的(1)至(5)的机构的50%以上的股份利益的公司、个人合伙信托；(7)雇员退休金计划的官员或董事或是雇员以及以上在(2)(3)(4)(5)或(6)中所罗列的机构的雇员、经理或董事；(8)拥有以上(2)(3)(4)(5)或(6)中所罗列机构或公司10%股份以上的股东；(9)拥有以上在(2)(3)(4)(5)或(6)中所罗列机构或公司的10%以上股份的合伙人或合资者。② 立法机关在某种程度上认为，

---

① ERISA § 406(a)(1)(A)-(D),29 U.S.C. § 1106(a)(1)(A)-(D).

② 29 U.S.C. § 1106(b).

凡是可以在计划中得益的主体都可以被称为利益相关者。①

利益相关者的故意行为是禁止的,也就是说,要考察其主观想法,如果其是善意(good faith)的同时也没有伤害到其他参与人的利益,那么就是允许的。但是对于受托者来说,原则上是绝对性的禁止而不去考察其主观方面,也就是说,不需要考察其是否知道(know)或者应该知道(should know)。② 其豁免需要经过严格的通知和评论程序,这种程序由劳工部主导,即使受托人做了禁止进行的交易,而这种交易并没有给参与者带来损失,但是参与人仍然可以坚持要求受托人返还(disgorge)其使用计划资产所带来的收益。③ 这种处理方法与信托法中的做法是很类似的。④

将雇主的投机性交易也列为禁止进行的交易之中,在某些方面也体现了谨慎原则。养老金计划的整体目标是保值增值情况下稳定的收益,并非单纯的是为了追求资产的较高收益率。计划中的资产原则上是不能用来购买雇主发行的股票或者不动产债券的,除非成为"合格雇主债券"(qualifying employer securities)和"合格不动产"(qualifying employer real property)。在计划中也要满足分散化投资要求(diversify),并允许和提供卖掉雇主这些股票的便利和自由。⑤

最后,在实际的运作之中,还存在一种比较特殊的情况——ETIs投资政策(Economically Targeted Investments)。其认为在公共养老金的管理中,应该引入ERISA规则进行管理,以达到公共目的。

其背景是在1995年,美国地方政府公共养老基金和私人养老基金

① Harris Trust & Sav. Bank v. Salomon Smith Barney, Inc., 530 U. S. 238, 242 (2000).

② ERISA § 406(a)(1)中使用的措辞是"knows or should know"。

③ ERISA § 409(a), 29 U. S. C. § 1109(a).

④ UNIF. TRUST CODE § 802(b) & cmt.

⑤ 这种交易的禁止在某些判例法中出现了松动,并且劳工部制定了一些特别的例外规则可以在特殊情况下允许这些交易的发生,随着案例的不断增多,出现了在不同情况下的不同的例外。参见ERISA § 408(b)(14),(g),29 U. S. C. § 1108(b)(14),(g); I. R. C. § 4975(d)(17),(f)(8)。在联邦公告(Federal Register)中也进行了一定的整理,参见29 C. F. R. § 2570.48; 6 PENS. & PROFITSHARING2D(RIA) ¶ 93,001。

的总额达到5万亿美元,其所持股票每日的成交额占据纽约交易所日交易额的32%。随后,克林顿总统要求基金管理人在做投资决策的时候要考虑到公共养老金的收益目标。ETIs投资政策的基本特征改变了传统的以基金受益人的回报率最大化为唯一目标的基金投资战略,额外地加入了建筑公共住宅、创造就业机会甚至促进投资人的政治目的。

但是这种做法与ERISA传统的利益排除原则是相抵触的,受到了Roberta Romano等学界人士的极力反对。Roberta Romano教授认为ERISA法案第404条关于"受托责任"的标准应该延伸至公共养老基金。其要求强制实行消极的投资战略,坚持指数化投资战略的方向,确保避免社会投资或"非价值最大化"的决策,有效地防止公共养老基金陷入类似ETIs的社会投资之中。建立独立的基金理事会并使之制度化。州公共养老金应由DB型转向DC型。①

2. 受托人的谨慎义务和投资多元化要求

受托人的谨慎义务(Duty of Prudence)要求其合理地评估计划投资的风险构成,勤勉地管理计划资产,能够合理地进行计划运作。ERISA法案第404条要求受托人必须对计划运行尽心尽责,充分了解相关信息,谨慎做出决定。② 受托者是否达标,必须进行"谨慎人测试"("Prudent Man"Test),以来确定受托者的行为是否合理和能够满足法律的要求;必须评价受托人的主客观条件,包括实质性的条件,即最终资产的管理结果是否能够满足保值增值的要求,受托者是否尽心进行管理等;同时还要考虑程序性条件,即达到满意的投资和管理结果的运作过程是否成本过高和遵循了一些原则。这里"谨慎"的标准,需要考虑:是否是经过"反复考虑"的;是否对风险进行充足的调研和评估;是否符合多元化的投资原则进行资产风险的分散化处理;现金流和资金链设计是否合理;预计回报率与筹资目标及给付承诺是否相符合。劳工部可以根据具体情况进行具体的分析。

---

① 郑秉文:"美国地方养老基金失败教训发人深省",载《中国证券报》2003年6月20日版。

② ERISA § 404(a)(1).

首先,必须进行充分合理的投资调查。需要进行充分的市场调研,以确定投资的股票的业绩和是否存在不良记录的情况,尤其在投资共有基金(mutual fund)时更应该注意,如果一项共同基金已经被劳工部或者证券监管机构进行调查,那么就说明其存在隐含的风险,在这个时候是不允许将养老金投资于这样的资产计划中的,受托者必须调查到诸如这样的事实,否则的话就视为没有履行到谨慎义务。

其次,要谨慎地选择投资的年金。受托人必须良好地评估年金供应商的资质和考察其产品的现金流构成,受托人不应该被动地接受顾问公司的评估,还应该主动地去评估数据以来理性地对待评估公司的建议。这些需要评估的因素包括以下几种:①

(1)年金的既有规模和资产分散化状况;

(2)年金提供者的资产大小;

(3)保险公司的资本和盈余的水平;

(4)保险公司的经营路线和对外负债;

(5)年金合同的结构和担保措施,包括是否使用了单独账户等;

(6)额外的保护,如通过国家担保组织(state guaranty association)进行的担保和其担保份额。

在进行了合理的评估后,即使最终年金被托管(receivership),那么也不能将过错强加于受托人,这被称之为"安全港"(safe harbor)原则。

再次,在受托人选择购买保证投资合约(GICs)产品时,需要评估发行这种产品的保险公司的资信(creditworthiness)。进行这样的评估需要考察其精算程序并进行重复计算和评估其历史资信状况。

下面讨论资产的多元化分散投资要求。自 2006 年 PPA 法案以后,所有的计划中的资产都必须采取分散性的投资策略。其原因显明,"不要将鸡蛋放到一个篮子里面",从而有效地分散非系统性的风险。分散化投资要求是强制性的,不满足这条规定的计划不能成为合格的计划。其覆盖一般的养老资产投资,附加的养老资产投资和将资产投资于雇主的股票,都要遵循这一规定。② ERISA 法案 404(a)(1)(C)

---

① ERISA § 2509.95 - 1.

② 29U. S. C § 401(a)(35);ERISA § 204(j)(1).

条要求计划受托人必须对计划资产进行多元化、分散式的投资，以尽可能地减少投资风险。①

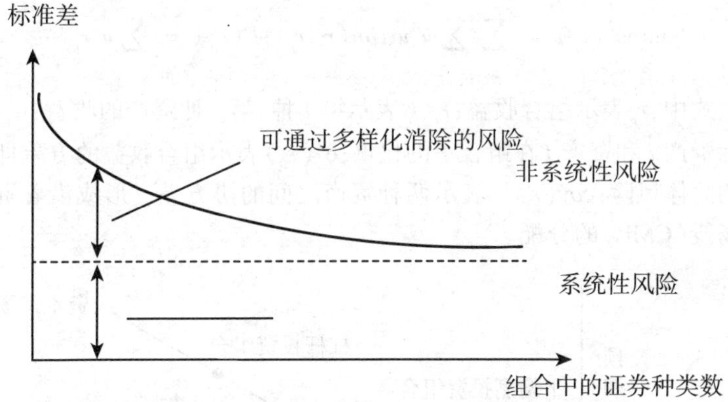

图1 资产组合分散风险原理简图

怎样进行合理的投资和建立合适的资产分散化投资战略是受托人的核心价值所在，牵涉的层面很多，也很复杂。其基础是现代资本市场理论（Modern Capital Market Theory），该理论是由经济学家马考维茨（Markowitz）提出的投资组合理论（Portfolio Theory）经过演化发展而来的。其后经过了不断地发展与演进。数位诺贝尔经济学奖得主均出自这个领域。正是因为金融风险控制理论的不断发展，使得立法者意识到成功地利用这些数学模型进行分散化的投资成为了确保养老金收益稳定避免价值动荡的有效措施；另外，其也使得原来通过操作计划资产从而达到间接干预养老金运行的行为有了很大程度上的遏制。更重要的是通过资产组合计划的运行，可以使得受托人和基金经理的行为有了定量的评价标准，毕竟每个人都希望自己的资产能够稳健又高收益的增长，而这也使得商业化的经理人形成了一个市场，其中优胜劣

① ERISA § 404(a)(1)(C).

汰,只有那些优秀的操盘手或者管理者才可能被计划选任为受托人。①

下属是最为经典也是最为简练的表明分散化投资的函数:

$$\min\delta^2(r_p) = \sum\sum w_i w_j cou(r_i, r_j); E(r_p) = \sum w_i r_i$$

式中,r_p表示组合收益;r_i、r_j表示第i种、第j种资产的收益;w_i、w_j表示资产i和资产j在组合中的权重;$\delta^2(r_p)$表示组合收益的方差即组合的总体风险;$cov(r_{,} r_j)$表示两种资产之间的协方差。形成沿着资本市场线(CML)的分配。

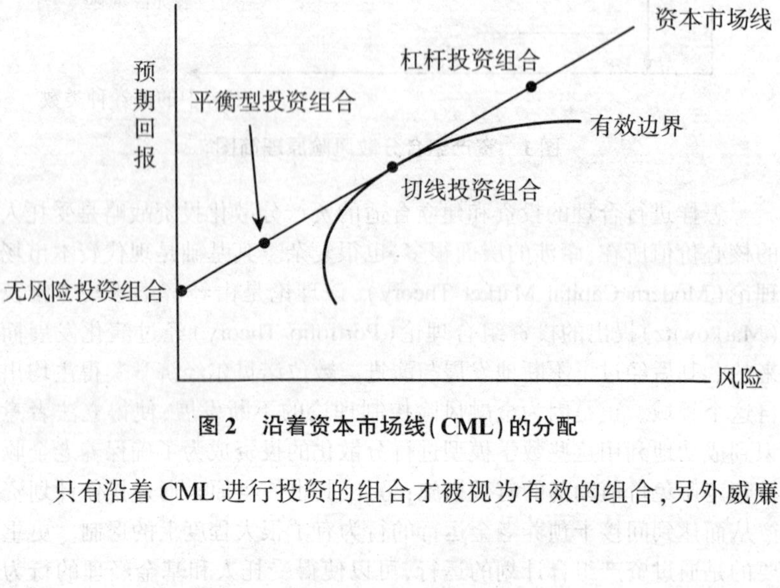

图2　沿着资本市场线(CML)的分配

只有沿着CML进行投资的组合才被视为有效的组合,另外威廉

---

① 这里与前述并不矛盾。前面几节是说如果行动主体满足了某些条件,就成为了受托者,强调受托者是需要担负受托义务的,是一种法律的强制性规定。分散性投资的要求也是强制性的规定,但是不同主体分散和制订计划的水平是有区别的,所以这也就为外部受托人进入计划提供了途径,也形成了一个专业化更高的受托人或者是基金经理人市场。简言之,受托人必须分散化地投资,但是雇佣外部专业的人员来承担受托义务能够更好地分散化投资和收益。

夏普延伸了这个理论,发展了证券市场线(SML),①其表达式为: $\overline{R_i} = \overline{R_f} + (\overline{R_m} - R_f)\beta_i$。

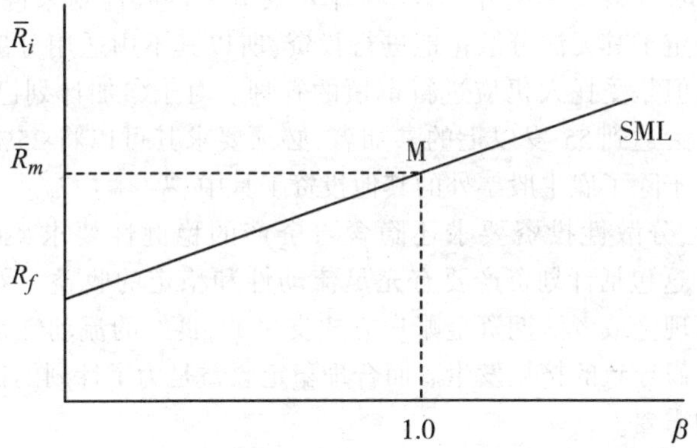

图 3 证券市场线

风险资产的收益由两部分构成:一是无风险资产的收益 R_f;二是市场风险溢价收益 $(\overline{R_m} - R_f)$。它表明以下三点:(1)风险资产的收益高于无风险资产的收益率;(2)只有系统性风险需要补偿,非系统性风险可以通过投资多样化减少甚至消除,因而不需要补偿;(3)风险资产实际获得的市场风险溢价收益取决于 β_i 的大小,β_i 值越大,则风险溢价 $(\overline{R_m} - R_f)$ 就越大,反之,β_i 则越小,风险贴水就越小。

投资分散化的要求在每个不同的案件中,又要分别对待 。比如投资的产品是一个商业化信托基金,那么即使是100%都投资进唯一某只基金也认为是符合分散化的要求的,因为基金本身已经分散化投资了,除非明知有巨额不可控制风险或者存在内幕交易。对于私募股权和房地产,表面上看似是不被允许的,但是其收益率很高,并被视为同

① 这里仅仅说明最为简单的情况,意在说明分散化投资的策略,强调的是"专业管理"和"尽可能"。"专业"是要求管理者必备完善的金融知识和掌握金融工具处理方法,能够根据这些专业知识运作,并能制作出完善的会计报表和披露数据。"尽可能"是强调尽心尽力,不出现人为纰漏和失误。关于真正实践中的投资组合选择可以参考更多专业的信托投资学书籍。

时期最优良的资产投资产品的情况下,劳工部认为是符合条件的,因为收益率很高同时是最好的选择。①

ERISA还规定了例外:对股利计划或员工持股计划来说,其本身的性质决定了其无法分散化地进行投资,所以其不用适用分散化投资的要求。但是受托人仍应进行审慎的管理。对于参加计划已经满10年或者年龄达到55岁以上的参加者,必须要求其可以将25%的账户资产投资于除了雇主股票外的其他投资工具中。②

最后,分散性投资要求还隐含着资产的稳健性要求(stable and steady)。这包括计划资产要有充足流动性和稳定的收益。养老金的给付是以现金或者活期资金账户方式支付的,良好的流动性是防止资产变现障碍导致的挤兑发生。而合理稳定收益是为了计划的稳定和抵抗通胀的需要。

3.按照计划行事和妥善信息披露

受托者需要按照计划文件行事,③计划文件不仅仅包括计划书,还包括可能会对计划的运行产生实质性影响的文件,包括:投资管理协议、集体谈判协议和资产买卖备忘录等文件 。计划的受托者必须按照这些文件的条文行事,除非条文与ERISA法案冲突。④ 如果计划的受托人是基于善意(good faith)来按照计划文件行事,但是基于错误的计划书解释来行事,并不能认为是违反了这项义务。⑤

受托人对计划运行内容的披露是很重要的一项内容,其被视为受

① 林弈:《美国的私有退休金体制》,北京大学出版社2002年版(2009年重印版),第241页。

② 29U.S.C § 401(a)(35)(D)(i),ERIS A § 204(j)(4),P.L.109-280.

③ 29 U.S.C. § 1104(a)(1)(D).

④ 这样的情况在2003年的安然案件中曾经发生,最终确定安然自己的计划条款是无效的。参见Tittle v. Enron,284 F. Supp. 2d 511,2003 U. S. Dist. LEXIS 17492,31 Employee Benefits Cas.(BNA)2281(S. D. Tex. 2003)。

⑤ Morgan v. Independent Drivers Association Pension Plan,975 F. 2d 1467(10 th Cir. 1992).

托人强制性的义务。[①] ERISA 明确要求披露的内容包括：计划简介书（Summary Plan Descriptions，SPD）、年报（Annual Reports，AR）和计划修改综述（Summaries of Material Modifications，SMM）等。2006 年的养老金保护法案（PPA）加大了这方面义务的要求，其要求还必须披露参与者的应计总利益（Total Accrued Benefits）、单独雇主实施计划的年度资金状况（annual funding notice）及享有剥离股权的自由权的资格说明（eligibility to divest employer securities）。[②]

妥善信息披露的另一层含义是诚实的信息陈述（honest statement）。这要求承担受托义务的主体不但要充分且适当地向参与者透露计划的信息，还要保证这些透露的信息的真实性。

这就引导出两个问题，一个是披露不善怎么办，另一个是怎样确定受托者必须陈述的情况，如果其保持沉默行不行？

首先对于披露不善，令人遗憾的是 ERISA 法案并没有对因为披露不善造成误导参与人损失的赔偿作出规定，补救方式只能通过衡平法上的救济，前提是受托人违反了信义义务和谨慎义务。[③] 与其他的义务的行使一样，怎样解决一个主体具有多个身份的问题依然很令人踌躇。

在 Varity Corp. v. Howe 案中，[④]原先的雇主故意地将计划的给付义务转移给了自己的一个经营不善的附属子公司，然后向自己的员工游说，劝说其将自己的计划转移至这个附属的子公司中。雇主没有向员工说明自己的附属子公司的财务状况，仅仅向其介绍了转移以后的计划是待遇不变的，但是几年后附属子公司因为经营不善而陷入困境，员工发现自己的计划无法得到继续的运行。雇主不承认自己是计划的

---

① ERISA § 101 et. seq.，29 U. S. C. § 1021 et. Seq；104（b）（3）of ERISA，29 U. S. C. § 1024（b）（3），其赋予了劳工部长（Secretary of Labor）以适用更宽泛解释的权利，对于某些简单的或者小型计划，可以适当调整披露的标准；29 C. F. R. § 2520. 104；ERISA § 606，29 U. S. C. § 1166。

② 29 U. S. C. § 1025（a）（1）.

③ ERISA § § 502（a）（1），（3），404（a）（1）（A），（B），29 U. S. C. § § 1132（a）（1），（3），1104（a）（1）（A），（B）.

④ 516 U. S. 489（1996）.

受托人,所以其认为自己不需要承担信息的披露义务,但是法院没有支持其观点。[①] 法院在这个案例中认为除非雇员愿意,在一般的情况下,雇主作为整个企业的决策者,其提供信息的行为是受托行为,理应受到受托人义务的约束。[②] 对于未来计划运行中可能出现的风险因素要提前说明,而不能刻意地去误导。[③]

既然受托者对于向参与人提供的信息不能刻意地误导,那么受托者是否可以一直保持沉默呢?很多的案例也不支持这个观点。如果某些情况的出现可能会带来重大的计划运行的改变从而对参与人的利益产生影响,那么就应主动地去披露。[④]

三、参与者主导的投资计划中的受托人

根据美国法律的规定,养老计划的参与者和受益者被允许可以管理自己的资产账户。[⑤] 如果发起人将计划完全地交由计划的参与者或者受益人进行管理和投资决策,那么他就可以在计划中部分抽身而退从而不需要担负受托人义务了吗?新的问题由此而产生了,这么做行吗?这些既是参与者又是计划管理人的主体,与原来的受托者之间是怎样的关系?一旦投资失败了,要由谁来承担责任呢?毕竟这么做的计划还不在少数。在1986年至2005年间,这个比例已经由15%升至了86%,[⑥]尤其是在401(k)计划之中这个比例更高。根据ERISA法案的规定,"没有受托人为计划的损失担负责任或者违反计划的条文,只因为参与者控制了这个计划"。[⑦] 在这样的情况下,受托者的存在只在

① 516 U.S.503.

② 但在其他很多情况下并不把雇主视为受托人。

③ 516 U.S.505.

④ Eddy v. Colonial Life Insurance Co., 919 F.2d 747(D.C.Cir.1990).

⑤ ERISA § 404(c)(1), 29 U.S.C. § 1104(c)(1).

⑥ William E. Even & David A. Macpherson, The Growth of Participant Direction in Defined Contribution Plans, 2, 23.

⑦ ERISA § 404(c)(1)(B), 29 U.S.C. § 1104(c)(1)(B),但是另一方面,对于这一豁免并没有扩及至禁止交易规则, I.R.C. § 4975. 29 C.F.R. § 2550.404c-1(d)(3)。

于辅助投资和管理。从而为参与者的投资提供了更广阔的选择空间。[①] 在这样的情况下,至少应该选择三种核心的投资产品,每种产品都符合分散化投资的要求并且具有不同的风险属性,并且每种产品至少有3个月的投资周期,[②]允许参与者根据不同产品确定综合的风险管理策略,并根据对资产收益的偏好进行投资组合的规划。

法案要求雇主和受托者必须使得参与者知悉自己有自主决定计划运行的权利,并且告知其自主决定的投资受托人将不负担受托人义务。参与者应该获得足量的信息,以对任何可供选择的投资产品做出明智的决策。其有权在自己主导计划的运行时,拒绝发起者或者受托者对计划的私自干涉和防止其对计划重大信息的隐瞒,除非这种公开是有违法律的。[③] 这些信息包括:描述可供投资选择的资产和其风险及收益方面;交易费用的介绍和每年最新的营运开支情况;招股说明书中登记的证券投资;股份或指定的投资金融产品在价值方面过去和现在的表现;运行费用开支等。[④] 如果这些资产投资雇主的股票,额外的保障措施将开始发挥作用。其要求这些股票必须在公开市场进行交易,需要达到一定的量,并且可以进行快速交易;投票及投标权归账户拥有者所有;必须建立程序满足购买,持有和出售的雇主股票的信息机密性要求,并保证这个要求在投票及投标权事项中满足,包括制定外部独立受托人以来对抗在计划收购中雇主的无端干涉。[⑤]

另外一种情况是,在参与者或者受益者选定了资产组合后,受托人故意地不去谨慎而忠诚地履行义务,在这样的情况下造成参与者或者受益者的损失,那么受托者是否应该负担责任?上诉法院的某些案例中认为在这样的情况下受托者应该依然享有404(c)(1)所带来的豁免,因为计划的投资是由参与者主导的,计划的受托者尽管故意地不去谨慎和忠诚地履行义务,但是其行为与事实结果没有必然的因果关系,

① 29 C.F.R. § 2550.404c-1(b)(1).

② 29 C.F.R. § 2550.404c-1(b)(2)(ii)(C).

③ 29 C.F.R. § 2550.404c-1(b)(2)(i)(B)(1)(i);29 C.F.R. § 2550.404c-1(c)(2).

④ 29 C.F.R. § 2550.404c-1(b)(2)(i)(B).

⑤ 29 C.F.R. § 2550.404c-1(d)(2)(ii)(E)(4).

甚至其是否还需要谨慎而忠诚地履行义务都是一个疑问。[①] 另一些案件的判决采用的是与此对立的观点,其认为即使开始的资产选择是由参与者自己的选择的,那么受托者也有审慎地进行管理的义务,其可以在发现和预计资产可能会出现损失时及时的干预或者调整资产的比例,从而避免损失的扩大。[②] 这种争议给 404(c)(1)的适用带来了困难,因为很难界定什么才是"参与者或者受益人直接的行为导致的损失"。也就是说,在一般的计划运行中,受托者仍然对已经确定投资组合以后的计划进行后续的管理与操作,仅仅凭借投资组合是由参与人主导的这一事实,那么就能完全免除受托人的责任吗?是否应该讲,参与人的行为仅仅看作其中的某一个因素(one causal factor)?

为了明晰这个问题的解决途径,避免单纯从字面上来理解法条,劳工部做出了解释,"圈定(limiting)或者指定(designating)部分或者全部计划投资项目的做法是受托行为,不管是否经过受托者指派或者阐明计划条款,都与计划是由参与人主导的这一事实并不是完全具有什么因果关系"。[③] 显然劳工部的解释看起来保护的是参与者的利益,其认为参与者选择资产投资组合的行为并不能认定就是其对计划进行了主导的充要条件。法官认为这是法条的一个注脚,所以在很多时候并没有采纳劳工部的解释。但仔细观察会发现这其实是法案的前言(Preamble)。[④] 所以怎样能够更好地理解这一条,还是需要结合具体的案件,参考前后关联的法条,进行解释。

---

① Langbecker v. Elect. Data Sys. Corp. ,476 F. 3d 299,311(5th Cir. 2007),其中认为计划的资产组合选择的运行好坏是一个客观存在的事实,其是被参与者所主导的,那么受托人的不谨慎和不忠诚的行为并没有在本质上能够改变计划的运行结果,所以不能让受托人承担责任。另外的案件包括,*In reUnisys Sav. Plan Litig.* ,74 F. 3d 420,445(3d Cir. 1996),Hecker v. Deere & Co. ,556 F. 3d 575,589, supplemented by569 F. 3d 708(7th Cir. 2009)*petition for cert. filed*,78 U. S. L. W. 3239(U. S. Oct. 14,2009)(No. 09 - 447)。

② DiFelice v. U. S. Airways, Inc. ,497 F. 3d 410,418 n. 3,423 - 24(4th Cir. 2008);Franklin v. First Union Corp. ,84 F. Supp. 2d 720,732(E. D. Va. 2000);*see Langbecker*,476 F. 3d at 320 - 22.

③ Preamble to 29 C. F. R. § 2550. 404c - 1,57 Fed. Reg. 46,906,46,924 n. 27.

④ 法案的前言部分是用来解释法律制定和实施的一些背景资料,所以在很大程度上有与法条本身一样的效力。

在第403(a)条看来,受托义务是一个强制性的义务,不允许进行转移(nondelegable duty),“受托人有排他性的权利去控制与处分财产”,[①]在405(c)(1)也强调不能转移受托者需要承担的受托职责,尤其是对资产处理的决策方面。也就是说,上下的法条之间,都是绝对地禁止不是由受托者做出投资行为的。那么仅仅404(c)的法条是唯一松开这个口的规定吗?如果是的话怎么与上下法条协调呢?这在于“指定受托人”(named fiduciary)的例外性适用。在第403条中设置的这个例外是:(1)当计划的资产投资需要得到指定受托人的主导;(2)计划允许指定受托人指定一位或一位以上投资经理人来负责管理,收购及出售资产适宜。[②] 在第405条中,设置的例外是:可以设置程序允许受托人将自己除却信托受托任务之外的职责。实践中正是利用了“指定受托人”从而使得参与人从受托人那里合情合理地获得了可以自己决定计划运行的权利,绕过了直接转委托从而产生违反受托义务的责任的可能。很多参与者主导的计划文件中,将参与者列为“指定委托人”,这使得参与人在投资决策中其实与受托者处于了同样的位置(cofiduciary),从而在某种程度上要去承担受托人义务。但是问题却也隐现,这就是参与人毕竟与受托者的利益诉求不同,其怎么样能去承担受托责任呢?405(b)(3)(B)条款中的限制性规则并不适用于对405(a)的违反。这样一来,参与者确实要去承担因为自己对计划管理的错误或者不够谨慎造成的损失了,[③]即使有真正的受托者存在也不影响这个事实。[④] 在“指定受托人”条款下,参与者成为了事实上(de facto)或功能上(functional)的受托人。

但是在另一种情况下,当参与人主导计划并不是因为自己主动的愿意,而是因为受托者对计划懈于管理使得参与人不得不插手管理,就

① ERISA § 403(a),29 U.S.C. § 1103(a),其中文本添加了重点符号,意在强调这种“不可转让性”。

② ERISA § § 403(a)(1),(2),402(c)(3),29 U.S.C. § 1103(a)(1),(2),1102(c)(3).

③ ERISA § 409(a),29 U.S.C. § 1109(a).

④ ERISA § 404(a)(1)(D)29 U.S.C. § 1104(a)(1)(D);ERISA § 410(a),29 U.S.C. § 1110(a).

完全不同了。在这种情形下,即使是因为参与人管理计划的行为造成资产的损失,那么也应该将这些责任让受托人去承担。[①] 由此,参与者或者受益者可以向受托人提起民事诉讼,要求其赔偿损失。

四、受托者责任

根据 ERISA 规定,受托者需要对违反信托义务的行为承担责任,受托者责任是个人责任。[②] 其需要承担在作为受托者期间所有不恰当行为造成的损失,并且如果其有挪用计划资产为自己获益的行为,那么得到的这些利益也应该划归计划资产所有。其承担责任的期间是其担任受托者的期间,如果在其前面已经有其他受托者行为造成的损失牵连至其任期内,其是不需要承担这些责任的。同样,如果在其任期中的行为牵连到卸任后的损失,那么也要承担这些可能的损失。[③]

对于违反禁止交易的行为,IRC 规定:对任何违反了其禁止交易规定的人员都将要付相当于养老金计划资产 15% 的惩罚税。惩罚税是按年份累计计算的,直到其违反受托义务的行为被更正了才可以停止。如果在该纳税期间(taxable period)没有及时纠正违规行为,那么还要再征收罚款额 100% 的附加税。所谓"该纳税税收期间"是指从被禁止的交易发生的第一天起,直到 5% 的惩罚税被缴纳为止。

根据 ERISA §410(a)条的规定,雇员退休金计划书不能包含对受托人违规行为法律责任进行豁免的规定,任何这种豁免都是无效的。但是,受托人可购买责任保险来保护自己。另外如前述,在 404(c)中规定,如果 DC 计划中的参与者想要自己主导计划资产的投资,则这部分参与者自己进行投资的资金如果发现亏损,计划的受托者是不用承担责任的。

对于多受托者的计划,在一般的情况下都是按照职责的划分承担按份的责任,并没有连带责任的使用。只有在下列情况下,需要承担连带责任负担责任:(1)其在完全的知情的情况下,而且知道这些行为是

---

① ERISA § 502(a)(2),29 U.S.C. § 1132(a)(2).

② ERISA § 409,29 U.S.C. § 1109.

③ ERIS A § 409(b).

违反受托义务的情况下,刻意地去协助隐瞒和主使欺诈参与者的行为;(2)其违反受托义务的行为直接导致其他受托者也“不得不”(unavoidable)去违反受托义务;(3)在知道其他受托人的违反受托义务的情况下,不能合理地努力避免损失的发生。①

结语

美国法律中有关受托人的规则考虑到了既保护参与人的利益同时又能考虑到雇主行为的灵活性。其衍生于美国传统的信托规则,同时又加入了新的元素,以适应养老信托中的特殊情况。这些改变包括:受托者界定规则上的变化,使得行为规则取代了简单的授权规则;ERISA中规定的受托者义务是强制性的而且是在联邦法层面上的规定;②禁止交易规则与联邦税法和民事制裁法律的联合运用,使得滥用受托者权利的可能性降低。

但是其仍旧存在很多瑕疵,最大的问题在上文中也有所表述。最大的问题在于对于雇主或者发起者等这些制订计划原始文件的人,反而不强加于受托者义务,使其可以具备多重身份而产生法律适用一定程度上的麻烦和混乱。这也使得从成文法文本上来看,受托者义务露出了马奇诺防线(Ligne Maginot)般的问题。虽然在具体实践中,这些问题并没有大规模出现,这是源于美国的判例法传统。

中国的私人养老事业才刚刚起步,还没有出现在养老层面的成熟的受托者规制规则。但是美国人今天或者曾经面临的问题,可能也是我国以后在不断发展养老事业中将要面对的问题,所以美国的经验值得我们进一步地研究与借鉴。

(周煜,山东大学法学院民商法学博士研究生)

① 这里的“知道”必须满足其知道以下四点:(1)这是计划的其他受托人的行为;(2)知道其他受托者的行为是隐瞒或者欺诈行为;(3)知道自己有义务去防止计划资产的损失;(4)知道自己的不作为会导致计划财产的损失。参见 ERISA § 405(a)(1);P. L. 93 – 406(ERISA),Conference Committee Report。

② 所以其适用“联邦法优先于地方法适用”(preemption)规则。

论德国侵权法上的产品后续观察义务

夏昊晗

目　次

我国《侵权责任法》第46条规定："产品投入流通后发现存在缺陷的，生产者、销售者应当及时采取警示、召回等补救措施。未及时采取补救措施或者补救措施不力造成损害的，应当承担侵权责任。"学界一致认为该条肯认了生产者、销售者的产品后续观察义务。① 该义务的肯认显系对《产品质量法》第41条规定的"发展风险抗辩"的突破。但立法通过至今，学界对第46条的学理解释依然屈指可数，并且均系较为粗线条的阐释，不仅缺乏对产品后续观察义务的学理论证，而且对产品后续观察义务涉及的基本范畴，如义务内涵、义务主体、义务违反的

① 杨立新教授将"产品后续观察义务"称之为"跟踪观察缺陷"，并将之与设计缺陷、制造缺陷和警示说明缺陷并列，作为第四类产品缺陷。笔者认为，违反产品后续观察义务并非如同设计缺陷、制造缺陷和警示说明缺陷三者体现为对产品本身品质的一种否定性评价，因而将"缺陷"的说法套用其上似乎不是很适合。此外，从该义务对应的德文"Produktbeobachtungspflicht"的字面意思来看，直译应为"产品观察义务"，但不足以凸显该义务是生产者在产品投入流通之后所承担的义务。为此，笔者在此处采用"产品后续观察义务"的译法。参见张云："突破与超越：《侵权责任法》产品后续观察义务之解读"，载《现代法学》2011年第5期。

法律后果等，都缺乏系统深入的阐释。①

反观之，产品后续观察义务在德国侵权法上早在20世纪80年代即已经由司法确立，并经由学者进行了充分的学理解释，至今已经是相当成熟的一项制度安排。由于第46条规定的产品后续观察义务系借鉴德国法而来，弄清楚产品后续观察义务在其发源地——德国的发展脉络，对于从学理上对其进行解释及在司法上进行正确适用无疑具有重要意义。

本文首先提出问题，即为何需要确立生产者的产品后续观察义务？接着对该义务在德国的司法确立过程和学理基础进行介绍，然后系统阐释产品后续观察义务的基本范畴，并在其间对《侵权责任法》第46条涉及的问题提出自己的看法。

一、问题的提出：发展风险抗辩与消费者保护

依据传统的产品责任法，生产者的责任以产品投入流通为时间界限。如果产品在投入流通时存在缺陷，即设计、制造和警示说明缺陷，则生产者应对由此造成的损害承担赔偿责任；反之，如果产品在投入流通时不存在缺陷，则生产者无须对此后出现的损害承担赔偿责任。而产品在投入流通时是否存在缺陷，应以当时的科学技术水平为判断基准。如果产品在投入流通时存在依当时的科学技术水平尚无法发现的缺陷，并因此缺陷导致他人的人身、财产损害，生产者无须承担赔偿责任，此即大多数国家产品责任立法承认的所谓“发展风险抗辩”。德国《产品责任法》第1条第2款第5项亦作了类似规定。

将“发展风险”规定为免责事由，是基于如下考虑：产品所具有的

---

① 在中国知网和万方数据库中，以多种关键词进行检索，仅发现一篇较有价值的文章，即张云：“突破与超越：《侵权责任法》产品后续观察义务之解读”，载《现代法学》2011年第5期。张云副教授的文章主要从法理学的角度宏观论证了产品后续观察义务确立的制度合理性，对于产品后续观察义务与发展缺陷免责的关系以及违反产品后续观察义务导致的侵权责任采取无过错归责原则也进行了初步论证。此外，杨立新教授在相关论著和讲座活动中对产品后续观察义务的问题进行了简单介绍，典型者如杨立新：《侵权责任法》，高等教育出版社2010年版，第224页；杨立新、陈璐：“论药品召回义务的性质及其在药品责任体系中的地位”，载《法学》2007年第3期。

安全品质必然受当时的科学技术水平的限制,要求生产者超越当时的科学技术水平保障产品安全,事实上根本不可能。如果要求生产者对这种"发展风险"负责,将导致生产者背负过重的产品责任,有可能致使生产者没有动力进行科技创新并开发新产品,而这反过来又会影响整个社会的发展和公众的需求满足。

但是"发展风险"的存在同时意味着:即便投入流通时并不存在设计、制造和警示说明缺陷,产品也有可能因为依据当时的科学技术水平无法发现的缺陷而导致他人的人身、财产损害。而在分工日益细化、工艺技术日益复杂、新材料的使用日新月异、产品研发和生产周期大大缩短、产品更新换代速度极快的现代化大批量工业生产中,"发展风险"的存在可以说是普遍现象。在这种情况下,如果依然固守传统产品责任法的"发展风险抗辩"规则,完全让消费者承担这种"发展风险"带来的不良后果,实在不符合保护消费者的现代立法潮流。

为部分消除"发展风险抗辩"所导致的对消费者的这种不利益,德国司法实务界和学术界从《德国民法典》第823条第1款推衍出的交往安全保障义务(Verkehrssicherungspflicht)中发展出一个全新的义务类型,即产品后续观察义务(Produktbeobachtungspflicht)。其核心主旨为:生产者必须随时对其投入流通的产品的安全性和效能加以观察、研究和改善,一旦发现有可能致使他人人身和财产损害的缺陷,应该采取适当的措施排除危险。

二、产品后续观察义务的司法确立和理论证成

(一)产品后续观察义务的司法确立

产品后续观察义务在德国是通过法官造法的形式确立的。早在1940年,当时的帝国法院在一则判决中即认为:生产者的义务并不随着产品投入流通而终结;如果生产者在产品投入流通后获知其产品可能导致危险,则其有义务采取对其可合理期待的措施来消除危险。[1]帝国法院在此判决中所表达出的意旨通常被视作承认产品后续观察义

① RG vom 7.1.1940, RGZ 162, 21 (Bremsen I); vgl. auch RG vom 3.4.1940, DR 1940, 1293 (Bremsen II).

务的端绪,但在此后很长一段时间内,该判决并没有引起足够重视。

直到20世纪70年代,伴随着消费者保护意识的增强,帝国法院的这一判决意见始为联邦德国最高法院(BGH)所重视。此后,联邦德国最高法院多次通过判决重申这一意见并且不断完善。① 其中,德国联邦最高法院于1981年的一则判决(Apfelschorf-Entscheidung)在产品后续观察义务的确立上具有里程碑意义。② 为说明问题,以下在与产品后续观察义务有关的范围内对此判决涉及的基本案情和判决要旨简介如下。

案情介绍:某德国果农自1971年开始使用某美国化学公司(第一被告)生产的名为"Benomyl"的喷雾剂,用于防治苹果黑星病。1974年,该果农按照使用说明正确使用该喷雾剂,但是并没有起到有效防治苹果黑星病的作用,导致苹果黑心病引起的菌群在苹果树上大面积扩散,进而导致严重歉收。后经查明,原因在于菌群对喷雾剂产生了抗药性导致喷雾剂失效。而在1972年,生产者已经在德国的一些葡萄种植区发现葡萄树上的一种灰霉菌对"Benomyl"产生了抗药性。为此,生产者于1973年修订了产品使用说明,指出:"如果正确使用依然无法消除菌群扩散,那么有可能是菌群产生了抗药性。在这种情况下,我们建议使用一种或多种其他可被允许使用的产品。详情请咨询我们当地经销公司的专业顾问。"本案原告使用的产品是1972年生产的,采用的是当时的旧包装。

判决要旨:德国联邦最高法院首先指出,交往安全保障义务并非伴随着产品交给第三人而告终结,生产者也有可能由于没有充分观察其产品的实际使用情况而违反其交往安全保障义务,并援引上述帝国法院的判决意见作为佐证。同时指出,第八审判庭③在一个针对汽车制造商的损害赔偿案件中要求制造商证明,他采取了必要的措施来获知汽车刹车装置在实际上的有效性或可能的运行故障,④那么在侵权领

① Vgl. BGH BB 1970,1414;BGHZ 80,186 = NJW 1981,1603.

② BGH vom 17.3.1981,BGHZ 80,199 = NJW 1981,1606(Benomyl).

③ 第八审判庭是德国联邦最高法院内设的负责刑事审判的一个业务庭。

④ BGH VersR 1971,80(82).

域,对此也不可以设置较低的标准。因此,面对一般公众,生产者有义务观察其产品未知的危险性质,获知有可能造成危险的使用后果,如果涉及的是成批量生产和大量销售的产品,则尤为如此。为此,生产者有义务跟踪相关领域科学技术的最新发展。像被告这种国际化经营的大企业,也有义务对学术会议或专业活动的结果进行跟踪,对全世界的专业文章进行分析。最后,联邦德国最高法院认为第一被告履行了其产品后续观察义务,因为第一被告持续关注其产品是否有效,尤其是其产品会否产生危害后果。①

德国联邦最高法院的这则判决标志着产品后续观察义务在德国侵权法上的正式确立和普遍承认。此后,生产者的产品后续观察义务不仅一再被德国联邦最高法院判决确认,②并且在特定情况下被延伸至他人生产的产品中。③

自此,生产者不仅要在产品投入流通之前确保其产品按照当时的科学技术水平是无缺陷的安全产品,即不存在设计、制造和警示说明缺陷,而且在产品投入流通后,生产者还必须对其产品的使用情况进行持续关注,以及时发现可能存在的危险,进而采取有效措施防止损害的发生。

(二)产品后续观察义务的理论证成

如前所述,帝国法院早在1940年即已初步认可产品后续观察义务的存在,但是这种判决意见并没有得到学术界的认同。截至20世纪60年代末,主流观点依然认为生产者的交往安全保障义务随着产品投入流通而终结。④ 从70年代开始,在消费者运动的影响下,学术界才

① BGH vom 17.3.1981,BGHZ 80,199 = NJW 1981,1606(1607).该判决结论是否正确,尚有讨论余地。因篇幅有限,在此不予讨论。

② BGH NJW 1981,2250(2251);1990,906(907);1994,3349(3350);2009,1080(1081).

③ BGH NJW 1987,1009;BGH BB 1989,2431;BGHZ 99,167.

④ Weitnauer,Die Haftung des Warenherstellers,NJW 1968,1593(1593).

开始陆续承认产品后续观察义务。① 发展至今,产品后续观察义务已得到德国学术界的普遍承认,并将其视作一种独立的交往安全保障义务。② 因此,对于产品后续观察义务的学理论证也如同对一般的交往安全保障义务的论证。③

1. 危险的制造与持续

制造危险者必须采取必要的和可得合理期待的安全保障措施使他人免受损害。④生产者将产品投入流通,至少在抽象的意义上开启了危险源。完全安全的产品是不存在的,即使存在,也无法完全排除消费者对产品的不合理的或不正确的使用。因此任何产品对于使用者或第三人来说都可能是潜在的危险源。有学者甚至将危险的制造视为生产者负担产品后续观察义务的唯一正当理由,认为基于营销网络或客户服务网络的观察可能性、责任风险的可保性等其他因素只是衡量风险分配合理性的参考而已。⑤

2. 危险的控制或影响

在产品投入流通之前,生产者对产品毫无疑问具有控制力,因为他对产品有处分权。但是产品投入流通后并不意味着生产者对产品的控制力或说影响力就完全消失了。产品投入流通后,虽然离开了生产者的通常意义上的控制领域,但是与众多的消费者相比,生产者依然拥有

---

① v. Westphalen, Neue Gesichtspunkte für die Produzentenhaftung, BB 1971, 152 (156); Schmidt-Salzer, Produkthaftung, Produkthaftpflichtversicherung, Betriebsorganisation und risk management, BB 1972, 1435; Kullmann, Produzentenhaftung in der Rechtsprechung des Bundesgerichtshofes, BB 1976, 1085 (1088); Löwe, Rückrufpflicht des Warenherstellers, DAR 1978, 288; Sack, Produzentenhaftung und Produktbeobachtungspflicht, BB 1985, 813 (815).

② Schwenzer, Rückruf-und Warnpflichten des Warenherstellers, JZ 1987, 1060; Ulmer, Produktbeobachtungs-, Prüfungs-und Warnpflichten eines Warenherstellers in bezug auf Fremdprodukte? ZHR 152(1988), 564(571).

③ 关于交往安全保障义务的一般理论,可以参见 Bar, Chiristian v., Verkehrspflichten, Köln 1980, S. 51ff。

④ Vgl. RGZ 52, 373; RGZ 54, 53.

⑤ Ulmer, Produktbeobachtungs-, Prüfungs-und Warnpflichten eines Warenherstellers in bezug auf Fremdprodukte? ZHR 152(1988), 564(571).

风险控制的手段,更适合也更能以较低成本控制风险。[①] 比如,产品风险依然可以通过生产者的警示说明、呼吁消费者将产品交付维修等方式由生产者施加影响。[②]

3. 从危险中获益

一方面,生产者从产品的销售中获取利润;另一方面,法律并未要求生产者只有完全排除缺陷或危险后才可以将产品投入流通,只是要求根据当时的科学技术水平被认为没有缺陷即可。[③] 但如前所述,世界上根本不存在完全安全的产品。法律的这种安排其实就是将一定程度的风险分配给产品的使用者也就是一般大众承担。生产者得到这种法律优待的前提则是:在产品投入流通后,尚需采取必要的措施观察其产品的使用有可能造成的危险,当认识到危险时,就必须采取适当的措施排除危险。[④]

4. 信赖保护

一个产品被投入流通,社会一般大众都会假定生产者按照有关的安全生产标准,采取了必要的安全防护措施,亦即认为产品是安全的,进而放心使用。在一般情况下,消费者不会在此基础上自己另行采取防护措施。[⑤] 而这种信赖毫无疑问是值得保护的。[⑥]

三、产品后续观察义务的基本范畴

(一)义务内涵

何谓产品后续观察义务?学界的认识不一。第一种看法是将生产者在产品投入流通后的观察义务和发现危险后需采取的警示义务、召回义务等统称为产品后续观察义务,认为警示义务和召回义务系由观

---

① Wagner, in: Münchener Kommentar BGB, 5. Aufl. 2009, Rn. 646.

② Bodewig, Theo, Der Rückruf fehlerhafter Produkte, Tübingen 1999, SS. 168 – 169.

③ Sack, Produzentenhaftung und Produktbeobachtungspflicht, BB 1985, 813(815).

④ Sack, Produzentenhaftung und Produktbeobachtungspflicht, BB 1985, 813(815).

⑤ Diederichsen, Uwe, Haftung des Warenherstellers, München 1967, S. 297ff.

⑥ 关于信赖责任的一般理论,可以参见 Canaris, Claus, *Die Vertrauenshaftung im deutschen Privatrecht*, München 1971。

察义务所衍生,属于观察义务的自然延伸。[①] 第二种看法则是将生产者的这种观察义务、警示义务和召回义务统称为召回义务,认为观察义务和警示义务只是召回义务的前期准备而已。[②] 第三种看法则将观察义务作为产品后续观察义务,将警示义务和召回义务等看作危险排除义务(Gefahrabwendungspflicht),虽然并不否认前者是后者的准备,承担产品后续观察义务的目的在于获知可能存在的风险,进而采取适当措施排除危险,但是依然对两者严格进行区分。[③]

笔者认为,第三种看法更为可取。因为,观察义务和警示义务、召回义务有着不同的义务内涵,涉及的问题也殊为不同,将两者明确区分为产品后续观察义务和危险排除义务有助于更为明确地说明问题。此外,德国联邦最高法院在其 2008 年的一则判决中亦明确区分产品后续观察义务和反应义务(Reaktionspflicht),此处所谓的"反应义务"即为警示义务和召回义务的上位概念。[④]

为此,本文将产品后续观察义务定义为:由生产者或其他类似责任主体所承担的,在产品投入流通后继续观察其产品在市场上的表现尤其是其安全性和效能的一种法定义务。需要注意的是,如果采取此定义,则从《侵权责任法》第 46 条的字面无法看出是否确立了产品后续观察义务。但是采取警示、召回等危险排除措施的前提是通过产品的持续观察而获知了可能存在的危险,因此,我们可以认为第 46 条暗含了产品后续观察义务的规定。

(二)义务功效

如前所述,赋予生产者以产品后续观察义务的主要目的在于克服"发展风险抗辩"的弊端,将生产者的产品责任从投入流通之时延长到投入流通之后,进而更好地保护消费者利益和维护社会安全。通过对

---

① Vgl. Sack, Produzentenhaftung und Produktbeobachtungspflicht, BB 1985, 813 (813); Frick/Kluth, Produktbeobachtung—Umfang, Reaktion und Kostentragung, PHI 2006, 206(206). 我国学者亦多持此见解,如张云:"突破与超越:《侵权责任法》产品后续观察义务之解读",载《现代法学》2011 年第 5 期。

② Vgl. Bodewig, Theo, Der Rückruf fehlerhafter Produkte, Tübingen 1999, S. 86.

③ Vgl. Wagner, in: Münchener Kommentar BGB, 5. Aufl. 2009, Rn. 648.

④ Vgl. BGH NJW 2009, 1080(1081).

投入流通后产品的持续观察,一方面可以促使生产者在尚未发生损害时即采取必要措施去发现按照当时的科学技术水平无法发现的安全缺陷,进而避免损害的发生;另一方面也可以由此掌握产品在实际当中的使用情况,这对于生产者的技术创新、产品性能的提升都有莫大助益,进而大大增强生产者的市场竞争力。由此可见,产品后续观察义务不仅是解决"发展风险抗辩"之弊端的法定义务,而且也是生产者在竞争日益激烈的市场中谋求长远发展的内在诉求。

(三)义务类型和义务范围

通常将产品后续观察义务区分为被动的产品后续观察义务和主动的产品后续观察义务。① 前者是指就市场上与产品有关的负面信息予以收集并进行评价分析,信息来源主要体现为产品用户对于产品安全缺陷的投诉、经销商的反馈、有关的产品安全事故。② 后者是指生产者有义务主动采取措施去观察了解其产品在市场上的表现、主要竞争者的产品发展以及跟踪相关科学技术的发展情况,包括阅读相关专业杂志期刊、分析测试报告、参加专业会议等。③ 国际化经营的企业不仅要收集本国信息,还要收集涉及其产品生产或销售的其他国家的相关信息。④ 原则上生产者需要承担主动的产品后续观察义务,⑤而当产品为长时间并大量投入市场的产品,并且从未出现过相关的安全事故时,比如胖大海或板蓝根这样的传统产品,则生产者一般只需承担消极的产品后续观察义务。

原则上,生产者只需要观察自己的产品。但是在特定情况下,产品

① 郭丽珍:《产品瑕疵与制造人行为之研究——客观典型之产品瑕疵概念与产品安全注意义务》,神州图书出版有限公司2001年版,第112页。

② BGHZ 99,167(170) = NJW 1987,1009(1010);BGH NJW 1994,517(519);NJW-RR 1995,342(343);Foerste,Neues zur Produkthaftung—Passive Beobachtungspflicht und Äquivalenzinteresse,NJW 1994,(909)910;Fuchs,Arbeitsteilung und Haftung,JZ 1994,533(540);Michalski,Produktbeobachtung und Rückrufpflicht des Produzenten,BB 1998,961(963).

③ BGHZ 80,199(202);BGH NJW 1990,906(907).

④ BGHZ 80,199(203).

⑤ Schmidt-Salzer, Rechtliche und tatsächliche Aspekte der Produktbeobachtungshaftung,BB 1981,1041.

后续观察义务将延伸至他人生产的产品,主要为自己产品的必需配件、计划内的配件,①以及通常与自己的产品配套使用的配件或产品。② 必需的配件,指的是自己的产品发挥功效必不可少的配件,如汽车轮胎之于汽车。③ 计划内的配件,指的是生产者在生产自己的产品时通过预留插孔、托架等方式预先为其他配件的使用留下了可能性,如汽车上面预留的自行车托架、供手机充电的插口。如果生产者在产品使用说明中指定或推荐了特定品牌或型号的配件,则该类配件也在观察义务范围之内。如果他人生产的产品通常将与自己生产的产品配套使用,而生产者对消费者的此种使用习惯亦了解,那么生产者对此产品与自己产品配套使用的情况应加以观察。如果在市场上占主导地位的配件是专为自己的产品而设计,比如针对苹果手机生产的贴膜、手机套等,则生产者对此配件与自己产品的配套使用是否会产生危险也应该随时保持关注。④ 终端产品生产者对于供货商提供的配件也负有产品后续观察义务。生产者对于自己产品的主要竞争产品也必须保持关注,以便确认竞争者是如何减少乃至规避风险的,进而在自己的设计中对此加以注意。⑤

产品后续观察义务始于产品投入流通之时,不以损害事件的发生为前提,也无须消费者的投诉。⑥ 产品后续观察义务需要持续多长时间,尚无定论,需要依个案而定。⑦ 原则上认为,只要产品尚在市场上流通,生产者就需持续履行产品后续观察义务。只不过随着时间的推

① v. Westphalen, Das neue Produkthaftungsgesetz, NJW 1990, 83 (85); Link, Gesetzliche Regressansprüche bei Produzentenhaftung gegenüber dem Zulieferer, BB 1985, 1424.

② BGHZ 99,167 = NJW 1987,1009.

③ Rolland, Walter, Produkthaftungsrecht, 2. Aufl., München 1990, Teil II, Rn 46.

④ Vgl. BGHZ 99,167 = NJW 1987,1009;亦可参见冯·巴尔:《欧洲比较侵权行为法》(下卷),焦美华译,法律出版社 2004 年版,第 34 页。

⑤ BGH NJW 1990,906(908).

⑥ Vgl. Taschner, Hans Claudius/Frietsch, Edwin, Produkthaftungsgesetz und EG-Produkthaftungsrichtlinie, 2. Auflage, München 1990, Einführung, Rn. 84.

⑦ Brüggemeier, Produzentenhaftung nach § 823 Abs 1 BGB, WM 1982, 1294 (1301).

移,如果没有有关产品的负面消息出现,生产者的观察义务程度就逐渐减弱,直至局限于消极的产品后续观察义务。有学者主张对经过长时间检验的产品的生产者完全免除产品后续观察义务,只有新产品的生产者才需对其产品承担产品后续观察义务。① 但是考虑到产品的有些缺陷也许要经过很多年后才能够被发现或被认识到,比如药品的副作用,因此不能够完全免除生产者的产品后续观察义务,而是可以考虑限制在消极的产品后续观察义务。此外,瑕疵保证或品质保证期限即使已经经过,也并不影响产品后续观察义务的继续存在。

需要注意的是,即使产品在投入流通时符合相关的安全生产标准或获得权威机构的安全认证,也不能免除生产者的产品后续观察义务。② 因为赋予生产者产品后续观察义务的目的正在于促使生产者采取有效措施去发现按照产品投入流通时的科学技术水平无法发现的缺陷,并且符合官方的安全生产标准或取得安全认证只是表明产品满足了最低程度的安全要求而已,并不能够据此认为排除了所有的产品缺陷。

(四)义务程度的决定因素

生产者应该在多大程度上履行产品后续观察义务,不能一概而论,需要根据个案具体情况具体决定。由于产品后续观察义务的履行往往意味着生产者的经济负担,尤其是积极的产品后续观察义务更是如此。为合理平衡消费者和生产者的利益,应以符合比例性为原则,在特定情况下减轻生产者的义务程度,直至局限于消极的产品后续观察义务。需要综合衡量的因素包括但不限于:产品的种类和致损的可能性及危害程度、危及的法益种类、产品的价格及基于此的消费者的合理安全期待、企业规模、义务履行的可能性和经济上的可合理期待性等。③

---

① Pauli, Die Produktbeobachtungspflichten in der verbraucherpolitischen Auseinandersetzung, PHI 1985, 139.

② Kullmann, Produzentenhaftung in der Rechtsprechung des Bundesgerichtshofes, BB 1976, 1085(1089); Sack, Produzentenhaftung und Produktbeobachtungspflicht, BB 1985, 813(813).

③ BGHZ 99, 167(174); Löwe, Rückrufpflicht des Warenherstellers, DAR 1978, 288(290).

比如,与汽车、各种家庭电器相比,普通的羊毛毯蕴藏的危险显然要小得多,加之其上的产品后续观察义务自然要低许多;对于已经长时间并大量投入市场的产品,产品后续观察义务比较低,甚至仅需承担消极的产品后续观察义务;而对于具有极大损害潜能的复杂的新产品,则产品后续观察义务的程度则相应增强。① 产品致损的可能性越大、危害程度越大、危害的范围越广,义务程度越高。② 如果危及人的生命安全或身体健康,义务程度越高,反之,如果仅仅危及财产,义务程度降低。与其同类产品相比,一个产品价格越高,消费者对其安全上的期待自然越高,对生产者的产品后续观察义务的要求自然越高。③

(五)义务主体

生产者是产品后续观察义务的当然承担者。如上所述,生产者不仅需要对自己的产品承担产品后续观察义务,而且在特定情况下需要对他人的产品承担产品后续观察义务。将自己的企业名称或商标标注于他人生产的产品之上的视为准生产者(Quasi-Hersteller),和生产者承担同样的产品后续观察义务。④ 销售者和进口者通常无须承担产品后续观察义务,但有义务收集消费者投诉和反馈信息并通知生产者。⑤ 在国内居于垄断地位的进口者至少需要承担消极的产品后续观察义务。⑥

(六)义务违反的法律后果和归责原则

生产者如果怠于履行产品后续观察义务,或者虽然履行了产品后续观察义务,但没有采取适当措施消除通过观察获知的产品风险,那么

① OLG Karlsruhe VerR 1978,550; Löwe, Rückrufpflicht des Warenherstellers, DAR 1978,288(290); Sack, Produzentenhaftung und Produktbeobachtungspflicht, BB 1985,813(816).

② Kullmann, Die Rechtsprechung des BGH zum Produkthaftpflichtrecht in den Jahren 1995—1997, NJW 1997,1749(1479).

③ Vgl. BGH NJW 1990,906(907).

④ Kullmann, Aktuelle Rechtsfrage der Produkthaftpflicht, 4. Auflage, Köln 1993, S. 67f.

⑤ BGH NJW 1981,2250(2251); NJW 1994,517(519).

⑥ BGH NJW 1994,517ff.

损害一旦发生,生产者需承担侵权赔偿责任。需注意的是,如果损害是因投入流通时即已存在的设计、制造或警示说明缺陷造成,则无须根据产品后续观察义务的违反而请求损害赔偿,因为此时违反的是生产者承担的投入流通前的义务。① 从这个角度观察,可以认为产品后续观察义务具有从属性,②主要适用领域是产品投入流通时无法认知的发展缺陷以及生产当中出现的微量偏差(Ausreißer)。

德国将违反产品后续观察义务导致的责任归结为《德国民法典》第823条第1款的侵权责任,也就是说,此种责任的归责原则是过错责任,既非无过错责任,亦非过错推定责任。我国《侵权责任法》第46条位于作为无过错责任的产品责任当中,由此似应得出一个结论:在我国,违反产品后续观察义务导致的责任为无过错责任。我国亦有学者持此见解,认为从制度设计的初衷来看,产品后续观察义务主要是基于公共安全的考虑,而一般的产品责任则关注的是消费者的个体利益,既然一般的产品责任采取无过错责任归责原则,那么违反产品后续观察义务的侵权责任更应该采取无过错责任归责原则;同时认为,如果将归责原则确立为过错责任原则,是否足以应付我国当前产品安全形势严峻的社会现实,将不无疑问。③ 但是,如果将此种责任的性质认定为无过错责任,不仅仅与产品后续观察义务作为交往安全保障义务的性质相悖,而且将导致生产者承担过重的产品责任,致使无法借由产品后续观察义务达致消费者和生产者利益的平衡,进而走向了"发展风险抗辩"弊端的反面。我们必须承认,无论是维护一般的社会安全还是保护消费者利益,都是有代价的,因而也应该有其合理的界限,否则将会不当滞碍社会经济的发展和科学技术的进步。因此,本文认为,应将违

---

① J. Hager, in: Staudinger Kommentar BGB, 2009, Rn F21; J. Hager, Die Kostentragung bei Rückruf fehlerhafter Produkte, VersR 1984, 801; Brüggemeier, Zur Frage der Produzentenhaftung eines Importeurs und des Umfangs des Eigentumsschutzes, JZ 1994, 578(579).

② G. Hager, Deutschland—Fehlerbegriff, Entwicklungsrisiko und Produktbeobachtungspflicht bei der Produkthaftung, PHI 1991, 2.

③ 张云:"突破与超越:《侵权责任法》产品后续观察义务之解读",载《现代法学》2011年第5期。

反产品后续观察义务产生的侵权责任认定为过错责任。

需要注意的是，由于消费者对于生产者违反产品后续观察义务的事实通常无法举证证明，为确保产品后续观察义务的规定发挥预定之功能，生产者需对自己已经尽力履行其产品后续观察义务承担举证责任。从这个角度来看，也不妨将此种责任的归责原则认定为过错推定原则。①

（夏昊晗，德国波恩大学博士研究生）

① 杨立新教授指导的博士生陈龙业在其博士论文《产品缺陷论》（中国人民大学2009年）中将违反产品后续观察义务导致的侵权责任认定为过错推定责任，参见该文第五章。

论英国侵权法中因果关系不确定的解决进路

周彬彬

目　　次

因果关系不确定(uncertain causation)①是困扰司法实践的棘手问题,近年来日益成为比较法上的热门话题。② 本文中,笔者将主要以上议院和联合王国最高法院(United Kingdom Supreme Court)③的判例为

① 因果关系不确定的英文表述不尽一致,除 uncertain causation 外,还有 causal uncertainty、uncertainty over causation、indeterminate causation、causal indeterminacy 及 ambiguous causation 等称谓。

② 欧洲侵权法小组(European Group on Tort Law)对因果关系不确定场合比例责任的适用问题进行了专项研究并出版了研究报告——Proportional Liability: Analytical and Comparative Perspectives(edited by Israel Gilead, Michael D. Green and Bernhard A. Koch, Walter de Gruyter GmbH 2013)。

③ 联合王国最高法院是依据 2005 年《宪制改革法》设立的,2009 年 10 月 1 日起开始运作,其承继的是原来上议院拥有的司法权。

基础,对英国侵权实体法中因果关系不确定问题的解决进路进行较为细致的考察,以期增进对英国法的了解并给我国相关问题的处理提供借镜。

值得注意的是,"因果关系不确定"一词在我国学界使用并不普遍,仅部分学者在阐述择一或替代因果关系(alternative causation)[①]时顺带提及过该词,认为二者系同义语。[②] 问题是因果关系不确定的含义究竟为何?其与替代因果关系是否完全等同?我国有无引入这一新词的必要?以下笔者将先对这些问题进行简要论述。

一、因果关系不确定的含义及与替代因果关系的关系

(一)含义

学界对因果关系不确定并未进行严格的概念界定,而是仅从不同角度作了详略不一的描述。比如,Ken Oliphant 教授认为,"'事实因果关系不确定'(uncertain factual causation)涉及以下案件,其中能够据以评估事实因果关系存在与否的证据微弱,从而无法确定地得出推论"。[③] Sandy Steel 和 David Ibbetson 教授认为,因果关系不确定是指,"不能证明数竞争因素中的哪个是受害人遭受损害的真正原因"。[④] Donal Nolan 认为,因果关系不确定指向以下案件,"无法确定地知晓被告的过失行为与原告的损害之间是否存在因果关系,而只能宽泛地说,该损害处于被告行为所制造的风险之内。不过,如果尽管存在某种程

---

① 鉴于实际致害人可能是一人也可能是数人,因此"替代因果关系"的称谓更为妥当,以下除引用其他学者论述的原文之外,笔者将采纳此称谓。

② 王泽鉴:《侵权行为》,北京大学出版社 2009 年版,第 189 页;程啸:《侵权责任法》,法律出版社 2011 年版,第 185 页。

③ Ken Oliphant, *Uncertain Factual Causation in the Third Restatement: Some Comparative Note*, 37 Wm. Mitchell L. Rev. 1599, 1600(2011).

④ Sandy Steel and David Ibbetson, *More Grief on Uncertain Causation in Tort*, Cambridge Law Journal 2011, 70(2), 451.

度的因果关系不确定,但原告仍能依可能性占优(balance of probabilities)[①]标准确立因果关系,当然应允许其获得赔偿。成问题的是不能如此的案件”。[②] Omri Ben-Shahar 教授写道:“损害发生后,其来源可能模糊不清。此种不确定的原因很多。首先,可能存在数项独立因素,其同时制造了类似的风险,实际发生的损害不能清楚地追溯到其中任何一个。其次,损害可能在风险制造出来或事故发生很长时间之后才显现出来,以致难以辨识其原因。”[③]

综合这些见解来看,应从如下方面理解因果关系不确定的含义:

首先,因果关系不确定仅与因果关系的事实侧面相关。侵权法中的因果关系一般被区分为事实与法律评价两个侧面:前者要求侵权行为与损害之间应存在事实关联,通行的判断标准为必要条件(conditio sine qua non)或“若无则不”(but for),即如果侵权行为不存在损害将不会发生,该行为就构成损害的事实原因;后者涉及在事实判断的基础上进一步解决责任应否发生的问题,属于价值判断的范畴,考虑的因素主要包括:损害的可预见性、损害的性质、过错的程度、法律的保护目的等。[④] 与因果关系认定相关的事实判断朝向“过往”,依赖于证据可否获得以及人类对因果律的认识,实践中难免会因证据缺乏或认识欠缺

---

① “balance of probabilities”可直译为“可能性权衡”,有学者也作了类似的翻译,比如齐树洁教授译为“概然性权衡”,其还进一步引用英国学者的观点说明了该术语的含义:英国学者雷德梅尼认为,概然性权衡是指负有证明责任的当事人必须证明他所主张的事实存在的可能性大于不存在。摩菲认为,概然性权衡意味着事实审理者斟酌全案证据后,必须能够说已经表明当事人主张的事实存在的概然性大于不存在。(齐树洁主编:《英国证据法》,厦门大学出版社2002年版,第201、203页。)笔者认为,“权衡”一词无法表明具体的证明标准为何,难以让人“顾名思义”,还得进行一番解释才能知其所云。鉴于“balance of probabilities”要传达的意思就是存在的可能性大于不存在的可能性,因此本文采用了更能传达其实质含义的翻译——“可能性占优”。

② Donal Nolan, *Causation and the Goals of Tort Law*, in: *The Goals of Private Law*, edited by Andrew Robertson and Tang Hang Wu, Hart Publishing 2009, p. 167.

③ Omri Ben-Shahar, *Causation and Foreseeability*, in: *Tort Law and Economics*, edited by Michael Faure, Edward Elgar Publishing Limited 2009, p. 91.

④ [荷]施皮尔主编:《侵权法的统一:因果关系》,易继明等译,法律出版社2009年版,第178~193页。

而陷入不确定状态。而法律评价侧面则不会出现此种问题,虽然人们经常会对评价结果存在争议,但这是立场不同所致,是对行为自由维护与受害人利益保护两个经常发生冲突的价值目标的不同权衡取舍,与确定与否无关。

其次,因果关系不确定是相对于证明标准而言的,指向不能满足标准的情况。"审判中的事实查证(fact-finding)是实践理性的分支之一,规律、经验及归纳哲学均告诉我们,它是一个或然性而非确定性问题。"①"法院通常无法100%地确定被告的侵权行为究竟是否系原告遭受损害的事实原因,其充其量仅能确定被告导致原告损害的可能性介于1%与99%之间。"②对此种"不确定",一般运用证明标准(standard of proof)规则进行处理,即如果当事人的证明满足某种标准,法官或其他事实裁决者即认定某事实(包括因果关系)存在。笔者认为,因果关系不确定中的"不确定"不应指向此种宽泛意义上的"不确定",如此将使这一概念因涵盖范围过大而失去存在价值;其仅应指向不能满足证明标准的情况。上述Donal Nolan的观点即体现了此点,其所说的"可能性占优"系英国侵权诉讼中所遵循的证明标准。除该学者之外,Israel Gilead、Michael Green和Bernhard Koch教授也指出,"因果关系不确定案件中,这一'全赔或不赔'(all or nothing)规则的适用将导出以下结果,即使已经证明被告从事了具有侵权性的行为以及该行为可能导致原告受损,诸被告仍将免于承担责任"。所谓"全赔或不赔"规则是指,"被告造成原告损害的可能性不满足内国法所要求的证明标准时,法院将认定因果关系未确立,被告将无须对原告承担损害赔偿责任。在满足所要求的证明标准的情况下,法院将认定因果关系确

① Ariel Porat and Alex Stein, *Tort Liability under Uncertainty*, Oxford University Press 2001, pp. 16 – 17.

② Israel Gilead, Michael Green and Bernhard Koch, *General Report: Causal Uncertainty and Proportional Liability: Analytical and Comparative Report*, in: *Proportional Liability: Analytical and Comparative Perspectives*, edited by Israel Gilead, Michael Green and Bernhard Koch, Walter de Gruyter GmbH 2013, p. 4.

立;[若同时满足其他构成要件,]被告就须向原告承担责任”。[①]

最后,因果关系不确定场合,系争事由必须具有造成系争损害的可能性,并且仅是可能的致害事由之一,损害亦可能由其他独立的事由所致。如果系争事由不具有造成损害的可能性,则没有将之纳入考虑的必要;而其他可能致害事由的存在则是因果关系不确定问题的产生缘由。

综上所述,因果关系不确定指向以下情况:系争事由具有造成损害的可能性,但损害亦可能因其他事由发生,从而无法依法定证明标准证明系争事由与损害之间存在因果关系。

(二)与替代因果关系的关系

无疑替代因果关系所涵盖的情形肯定涉及因果关系不确定问题,[②]但后者的外延与我国学界通常理解的前者的外延并不一致。笔者认为,就厘清二者的关系而言,最为重要的是明确各自的使用“语境”。我国学界通说将替代因果关系与共同危险行为绑定,比如王泽鉴先生认为,替代因果关系“非属因果关系,而系其证明的问题。为保护被害人,减轻举证责任的困难,‘民法’第185条第1项后段规定,不能知其中孰为加害人者,连带负损害赔偿责任”。[③]该规定就是关于共同危险行为的规范。[④]王利明教授认为“在共同危险行为中,从行为与损害结果之间的关系来看,各个危险行为人的行为只是可能造成了损害,其行为与损害后果之间的因果关系是法律推定的,是一种‘替代因果关系’……”[⑤]程啸教授认为,替代因果关系“在侵权法上构成共同危

---

① Israel Gilead, Michael Green and Bernhard Koch, General Report: *Causal Uncertainty and Proportional Liability: Analytical and Comparative Report*, in: *Proportional Liability: Analytical and Comparative Perspectives*, edited by Israel Gilead, Michael Green and Bernhard Koch, Walter de Gruyter GmbH 2013, p. 5.

② 替代因果关系的含义系侵权法中的常识性问题,在此笔者不予赘述。

③ 王泽鉴:《侵权行为》,北京大学出版社2009年版,第189页。我国台湾地区法律中的“项”等同于大陆地区的“款”。

④ 王先生在论及共同危险行为时又指出,“共同危险行为……系数人的行为皆具侵害他人权利的可能性,但不确知孰为加害人,学说上称之为择一因果关系”。参见王泽鉴:《侵权行为》,北京大学出版社2009年版,第368页。

⑤ 王利明:《侵权责任法研究》(上),中国人民大学出版社2011年版,第373页。

险行为,行为人应当承担连带责任"。[①] 在我国,共同危险行为属于数人侵权的一种,相应地,不法行为人为二人以上。

比较而言,因果关系不确定所涵盖的情形中,不法行为人可能仅为一人,只要还存在其他可能的致害事由并且受害人无法依法定证明标准证明该人的行为系损害的原因,就出现了因果关系不确定问题。不过值得注意的是,此时也要求存在一个与替代因果关系本质结构相同的"替代机制",只是处于该机制中的其他潜在致害因素不具有侵权性而已。换言之,如果将替代因果关系的涵盖范围扩及不法行为人只有一人的情况,[②]其将等同于因果关系不确定。鉴于学界对替代因果关系的使用已经"约定俗称",为便于统一研究具有共同本质特征的法律现象并为避免产生不必要的误解,实有必要再引入"因果关系不确定"一词。

以上就是因果关系不确定的含义及其与替代因果关系概念的区别,下面笔者将详细考察英国侵权实体法中因果关系不确定问题的解决路径。

二、英国侵权法的基本立场与机会减损赔偿问题

(一)基本立场——损害赔偿之拒绝

在事实因果关系判断方面,英国侵权法除了遵循"若无则不"(but for)标准之外,在涉及工作场所的毒素暴露的案件中,还经由 Bonnington Casting Ltd v. Wardlaw 案[③](以下简称 Wardlaw 案)引入了"对损害具有显著贡献"(material contribution to injury)标准。[④] 该案

---

① 程啸:《侵权责任法》,法律出版社 2011 年版,第 185 页。

② 有学者即对替代因果关系的外延做了这种解释。参见[奥]海尔穆特·库齐奥:"替代因果关系问题的解决路径",朱岩、张玉东译,载《中外法学》2009 年第 5 期。

③ [1956] AC 613.

④ Mark Lunney and Ken Oliphant, *Tort Law: Text and Materials*, *5th edition*, Oxford University Press 2013, p. 221. 有学者持不同意见,认为 Wardlaw 案不过是"若无则不"标准的特殊应用。Bailey, *Causation in Negligence: What is a Material Contribution?*, 30 L. S. 167(2010). 值得注意的是,尽管审理该案的议员的论证相同,但只有来自苏格兰的 Lord Reid 和 Lord Keith 使用了"显著贡献"的提法。Sandy Steel and David Ibbetson, *More Grief on Uncertain Causation in Tort*, Cambridge Law Journal 2011, 70(2), 454.

中,原告(Wardlaw)主张,在被告的车间工作八年后,他因吸入硅尘罹患肺尘病。相关硅尘有两个来源,有些是被告车间的汽锤运转产生的,由于就此种方式产生的粉尘并不存在已知的防护手段,被告就吸入这些粉尘不存在过失。其余的粉尘则是被告的打磨机工作时产生的,原因是这些机器的排尘设备维护不当,法院因此认定被告存在过失,同时还违反了制定法上的义务。上议院面对的问题是:原告的疾病是否系该过失行为所致。肺尘病是数年期间内吸入肺部的微小硅颗粒逐渐累积造成的。虽然本案中原告因被告过失吸入的硅尘仅为其吸入的全部硅尘的一部分,但上议院仍支持了原告的赔偿请求。Lord Reid 指出,"疾病系两个来源的粉尘所致,真正成问题的是来自打磨机的粉尘对疾病是否具有显著贡献。何谓显著贡献则属于程度问题。凡落在'法律不理会琐事'(de minimis non curat lex)[①]这一例外之内的贡献都不具有显著性,但是任何落在这一例外之外的贡献都具有显著性"。

不论是"若无则不"还是"对损害具有显著贡献",都需要原告依"可能性占优"这一证明标准证明之:若满足该标准,因果关系要件得以确立;反之,则未确立。"可能性占优"标准用数字形式表示就是:某事实为真的可能性大于 50%。[②] 不过"法院衡量该标准是否满足时并不进行精确的概率估计,相反,其仅以对大众(lay)及专家证据的一般印象为基础直觉性地做出判断"。[③] 如上所述,因果关系不确定指向无法满足证明标准的情况,此时被告的侵权责任因欠缺因果关系要素而无法成立,相应地,原告将无法获得赔偿。这种状况对原告很是不利,在很多情况下也颇不公正;原告和法院为"矫正"它做了诸多努力,以下笔者将逐次讨论。

为便于理解后文的相关论述,这里有必要说明以下情况:在"若无

---

① 《元照英美法词典》将此译作"对琐事法律不以为意"。参见薛波主编:《元照英美法词典》,法律出版社 2003 年版,第 395 页。

② Ken Oliphant, *Causal Uncertainty and Proportional Liability in England and Wales*, in: *Proportional Liability: Analytical and Comparative Perspectives*, edited by Israel Gilead, Michael D Green and Bernhard A Koch, Walter de Gruyter GmbH 2013, p. 123.

③ Lara Khoury, *Uncertain Causation in Medical Liability*, Hart Publishing 2006, p. 35.

则不"标准之下,若某人的侵权行为被认定为损害的发生原因,[①]那么即使其行为并非唯一原因也仍须对损害承担全部责任。[②] 在多人的侵权行为均构成损害的发生原因的情况下,即使各行为人不存在共同故意,属于所谓的并行侵权人(several concurrent tortfeasors),如果损害不可分,各行为人仍须承担连带责任。在损害可分的情况下,才仅须对全部损害中可归因于自己的部分承担责任。[③] "对损害具有显著贡献"标准之下,行为人的责任形态较为复杂,Wardlaw 案中,原告获得了全额赔偿。不过,在与该案本质结构相同只是侵权人有数人的案件中,上诉法院(Court of Appeal)则判决各被告根据其对损害的贡献程度承担比例责任。比如在 Holtby v. Brigham & Cowan(Hull)Ltd. 案[④]中,原告因数年时间的职业石棉暴露罹患石棉沉着病,[⑤]该期间内其受雇于多个雇主。上诉法院判决每个雇主仅就原告损害的一部分承担责任。由于

---

① 值得注意的是,某人的行为要被认定为损害发生的原因除须符合"若无则不"标准之外,还须符合法律的其他要求,这些要求就是前文在论述因果关系不确定的含义时提及的因果关系的法律评价侧面。

② 英国侵权法遵循"全赔或不赔"原则,即"原告负担依可能性占优标准证明被告的侵权行为造成了其损失的证明责任。如果他做到了,将获得 100% 的赔偿;若未做到,就不能获得任何赔偿"。W. V. Horton Rogers, *Causation under English Law*, in: *Unification of Tort Law: Causation*, edited by Jaap Spier, Kluwer Law International 2000, p. 48. 损害发生的"若无则不"意义上的原因通常有多个,"即使被告的过失并非损害的唯一原因,事实因果关系也能满足"。Mark Lunney and Ken Oliphant, *Tort Law: Text and Materials*, 5th *edition*, Oxford University Press 2013, p. 205.

③ Ken Oliphant, *Causal Uncertainty and Proportional Liability in England and Wales*, in: *Proportional Liability: Analytical and Comparative Perspectives*, edited by Israel Gilead, Michael D Green and Bernhard A Koch, Walter de Gruyter GmbH 2013, p. 134. 在《侵权法的统一:数侵权人》一书中,W. V. Horton Rogers 指出,"在 A 和 B 完全相互独立地从事行为,但其行为结合在一起制造了某种风险并进而导致 V 遭受某项损害的情况下","他们是数并行侵权人,也就是说他们的不法行为结合在一起造成了同一不可分的损害。然而,类似于共同侵权人(joint tortfeasors),他们每个人均对损害承担全部责任"。W. V. Horton Rogers, *Multiple Tortfeasors under English Law*, in: *Unification of Tort Law: Multiple Tortfeasors*, edited by W. V. Horton Rogers, Kluwer Law International 2004, pp. 65 – 66.

④ [2003] 3 All ER 421.

⑤ 石棉沉着病(asbestosis)与肺尘病的致病机制一样,是一种石棉粉尘累积暴露所致的疾病,疾病的严重性与吸入的石棉纤维数量呈正相关关系。

缺乏能据以更公正地分配责任的证据，法院以暴露时间为基础进行了责任分配；另外，法院还以当事人未提出责任分担请求为由解释了 Wardlaw 案中原告为何获得了全部赔偿。该案的独特之处在于：以下案件中仅判决被告承担比例赔偿责任，即有害物质的累积暴露导致了某种单一状况，该状况随着暴露持续时间的增加而逐渐恶化。①

(二)关于机会减损赔偿问题

因果关系不确定场合，我们能肯定的是，在概率意义上，系争因素的存在增加了系争损害发生的可能性或者降低了该损害不发生的可能性，前者可称为风险增加，后者可称为机会减损。② 若能突破成规将风险增加或机会减损作为可赔偿性损害，系争因素与通常所理解的损害之间因果关系不确定的问题应可迎刃而解。实践中，重新定位损害的尝试主要集中于医疗侵权场合，受害人在不能证明医疗失误与通常所理解的损害(比如疾病、死亡等)之间存在因果关系的情况下，可能会转而就治愈机会的减损提出赔偿请求。面对此种请求时，法院应何去何从值得仔细斟酌。以下笔者将对英国法院的立场进行分析。展开讨论之前，有必要先交代一下其他场合中英国法院对机会减损赔偿的态度。

1. 其他场合中的机会减损赔偿问题

英国法院在以下三种场合允许原告就机会减损或某结果发生可能性的增加请求赔偿：

其一，合同案件中，英国法院很早就认可了机会减损赔偿。

---

① Mark Lunney and Ken Oliphant, *Tort Law*: *Text and Materials*, 5th edition, Oxford University Press 2013, p. 224.

② 张柏渊：“医疗诉讼中‘因果关系’至‘机会丧失’之演变——由概率之观点出发”，我国台湾地区“政治大学”2006 年硕士学位论文。美国首倡在医疗诉讼中适用机会减损理论的 Joseph H. King 教授，1998 年撰文建议将机会减损理论更名为“可能性降低理论”，以避免产生误解。Joseph H. King, Jr., *Causation*, *Valuation*, *and Chance in Personal Injury Torts Involving Preexisting Conditions and Future Consequences*, 90 Yale L. J. 1353(1981)；*“Reduction of Likelihood” Reformulation and Other Retrofitting of The Loss-of-a-Chance Doctrine*, 28 U. Mem. L. Rev. 491(1998).

Chaplin v. Hicks 案①中，被告拒绝让原告继续参加选美比赛，这构成违约。法院认为，原告能就赢得比赛机会的丧失获得赔偿金。虽然法院无法估量原告赢得比赛的可能性，但仍判决被告赔偿 100 英镑。② “对此，一个简洁的解释是违约本身具有可诉性，原告不像在过失侵权中那样必须依可能性占优标准证明被告造成了损害。这意味着，合同案件中，机会减损赔偿属于损害的量化问题而非责任是否成立的问题（a question of quantification, rather than liability）。依据通行的规则，在量化阶段，当假设而非过往的事实成为问题时……将允许比例赔偿。”③

其二，在侵权案件中，英国法也区分责任是否成立与损害的量化；“可能性占优”标准仅在判断责任是否成立时适用，若问题涉及损害的量化，英国法院也像在合同案件中那样允许原告根据某事实发生的可能性获得相应赔偿。此类案件的事实结构为：原告已经依“可能性占优”标准证明被告造成了某种法律认可的损害，该损害未来可能发展为其他损害。此时原告能根据该“其他损害”发生的可能性获得部分赔偿。比如，受害人已证明被告导致其腿部受伤，据估计该伤腿未来丧失行动能力的可能性为 30%，此种情况下，若满足其他责任成立要件，受害人能就该“可能性”获得赔偿，具体数额为：腿部丧失行动能力会获得的损害赔偿金乘以 30%。④

其三，特别值得注意的是，即使问题涉及侵权责任成立与否而非损害的量化，英国法院在满足以下条件的情况下也允许原告就机会减损请求赔偿：一是，与机会相关的最终损害为经济损失（economic loss）；二是，相关侵权规范救济纯粹经济损失。⑤ 相关适例为 Allied Maples

---

① [1911] 2KB 786.

② [英]麦肯雅克：《契约法》，法律出版社 2012 年版，第 412 页。

③ Donal Nolan, *Causation and the Goals of Tort Law*, in: *The Goals of Private Law*, edited by Andrew Robertson and Tang Hang Wu, Hart Publishing 2009, p. 183.

④ Mark Lunney and Ken Oliphant, *Tort Law: Text and Materials*, 5th edition, Oxford University Press 2013, p. 216.

⑤ Mark Lunney and Ken Oliphant, *Tort Law: Text and Materials*, 5th edition, Oxford University Press 2013, p. 220.

v. Simmons & Simmons 案。[①] 该案中,原告起诉了其律师,该律师在原告与第三人之间的营业转让中因过失未对一项担保条款的删除提出意见,这导致原告无法要求第三人承担责任。诉讼中,被告辩称,其过失并未给原告造成损害,因为其没有依"可能性占优"标准证明第三人会接受该担保条款。法院支持了原告的请求,其认为,尽管原告须依"可能性占优"标准证明:若被告提出妥当建议,其将依赖之;但其不必依该标准证明第三人将同意给原告提供该担保,一项"实质性"(substantial)的机会已经丧失就足够了,赔偿针对的是该机会。

这些支持机会减损赔偿的"先例"能否为医疗侵权案件中的机会减损赔偿提供支援?从上议院的相关判例来看,答案是否定的。以下笔者将进行详细分析。

2. 医疗侵权中的机会减损赔偿问题

(1) Hotson 案

就医疗侵权中的机会减损赔偿问题而言,第一个具有里程碑意义的英国判例为 Hotson v. East Berkshire Area Health Authority 案,[②]本文简称 Hotson 案。该案的事实为:原告在学校操场上玩耍时从树上摔下来,左臂受伤,他接着被送到被告经营的一家医院。不知因为何种原因,医院没有进行 X 光检查,而是未经治疗就让原告回家了。经历了五天严重的疼痛之后,原告又被送回该医院,此时医生经过 X 光检查才确诊了原告的状况并进行了手术治疗。但原告的左股骨头最后还是发生了缺血性坏死,这使其臀部出现畸形,到 20 岁时,行动能力还会受到限制。原告提起了损害赔偿诉讼,被告承认其存在过失,但认为治疗迟延并未影响原告的最终状况。

从双方专家证人的意见可以看出,缺血性坏死系供血不足所致,而供血不足要么是原告摔伤导致血管破裂过多造成的,要么是治疗迟延导致的血管堵塞造成的。若为前者,则即便治疗及时,坏死仍无法避免。由于原告第一次被送到医院时,医生未进行必要的检查,供血不足

① [1995] 1 WLR 1602. Mark Lunney and Ken Oliphant, *Tort Law: Text and Materials*, 5th edition, Oxford University Press 2013, pp. 219 - 220.

② [1987] AC 750.

的真正原因已不可考,这就是本案因果关系的不确定之处。就此,双方专家证人提供了相互对立的意见。初审法官在综合权衡的基础上认定,原告第一次被送到医院时,若经过适当治疗,有25%的可能性免于罹患缺血性坏死。其进而将本案定性为损害的量化问题,判给原告25%的损害赔偿金(即能证明坏死由被告造成的情况下其能获得的损害赔偿金乘以25%)。[①] 被告上诉至上诉法院。上诉法院支持了初审法院的判决结果,但其理由与初审法院不同。Donaldson 和 Dillon 法官认为,原告有权就免于罹患缺血性坏死之机会的丧失获得赔偿,并且他已经依"可能性占优"标准证明了被告的过失造成了该机会的丧失。[②] 被告又上诉至上议院。

上议院允许上诉。虽然有上诉法院的判决而且当事人也邀请议员们在宽泛意义上处理该上诉,决定人身损害案件中是否支持机会减损赔偿请求,但审理该案的议员们仍将目光集中在缺血性坏死与被告过失之间是否存在因果关系这一问题上,并认为这属于过去的事实,应依据"可能性占优"标准做出决定。初审法官认定的事实表明原告未能依该标准确立因果关系,因此无法获得赔偿。在因果关系未确立的情况下,损害的量化也无从谈起。Lord Ackner 更是指出,本案中根本不存在机会减损,因为义务发生之前,系争损害已经发生或已不可避免。

值得注意的是,Lord Bridge 及 Lord Mackay 顺带就医疗侵权(或人身损害)案件中的机会减损赔偿问题发表了意见。Lord Bridge 认为,类推适用 Chaplin v. Hicks 案所确立的机会减损赔偿原则虽然具有"表面上的吸引力",但存在"难以克服的困难"。不过,其没有"将本上诉视为就这一类推能否适用得出最终结论的适当时机"。Lord Mackay 也认为,在本案中确立如下规则是不明智的,即"医疗失误案件中,原告永远无法经由证明机会减损而获得胜诉"。

---

① 这部分内容引自 Hotson 案中 Lord Bridge 的意见,其详细说明了本案的事实问题,并引用了初审法官的判决意见。

② 第三位法官——Croom-Johnson 虽然也投了赞成票,但其就机会减损赔偿问题的立场不甚清晰。Joseph H. King, Jr.,"*Reduction of Likelihood*" *Reformulation and Other Retrofitting of The Loss-of-a-Chance Doctrine*, 28 U. Mem. L. Rev. 491, 523 (1998).

因此,Hotson 案并未直面医疗侵权中的机会减损赔偿问题,上议院的判决有点“自我克制”的味道,重申了因果关系证明的基本规则。不过从 Lord Bridge 及 Lord Mackay 的附带意见来看,机会减损赔偿的大门并未完全关闭。如果说本案中上议院还能“避重就轻”的话,①那么在后来的 Gregg v. Scott 案②中(以下简称 Gregg 案),它就必须直面机会减损赔偿问题并详细阐明其立场了。

(2)Gregg 案

本案中,被告(Scott 医生)将原告左臂下的一个肿块误诊为良性的,但实际上它是癌性的。误诊造成了九个月的治疗迟延,在此期间,癌症扩散了。原告就预期寿命③的降低提起诉讼。初审法官认定误诊构成过失,不过对个体患者而言,癌症的治疗存在相当程度的不确定,初审法官在权衡双方专家提供的证据之后认定:即便被告的诊断不存在过失并且进行了及时治疗,原告治愈[医学上的定义为从过失发生时起在非病态(disease-free)状况下生存十年]的可能性也仅为 45%;治疗迟延使之降为 25%。原告在初审及上诉法院均败诉,其接着上诉至上议院。上诉中,原告提出两项主张:其一,治疗迟延导致肿瘤长大,这意味着其已经遭受了某种有形损害(physical injury),康复机会的降低作为伴生损失(consequential loss)应予赔偿;其二,康复机会的减损本身属于可赔偿性损害。

上议院的多数意见是驳回上诉。原告的第一项主张系上述“损害量化阶段依据其他损害发生的可能性进行赔偿”的见解的创造性运用,仅 Lord Hope 特别重视该主张,并将此作为支持原告赔偿请求的基础。④ 鉴于此以及本部分的主题,以下笔者将仅讨论审理该案的议员们就原告的第二项主张所发表的意见。

---

① Jane Stapleton 教授 1988 年即对上议院判决的“避重就轻”提出了批评。Jane Stapleton, The Gist of Negligence, *Part 2: The Relationship between "Damage" and Causation*, 104 LQR 389(1988).

② [2005] 2AC 176.

③ 预期寿命是根据统计资料计算出来的,并不代表个体一定能活到某个年龄。

④ Mark Lunney and Ken Oliphant, *Tort Law: Text and Materials*, 5th edition, Oxford University Press 2013, pp. 210, 218.

这些意见中格外值得关注的是 Lord Nicholls 的反对意见(dissenting opinion),其详细论证了某些医疗过失案件中认可机会减损赔偿的正当性。他将医疗过失案件分为以下两类:一是,过失发生时病人的状况决定了以下假设性事实问题的答案,即如果被告不存在过失,结果将如何。二是,过失发生时病人的状况并不决定该问题的答案,就此存在显著的医学上的不确定(medical uncertainty)。所谓"医学上的不确定"是指,内在于病人状况之中的医学界尚无法解决的不确定。第一种类型的适例为 Hotson 案,原告第一次被送到医院时的状况决定了以下问题的答案:若治疗及时,他是否还会患缺血性坏死。第二种类型的适例为 Gregg 案,明确原告去被告处看病时的状况无助于以下问题的回答:若当时诊断正确并进行了适当治疗,结果会怎样。对此存在很大的不确定,人们只能诉诸类似情况下的过往经验(这在本质上属于统计数字),以百分数形式揭示不同结果发生的可能性。Lord Nicholls 认为,第二类案件中,不论过失发生前原告的治愈可能性是否大于 50%,只要其拥有合理的治愈预期并且医生过失所致的机会减损是显著的,就应当支持其机会减损赔偿请求。① 理由如下:其一,传统的"可能性占优"标准将导出不合理的结果。Lord Nicholls 指出,在病人的治愈预期不确定,从既往统计数字来看其可能性为 X% 的情况下,若医生的过失使之降为零或接近于零,依据"可能性占优"标准,X% 大于 50% 时,病人将有权获得赔偿,小于 50% 时则无权。他认为,这是不合理的,"两种情况下,病人均遭受了真实的损失,丧失了某些重要及有价值的东西;两种情况下,医生均违反了其对病人负担的注意义务,后一种情况下不予救济将使该义务成为虚伪之物"。② 其二,支持机会减损赔偿符合医疗现实。在治疗结果不确定的情况下,确认了病人在医生过失发生前所拥有的东西以及因医生过失所失去的东西。③ 其

① Gregg 案判决第 38、44 段。笔者没有严格遵从 Lord Nicholls 的论说顺序,而是根据本文的论证需要对他的判决意见进行了调整和整合。以下对他人意见的分析亦同。鉴于 Gregg 案的判例报告对每一段都标上了编号。下文中,为便于核对原文,笔者将尽可能列出相关部分在判决原文中的位置。

② Gregg 案判决第 2~4 段。

③ Gregg 案判决第 24 段。

三,符合医生注意义务的存在目的。该义务旨在促使医生在诊断或治疗时施以合理注意以提升病人的治愈预期。[①] 其四,有助于侵权法的一项基本目标的实现。侵权法给人们施加注意义务,并在违反该义务的情况下提供适当的救济。在过失诊断或治疗降低了病人的治愈可能性的情况下,若法律不提供救济将属于严重不足。[②] 其五,可以避免价值判断失衡。Lord Nicholls 指出,如果法律对因专家建议人过失所致的财产机会丧失提供救济,而拒绝救济医生过失所致的健康甚或存活机会的丧失,那么其理应受到非难。[③] 其六,反对机会减损赔偿的论者所提出的理由不能成立,这些理由包括:认可机会减损赔偿将导致诉讼闸门大开,会给判决结果带来不确定、给国家卫生服务体系带来额外开支、可能促使医疗人员进行防卫性诊疗、若真须改革更应通过议会而非法院进行。[④]

尽管 Lord Nicholls 的论证很是有力,但是审理该案的多数议员还是没有支持原告的机会减损赔偿请求,他们提出的理由存在诸多差异,以下将分别进行阐述。

Lord Hoffmann 将批评的矛头指向支持机会减损赔偿的论者赖以立论的基础——"固有的不确定",他指出,从上议院的相关判例来看,在法律的视野中,世界原则上受因果律的支配。任何事物都有其确定原因。关于已发生的事情的原因为何或者已发生的某事将来是否会导致其他事情的发生并不存在固有的不确定。无法确定因果关系的场合,我们所欠缺的是知识,法律是通过证明责任(burden of proof)概念处理知识欠缺问题的,而证明责任的负担者是原告。本案中,预期寿命缩短这一损害结果已经发生,虽然医学还无法告诉我们确定的原因为何,但该结果并不是随机发生的,不能通过将结果当作某种不确定的东西来补救以下棘手状况,即无法证明诊断迟延与预期寿命缩短之间的

① Gregg 案判决第24段。

② Gregg 案判决第25段。

③ Gregg 案判决第25段。

④ Mark Lunney and Ken Oliphant, *Tort Law: Text and Materials*, 5th edition, Oxford University Press 2013, p. 212.

因果关系。[1] Lord Hoffmann 还进一步指出，以下见解既缺乏原则基础又不公正，即机会减损赔偿仅适用于就原因机制欠缺认识的场合，而不适用于就过去的事实欠缺认识的场合，后者中，若原告无法达到证明标准的要求，就无法获得赔偿。在 Lord Hoffmann 看来，两种情况下，因果关系的证明同样困难，特别是在被告的过失妨碍了原告证明过去事实的场合，拒绝赔偿更加不公。[2]

Lord Phillips 认为，以统计证据为基础确定机会的大小是一件非常困难的工作，通常需要专家襄助。本案的情况更为复杂，死亡这一负面结果并未发生，原告的治愈可能性较之初审时已有相当改观，未来如何尚不确定。[3] 鉴于这些复杂性，最好的处理方法还是依据更简单同时也更为武断的"可能性占优"标准实现"粗陋的公正"(rough justice)。[4] 在治疗的长期结果尚不确定的情况下，允许原告就治愈机会的降低提出赔偿请求并不令人满意。[5] 不过 Lord Phillips 就以下情况下是否支持机会减损赔偿保留了意见：负面结果已发生，被告的过失增加了该结果发生的可能性。[6]

Baroness Hale 认为，本案属于新案件，无法被先前的判例所涵盖。机会减损赔偿请求应否得到支持取决于该进路的正当性。她首先比较了机会减损赔偿进路与传统的人身损害赔偿进路的差异：其一，两种进路中的损害判然有别，后者中的损害系实际发生的人身损害，而前者中的则是免于遭受人身损害的机会的减损。其二，处理结果迥然有异。依后一进路，原告若能依"可能性占优"标准证明被告过失与损害之间

---

① Gregg 案判决第 79、80 段。后来的 Barker 案(关于该案详见后文论述)中，Lord Hoffmann 顺带评论了 Gregg 案，其中明确指出 Gregg 案中损害已经发生，即预期寿命的降低。Mark Lunney and Ken Oliphant, *Tort Law: Text and Materials*, 5th edition, Oxford University Press 2013, p. 217.

② Gregg 案判决第 88 段。

③ 由此可见，Lord Hoffmann 和 Lord Phillips 对损害究竟为何还有不同认识，这也从一个侧面反映了英国判例的复杂性。

④ Gregg 案判决第 170 段。

⑤ Gregg 案判决第 190 段。

⑥ Gregg 案判决第 190 段。

存在因果关系就能获得全部赔偿;若不能,则无法获得赔偿。而依前一进路,只要原告能证明被告的过失降低了其免于遭受人身损害的机会,就能根据机会减损的情况获得相应赔偿(计算公式为:“人身损害对应的赔偿金”乘以“机会减损的数值(X%)”)。[①] Baroness Hale 接着指出,医疗过失案件中,两种进路并存将造成原、被告之间的利益失衡:原告能够依据“可能性占优”标准证明被告过失与已经发生的人身损害之间存在因果关系的情况下,将获得全部赔偿;如果不能,原告又总是能够转而说医生的过失在某种程度上降低了其治愈预期,因此又能经由机会减损赔偿进路获得部分赔偿。但是,被告却没有这种选择权,其会因为原告的选择而失去传统进路之下证明标准规则给其提供的保护。[②] 既然两种进路并存不合理,那么能否用机会减损赔偿进路全面取代传统进路?Baroness Hale 基于以下理由认为这亦不合理:其一,这种取代对大多数简单的人身损害赔偿案件而言,有“前进两步,后退三步”的嫌疑,因为本来在传统进路之下能够获得全部赔偿的原告将仅能获得部分赔偿;其二,专家证据将更为复杂,谈判和审理都将更为困难,赔偿的可预见性也将更低。[③]

总之,鉴于多数派议员中的 Lord Phillips 就损害结果已经发生的情况下是否支持机会减损赔偿保留了意见,少数派议员有两人(Lord Nicholls 和 Lord Hope)并且 Lord Nicholls 还阐述了强有力的支持机会减损赔偿的理由;因此在医疗侵权案件中,机会减损赔偿的大门并未完全关闭。[④] 未来如何发展尚需拭目以待。

尽管英国上议院在处理医疗侵权案件中的因果关系不确定问题时可谓相当谨慎,不肯突破“可能性占优”标准的“藩篱”;但是在涉及工作场所的毒素暴露的案件中,上议院和联合王国最高法院却大胆引入例外规则给原告提供救济。此种例外规则主要是 Fairchild v.

---

① Gregg 案判决第 223 段。

② Gregg 案判决第 224 段。

③ Gregg 案判决第 225 段。

④ Donal Nolan, Causation and the Goals of Tort Law, in: *The Goals of Private Law*, edited by Andrew Robertson and Tang Hang Wu, Hart Publishing 2009, p. 183.

Glenhaven Funeral Services Ltd. 案[①](以下简称 Fairchild 案)确立的,一般称之为"Fairchild 例外"。以下笔者将详细阐述其确立过程及后续发展。

三、英国侵权法中关于因果关系不确定的例外规则

(一)"Fairchild 例外"之确立——从 McGhee 案到 Fairchild 案

1. McGhee 案

Fairchild 案所确立的"Fairchild 例外"是对 McGhee v. National Coal Board 案[②](本文简称 McGhee 案)的承继与发展。McGhee 案中,原告被其雇主(被告)安排来清理砖窑,数日之后他因暴露于砖尘而罹患皮炎。清理砖窑时,砖尘暴露是不可避免的。但被告未提供充足的洗浴设备,原告因此被迫带着满身尘垢骑车回家,这延长了暴露时间,增加了砖尘对皮肤的磨损。诉讼中,未提供洗浴设备被认定为构成过失,争议的核心是该过失行为与患皮炎之间是否存在因果关系。医学证据仅能证明皮炎系砖尘所致,但无法说明具体发病方式:其可能源于皮肤角质层微小磨损的累积,也可能始于某个特定的磨损处然后扩散开来。因此只能说被告过失所致的额外暴露显著增加了原告患皮炎的风险,这不满足"若无则不"或"对损害具有显著贡献"标准的要求。原审法院以欠缺因果关系为由判决原告败诉,原告最后上诉至上议院。

上议院准许上诉。审理该案的多数议员[③]将显著增加了患皮炎的风险等同于对患皮炎具有显著贡献,进而认定被告的过失与原告的损害之间存在因果关系。Lord Wilberforce 则认为,存在以下"合理原则"(sound principle),即"某人违反注意义务的行为制造了风险并且损害在该风险范围之内发生的情况下,除非其能证明损害系其他原因所致,否则就应承担责任"。另外,应由风险制造者承受医学发展水平不足所致的证明难题。

多数议员和 Lord Wilberforce 的意见均可谓相当大胆且具有开创

---

① [2003] 1 AC 32.

② [1973] 1 WLR 1.

③ Lord Reid、Lord Simon、Lord Salmon and Lord Kilbrandon.

性,不过McGhee案差点被后来的判例"埋没",这个判例就是Wilsher v. Essex Area Health Authority案[1](以下简称Wilsher案)。在该案中,原告系一早产儿,患有氧气缺乏症。治疗过程中,医生过失将导管插入静脉而非动脉,这导致输入了过量的氧气。后来原告的视网膜出现了一种无法治愈的状况,他因此近乎失明。此种状况可能因氧气过量所致,也可能因其他四种因素中的任何一种所致。因此,无法依"若无则不"标准或"对损害具有显著贡献"标准确立被告过失与原告损害之间的因果关系,该行为只是增加了一种可能的致病因素。初审法院和上诉法院支持了原告的赔偿请求,上诉法院多数议员明确援引McGhee案作为判决基础。被告上诉至上议院。

上议院准许上诉。Lord Bridge发表了唯一的实质性意见,其中涉及对McGhee案的定位。他首先否定了Lord Wilberforce的意见,认为:该意见相当于说,在McGhee案的事实情况下,因果关系的证明责任移转给了被告。这不符合先前的判例。同时该意见也与其他议员的意见不同;因此应将之理解为少数意见(minority opinion)。Lord Bridge然后又将McGhee案的多数意见解读为:在既有事实因果关系判断标准(即"对损害具有显著贡献"标准)之下所进行的"武断和实用主义"(robust and pragmatic)的事实推断,其并没有确立了新的法律原则。如此,McGhee案在英国侵权普通法中的地位就不再那么重要,在Fairchild案让其重新焕发活力之前,其近乎处于"沉寂"状态。

2. Fairchild案

Fairchild案的事实为:三个原告均相继为多个雇主工作了相当一段时间,期间他们因雇主们的过失[其中一个还因为占有人(occupier)的过失]暴露于石棉粉尘之中,最后他们都罹患了间皮瘤(mesothelioma)。这是一种仅由石棉粉尘暴露引发的癌症。医学上公认的事实为:罹患该病的风险与吸入的石棉纤维数量成正比;并且作为一种癌症,间皮瘤具有以下特点,即一旦被触发(也就是一个细胞因石

---

① [1988] AC 1074.

棉暴露发生突变成为癌细胞)，后续的石棉暴露将不会使之进一步恶化。[①] 不过科学界并不知晓该病触发的原因机制，其可能源于一个或一些石棉纤维的单一暴露，也可能源于累积性暴露。[②] 在罹患该病者相继受雇于两个雇主的情况下，其疾病可能因受雇于其中任一雇主期间的石棉暴露触发，也可能因受雇于两个雇主期间的石棉暴露之和触发。[③] 相应地，该患者将无法依"可能性占优"标准证明实际致病者究竟是何人。三个原告向部分雇主提起了损害赔偿诉讼。初审法官判决两原告败诉，一原告胜诉。上诉法院则判决三个原告均败诉，理由是他们都未依"可能性占优"标准证明任何特定被告的过失造成了其损害或对损害具有显著贡献。原告们接着向上议院提出上诉。

上议院准许上诉。审理该案的多数议员认为：[④]Wilsher 案中，上议院关于 McGhee 案中多数意见的定位(即"武断和实用主义"的事实推断)是错误的，不应具有效力；[⑤]该案并不涉及事实推断问题，而是创设了因果关系判断的新标准，即在特定类型的案件中，原告能通过证明被

---

① Lord Bingham 指出，"该状况一旦造成，将不会因进一步暴露而恶化"。Fairchild 案判决第 7 段。Michael Green 教授指出，"癌症没有程度问题，一旦某个体罹患了，该病将开始其自身的历程"，"……一旦疾病过程开始，我没有证据(实际上甚至没有线索)说其发展是剂量的函数(function)……癌症……的严重性不会受到剂量的影响"。Michael Green，*A Future for Asbestos Apportionment*?，12 Connecticut Insurance Law Journal 315，332 - 333(2005 - 2006). Robin Kundis Craig 教授等人亦指出，"间皮瘤及其他癌症的严重性不取决于剂量"。Robin Kundis Craig，Michael D. Green，Andrew R. Klein，Joseph Sanders，*Toxic and Environmental Torts*：*Cases and Materials*，Thomas Reuters 2011，p. 242.

② Ken Oliphant，*Causal Uncertainty and Proportional Liability in England and Wales*，in：*Proportional Liability*：*Analytical and Comparative Perspectives*，edited by Israel Gilead，Michael D Green and Bernhard A Koch，Walter de Gruyter GmbH 2013，p. 124.

③ Fairchild 案判决第 7 段。

④ Lord Bingham、Lord Nicholls、Lord Hoffmann 及 Lord Rodger。

⑤ 需要强调的是，Fairchild 案并未推翻 Wilsher 案，因此如何对二者进行区分即成为问题，对此将于后文论述。

告的过失显著增加了其受损风险来确立因果关系。[①] 这样,经过Fairchild案的重新解读,一种因果关系判断的新标准——"对风险具有显著贡献"(material contribution to risk)诞生了,[②]其构成"若无则不"及"对损害具有显著贡献"标准的例外,人们一般称之为"Fairchild例外"。议员们进而判决诸被告就全部损害对原告承担连带责任,同时指出承担了责任的被告可向其他被告或造成同一损害的案外人追偿。他们就Fairchild案中应适用该例外标准所提出理由主要包括三点:其一,追究被告责任将带来的不公正远小于拒绝救济原告所导致的不公正;[③]其二,坚持传统因果关系判断标准将使雇主的注意义务落空,在当下的医学发展水平之下,其完全可以通过仅雇佣那些在之前的工作中已接触过石棉的人而免于承担任何责任;[④]其三,比较法的启示。鉴于多数国家已给处于本案类似状况下的原告提供救济,在一个日益缩小的世界中,实有必要检讨本国法的立场,经由与本国传统相契合的进

① Lord Bingham认为McGhee案"是对因果关系通常进路的变通"(Fairchild案判决第35段),Lord Nicholls认为其"确立了不同及较宽松的因果关系判断标准"(判决第45段),Lord Hoffmann和Lord Rodger认为,McGhee案中,议员们"认为风险显著增加即满足因果关系的要求"(判决第65、142、144段)。审理该案的另一议员Lord Hutton不赞同多数议员的观点,他认为,即使作为科学证人的医生不欲做出某项推断,法官仍可做出常识推断(common sense inference)。在他看来,应当认为McGhee案引入了一项因果关系的法律推断(legal inference),其在以下情况下能够拘束初审法官:雇主的义务违反显著增加了原告罹患特定疾病的风险,该疾病已实际发生,但在当下医学知识状况下,原告无法经由医学证据证明该义务违反造成了系争损害(判决第100、102、108段)。

② Mark Lunney and Ken Oliphant, *Tort Law: Text and Materials*, 5th edition, Oxford University Press 2013, p. 226.

③ Lord Bingham和Lord Nicholls持此见解。前者详细阐述了本案中追究被告责任将造成的不公正局面。其一,可能导致将潜伏性疾病引发的全部责任施加给这样的雇主:在原告长期的工作生涯中,其仅雇佣了原告相当短的一段时间,并且原告无法依"可能性占优"证明该受雇期间与疾病发生之间存在因果关系;其二,雇主可能对并非其造成的损害承担责任,不是所有潜在应负责的雇主都被起诉的情况下,这种风险会更大,本案中,原告即仅起诉了部分雇主,鉴于疾病的潜伏期很长,这应属常态;其三,认可原告的赔偿请求还会导致诉讼泛滥,任何暴露于风险之后遭受损害的人将均能够要求有义务保护其免于面对该风险的人赔偿损失,即使他们完全无法证明谁是真正的"凶手"。

④ Lord Bingham(Fairchild案判决第33段)、Lord Hoffmann(判决第47段)及Lord Rodger(判决第155段)持此见解。

路给原告提供妥适救济。①

多数派议员们还强调了“对风险具有显著贡献”标准的例外属性，并分别就其适用限制发表了意见：Lord Bingham 指出，其意见仅针对符合以下六项条件的案件，虽不排除未来发展的可能性，但发展问题应待相关案件出现时再予决定：(1) C 在不同时间和期间内分别受雇于 A 和 B；(2) 鉴于吸入石棉粉尘可能造成间皮瘤这种已知的风险，A、B 均有义务采取合理注意或所有可行的措施让 C 避免吸入石棉粉尘；(3) C 受雇于他们期间，A、B 均违反了对 C 负担的该项义务，这导致在两个雇佣期间内，C 吸入了过量的石棉粉尘；(4) C 罹患了间皮瘤；(5) 能够有效排除工作中吸入石棉粉尘以外的造成间皮瘤的原因；(6)（由于科学认识的局限），C 不能依“可能性占优”标准证明他所患的疾病究竟是受雇于 A 时吸入的粉尘所致，还是受雇于 B 时吸入的粉尘所致，还是受雇于 A 和 B 时吸入的粉尘所致。Lord Nicholls 指出了限制新标准的适用范围的必要性，“适用于这些上诉的规则绝不欲导出如下结果，即一旦原告在满足其证明责任方面存在困难，或许是可理解的困难，就适用之。除非严格限制其适用范围，否则该规则将成为对被告不公正的源泉。背离通常的‘若无则不’标准应存在充足的理由，该理由必须能充分证成缘何剥夺该标准给被告提供的保护，并且还必须浅显明白 (plain and obvious)”。Lord Hoffmann 建议，该标准仅适用于具有以下五项特征的案件：(1) 某义务旨在避免让雇员不必要地暴露于罹患特定疾病的风险之中；(2) 该义务旨在就与其违反相关的损害创设获得赔偿的民事权利；(3) 石棉暴露越多，罹患疾病的风险越大；(4) 除仅存在一次显著石棉暴露的案件外，医学上无法证明谁的石棉造成了引发疾病的细胞突变；(5) 雇员患了其应被保护免于罹患的疾病。Lord Roger 则试探性地提出了以下适用条件：“第一，该规则旨在处理以下原因导致的难题，即原告在确切证明损害的发生原因方面具有固有的不可能性。因此其仅适用于以下案件，原告已经进行了他能够做到的所有证明，但因果关系仅能通过科学调查才能确立，而当下相关科学的发展水平使得损害是如何发生的以及是谁造成的诸问题处于不确定状

① Lord Bingham（Fairchild 案判决第 32 段）、Lord Roger（判决第 156 段）持此见解。

态……第二……被告的行为不仅给一群人制造了显著的受损风险,还实际上给原告本人制造了该风险。第三,被告的行为必须具有造成原告损害的能力。第四,原告必须证明其损害系被告不法制造的风险实现(eventuation)所致。比如,McGhee 案中,被告制造的风险为原告将因其皮肤上的砖尘而罹患皮炎,原告证明了他因皮肤上的砖尘而罹患该病。相反,该规则不适用于以下情况,原告证明了可能的致害事由有数个,被告的行为所制造的风险仅涉及其中之一。Wilsher 案为其适例。第五,这通常将意味着,原告必须证明其损害是被告不法行为所涉及的因素所致或至少是以实质相同的方式起作用的因素所致。一个可能的例子是,某工人因暴露于两个来源的粉尘遭受损害,这些粉尘包含不同物质的微粒,每种物质均能以相同的方式造成损害……第六,该原则适用于以下情况:原告损害的另一可能的来源是他人类似的不法行为,以及……另一可能的损害来源是同一被告的类似但合法的行为。我对以下情况下该规则的适用问题保留意见,即另一可能的损害来源系他人的类似但合法的行为或自然事由”。

综观这些关于“Fairchild 例外”适用限制的意见,我们不难发现其并不确定,议员们在阐述意见的同时还对留有余地“念念不忘”,而且不同议员的意见也不尽一致。这反映了普通法规则形成中“摸着石头过河”的特点。Lord Rodger 明确指出了此点,“在抽象层面上界定适宜适用该原则(即‘Fairchild 例外’——引者注)的案件的特征远非易事。普通法传统趋向于自然地回避这种一般化,在一个仍处于发展中的法律领域尤其如此”。尽管如此,人们还是能结合 McGhee 案和 Fairchild 案的事实从上述意见中读出“Fairchild 例外”最为重要的适用限制,一般认为其包括以下两项:①其一,因果关系不确定系科学认识有限所致,亦即属于所谓的“科学不确定”。两个案件均涉及致病机制不明的情况;Lord Bingham(其所说的第(6)项条件)、Lord Hoffmann(其所说的第(4)项特征)及 Lord Roger(其所说的第一项条件)均提及了此点。

---

① Ken Oliphant, *Causal Uncertainty and Proportional Liability in England and Wales*, in: *Proportional Liability: Analytical and Comparative Perspectives*, edited by Israel Gilead, Michael D Green and Bernhard A Koch, Walter de Gruyter GmbH 2013, pp. 124 - 125.

其二,可能的致害因素相同或以实质相同的方式起作用。在两个案件中,可能的致害因素均相同;Lord Rodger 明确提及了此项要求,并将之作为 Fairchild 案与 Wilsher 案的区分基础,Lord Bingham 亦认为这是两案的区分所在。① 值得注意的是 Lord Hoffmann 意见的转变:Fairchild 案中,他认为,单一物质和多物质案件的区分不具有原则性,后一类案件中不救济受害人并不合理。其支持 Wilsher 案的判决结果的理由是:该案不是一个除非修改因果关系规则相关义务就会被抽空内容的案件。不过在后来的 Barker 案(关于该案详见后述)中,他又指出“Fairchild 例外”之适用范围的真正限制在于:“由于其他以相同方式起作用的潜在原因因素的存在,原告不可能证明被告造成了损害。”②这似乎意味着 Lord Hoffmann 已经放弃了原先的见解。③

虽然对有些问题应如何处理尚不明确而且多数派议员的意见之间也存在分歧,但 Fairchild 案毕竟还是确立了一项因果关系判断的新规则——“对风险具有显著贡献”标准,这不啻给英国侵权法投下了一枚“重磅炸弹”。英国理论界和实务界围绕该案进行了热烈讨论,就其适用范围及被告的责任形态提出了诸多意见,比如 Mark Lunney 和 Ken Oliphant 教授早在 2003 年就指出,诸被告仅应承担比例责任。④ 在这种背景下,“Fairchild 例外”在后来的上议院及联合王国最高法院判例中也历经发展。

(二)“Fairchild 例外”之发展——从 Barker 案到 Sienkiewicz 案

1. Barker 案

在 Barker v. Corus UK Ltd. 案⑤(本文简称 Barker 案)中,上议院外

---

① Fairchild 案判决第 22 段。Donal Nolan, Causation and the Goals of Tort Law, in: *The Goals of Private Law*, edited by Andrew Robertson and Tang Hang Wu, Hart Publishing 2009, p. 171.

② Barker 案判决第 24 段。Lord Scott 在该判决第 64 段表达了同样的观点。

③ Donal Nolan, Causation and the Goals of Tort Law, in: *The Goals of Private Law*, edited by Andrew Robertson and Tang Hang Wu, Hart Publishing 2009, p. 172.

④ Mark Lunney and Ken Oliphant, *Tort Law: Text and Materials*, 2nd edition, Oxford University Press 2003, pp. 211 - 212.

⑤ [2006] 2 AC 572.

理了三个独立的上诉,每个均涉及雇员死于源自职业石棉暴露的间皮瘤。其中两个上诉中,所有石棉暴露均源于他人的过失,原告仅起诉了部分尚有支付能力的雇主;尽管石棉暴露亦可归因于其他已经破产(insolvent)且未被起诉的人,但初审及上诉法院仍判决诸被告承担连带责任。第三个上诉中,原告的疾病因三个不同时期的石棉暴露所致:一是受雇于诉讼开始时已经破产的某家公司期间,二是受雇于被告期间,三是给自己工作期间(self-employed);初审及上诉法院判决被告承担80%的责任,原告因存在过失自己承担剩余的20%。被告们向上议院提出上诉。三个上诉中,被告们均主张,基于"Fairchild 例外"所施加的责任不应为连带责任,每个被告仅应依据其制造的风险占原告面临的全部风险的比例承担责任。在第三个上诉中,被告主张,雇员自己对部分暴露负责的情况下,不应适用"Fairchild 例外"。这两项主张分别涉及"Fairchild 例外"的适用范围(后者)及该例外之下诸被告的责任形态(前者)。

就适用范围而言,审理该案的议员们①一致认为,雇员自己对部分石棉暴露负责这一事实不影响"Fairchild 例外"的适用。Lord Hoffmann 说道,"Fairchild 例外旨在于以下情况下给原告提供针对某被告的诉因(cause of action):该被告显著增加了其遭受损害的风险,并且可能实际造成了损害;但原告无法证明此点,因为无法依可能性占优证明损害不是相同风险因素的其他暴露所致。就此目的而言,其他暴露是否具有侵权性无关紧要,其可以因自然原因、人为原因甚或原告自身的原因所致。对其他暴露来源的区分可能与责任是否还可以归咎于他人以及具体归咎于何人相关,但与被告行为与原告损害之间的联系是否满足因果关系的要求这一问题无关"。②

就责任形态而言,多数议员支持了被告们的主张,认为各人应按照对患病风险的贡献程度承担比例责任。③ Lord Hoffmann 阐述了此种

① Lord Hoffmann、Lord Scott、Lord Walker、Baroness Hale and Lord Rodger.

② Barker 案判决第 17 段。

③ Lord Rodger 持反对意见,其认为,进行比例赔偿实际上系允许赔偿机会减损,而这是 Gregg v. Scott 案所否定的事情;另外,在 Fairchild 类型的案件中允许比例赔偿将创设一块适用特殊规则的"飞地",并将使案件的判决结果因为是否落入该"飞地"之内而不同。

责任形态的正当性,即“按照各被告对患病可能性的贡献程度分配责任将消除连带责任规则所带来之公正的粗糙性。确实,被告是不法行为人,不应允许其完全逃脱责任;但其责任也不应大于所造成的损害。鉴于这是一个科学上也只能以可能性描述因果联系的案件,法律应当接受这种状况,依据可能性分配责任。连带责任的正当化说明是:如果你造成了损害,那么你的责任没有理由因为其他人也造成了同一损害而减轻。但是在责任系例外性地因为你可能(may)造成了损害而施加的情况下,同样的考虑就不能再适用。正义表明,如果可能负责的人为多于一人,就应当根据各人造成损害的可能性分担责任”。[①] 不过 Lord Hoffmann 的以下表述不免会给人带来困扰,“被告造成的损害应理解为此种风险或可能性”、[②]“将所制造的风险作为被告造成的损害……”、[③]“将损害定性为罹患间皮瘤的风险与施加责任的基础一致而且与侵权法中损害的概念也没有矛盾”。[④] 人们不禁会问:“Fairchild 例外”之下,被告究竟是对结果发生的风险承担责任还是对结果本身承担责任?若为前者,“Fairchild 例外”就涉及损害的重新定位,与上述机会减损赔偿将没有本质区别;若为后者,该例外即涉及通常因果关系要求的放松。在后来的 Durham v. BAI (Run Off) Ltd (Employers' Liability Insurance ‘Tiger’ Litigation)案中,[⑤]这个问题又被提了出来。该案涉及的问题是,雇主对罹患间皮瘤的雇员的责任是否属于责任保险的承保范围,若是,承保的程度如何?Lord Phillips 在其反对意见中指出,保单并不承保雇主对雇员的此种责任,因为“Fairchild 例外”之下的责任是对罹患间皮瘤的风险的责任,不是对间皮瘤本身的责任,而保单并不承保前者。此种立场遭到了联合王国最高法院其他法官的反对,他们认为“Fairchild 例外”之下的责任仍是对间皮瘤本身的责任,只

① Barker 案判决第 43 段。
② Barker 案判决第 35 段。
③ Barker 案判决第 36 段。
④ Barker 案判决第 40 段。
⑤ [2012] 1 WLR 867.

是因果关系的要求有所放松或弱化。[①] 另外,认为"Fairchild 例外"之下的责任系对患病风险的责任的见解也与上议院在 Rothwell v. Chemical & Insulation Co. Ltd. 一案[②]中发表的意见不一致,该案中其否定了风险属于可赔偿性损害。[③] 因此,"Fairchild 例外"应理解为仅涉及传统因果关系认定标准的放松,而非损害的重新定位。值得注意的是,在对"Fairchild 例外"的此种理解之下,Barker 案所确立的比例责任的特殊之处在于,虽然间皮瘤属于不可分损害(因为其严重性并不与暴露剂量成正比且一经发生就不会受到进一步暴露的影响),但各被告仍只须承担比例责任而非连带责任。

最后需要指出的是,虽然各被告分别应承担的责任份额属于初审法官职权范围内的事实问题,但一些议员还是顺带就此发表了意见,Lord Hoffmann 及 Lord Walker 指出,应根据暴露时间、强度以及石棉的类型确定各被告的责任。[④] Lord Scott 认为,认定责任份额时,被告使原告暴露其中的物质的确切种类应具有相关性。[⑤]

Barker 案判决作出之后立即遭到了劳工组织的抗议,数周之后议会就通过修订制定法方式介入,维持了间皮瘤案件中连带责任的适用。[⑥] 修订后的《损害赔偿法》(2006)第3条(间皮瘤:损害赔偿)规定:[⑦]

"(1)本条适用于以下情况:

---

① Mark Lunney and Ken Oliphant, *Tort Law*: *Text and Materials*, 5th edition, Oxford University Press 2013, p. 241.

② [2008] AC 281.

③ Mark Lunney and Ken Oliphant, *Tort Law*: *Text and Materials*, 5th edition, Oxford University Press 2013, p. 241.

④ Barker 案判决第48段(Lord Hoffmann 的意见)、第109段(Lord Walker 的意见)。

⑤ Barker 案判决第62段。

⑥ Ken Oliphant, Uncertain *Factual Causation in the Third Restatement*: *Some Comparative Note*, 37 Wm. Mitchell L. Rev. 1599, 1616(2011).

⑦ 以下法条内容系依据 Mark Lunney 和 Ken Oliphant 所著的《侵权法:文本与材料》一书译出,并未囊括该条的全部内容。不过就本文主题而言,这些内容已经足够。Mark Lunney and Ken Oliphant, *Tort Law*: *Text and Materials*, 5th edition, Oxford University Press 2013, pp. 231 - 232.

(a)某人('责任人')过失或违反制定法义务导致或允许另一人('受害人')暴露于石棉,

(b)受害人因石棉暴露罹患间皮瘤,

(c)由于间皮瘤的性质及医学发展水平,不可能确定地查明究竟是(a)项提及的暴露还是其他暴露导致受害人患病,

(d)因为(a)项提及的暴露,责任人(基于显著增加了患病风险或其他任何理由)就该疾病给受害人带来的损害承担侵权责任。

(2)责任人应承担的责任如下:

(a)不论受害人是否还因以下原因暴露于石棉,责任人均应就该疾病给受害人带来的全部损害承担责任:(i)因责任人之外的人暴露于石棉,至于该他人在相关情况下是否须承担侵权责任在所不问,或者;(ii)因责任人的无须承担侵权责任的其他事由而暴露于石棉。

(b)若存在任何其他责任人,则与之承担连带责任。

(3)第(2)款并不妨碍:

(a)某责任人向其他责任人追偿(contribution),或者

(b)与有过失(contributory negligence)的适用。

(4)确定第(3)款(a)项所规定的追偿中不同责任人应分担的份额时,法院应斟酌每个责任人所负责的暴露期间的相对长度,但以下情况下不适用本款:

(a)责任人同意以其他基础在其间分配责任,或者

(b)法院认为特定案件中适用其他分担基础更为适合。

……"

从该条的规定可以看出:其仅适用于间皮瘤案件;若责任人为一人,该人须赔偿全部损害;若为数人,则该数人承担连带责任。值得注意的是,虽然 Fairchild 案中原告罹患的是间皮瘤,但该案确立的"Fairchild 例外"的适用范围却并不仅限于涉及该种疾病的案件,最明显的例子是:在上议院认为适用了相同规则的 McGhee 案中,原告患的是皮炎。因此,一般认为,Barker 案所确立的比例责任仍继续适用于间

皮瘤案件以外的诸被告因“Fairchild 例外”承担责任的场合。①

2. Sienkiewicz 案

在 Sienkiewicz v. Greif(UK) Ltd. ②一案中(本文简称 Sienkiewicz 案),联合王国最高法院再次处理了与“Fairchild 例外”适用相关的问题。该案涉及两个上诉,在居于首要地位的上诉(lead appeal)中,受害人死于间皮瘤,诉讼由其女儿和遗产管理人提起。1966 年至 1984 年,受害人就职于一家钢铁厂,该厂当时的产权人为被告的前手(predecessors)。尽管受害人系办公室工作人员,但却有义务到所有厂房查看,期间要偶尔在被石棉污染的区域逗留。此种石棉暴露被认定为具有侵权性。受害人的职业暴露仅止于此,不过与其他在高度工业化的区域生活和工作的人一样,她还长期暴露于空气中低剂量的石棉之中(这称为环境暴露,不具侵权性)。相对于环境暴露,受害人的职业暴露量很小。被告提交的流行病学证据将间皮瘤的发病率与石棉暴露量联系起来,其大致内容为:环境暴露导致每百万人中有 24 人罹患间皮瘤,被告所致的职业暴露仅使受害人的总暴露量增加了约 18%,该证据据此认为患病风险因此增加了约 18%,因此从概率上来看,受害人有 85% 的可能性死于不具有侵权性的环境石棉暴露。诉讼中,被告提出两项主张:其一,在造成间皮瘤的原因要么是某个被告负责的侵权性暴露要么是低剂量的环境暴露的情况下,不应适用“Fairchild 例外”,原告须依“可能性占优”标准证明因果关系,在运用流行病学证据进行证明时,该证据须表明被告的过失使患病风险增加了两倍多。其二,即使适用“Fairchild 例外”,被告的过失仍须使患病风险增加至少两倍方构成风险“显著”增加。初审法官认可了此种主张,判决原告败诉。上诉法院则判决被告就全部损害承担责任,其径直适用了《损害赔偿法》(2006)第 3 条,认为依该条第 1 款,患病风险显著增加即满足因果关系的要求。被告向联合王国最高法院提出上诉。最高法院驳回了上诉。

---

① Mark Lunney and Ken Oliphant, *Tort Law: Text and Materials*, 5th edition, Oxford University Press 2013, p. 242.

② [2011] 2 AC 229.

Sienkiewicz 案中与“Fairchild 例外”相关的问题是：其一，《损害赔偿法》(2006)第 3 条与普通法中发展起来的该例外的关系；其二，在侵权性暴露仅来自被告一人的情况下，能否适用该例外；其三，何谓风险“显著”增加；其四，流行病学证据在因果关系证明中的地位及其对该例外之适用的影响。

就第一个问题而言，最高法院否定了上诉法院的意见。Lord Phillips 指出，“第 3 条第 1 款并没有说，如果责任人显著增加了受害人罹患间皮瘤的风险，就应承担侵权责任。其仅规定，在责任人就该风险的显著增加承担侵权责任的情况下，应适用该条。至于何种情况下才将责任施加于显著增加了受害人罹患间皮瘤风险的被告仍属于普通法上的问题”。[①] 此种解释符合第 3 条的文义，得到了其他法官的支持。就第二个问题而言，法官们未将侵权暴露只有被告一个来源看作“Fairchild 例外”的适用障碍。这是先前判例特别是 Barker 案的“逻辑”结果。就第三个问题而言，Lord Phillips 指出，“显著”无法量化，应由法官依个案事实进行认定，其仅旨在排除以下情况，即风险增加如此微小(insignificant)，以至于依据“法律不理会琐事”原则，法院无视它是妥当的。[②] 比较棘手和复杂的是第四个问题，以下予以详细分析。

如上所述，“Fairchild 例外”的重要适用限制之一是：在案件审理时的医学发展水平之下，无法依“可能性占优”标准确立因果关系。那么流行病学证据能否改变此点？能否以该种证据为基础依循传统证明标准确立因果关系？若能，“Fairchild 例外”是否还有适用的余地？在分析最高法院法官们的意见之前，有必要先简要交代一下流行病学的基础知识。

流行病学是研究疾病(包括伤害)和健康状态在人群中的分布及其影响因素，借以制定和评价预防、控制和消灭疾病及促进健康的策略与措施的科学。[③] 其中，与确立因果关系相关的主要是队列研究与病

---

① Sienkiewicz 案判决第 70 段。

② Sienkiewicz 案判决第 107、108 段。

③ 王建华主编：《流行病学》(第 7 版)，人民卫生出版社 2011 年版，第 1 页。虽然该书在概念界定中提及了健康状态，但后面的具体阐述却是以疾病为中心展开的。

例对照研究。队列研究,是指将某一特定人群按是否暴露于某可疑因素或按不同暴露水平分为亚组,追踪观察一定的时间,比较两组或各组发病率或死亡率的差异,以检验该因素与某疾病有无因果关联及关联强度大小的一种观察性研究方法。该研究中用以反映关联强度的最常用指标是相对危险度(relative risk,RR),即暴露组与非暴露组的发病率之比。[①] 病例对照研究,是指按照疾病状态将研究对象分为病例和对照,分别追溯其既往(发病前)所研究因素的暴露情况,并进行比较,以推测疾病与暴露之间有无关联及关联强度的一种观察性研究方法。该研究中,因无暴露组和非暴露组的观察人数,无法计算相对危险度,只能通过计算比值比(odds ratio,OR)进行近似估计,比值比是病例组某因素的暴露比值与对照组该因素的暴露比值之比。当疾病率小于5%时,比值比可以较好地反映相对危险度,是后者的近似估计值。[②] 相对危险度或比值比所揭示的仅是统计关联,要得出某因素与疾病间存在因果关系的结论还须进行大量流行病学推断,排除虚假关联及间接关联,目前推断因果关系时科学界普遍遵循的是 Hill 准则。[③] 即使得出某因素与某疾病之间存在因果关系的结论,其对侵权诉讼的价值也不能高估。因为流行病学关注的群体,其所说的因果关系是统计意义上的,除极少数情形之外,其无法排除其中某个特定个体的疾病系其他因素所致的可能性。因此,就特定受害人而言,我们通常无法确定其疾病就是被告负责的因素所致。

对照这些关于流行病学的基础知识,我们可以更清晰地理解被告第一项主张中“在运用流行病学证据进行证明时,该证据须表明被告的过失使患病风险增加了两倍多”一句的含义。“风险增加了两倍多”对应于相对危险度大于 2,若该数据能通过 Hill 准则的检验进而确立被告过失与原告损害之间存在统计意义上的因果关系,则其表明原告损害系被告造成的可能性大于50%。如上所述,“可能性占优”标准用

① 王建华主编:《流行病学》(第 7 版),人民卫生出版社 2011 年版,第 45 ~ 54 页。

② 王建华主编:《流行病学》(第 7 版),人民卫生出版社 2011 年版,第 59 ~ 66 页。

③ 王建华主编:《流行病学》(第 7 版),人民卫生出版社 2011 年版,第 108 ~ 111 页。

数字形式表示也是可能性大于50%。被告是试图将两个数字等同视之。那么,联合王国最高法院的法官们的意见为何?

在Sienkiewicz案中,最高法院的法官们就因果关系证明中流行病学证据的地位主要有以下两种见解:其一,Lord Rodger虽然并不否认流行病学及其他统计证据在因果关系证明中的作用,①但其对个案中法院单纯依据该种证据确立因果关系却持否定意见。他指出,"因为就其性质而言,统计证据处理的并非个案情况,因此法院需要某种额外的东西才能依'可能性占优'标准得出系争个案中发生了什么的结论。比如,在某药物与某种状况之间存在很强的流行病学关联但是该状况亦可经由其他途径导致的情况下,该证据与原告服用药物后立即出现该状况这一证据结合在一起就可以让法官得出以下结论,依据'可能性占优'标准该药物造成了原告的状况"。② 不过本案中,此种个案证据付之阙如,被告的主张无法成立,相应地仍应适用"Fairchild例外"。其二,Lord Phillips认为,在某些不涉及间皮瘤的案件中,③若可靠的流行病学证据表明某因素使原告面临的风险增加了两倍多(RR > 2),就可以单纯以此种证据为基础依据"可能性占优"标准证明因果关系。但是在间皮瘤案件中却不能如此,被告的主张不能成立,仍有适用"Fairchild例外"的必要,他就此提出的理由包括:首先,"鉴于医学上尚不能说明间皮瘤的病因学(aetiology),将发病率与暴露关联起来的数据并非令人满意的确立因果关系的基础";④其次,流行病学证据不一定可靠(reliable);⑤再次,"即使能够有把握地假定,被告对受害人的石棉暴露的贡献程度精确地反映了其造成受害人疾病的可能性;最后,在

---

① Lord Rodger指出,"当然,必须再次强调的是,流行病学及统计证据可能构成因果关系证明中的重要因素"。Sienkiewicz案判决第163段。

② Sienkiewicz案判决第163段。

③ Lord Phillips认为包括以下两类案件:其一,满足以下条件的案件:疾病的发生系一定的暴露剂量累积造成的;受害人连续暴露于某种或某些能够造成系争疾病的物质之中,一次暴露是侵权性的,另一次是非侵权性的;非侵权性的暴露在前,侵权性的暴露在后。其二,存在数个相竞争的选择性(而非累积性)的潜在致害原因。

④ Sienkiewicz案判决第97段。

⑤ Sienkiewicz案判决第98段。

所有暴露均属不法的情况下,适用Fairchild规则仍具有正当性。假设有四个被告,每人均对受害人的暴露有25%的贡献,相应地每人造成疾病的可能性均为25%。此时,尽管不能依可能性占优标准证明因果关系,但促使上议院作出Fairchild案判决的正义考量亦将证成判决各被告承担责任的做法”。① 其他法官关于流行病学证据的意见似乎有些晦暗不明。②

总之,虽然Sienkiewicz案中,法官们就能否单纯以流行病学证据为基础确立因果关系这一问题见解不一,但“最高法院意见的权重(weight)表明,其应持否定立场”。③ 这将进一步提出以下问题:在原告可资利用的唯一证据是流行病学证据的情况下,能否以此为由适用“Fairchild例外”?Mark Lunney和Ken Oliphant教授持否定观点,他们认为,“Fairchild例外”的适用前提是就疾病的病因学存在科学上的不确定,而原告仅有流行病学证据可资利用可能与此无关。④

最后值得注意的是,最高法院的法官们在本案中极力强调了

---

① Sienkiewicz案判决第105段。

② 笔者并未掌握判决的相关部分,此种认识是从学者们的论述中得出的。Sandy Steel与David Ibbetson教授写道,“Lord Kerr、Mance、Dyson及Brown既赞同Lord Phillips的意见又赞同Lord Rodger的意见……同时赞同两人的意见应并不及于以下细节问题:何人关于流行病学证据的见解是正确的,以及在可能性占优标准之下能否单纯以此种证据证明因果关系”。Sandy Steel and David Ibbetson, *More Grief on Uncertain Causation in Tort*, Cambridge Law Journal 2011, 70(2), 463. Mark Lunney与Ken Oliphant教授则写道,“Lord Dyson似乎赞同可依‘风险双倍增加进路’确立因果关系……然而,最高法院的其他成员则不愿意走那么远。尽管有些成员似乎对流行病学证据表达了一般性的怀疑态度……他们主要关切的是流行病学证据的性质以及其关注的是一般而非个别”。Mark Lunney and Ken Oliphant, *Tort Law: Text and Materials*, 5th edition, Oxford University Press 2013, p. 240.

③ Sandy Steel and David Ibbetson, *More Grief on Uncertain Causation in Tort*, Cambridge Law Journal 2011, 70(2), 464; Mark Lunney and Ken Oliphant, *Tort Law: Text and Materials*, 5th edition, Oxford University Press 2013, p. 240.

④ Mark Lunney and Ken Oliphant, *Tort Law: Text and Materials*, 5th edition, Oxford University Press 2013, p. 240.

“Fairchild 例外”的例外属性。[1] 最为典型的是 Lord Brown 的意见，其虽然也赞同驳回上诉，但不满之情溢于言表，他说道，“尽管目前关于此种请求的立场无疑就是 Lord Phillips 与 Lord Rodger 所说的那样，相应地这些上诉必定会失败；但我还是认为有必要指出，对我而言，这种立场是多么令人不满意，其采取的路径又是多么异想天开”。[2] 他接着又指出，“在我看来，只能通过推翻 Fairchild 判例从而不再允许任何普通因果关系规则的例外存在的方式避免 Lord Phillips 正确描述的将第 3 条与 Fairchild/Barker 规则联姻的‘严苛结果’，即某些‘仅对原告全部石棉粉尘暴露的很小一部分负责的人’亦须承担全部责任”。[3]

四、结论

综上所述，英国侵权实体法中因果关系不确定问题的解决进路存在诸多混乱之处，这或许是普通法难以避免的“缺陷”。Ken Oliphant 教授指出，“由于欠缺法典的支撑，英国法的发展在很大程度上依赖于‘偶发的诉讼事件’（accidents of litigation），因此难免存在混乱或无计划性”。[4] 尽管如此，我们仍能理出大致脉络。

英国侵权法在因果关系不确定问题上的基本立场是不予赔偿。医疗过失案件中的机会减损赔偿请求曾两度被上议院拒绝（Hotson 案及 Gregg 案），虽然从议员们的意见来看尚无法完全排除未来认可此种赔偿的可能性，但希望似乎很是渺茫。目前，对基本立场的突破主要发生在致病机制在科学上尚无法确定的间皮瘤案件中。Fairchild 案中，上议院在重新解释 McGhee 案的基础上确立了因果关系判断的新标准——“对风险具有显著贡献”标准，人们通常称之为“Fairchild 例外”。该例外规则在后来的上议院和联合王国最高法院的判例以及议

---

① Mark Lunney and Ken Oliphant, *Tort Law*: *Text and Materials*, 5th edition, Oxford University Press 2013, p. 239.

② Sienkiewicz 案判决第 174 段。

③ Sienkiewicz 案判决第 184 段。

④ Ken Oliphant, Causal Uncertainty and Proportional Liability in England and Wales, in: *Proportional Liability*: *Analytical and Comparative Perspectives*, edited by Israel Gilead, Michael D Green and Bernhard A Koch, Walter de Gruyter GmbH 2013, p. 139.

会的立法中又历经发展。Barker 案中,上议院认为,不论被告之外的(石棉)暴露是否具有侵权性,均可适用"Fairchild 例外",即使部分暴露系受害人的过失所致亦然。不过其同时认为,"Fairchild 例外"之下,各被告仅须依据其对原告患病风险的贡献程度承担比例责任。Barker 案判决作出后,议会旋即介入,修订后的《损害赔偿法》(2006)第3条专门规定了间皮瘤案件中被告的责任,即不论受害人是否还因其他事由暴露于石棉,被告均须承担全部赔偿责任,在有其他责任人的情况下,则须与之承担连带责任。不过,该法仅适用于间皮瘤案件,而"Fairchild 例外"虽源自此种案件,但仍有适用于其他案件的可能,在不涉及间皮瘤的案件中,若能适用该例外规则,各被告将仍仅须依据 Barker 案承担比例责任。后来的 Sienkiewicz 案中,联合王国最高法院主要处理了两个事关"Fairchild 例外"的重要问题:一是,《损害赔偿法》(2006)第3条与普通法之下发展起来的该例外的关系;二是,流行病学证据在因果关系证明中的地位及其对该例外之适用的影响。就前一问题而言,法官们一致认为,《损害赔偿法》(2006)第3条仅规定了,如果被告须承担侵权责任,其责任形态为何,至于何时需要承担责任仍属于普通法上的问题,制定法并未阻止"Fairchild 例外"的进一步发展或限制。不少法官在肯定本案中应适用该例外的同时,极力表达了要限制其适用范围的意见。就后一问题而言,法官们的意见并不一致,但据学者们的观察,其似乎并不支持单纯以流行病学证据为基础确立个案中的因果关系;另外,被告提出的流行病学证据并不能祛除围绕间皮瘤致病机制的科学不确定,进而无法排除"Fairchild 例外"的适用。尽管目前来看,"Fairchild 例外"仅适用于存在科学不确定的案件,但 Mark Lunney 和 Ken Oliphant 教授认为:在诸被告的行为均具有侵权性的情况下,即使不确定并非科学认识不足引发而是单纯的证据缺乏所致,有时也存在适用该例外的正当理由。①

就英国侵权实体法中因果关系不确定的处理进路对我国的启示而言,笔者认为,其中值得格外注意的地方是 Barker 案所确立的比例责

① Mark Lunney and Ken Oliphant, *Tort Law: Text and Materials*, 5th edition, Oxford University Press 2013, pp. 243 - 244.

任。我国《侵权责任法》第10条是处理因果关系不确定问题的基本条款,该条规定各不法行为人承担连带责任,此种责任形态是否合理值得再予斟酌。因果关系不确定场合,若追究被告的责任,实际上是要求其对给原告制造的受损风险负责,难免存在将责任“强加”给实际未造成损害之人的可能。因此连带责任的制度安排似乎过于严苛,比较而言,按份责任应较为妥当。

(周彬彬,山东大学法学院博士研究生,山东政法学院讲师)

英国账债抵押的浮动与固定

雷秋玉

目　　次

账债(book debts)抵押于2007年《物权法》制定之时，并没有被纳入到现行的法律体系。当年的立法摘取了英美动产抵押制度的一个局部，采取了动产固定抵押与浮动抵押分别予以规制的方式，规定了不同的主体、客体与规则等等。这种立法方式造成了较大的缺憾，表现为两点：一是摘取局部的法律移植，可能忽略了市场经济所具有的共性，遗漏了账债这一非常重要的抵押客体；二是固定抵押与浮动抵押二元分立的立法方式，可能忽略了固定抵押与浮动抵押的共性及其区分的相对性。在此，本文试图以英国账债抵押制度为例，阐发账债抵押中浮动抵押与固定抵押区分的重要性及其区分标准的变迁，以为我国将来修法之借鉴。

一、动产抵押的浮动与固定

在公司债融资的领域中，抵押是一个很重要的制度设置。抵押可以是固定的，亦可为浮动的，取决于财产用作抵押的特性。在传统上，区分抵押的固定、浮动的标准已经类型化了，即通过定义固定抵押和浮动抵押来对二者进行区分。

当抵押附属到公司所拥有的特定化了的、确定化了的财产之上,例如土地、机械、厂房和设施之上的时候,抵押是固定的。固定抵押可以附属到现存财产,也可以附属于未来的、确定化的财产之上,只要它们在抵押文件中予以特定化。抵押的附属是英美法中一个独特概念,UCC 第九章对此有较为明确的界定,即担保权益附着有其先决条件,包括:第一,对价已经给付。为了与担保权益的规则所适合,UCC 将对价给付的概念扩展到了为担保一个先期存在的请求权的情形;第二,担保人对担保物有权利或有转让权利的权力;第三,有担保协议。① 一般来说,在借款抵押担保为例,固定抵押具有如下特征:(1)在没有得到借款方事先允许的情况下,作为抵押人的公司无权处分、转让、再抵押或者通过其他方式处置已经确定的抵押财产,无论它们是何种形式的财产。由此,借款方控制着已经特定化了的、确定的抵押财产。(2)一旦固定抵押被创设出来,抵押权人立即可以取得对抵押财产的排他利益,但是其优先性次于在先存在的权益,只要在先存在的权益已经公示且存在权益创设的协议。(3)作为抵押人的公司破产的话,抵押权人可对抵押财产实施法律上的占有,而排除其他债权人的占有,除非其他债权人的债权系在公司破产前通过协议达成且已经予以公示。(4)固定抵押的优先次序依照登记的日期确定,登记在先,实现在先。在绝大多数的案例中,相同的财产或许并没有置于不同类型的抵押之下,但是当它们被用来设定不同的抵押时,那么固定抵押通常优先于浮动抵押。

浮动抵押与固定抵押或多或少地处于反面。它设定于流动的财产之下,例如交易存货(包括账债等)。当公司提供其流动财产用以为其借款提供担保的时候,公司大多肯定会选择浮动抵押,而不是固定抵押。浮动抵押的特点已在前面有所述及,此处不予赘述。与作为抵押人的公司不同的是,出借人更钟爱固定抵押。原因可能有:②第一,固

---

① 本文为国家社会科学基金 2009 年西部项目《应收款债权担保研究》(项目批准号:09XFX010)的阶段性研究成果。参见董学立:"美国动产担保制度研究",山东大学 2006 年博士学位论文。

② See Long Thai, *Charges Over Book Debts in the United Kingdom and Australia: the Way Forward*, MqJBL(2007) Vol 4.

定抵押与浮动抵押最为重要的区别在于控制或者同意因素。在借款固定抵押担保中,出借人控制着抵押财产,作为抵押人的公司必须事先获其同意后事始得为处分或利用;而在浮动抵押中,控制权属于作为抵押人的公司,它可以处置抵押财产,包括处分,且无须事先得到抵押权人的同意。因此,固定抵押赋予了出借人更大的保障,而浮动抵押要一直等到抵押标的物确定时,始能提供相同的保障。但是,到那个时候,或许抵押财产已经所剩无几,出借人再采取什么行动也没有太大意义了。第二,抵押也涉及优先债权人(preferential creditor)的利益。优先债权人通常有一种优先于浮动抵押权人受偿的法定优先权。优先债权人一般包括雇员、税收机构和其他政府机关。《英国2001年企业法》第433条、第556条和第561条规定雇员优先于浮动抵押权人的优先权益;雇员的优先受偿权,包括未付工资,养老金和离职补偿金。英国1939年所得税评估法要求账债的收取人向税务官报告其委任的情况。同法第215条赋予税务官要求账债收取人扣留足够的款项的权利,扣留的款项用以折抵抵押人公司应当承担的个人所得税。固定抵押与浮动抵押不同的是,其实现优先于这些优先债权人。第三,浮动抵押存在失效的可能性,例如,根据《英国2001年企业法》第588条第F,J项,在公司清算开始的前6个月内,创设浮动抵押,可以被宣告为无效或被撤销,不能对抗公司的清算人。当然,出借人也可以抵押创设之后的短时期内尚有偿债能力为由进行抗辩。其目的在于阻止处于破产边缘的抵押人公司在有利于特定债权人的、而不是以有利于浮动抵押权人的方式分配其财产,从而将这些财产移出清算人的控制之外。出借人一般并不知道抵押人公司的内部管理的情况。他们也不可能确切地知道,在浮动抵押创设之后,公司是否可以继续其营业,并且将至少在6个月内持续维持其流动性。因此,对于出借人来说,较为安全的方式是尽可能地选择固定抵押而不是选择浮动抵押,因为依固定抵押的规则,出借人的利益不会因《2001年企业法》第588条第F,J项的影响。第四,固定抵押优先于浮动抵押,还可以通过账债的特点予以说明。如果与别的流动资产相比,例如与超市货架上的货物相比,账债或许是最为合适用于抵押的财产类型。真正的不同在于,货架上的货物通常会被存储起来,抵押权人(出借人)可以很容易地对其进行检查,以确保这些货物的绝大部分与抵押创设之时相比,在数量和体积上仍保持原样。因此,抵押权人接受对货物的浮动抵押的时候,心里会有较多一些的安全感。在另一方面,账债或许仅仅是因为抵押人公司提供某种服务,例如修理电脑,而产生的对于债务人要求付款的权利。出借人不可能仅凭路过或者进入检查,就可以知道这个公司营业是否正常。出借人不得不要求抵押人公司时常提供更新的信息,例如:尚存多少账债,其金额多少?本月新产生的多少账债?通过对这些问题的回答,出借人可以确知账债的数量是否与当初浮动抵押创设时是一样的。然而,仅因浮动抵押的创设,出借人或许没有依此方式予以查询的权利。因此,当抵押涉及账债的时候,或许采用固定抵押对出借人更为安全。

然而,并非所有的公司都拥有已经确定的财产用于担保。现在很多公司都倾向于通过长期的租契或者租购契约取得诸如机械、车辆和营业的设备。因此,许多公司实际上仅仅只有账债及账债收益可用来抵押。现实的情况是,抵押权人想取得固定抵押,而抵押人希望在其正常的经营中,可以自由地处置其账债及其收益。那么,如何在抵押权人和抵押人之间取得一个折中呢?

二、固定与浮动:从 Siebe 案到 Brumark 案

(一) Siebe Gorman & Co. v. Barclays Bank 案①

账债固定抵押的首次承认,是在 Siebe Gorman 案中。此案的情况大致是:R. H. Mcdonald(下称 RHM)曾与 Barclays 签订账债抵押协议,将公司的账债及其他债权固定抵押给 Barclays 银行,以担保其向 Barclays 的借款。抵押协议(debenture)中有这么一个条款:应将所有账债的收取利益,包括抵押的其他债权的收取利益,全部缴付到在该银行的设定的账户中。没有银行事先的书面同意,抵押人无权将已经抵押的账债再予抵押或者转让。但是 RHM 与 Siebe Gorman 达成了转让账债的协议,答应将抵押给 Barclays 的一部分账债转让给 Siebe Gorman 以抵对其的欠款。RHM 后来破产,但却欠了 Barclays 和 Siebe

---

① Siebe Gorman & Co. v. Barclays Bank, 1972 WL 37837, [1979] 2 Llyods Rep. 142.

Gorman的许多钱。Siebe Gorman提起令状之诉,起诉RHM与Barclays,试图要回挽回其损失。该案的关键问题是,RHM与Barclays之间的抵押契约是否创设了一个在账债上的固定抵押,从而给了Barclays在Siebe Gorman受让的账债上的一种优先权。法院认为,在普通法中,抵押人完全可能以一种对未来利益持续担保的方式,授予抵押权人对未来账债的抵押权,这种方式在衡平法上创设了一种对此种债权收益的特殊抵押,使得抵押人在未经过抵押权人同意的情况下,甚至在抵押权人采取行动以强制执行之前,均不得对抵押的财产进行处分(再抵押或者转让)。这种特殊的抵押就是固定抵押。但是,在此案件中尚有一种比较特殊情形,即账债的收取利益被缴付到了抵押人在Barclays银行的账户中,但是抵押人却可以在正常的经营活动中,自由使用账债的收取利益。对于抵押人从该账户中提取金钱的行为,没有任何须经抵押权人同意的要求。不过法院认为,Barclays银行实际有权力阻止RHM从银行账户里提取款项,只不过该权力从未被使用。正因如此,该案的上诉法院的Slade法官指出,银行有确定的权利去阻止抵押人从银行账户中提取款项,单独就此而论,对于固定抵押的构成已经充分。当然,由于法院将此抵押认定为固定的,因此,Siebe Gorman的部分债权转让的协议不能对抗固定抵押的抵押权人Barclays银行。

(二)Re Keenan Bros Ltd.案①与Re Brightlife Ltd.案②

在Re Keenan Bros Ltd.(下称KBL)案中,账债抵押协议中明确规定,抵押人在作为抵押人的银行中的指定账户为“封闭账户”,即,如果没有作为抵押人的银行的事先书面同意,抵押人公司不得提取任何款项或者从该账户中为支付行为。因此,银行无须通过任何行为去表明其抵押为固定抵押,因为抵押人公司未得到银行的事先书面同意不得处置银行账户中账债的收取利益,已经表明抵押是固定的。在此案中,爱尔兰最高法院认为,抵押人必须将收取账债的收益缴付到“封闭账户”且未经银行的书面同意不得提取款项等特征已经揭示了抵押的固

① Re Keenan Bros Ltd. [1985] IR 401.

② Re Brightlife Ltd. [1986] DCLC 418, [1987] Ch 200.

定性,因此认为应当遵照 Siebe Gorman 案的规则,认定了此案中的抵押为固定抵押。然而,还是应当注意到,Siebe Gorman 案的案情与 KBL 案有较大区别。在前案中,抵押契约仅约定不得对账债本身进行再抵押或者转让等处分行为,但是对于账债的收取利益的处分未作约定,这可能是后来抵押人从其设在抵押权人的指定收取账债的账户中提取款项,而未受到抵押权人阻遏的原因,尽管抵押权人有权力阻止抵押人从账户是提取款项;而在后案中,抵押契约已经明确约定,未得抵押权人的书面许可,不得从设在作为抵押权人的银行中的指定账债收取账户中提取任何款项。因此,在后案中,将抵押确定为固定的,有充分的理由;而在前案中,将抵押确定为固定的,不能说不会引起疑惑或者争议。

KBL 案后的一年内,Re Brightlife Ltd. 案,该案与 Siebe Gorman 有较大区别,表现为以下几点:第一,该案中的抵押协议有这么一个条款,即抵押人不得为了钱而处置账债或者其他债权或担保,除了在其正常营业中的收取或者支付账债或其他债权收益,此条款不得被认定为授予了抵押人出售、保理或者折抵账债的权利。而 Siebe Gorman 案中并没有授权抵押人在正常营业处分其账债的收取利益的任何条款。第二,Re Brightlife Ltd. 案中,Brightlife 并没有在作为抵押权人的银行开设账户以收取账债,而是在其他银行开设了账户以收取账债,这也与 Siebe Gorman 案不同。基于以上两点,Hoffmann 法官认为,Brightlife 案中抵押协议的一个最为重要的特点,就是它使得抵押人公司可以自由地收取账债并将收取账债的利益存储到银行账户中,而一旦存入到银行账户中,这些由账债收取而来的利益实际上已经处于账债抵押的效力之外,可由抵押人公司自由支配。因此,以自己独立于抵押权人的账户处置抵押的财产,这种方式实际上是浮动抵押的鲜明特征,而与固定抵押不符。①

(三)New Bullas 案②

New Bullas 案采用一种与以往司法判例完全不同的思路,扩展了 Siebe Gorman 案的规则,将对账债的抵押和账债收取利益的抵押一分

① See "swarb. co. uk/in - re - brightlife - ltd - chd - 1987".

② New Bullas [1994] 1 BCLC 485, [1994] BBC 36.

为二,即认为在账债的抵押为固定抵押,而在账债收取利益上的抵押为浮动抵押。对于这种划分,Knox 法官认为,这是不可能的,自始至终应该只有一种抵押,即浮动抵押。①

在这个案件中,账债抵押用以担保的出借人并非银行。作为抵押人的公司,根据抵押协议有义务将账债收取利益缴付到抵押人与抵押权人(出借人)的联合银行账户中。该案的上诉法院判定,未收取的账债与账债收取利益系两种不同的财产。涉案的抵押实际上有效地创设了两种不同的抵押:于未收取账债上的固定抵押和于账债收取利益上的浮动抵押。其理由是,抵押协议只是禁止抵押人公司处分未取收的账债,但是却允许抵押人从上述联合银行账户中提取款项并在正常营业活动中使用账债的收取利益。

(四)Brumark 案②

此案开始于新西兰,后依次上诉至英联邦枢密院(the Privy Council)。在2001年的上诉审中,英国枢密院与新西兰上诉法院的观点是一致的,即,如果借款人可以自由地处置其未收取的账债,且在正常的营业中,可以自由地提取账债的收取利益而无须抵押权人的书面同意,那这种抵押完全就是一种浮动抵押,无论是就账债本身,还是就账债的收取利益而言,均是如此。

该案中的抵押协议与 New Bullas 案中的抵押协议在形式上几乎完全相同。出借人希望 New Bullas 案中的规则可在该案中适用,尽管其已经注意到了在律师界和学术界中的纷纷争议。在 Brumark 案中,其抵押协议中的重要条款有如下几条:第一,未收取的账债被明确规定为固定抵押的标的物;第二,允许借款人凭出借人的指示或者,在没有出借人指示的情况下仅基于其正常营业的账债收取行为对账债进行处置;第三,账债的收取利益被缴付到借款人自己的账户,只有在出借人有明确指示的情况下,也可将其缴付到指定的联合账户中去;第四,被收取的账债利益脱离固定抵押,而被置于浮动抵押的效力之下。

---

① See"en. Wikipedia. org/wiki/Re-New Bullas-Trading Ltd.".

② Agnew v. Commisioner of Inland Revenue [2001] 2 A. C. 710, [2001] 3 WIR 454.

事实表明,出借人实际上从未行使过其对未收取账债的指示权利,也从未要求被收取的账债利益缴付到指定的联合银行账户。实质上,假如账债或者账债的收取利益被抵押人在正常营业中以流动资产的方式予以使用的话,那么可以认定,从账债产生的那一刻起到账债的收取利益被消耗完毕时止,作为借款人的抵押人一直在控制着账债。

在这个案件中,有两个重要的问题。第一个问题是,账债的抵押是否为固定的。英国枢密院的 Millett 大法官采用了一个简要方法对此予以判定。他认为,涉案账债抵押是否为固定抵押,应通过两个步骤予以确定,而不论它在抵押协议是否被表述为固定抵押:(1)必须仔细审视抵押协议,在确定当事人对抵押财产所享有的权利和义务的特征;(2)必须基于对这些权利和义务的确定,对抵押进行归类,并确定适用于此类抵押的规则。Millett 大法官所说的第一个步骤,即为对抵押协议的解释。这一解释的目的,在于从当事人也使用的语言中,努力发现当事人的意图。但是,该阶段的目的并非是确定当事人的设立浮动抵押或者固定抵押的意图,而是要去弄清楚当事人想要授予对方对抵押财产的何种权利或者负担何种义务。一旦这一内容被澄清了,就可以进入"分类"阶段,"分类"阶段是一个法律判断的过程,与前一阶段的事实判断不同,它并非是根据当事人的主观意图进行的。如果客观意思表明,抵押权人表述出来的意图是授予抵押人以固定抵押权,但是所显示出来的权利义务与固定抵押权的特征不符,那么抵押即不能被认定为固定抵押。① Millett 大法官重新表述了 Romer 法官在 Re Yorkshire Woolcombers Association Ltd. 案中的判决,并称为最具影响力,也是最广为引证的关于浮动抵押的描述。为了更进一步地强调这一点,Millett 大法官指出,在抵押协议中将账户描述为封闭的账户,并非固定抵押存在的充分证据,如果它事实上并非如此的话。他提出了一个广为法学界知悉的控制标准:如果抵押人可以不经抵押权人的同意,即可自由处置抵押的财产,并把它们从抵押中抽离,那么,这种抵押是浮动抵押。这个标准同样可以从抵押权人的角度予以表述,即如果

① See Lauren Pogue, *The Spectrum Plus case: Fixed or Floating Charges over Book Debts in England*, North Carolina Banking Institute Journal, 2005, Volume 9.

抵押财产不在其控制之下,以至于不能通过其允许权利来阻止处分它们的行为,那么,这种抵押就不是固定抵押。第二个问题是与New Bullas案有关。枢密院判定,New Bullas案的判决基本上错误的,不应当被采纳。尽管账债与收取的账债利益是两种不同的财产,但是枢密院认为,收取的账债利益依赖于账债的发生,收取的账债利益不可能是一种与账债分离的、独立存在的利益。最后枢密院判定,作为抵押人的公司既可自由处置抵押财产,也可以自由地提取收取账债的利益,而无须得到出借人的同意,这已经足以判定,在整个的由账债与账债的收取利益所构成利益整体上,存在的是一个浮动抵押,而非固定抵押。

三、浮动与固定暂时归结:Spectrum Plus 案①

1997年,National Westminster Bank(下称威斯敏斯特银行)给了Spectrum Plus Limited(下称SPL)一个25万英镑的透支额度,备作其流动资金。SPL以抵押协议,试图为此透支额提供一个以现在和将来所有账债为抵押标的之固定抵押担保。这一抵押的形式与Siebe Gorman案中的抵押形式相似。根据抵押协议,抵押人未得抵押权人的事先同意,不得销售、保理、折抵或者通过其他任何方式对抵押财产予以处分。抵押人收取的账债利益,必须缴付到在威斯敏斯特银行(下称银行)开设的透支账户中,然而,协议包括允许抵押人在正常营业过程中自由提取账户中款项的意思。尽管透支额一直在变化着,但是透支账户中从未有过结余。2001年10月,作为抵押人的公司进入清算程序。清算人发现,该公司有总额为113484英镑的账债收益,但是拒将此收益交给银行。银行一共被欠165407英镑,王室债权人(Crown)②作为优先债权人被欠16136英镑。银行向法院申请确权令,以确定抵押协议创设了一个在抵押人公司的账债上的固定抵押,据此,已经收取的账债利益应当移交给银行。王室债权人作为应答人参与了

---

① National Westminster Bank plc v. Spectrum Plus Limited and Others [2005] UKHL 41 (Spectrum Plus).

② 王室债权人包括 Customs & Excise, the Inland Revenue 和 the Secretary of State for Trade and Industry。

诉讼,并主张 Siebe Gorman 案的判决是错误的,抵押协议仅创设了浮动抵押。

案件一路上诉到英国的上议院。2005 年在上议院将该抵押被判定为浮动抵押。将初审判决一直到最后判决予以简要的回顾,还是颇有意义:

(1)初审法院判决。初审法官不拟遵守 Siebe Gorman 和 New Bullas 案的先例,认为 SPL 在其现在和将来的账债上创设了浮动抵押。原因在于,抵押协议未对抵押人公司从设在银行的透支账户中如何提取款项强加任何限制,抵押人公司可以提取收取的账债利益。

(2)上诉法院的判决。上诉法院推翻了初审法院的判决,全体法官都主张该抵押为固定抵押。法院承认,这一契约虽然没能创设一种对 SPL 公司处分其抵押财产的全面禁止,但是可以感觉到银行对抵押的财产施加了足够的控制。上诉法院宣称,如果没有 Re New Bullas 案判决所造成的困扰,枢密院在 Brumark 案中所作的判决将确定无疑地将法院引向这么一个结论,即抵押人自由利用已抵押账债的收取利益必然意味着,此种抵押不宜称为固定抵押。因此,关于对账债可以收取利益的约定的定性,具有至关重要意义。换言之,法院感觉到 Brumark 案法院将注意力集中于抵押人在正常营业中对账债的控制程度的做法是对的。然而,对于 SPL 案,确定对账债的控制,需要考虑到 Folly v. Hill 案,该案认为:当钱款被缴付到银行,就不再是流动资本。这一先例导向这么一个结论:账债的收取利益一旦被缴付到开设在作为抵押权人的银行的账户中,那么对于钱款的权利,就变成了一种被银行授予的权利。那么,根据 Brumark 案的严格控制标准,如果抵押的主要特征表现为公司在正常营业的过程中有权使用账债的收取利益,构成固定抵押要件的必要程度的控制,被这样一种事实所证明,即对于账户中的钱款使用的权利,实际上是被银行授予的,因为钱是存在设在作为抵押权人的银行的账户中。① 也就是说,无论作为抵押人的公司在其正常营业过程中如何使用账债的收取利益,都是经过银行授权的,作为抵押

① See Lauren Pogue, *The Spectrum Plus case: Fixed or Floating Charges over Book Debts in England*, North Carolina Banking Institute Journal, 2005, Volume 9.

权人的银行始终控制着账债,而非抵押人在控制着账债。

(3)上议院的判决。上议院全票否决了上诉法院的判决,认为该抵押尽管在抵押协议上被表述为固定抵押,但无论从哪个角度看,它也只是一个浮动抵押。案件的审理涉及两个重要问题:第一,形式上与Siebe Gorman相似的这个抵押,是浮动抵押还是固定抵押;第二,对Siebe Gorman案判决的非溯及性推翻是否被允许。我国有学者仅依据上诉法院(the Court of Appeal)Lord Phillips法官的判决,似乎就得出该案的最终判决结果为固定抵押,尤其是强调其中的固定抵押银行担保贷款中,“该账户应在抵押权人银行开立,但是该账户不必是封闭账户或给予银行禁止公司从该账户上支取的权利”。[①] 这实际上是个很大误解。在此,我们可以简要回顾一下此案件上诉到上议院之后,上议院大法官对此案的终结性言论。这些讨论显示出上述两个问题关联性。[②] 值得关注的是,Siebe Gorman案创设了一个规则,即账债与账债的收取利益事实上是两种不同的利益,在账债的收取利益缴付到设立在作为抵押权人的银行账户之后,无论账债的收取利益是否被抵押人自由地支取,事实上控制权也在抵押权人一方。因此,账债的固定抵押,不因事实上账债的收取利益是否被抵押人在正常营业自由支取或处置而受到影响。自Siebe Gorman案以后,围绕账债的判决,大多聚焦在由该案所确定的账债与账债收取利益的二分法之上。Re Keenan Bros Ltd.案的判决并未实质质疑Siebe Gorman案,只是由账债收取利益的“封闭账户”得出账债抵押为固定的结论;Re Brightlife Ltd.案则因所开设的账债收取账户不在抵押权人处,从而否定了抵押的固定性;New Bullas案将二分法贯彻到极限,认为在账债上所成立的固定抵押,不影响到在账债的收取利益上所成立的浮动抵押,同样,后者也不会影响到前者,两者可以分别设定不同性质的抵押。Brumark案的关键之处,是将账债抵押与账债的收取利益抵押视为一个整体,认为只要账债的收取利益是流动的,则整个抵押都是浮动抵押。上述案件实际上都回避了一个问题,即Siebe Gorman案的判决规则作为先例,是否可以

① 彭贵:《英国浮动抵押制度研究》,法律出版社2008年版,第62页。

② See www. publications. parlianment. uk/pa/id200506/idjudgmt/jd050630/nat,pdf.

不被溯及地推翻,尤其是 Brumark 案,它实质上已经推翻了 Siebe Gorman 案所创设的先例,但是却未在判决中提及这一事情。当然,如果 Siebe Gorman 案创设的先例被推翻,那么在非溯及性的推翻的情况下,不会影响到之前已经存的陈案,也不会导致重翻历史老账的尴尬和繁复,而且新判例将在全新的基础上,为将来判决创设先例。

上议院 Lord Nicholls of Birkenhead(以下简称 Licholls)开章明义地直接指出,Slade 法官在 Siebe Gorman 案中的判决是错误的,应予推翻。Licholls 指出,作为普通法的特征之一,改变了先例的法律判决,不仅指向未来,也溯及过去。这种判决对于与特定系争案件的当事人,具有溯及力。非溯及性推翻先例两种不同的方式:第一种为纯粹的非溯性推翻先例,在这种情形下,判决虽然推翻了先例,但是对于发生在判决之前的交易及其他事件,均不适用,包括对于在审的案件;第二种为有限度的"有选择性"的非溯及性推翻先例。采用这种溯及力规则,判决通常应是非溯及性的,然而,对于这一判决之下的讼争当事人,甚至对于未审决的案件的当事人,它却具有溯及力。[①] Licholls 认为,在英国的司法实践中,虽然非溯及性推翻先例的情况未有先例,也存在很多反对的声音和实践难度,但是,在宪法上,法官有权改变现状。对于 Spectrum Plus 案,"我认为,它并非仅可适用纯粹的非溯及性推翻先例规则的特殊案件。过去的数年里,无疑一些清算银行,包括本上诉案的被告银行,在设计和使用标准的账债抵押协议上,一直在某种程度上依赖于 Siebe Gorman 案判决。但是,银行或者别的以抵押人公司账债抵押作为担保方式的借款人,都是精明的商人。没有任何理由认为他们的决定是受到了 Siebe Gorman 案判决的诱使而进行了错误的担保。Siebe Gorman 案的判决是个一审判决。不可能认为它是这个领域中的最后的、终局性的判决。更进一步地讲,如果上议院现在所给出的这个坚定和一致的判决,仅是一个只对未来生效的判决的话,其结果将会是,现存的大量清算案中的优先债权人,会被剥夺国会授予的优先权。

---

① See www. publications. parlianment. uk/pa/id200506/idjudgmt/jd050630/nat, pdf. pp. 2 -4.

我反对上诉银行的上议院的判决仅具有未来效力的提议”。①

Steyn, Hope of Craighead, Scott of Foscote, Walker of Gestinghorpe, Hale of Rechmod, Brown of Eaton-Under-Heywood 六位大法官也都一致认为 Siebe Gorman 案的判决是错误,应予推翻,但是,其推翻应是有限度的、选择性的非溯及性推翻。

由于 Spectrum Plus 案之后并未出现新的推翻此案上议院判决的案例,因此,目前,由 Spectrum Plus 案所创设的账债抵押与账债的收取利益抵押视为一个完整抵押,而不应分割认定的判决,为英国目前账债抵押的固定与浮动与否权威标准。至此,关于固定与浮动抵押的数十年争论,暂时画下了一个句号。

四、结语

英国账债抵押的浮动与固定之分,本质上是一种利益分配,既是一个逻辑性的划分,也是一个历史的过程。说它是一个逻辑性的划分,是因为法律要给予这种区分以确定标准;说它是一个历史的过程,是因为这种标准总是处于变动不拘的状态。

从 Siebe 案到 Spectrum Plus 案,有三点值得关注:一是将账债本身与账债收益区分看待,还是视作一个整体;二是账债收益的控制标准;三是非溯及性推翻先例的问题。在此分别予以归结:首先,从 Siebe 案到 Re Brightlife Ltd. 案,虽然在观念上存在账债本身与账债收益,但在法律效果的处理上将其视为同一。New Bullas 案将账债本身与账债收益作了区分,认为可以在账债本身与账债收益上分别存在不同的抵押,即可以在账债本身存在固定抵押,而在账债收益上存在浮动抵押,两者互不相干。Brumark 案推翻了 New Bullas 案的论断,认为收取的账债利益依赖于账债的发生,收取的账债利益不可能是一种与账债分离的、独立存在的利益。Spectrum Plus 案重申了 Brumark 案的结论。因此,在账债本身是否与账债收益区分问题上,英国的判例经历了一个典型的否定之否定的轮回和上升。其次,除 New Bullas 案外,对账债收益

---

① See www. publications. parlianment. uk/pa/id200506/idjudgmt/jd050630/nat, pdf. p. 16.

抵押的固定与浮动区分,都存在账债收益账户的控制权问题,对此问题,Siebe 案采取的是实际有权控制标准,即如果抵押权人有权阻止抵押人自账债收益账户提取收益,即便其未实际行使,也不得借此否定账债抵押的固定性;Re Keenan Bros Ltd. 案与 Re Brightlife Ltd. 案均取抵押协议文字标准;Brumark 案提出两步法,包括审视抵押协议和对抵押协议进行解释;Spectrum Plus 案对 Brumark 案提出的两步法予以了完善。总体的判决标准,经历了实际控制权论、协议文字标准论和解释论三个不同的阶段。最后,Spectrum Plus 案提出了非溯及性推翻先例的办法,较好地解决了陈案与现案判决之间的关系。

当然,本文所处理的仅是英国账债抵押中的一个局部问题中的局部内容,即账债浮动抵押与固定抵押之间的区分问题,而我国对账债抵押制度的研究与借鉴,应是一个全局性的问题,既包括账债抵押在动产抵押中定位,也包括整个浮动与固定的区分以及效力和抵押权的实现问题,这些问题均有待深入探究。

(雷秋玉,昆明理工大学法学院副教授)

慈善组织托管人:慈善组织治理的英国进路*

李德健

目　次

一、序言

在英国法上,其慈善组织治理的基础是信托法①与信义义务

* 本论文为民政部2014年“中国社会组织建设与管理”理论研究部级课题“民办非企业单位财产属性及清算问题研究”的阶段性成果。

① 其原因主要在于,在英国,尽管慈善组织类型与各个慈善组织治理结构等方面千差万别,但是,慈善法发源于信托法,而信托法中的衡平法原则规制了慈善组织及慈善活动,并使之区别于其他的非营利组织与政府机关。See Kerry O'Halloran, Myles McGregor-Lowndes, Karla W. Simon, *Charity Law & Social Policy: National and International Perspectives on the Functions of the Law Relating to Charities*, Springer, 2008, p. 543. 而且,因为强大的社会历史因素的影响,慈善组织的法律规制依然深受传统的信托法的影响。换言之,信托法理依然是英国慈善法的理论基础,尽管最近公司法理对慈善组织治理发挥的作用日益增强。但在大洋彼岸的美国,慈善组织治理本身受公司治理

(fiduciary duties)。①其慈善组织治理的法律方面主要在于慈善组织托管人的信义义务的确立与执行,通过慈善组织托管人信义义务及其他法定义务、约定义务的确立与高效履行,来推动慈善组织的问责、保障慈善组织的独立、促进慈善资源的有效利用,并在这个过程中更好更全面地实现慈善目的,服务于公共利益。因此,对于英国法上慈善组织托管人的研究将会有助于我们了解英国慈善组织治理的部分核心内容,从而为我国的相关立法提供域外经验。

二、慈善组织托管人的含义

慈善组织托管人在英国法上具有特殊的含义。慈善组织托管人(charity trustees)是英国慈善法中的核心概念之一,与传统含义(即信托的受托人)不同,根据英国《2011 年慈善法》的规定,慈善组织托管人是指对慈善组织的运行进行全面控制与管理之人,而不论他们的具体名称。②因此,慈善组织托管人又可以被称之为管理型托管人(managing trustee)。例如,在非法人团体(an unincorporated association)中,该团体之执行或者管理委员会即为其慈善组织托管人。如果该慈善组织是慈善信托,则慈善信托之受托人(the trustee of a charitable trust)即为该慈善信托的慈善组织托管人。如果该慈善组织是慈善公司,则慈善公司之理事(the director of a charitable company)即为该慈善公司的慈善组织托管人。另外,负责运营一个诸如社区团

的影响更深,商事公司的信义义务标准在慈善组织实践中的应用更为广泛,而且在美国,现代趋势是在决定慈善公司理事义务时适用公司原则而非信托原则。See Stern v. Lucy Webb Hayes Nat'l Training Sch. for Deaconesses & Missionaries, 381 F. Supp. 1003, 1013 (D. D. C. 1974).

① 关于英美法上的信义义务, see L. Sealy, "Fiduciary Relationships" [1962] C. L. J. 69; P. D. Finn, Fiduciary Obligations, Sydney, 1977; J. Shepherd, The Law of Fiduciaries, Toronto, 1981; P. D. Finn, "The Fiduciary Principle" in T. G. Youdan (ed.), Equity, Fiduciaries and Trusts, Toronto, 1989. See also Harries v Church Commissioners [1993] 2 All E. R. 300 at 303, per Nicholls V. C。

② See Charities Act 2011, Part 9, Section 177. 关于苏格兰地区慈善法中慈善组织托管人的分析, see Heather Thompson, *Introducing Charity Trustees*, S. L. T. 2005, 34, pp. 189 - 191。

体(a community association)或者父母教师团体(a parent teacher association)等慈善团体之委员会成员(a member of the committee which is responsible for running a charitable group),也属于该慈善团体的慈善组织托管人。

根据英国慈善法学权威Hubert Picarda QC先生的见解,除了慈善组织托管人就向慈善委员会登记义务、账目义务、提交报告义务等成文法上的要求,①这些托管人的首要义务就是遵循并且在未经授权的情况下不得违反规定的目标,避免或者解决利益冲突问题。这些义务传统上涉及的是英国衡平法的原则,而现在则被时髦地称之为慈善组织治理。② 因此,作为该义务的主要承担者的慈善组织托管人,则在英国慈善组织治理中起着举足轻重的地位,发挥着无可替代的作用。

其中,这里需要作特别说明的是,虽然trustee既可以被译为"受托人",又可以被译为"托管人",但是基于英国慈善委员会的官方表述,以及英国慈善法中trustee的特殊含义,本文全文在涉及慈善法的制度时,均将trustee译为托管人。而且,根据笔者的考察,在英国,因为信托观念的广泛接受与信托制度的大量运用,无论是在立法还是司法实践中,都存在一种"泛信托化"的现象,即诸多在严格意义上本不属于信托或受托人的称谓已被用trust或trustee来表述。更有甚者,对于一些在连部分英国学者看来用信托法理来解释都有些牵强的案件也被法官依(更为宽泛意义上的)信托法理进行解释。因此,对于英国方面解释、分析trust与trustee,我们需要仔细甄别、审慎分析。

① 这些主要规定在诸如《2011年慈善法》等英国现行成文法之中。

② Hubert Picarda QC, "*Harmonising Nonprofit Law in the European Union: An English Perspective and Digest*" in Klaus J. Hopt, Thomas von Hippel (eds.), *Comparative Corporate Governance of Non-Profit Organizations*, Cambridge, 2010, p. 186.

与之形成呼应的是，在美国，trustee 与 director 在宽泛意义上也是可以互换的等值概念，同时两者都可以从 fiduciary 这一概念来统一界定。虽然阅读了英美两国慈善法方面的相关文献，但是笔者发现美国法（不管是成文法还是判例法，联邦法还是州法）上并没有 charity trustee 这种指代一切对慈善组织的运行进行全面控制与管理之人的法律概念。①

不过，根据笔者的理解，在英国法上之所以规定 charity trustee 这一统摄性的概念，不仅是因为其国内慈善法制的信托法原理的传统影响，更是因为慈善组织的治理机关组成人员都毫无例外地处于信义关系、需承担信义义务。因此，英国法上之所以将全部慈善组织的治理机关成员统一表述为 charity trustee，其实质原因应当是 charity trustee 毫无例外地具有受信人（fiduciary）特征。在明确这一点的基础上，charity trustee 的一般性义务不管是慈善信托的受托人还是慈善公司的董事都需要承担。同时，具体到特定的慈善组织类型，charity trustee 所应承担的具体义务的含义、适用范围、效力等事项可能会有所不同。这种理解也为慈善委员会的相关解释所证实。根据慈善委员会的解释，不论慈善组织托管人的具体名称是什么，其主要义务在所有情况下都是一样的。不过，因为其组织结构形式的不同，托管人的法律地位也略有不同。对于非法人慈善组织而言，主要是慈善信托与非法人社团，其治理文件是信托契据、章程或慈善委员会的方案，其财产通常由受托人或其任命者以信托方式所有。对于法人慈善组织而言，现在主要包括慈善

① 例外的有美国法学会《慈善性非营利组织法原则》（原名为“非营利组织法原则”）中的概念“治理委员会”（governing board），指的是控制慈善组织事务的人或机关，包括慈善信托的受托人，非营利公司的董事会，非法人社团的治理机关，以及其他非营利组织中执行类似功能的个人或机关。See American Law Institute, *Principles of the Law of Nonprofit Organizations* § 300 TD No 1（2007）.

公司与法人型慈善组织,[①]其慈善财产归该法人所有,其托管人并不享有其慈善组织财产的所有权。[②] 同时,对于公司的托管人而言,实际上就是公司董事,要同时受到慈善法与公司法所确立的义务的规制。由此可见,charity trustee 仅仅是对慈善组织治理机关成员的一种统称,[③]其要求治理机关成员承担相应的信义义务及其他法定义务,但是,不同的法律结构将会直接影响托管人的法律地位与义务。

同时,我们还需要注意的是,目前,英文 charity trustee 这一表达在英国可能具有不同的含义,而不同的含义可能直接导致在法律适用、相关权利义务关系上的很大不同。根据 Peter Luxton 教授的观点,目前

① 法人型慈善组织是对英文中 charitable incorporated organisation 的翻译。对于该术语,国内有翻译为慈善公司(例见中华人民共和国财政部国际司:"英国、法国社会组织发展与管理体制情况介绍",载 http://gjs. mof. gov. cn/pindaoliebiao/cjgj/201308/t20130821_980382. html,2014 年 3 月 1 日访问),与英国法上已有的慈善公司(charitable companies)同名,而且与该组织类型的特点明显不符,显然不妥。香港法律改革委员会翻译为"慈善法团机构"。参见香港法律改革委员会慈善组织小组委员会咨询文件(The Charities Sub-committee of the Law Reform Commission of Hong Kong, Consultation Paper (Charities), June 2011),中文版,第 30 页。而在笔者看来,也存在以下问题。第一,这种翻译并没有明确其法人资格。第二,"法团"强调的是社团、人合组织,但是,事实上,该慈善组织类型内部治理架构比较灵活,其既可以组建具有社团性质的法人,也可以组建具有财团性质的法人,因此,法团的翻译也不妥当。所以整体而言,香港法律改革委员会的翻译有失偏颇。在本文中,笔者将其译为法人型慈善组织。而这种翻译可能也存在问题,因为作为法人形式的慈善组织,在英国,目前至少包括慈善公司与 charitable incorporated organisation 这两种结构。慈善公司本身就是一种法人型的慈善组织。但是,基于其他翻译更为不合适,而且 charitable incorporated organisation 的创设就是专门为慈善组织量身定做的法人组织,因此,这里勉为其难,将"法人型慈善组织"这一术语专门用于指代 charitable incorporated organisation。另需说明的是,咨询文件提到"这类机构可成立为有限法律责任或无限法律责任的机构"(同为第 30 页),这种认识明显是错误的。该组织承担的均为有限责任,而非无限责任。

② See CC3: The Essential Trustee What You Need to Know [March 2012 Version], pp. 10 - 11.

③ 通过查阅相关国家的慈善法条文,笔者发现,比较法上的一个最有力的证据就是新加坡法的相关规定。在基本上仿照英国法而创设的新加坡《慈善法》中,charity trustee 这一表述被替换为 governing board members(治理机关成员),同样是指"对慈善组织的运行进行全面控制与管理的慈善组织治理机构或者慈善组织受托人"。See Charities Act (Revised Edition 2007), Part I, Section 2.

在实践中有三种可能的用法。第一,charity trustee 在狭义上是指慈善信托的受托人,在英国最重要的诸如《1925 年受托人法》与《2000 年受托人法》等规制信托的成文法中,trustee 均是指信托的受托人,公司董事不在其规制之中。第二,根据治理文件规定而被赋予慈善组织的管理权或财产权(或者两者同时)的受信人(fiduciary)。在这层含义上,trustee 可以宽泛地指代管理慈善组织的公司董事、非法人社团中的委员会成员以及慈善信托的受托人。而诸如慈善组织雇佣的第三方代理人这一受信人则不在其中。第三,先后规定在《1993 年慈善法》、《2006 年慈善法》以及《2011 年慈善法》等慈善法中的概念,即我们上文所界定的概念:对慈善组织的运行进行全面控制与管理之人。正如上文所述,这一概念包括慈善公司的董事,慈善信托的受托人,非法人社团的委员会成员以及现在法人型慈善组织的慈善组织托管人。不过,对于保管型托管人而言,则不在其中。有鉴于这种区别,Peter Luxton 教授认为,基于这些不同含义,应当根据相应的地位(是否是慈善组织)或者其法律结构(信托,公司,或者非法人社团)来判断托管人的相应的权利义务关系。①

三、慈善组织托管人的资格的获得与取消

现行《2011 年慈善法》并没有统一规定慈善组织托管人的资格获得条件,因此,对于托管人的资格及托管人选任方式、程序等,需根据关于慈善公司、法人型慈善组织、慈善信托及非法人社团等慈善组织类型的具体成文法、判例法及组织治理文件进行确定。而关于慈善组织托管人资格取消问题,《2011 年慈善法》作出了统一的规定。在存在相应的限制与例外规定之下,在以下情况中,取消一个人("P")的慈善组织托管人或者保管型托管人的资格。② 情况 A:P 犯了涉及不诚实与欺诈的犯罪行为。情况 B:P 已被判决破产,或者对 P 财产的没收进行判决,并且(在任何一种情况下)(a)P 并没有被免除责任,或者(b)P 是破产限制命令或临时命令的对象。情况 C:P 与债权人达成了和解或

① Peter Luxton, *The Law of Charities*, University of Oxford, 2001, pp. 336 – 338.

② Charities Act 2011, Section 178 – 184.

协议,或向债权人提供了信托契据,并且尚未被免除责任。情况D:(a)慈善委员会依照第79条(2)(a)或者慈善委员会或慈善委员依照相关的早期立法;或者(b)高等法院,基于P负责或存在利害关系或促成的慈善组织的运行中任何不当行为或不当管理,而做出的命令,开除P慈善组织托管人或保管型托管人职务。情况E:根据《2005年慈善组织及受托人投资(苏格兰)法》(asp 10)(最高民事法院的权力)或其他相关的早期立法,开除P任何机构的管理或控制职务。情况F:P需要遵守(a)根据《1986年公司董事取消资格法》或《2002年公司董事取消资格(北爱尔兰)命令》(S. I. 2002/3150(N. I. 4))中的取消资格命令或取消资格保证;或者(b)根据《1986年破产法》第429条(2)所做出的命令。

四、慈善组织托管人的权利、义务与责任

就托管人的权利而言,托管人的权利来自于慈善组织的治理文件、相关的成文法以及判例法的规定,需根据不同类型的慈善组织的托管人的具体规定进行确定。对于托管人的义务与责任,《2011年慈善法》第6部分其中规定了托管人制度。但由其条文观之,只是明确了慈善组织托管人的概念、取消资格的事由、报酬以及赔偿保险等事项,而没有统一系统地规定慈善组织托管人的一般义务。因此,除了该法的其他部分所确立的慈善组织托管人的相关义务与责任之外,其一般性的义务主要体现在信义义务、根据慈善组织治理文件所确立的义务以及其他法定义务之中。慈善组织托管人的信义义务是英国慈善组织治理的重中之重。信义义务源于信义关系。根据相关学者的表述,信义义务实际上是法律要求处于信义位置的人应当专门促进受益人的利益,并且不得让任何自我利益或竞争性利益接近或影响其行为……该义务在不同的环境下将呈现不同的强度;而自我利益或竞争性利益在被明确披露并获得受益人允许时可以存在,或者因得到被接受的普遍实践标准或者法院或立法的批准而被允许存在。典型的情况是,受益人反对经协议或合同进行特别约定,并取而代之授予受信人自由决定权,而受信人则将与受益人保持持续性的关系;一般而言,受信人享有非常强大的权力,足以单方面地改变受益人的法律地位并影响其利益,这使得

受益人很难监督受信人处理事务的行为,因此受益人需要强大的救济措施以修复这种关系直到平衡。[①]

就慈善组织托管人的信义义务而言,在传统意义上,最为重要的是被英美法学家称之为"双胞胎"的两个信义义务是忠实义务(duty of loyalty)与注意义务(duty of care)。这两项义务看似简单,但在英美国家,通过判例法、成文法以及相关慈善监管机关以及民间慈善组织的联盟组织等出台的相关指导或行为准则,已经形成了较为完备、详尽的义务规则。[②] 另外,对于不同的慈善组织类型,除非慈善法另有规定,其在信义义务及其他法定义务履行的范围、程度、判断标准等方面可能会有所不同,因此,需要结合特定的组织类型进行分析,不可一概而论。

注意义务是指慈善组织托管人应当按照一个普通谨慎商人处理自己事务的标准管理慈善组织。在《2011 年慈善法》中并没有对托管人的一般注意义务进行规定。因此,应当根据具体的慈善组织类型及其相关成文法、判例法及治理文件予以确定其具体的注意义务标准、范围等问题。

忠实义务强调慈善组织托管人应当遵守其目标,并通过恰当的管理避免或解决利益冲突问题。[③] 同时,在笔者看来,不论是遵守其组织目的,还是避免或恰当管理利益冲突问题,其中都体现了对托管人保持独立性的要求。事实上,在英国法上,慈善组织具有独立性、非政府性的基本特点。慈善组织的治理机关由慈善组织托管人构成,他们需要

---

① Joshua Getzler, *Duty of Care*, in Breach of Trust 41 (Peter B. H. Birks & Arianna Pretto eds., 2002).

② 参见 Charity Commission, CC10, The Hallmarks of an Effective Charity, 2008; National Council for Voluntary Organisations, The Good Trustee Guide, 2008.

③ 关于慈善法中利益冲突问题, see Peter Luxton, "*Conflicts of Interest in Charity Law*" in A Dunn (ed) The Voluntary Sector, *the State and the Law*, Oxford, 2000, pp. 227 – 240。

对慈善组织为完成其特定的慈善目的而从事的活动承担最终的独立责任。[①] 因此,忠实义务之履行对于托管人而言至关重要。另外,在慈善法中,忠实义务还要求托管人必须是志愿者,除非例外规定,托管人不得从慈善组织中获得报酬。同时,适应慈善事业发展的最新要求,为了鼓励更多的优秀管理人才参与到慈善组织治理之中,慈善法在坚持托管人志愿原则的基础上,对托管人报酬问题进行了一定的放松规定。其具体表现在《2011年慈善法》第185～188条的规定之中。其大致规定是,对于慈善组织托管人、保管型托管人及相关人[②]可以在符合以下条件时从其慈善组织的资金中获得报酬。条件A:该报酬的金额或最高额(a)就该人拟向或代表该慈善组织提供服务而在该慈善组织或其慈善组织托管人(视情况而定)与该人所签订的书面协议中确定;并且(b)并不超过该人拟提供服务情况下所需的合理金额。条件B:在签订该协议之前,该慈善组织托管人决定,他们认同,以该协议中所确定的金额或最高额支付该人拟向或代表该慈善组织提供服务,将最有利于该慈善组织。条件C:在该协议签订之后,如果立即有多个慈善组织托管人是(a)与根据条件A而生效的协议有关之人;(b)除了根据该协议之外仍然有权从该慈善组织的资金中获得报酬之人;或者(c)(a)或(b)中之人的相关人,则以上慈善组织托管人的总人数在供职为该慈善组织托管人中占少数。条件D:该慈善组织治理文件并不包括任何禁止该人获得报酬的明示条款。另外,为了鼓励人们供职为慈善组织托管人,减轻善意的托管人的责任承担,《2011年慈善法》还规定了针对慈善组织托管人与保管型托管人的责任保险制度。允许慈善组织托

---

① See Richard Fries, "*The Charity Commission for England and Wales*" in Klaus J. Hopt, Thomas von Hippel (eds.), *Comparative Corporate Governance of Non-Profit Organizations*, Cambridge, 2010, p. 900.

② 慈善组织托管人或保管型托管人的相关人是:(a)该托管人的子女、父母、(外)孙子女、(外)祖父母或兄弟姐妹;(b)该托管人或(a)中之人的配偶或民事伙伴;(c)与该托管人或者(a)或(b)中之人合作从事业务的人;(d)(i)被该托管人或(a)、(b)或(c)中之人,或者(ii)被(i)中两人以上共同控制的机构;(e)(i)该托管人或(a)、(b)或(c)中之人在其中享有实质利益,或者(ii)(i)中两人以上共同在其中享有实质利益的法人。See Charities Act 2011, Section 188(1).

管人在相应的限制条件与情况之下，从慈善组织资金中拿出部分资金为慈善组织托管人及保管型托管人购买责任保险。但是，责任保险的条款不得就如下事项进行保险：对于刑事诉讼中所施加的罚金，因不符合监管要求而向监管者支付的资金，因欺诈等原因而承担刑事责任，以及该人对没有为慈善组织最优利益而行事知情或对是否为慈善组织最优利益并不介意等。①

在英国，除了成文法与判例法之外，对于慈善组织托管人义务，以慈善委员会的相关解释、指导意见与规定最为权威。在慈善委员会看来，慈善组织托管人是慈善组织治理机关的组成人员。他们可以被称为受托人、董事、董事会成员、委员会成员、主管等。其基本原则与主要义务在所有情况下都是一样的。在责任承担方面，(1)托管人必须对慈善组织事务指挥承担最终责任，并且必须确保慈善组织有清偿能力、运行良好，并为了其慈善组织目的中所确定的社会公众利益进行慈善资源传送。(2)在相符性方面，托管人必须确保该慈善组织符合慈善法以及作为监管者的慈善委员会的要求；尤其要确保该慈善组织准备好关于法律规定的其完成事项、年度收益与账目的报告。(3)确保该慈善组织不违反其治理文件中所确立的任何要求与规则，并且保持其治理文件中确立的慈善目的与目标。(4)(如果存在)符合其他规制该慈善组织活动的立法与监管者的要求。(5)正直行事，并避免任何个人利益冲突或者滥用慈善资金或财产。(6)在谨慎义务方面，托管人必须确保该慈善组织现在以至未来都具有清偿能力。(7)合理地使用慈善资金与财产，并仅用于促进该慈善组织的目标。(8)避免从事导致该慈善组织的捐款、资金、财产或信誉处于过分风险之中的活动。(9)在用该慈善组织资金进行投资，或者为该慈善组织贷款时，保持特别注意。(10)在注意义务方面，托管人必须在其作为托管人的工作中保持合理的注意与技能，利用其必要的个人技能与经验以确保该慈善组织运行良好、效率高。(11)在可能对该慈善组织造成实质性风险，或者该托管人可能违反其义务的情况下，托管人应考虑就全部事项接受外部专业建议。同时，在出现问题时，慈善委员会会向慈善组织提供

① Charities Act 2011, Section 189 – 190.

关于法律要求与最优实践的指导意见,帮助其尽可能有效地运行,并防止问题产生。在极少数存在严重问题的情况下,慈善委员会享有调查并纠正的广泛权力。其结果是,托管人可能会对该慈善组织所面临的任何债务或损失承担个人责任。不过,这将取决于慈善组织所面临的环境以及其治理文件的类型。而且,这种个人责任十分罕见,并且符合慈善委员会一般要求的托管人将会得到普遍的保护。[①]

五、相关执行机制

在慈善组织托管人不履行其信义义务以及其他义务时,英国法也确立了相关的执行机制,以促使慈善组织托管人履行相关义务,承担相应责任。当然,这里所探讨的执行机制,主要集中于法律诉讼问题。至于行政处罚等问题,这里并不涉及。

其中,传统上,在英国由首席检察官(Attorney-General)[②]对托管人的信义义务的执行情况负责。首席检察官代表王权,对慈善组织进行保护与监督。[③] 在历史上,首席检察官来源于王权的家长权(Parens Patriae,又可译为国家监护权、国家亲权、国父等)。该权利主要是指,国家对儿童或者有精神疾病者等需要保护者提供保护的职权。慈善组织、幼儿、智障者、精神病人等都在其管辖范围之内。因此,为保护慈善组织,国家享有提起诉讼的权利,这一权利开始时由御前部长(Lord Chancellor)行使,之后转移给首席检察官行使。而且,在理论上,基于国家对无法保护自己之人负有直接的责任,这些权利是没有任何限制的。[④] 在英国法上,因为不同于私人信托,慈善信托并没有特定的受益人来予以监督执行,而且慈善信托是为了公共利益而存在的,因此首席

---

① See CC3:The Essential Trustee What You Need to Know [March 2012 Version].

② See Seymour, J., "*Parens Patriae and Wardship Powers: Their Nature and Origins*", Oxford Journal of Legal Studies, 14:2, 1994, pp. 159 – 188.

③ Hubert Picarda QC (4th edn), *The Law and Practice Relating to Charities*, Bloomsbury Professional, 2010, pp. 940 – 941; Potts v. Turnley(1849) 1 Ir Jur(os) 57, AG v. Carlile(1850) 2 Ir Jur(os) 249 and Re Kelly's Will Trusts(1862) 7 Ir Jur(ns) 273.

④ See Re W(a minor)(medical treatment)[1992] 4 All ER 627, p. 641. Also, see Re X(a minor)(Wardship: Restriction on Publication)[1975] 1 All ER 697, p. 705.

检察官在事实上扮演了一个慈善信托的保护者与执行者的角色,从而避免任何私人从慈善信托中获益。而其职权范围现在已经扩展至所有慈善组织。当然,在履行该职权时,首席检察官必须独立于国家,以避免在国家的利益与慈善组织的特定利益面前发生冲突。[①] 目前,这些权利的很大一部分已经转移给了慈善委员会。

在与慈善组织相关的法律诉讼中,慈善委员会可以与首席检察官就以下方面行使同等权力:(1)进行涉及慈善组织或者慈善组织财产或事务的法律诉讼,或(2)为避免或终止该诉讼而对其主张进行折中处理。不过,该权力不包括首席检察官根据第113条第2款提议解散慈善组织的权力。另外,慈善委员会所行使的诉讼权利虽然可以根据慈善委员会自己的意志行使,但是必须就每一情况得到首席检察官的同意。[②]

除了慈善委员会与首席检察官之外,其他人也可以发起与慈善组织相关的诉讼,即慈善组织、慈善组织托管人、对慈善组织享有利益者(any person interested in the charity)或者在地方慈善组织的情况下,该慈善组织所在地区的任何两个以上的居民。当然,这些诉讼一般而言应当得到慈善委员会命令的授权。并且除上文提到的慈善委员会行使权力的范围之外,非有特殊理由,慈善委员会认为案件可以根据慈善委员会其他权力而得到处理的,不得授权诉讼。[③]

同时根据笔者的考察,《2011年慈善法》只是确定了发起与慈善组织相关的诉讼("慈善诉讼")的资格,而非关于有权要求慈善组织托管人执行信义义务的诉讼资格。并且,在笔者看来,具体到有权要求慈善组织托管人执行其信义义务的诉讼资格,目前英国法中尚存在一些不确定的地方。没有争议的是,首席检察官与慈善委员会这些公法机关可以要求慈善组织托管人履行其信义义务。存在问题的是,虽然对慈

---

① See Kerry O'Halloran, Myles McGregor-Lowndes, Karla W. Simon, *Charity Law & Social Policy: National and International Perspectives on the Functions of the Law Relating to Charities*, Springer, 2008, p. 120.

② Charities Act 2011, Section 114.

③ Charities Act 2011, Section 115.

善组织享有利益者也可以向法院起诉,但是,基于以前的判例,个人仅仅与慈善组织之间存在合同关系本身并不能说明其对慈善组织享有利益。① 而对于享有利益者,也没有一个明确的界定。再有,以慈善信托为例,受托人是否可以要求其他受托人履行相应的信义义务呢?根据英国慈善法学权威Hubert Picarda QC先生的分析,至少在英国法上,非有特殊情况或例外规定,是不可以的。因为这违背了受托人对慈善组织承担连带责任的原则。换言之,每一个托管人都要为信托违反承担全部责任。②

另外,作为诉讼的替代手段,一些替代性争议解决机制在慈善组织纠纷解决中发挥着越来越重要的作用,因为其可以在解决相关纠纷的同时在很大程度上节约相关成本,并且维护了对于慈善组织而言极为重要的社会信誉。③

六、结语

在慈善组织治理方面,大陆法系的理论研究与制度实践相对滞后。例如在德国,公司治理在非营利组织中的角色微乎其微;④而在法国,非营利组织治理的学术研究与法律探讨目前并没有真正开始。⑤ 因

---

① 相关判例 see Re Hampton Fuel Allotment Charity [1989] Ch 484; Scott v. National Trust for Places of Historic Interest or National Beauty [1998] 2 All ER 705.

② Hubert Picarda QC, "*Harmonising Nonprofit Law in the European Union: An English Perspective and Digest*" in Klaus J. Hopt, Thomas von Hippel (eds.), *Comparative Corporate Governance of Non-Profit Organizations*, Cambridge, 2010, p. 192. 作为比对,在美国法上,共同受信人有权提起法律诉讼,要求其他受信人执行信义义务。See American Law Institute, Principles of the Law of Nonprofit Organizations, § 350 TD No 1(2007).

③ 参见 Debra Morris and Jean Warburton, "*Mediation and Charities, Frustrated Desires*", 2006, 9(1), Charity Law & Practice Review, pp. 1 – 21; Debra Morris, Disputes in the Charitable Sector, Charity Law Unit, University of Liverpool, 2003.

④ Thomas von Hippel, "*Nonprofit Organizations in Germany*", in Klaus J. Hopt, Thomas von Hippel (eds.), *Comparative Corporate Governance of Non-Profit Organizations*, *Cambridge*, 2010, p. 226.

⑤ Katrin Deckert, "*Nonprofit Organizations in France*", in Klaus J. Hopt, Thomas von Hippel (eds.), *Comparative Corporate Governance of Non-Profit Organizations*, Cambridge, 2010, p. 324.

此,对于英美法系慈善组织治理的研究对于我国的相关制度建设具有尤为重要的借鉴价值。同时,英美法系,与大陆法系一般重视组织的结构形式形成对比,其更加重视个体义务的确立、履行与执行。因此,在这层意义上,来源于信托法的而为信托法、公司法共同承认的信义义务在英美慈善组织治理中占据着极为重要的位置。而该信义义务的承担者正是作为慈善组织治理机关成员的慈善组织托管人。在英国,慈善组织治理的核心就是慈善组织托管人的信义义务及其他义务的确立与履行。因此,对慈善组织托管人制度的把握不仅是我们管窥英国慈善组织治理体制的关键所在,同时更是我们在慈善法制建设中强化内部治理机制建设的重要内容。

(李德健,山东大学法学院博士研究生)

德国解雇保护制度*

王 倩

目 次

所谓解雇,也叫辞退,是指雇主行使单方解除权终止劳动关系的行为,①解雇保护是指法律基于资强劳弱的现实对解雇加以限制。② 解雇保护制度意义重大,涉及雇员、雇主、失业者、社会公众等多方面的利益。被辞退的雇员可能面对"灭顶之灾",他不仅会丧失工资和其他与企业工龄相挂钩的福利待遇,而且还要离开他熟悉的工作环境和人际关系,社会地位也可能会受到影响。如果实行解雇自由,在随时可能被

---

* 本文系国家社科基金青年项目《经济性裁员法律制度的适用与完善研究》、上海市浦江人才计划《劳动合同解除与终止的疑难问题研究》的阶段性成果。

① 在德国劳动法中,劳动关系的"终止"(Beendigung)是劳动关系的"解除"(Kündigung)的上位概念,劳动关系也可以因为固定期限劳动合同到期、解除条件生效、雇员死亡等原因终止。

② 该单方解除权属于形成权,只要雇主做出解雇决定后向被解雇雇员发出解除通知,该解除通知一经到达即发生法律效力,与雇员同意与否无关。对解除通知这一意思表示的内容确定性、书面形式以及送达的要求详见黄卉:"德国劳动法中的解雇保护制度",载《中外法学》2007年第1期。

解雇的压力之下雇员往往选择忍气吞声，不敢主张自己应有的权益，甚至和其他雇员“向下竞争”、接受剥削，但是如果过度强调解雇保护，雇员失业后再就业的困难又可能会增加。对于雇主而言，解雇保护制度一方面，限制了他在人事方面的自主权，增加了他的用工成本，让他在使用劳动力时不能完全服从于自己的需要和设想；另一方面，员工频繁流动也不利于人才队伍的建设，解雇保护制度确保了劳动关系的稳定性，使得雇员对企业更有认同感、更愿意做出长远的职业规划。工会和雇员联合会就此进行博弈主要是为了维护会员的利益，但是对于工会而言，强调解雇保护也是在保障自身的组织力量，因为如果劳动关系不稳定，雇员在企业间、行业间流动频繁，无疑将对工会工作造成不利影响。从整个社会层面来看，稳定的劳动关系有利于实现社会和谐，但是解雇保护标准太高也会导致企业竞争力下降、无法实现劳动力优化配置等问题出现。①

正因为涉及多方面的利益，承载着多重功能，德国的解雇保护制度才经过了漫长、曲折的发展。该制度在整个德国劳动法领域占有非常重要的地位，被称为“劳动合同法领域的神经中枢”。② 学术界关于解雇保护制度的讨论从来没有结束过，相关文章、专著可谓汗牛充栋。司法实践中，解雇保护之诉也非常多，2012 年德国劳动法院系统审理的总共 400998 起案件中有 201232 起案件的诉由是劳动合同解除，超过一半。③ 那么，德国解雇保护的发展经过了怎样的历史演变？在概括条款的立法例之下，不同类型的解雇分别需要满足哪些前提条件？如何理解和适用预测原则、比例原则以及利益衡量原则？解雇保护之诉的起诉期限、举证责任等具体环节是怎么安排的？现行规定有什么地方需要完善和改进？本文希望通过对第一手资料的梳理和总结，对德国解雇保护制度进行一个比较系统的介绍。

---

① Ascheid/Preis/Schmidt-Preis，4. Aufl. ，Grundlagen B，Rn. 13.

② Münchener Kommentar zum BGB/Schwerdtner，3. Aufl. ，§ 677 Anh. Rn. 1.

③ 相关数据详见 http://www. bmas. de/DE/Themen/Arbeitsrecht/Statistik – zur – Arbeitsgerichtsbarkeit/inhalt. html，2013 年 11 月 30 日访问。

一、解雇保护制度的历史发展

1. 从第一次世界大战前到第二次世界大战后

从19世纪末到第一次世界大战以前,劳动合同的调整基本依靠《民法典》第611条及以下条款,信奉合同自由。既然劳动关系是通过雇员雇主自愿订立的合同成立的,那么他们当然也可以自由决定是否以及在什么条件下解除劳动关系。这种从合同自由推导出来的"解除自由"甚至被视为是对劳动者的解放,他们不再像家仆那样被绑定在某一终生的雇佣关系中。① 虽然此时工人运动风起云涌,但是解雇保护并非关注焦点,立法要求主要集中于妇女和儿童保护、缩短工时、基本社会保障等更为紧迫的问题上。《商法典》第67条等个别条文要求雇主在辞退时最少要提前一个月发出通知,并且确立了对于雇员辞职和雇主辞退适用一样的"解除通知期"的原则,这些规定在实践中发挥的作用却很有限,因为劳动合同双方可以通过约定排除其适用。"正常解雇"只需要提前通知,不需要解除理由,只有对于立即生效的"非常解雇"存在有不同的法律规定:《民法典》第626条规定了任何一方有重大事由的可以立即解除劳动合同,这条的适用范围却很窄,因为《经营条例》第123条对于雇主可以立即解雇产业工人②的情形进行了封闭式列举,《经营条例》第133c条和《商法典》第72条则在概括性表述之外举例列出了可以立即解雇高级技术工人和商业职员的典型情况。③

魏玛共和国时期,解雇保护制度有了突破性发展。由于德国工人和士兵浴血奋战推翻了德国皇帝的君主专制,所以,虽然十一月革命失

---

① Ascheid/Preis/Schmidt-Preis,4. Aufl. ,Grundlagen A,Rn. 1.

② 在德国历史上,雇员曾经很长一段时间被区分为"职员"(Angestellter)和"工人"(Arbeiter)两个群体,前者主要指从事脑力劳动、有固定月薪的雇员,比如办公室文职人员,后者主要指从事体力劳动、获得小时工资或者计件工资的雇员,比如流水线上的工人。基于传统习惯,劳动法和社会保险法上两者待遇有明显不同,往往工人会受到歧视。因为随着社会和科技的发展,这两个群体逐渐趋同,而且这种分类有违平等原则,所以法律制度上已经不再区别对待。

③ Ascheid/Preis/Schmidt-Dörner-Vossen,4. Aufl. ,§ 626 BGB Rn. 2 und 57.

败而且各地的苏维埃政权被镇压,新的政权也不得不考虑工人和士兵们的政治要求。一系列有利于工人阶级的立法得以颁布,其中最为重要的立法是1920年《企业工人委员会法》,该法对于正常解雇提出了系列要求,比如解雇不应该构成"不合理的苛刻",禁止因为雇员的性别、雇员属于或不属于某政治、宗教、军事或者职业团体而解雇。由于《企业工人委员会法》的立法目的在于保障工人委员会在企业事务中的参与权,所以该解雇保护的实现也依赖于工人委员会:雇员认为解雇违法的,必须首先向工人委员会提出异议,工人委员会尝试调解无效之后,可以批准雇员向法院提起诉讼或者以自己的名义替雇员主张权利。也就是说如果企业中没有工人委员会或者工人委员会认为异议不成立,那么雇员就没有途径主张解雇违法。可惜的是,该法并不能真正帮助雇员保住其工作岗位,因为即使雇员胜诉,雇主也可以选择撤销解雇决定召回该雇员或者支付一笔不超过六个月工资的"补偿金"来摆脱他。① 值得一提的还有1926年的《职员解雇保护法》,根据该法的强制性规定,职员在某一雇主处的工龄越长,雇主辞退他时需要遵守的解除通知期就越长。另外,现代解雇保护制度的基本精神此时已经开始萌芽,比如,第一次世界大战结束后颁布的《安置条例》要求雇主首先尝试通过减少工时、分担工作来避免辞退被安置的退伍军人,这一规定初步确立了解雇只能作为最后手段、解雇之前应当穷尽其他温和手段的理念。②

纳粹独裁统治的第三帝国时期,工人委员会制度作为企业民主管理和工人参与的机制难以存续下去,所以,1934年的《国家劳动秩序法》在解雇保护方面虽然沿用了《企业工人委员会法》的部分条款的表述,但是完全剔除了工人委员会在解雇保护中的参与,雇员得自行向法院提起诉讼寻求保护。另外,由于法律规定表述得很抽象,给法官按照纳粹德国的理念来解释适用法律留出了很大空间,所以当时对政治异见者、犹太人的解雇大行其道。③ 第二次世界大战结束以后,《国家劳

① v. Hoyningen-Huene/Linck,14. Aufl. ,Einleitung Rn. 21ff.

② Däubler,Das Arbeitsrecht 2,12. Aufl. ,Rn. 964.

③ Ascheid/Preis/Schmidt-Preis,4. Aufl. ,Grundlagen A,Rn. 12f.

动秩序法》维持了一段时间效力,于 1947 年年初被废止。在美国和法国的占领区内各州颁布了一些解雇保护方面的法令,英占区没有成文法,仅靠法官根据《民法典》里面的"公序良俗"和"诚信原则"来进行个案判断,苏占区则直接宣布没有企业工人委员会首肯的解雇无效。① 基于这种混乱局面,在联邦德国成立以后《解雇保护法》的制定马上被提上了立法日程。

2.《解雇保护法》的制定和修改

1951 年 8 月 14 日生效的《解雇保护法》是典型的劳资博弈的成果。工会和雇主联合会经过多次商讨,在 1950 年年初共同提交了所谓的"哈滕海默草案",②联邦劳动部在此草案的基础上稍加改动后于 1951 年年初向联邦议会提交了政府草案。③ 议会就此进行商议的过程中,各方经过了激烈的争议才相互达成了妥协。比如,农业和手工业雇主的代表提出应该限制该法的适用范围,"该法只能适用于雇工人数多于十人的企业,雇员本人必须在雇主处工作已满一年并且年满 25 岁",该建议遭到工会代表的强烈反对,最后双方各让一步,《解雇保护法》的适用前提变成了"企业雇工人数多于五人,雇员本人必须在雇主处工作满半年而且年满 20 岁"。④ 虽然该法不可避免地带有一些妥协的痕迹,但是相对于以前的立法体现出显著的进步:首先,该法正式确立了解雇保护的理念,以前的立法还是在认可解雇自由的基础上对其稍加限制,雇主宣告正常解雇只有在例外情况下被判定违法,而现在法律明确要求正常解雇必须具备社会正当性,即雇主只能基于经营需要、雇员本身或者行为的原因而解除与雇员的劳动合同;其次,该法围绕解雇的合法性、解雇保护之诉、裁员程序等基础问题作出了详细规定,而且适用于绝大多数雇员,不限于特定雇员群体,也不以企业工人委员会的存在和参与为前提;最后,雇员赢得解雇保护之诉的,一般情况下雇主不能再用支付补偿金的方法"买走"雇员的岗位,这更加能够帮助雇

① v. Hoyningen-Huene/Linck,14. Aufl. ,Einleitung Rn. 27f.

② 草案公布在 RdA 1950,63。

③ 草案公布在 RdA 1951,61ff。

④ 详见德国议会第 156 次和第 159 次会议记录。

员保护他安身立命的饭碗。

20世纪60年代和70年代,立法者认识到,由于涉及多方利益、分歧较大,制定一部《劳动法典》或者《劳动合同法典》的任务在短期内不可能完成,所以采取了更为务实的态度,开始按照当时的时代要求对各部单行法进行修订。① 1969年第一部《劳动法令梳理法》出台,该法对1951年版本的《解雇保护法》进行了较大幅度的修改。比如,扩大了适用范围,雇员的年龄门槛从20岁降到了18岁,②而且将"高管"③有条件地纳入了解雇保护的羽翼之下,引进了"变更解雇"的制度,明确了在解雇违法但法院依雇员或雇主申请判定解除劳动关系的情况下如何计算补偿金。由于变动比较大,条文顺序也有调整,所以,《解雇保护法》被修改之后于1969年8月25日公布了新版本,之后理论界和实务界在引用条文时往往会标注"1969年版本的《解雇保护法》"。另外,第一部《劳动法令梳理法》为了结束之前针对不同雇员群体需要依据不同的法律条文进行非常解雇的局面,放弃了以前《营业条例》和《商法典》的封闭式列举、概括条款加举例这两种立法例,重新表述了《民法典》第626条这一概括条款并以此作为适用于所有雇员的非常解雇的法律依据。④ 1972年《企业组织法》修订后⑤不仅从整体上扩大了企业工人委员会在企业事务方面的共决权限,让雇员的靠山更为强大,而

① Fitting, DB 1969, 1459. 早在《德国民法典》制定之际,当时的立法者就打算另行制定一部劳动法典,这个愿望直到今天也没有实现。1969年布兰特政府执政期间曾经设立了一个专门的立法委员会,并且公布了"劳动法典草案",这一立法尝试最终却失败了。

② 年龄门槛于1976年完全取消。

③ 《解雇保护法》第14条第1款首先明确了该法不适用于法人企业中被指定的法定代表机构成员或者合伙企业中根据法律、章程或者公司合同代表所有合伙人的人员。然后第2款规定该法部分规定适用于总经理、厂长以及其他有独立的招录或者解雇雇员的权限的高级管理人员。

④ Erfurter Kommentar zum Arbeitsrecht/Müller-Glöge, 14. Aufl., § 626 BGB Rn. 2.

⑤ 1974年《人事委员会法》对于公用单位中的雇员利益代表机构也有类似规定。以下提到的适用于企业工人委员会的条款同样适用于公用单位中的"人事委员会"(Personalrat)。

且个别条文更是直接增强了企业工人委员会对解雇事宜的影响力。[①] 比如,根据该法第 102 条,雇主在解雇之前听取企业工人委员会的意见是解雇生效的前提条件,[②]企业职工委员会对解雇提出异议的,并不能导致解雇无效,但是雇员因此获得继续在企业工作的权利,直到法院对他提起的解雇保护之诉作出有效判决,该异议权实际上对解雇有推迟其生效的作用。雇主要辞退企业工人委员会委员等雇员的集体利益代表的,甚至需要按照该法第 103 条的规定获得企业工人委员会的首肯或者法院的替代性裁定。[③]

3. 管制的放松与反复

如果说 1973 年的第一次石油危机意味着联邦德国近 20 年的经济奇迹结束,那么 1979 年开始的第二次石油危机直接把联邦德国拖进了严重的经济衰退。随之而来的是失业率从 70 年代初的不到 2% 飙升到了 80 年代中期的 8% 左右。[④] 1985 年的第一部《就业促进法》有条件

---

① 在建立了企业职工委员会的企业里面,它作为雇员在企业层面上的集体利益代表参与解雇事宜,一方面为雇员提供了某种程度的解雇保护,另一方面也有利于雇主在宣告解雇以前慎重思考自己的决定,比如企业工人委员会提出来的反对理由是否成立,贸然解雇是否风险很大。可惜的是,实践中企业职工委员会往往只存在于大中型企业里面,根据汉斯伯克勒基金会在 2011 年公布的数据,雇员总数在 20 人以下的小型企业设立企业职工委员会的仅占 4.9%,雇员总数在 100 人以上 200 人以下的中型企业里面有企业职工委员会的比例为 14.7%,这个比例在雇员总数在 1000 人以上的大型企业则高达 33.5%,参见 http://www. boeckler. de/pdf/p_arbp_231. pdf,2013 年 8 月 30 日访问。

② 雇主有义务告知企业工人委员会所有与解雇决定相关的情况,包括解除理由、解雇的种类、应当适用的解除通知期、雇员本人的年龄、企业工龄等信息,也就是说,雇主要讲清楚他打算什么时候、基于什么原因、通过什么方式解什么人。雇主履行了告知义务之后,针对非常解雇和正常解雇,企业工人委员会分别有三天和一周的反应时间,它可以选择沉默、赞成解雇、提出意见或者异议。雇主完全跳过听取意见环节的,必然导致解雇无效。如果雇主听取了企业工人委员会意见但是这个环节出现了问题,那么根据过错归结于哪一方,会导致不同的结果,比如雇主告知的信息必须真实、准确、完整,足够让企业工人委员会判断解除理由是否站得住脚,雇主故意隐瞒情况、给出错误信息的,也会导致解雇无效。详见 Däubler, Das Arbeitsrecht 1, 16. Aufl., Rn. 1071ff。

③ 《解雇保护法》第 15 条具体规定了该特殊解雇保护的覆盖人群、保护期间、解除事由和必经程序。

④ 相关数据详见 http://www. bpb. de/nachschlagen/zahlen – und – fakten/soziale – situation – in – deutschland/61718/arbeitslose – und – arbeitslosenquote,2013 年 11 月 30 日访问。

地放开了固定期限劳动合同的签订并且鼓励非全日制用工,希望通过减少雇主招聘的心理障碍促进就业。1990 年两德统一后,原西德地区经济没有明显好转,原东德地区却有大量企业倒闭,失业率继续攀升。1996 年的第二部《就业促进法》进一步放松管制,直接对解雇保护制度开刀:更多的微小企业被划出了《解雇保护法》的适用范围,因为企业雇工人数门槛从五人提高到了十人;因为企业经营原因导致的解雇中"社会性挑选"只能根据企业工龄、年龄和抚养义务三个标准进行;如果某雇员的知识才能对企业经营至关重要或者保留他才能维持平衡的雇员年龄结构,那么可以将他排除在社会性挑选外;一定条件下法院只审查社会性挑选是否有重大错误。不过这些变化还没有维持两年半就在 1998 年政府换届以后被改回去了,因为以施罗德为首的新任政府认为这些变化并没有达到增进就业的预期目的。① 但是,由于德国经济持续低迷,为了提高竞争力,2002 年施罗德政府推出了所谓的"哈茨方案",先后颁布了四部《劳动力市场现代化法》,不仅大幅削减了失业金和救助金等社会福利,推动了政府的劳动管理部门的职能转变,而且劳动法方面再次放松管制,典型的例子就是取消了对劳务派遣的系列限制。② 该法在解雇保护方面不仅基本恢复了 1996 年第二部《就业促进法》的规定,③而且还进行了一些对雇主有利的修改,比如雇员必须在收到书面解除通知三周内提起解雇保护之诉的规定现在适用于所有的解雇,又如根据新增的第 1a 条,如果雇主由于企业经营原因宣布解雇并且以雇员不提起解雇保护之诉为前提承诺向雇员支付补偿金,雇员因此放弃起诉的,可以向雇主主张补偿金,补偿金按照劳动关系存续的

---

① BT-Drucks. 14/45 S. 1 und 23.

② v. Hoyningen-Huene/Linck, 14. Aufl. , Einleitung Rn. 73.

③ 在微小企业的界定方面,为了保护信赖利益,劳动关系在 2003 年 12 月 31 日以前就已经建立的雇员,适用《解雇保护法》的人数门槛为五人,劳动关系在 2003 年 12 月 31 日以后才建立的雇员,人数门槛为十人,而且后面这些雇员在计算前者用工人数时不计算在内。另外,在计算用工人数时,不但要除开学徒工,而且每周工作时间不超过 20 小时的非全日制工的人数应乘以 0.5,每周工作时间不超过 30 小时的非全日制工的人数应乘以 0.75。

期限计算,每满一年支付半个月工资。[①]

二、解雇的分类

1. 非常解雇和正常解雇

解雇可以分为非常解雇和正常解雇。雇主宣告非常解雇的法律依据是《民法典》第626条第1款:如果因为某种事实,在考虑到个案的全部情况、衡量合同当事人双方利益之后,无法合理期待合同一方将雇佣关系延续到解除通知期届满或者约定的雇佣合同终止之时,那么该合同方可以基于此重大事由解除雇佣合同,无须遵守解除通知期。正常解雇则主要由《解雇保护法》调整。根据该法第1条第1款,对于劳动关系存续六个月以上的雇员,不具备"社会正当性"的解雇无效。该法第1条第2款紧接着又规定:如果解雇不是基于雇员本身或者行为原因,也不是因为企业紧迫的经营需求无法继续雇佣雇员,那么该解雇行为不具备社会正当性。相对于《民法典》第626条第1款典型的"概括条款"的表述,《解雇保护法》第1条第2款规定得稍微具体一点,至少说明了解除理由的来源基本上就是两个领域、三个方向。来自雇主领域的原因只能是"紧迫的经营需要",来自雇员领域的事由则包含"雇员本身原因"和"雇员行为原因"两个方向,后两者的区别在于雇员是否能够控制原因的产生,比如雇员很难保证自己不生病,却可以避免迟到早退。[②] 无论是正常解雇还是非常解雇都只能基于这三种原因,[③]只

① 立法者创设这种可能性的目的在于提供一种公平合理的路径:雇主可以尽快贯彻经营决策,不用担心诉讼缠身,雇员不用提起解雇保护之诉也可以获得一定的补偿金。BT-Drucks. 15/1204. 该规定并不妨碍雇员和雇主协商一致解除劳动合同并约定其他数额的补偿金。

② 通俗地表达起来可以对两者的区别归纳如下:雇员能够好好履行劳动合同却不想这么做,那么雇主可以基于雇员的行为原因解雇;雇员想好好履行劳动合同却没这个能力,那么雇员可以基于雇员的本身原因解雇。Schaub/Linck, Arbeitsrechtshandbuch, 15. Aufl., § 133 Rn. 1.

③ 实践中,非常解雇大多是基于雇员的行为原因,而基于雇员本身原因或者经营原因的解雇一般是正常解雇。学界和司法界对于哪些典型情况可以构成非常解雇的重大事由进行了系统的归纳总结,详见 Ascheid/Preis/Schmidt-Dörner-Vossen, 4. Aufl., § 626 BGB Rn. 180ff。

不过后者门槛更高,要求“重大事由”,所以,非常解雇在德国被称为是正常解雇“本质一样的升级版”。比如,同样是喝酒影响工作,某行政文员经常醉醺醺地来上班,受到警告之后也不改正,此时无法期待雇主继续履行劳动合同,因此允许雇主发出正常解雇;但是某公交公司的驾驶员喝酒之后驾驶公共汽车的,事关乘客安全和公共交通的秩序,性质更为恶劣,此时甚至无法期待雇主继续履行劳动合同到解除通知期届满,所以允许雇主宣告非常解雇。①

基本上,非常解雇就等同于“即时解雇”,正常解雇可以和“预告解雇”画等号。例外情况下可能会反过来,比如由于集体合同将解除通知期缩短到零,正常解雇也可以起到马上终止劳动合同的效果;又如集体合同已经基于某雇员的年龄和企业工龄排除了正常解雇的可能性,雇主却因为停产实在无法雇佣该雇员,强制继续履行会导致雇员长期“不干活、只拿钱”,此时联邦劳动法院不要求雇主继续维持这种对他而言毫无意义的劳动关系,但是雇主宣告非常解雇时必须遵守在正常解雇没有被排除的情况下他原本需要遵守的解除通知期。②

解除通知期被称为形式上的解雇保护,因为它不能阻止、却能推迟劳动合同的解除。违反解除通知期也不会导致解除无效,此时应该适用“正确的”法定或者约定的标准。《民法典》第 622 条对适用于劳动合同的解除通知期作了详细规定。该条第 1 款所规定的四周的基础期限既适用于雇主辞退也适用于雇员辞职,以日历月的 15 日或者月末为劳动合同解除时间。③ 因为雇员在雇主那工作的时间越长,知识技能越固定化、和企业的相关度越高,越容易影响他在劳动力市场上的竞争力,要割舍他熟悉的环境也越困难,所以有必要给予企业工龄较长的雇

① LAG Nürnberg 13. 7. 1987, LAGE Nr. 19 zu § 1 KSchG Verhaltensbedingte Kündigung; LAG Nürnberg 17.. 12. 2002, LAGE Nr. 147 zu § 626 BGB.

② BAG 12. 9. 1974 AP Nr. 1 zu TVAL II § 44; Ascheid/Preis/Schmidt-Dörner-Vossen, 4. Aufl., § 626 BGB Rn. 66.

③ 为了便于理解举例如下:雇主于 3 月 1 日通知解雇,从这天开始为期四周的解除通知期起算,由于四周期满时是 3 月 28 日,还不是月末,所以劳动关系应该在 3 月 31 日解除。

员更长的缓冲期去适应变化。《民法典》第 622 条第 2 款第 1 句①针对雇主辞退规定了较长的解除通知期:劳动关系已存续 2 年的,解除通知期为 1 个月;劳动关系已存续 5 年的,解除通知期为 2 个月;劳动关系已存续 8 年的,解除通知期为 3 个月;劳动关系已存续 10 年的,解除通知期为 4 个月;劳动关系已存续 12 年的,解除通知期为 5 个月;劳动关系已存续 15 年的,解除通知期为 6 个月;劳动关系已存续 20 年的,解除通知期为 7 个月;以上情况都是以日历月的月末为劳动合同解除时间。② 由于约定试用期的目的就是为了考察对方是否符合自己的要求,所以根据该条第 3 款在试用期期间正常解除只需要提前两周通知。为了照顾到各行各业的不同需求,该条第 4 款允许集体合同的双方就解除通知期作出和以上法律规定不同的安排。相对而言,根据该条第 5 款劳动合同的双方另行约定的空间就小很多了:约定更长的解除通知期不受限制,但是约定更短的解除通知期,只能在雇员是用工不超过 3 个月的临时工或者雇主用工人数③除开学徒也不超过 20 人的情况下,而且后者的情况下解除通知期不能短于四周。最后,该条第 6 款明确了一个原则,即另行约定的辞退的通知期不能比辞职的通知期长。

2. 基于经营原因、雇员本身原因或雇员行为原因的解雇

根据解除理由的不同,解雇也可以分为基于经营原因、基于雇员本身原因或者基于雇员行为原因的解雇。由于篇幅限制,此处仅以基于雇员行为原因的解雇为例作简要介绍。

作为解除理由的雇员的行为只能是违反劳动合同义务的行为,与劳动合同履行无关的行为即使构成犯罪也不能构成解除理由。比如,某公司职员下班以后回到家发现隔壁邻居在大声放音乐,职员觉得受

---

① 虽然该条第 2 款第 2 句规定说雇员年满 25 周岁以前的劳动关系存续的时间不计算在内,但是欧盟法院认定这条规定构成了欧盟指令 2000/78/EG 的所禁止的年龄歧视,所以德国法院不得适用该规定,该规定实质上失效了。参见 EuGH 19. 1. 2010 AP Nr. 14 zu Richtlinie 2000/78/EG [Kücüdeveci]。

② 计算劳动关系存续时间的时候,劳动关系事实上中断履行的无关紧要,比如雇员享受育儿假或者长时间请病假的。

③ 在计算用工人数时,每周工作时间不超过 20 小时的非全日制工的人数应乘以 0. 5,每周工作时间不超过 30 小时的非全日制工的人数应乘以 0. 75。

干扰和邻居吵了起来,两人扭打起来职员打伤了邻居,即使职员因为故意伤害被追究刑事责任,公司也不能因为他打架这个行为而解雇他。但是雇员被判自由刑而较长时间不能上班的,雇主可以因为他不能履行劳动合同而辞退他,不过这种情况属于基于雇员本身原因的解雇。① 违约行为可以是违反了劳动合同的主义务即劳动给付的义务,比如雇员顽固地拒绝雇主指派的合理工作,也可以是违反了劳动合同的从义务,比如《商法典》第60条规定的商业职员的竞业禁止,除此以外还要注意劳动合同、企业协议和集体合同中的各种约定。②

解雇的目的在于避免将来劳动关系的履行继续受到雇员违约行为的不良影响。这种不良影响分为两种情形:第一种情形是,虽然雇员的违约行为并不是很严重,但是根据雇员的表现等情况可以预计到他在将来还会再犯同样的或者类似的违约行为;第二种情形是,违约行为很严重,虽然再犯的可能性很小,但是已经动摇了双方继续合作的信任基础。此处必须强调,违约行为本身就必然会造成对劳动合同履行的困扰,违约行为是否额外造成某种后果,比如扰乱了生产秩序或者导致了财产损失,并不是解雇合法的要件,而是在进行利益衡量的时候需要考虑的因素。③ 基于雇员行为的解雇是否以雇员有过错为前提,对此还有争议:一种观点认为雇员的过错是必要条件;④另一种观点则提出,特定情况下雇员无过错的行为也可以构成解除理由,比如雇员由于受到心理疾病的影响经常辱骂上司和同事,但是即使这种观点的支持者

① 另外,如果雇员虽然是在工作时间之外犯罪,但是所犯罪行和工作性质相关,比如司机下班以后酒驾、税务员职员自己偷税漏税或者教师携带毒品,以至于让人怀疑他是否具有完成本职工作需要的品行操守,那么雇主也可以基于雇员本身的原因解雇。BAG 23.9.1976, AP § 1 KSchG 1969 Wartezeit Nr. 1; BAG 30.5.1978 AP Nr. 70 zu § 626 BGB; LAG Düsseldorf 20.5.1980, EzA Nr. 72 zu § 626 BGB n. F..

② BAG 2.3.2006, AP Nr. 14 zu § 626 BGB Krankheit.

③ BAG 16.8.1991, AP Nr. 27 zu § 1 KSchG 1969 Verhaltensbedingte Kündigung.

④ Erfurter Kommentar zum Arbeitsrecht/Oekter, 14. Aufl., § 1 KSchG Rn. 191; Kittner/Däubler/Zwangziger-Däubler, 7. Aufl., § 626BGB Rn. 32 und § 1 KSchG Rn. 156; Löwisch/Spinner, 9. Aufl., § 1 Rn. 96.

也认为原则上还是需要雇员的违约行为基于故意或者过失。①

得出以上结论后雇主也不能马上做出解雇决定,而应该尝试通过其他更为温和的手段避免雇员再犯错误或者消除不良影响。一般情况下雇主先得对雇员发出警告,让他意识到再不改正就会被辞退。雇主也可以考虑为雇员另行安排工作,比如雇员因为和本部的某个同事关系恶劣,难以继续合作,那么把他调到另一个部门去就能避免两者发生矛盾,但是如果雇员经常酗酒影响工作,调岗就不是合适的应对方法了。②

即使雇主已经穷尽了更为温和的手段,法官在最后判断解雇合法性的时候还需要根据个案情况进行利益衡量。究竟是应该支持雇主终止劳动关系的愿望,还是保住雇员的工作岗位更为重要?雇员之前已经有过多次违约行为,雇员认错态度不好、行为嚣张,或者雇员的行为扰乱了经营秩序或者造成了财产损失,这些情况可以使得天平向雇主一方倾斜。③ 如果解雇以前劳动合同双方合作愉快,雇员的岗位特殊,雇员过错程度轻微或者没有过错,又或者雇主对于违约责任的发生也有责任,那么法官可能会更加倾向于保护雇员一方。另外,基于"社会国家"的原则,法官还需要考虑雇员的年龄、抚养义务、家庭负担以及雇员在劳动力市场上的竞争力等因素。④

---

① BAG 21. 1. 1999, AP Nr. 151 zu § 626 BGB; Ascheid/Preis/Schmidt-Dörner-Vossen, 4. Aufl., § 1 KSchG Rn. 276; KR/Griebeling, 9. Aufl., § 1 KSchG Rn. 407; v. Hoyningen-Huene/Linck, 14. Aufl., § 1 Rn. 475. 认为过错是必要前提的学者提出,联邦劳动法院的这个案例适用法律错误,既然雇员是因为心理疾病不能控制自己的言行,那么就应该基于雇员本身的原因解除,而不是基于雇员行为的原因解除。

② KR/Griebeling, 9. Aufl., § 1 KSchG Rn. 407.

③ BAG 17. 1. 1991, AP Nr. 25 zu § 1 KSchG 1969 Verhaltensbedingte Kündigung; BAG 4. 6. 1997, AP Nr. 137 zu § 626 BGB; v. Hoyningen-Huene/Linck, 14. Aufl., § 1 Rn. 472.

④ BAG 18. 11. 1999, AP Nr. 32 zu § 626 BGB Verdacht strafbarer Handlung; KR/Griebeling, 9. Aufl., § 1 KSchG Rn. 411; v. Hoyningen-Huene/Linck, 14. Aufl., § 1 KSchG Rn. 286. 就哪些情况可以纳入利益衡量,存在不同观点, Ascheid/Preis/Schmidt-Preis, 4. Aufl., Grundlagen H, Rn. 49 提出,法官进行利益衡量只应该考虑与合同履行相关的因素,比如该雇员违约之前的表现如何、违约行为是否扰乱了经营秩序,至于雇员是否有几个小孩需要抚养,不应该纳入考虑范畴。

三、解雇保护三原则

1. 概括条款的立法例

历史上《经营条例》第 123 条曾经对于雇主非常解雇产业工人的事由进行了封闭式列举，比如“雇员偷窃、侵占、骗取雇主财产，或者雇员生活方式堕落、不检点”。列举的理由出现时雇主可以立即解除劳动关系，无须顾及个案的特殊情况。这种封闭列举“绝对的解除理由”的模式具有明显的缺陷，不仅很难和丰富多彩的现实生活一一对应，而且容易和时代脱节。比如类似“生活方式堕落”的解除理由不符合现代法律精神，因为基于对人格自由的尊重，工作和生活分得很清楚，雇员私生活只要不影响劳动关系的履行，雇主就没有指手画脚的余地。另外，绝对的解除理由留给法官的裁量空间很小，难以照顾到具体案件的特殊情况。为了克服不周延性和滞后性的局限，也为了更好地追求个案正义，立法者放弃了这种立法例。无论是《民法典》第 626 条，还是《解雇保护法》第 1 条，两者的表述都非常概括抽象，前者属于典型的概括条款，后者也只描述了解除理由来源的领域和方向。但是，不确定性和灵活性如影随形，不确定的规范性概念内涵和外延均不确定，而法律是以安全、正义价值为自身价值内核的规则，法律的确定性也需要得到保障。[①] 为了实现个案正义和法律确定性的平衡，学界和司法界通过多年努力，树立了“预测原则”、“比例原则”和“利益衡量原则”三大原则，对于德国解雇保护制度的理解和适用意义重大。

2. 预测原则

根据预测原则，“负面预测”是合法解除的前提条件，即雇主基于某些事由预测到将来劳动关系的履行会受到严重干扰。之所以着眼于将来，本质上是因为劳动合同属于典型的继续性合同，劳动合同的解除

① 由于缺乏具体标准，解除究竟需要满足哪些条件，满足了这些条件以后是否一定有效，都无法得到确定的答案，劳资双方都很难对解除的合法性以及相应后果做出预计，而且以司法系统的独立性和法官专业素养的水平为前提，所以笔者认为这种立法例现阶段还不适合我国。

没有溯及力,只向将来发生消灭合同关系之法律效力。[①] 不同于一时性合同中履行障碍的救济手段,解除继续性合同目的不是为了“治愈”已经产生的障碍,而是为了“防止”继续出现障碍:[②]由于经营原因解雇的合法性归根于用工需求在质或者量方面的变化;之所以允许雇员本身原因导致的解雇,是因为雇员本身的“缺陷”将继续存在并阻碍劳动合同的履行;即使解雇是基于雇员的行为,解雇的目的也不是对其进行惩罚,而是因为雇员将来再犯错误的可能性很大或者该行为动摇了劳动关系赖以维系的信任基础。[③]

是否能够得出负面预测的结论,不能依靠雇主“未卜先知”的能力,而是需要客观的依据,这种依据往往是过去已经发生的事实。[④] 如果解雇是基于雇员本身的原因,比如因病解雇,那么过去的一段时间里雇员生病的频率,每次生病的时间长短,以及是否存在因病缺勤率上升的趋势,都属于可以用来证明雇员将来会因为长时间或者经常性患病不能履行劳动合同的客观事实。由于雇员可以控制自己的行为,雇主基于雇员行为解雇之前往往都需要对雇员发出“警告”,如果雇员屡教不改,那么可以预见他将来还会再犯同样的错误。在雇员违约行为特别严重的情况下,比如性骚扰同事或者收受商业贿赂,雇主可以直接解雇,无须事先警告,因为双方将来继续履行劳动合同的信任基础已经被摧毁了。因为企业经营原因解雇时,雇主可以援引过去的销售业绩、盈利水平等客观数据来说明为什么将来会出现人员富余,也可以通过展示自己技术升级或者经营组织的改革计划来解释裁员的必要性。[⑤]

然而,解雇之时的预测毕竟只是对将来情况的估计。由于解雇属于

---

① v. Hoyningen-Huene/Linck,14. Aufl. , § 1 KSchG Rn. 190.《民法典》第626条“无法期待继续履行”的表述也已经体现了这种思想。

② Ascheid/Preis/Schmidt-Preis,4. Aufl. ,Grundlagen H,Rn. 75.

③ BAG 10. 11. 1988,AP Nr. 3 zu § 1 KSchG 1969 Abmahnung.

④ Erfurter Kommentar zum Arbeitsrecht/Oekter,14. Aufl. , § 1 KSchG Rn. 78.

⑤ BAG 19. 6. 1991,AP § 1 KSchG 1969 Betriebsbedingte Kündigung Nr. 53. 但是这种计划不能是纸上谈兵,雇主在宣告解雇时应该已经开始执行该计划并且最晚在解除通知期届满时落到实处。比如雇主计划将一些非核心业务外包,在宣告解雇相应员工的时候不一定要求外包协议已经签订,但是雇主至少应该开始和服务提供商进行谈判了。

形成权的行使,雇主作出解雇决定后,解除通知一经到达雇员处就发生法律效力,所以判断解雇的合法性应该以解除通知到达之时的情况为准。如果在宣告解除之后、解除通知期届满之前发生的事情推翻了解雇之时的预测,比如雇员出人意料地痊愈了或者企业组织结构改革之后仍然保留了某个岗位,那么雇员有权要求雇主继续履行劳动合同。①

3. 比例原则

比例原则,也叫"最后手段原则"。按照比例原则的要求,雇主应该考虑哪些措施有助于达成排除合同履行的障碍的目的,并且在可以达成这一目的的几种措施中选择对雇员权利侵害最小的措施,该措施对所造成的对雇员权利的侵害和所欲达成之目的间应该有相当的平衡。所以,解雇应该是用于排除劳动合同履行所面临的障碍的适当的、必要的、也是符合比例的手段。②在具体个案中,只有穷尽了其他可能的、更为温和的手段之后才能解雇,比如警告、调岗、变更解除等。③根据《解雇保护法》第1条第2款第2句和第3句,如果雇主可以通过调换工作岗位、培训或者和雇员协商一致变更其他的劳动条件来继续履行劳动合同,并且企业工人委员会因此提出异议的,解雇不符合社会正当性。联邦劳动法院在1973年的判决中明确提出,这种情形下解雇肯定不符合社会正当性,无须再进行利益衡量等步骤,可以直接判定解雇违法,但是个案中雇主有义务事先采用的更为温和的手段却不限于此,比例原则的适用也不以企业工人委员会的异议为前提。④ 当然,雇主

① Ascheid/Preis/Schmidt-Preis, 4. Aufl., Grundlagen H, Rn. 80.

② v. Hoyningen-Huene/Linck, 14. Aufl., § 1 KSchG Rn. 206.

③ BAG 30. 5. 1978, AP Nr. 70 zu § 626 BGB. 由于正常解雇需要遵守解除通知期,所以相对于非常解雇而言也是一种更为温和的手段。

④ 联邦劳动法院在判决中指出,这一新规定源于1972年《企业组织法》第102条第3款,立法者赋予企业工人委员会异议权的目的在于通过雇员集体利益代表的介入增强对雇员个体的解雇保护(因为企业工人委员会比雇员拥有更多信息、更加了解企业的情况,比如是否存在空缺岗位)。而在这项立法之前学界和司法界就已经普遍要求解雇之前穷尽可能的、更为温和的手段,如果立法之后将解雇前有义务采取的手段限定于法律明确列举的这几种并且以企业工人委员会提出异议作为适用前提,那么起到的效果是削弱了解雇保护,将和立法目的相矛盾。参见 BAG 13. 9. 1973, AP Nr. 2 zu § 1 KSchG 1969; Erfurter Kommentar zum Arbeitsrecht/Oekter, 14. Aufl., § 1 KSchG Rn. 61。

只需要在力所能及的范围内尝试其他手段,比如雇员因病不能从事原岗位工作的,雇主解雇前应该先考察是否可以另行安排的岗位。但这样做的前提是存在岗位空缺,因为即使生病的雇员更加需要保护,雇主也没有义务辞退另一名雇员来给他腾出位置。

究竟什么手段是适当的、必要的、符合比例的,需要根据具体的个案情况里判断。但是学界和司法界通过多年讨论已经对区分不同的解雇原因进行了总结。以雇员行为原因导致的解雇为例,一般都要求事先给予雇员警告,避免他出现"雇主不计较说明这个问题无关紧要"的错觉,让他有机会改正自己的错误。① 但是,客观情况表明不能指望雇员纠正其行为的,比如雇员已经明确拒绝改正或者通过他的行为毫无疑义地表现出不合作的态度,就没有事先警告的必要了。同样,如果雇员的违约行为性质恶劣、后果严重,雇员自己应该意识到雇主不可能容忍他的违约行为,那么雇主也可以直接解雇,所以雇主基于重大事由宣告非常解雇的情况下往往都不需要事先警告。② 警告负有多重功能,雇主提醒雇员他违反了什么合同义务,并且告诫他如果不予改正,那么再犯的时候就会面临被辞退的后果,同时又记录了"前科",可以为之后做出负面预测提供客观证据。③虽然界定起来可能有困难,但是雇员之前受到警告的违约行为和导致最后解雇的违约行为得基本上相同或者相似,否则提醒、告诫和预测的作用就无从谈起。判断违约行为是否相同或者相似时不能过于严格,只要违约行为属于同一类型、可以用同一个标准进行归纳即可,比如雇员生病了不来上班也不按照规定请病假或者经常迟到早退,都属于无故缺勤,都说明了雇员没有把雇主规定

---

① 这和《民法典》第323条体现出来的精神一样,在双务合同中债务人不提供已到期给付或者给付与合同约定不符的,原则上债权人在指定期限让债务人给付或者补充履行无果以后才能解除合同。v. Hoyningen-Huene/Linck,14. Aufl., § 1 KSchG Rn. 479.

② BAG 21.5.1992, AP Nr. 28 zu § 1 KSchG 1969 Verhaltensbedingte Kündigung; BAG 10.2.1999, DB 1999, 1121.

③ BAG 18.1.1980, AP Nr. 3 zu § 1 KSchG 1969 Verhaltensbedingte Kündigung. 所以,警告无须采取特定的形式,但是内容上必须要满足一定的要求:雇主必须指出雇员有什么违约行为,明确要求他改正,并且说明再次违反会导致什么后果。

的上下班时间当回事。[①] 当然,假设雇员状况百出,今天浪费生产材料、明天和同事吵架、后天不按照安全生产的规定穿职业防护服,多次因为不同类型的违约行为受到警告,那么也可以得出这个雇员"不靠谱"的结论,雇主不用等到他再犯同样的错误时才解雇。[②] 解雇之前雇主需要发出几次警告需要根据个案的具体情况判断,并无定数。一方面,违约行为较为轻微或者雇员的企业工龄比较长的,雇主发出一次警告就很可能不够;另一方面,如果雇主几次发出警告威胁说要解雇但又总是不实行,就会让人感觉"光打雷不下雨",此时雇主有必要在解雇之前的最后一个警告中特别强调解雇威胁的严肃性。[③] 雇主基于雇员的某一违约行为发出警告,意味着雇主放弃了以此为由直接解雇的打算,即使雇主之后改变了想法,也不能够撤销警告、改为解雇,之前引起警告的事由只能在以后雇员再犯时起到支撑解雇的作用。[④]

4. 利益衡量原则

《民法典》第626条第1款明文规定了判断非常解雇的合法性时需要"考虑到个案的全部情况、衡量合同当事人双方利益"。《解雇保护法》第1条第2款虽然没有类似的表述,但是学界和司法界认为进行利益衡量属于评价解雇是否具备社会正当性的内在要求。[⑤] 德国现行法不承认绝对的解除理由,[⑥]即使可以预测将来劳动关系的履行会受到严重干扰,已经穷尽了更为温和的手段也难以避免,法官仍然要考虑具体案件的特殊情况,思考是允许解雇防止雇主的利益继续受到损害更

---

① BAG 16.9.2004, AP Nr. 50 zu § 1 KSchG 1969 Verhaltensbedingte Kündigung.

② Ascheid/Preis/Schmidt-Dörner-Vossen, 4. Aufl., § 1 KSchG Rn. 428.

③ BAG 15.11.2001, AP Nr. 4 zu § 1 KSchG 1969 Abmahnung. 另外,如果雇员受到警告以后长时间表现良好,那么该警告的作用就失效了,雇主不能"旧事重提"。往往企业协议里面会规定警告的"有效期",到期删除相关记录。

④ Erfurter Kommentar zum Arbeitsrecht/Müller-Glöge, 14. Aufl., § 626 BGB Rn. 33.

⑤ Münchener Kommentar zum BGB/Hergenröder, 6. Aufl., § 1 KSchG Rn. 119.

⑥ 历史上曾经《经营条例》第123条对于雇主可以立即解雇产业工人的情形进行了封闭式列举,这种立法例下只要法律列举的情形存在即可判定解雇的合法性,无须进行个案的利益衡量,但是1969年该规定已经被废止了。现行德国法中仅剩下《海员法》第64条规定了"绝对"的解除理由。

重要,还是应该禁止解雇避免雇员失业陷入困境,从而判断是否应该维持双方的劳动关系。

联邦劳动法院在 1987 年 4 月 30 日的判决中提出,基于经营原因的解雇中,如果确实存在紧迫的经营需要,也没有其他的继续雇佣的可能,那么解雇基本上是合法的,只有在极少数的例外情况中利益衡量可以得出对雇员有利的结果。[①] 自此之后,司法界在基于经营原因的解雇领域基本上不再进行利益衡量。究其原因,是因为联邦劳动法院信奉"经营决策自由",认为法院不能对企业家的决定是否正确、是否合理做出评判,只能在该经营决策明显不切实际、不理智、太随意的时候才能介入。如果进行利益衡量,天平两端一端是雇主解雇的利益(劳动合同继续履行会损害雇主的利益),另一端是雇员的利益(雇员失去工作岗位所遭受的各种损失),那么法院无法避免对经营决策的合理性进行评判。所以,联邦劳动法院对于企业经营决策有限的"滥用管制"排除了利益衡量的空间。也有观点认为联邦劳动法院之所以不要求在经营原因导致的解雇中进行利益衡量,应该归结于法律规定本身:法律对解雇前提表述得越抽象,越需要法官适用时通过具体案件的利益衡量来判断解雇是否符合社会正当性;相反,法律表述得越具体,法官进行利益衡量的空间越小。不同于基于雇员自身原因或者行为原因的解雇,《解雇保护法》第 1 条第 3 款已经明确要求,在紧迫的经营需求导致无法继续雇佣的情况下,雇主必须按照年龄、企业工龄、残疾程度、抚养义务者四个法定标准进行"社会性挑选",从而最终确定解雇人选。这样规定是立法者根据典型情况进行利益衡量之后做出的价值判断的结果,没有留给法官多少自由裁量的空间,所以,经营原因解雇中

---

① BAG 30. 4. 987, AP Nr. 42 zu § 1 KSchG 1969 Verhaltensbedingte Kündigung. 该案中,雇主经过成本核算决定将清洁工作外包给专业的清洁公司,又没有办法给原来的清洁工另行安排工作,因此辞退雇员。由于外包每个月只需要支付 2521 马克,自行雇佣清洁工每个月的工资成本高达 13000 马克,所以法院认为雇主基于节约成本的考虑选择外包的做法是合理的。法院认为,即使进行利益衡量时考虑到雇员有残疾、有一个小孩要抚养、丈夫已经丧失了劳动能力这些情况,但是由于她的丈夫可以领取病休的退休金,她年纪还不大,还有再就业的机会,所以她并不是特殊困难、特别需要保护,没有到达为此否定解雇的社会正当性的地步。

一般不进行利益衡量。有学者准确地指出了上述观点的问题所在:利益衡量考虑的是更应该保护劳动者的工作岗位呢,还是支持企业决策允许解雇更重要,解决的是"解雇与否"的问题;社会性挑选则在承认裁减人员的必要性的前提下,挑选年龄最小、企业工龄最短、残疾程度和家庭负担最轻的那个雇员作为具体的解雇对象,解决的是"解雇谁"的问题。所以后者不能取代前者。①

四、解雇保护之诉

雇员认为解雇因为缺乏社会正当性或其他理由而无效的,可在解除通知到达之后三周内向劳动法院提起确认之诉,要求法院确认劳动关系没有因为解雇而终止。《解雇保护法》第 4 条第 1 句规定的这一"解雇保护之诉"原本只适用于正常解雇,但是 2003 年 12 月 24 日颁布的《劳动力市场现代化法》将其适用范围扩展到了非常解雇、变更解雇等所有种类的解雇。即使是解雇发生在《解雇保护法》不适用的情况下,比如微小企业中,确认解雇无效都必须通过三周内提起解雇保护之诉这一途径。②

1. 三周的起诉期限

设置三周的起诉期限目的在于尽快让形势明朗起来,根据《解雇保护法》第 7 条,雇员没有及时提起解雇保护之诉的情况下,将视为解雇有效。此期限并非诉讼时效,而是除斥期间,不适用于中止或者中断的规定。除非有法定的允许逾期起诉的情形,雇员在解除通知送达三

---

① 上述观点参见 Ascheid/Preis/Schmidt-Preis, 4. Aufl. , Grundlagen H, Rn. 46ff; DHSW/Markowski-Schubert, 3. Aufl. , § 1 KSchG Rn. 410f; Münchener Kommentar zum BGB/Hergenröder, 6. Aufl. , § 1 KSchG Rn. 122. 。

② 除了主张解雇不符合社会正当性以外,主张解雇因为其他理由无效的基本上也需要遵守三周的起诉期限,比如解雇违反法律禁止性规定、违反公序良俗或诚实信用原则,参见黄卉:"德国劳动法中的解雇保护制度",载《中外法学》2007 年第 1 期。只有少数情况下,比如解除通知没有遵守书面形式,雇员因此主张解雇无效的,无须遵守三周的起诉期限。参见 Däubler, Das Arbeitsrecht 2, 12. Aufl. , Rn. 1162。

周以后提起诉讼的,法院将依职权指出这一缺陷、驳回起诉。[①] 这种安排对雇主更为有利,他可以很快知道雇员是会接受解雇还是提起诉讼,从而做出相应的安排,比如招录新人填补空缺。[②] 雇员对于时机延误并无过错的情况的,要他承担这样的后果显然不公。所以《解雇保护法》第5条第1款第1句规定,如果存在某种事由阻碍雇员在三周内提起诉讼,雇员也已经尽到当时情景下所有可期待的注意义务,那么雇员可在阻碍事由消除后两周内向法院提出申请,要求法院允许逾期起诉。[③] 比如,在雇员外出度假期间,解除通知送到他的家庭住址的邮箱里就算送达了,此时应该允许他度假回来以后再起诉,但是假设在他度假之前人事主管已经在和他的谈话中透露出解雇的打算,他却没有安排亲戚朋友代为查收信件,那么错过起诉期限就只能怪自己了。[④] 由于期限较短,而且雇员未必拥有相关的法律知识,所以实践中法院对于起诉的形式要求不高。雇员应该向有管辖权的劳动法院递交诉状,如果在三周内递交给了没有管辖权的劳动法院或者其他法院而由后者移送,也算遵守了起诉期限。诉状中应该说明被告是谁,针对哪个解雇以及确认解雇无效的要求,如果诉状中雇员只主张解雇不符合社会正当性,没有提到其他导致解雇无效的理由比如违反了《母亲保护法》,又或者雇员没有直接要求确认解雇无效,但是其要求比如继续支付解雇之后的工资以解雇无效为前提,那么根据《解雇保护法》第6条雇员只要在一审辩论阶段结束之前补充相关信息即可,法院有义务就此提醒雇员。[⑤]

---

① BAG 26.6.1986, AP Nr. 14 zu § 4 KSchG 1969; v. Hoyningen-Huene/Linck, 14. Aufl., § 4 KSchG Rn. 92.

② Schaub/Linck, Arbeitsrechtshandbuch, 15. Aufl., § 138 Rn. 1.

③ 按照《母亲保护法》第9条规定,雇主只有在极少数的例外情况下可以解雇孕期以及产后四个月内的女性雇员,所以,根据《解雇保护法》第5条第1款第2句,怀孕妇女在三周的起诉期限届满后才知道自己怀孕的事实且此延迟知情不可归责于她的,适用上述逾期起诉的规定。另外,《解雇保护法》第5条第3款规定,逾期起诉的申请最迟不得晚于三周的起诉期限届满后六个月。

④ LAG Köln 4.3.1996, LAGE AP Nr. 75 zu § 5 KSchG; v. Hoyningen-Huene/Linck, 14. Aufl., § 5 KSchG Rn. 37.

⑤ v. Hoyningen-Huene/Linck, 14. Aufl., § 6 KSchG Rn. 5.

2. 举证责任

举证责任方面,《解雇保护法》第1条第2款第4句首先确定了一个原则,即雇主就导致解雇的事由具有举证责任。① 雇主基于雇员本身的原因解雇的,应该证明雇员由于本身的某种"缺陷"将来不能正常履行劳动合同、没有其他手段来消除企业经营受到的影响。比如因病解除中,雇主不了解雇员病因的,至少应该说明雇员在过去一段时间因病缺勤的天数以及频率。在基于雇员行为原因的解雇中,雇主应该就雇员的违约行为、该违约行为对劳动关系的履行产生的不良影响、警告无效或者没有其他更为温和的措施可以消除影响等因素举证。面对这两种类型的解雇,雇员几乎不承担什么举证责任,当然他可以提出反证,比如雇员可以请同事证明自己休假已经获得上级同意、并非无故缺勤,又或者让主治医生出具意见,说明自己很快将会康复而且没有复发的风险。②

相比之下,举证责任的分配在基于经营原因的解雇中明显对雇员不利。虽然雇主有义务详细说明他基于什么外部或者内部的原因做出了怎样的经营决策、该决策对劳动关系的存续产生了何种影响、他又采取了其他更为温和的手段来避免解雇,但是联邦劳动法院认为,因为雇主承担着经营风险,一般都希望发展壮大自己的企业,只有在很少的例外情况下才会做出明显不切实际、不理智、过于随意的经营决策,所以,雇员认为存在这种例外情况并且至少举出初步证据的,法院才会启动对企业的经营决策的滥用审查。③《解雇保护法》第1条第3款第3句还规定,雇员认为雇主在基于经营原因的解雇中违反了社会性挑选的基本原则的,就此负有举证责任。也就是说,雇员为了保住自己的饭碗往往要把同事"拖下水",比如被解雇的销售员提出,自己与同一个部门的另外一个销售员相比更值得保护,因为后者企业工龄更短、需要抚

---

① 雇员主张解雇不符合社会正当性的,首先应该就《解雇保护法》的适用前提举证,即劳动关系存续六个月以上,而且用工人数已经达到五人或十人的门槛。

② v. Hoyningen-Huene/Linck, 14. Aufl., § 1 KSchG Rn. 1075ff.

③ BAG 9.5.1996 AP Nr. 59 zu § 1 KSchG 1969 Betriebsbedingte Kündigung; BAG 21.9.2006, AP Nr. 130 zu § 2 KSchG. 即使有企业工人委员会等雇员的集体利益代表的支持,雇员也未必能够获取相关的信息。Däubler, Das Arbeitsrecht 2, 12. Aufl., Rn. 1166d; DHSW/Markowski-Schubert, 3. Aufl., § 1 KSchG Rn. 418ff 对此持批评意见。

养的小孩也更少。由于雇员往往缺乏相关信息,所以该条同时规定了雇主的告知义务。[①] 另外,不管基于什么原因导致难以在原来的工作岗位上继续履行劳动合同,雇员都得先说明自己可以接受其他什么岗位,此时雇主才有义务证明为什么没有在其他岗位上继续履行劳动合同的可能性。[②]

3. 法院依申请判决终止劳动关系

法院判决驳回解雇保护之诉的,解雇有效,也就是说,解雇导致劳动关系在解除通知到达之时或者解除通知期届满之时终止,判决生效以后雇员不能再基于其他的"缺陷"主张该解雇无效。[③] 法院做出解雇无效的判决后雇主基于同一事由再次解雇的,法院应该直接判决新的解雇无效、无须对其进行实质审查,但是如果解雇所依据的事实在判决生效之后有明显的变化发展的,不属于"重复解雇",法院在审理中应该综合考虑事情的前因后果。[④]

虽然《解雇保护法》以促进职业安定为目的、以向雇员提供劳动关系的"存续保护"为原则,但是立法者也承认,例外情况下即使解雇无效也没有必要恢复劳动关系。所以,根据《解雇保护法》第9条的规定,如果无法期待雇员继续履行劳动合同,或者不能指望双方将来能够(为了经营目的)进行有益合作,[⑤]那么雇员或者雇主可以最晚在二审

---

① 雇主应雇员的要求应该说明以下内容:社会性挑选在哪些雇员中进行;企业工龄、年龄、抚养义务和残疾程度这四个标准各占多少权重;是否考虑到某些雇员特殊的知识才能或者员工队伍的年龄结构而将某些雇员排除在社会性挑选外。雇主拒绝告知的,法院会免除雇员相应的举证义务,认定该解雇违反社会性挑选的原则。Erfurter Kommentar zum Arbeitsrecht/Oekter, 14. Aufl., § 1 KSchG Rn. 369ff.

② BAG 29.3.1990, AP Nr. 50 zu § 1 KSchG 1969 Betriebsbedingte Kündigung.

③ BAG 12.6.1986, AP Nr. 17 zu § 4 KSchG 1969.

④ BAG 26.8.1993, AP Nr. 113 zu § 626 BGB; BAG 12.2.2004, AP Nr. 75 zu § 1 KSchG 1969.

⑤ 此处的表述和《民法典》第626条类似,但是要注意两者对相应事由的严重程度要求不同,做出判断的时间点也不一样,比如法院判决终止的往往要考虑诉讼过程中出现的状况。

辩论阶段结束以前向法院提出申请,要求法院判决劳动关系终止。①提出申请的一方有义务论证自己为什么要求终止,类似于"双方的信任基础已经被摧毁"的套话是不够的,申请者往往需要援引与解雇或者与解雇保护之诉有关的事实。对于雇员而言,可以用来支撑自己申请的典型情况如下:雇主为了解雇编造事实"抹黑"他;雇主在解除通知期届满之前无故拒绝他来上班;有迹象表明他回到工作岗位后很可能遭到雇主报复;因为雇员主张社会性挑选错误把别人"拖下水"、导致同事之间关系紧张。考虑到存续保护的原则,所以法院对雇主提出申请的理由要求更高。雇员对外国同事有仇恨言论、向检察机关检举诬告自己的上司、在开庭时破口大骂雇主又或者在媒体上歪曲雇主的形象的,法院往往都会批准雇主的申请。② 如果雇员属于《解雇保护法》第 14 条第 2 款意义上的高管,那么雇主申请法院判决终止劳动关系时无需说明理由,因为高管身份特殊,他和雇主之间合作以相互信赖为必要基础。雇员、雇主双方都向法院提出申请的情况下,说明双方已经没有继续合作的意向了,此时法院应该批准申请。③ 另外,法院还必须在判决中确认劳动关系终止的时间,此时应注意相应的法定或者约定的解除通知期,也就是说,假设解雇合法的情况下劳动关系应该在某天终止,那么法院就应该确认劳动关系在那天终止。

4. 补偿金

解雇无效但法院依申请判决劳动关系终止的,由于劳动关系的终止根本上还是归结于雇主的违法解雇行为,所以雇主应该向雇员支付

---

① 立法者认为,非常解雇这种手段对于雇员的伤害很大,如果法院认定非常解雇违法的,雇主的行为堪比严重的违约行为,所以《解雇保护法》第 13 条明确规定了非常解雇被判定违法的情况下,只有雇员可以申请法院判决劳动关系终止,雇主没有被赋予这种"出路"。v. Hoyningen-Huene/Linck,14. Aufl. , § 13 KSchG Rn. 16.

② 法院批准雇员或者雇主申请的典型情况参见 Ascheid/Preis/Schmidt-Biebl, 4. Aufl. , § 9 KSchG, Rn. 39ff, 62ff。

③ v. Hoyningen-Huene/Linck,14. Aufl. , § 9 KSchG Rn. 74.《解雇保护法》第 9 条、第 10 条规定的补偿金以解雇违法且法院依申请判决终止劳动关系为前提,不同于《解雇保护法》第 1a 条规定的补偿金。后者只适用于基于经营原因的解雇,以雇主做出承诺且雇员因此放弃起诉为前提,补偿金的额度也是法定的,劳动关系存续每满一年支付半个月工资。

一定的补偿金。《解雇保护法》第10条规定的补偿金从性质上讲不是违约或者侵权的损害赔偿,而是对雇员由于丧失工作岗位所遭受的损失的弥补,同时也起到对做出违法解雇决定的雇主进行惩罚的作用。① 根据该条第1款,补偿金一般情况下以12个月的工资为上限。但是考虑到雇员年龄越大在劳动力市场上越没有竞争力,而且他所损失的工资以外的福利待遇也往往和企业工龄挂钩,所以该条第2款规定:雇员年满50周岁且劳动关系存续15年以上的,补偿金上限为15个月的工资;雇员年满55周岁且劳动关系存续20年以上的,补偿金上限为18个月的工资。具体个案中补偿金应该是多少没有定数,由法院综合考虑雇员的企业工龄、年龄、家庭负担以及雇主的规模、经营状况、解雇违法的严重程度等各种因素进行自由裁量。例如,相对于雇主无缘无故解除劳动合同的情况,雇员确有违约行为但还不够支撑解雇的,前者需要支付的补偿金肯定比后者多。②

5. 受领迟延与工资

解雇无效而且劳动关系也没有因为法院判决而终止的,从解除通知期届满后(即时解雇的情况下从解除通知送达后起算)到判决生效之间这段时间内劳动关系一直存续,但是雇主没有按照劳动合同的约定提供工作岗位,所以雇主陷入了"受领迟延",根据《民法典》第615条应该向雇员支付这段时间内的工资。由于雇员提供劳动给付以雇主提供工作岗位为前提,所以雇员不用继续在工作时间出现在工作场所,也无须特别声明自己要继续工作。③ 计算具体支付的数额时,先算出雇员在正常工作的情况下应该获得的报酬,然后再按照《解雇保护法》第11条的规定扣除以下项目:雇员由于无须从事原来的工作而空闲下来的时间里获得的报酬④;雇员原本可以获得合理的工作却故意放弃

① BAG 22.4.1971, AP Nr. 2 zu § 9 KSchG 1969; BAG 6.12.1984, AP Nr. 12 zu § 9 KSchG 1969.

② BAG 25.11.1982, AP Nr. 10 zu § 9 KSchG 1969.

③ 参见 BAG 19.4.1990, AP Nr. 45 zu § 615 BG; BAG 19.1.1999, AP Nr. 79 zu § 615 BGB; Löwisch Anmerkung zu BAG EzA Nr. 66 zu § 615 BGB; v. Hoyningen-Huene/Linck, 14. Aufl., § 11 KSchG Rn. 9f。

④ BAG 6.9.1990, AP Nr. 47 zu § 615 BGB.

机会,从而损失的报酬;雇员由于失业获得的失业金、救助金等待遇。[①]可见,立法者不希望诉讼期间雇员懒惰地待在家里。

特别需要注意的是,如果雇员在解雇保护诉讼期间重新找到了一份工作,法院却又判定原来的劳动关系没有因为解雇而终止的,那么雇员将“身陷”两份劳动关系中。针对这种情况《解雇保护法》第 12 条赋予了雇员选择权,他可以在法院作出生效判决后一周内向原来的雇主做出拒绝维持劳动关系意思表示,原来的劳动关系在意思表示到达之时终止,此时雇主只需要支付从解除通知期届满后(即时解雇的情况下从解除通知送达后起算)到雇员建立新的劳动关系之间这段时间的工资,而不是按照第 11 条的规定计算到判决生效之前再和新工作的报酬进行抵扣。[②] 如果雇员选择回到原来的工作岗位上,那么他及时向新的雇主辞职就可以了,即使他要等到解除通知期届满才能离开,旧的雇主也得等待。[③]

6. 调解结案

从上述规定就可以看出立法者的设计理念:法院认定解雇无效的,原则上双方应该继续履行劳动合同,雇主有义务支付期间拖欠的工资;如果例外情况下不适宜再把雇员雇主“绑在一起”,法院可以依申请判决终止劳动关系,此时雇主应当支付一定的补偿金。然而,实践中解雇保护之诉以判决结案的比例很低,数据显示撤诉的比例有 19%,调解结案的比例甚至高达六成,在这些调解协议中,双方约定补偿金的超过半数,剩下的大多也通过约定把劳动合同解除的时间点往后延了,因为

① 虽然雇主向雇员支付的工资要扣除失业金等社会保险和社会救助的待遇,但是雇主有义务把这部分金额还给相应的机构。另外要注意,按照《民法典》第 615 条第 2 句,劳务给付权利人所需支付的报酬不但要扣除劳务给付义务人恶意怠于取得的金额,还要扣除劳务给付义务人因为不提供劳务而节省的开支。但是,由于《解雇保护法》第 11 条的特殊规定,雇主应当支付的工资无须扣除雇员因为不用工作所节省的开支,比如上下班的车费。Ascheid/Preis/Schmidt-Biebl,4. Aufl. § 11 KSchG,Rn. 1.

② 笔者认为,此规定很不合理,如果新的工作比旧的工作工资低,那么实际上雇员承受了经济损失,而雇主却既不用支付补偿金,拖欠的工资数额也没有多少,雇主的违法成本很低。

③ Ascheid/Preis/Schmidt-Biebl,4. Aufl. § 12 KSchG,Rn. 9.

雇员在解除生效以前不用回去上班,所以相当于约定了补偿金。① 那么,导致这一现象的原因何在？对于雇员而言,如果起诉以后他已经找到新的工作或者快退休了,那么他往往倾向于接受补偿金、开始"新生活";如果他找到的新工作比以前差很多或者再就业比较困难,那么他会更愿意留在原来的工作岗位上,但是整个诉讼程序走下来可能要一两年,离开工作岗位这么久,技术生疏,同事也不熟悉,而且回去以后可能面临雇主新的"刁难",再加上也不能保证肯定胜诉,所以很多人也会由于考虑到这些问题而不能坚持到最后。雇主一般也愿意调解,因为他也难以预测诉讼的结果,最后败诉的话他或者得支付补偿金、或者要让雇员回归并且支付期间拖欠的工资,还不如早点让雇员"拿钱走人"。另外,根据《劳动法院法》第54条和第57条,法官在正式审理之前应该安排双方见面尝试调解,即使此次尝试不成功,之后的程序中法官仍然应该致力于"纠纷的友好解决",法官们往往乐于采取这种减轻工作量的方法。②

五、解雇保护制度的批评和改善意见

1. 具体环节:以"继续劳动权"为例

对解雇保护制度具体环节的批评和改善意见数不胜数,由于德国立法者、学者、法官、律师之间有着良好的互动关系,这些建议也带来了实质的变化,此处仅以继续劳动权为例稍加介绍,不再一一赘述。

前面已经提到,解雇保护之诉旷日持久,雇员在解除通知期届满或

---

① 这是德国马克思普朗克外国私法与国际私法研究所在1981年对解雇保护进行实证研究的结论,虽然后来还有其他的调查结果,但是以马普所的研究结论最为权威,参见 Falke u. a. , Kündigungspraxis und Kündigungsschutz in der Bundesrepublik Deutschland, Forschungsbericht, hrsg. vom Bundesminister für Arbeit und Sozialordnung, Band 2, Bonn 1981。从所有劳动争议的统计数据来看也可以印证这一点,2012年德国劳动法院系统审理的总共400998起案件中有234920起案件是通过调解结案的,高达58.6%的比例,判决结案的只有64527起(其中还包括缺席审判等判决),不到16%。相关数据详见 http://www. bmas. de/DE/Themen/Arbeitsrecht/Statistik-zur-Arbeitsgerichtsbarkeit/inhalt. html,2013年11月30日访问。

② Däubler, Das Arbeitsrecht 2, 12. Aufl. , Rn. 1190ff.

者甚至是解除通知送达之日起就离开了工作岗位，等到最后法院判定解雇违法、要求双方继续履行劳动合同，可能已经过去了一两年，雇员往往已经找到了别的工作懒得再行变动，又或者他发现自己脱离原来的岗位太久已经生疏了本职工作。为了避免雇员即使胜出也难以回归的尴尬局面，1972年《企业组织法》修改时在第102条赋予了雇员“继续劳动权”。① 根据该条第5款，雇主做出对雇员正常解雇的决定后，如果企业职工委员会表示反对，那么之后雇员提起解雇保护之诉时，可以要求雇主在解除通知期届满之后以原来的合同条件继续雇用他，直至法院就劳动关系是否解除作出最终生效的判决。② 根据该条第3款，企业职工委员会对解雇表示反对得在雇主告知解雇意图及其理由之后一个星期之内以书面形式提出，而且必须具备以下原因之一：雇主基于经营原因解雇时没有进行“社会性挑选”或者挑选有瑕疵；解雇违反了《企业组织法》第95条意义上的关于解除人选的挑选方针；可以在其他工作岗位上继续雇佣该雇员；在采取培训、进修措施以后可以继续雇佣该雇员；在或者改变其他的劳动条件可以继续雇佣该雇员，雇员对此改变也表示同意。

然而，实践中雇员往往难以主张《企业组织法》第102条所规定的继续劳动权，因为并不是所有企业都设立了企业职工委员会，而且企业职工委员会未必能够提出反对理由，比如主张社会性挑选有错误就得牺牲另外一个企业工龄更短或者抚养义务更轻的雇员，又或者找不到其他空缺的、合适的工作岗位。所以，联邦劳动法院通过一系列的司法判决确认在另外两种情况下雇员也有继续劳动权：其一，解雇明显违法时，比如没有经过企业职工委员会的听证程序或者违反了禁止解雇孕妇的规定，雇员可以主张诉讼期间继续工作；其二，解雇保护之诉中，如果雇员在一审中获胜，那么从雇主上诉到有效判决作出之前他可以要求回到原来的岗位上班，如果雇员在一审失利而二审获胜，那么在联邦劳动法院

---

① 参见 Kittner/Däubler/Zwangziger-Kittner，7. Aufl.，§ 102 BetrVG Rn. 241ff。

② 只有在雇员明显没有胜诉希望、继续雇佣会导致雇主严重的经济负担或者企业职工委员会的理由明显站不住脚的时候，法院才会依雇主申请免除其在诉讼期间继续雇佣该雇员的义务。

的第三审期间他可以回去上班。[①] 这种继续劳动权并不以企业职工委员会的存在及其提出反对意见为前提,是法定继续劳动权的有益补充。

2. 整体评价:以"经济补偿"替代"存续保护"

就整体制度设计而言,解雇保护制度被"吐槽"的最多的有两点。

司法实践证明,提起解雇保护之诉以后,雇员最终选择拿了补偿金另寻生路的属于普遍情况,回到原工作岗位继续履行劳动合同的则是例外。在20世纪末21世纪初放松劳动法管制观点盛行的时候,不少人主张,既然立法者追求的存续保护的目的没有实现,就应该回归现实,用"经济补偿"替代"存续保护"。那么,法院判定解雇违法以后,在支付经济补偿终止劳动关系以外是否还应该保留继续履行劳动合同的出路?如果允许在这两者之间选择,那么选择的权利应该赋予给雇员、雇主还是双方?补偿金的额度如何计算,是否根据解雇的合法性、类型、事由的不同而有所差别?是否应该设置补偿金的上限、引入等待期和小企业豁免条款,从而减轻雇主的负担?就这些问题,学者们设计了各种不同的模式,其中 Willemsen 的方案比较典型:首先,无论解雇是否符合"社会正当性",都承认解雇有效,不支持恢复劳动关系;除了基于重大事由和雇员过错行为的解雇以外,只要劳动关系已经存续两年以上,雇员就可以获得基础补偿金,基础补偿金应该按照雇员的企业工龄计发,企业工龄每满一年发放解雇前一年月平均工资的25%,基础补偿金的上限为六个月工资;其次,如果雇员提起了解雇保护之诉,法院也判定解雇违反社会正当性,那么雇员在基础补偿金以外还可以要求雇主支付额外的补偿金,此时适用现行《解雇保护法》第10条规定的最高限额;最后,如果解雇违反了反歧视原则、有违公序良俗,或者触犯了对企业工人委员会委员、三期女职工、残疾人等的解雇禁令,那么法院应当判定解雇无效,劳动合同继续履行。[②]虽然这类意见在学界颇

① BAG 27.2.1985, EzA Nr.9 zu § 611 BGB Beschäftigungspflicht.

② Bauer, NZA 2002, 529ff; Buchner, NZA 2002, 533ff; Neef, NZA 2000, 7ff; Rebhahn, RdA 2002, 272ff; Rüthers, NJW 2002, 1601ff; Willemsen, NJW 2000, 2769ff.

有市场，但是并未获得立法者青睐。反对派指出，有实证调查①表明，雇员在面临解雇的时候，只有11.1%到15%的人选择提起解雇保护之诉，所以仅仅以司法系统统计的数据为依据得出结论，号称现行法没有实现存续保护的目标，显然属于盲人摸象、以偏概全，实际上解雇保护制度在很多情况下都能起到震慑雇主、预防解雇的作用。另外，目前所有被解雇的雇员中只有15%的人获得了补偿金，其中提起解雇保护之诉的雇员获得补偿金的大约有一半，其他雇员获得补偿金的不到10%。因此，如果无论解雇是否合法都引入基础补偿金，将会大大加重企业的负担。②

另外，还有不少学者提出，由于现行制度采取的是概括性条款的立法例，规则中使用了一系列的不确定概念，需要依靠司法实践进一步去具体应用、充实这些规则，所以，联邦劳动法院的司法审判活动实际上起到了法官造法的作用，其判决对于下级法院有着事实上的约束力。虽然司法实践中已经自上而下贯彻了三大原则，但是判决是针对具体案件作出的，往往带有个案的特性，而且原则本身的适用也是灵活多变的，法官自由裁量的空间很大，这就不可避免地导致解雇保护规则的不确定性。比如，在雇员因为长时间患病被解雇的情况下，迄今为止的患病天数要达到多少才能对雇员未来的健康状况做出负面的预测？雇员三番五次迟到早退，雇主在发出几次警告以后辞退才算是满足了最后手段原则？又如，根据利益衡量原则，即使可以预测将来劳动关系的履行会受到严重干扰，已经穷尽了更为温和的手段也难以避免，仍然要考虑具体案件的特殊情况：雇员以后的就业机会如何，他失去工作以后是否难以抚养自己的小孩，继续雇佣是否会造成雇主沉重的经济负担。这些因素在利益衡量中分别应该被赋予多少的权重，是否还有别的因素应该被纳入利益衡量之中？就这些问题，无论是雇员、雇主，还是他

---

① 汉斯伯克勒基金会的经济社会研究所分别在2001年和2003年以雇员和人事主管为对象进行了广泛的问卷调查，相关调研结果公布在Pfarr u. a.，Der Kündigungsschutz zwischen Wahrnehmung und Wirklichkeit，München und Mering 2005一书中。相关数据另见Genschke/Pfarr/Tschersich/Ullmann/Zeibig，AuR 2008，431ff。

② Kittner/Däubler/Zwangziger-Däubler，7. Aufl.，Einleitung Rn. 959a；Zöller/Loritz/Hergenröder，Arbeitsrecht，6. Aufl.，S. 278.

们的代理律师都难以给出明确的答案,甚至同一个法院的不同法官的意见也可能南辕北辙。由于相关规则纷繁复杂、迷雾重重,即使是专家也未必能够看透,所以有人甚至把解雇保护之诉比作赌博游戏,认为现行制度极大地威胁了法律的确定性。然而,这些学者在提出批评之后,并没有提出现行概括性条款立法例的替代方案,其“修改建议稿”的重点在于用支付经济补偿终止劳动关系的模式补充或者替代继续履行劳动合同,但是就解雇本身的合法性判断而言,仍然保留了“解雇行为必须具有社会正当性”等与现行规定相差无几的表述。①

(王倩,同济大学法学院讲师,德国不莱梅大学法学博士)

① Bauer, NZA 2002, 529ff; Münchener Kommentar zum BGB/Schwerdtner, 3. Aufl., § 622 Ahn. Rn. 4; Rüthers, NJW 2002, 1601ff; Willemsen, NJW 2000, 2769ff.

美国《统一电子登记法》展望

[美]戴尔·A. 惠特曼* 著
陈永强 徐伟寰 译 陈永强 校

目 次

一、引言

三年多前,我曾指出,①我国正面临着前所未有的机遇,通过运用

* [美]戴尔·A. 惠特曼,密苏里—哥伦比亚大学法学教授。本文译自《西部新英格兰法律评论》2002 年第 24 卷,第 245 ~ 270 页。

① [美]戴尔·A. 惠特曼:《不动产转让的数字化登记》,32 J. Marshall L. Rev. 227 (1999)。

数字技术可使不动产公共登记系统再次发挥功用。[①] 电子登记有着产生巨大收益的潜能:登记将变得迅捷方便;文件准备时间和费用将大大减少;登记文件中的错误将更容易被发现并得到纠正;文件伪造现象将被很好的杜绝;公共登记的调查将更富有效率;所有权保险公司将不再需要保留在公共登记办公室复印的私人登记记录。

自从我上一篇文章发表后,已经制定了两部意义重大的法律。[②] 但是,土地产权(title)的数字化登记的进展仍然缓慢。因此,我建议分析一下这两部法律,审查一下为实施电子登记所作出的努力,并探讨一下为加快电子登记改革进程所需的其他的立法工作。

数字登记系统有许多要素,下文将会提到其中一部分。但是,根本而言,三个法律要素是必需的:第一,作为实体法,它必须允许不动产交易的当事人可以以电子方式创设和转让财产权益,这是区别于书面文件的地方。第二,公共登记员必须得到法律授权,可以接受电子形式的文件登记。第三,公共登记员必须有权保存这些电子形式的文件并维护必要的索引,利用电子形式的优点使其为广大的公众和所有权公司所获得。

为实施数字化登记,若干条件的融合是必要的:所涉及的公共登记人员(登记员和他们的政治领导,通常是县专员和督察员)的政治意愿、法律授权和实施该项决策的充分的财政预算。没有这些条件,数字登记不可能有任何进展。

---

① 我使用"再次"这个词是为了反映如下事实:虽然以前公共登记记录调查曾很普遍,但是现在,大多城市的登记办公室中,很少有人会进行登记调查。相反,所有权保险公司仅仅将办公室作为对已登记文件的一个"日常工作起点"来使用,这些已登记的文件放置在做实际调查的私人所拥有的"所有权资料库"中。参见 First Am. Title Ins. Co. v. State Dept. of Revenue,991 P.2d 120(Wash. App. 2000),aff'd,27 P.3d 604(Wash. 2001)。又参见[美]戴尔·A. 惠特曼:《优化土地所有权保全体系》,42 Geo. Wash. L. Rev. 40, pp. 58 - 61(1973)。该文描述了"所有权资料库"。在大多数城市地区,直接调查公共登记记录是不可行的,其理由有多个,但其中一个最明显的理由是,这些登记系统,在大多数司法管辖区,只能以当事人的名字,而不是以宗地的形式建立索引的。名字索引的调查,尤其是在人口密度高的地区,非常笨拙,而且容易出错。

② 《全球和全国电子商务签名法》,15 U. S. C. § 7001(2002).[以下简称 E-SIGN];《统一电子交易法》,[以下简称 UETA]。

二、改革的政治意图

或许大多数不动产登记员①可能对将登记转为电子形式或接受电子文件没有什么兴趣。很多登记员在小县城工作,每年可能只办理几百件或几千件登记案件。② 他们没什么技术经验,县或者镇政府也没有可供他们使用的资源。实际上,他们可能只是勉强用现有的资源完成现在的工作量,在缺乏较大资金支持和其他激励机制的情况下,期待这些登记员做早期的数字化登记的实施者是不现实的。

但是,也有少数重要的例外,这就是那些有时间、有创造力和有聪明才智去实现数字登记的登记员,他们当中许多人因为实施了数字登记的某些方面工作而在同行当中闻名。③ 他们的管辖区域包括犹他州的盐湖城,④加利福尼亚州的桔县,⑤亚利桑那州的

---

① 我在全文中一直使用"登记员"这个词,虽然在一些司法辖区,官方负责不动产登记的人员叫作"书记员"、"核审员"或其他的称呼。登记员既可以属于两个全国性组织中的一个,也可以都属于两个:全国性登记员、选举的公务员和书记员协会("NACRC",通常发音为"nack-rack"),是全国公务员协会(NACO)的下属机构;另一个是国际性的书记员、登记员、选举的公务员和会计员协会,其成员是从全国公务员协会退下来的个人所组成,成立时间是1971年。除了登记员之外,两个组织都给其他类型的地方官员提供服务(如县书记员、法庭书记员、选举的公务员、会计员)。

② 在美国有3600多个登记员办公室。据估计,登记服务的人口分布如下:大于500000人口的登记办公室有104个;250000到499000的有100个;100000到249000的有304个;50000至99999的有286个;25000至49000的有630个;少于25000的有1618个;新英格兰城镇有482个。参见http://www.nacrc.org/interestgroups/LandPropRecordsAdmin/reports/numRecordingoffices.htm(last visited Nov. 14,2002),2002年11月14日访问。因此,53%的县级办公室所服务的人口是少于25000人的。新英格兰城镇的大多数登记办公室,所服务的人口很小。

③ 当然,很多登记员利用技术工作很多年了,但在方式上远不是电子登记。在一项调查中,从美国35%的登记司法体系的反馈来看,接受调查的人中有33%表明他们使用光学仪器来储存文件,3.7%的人使用微缩胶片,只有9.5%的人使用纸张,其余的则使用索引胶片。见http://www.prijtf.org/prijtf99/rsld001.htm。

④ 盐湖县登记处,http://rec.co.slc.ut.us/polaris/default.cfm,2002年11月14日访问。

⑤ 奥兰治县秘书登记处,http://www.oc.ca.gov/recorder/index.htm,2002年11月14日访问。

Maricopa 县,[①]密苏里州的 Boone 县,[②]以及佛罗里达州的 Broward[③] 和 Palm Beach 县。[④] 这其中的许多县与私人技术公司建立了伙伴关系,共同研发数字登记系统。[⑤] 尽管这些登记员完成了令人惊叹的、创造性的工作,他们的系统仍然缺少数字登记需要的要件。具体来讲,虽然他们以数据形式储存文件,公众以及所有权公司可以在网上获得电子索引,但没有人[⑥]接受附有电子签名的电子形式的文件。相反,他们只接受书面文件,然后将这些书面文件扫描进登记员办公室的电脑中,保留书面文件的扫描版本。[⑦] 因此,登记员保存的仅仅是手写签名的书面文件的图像形式。这是从传统登记到真正的数字登记过渡的、也可能是必要的阶段。

1998年,一群富有创造力的登记员和几家为他们提供服务的私人公司,组成了财产业登记联合工作组。[⑧] 这个工作组很快就成了美国实施数字登记系统的领军组织,其主要目标是"确定问题、发现机遇和

---

① maricopa 县登记处,http:// recorder. maricopa. gov / recorder. htm,2002年11月14日访问。

② 布恩县登记处,http://www. showmeboone. com/recorder/,2002年11月14日访问。

③ 布罗瓦德县登记处,http:// www. broward. org/records,2002年11月14日访问。布罗瓦德被广泛誉为是第一完全采用电子买卖房屋和融资的网站。它创立于2000年7月。见 http://www. nacrc. org/newsletters/aug2000. pdf。

④ 巡回法院秘书处,Palm Beach County,http:// www. pbcountyclerk. com.(最近更新2002年11月14日).

⑤ 开发登记技术的私人公司有 E – cloz,http://www. e – cloz. com/ecloz/index. htm,2002年11月14日访问;http:/ / www. newvisionsystems. com/(最近更新2001年8月10日),Ingeo 系统公司,http://www. ingeo. com,2002年11月19日访问。提供这些企业电子文件技术是 eoriginal ,http://www. eoriginal. com/,2002年11月14日访问。

⑥ 一个例外是布罗瓦德县,佛罗里达州的制度,但它并不是被用来广泛登记数字文件。

⑦ 例如,新闻稿,布罗瓦德县,佛罗里达州,布罗瓦德县记录,以实施新的登记软件,http://www. co. broward. fl. us// cri02600. htm. 在新系统描述中,新闻发布的国家"登记将从图像做起,在登记的过程中,这是登记程序的第一步。

⑧ 该工作组由 nacrc 和 iacreot 一并发起,有关该工作组的大量信息,包括所有材料的副本可见其网:http:// faxxon. cifnet. com/taskforce(最后修改日期2002年9月6日)。它最近已更名为财产登记业协会(PRIA),是 pronounceable 的缩写,但网站地址仍然有效。

提出使财产登记系统效率更高、效益更好、反应更灵敏的方案”。① 尽管它在非电子技术问题上花了大量时间和精力,②但是,当务之急要解决的是数字登记的精确性问题。

为提高其工作质量,工作组设立了几个委员会。其中最重要的要数自2000年以来经常露面的技术委员会,它为在数据文件登记中使用加价语言(XML)设计了一系列标准。③ XML一种计算机语言,它涉及每个数据项目周边的“标识符”的使用,来辨别这个数据项目的性质和关系。这种“标识符”用在尖括号之内。比如,文件中出让人的签字可能被表示为:

〈出让人签字〉约翰·W.仲斯〈出让人签字〉

这个发明看起来简单,但它让系统具有更大的灵活性,因为,通过精心的设计,每种必要数据的可能形式都可以为系统所接受,每个数据元素都可以用附随的标识符清楚的辨别出来。④ 技术委员会开发的这个项目可以将每一份提交登记的电子文件转化成XML形式,其包含编辑索引的必备数据:当事人的姓名、文件类型、法定描述、数据等。通过这种方式,文件就会自动编索引。如果XML程序使用恰当,登记员的电脑将会直接读取,在登记员办公室索引文件就不需要工作人员的介入。⑤ 重要的是,工作组的XML标准同样可以与电子化(扫描过的)书面文件或者包含电子签名在内的采用原始电子形式的文件一样有效。工作组的工作表明,改革登记程序的政治意愿确实存在,至少为大量重要项目的研发做足了准备。当然,一些登记员不愿做实施数字登

---

① http://faxxon. cifnet. com/taskforce/newsletters/1999marapr. pdf.

② 值得注意的是,工作组关注实施1999年修订的《统一商法典》第9条,以及建立登记的书面文件提交的标准。

③ 马克莫纳切利,财产业登记联合工作队,http://www. nacrc. org/newsletters/fall2001. pdf。

④ http:// msdn. microsoft. com/library/default. asp? url =/library/en - us/xmlsdk30/htm/xmtutxmltutorial. asp.

⑤ 这是一个更新的电子版的概念,“封面页”——一份文件,以及包含所有需要登记及检索文件的数据的登记文件。首先,我这个发明近30年来,只有在过去十年中它才被接受。参见[美]戴尔·A.惠特曼:《优化土地所有权保全体系》,42 Geo. Wash. L. Rev. 40,pp. 53 - 54。

记的先锋,但也有很多登记员愿意冒风险并承担电子登记工作的成本。

三、改革的法律授权

很明显,除非首先获得新的法律授权,美国任何一个地方的登记员都不接受数字文件。其理由在于,传统成文法只承认书面形式的不动产交易登记。马萨诸塞州的法律最为典型。它规定了转让书(deed)的登记,应当在登记簿册页中以清晰可辨的手写或印刷形式并连续的登记所有事项。在证明属实之前,根据联邦法,必须在登记簿上注明所有的删除、添加和盖印的事项,并以微型摄像复制登记簿副本,包括转让书、所有权证书和其他已经登记的文件。[①]

这种倚重书面证件的做法并不奇怪,因为每个司法辖区的《禁止欺诈法》都要求任何土地权益的转让必须采用书面形式。在这方面,马萨诸塞州的法律也是典型的:一项地产权或土地权益的设立,如果没有采用由出让人或其代理人的签名的书面形式,就只具有任意产权(estate at will)[②]的效力,其结果是,没有地产权或土地任何权益能被转让,除非以书面形式或者依据法律。[③]

很明显,“文件”和“书面形式”用语传统上被理解为要求在纸质或者其他有形媒介上书写。登记员所发明的前文提到的几种电子登记的有限形式,大多是依据最近颁布的州立法授予他们进行开创性工作的授权范围内实施的。这样的成文法或许很多,通常是以现行立法修正案的形式适用于登记员。各州成文法之间的差别很大。比如说,一些州法律只认可用数据扫描书面文件来登记。[④] 其他州的法律则不限于这一形式,原则上也会接收数据文本文件的登记。[⑤] 而另一些州的法律则在是否接收数据文本文件的问题上未作明确规定,或者将决定的

---

① Mass. Gen. Laws ch. 36, § 15(2001).

② 任意地产权:是一种非自由保有地产权,即受时间限制的地产权,承租人根据出租人的意愿占有土地,出租人可随时终止承租人的占有。(译者注)

③ ch. 183, § 3.

④ Ariz. Rev. Stat. § 11-461(C)(2002).

⑤ Mo. Rev. Stat. § 59.563(2002).

权利授予某些州行政机关。[①] 正如人们可以预见在这样一个发展的早期阶段,各州成文法之间是很少有一致性的。可能唯一贯穿在其中的观念是:电子技术的运用在登记时是可选择的,登记员不一定非要接受它。

(一)《统一电子交易法》

国家统一法律委员会会议于1999年通过的《统一电子交易法》为倡导电子登记注入了新的希望,这一希望因大多数州迅速采纳该法律而被提高了。[②] 当然不动产交易文件的登记并不是《统一电子交易法》的侧重点,正如官方对《统一电子交易法》的综述所述:

该法第七节是基本原则,其中最根本的原则规定,"不能仅仅因为登记[③]或签名采用电子形式而否认其法律效力或强制执行力"。第二项基本原则规定,"不能仅仅因为电子登记的形式本身否认合同具有的法律效力或强制执行力"。[④] 第三项基本原则规定,电子登记可以满足任何法律要求的书面形式。第四项基本原则规定,电子签名可以满足任何法律要求的签名形式。[⑤]

因此,《统一电子交易法》的根本目的是为电子文件和签名的法律效力或强制执行力扫除像传统的《禁止欺诈法》规定的那些障碍。从电子登记的观点来看,这是个不小的成就,因为即使登记缺乏可强制执行保证的不动产电子文件,也无关紧要。但是有效性和强制执行力还不够,因为许多州调整登记程序的行政性规定仍然有效,这些规定几乎都是建立在这样一个前提上:书面形式的文件才可登记。

《统一电子交易法》的3个选择性条款对电子登记可能有更直接

① Tex. Loc. Gov't Code Ann. § 191.009.

② 在本文写作时,至少37个州采纳了《统一电子交易法》,参见 http://www.bmck.com/legis-t.htm. 2002年11月14日访问。

③ "登记"(record)在《统一电子交易法》中是指:"记录在有形媒介中或以电子形式或其他形式储存的信息,它可以可观察的形式获取。"事实上,"登记"包含了书面和电子形式。

④ 《统一电子交易法》并不以此为目的,马萨诸塞州没有采纳该法律。

⑤ 《统一电子交易法》的综述,参见 http://www.nccusl.org/nccusl/uniformact_summaries/uniformacts-s-ueta.asp. 2002年11月14日访问。

的潜在影响,因为其涉及的不是私法上的效力,而是州政府及其代理人的行政体制。官方的综述也对这个问题作了说明:第17条允许州指定登记机构或官员管理政府登记的设立和保管。第18条允许州指定由哪个登记机构或官员来管理电子登记的信息及电子签名在登记机构和其他人员之间的使用。第19条允许州指定登记机构或官员为改进州登记机构之间使用电子签名和电子登记的连贯性和统一性制定标准。这些都是非常重要的条款,因为他们为规范州的电子商业交易提供了法律渊源。①

这些条款对《统一电子交易法》的起草委员会来讲是具有挑战性的,它们反映了为使每个州都接受《统一电子交易法》而作出的妥协,因为各个州都有不同的政治利益和行政体制。在单个登记机构和指定的州官员(俗语所说的"电脑掌权者")之间作权力的平衡被证明是很难实现的。最终,起草者和会议决定将其交由每个司法辖区自行决定。

从地方登记员的角度对这三个条款作更深入地分析可能会有帮助。第17条涉及政府登记机构的内部登记。这个条款规定,州的登记机构或被指定的官员应当决定政府登记机构是否设立或保留电子登记、是否应将书面登记转换为电子登记以及电子登记的适用范围。②尽管这里提到的是登记的内部性质,但这一条与登记员密切相关。一旦书面文件被登记,它就成为一份内部性的登记,可能会被转换成电子形式,但不管怎样都会被保留在登记员的办公室内。因此,第17条授予了正在制定法律的州选择的权力,其可选择由"每个政府登记机构"或者由"指定州官员"来决定电子文件的转换和保留。因为每个县或者乡镇的登记员都是一个独立的"登记机构",前一种选择可能意味着某些州内几十个甚至几百个个别登记员被授权有权决定电子登记的转换和保留。当然,大多数州并没有设立整个州范围内的监督登记员的

---

① 《统一电子交易法》的综述,参见 http://www. nccusl. org/nccusl/uniformact_summaries/uniformacts-s-ueta. asp. 2002年11月14日访问。

② UETA § 17(1999).

权力机关。[①] 因此,除非设立中央监督机构或者授予现在的州登记机构以额外的监督权,没有其他可行的办法来让每个登记员自行决定。

《统一电子交易法》第 18 条涉及"外部的"登记,即那些由外部人员提交给政府机构的登记。这又涉及这样的问题——是否接受电子登记的决定是由"每个政府登记机构"抑或是由"指定的州官员"做出:

每个州的登记机构或被指定的官员应当决定是否将电子登记或电子签名发送给其他人或者从其他人处接受电子登记或电子签名,抑或是确立、设置、发布、储存、处理、使用和信赖电子登记和电子签名及其适用条件和范围。[②]

第 18 条则授予各个登记机构或州官员视情况而定的、广泛的权力,包括决定登记形式、符合条件的电子签名的类型、与认证机构发布的签名相符合的标准以及登记资料的储存、备份和审查事项。[③] 下文我还将进一步深入探讨这一点。最后,第 19 条要求上文提到的有权登记机构完善与其他政府机构所采纳的相似条件的连贯性和统一性。[④]

(二)《全球和全国电子商务签名法》的颁布

就在美国统一法律委员会批准《统一电子交易法》后不久,因采纳《全球和全国电子商务签名法》,美国国会进入了电子登记的舞台。[⑤]《全球和全国电子商务签名法》的核心理念与《统一电子交易法》完全相同,即文件和签名都不能因为采用电子形式而否定其法律效力和强制执行力。[⑥] 由此,是否需要制定《全球和全国电子商务签名法》是值得再考虑的。工业界提出了这个问题,是因为考虑到《统一电子交易法》在全国范围内的实施需要很长一段时间,而其法律效力会因不统

① 马萨诸塞州是个特例,其转让书的登记是直接由州秘书处监管。Mass. Gen. Laws ch. 34B, § 10(2002).

② UETA § 18(a).

③ [美]戴尔·A. 惠特曼:《优化土地所有权保全体系》,42 Geo. Wash. L. Rev. 40, pp. 248 – 250。该部分讨论了认证机构发放电子签名的作用。

④ UETA § 19.

⑤ 15 U. S. C. § 7001(2000).

⑥ § 7001(a).

一的修正案和实施过程中的遗漏而减弱。①

《全球和全国电子商务签名法》和《统一电子交易法》之间有很多差异,其中最显著的是,《全球和全国电子商务签名法》是联邦法律,因而在各个州立即生效。② 而《统一电子交易法》则需要各个州通过。其他差异对我们的研究目的并不那么重要。③ 与我们现在的研究目的有最密切关系的差异是:与《统一电子交易法》不同,《全球和全国电子商务签名法》的条文中没有明确要求州或地方登记机构在存档或登记时接受电子文件。④

尽管法律没有明确规定,但我们仍然可以得出这样一个推论:《全球和全国电子商务签名法》确实要求登记员或其他登记机构接受电子文件。《全球和全国电子商务签名法》的结构很复杂,而且很难从语法上进行分析。⑤ 它规定,"除了登记机构但不是作为合同一方时,不要求任何人在登记中须同意使用或接受电子登记或电子签名"。⑥ 这个拗口的句子似乎表明政府机构确实被要求接受电子登记。

然而,该法还规定了,这项义务不能替代对政府机构的要求,即"由这些机构或组织存档的登记应当符合特定的标准或形式"。⑦ 这个句子似乎同时允许登记机构接受书面文件而拒绝电子文件。另外,它也可能仅仅表明,当登记机构接受了电子文件,他们需要按前一段的要求做,可以确立起这些电子文件需要满足的形式标准。后一种解释似乎更合理,但这会让那些声称不乐意接受电子文档的机构感觉不快。

Wittie 和 Winn 教授对《全球和全国电子商务签名法》的条款有不

① Robert A. Wittie & Jane K. Winn, *Electronic Records and Signatures Under the Federal E-Sign Legislation and the UETA*, 56 Bus. Law. pp. 293, 296 – 297 (2000).

② 《全球和全国电子商务签名法》是由总统布什于2000年6月30日签发,并于2000年10月1日生效。

③ 《全球和全国电子商务签名法》包含消费者交易中的同意要件。15 U. S. C. § 7001(c).

④ 15 U. S. C. § 7001; UETA (Nat'l Conf. on Unif. State Laws 1999).

⑤ See Robert A. Wittie & Jane K. Winn, *Electronic Records and Signatures Under the Federal E-Sign Legislation and the UETA*, 56 Bus. Law. pp. 293, 314 – 316.

⑥ 15 U. S. C. § 7001(b)(2).

⑦ § 7004(a).

同理解。这支持了不自动要求政府机构接受电子文档的观点。[①]《全球和全国电子商务签名法》规定,它并不能减轻联邦登记机构按照《削减政府书面文件工作法案》应尽的义务。而《削减政府书面文件工作法案》制定了一个为期五年的规划,以使联邦登记机构适应接收电子文件和电子签名的程序。[②] 如果《全球和全国电子商务签名法》要求登记机构立即接受电子文件,这个时间规划将变得毫无意义。

最后,国会议员在《全球和全国电子商务签名法》制定过程中提交的几份报告书认为,没有必要要求政府机构在《全球和全国电子商务签名法》生效之日开始接受电子文件。比如,密歇根州的议员 John Dingel 提到:

这项法案赋予政府机构在某些情况下制定标准或者形式的权力。这样,他们在某些情况下可能根本不会采用电子登记程序,如果经过深思熟虑后,他们确信这种替代办法是不可行的(这与《削减政府书面文件工作法案》相一致)。[③]

考虑到这种相矛盾的情况,很难决定《全球和全国电子商务签名法》是否应要求不动产登记员在 2000 年 10 月 1 日法案生效之日接受电子文件。根据上述推理和立法历史,几个评论员认为登记员没有义务这样做。[④] 实际上,对法律的合理解释很大程度上是无关紧要的,因为绝大多数县的登记员在生效之日尚不具备接受电子文件的能力。对他们来讲,试图完成这项任务可能会是个灾难。就像纽约律师联合会指出的那样:

如果《全球和全国电子商务签名法》将立即接受电子签名文件的登记义务强加给县登记员,在登记官员为接受电子文件做好充分准备前,不动产交易登记系统将会遭受重大的无效率。在这期间,在财产权确定性需求至关重大的法律领域,受到影响的人们将遭受不可挽回的

---

① See Robert A. Wittie & Jane K. Winn, *Electronic Records and Signatures Under the Federal E-Sign Legislation and the UETA*, 56 Bus. Law. pp. 293, 315 – 316.

② Pub. L. No. 105 – 277, § 1704, 112 Stat. 2681 – 749 to 2681 – 751(1998).

③ 146 Cong. Rec. E1071 – 01(daily ed. June 21, 2000).

④ See Robert A. Wittie & Jane K. Winn, *Electronic Records and Signatures Under the Federal E-Sign Legislation and the UETA*, 56 Bus. Law. pp. 293, 316.

损失。①

无论《全球和全国电子商务签名法》对政府机构的要求到底是什么,很明显,《全球和全国电子商务签名法》没有提供可供县登记员们参考的行政规划。与《统一电子交易法》不同,《全球和全国电子商务签名法》没有规定是由各个独立的登记机构还是州官员设立电子文件的标准、可接受的电子签名的类型、与认证机构发布的签名相符合的标准以及有关登记存储、备份、审查等问题。《统一电子交易法》在这些问题上作了概括规定,而《全球和全国电子商务签名法》完全没有涉及。

(三)《统一电子登记法》授权了什么

《全球和全国电子商务签名法》对我们理解登记员接受电子文件方面的职权没有什么帮助。因此,除了已开始适用该成文法的少数几个州外,②我们要考虑在《统一电子交易法》的规定下登记员能做什么。总之,答案有很多。但仍不能满足我们成功并且创造性地建立一个功能强大的电子登记系统的需要。

这样的系统应由什么组成?这里给出的答案在很大程度上是在我早先所作的更为细致分析的工作基础上得出的。③《统一电子交易法》和《全球和全国电子商务签名法》都规定了其中最重要的要件:使用电子签名的电子不动产转让的有效性和强制执行力。④ 此外,《统一电子交易法》从以下几个方面授予各个登记员或指定的州官员标准的职权:

1. 接受要登记的电子文件;⑤

2. 电子文件格式化,无论是数据文件、扫描图样或者是两种都有的

① Op. Att'y Gen. No. 02－112(Sept 4,2002).

② 前注第659页注3、注4、注5。

③ [美]戴尔·A. 惠特曼:《优化土地所有权保全体系》,42 Geo. Wash. L. Rev. 40。

④ UETA § 7(1999);E-SIGN,15 U.S.C. § 7001(a).《统一电子交易法》提到遗嘱和遗嘱信托例外。UETA § 3(b).而《全球和全国电子商务签名法》规定了遗嘱、遗嘱信托以及影响收养、离婚和其他家庭法的事项例外。15 U.S.C. § 7003(a).

⑤ UETA § 18(a).

形式;①

3. 在电子文件上使用扩展型加价语言 EML 或其他数据包,为编辑索引提供必要的信息;②

4. 为提交登记的电子文件进行自动错误检测;③

5. 在登记员的数据库中备份和存档;④

6. 对数据库进行审查,以确定全部程序都准备妥当;⑤

7. 使用并编排电子签名;⑥

8. 颁布电子证书的认证机构的资格条件,⑦包括申请人要取得数据身份证必须出示的证明、⑧证书机构数据库的安全性、能够接收数据身份证的存储文件的类型以及任何扩大电子签名的适用范围要满足的条件。⑨

以上措施向建立登记员实施电子登记所需的法律环境迈出了一大步,但这仍然不够,仍然需要很多没有包括在内的其他因素。这些因素就是本文下一节将要探讨的。这并不是批评《统一电子交易法》或者其起草人,他们必然要顾及数量众多的电子案件和州登记机构,起草针对不动产登记的详细的条款对他们来说可能不现实。

---

① § 18(b)(1).

② UETA section 8(b)(1).

③ UETA § 18(b)(4).

④ § 18(b)(3).

⑤ § 18(b)(3).

⑥ UETA § 18(b)(2).

⑦ 认证机构是一个受托的第三方当事人,其发放能用于签署电子文件的电子证书。

⑧ 存在一个认证机构将电子证书发放给冒名顶替者的重大风险。See, e. g., Jaikumar Vijayan, *Microsoft Warns of Fraudulent Digital Certificates*, *ComputerWorld*, *Mar.* 22, 2001, http:// www. computerworld. com/securitytopics/security/story/0,10801,58857,00. html.

⑨ See Benjamin Wright, *Eggs in Baskets*: *Distributing the Risks of Electronic Signatures*, 32 UWLA L. Rev. 215 (2001).

四、新《统一电子登记法》的体系构成

《统一电子交易法》通过后,需要一部新的统一法来填补《统一电子交易法》的漏洞。2002年8月,统一州立法委员会会议组建了一个起草委员会准备起草这样的法案,并任命西部新英格兰学院法学院的系主任 Arthur Gaudio 作报告人。这部法案的性质应该是怎样的呢?正如《统一电子交易法》一样,它应是一部"重叠性"法律,与现行州登记法律相配合使用,而不是要全部取代那些法律。下面的探讨将为那些还未包括在《统一电子交易法》的问题提供一个有益的起点,而这些问题恰恰是一部《统一电子登记法》的有益组成部分。

(一)标准文件形式

不动产转让登记中有很多重复事项。绝大多数交易涉及同一形式的使用,只有少数不相同的信息:当事人姓名、当事人签字、日期、不动产描述、公证人签名、日期和印章。或许其中最大的障碍是联邦全国抵押协会制定的一至四个样板的标准形式,它取决于各州和版本的不同,可能达二十多页。重复登记这个"样板"是没有意义的。不论是书面还是电子形式,标准化的文件只需要登记一次,再吸收到各个单独的交易中即可。一些州在有限的范围内承认了这种方式。[①] 但它应普遍适用。尽管数据存储相对便宜,但也不能因此而浪费。大多数文件用这种方式可以缩减为一张纸或相应数量的电子形式。[②] 当然,手抄的文件仍然需要全部登记。

(二)公证人的作用

现在几乎每个州都要求,在登记前,不动产转让书上的签名要经公证员或者其他官员公证。至少在这一点上是有道理的:如果文件是电子形式,有经过安全和管理良好的认证机构确认的数据签名,就不再需要公证人公证了。[③] 认证机构依照法律工作,确定身份的方法远比公

① Cal. Civ. Code § 2952(1993);Nev. Rev. Stat. § 111.353(1998);Va. Code Ann. § 17.1 - 259(Michie 2001).

② 同时,还必须考虑到不能压制不动产律师的创造性。

③ Ariz. Rev. Stat. § 41 - 356(2001).

证员更安全。[①]

当然，到这里仍然没有结束。像上文提到的，包含所有权人数据身份证的证明可能会被盗或者被冒名顶替的人使用，尽管数据身份证是以最大的小心谨慎妥当的发放的。实质上，公证人至少在某些这种类型的伪造事件中起到了阻碍的作用。[②] 另外，签名者亲自到登记处也可以在某种程度上起到防止发生签名者由于欺诈、胁迫或乘人之危而做出意思表示的情况。最后，可以争辩说，进行不动产交易时公证人的出现能起到一种重要的仪式上的作用，在当事人脑中加强这样一种观念——他们正在参与一项能引起重要法律后果的严肃的交易活动。[③] 数据身份证的发放，尤其是在与具体不动产交易相分离的情况下，是否能达到同样的目的，这是有争议的。

因此，州政府可以对公证人在电子化的不动产交易中是否继续发挥作用以及发挥什么作用做出一个政策选择。《统一电子交易法》对这一问题仅仅作了最一般的规定。实际上，它规定在现行法中任何情况都要求公证人的证明，公证员也可以在电子文件上附加上电子式的证书。[④] 这样，《统一电子交易法》并未试图改变必要的公证这一状况，而只是改变了公证证书的形式。公证人及其组织通常坚决认为，电子

---

① 事实上，认证机构是作为一个"超级公证人"。Bill Zoellick, *Electronic Signatures: Commentary on the Electronic Signatures in Global and National Commerce Act*, at http://www. e－think. com/Library/B2BEconomy/DigitalSigs/DigSig-Commentary-fr. php3，2001 年 10 月 26 日访问。

② 尽管要求公证，但伪造不动产转让的例子还是很普遍。See, e. g. , Brant v. Hargrove, 632 P. 2d 978 (Ariz. Ct. App. 1981)(f 伪造信托转让书); Garrett v. Fleet Fin. Inc. , 556 S. E. 2d 140 (Ga. Ct. App. 2001)(伪造担保债务转让书的变更); Burk v. Demaray, 646 N. W. 2d 635 (Neb. 2002)(伪造转让书); In re Curlin, 562 S. E. 2d 652 (S. C. 2002)(伪造转让书); State v. Hendrickson, No. 48738－8－I, 2002 WL 1832903, at ＊1 (Wash. App. Aug. 12, 2002)(伪造信托转让书)。上列伪造案件只是冰山一角，伪造案件每年都有几十个，大多数没有报道而已。

③ "必须有签字仪式来表明所发生的事，仪式必须作为电子记录打印，像公证一样。"David S. Thun, The Law of Electronic Signatures: Finding a Balance, 8 The Scrivener no. 3, Sept. 1999, http:// www. notaries. bc. ca/article. php3? 36，2002 年 11 月 14 日访问(quoting Benjamin Wright)。

④ UETA § 11(1999).

式的比书面的证书更易接受,保留目前的公证程序是必要的。在公证程序中,签字人在签署文件后要亲自出现在公证员面前。① 这个争论的优点必须决定下来,起草《统一电子登记法》是这样做的一个好机会。

(三)受让人签名要件

我曾提出过,如果电子签名被普及,那么,要求受让人在不动产转让中签字(或至少允许和鼓励他们这么做)会变得有意义。② 原因很简单:在所有权锁链上,如果先前转让书的受让人的电子签名与现在的转让书上出让人的电子签名作一比较,且两个签名是一样的,那么,我们就有很强的证据证明现在的出让人与先前的受让人就是同一个人。这样伪造的可能性就在很大程度上大大减少了。只有在登记员能获得比较先前受让人的电子签名时,这个系统才能实施。这个观念要作为《统一电子登记法》的一部分认真对待。

(四)登记员功能的增强

假如已登记文件已采用电子方式编入索引并储存,那么问题出现了:这项活动应该继续以当地(通常是县级)的层次上开展,还是应该由地区性的办事处或全州范围的办事处处理。这是《统一电子登记法》要处理的主题。

我想指出这个问题没有唯一的答案,毋宁说因登记员的功能有多个,答案也有多个。显然,已登记的文件的存档、备份、密封要由州级或地区级处理。这些工作要求相当高的精密度是地方登记员的能力所不能达到的。况且,处理它们要有很雄厚的经济实力,也没有相应的补贴。电子登记系统中,绝大多数的登记文件的搜索需要通过互联网进行,但为其他没有互联网通道的公众在当地登记办公室搜索提供了工作站,即使实际的文件登记是存在全州范围的数据库里的。

在另一方面,可能是一个很好的论据,将提交文件和初步错误检测

---

① See also Glen-Peter Ahlers, Sr., *The Impact of Technology on the Notary Process*, 31 J. Marshall L. Rev. 911(1998).

② [美]戴尔·A. 惠特曼:《优化土地所有权保全体系》,42 Geo. Wash. L. Rev. 40, pp. 258－259。在转让书(deed)中,普通法仅要求出让人签字。(译者注)

功能保持在地方一级。在最低限度,必须有为书面文件的纳入程序,这些文件可能要使用好多年,也许无限期使用。作为一个方便的事,继续维护当地办公室作此用途,这是明智的。但是这一功能不能是纯粹机械性的,因为它会有必要继续确定错误和不符合适用文件标准的地方。如果这可以用书面文件在当地做成,那么或许在地方一级就能继续检查出电子文件的错误,并期望当地登记员与提交者沟通,纠正错误。

现在的难题是大多数州登记员没有法律权力去增强他们在地区或全州层次上的职能。毫无疑问,登记员往往对增强这一职能的任何形式的建议采取反对的态度,①但随着时间的推移,他们会接受让他们在登记程序中发挥一些重要作用的计划,即使与现在相比,作用减弱了。

(五)公众通过互联网进入

大多数州的登记法要求登记员的登记可以为公众所获得。② 问题是从互联网上获得是否允许,是否能满足这个要求。③ 一些州县认可电子索引和电子储存,相关立法明确表明,索引的"硬拷贝"必须继续为公众所用。④ 如果电子索引已经设立,则可以免除提供"硬拷贝"的义务。⑤ 统一法既要说明互联网通道条款是登记员的权力范围,又要说明它满足公众可获得性要件,包括索引和登记文件的内容。同时还要清楚指出,书面文件或其他的硬拷贝索引和文件在建立电子进入系统并证实其可靠性之后,不再保留。

相关的问题是,登记员在排列文件和索引错误时的责任承担问题。许多参与互联网工作的登记员会在他们的网站上发布免责声明,指出

① 当我在1999年的IACREOT会议提出巩固的可能性时,一些人将这一思想标榜为"共产主义"。

② 所有的登记文件都应对公众开放,以备查阅。See, e. g. , Fla. Stat. § 28. 222(6)(2002);55 Ill. Comp. Stat. 5/3 - 5036(1993);Minn. Stat. § 386. 17(1997).

③ 最近的资料表明有21个国家提供网络通道获得登记文件。Land/Property Records Interest Group: Internet Access to Real Estate Records, at http:// www. nacrc. org/ interestgroups/LandPropRecordsAdmin/reports/realEstateRecords. htm, 2002年11月19日访问。有时,只有索引数据或文件摘要可以获得;有时,整个文件的地理描述都可看到,并可打印。

④ Ga. Code Ann. § 15 - 6 - 61(b)(Supp. 2002).

⑤ 55 Ill. Comp. Stat. 5/3 - 5025(Supp. 2002).

张贴的文件不是官方文件或认证副本,且声明就文件中的错误不负责任。[①] 或许插入这些免责声明是出于小心谨慎,或者是考虑到登记员没有法律权力提供这些信息。统一法还应该澄清责任问题。责任应取决于全面考虑相关的政策问题,而不是取决于这些免责声明的不确定的法律效力。

登记员能合法收取网上服务费吗?传统上,在登记办公室检索书面文件或文件副本是免费的,除非要求图像副本。登记办公室的收入来自登记费,而不是来自检索费。当他们将数据移入网络后,一些登记员已经建立了收取使用服务费的系统,[②]但另一些人将免费模式适用于手工登记。[③] 收取使用费可以填补登记员花在电子登记上的费用,这是可以理解的。产权公司、律师及不动产专业人士都定期使用这些数据,对于他们来说这些费用是合理的,甚至是有诱惑力的。尽管如此,在根深蒂固的模式面前,收取费用不能实现。统一法能够也应该澄清是否允许收取使用费,并且是否要限制数额。

县政府常常保留各种各样的信息的数据库,包括某宗地的非产权信息。这些信息几乎无所不包,包括关于土地使用法规、学校和一些其他特殊区域、警察和消防服务、土壤类型,物业税估价和评定、税务地图、建筑特色、细分平面图、河漫滩、甚至有害废物等信息。[④] 这类信息

---

① See, e. g., Broward County, Florida Disclaimer, at http:// 205. 166. 161. 12/oncorev2/(last visited Nov. 24, 2002); Palm Beach County, Florida Disclaimer, at http://www. pbcountyclerk. com/records_disclaim. html,2002 年 11 月 19 日访问。

② See, e. g., Salt Lake County Web site, at http:// rec. co. slc. ut. us/polaris/poscribe/defscribe. cfm? thepage = pricing,2002 年 11 月 19 日访问(包括索引和文件)。

③ See, e. g., Orange County Web site, at http:// cr. ocgov. com/grantorgrantee/index. asp,2002 年 11 月 19 日访问(只有索引); Maricopa County Web site, at http://recorder. maricopa. gov/recdocdata/(last visited Nov. 19, 2002)(包括索引和文件); Boone County Web site, at http://www. showmeboone. com/RECORDER/,2002 年 11 月 19 日访问(包括索引和文件)。

④ see Greene County Web site, at http://www. co. greene. oh. us/recorder. htm,2002 年 11 月 19 日访问; Utah County Web site, at http// www. utahcountyonline. com/Dept/Record/LandRecordsandMaps/WebAccess. asp,2002 年 11 月 19 日访问; and Wise County Web site, at http:// arcims2. webgis. net/wise/default. asp,2002 年 11 月 19 日访问。

可以整合入土地所有权数据库,并放在网上,为不动产经纪人、贷款人及其他不动产业相关人员提供极有价值的数据资料信息。这个结果叫做地理信息系统(GIS),①或地籍系统。② 但法律问题依旧存在。登记员是否有法律授权提供这样完整的服务?延伸前一段落的讨论:收取费用是否合法?统一法应该解释这些问题。

(六)改进宗地描述和平面图

在大部分地区,土地的法定描述采取以下三种之一:政府测量体系、登记平面图及所谓的"边界"描述法。在边界描述法中,财产界限的每一路线和距离都确定了。③ 上面提到的最后一种描述法,问题最大,因为描述太冗长,不利于实施,并且容易抄错。卫星地图和计算机化的来临为地方政府提供了一个机会,让他们给自己的地块创造出精确的地图,并标识每一宗地。这在很多国家已经实现了。对于大多数地区,国家使用了这些宗地标识码,如以计算机化的地理信息系统作为基础,来改善他们的财产税收征管。

原则上,标识码可以作为不动产转让中的土地描述。为此,每个标识码必须与数据库中相关宗地边界的细节描述在逻辑上相一致。仅仅与宗地上的任意点相关的标识码(例如,大约为中心的)可能足以满足地理信息系统的要求,但它不足以满足宗地描述的要求。④ 县必须完成调和县地图的程序(其中可能已经包含了税收地图数字),并将法定描述使用在已登记的不动产转让上。这是一个繁重的任务,只有经过一个较长的时期,才可能会被逐步完成。如果已登记的文件的描述中

---

① Jeremy Speich, *The Legal Implications of Geographical Information Systems*, 11 Alb. L. J. of Sci. & Tech. 359,360(2001).

② http://www.fairview-industries.com/recordermodule/cr-intro.htm(last visited Nov. 19,2002); Robert N. Cook, *Land Law Reform: A Modern Computerized System of Land Records*, 38 U. Cin. L. Rev. 385,386 & n. 3(1969).

③ See generally Curtis M. Brown et al., *Brown's Boundary Control and Legal Principles*(4th ed. 1995).

④ Allison Dunham, *Land Parcel Identifiers and the Uniform Land Transactions Act*, 43 U. Cin. L. Rev. pp. 469,475-486(1974); John L. McCormack, *Torrens and Recording: Land Title Assurance in the Computer Age*, 18 Wm. Mitchell L. Rev. 61, pp. 117-118(1992). See also Fla. Stat. § 689.02(2002).

包含重叠或遗漏,就不可能在地图、标识码和法定描述之间建立关系,直到某个受影响的业主提起诉讼,并获得调和差异的判决。

此外,宗地不是静态的。它们经常细分或合并。人们必须分配责任,保持地图更新,撤销标识码以适应边界的变化。

所有这些都是可能的,但是对于地方政府来说这是高成本的任务。描述上的错误、诉讼、很简单的登记和索引,无论是书面形式还是电子形式,都会花去大笔费用。在一个电子登记系统中,标识码可以显示在封面版或电子包中,允许自动检索文件,而不必由登记员人工挑选或检查错误。

显然,一个电子登记系统不使用标识码也能发生作用,但其作为登记系统有益的附件,登记员应当由州法授权参与其中,《统一电子登记法》应授予这一权力。

(七)收费

许多州,登记员必须用他们收取的费用来购置办公设备。如此,登记员对他们的成本和收入的波动非常敏感。当1999年新的《统一商法典》第九章公布以备采纳时,登记员中引发的争议和抗议就可以证实这一点。该章规定须在债务人所在地的州的归档融资声明,而不是在担保物的州。① 结果,以前县范围归档的登记员的收入就大大减少了,因为发表融资声明的存档费没有了。一些人利用他们的政治权力反对采纳第九章,而其他一些人则另找收入来源。正如一些登记员所指出的:

每个登记办公室要计算一下数额,如果存在所谓的"丧失净收入"的话,所丧失的收入即是登记办公室不再处理的动产归档工作所得的收入,因不再维护U.C.C.索引所减少的成本却不多。专责小组敦促每一个州要保持登记办公室收入独立,如有必要则增加当地的登记费,或者分享中央办公室增加的U.C.C.费。②

---

① U.C.C. § 9 – 301.

② Standards Committee, *Property Records Industry Joint Task Force*, Recorders Guide to New Article 9 – 5 of the Uniform Commercial Code, at http://faxxon.cifnet.com/taskforce, 2002年11月19日访问。

对成本和收入的敏感是很自然的，也是可以理解的，但对于电子登记的实施却有重要的意义。提高短期成本的可能性很大，正出售软件与服务给登记员的出卖人期待着付钱。现行的收费结构是否足够支付成本还不确定。提高收费，对书面文件登记和电子登记实行不同的收费标准或许是必要的。

还必须考虑的是电子登记的收费方法。要求以现金方式或者传统的支票方式支付将使电子登记遭受重大失败，使文件登记成为可能的任何电子登记的客体都没有必要邮寄给登记办公室。登记员以电子方式接受文件的方法有两种：第一种，网上的信用卡或借记卡。第二种，常规性的提交号码文件（例如，律师和产权保险公司）并在登记办公室设立第三方代管账户，以差额拨款，并允许他们超期花掉这些差额。

然而，登记员运用这些技术的法律授权是不确定的。统一法能够也应该澄清登记员以这些方式或者其他方式收取费用的权力。

五、结论的思考：全州性抑或地方性的控制？

即使在已经制定《统一电子交易法》的州，为了提供《统一电子交易法》所没有规定的电子登记系统相关方面的法律授权，补充规定也是必要的。本文强调了这个补充规定所涉及的许多问题。此外，从不动产登记的视角来看，《统一电子登记法》不妨提供与《统一电子交易法》相关事项的更详细的引导。

也许最困难的问题是在州级和地方当局之间的权力分配问题。至少在州控制的大范围内，许多因素都争议很大。首先，州级的登记机构可以保证在全州的电子登记系统中实现“互操作性”。这样，产权公司、律师和其他人员就不必在多种登记系统中查找记录，多个登记系统的特质是现行登记系统无效率的主要原因，人们的工作也可以大大减少。其次，它可以防止登记员未经考虑将其登记转换成电子登记而严重损毁自己的登记记录。再次，通过州内的技术分享，可以节省很多成本，不必在每个登记辖区重新开发登记系统。最后，州级登记机构比独立登记员在参加全国的电子登记技术改进的会议交流上更有效果，在解决州的突出问题方面可以带来更大的进步。

然而，也必须十分谨慎。州级登记机构会变得机械古板，会妨碍技术进步,并存在阻挠独立登记员发展技术的风险。另外,还存在这样的风险:州级登记机构所设想的并只认可先进的系统,以至于大部分登记员不懂这些系统,也不会用。实际上,因为县级登记员的服务对象变化很大,所以州级登记机构依据成本和技术批准一个大范围的模范系统是必要的。

也许更重要的是,即使是控制,在任何州级管理机构中,独立登记员也必须有实质性的投入。否则,风险太大,州级登记机构会根据理论而不是实践状况来操作,他们也会批准一些实际操作的人所不能接受的登记系统。登记机构还应不断地接受使用该系统的人员的反馈:公司、律师、地方管理机构和行政人员。通过由上述提到的这些人员组成的咨询委员会,这个目标就能实现。

在州级登记机构所能提供的保护和独立登记员所能提供的创造性之间进行恰当的平衡并不是容易做到的。就我所知,没有现行的成功的典范可以遵循。但是达成的权利平衡可以看作成功和失败之间的差异。在《统一电子登记法》起草委员会的所有任务中,这可能是最为关键的。

(陈永强,中国计量学院法学院副教授,硕士生导师,中国社科院法学研究所博士后;徐伟寰,复旦大学法学院民商法学硕士)

硕士论文

论美国合同法上的格式之争

左　媞

目　次

绪论

"格式之争"在美国合同法学界一直是一个争议热点。自19世纪以来,格式合同在商业中广泛应用,出现"格式之争",学者与法官提出了各种解决办法,但不论是普通法下的"镜像规则"(mirror image),"最后一枪规则"(last shot),还是《统一商法典》(UCC)第2-207条中专门针对"格式之争"所进行的规定,都没有一个方案能平衡各方的利益,赢得所有人的赞同。尤其是UCC第2-207条的规定还引发了各方激烈的讨论。同时,随着电子商务的不断发展,各种新型电子格式合同的出现也给传统法律解决"格式之争"的办法形成了较大冲击。在新时代下,"格式之争"该如何解决,值得深思。

我国对"格式之争"的规定主要集中在《合同法》第30条和第31条,主要是借鉴了《联合国货物销售公约》的规定,把承诺分为实质性变更和非实质性变更两种。第30条规定,承诺的内容应当与要约的内容一致。受要约人对要约的内容作出实质性变更的,为新要约,同时对于承诺构成实质性变更的情形进行了列举规定。第31条规定了承诺对要约进行非实质性变更时有效。从《合同法》的规定可以看出,我国采用的是传统的"镜像规则"。除了《合同法》以外,我国其他法律对"格式之争"没有进行规定,《合同法》的司法解释也没有规定这个问题。随着电子商务的发展,我国关于电子格式合同立法规范比较滞后,目前没有专门规定这个问题的专门法,《合同法》中也没有专门规定。总之,我国缺乏"格式之争"和"电子合同格式之争"的相关立法规定。

在本文中,笔者将对美国传统合同法上的"格式之争"的立法规定和相关实践以及电子商务发展下新型电子格式合同的"格式之争"作一个简要介绍,希望能够对"格式之争"在我国的立法有所帮助。

笔者对"格式之争"的介绍主要分为两部分,第一部分将介绍传统合同法下的"格式之争"解决方案,内容包括"镜像规则"、"最后一枪规则"和UCC第2-207条,其中笔者将重点介绍UCC第2-207条的相关规定及其引发的讨论;第二部分将介绍电子商务时代下的"格式之争",内容包括新时代下是否存在"格式之争"的争论,新型电子合同的格式之争解决方案及《统一计算机交易法》的"格式之争"相关规定介绍等。

本论

第一章 “格式之争”的定义

在讨论“格式之争”前,先来看一个在商业买卖中经常出现的场景。买方和卖方正在做一桩机器买卖的生意,也许是为了节省时间,双方没有对买卖机器进行讨论及签署合同。买方仅仅是交给卖方一张订购单(purchase order),这张订购单在正面印有机器模型、价格及交付机器的日期,在背面印有担保、救济方式等非即时性条款。而卖方以确认表(acknowledgment form)的方式回应买方订购单,确认表的正面重复买方需要商品的性能,在背面却印有与买方采购单上完全不同的非即时性条款。双方都仔细阅读了对方格式合同上正面的内容,但没有任何一方去查看对方格式合同背面内容。接着卖方发货,买方付钱,合同开始履行。但过了半个月,买方所购机器发生故障,使买方的生意不能正常进行,买方蒙受了较大损失,损失数额已经超过了买方购买机器的价格。

在这个案例中,我们需要解决的问题是这两份格式合同是否成立。如果成立,合同是什么时候成立的?对于出现的争议,该适用哪份格式合同中的条款?每个人都能认定双方买卖合同成立的事实,因为双方当事人已履行合同。但销售合同成立的时间到底是卖方回复确认表,还是双方当事人履行合同,在判断合同成立的时间上,双方当事人不能达成一致。同样,对于买方出现损失时,卖方的担保责任及救济方式,该适用买方的,还是卖方的格式条款,或是采取第三方方案,也没有定论。

这个困境就是法律中提到的“格式之争”经典场景,“拜尔德(Douglas Baird)和罗伯特·韦斯伯格(Robert Weisberg)指出,一方面,有关双方事实交易的问题没法解决,因为双方没有对签订非即时性条款进行商讨。另一方面,法律必须对适用买方或卖方的担保及救济方案作出规定,但是法律规定没有提到这个问题”。

“格式之争”把立法者和法官推到了一个尴尬的境地,在商业交易中,越来越多的人使用标准合同,同时订立合同的双方在交易中不会仔细阅读对方的标准合同,只会对一些重要条款例如标的价格、质量、数量及交付方式进行谈判,达成一致。在出现争议时,立法者及法官该如何抉择,选择维护买方还是卖方利益就成为了难题。自从19世纪出现这个问题,就出现了各种解决方案,下文中,笔者就对美国合同法上出现过的"格式之争"解决方案以时间顺序进行简要探讨。

第二章　普通法下的格式之争

在《统一商法典》颁布以前,格式之争的解决方案主要是根据普通法的两个规则,即"镜像规则"和"最后一枪规则"。

第一节　"镜像规则"

在普通法中,要约人能完全控制自己的要约,也就是说,要约人能完全决定合同的最终内容。受要约人必须完全接受要约的条款,承诺必须像"镜像"一样反映要约的内容。如果受要约人的回复对要约的条款进行了改动、删除或补充,那么其回复不构成承诺,而是构成反要约。普通法的这种合同成立的规则就被称为"镜像规则"。

Langellier v. Schaefer(1887)是"镜像规则"的经典案例,在这个案例中,法官对"镜像规则"进行了经典的描述。"一方对另一方所发出的交易要约施加责任于前者,除非后者根据要约的条款对其予以承诺。任何对这些条款的修改和背离都将使要约无效,除非要约方同意这种修改和背离。"

如果根据"镜像规则",在上文中提到在机器买卖交易中,卖方提供的格式合同与买方的格式合同规定不一致,那么双方的交易没达成,即使买方已经付款,卖方已交货。在出现一方违约的情况下,该适用什么规定?该怎么维护受损害一方的利益?很显然,这是"镜像规则"无法解答的问题。

"镜像规则"过于僵化,重视合同形式,但是却忽略了合同的内容。"镜像规则"不允许受要约人对承诺进行一点点改变,哪怕是在双方已经对合同的主要内容达成一致,仅仅是合同次要条款存在分歧的情况下,受要约人的承诺也不能生效。在现代商业社会中,一份合同可能多达数百页,合同当事人不可能对每一项内容都达成一致。因此,在"镜像规则"下,商业交易成本太高,这与现代商业所需的高效率背道而驰。

"镜像规则"是在人们面对面的交易中,经过双方协商,对买卖每一条款都进行详细商谈的情况下产生的，是在商业社会诞生前的合同成立主要规则。但在现代商业中，这种面对面对每个合同进行谈判的交易方式已经改变，取代的是互相交换已打印好的格式条款的交易方式，所以“镜像规则”并不能解决现代商业社会中的“格式之争”，普通法需要有新的规则以适应现代社会的发展步伐。

第二节 “最后一枪规则”

替代“镜像规则”解决“格式之争”的是“最后一枪规则”。根据“最后一枪规则”，在合同履行前提出的最后一个反要约被认为是承诺，构成合同的主要内容。

根据“最后一枪规则”，在上文中提到在机器买卖合同争议中，最后应该适用卖方的确认表的规定。故合同的内容偏向卖方，合同中对于卖方应承担的担保责任及救济方式都作了限定，买方不一定能根据合同获得相应的补偿。所以，“最后一枪规则”不能平衡合同当事人的利益，合同的内容偏向最后作出反要约的一方。“仅仅因为一方当事人在交易中最后出示格式合同，就断定采用其条款，这对先出示格式合同的一方不公平，这看起来像采用一种‘赢者通吃’，而不是折中的办法解决问题。”

“最后一枪规则”在实践中不断被质疑，主要是基于以下几点：第一，“最后一枪规则”的适用武断且不符合常理。在商业买卖中，一般都是买方在接受卖方交付的货物后，再接收卖方的确认表。根据“最后一枪规则”，确认表变成了合同的最重要部分，不符合商业惯例。第二，“最后一枪规则”的适用忽略了双方当事人的真正合意。没有一方当事人会把卖方的确认表当成反要约，确认表的意义在于确认双方对合同达成一致。因此，“最后一枪规则”强加给当事人双方一个“假意”合同。这个“假意”合同主要由卖方确认表里一些买方从没有阅读过的规范条款构成。第三，“最后一枪规则”鼓励当事人使用诡计达到自己的合同目的。买方在卖方发送确认表后再向卖方发送一个买方确认表，从而让自己赢得“最后一枪规则”。同样，卖方也会采用这种手段来取胜，这就歪曲了双方交易的意义。

第三节 本章小结

“镜像规则”与“最后一枪规则”的本质都是一种确定的规则，只要满足规则中的条件,或是承诺与要约条款规定完全一致,或是采用合同履行前最后一个反要约的规定,那么条款明确且合同成立。但是这两个规则没有留给法官任何自由裁量的空间,法官无法根据实际情况对规则的适用进行调整,无法决定合同的成立和条款的组成。“总之,‘镜像规则’与‘最后一枪规则’的适用,使法院判决脱离了现实,僵化地停留在形式主义的层面。”

第三章 《统一商法典》下的格式之争

第一节 《统一商法典》第2-207条的立法背景

美国《统一商法典》是1942年起由美国统一州法委员会和美国法学会联合着手起草,于1952年颁布的,在全美境内通行的一部著名法典。这部法典的第二章,对买卖合同中的商事规则和商事惯例进行了统一规定。其中的第2-207条就是对格式之争的规定。作为《统一商法典》第二章主要起草人的卡尔·卢埃林(Karl N. Llewellyn)教授,在起草《统一商法典》的过程中认识到“镜像规则”与“最后一枪规则”并不能有效地解决问题,因此在《统一商法典》第2-207条的立法中,卡尔·卢埃林教授对在现代商业交易中适用“镜像规则”与“最后一枪规则”产生的不公平现象进行了纠正,并根据目前的商业现实调整了合同成立规则,使其能适应飞速发展的商业社会的需求。《统一商法典》第2-207条的内容如下:

第2-207条　承诺或确认书中的附加条款

(1)明确且及时表示的承诺中或在合理时间内发出的确认书生承诺之效力,即使它规定了与要约条款或双方约定之条款不同的附加条款,但承诺人明确表示其承诺以要约人同意附加条款或冲突条款为条件的除外。

(2)附加条款应解释为补充合同之建议。在商人之间,此类条款构成合同之内容,但以下情形除外:

a.要约明确规定承诺仅限于要约之条款;

b.附加条款或冲突条款实质上改变了要约的;

c.要约人在收到有关此类条款的通知后于合理时间内发出异议通知的。

(3)尽管当事方之间的书面文件未能确定合同的存在,但双方当事人承认合同存在之行为足以确定买卖合同的成立。此种情形下,该特定合同之条款由与双方的书面文件一致的条款和依据本法任何其他规定而纳入合同的补充条款共同构成。

第2-207条是形式主义法学转向现实主义法学的经典立法之一,第2-207条的规定参考了一系列的商业惯例与商务实践,使格式之争的解决方案能更加贴近商业现实的要求,而不是强迫商人按照法律的要求调整交易结构。但是,第2-207条条款中出现了语句的混淆性、条款间的矛盾性以及立法者的错误等问题,使这个复杂的条款变得更加令人费解。第2-207条成为《统一商法典》中最具争议性的条款,同时也受到了不少学者与法官的批评。"可以肯定的是,《统一商法典》有一个条款能挑出毛病。那就是第2-207条中关于格式之争的规定,很少获得法学家的赞同。"

第二节 《统一商法典》中的第2-207条

1.《统一商法典》中的第2-207(1)条

第2-207(1)条主要是规定承诺的生效,分为两个部分,第一部分是以限定性的语言规定,通常情况下当事人对要约人的回复在什么条件下才能构成承诺。主要的限定性词汇包括"承诺表示或确认书"、"确定并且及时",并且还明确了对原要约进行补充,或包含与原要约不同内容的条款也同样具有承诺的效力。第二部分是规定了附条件的承诺,即承诺生效的一种例外。承诺人可以在承诺中约定,要约人必须同意承诺中的补充或不同条款,承诺才生效。如果要约人不同意承诺人的条件,那么此回复构成反要约。

第2-207(1)条的立法目的是希望能改变普通法僵化的规则,以适应现代商业社会的发展。在第2-207(1)条中,立法者对于承诺的生效作了多种灵活的规定,给予当事人更多的自由决定权。但是第2-207(1)条中对承诺的定义及构成标准用语模糊,表达不清招来了不少质疑。

(1)"镜像规则"的改变

第2-207(1)条改变了"镜像规则"中要求受要约人的回应必须与要约内容一致才能被认为是承诺的规定。受要约人的回复中包含与要约内容不同的条款(different terms)或增加要约里没有的补充条款

(additional terms),也被认为是承诺。也就是说,第2-207(1)条把普通法中附有不同条款或补充条款的反要约视为承诺。

同时,第2-207(1)条只是改变了"镜像规则",但并没有完全拒绝"镜像规则"。法院在对案件进行判决时,如果受要约人的回复中改变了如对商品的描述、价格、质量或其他值得双方讨论的条款,法院仍然适用"镜像规则",把当事人的回复认为是反要约。如果受要约人对回复进行了合理的修改或添加,那么,按照第2-207(1)条的规定,当事人的回复被视为承诺。

第2-207(1)条是对"镜像规则"的进行技术修改,改变普通法过于僵化,注重形式,忽略当事人真实意思表达的缺陷。

(2)承诺的构成标准

第2-207(1)条中存在的最大争议是,符合什么样的标准才能构成一个"明确的承诺表示"(definite expression of acceptance)。主要的标准有两种,一种是使用理性人标准进行判断,当一个理性人看到回复时,是否会认为回复构成一个"明确的承诺表示"。另一种是主观标准,取决于受要约人主观上是否希望自己对要约的回复构成一个"明确的承诺表示"。同时,使用相同的主观标准进行判断时,也可以让要约人在客观上决定受要约人的回复是否构成一个"明确的承诺表示"。

(3)明确的承诺表示

另一个问题是第2-207(1)条中没有清楚地说明"明确的承诺表示"的构成要素,只把"确定并且及时"的回复都当成了承诺,即使承诺附有补充条款或不同条款。这不仅让学者也让法官疑惑,承诺对要约在多大范围内进行改变,才被认为是反要约,第2-207(1)条中没有给出明显的限制。根据第2-207(2)条和评注三的规定,虽然"明确的承诺表示"中的"不同条款"或"补充条款"对要约进行了实质改变(materially alter),合同仍然成立。也就是说,根据第2-207(1)条的规定,在非商人交易中,受要约人回复要约人时,对要约进行了实质性的改变,仍被视为"明确的承诺表示"。这样的规定毫无意义,不过第2-207(1)条仍然采纳了。如果受要约人对要约的回复与要约有本质的区别,那么,从常识和逻辑来看,这样的回复不能被视为"明确的承诺表示"。

(4)确认书(confirmation)

通过第2-207(1)条中"在合理时间内寄送的承诺表示或确认书"的规定,可以推出立法者把承诺和确认书的效力等同,也就是把确认书认定为承诺,即使确认书里包含补充条款或双方没有协商一致的条款。但是把确认书列入第2-207(1)条产生了异议,因为确认书不是承诺,确认书的效力在于证明双方达成交易。确认书虽然是承诺的重要组成部分,但是,不能等同于承诺。如果确认书里还包含补充或不同条款,那还能被称为确认书吗?确认书应只包含双方当事人达成一致的内容。

(5)附条件的承诺(conditional acceptance)

第2-207(1)条中附条件的承诺规定也令人费解。如果在受要约人的回复中,需要要约人同意某些条款承诺才生效,这样的回复就不应该构成承诺,而是直接构成反要约。但是笔者认为,对附条件承诺的规定恰恰是立法进步的表现。从这个规定中可以看出,立法者已经认识到现代商业交易的真实情况。在一般的商业交易中,当事人仅仅关注当事人协商达成的条款,但却从不留意双方的标准条款。所以,在第2-207(1)条中,通常情况下,承认附条件的承诺的效力,即双方对部分条款达成一致,但是在双方的标准合同有冲突规定的情况下,合同成立。但法律规定仍然留出了空间,即附条件承诺的规定,针对一些谨慎并注重对方格式条款的当事人,在一定条件下,要约人不同意承诺人标准合同中的条款,合同不成立。

在一系列的案例中,法官关注的焦点是承诺人对要约人的各种回复是否构成附条件的承诺,即反要约。由于此条款规定的不确定性,不少律师在起草合同时,将此条款直接复制于格式合同的背面。这种模仿法典的行为让法官在判断时不得不把这样的回复合同当成反要约,这样的合同也被称为"技术"或"公式"反要约。这种反要约的出现,扭曲了第2-207(1)条中规定附条件承诺的目的。

法官也逐渐认识到了这种不确定的规定不是真正的反要约,这种反要约形式让合同更加模糊,所以当有要约人再使用"技术"或"公式"反要约时,法官会认为"卖方让合同变得模糊,是因为使用了附条件的承诺的条款"。

目前,法官在判断附条件的承诺是否构成反要约时,采用的是理性人标准,即一个与要约人情况相同的理性人,在同样的情况下能否理解受要约人的回复。如果理性人认为受要约人回复明确,那么就构成承诺;如果理性人认为受要约人的回复模糊,则构成反要约。

2.《统一商法典》中的第2-207(2)条

第2-207(1)条主要是处理承诺是否有效,即合同成立问题。在第2-207(2)条中,处理的主要问题是合同成立后,合同中该包含哪些条款。同时,第2-207(2)条对适用对象作了区分。在非商人交易中,承诺中对要约的补充条款只能被视为补充建议。在商人间的交易中,除了第2-207(2)条中所列出的三种情况外,都被认为是合同的有效条款。在这三种情况中,第二款要求补充条款对合同作了实质改变,成为了整个第2-207条争论的中心点,什么是"实质改变",很难有一个统一的标准。在第2-207(1)条中,立法者同时提到了"不同条款"与"补充条款",但在第2-207(2)条中,却只提到"补充条款",这究竟是立法者故意为之,还是立法疏漏,也成为争议的焦点。

(1)"商人"与"非商人"

第2-207(2)条中的例外规定适用的前提条件是合同双方当事人必须是商人,如果双方有一方不是商人,就不适用例外规定。在第2-207(2)条中,如果双方当事人一方不是商人,补充条款就被视为对合同的补充建议。承诺中的附加条款"脱落",合同中的条款主要是由要约中的条款构成,这被称为"脱落规则"(fall out rule)。"脱落规则"的适用使合同又回到了由要约人主导的时代。所以,在非商人间交易中,当事人的合同内容主要由"第一枪规则"决定,当事人的合同内容主要由要约条款构成。

在商人交易中,除了第2-207(2)条中的例外规定,承诺中的附加条款与冲突条款可以列入合同。因此,除了例外规定,商人之间的交易适用"最后一枪规则",当事人的合同除了要约条款外,还可以由承诺中与要约规定不一致的条款构成。

(2)实质性改变

在第2-207(2)条列出的三种排除承诺有效的情形中,"实质性改变"是讨论的焦点。因为在三种情形中,除了"实质性改变",其他两种情形是可以通过当事人约定成立或排除的。所以，当双方当事人在合同履行过程中发生“格式之争”，需要判断某个条款是否被纳入合同中时，多数情况下法院都必须对争议条款作出是否对合同进行了“实质性改变”的判断。“实质性改变”的评判标准是什么，第 2－207(2)条中没有详细说明。在第 2－207 条的评注 4 和评注 5 中，对“实质性改变”的标准给出了一系列的解释。

评注 4 认为，如果在另一当事人未明确知悉时即被纳入合同将会产生意外或极不公平的结果时，条款通常“实质性改变了合同”。评注 4 给出的判断“实质性改变”的标准相当模糊，可以归纳为“意外(surprise)和负担(hardship)”，然后又列举了四种构成“实质性改变”的情形。法院根据评注 4 的规定，认定了几种对合同进行了“实质性改变”的情形。同时，法院对“实质改变”的判断属于事实问题还是法律问题，不能达成一致的意见。

评注 5 认为如果一方对合同条款的改变未涉及“不合理的意外”(unreasonable surprise)的因素，那么除非另一方及时通知进行反对，对合同条款的改变应被纳入合同内容。不过评注 5 中并没有对什么是“不合理的意外”进行阐述，只是列出了在实践中几种不属于“不合理意外”的情形。

总之，评注 4 和评注 5 分别从不同角度对“实质性改变”的标准进行了阐述，但都没有对“实质性改变”的标准下一个准确的定义。所以需要在司法实践中对“实质性改变”进行准确的阐述。只有对评注 4 中提到的“意外”和“负担”进行了精确的定义，才能明确什么样的条款对合同进行了“实质性改变”。

在司法实践中，通过对第 2－207 条的不断适用，法官总结出了“意外”和“负担”的判定标准。“‘意外’是指如果一方当事人不能被推定为默认(改变后的合同条款)，则属于实质性改变。‘意外’的判定包括主观因素和客观因素：即主张改变的一方当事人已知和应知的内容。‘意外’的影响因素包括之前的交易过程、双方已经交易的一定数量的书面确认书、行业惯例及明显的条款。”“‘负担’被认为是‘实质的经济负担’，同时意味着法律责任的转移，使主张改变一方从潜在的重要经济负担中解脱。”

尽管如此,在司法判例中,“实质性改变”的判断是很复杂的。因为每个交易中的“实质性改变”的决定因素不相同,“实质性改变”可以根据一系列可变因素决定,包括交易的价值、交易的数量、当事人双方的关系、交易中的惯例及当事人在合同中的履行情况等。在个案中,只有对以上因素进行一个整体的评估后,才能准确判断“实质性改变”是否存在。

(3)附加条款 VS 冲突条款

第 2－207(2)条的立法目的是为了决定承诺中与要约规定不相同的条款的效力。在第 2－207(1)条中提到,承诺对要约进行改变的条款有两种,一种是附加条款,即承诺中规定了要约中没有提到的条款,是对要约规定的补充;另一种是冲突条款,即承诺中对要约中已规定条款进行了更改,形成了与要约内容不同的规定。但是,在第 2－207(2)条中,只提到了“附加条款”,并没有提到“冲突条款”,同时其他条款也没有对“冲突条款”的效力进行规定,这就造成了实践中各法院对于判断“冲突条款”的效力并不能达成一致。

目前,在实务中对于冲突条款的效力判断出现了不同的意见。第一,这是法律起草者的错误,“冲突条款”是在起草过程中被遗漏的,所以第 2－207(2)条针对“附加条款”的规定也同样适用“冲突条款”。第二,按照字面的理解,法典中的第 2－207(2)条的规定只针对“附加条款”,不包括“冲突条款”。在第 2－207(2)条的规定中不适用“冲突条款”的情况下,不同法院对“冲突条款”的效力的适用也出现了不同的理解。有的法院认为“冲突条款”应适用“互相击倒规则”出局,“冲突条款”出局后留下的空白适用第 2－207(3)条中的“填补漏洞规则(fill the gap rules)”。有的法院认为“冲突条款”应适用“最后一枪规则”,法官应该对当事人双方提出的“不同条款”进行比较,最后采用从总体上对双方最公平的一方条款。

在实践中,大部分法院认为第 2－207(2)条的规定只适用“附加条款”,对“冲突条款”适用“互相击倒规则”。在“互相击倒规则”下,谁是“第一枪”或“最后一枪”对合同的内容影响不大,这种方法比较公平。评注 6 中也明确规定“冲突条款”应适用于“互相击倒规则”。

采用这种观点的前提是必须区分“附加条款”与“冲突条款”,“附加条款”应适用第 2－207(2)条的规定。但“附加条款”与“冲突条款”

该怎样区别，法律没有规定。在不少人看来，这种区分是一种吹毛求疵的行为，“附加条款”与“冲突条款”本质上都是一样的，都是属于承诺对要约进行改变的条款，却要进行区别并适用于不同的规定，这不仅不合理，同时也增加了法官的工作量，使第2-207(2)条的适用变得复杂。

同时，这也是对评注6的一种误解。评注6中认为在合同中可以排除“冲突条款”是因为符合第2-207(2)条C的规定，即要约人对承诺中的“冲突条款”在合理时间内进行了异议通知，明确表示不接受承诺中的“冲突条款”，而不是根据“互相击倒规则”。

加利福尼亚最高法院在Steiner v. Mobil Oil Corp.,569 P.2d 751(Cal.1977)案件中提出了不需要区分承诺中的“附加条款”与“冲突条款”，只要是对要约的内容进行了实质改变，都同时适用第2-207(2)条排除在合同外。其判决理由包括：第一，第2-207条的评注三中认为“附加条款或冲突条款是否将成为协议的内容，取决于第(2)款的规定”。从评注三中可以推断出立法者是把“附加条款”及“冲突条款”作为同一类型的条款对待的，并没有对“附加条款”及“冲突条款”作刻意的区别，所以第2-207(2)条中没有提到“冲突条款”应该是立法者的疏漏，并不是故意为之。第二，“附加条款”与“冲突条款”的区别太模糊，区分是复杂且琐碎，这种区分没有意义。

加利福尼亚最高法院的判决获得了好评，但也招致不少非议。笔者认为加利福尼亚最高法院的这个判例最贴近第2-207条的立法目的，同时也使审判变得简单且具有一致性。所以不区分“附加条款”与“冲突条款”，都统一适用第2-207(2)条的规定，是一种较为合理的规定。

3.《统一商法典》(UCC)中的第2-207(3)条

第2-207(3)条适用当事人双方在没有书面合同下进行的交易，以行为的方式履行合同时的情形。第2-207(3)条规定，在双方当事人没有就书面合同达成一致，但双方却已经履行了合同的情况下，只要双方的履行行为足以确定买卖合同成立，合同就成立。同时，第2-207(3)条还明确在这种情况下成立的合同的条款内容。

(1)“互相击倒规则”

第2-207(3)条采用了“互相击倒规则”，根据第2-207(3)条成立的合同,合同条款包括双方书面合同中达成一致的条款及根据本法规定"填补漏洞规则"的补充条款。也就是说,如果双方当事人的合同是根据第2－207(3)条成立,那么,不论是要约还是承诺,双方格式合同中规定不一致的条款,就会"互相击倒",都不能成为合同条款。双方规定不一致的部分适用本法的补充条款规定。

法院在采用"互相击倒规则"时,对于"本法的补充条款"范围认定有比较大的分歧。有的法院认为补充条款仅仅包括法典里明示规定的那一部分,例如默示担保。还有不少法院认为补充条款除了法典明示规定以外,还应该包括第1－205条中提到的商业往来与交易中的惯例,以及第2－208条中提到的履约过程形成的惯例。

(2)履行行为的效力

第2－207(3)条规定了推定形式合同的成立,即双方未按照第2－207(1)条的要求成立订立书面合同,但根据双方的行为能推定已事实上履行合同,合同成立。一部分法院认为,根据第2－207(1)条的规定,如果受要约人的回复不能构成承诺,合同没有成立,但双方当事人在随后履行了合同,那么适用第2－207(3)条的规定,合同成立。但是如果当事人的合同没有成立,是因为受要约人回复是附条件的承诺,要约人没有接受受要约人的条件,那么双方的履行行为不能成立合同。因为附条件的承诺被视为是反要约,如果要约人履行了反要约,合同成立的根据就是反要约中的条款。这种情况被称为"最后一枪规则的复活",不符合第2－207条的立法宗旨。

而另一些法院并不区分承诺是否附条件,都统一适用第2－207(3)条的规定,在双方并没有达成书面合同,但履行了合同的情况下,都推定合同成立,合同内容根据"互相击倒规则"及"填补缝隙规则"确定。

(3)第2－207(3)条的适用范围

在第2－207(3)条的适用中,出现了不少问题,有不少法院在适用第2－207(3)条时,没有区分此前是否有格式合同的交换。还有法官对合同案件适用第2－201条还是第2－207(3)条经常会混淆。

对于第2－207(3)条的适用范围首先应该明确一点,第2－207条的立法宗旨是为了解决格式之争问题,格式之争产生的前提是存在着两份冲突的格式合同。所以第 2 - 207(3)条的适用前提是当事人双方曾经交换过书面合同,只有一份书面合同,或是仅仅只有在口头合同存在的情况下不能适用第 2 - 207(3)条的规定。

第三节 争议中的第 2 - 207 条

自从《统一商法典》颁布以来,对第 2 - 207 条立法的讨论就没有停止过。第 2 - 207 条的立法是对解决“格式之争”的大胆尝试,用符合现代商业社会发展的灵活规定取代了普通法的僵化规则,是立法的一次巨大进步。但是因为“格式之争”的复杂性,第 2 - 207 条的立法并不能兼顾各方利益,解决各种问题,在下文中,将对第 2 - 207 条立法中的不足进行探讨。

1. 第 2 - 207 条关注的事实交易并不一定能真实地体现当事人的真意

有人批评卢埃林在对第 2 - 207 条立法时所采取的现实主义态度,认为卢埃林在对第 2 - 207 条的立法是建立在一系列事实假设之上,而这些事实假设在现实中也许并不成立。

卢埃林总是关注当事人的事实交易,并且相信,只要能判断当事人真实交易情况就不会受古典合同法技术规则的束缚。因为这些技术规则的适用也许会忽略真实合同和当事人的想法。卢埃林认为第 2 - 207 条的立法是当事人双方“商业习惯”的真实反应,是符合双方交易的真实情况的规定。但是当事人的真实想法不能从交换格式合同中体现出来,通过查看双方的格式合同及相关交易文件,不能准确判断交易的真实情况。商业行为是很复杂的,即使我们能够完全理解现实的情况,也不一定能够对商业规则进行完美的立法,所谓“事实交易”与“商业习惯”都是不可行的。实际上,“事实交易”只是隐藏在当事人内心深处,大部分时候我们以自己的本意的推测当事人的想法,从而强加给当事人并不愿意负担的责任。

2. 第 2 - 207 条的规定含糊不清,适用效果不确定

大部分人对第 2 - 207 条进行激烈批评的原因在于第 2 - 207 条的部分规定含糊不清,在司法实践中,法官对第 2 - 207 条的理解南辕北辙,不同的法院对同一个案例的判决结果相差很大。例如,第 2 - 207(1)条中“明确的承诺表示”的定义、第 2 - 207(2)条中“实质性改变的

判断”等,不论是在理论上,还是实践中,都引发了该怎样适用的争议。这些模糊的规定导致第2－207条的适用效果不确定。

第2－207条的适用效果不确定,使合同当事人双方对各自利益在第2－207条中的分配不清楚,在交易前,双方宁愿花更多时间在阅读对方的格式条款上;在交易后,如果双方发生纠纷,会倾向于采用诉讼而不是协商的方法解决纠纷。所以,第2－207条的适用增加了当事人在商业交易中的交易成本。

3.第2－207条过于保护买方的利益

第2－207(2)条中规定,非商人之间的交易,“附加条款应解释为补充合同之建议”。这就意味着,非商人间的交易适用“第一枪规则”,合同内容主要由要约条款构成,承诺中的条款仅仅只是补充建议。在通常的交易中,要约多是由买方发出的,所以根据这一条,合同内容主要是以买方的条款为主。

第2－207(3)条填补漏洞规则中规定“互相击倒”出局的条款由“依据本法任何其他规定而纳入合同的补充条款共同构成”。本法中的补充条款中则包含着大量的默示担保条款。在买卖交易中,默示担保条款意味卖方会承担更大的风险。所以,卖方宁愿卖出更多的无担保便宜产品,而不愿意给买方提供担保,虽然有担保产品价格较之无担保产品更高。在第2－207条中,填补漏洞规则提供了大量的默示担保条款,这样使卖方在签订合同时,宁愿对担保条款进行谈判,也不使用格式条款。因此,填补漏洞规则中的规定变得毫无意义,也提高了双方交易的时间成本。

第四节　《统一商法典》2003年修正案中的第2－207条

1.修订后的第2－207条

修订后的第2－207条如下:如果(i)虽然双方没有关于成立合同的记录,双方的行为足以表明合同已经成立;(ii)合同以要约和承诺方式成立;(iii)以其他任何方式成立的合同被双方的记录所确认,而双方的记录里包含着与正需要被确认的合同不同或附加的条款。那么根据第2－202条的规定,合同内容包含:

(a)在双方的谈判记录中都出现的条款;

(b)不论是否出现在双方的谈判记录中,只要双方达成一致的条款;

(c)根据法典的其他规定补充或纳入合同的条款。

修订后的第2-207条适用于通过要约、承诺和行为两种方式成立的合同内容判定,修订后的第2-207条不适用以其他方式成立合同,但没有在双方记录确认合同的情况下对合同内容的判断。修订后的第2-207(a)条的规定意味着当事人的条款只要在记录中出现就可以纳入合同内容,在大多数情况下,双方都进行记录的条款体现了双方对该条款的认同,但是也有例外情况。在某些情况下,一个与交易主题无关,且双方都不认同的条款出现在双方的交易记录中,成为合同的内容,是因为当事人在合同成立前没有注意对方的记录中会出现相同的条款。

修订后的第2-207(b)条中规定不论是否出现在双方的谈判记录中,只要双方达成一致的条款就能成为合同内容。这个规定具有很大的弹性,在不同的情形下,"双方达成一致"的情况会发生变化,所以需要给法官较大的自由裁量权,具体问题具体分析,才能对"双方达成一致的条款"准确定性。

修订后的第2-207(c)条中提到了合同条款还包括"补充"与"纳入"合同的条款,"补充的条款"是指适用"填补漏洞规则"中的补充条款,当双方当事人对一个某项事实不能达成一致时,就应适用法典中的补充规定。"纳入"合同条款是指某些条款必须根据法典规定被纳入合同。这是为了解决第2-207条引发的争论,即交易过程和履行过程中的惯例及行业惯例是否应纳入合同。这个条款明确表示这些条款都可以纳入合同规定。

2. 修订后的第2-207条评析

2003年,美国法学会和美国统一州法委员会通过了对《统一商法典》第二章的修正案,其中对争议最多的第2-207条作了重大修改。

2003年修正案对《统一商法典》第二章的条款进行了重大调整,首次区分由不同条款分别处理合同的成立和合同的内容两个问题。鉴于第2-207条规定的复杂及混乱,修正案将第2-207条的规定进行拆分,修正后的第2-207条只规定合同内容问题,而以前规定合同成立的部分则并入修订后的第2-204条和第2-206条。

第2-204条中规定了合同成立的方式,包括传统的要约与承诺、以行为的方式成立合同。第2－204条还规定除了这两种方式以外,其他方式也可以成立合同,但第2－204条没有说清楚其他方式是指哪几种方式。在第2－206条中增加了第3款规定“即使承诺表示中规定了与要约条款不同的条款或附件条款,出现在记录中的明确且及时的承诺表示被视为承诺”,不过第2－206条没有对“承诺表示”下一个明确的定义。对于承诺的描述与第2－207条中的一致,定义都为“明确且及时”,这使承诺的构成要件仍然模糊且不确定。

2003年修正案对第2－207条的修订主要表现为以下几点:第一,修正案中取消第2－207(2)条中对商人和非商人进行区分,并适用不同的“格式之争”解决方案的规定,对于所有合同中的争议条款统一适用“互相击倒规则”,不再采用“第一枪规则”或“最后一枪规则”。这就意味着当事人的“实质利益”不会再受格式合同的发送顺序影响。第二,修订后的第2－207条适用所有买卖合同的条款,不仅仅限制在“格式之争”下的条款,修订后的第2－207条的评注2规定为“适用于这一章中,根据其他条款成立的合同的情形”,也就是取消了第2－207条的适用前提,即需要有两份不同的书面合同交换。第三,修订后的第2－207条取消了第2－207(2)条中判断承诺条款是否属于对要约内容进行变更的“实质改变”标准。同时,将“不同条款”与“附加条款”视为同一类条款,法官不需要挖空心思的对“不同条款”与“附加条款”作出区分。这两个改变消除了第2－207条中两个最大争议点,让条款规定变得确定,减少第2－207条在实践中引发的争议。

总之,《统一商法典》2003年修正案对第2－207条进行了较大调整,对此前在实践中出现的多数争议点都进行了回应,使第2－207条的规定变得明确且简单,也不仅限于解决“格式之争”问题。不过,目前商业交易中的争议仍然适用修订前的《统一商法典》。

第四章　电子商务时代下的格式之争

随着网络化、信息化社会的不断发展,“无纸化”社会趋势越来越明显,人们的交易方式也在发生变化。越来越多的人倾向于运用网络订立合同,产生了不同于传统合同的新时代电子合同,这也给传统的合同法规则带来了不小的冲击。

有不少人认为,随着电子合同的使用,由交换纸质合同而发生的

“格式之争”问题将会得到彻底解决,但也有人认为“格式之争”在电子商务时代依然存在。在下文中,笔者将结合新型电子格式合同对这个问题进行探讨。

第一节　电子商务时代下是否存在格式之争

有部分学者认为,随着电子信息技术的发展,传统的格式之争不会发生。当一个商业当事人在供应商的网站上提交订单时,格式之争不会出现,因此,交易中不会涉及第2－207条。总结下来有以下几个原因:

第一,电子技术的发展,促进了网络交易方式的更新,在网络交易方式下不可能出现格式之争。复杂的存货控制、产品管理及供应链整合等网络技术的不断发展,要求订单管理方式计算机化。这些新变化鼓励卖方以应用程序的方式采用在线交易,因为这种方式不需要卖方输入任何数据。这种变化同样发生在买方那里,大型制造商通过使用高度复杂的软件购买原材料和零部件,这种高度复杂的软件邀请卖方到买方的网站上提交符合买方条款和条件的要约。在这种交易背景下,买方与卖方很难聚在一起为合同的条款进行谈判,也不可能出现格式合同的交换。同时,网络交易使买方的购买需求与指定卖方的要约能够同时向对方发送。在这种交易过程中,买方能立即获得卖方发布的条款,从而能有效地避免格式之争的发生。

第二,网络交易中出现的各种新型合同,与传统的合同形式差异很大,成立的方式与成立的过程也与传统合同不同,这些合同在实践中也很难发生格式之争,适用第2－207条的规定也显得比较牵强。尤其是目前在电子商务中适用最广泛的点击合同,虽然与传统合同的成立方式比较相似,但是,由于网络交易的特殊性,发生格式之争的可能性比较小,更无可能适用第2－207条的规定了。

不过,也有不少学者认为,电子交易中仍然会出现传统的格式之争。“有人认为‘无纸化’社会的发展是解决格式之争的根本原因,但我认为这种想法是错误的。买方和卖方在‘有纸’社会里不愿花时间对非即时性条款进行谈判,不论是出于效率或心理学或其他方面的原因,那么这种情况在电子时代里也不会改变多少。”总结下来有以下几个原因:

第一,越来越多的公司使用电子数据交换的方式制作订购单,并根据预先安排好的格式,通过电子邮件的方式发送订购单。尽管使用电子数据交换的方式需要当事人双方提前签订电子数据交换贸易伙伴协议,但双方当事人一般都不会利用这个机会去商讨合同中的条款。当事人在随后的商业交易中,有可能会发生商业纠纷,其争议的焦点有可能是对适用买方或卖方的合同条款发生争议。

第二,网络交易中的新形式还包括买方用自己的个人账户登录卖方的个人系统下载订购单,这种方式也不能解决格式之争的问题,因为这仅仅是交流方式的变化,并不意味着双方能在交易过程中确定合同条款。

第三,在新出现的网络合同中,缺乏合意的浏览合同不可能出现格式之争,但是符合传统合同构成要件的点击合同中出现格式之争的可能性仍然存在。虽然很多网站在点击合同成立时,不要求实际点击,或者网站会以各种方式提醒点击"同意"的当事人意识到点击行为的法律意义,但是在这样的情况下,格式之争会减少,却不可以完全消除。

笔者认同后者的观点。笔者认为,随着电子商务的发展,传统的交易方式发生了一些变化,新兴的网络交易方式正在逐渐成为主流。但是,交易方式的改变仅仅是交流方式的变化,人们的交易心理、交易习惯等,并不会轻易改变,合同交易中问题仍然存在,包括格式之争。因此,在下文中,笔者将简要介绍电子商务中出现的格式之争及其解决方案。

第二节 电子商务时代下的新型格式合同与格式之争

1. 拆封合同(shrink - wrap contract)与格式之争

最早接近电子合同的是拆封合同,拆封合同是指计算机软件销售商在出售其软件产品时,经常将格式条款印刷在封装好的软件包装上或保存于软件包装内,格式条款一般包括卖方放弃担保和限制救济的内容,并标明"打开包装就意味着接受所列的格式条款"。

在拆封合同的格式条款引起的纠纷中,法院一般根据第2 - 207(2)(b)条的规定进行判决,认为拆封合同中所列的格式条款是确认书中所提出的附加条款,并且实质地改变了双方的买卖协议,因此不能成为合同的一部分。但是在1996年,法院对适用第2 - 207条的态度发生了变化。

在 ProCD, Inc. v. Zeidenberg 86 F. 3d 1447, 1449 (7th Cir. 1996) 案中，法院首次认为拆封合同不应该适用第 2 - 207 条，原因有三个：第一，第 2 - 207 条适用的前提是有当事人进行书面合同交换，在此案例中，并没有双方书面合同交换的事实存在。第二，拆封合同中的格式条款不应当被认为是确认书。确认书存在的前提是当事人双方以口头协议或非正式书面函件达成了合同，随后双方或其中一方再发送包括正式的备忘录确定合同的内容。如果一方发送的确认书里包括了双方协议中没有达成的条款，那么这时就可以适用第 2 - 207 条的规定。但在拆封合同中的格式条款并不具有确认书的性质，因此，并不能把拆封合同中的格式条款等同于确认书，以适用第 2 - 207 条的规定。第三，第 2 - 207(2)(b) 条中的实质性改变标准适用于商人间的交易，非商人交易中承诺的附加条款必须在要约人明确同意的情况下，被视为补充建议。拆封合同不是商人间交易，其中的格式条款只是一方当事人起草的，另一方不了解，所以不适用第 2 - 207(2)(b) 条中的实质性改变标准。

在 Hill v. Gateway 2000105 F. 3d at 1148 案中，法院提出了“滚动合同”(rolling contract) 理论，作为拆封合同格式条款争议判决的依据，正式摒弃了第 2 - 207 条。“滚动合同”是指“买卖合同并不完全在商店(或通过电话)的及时交易中形成，该买卖合同的售后条款也构成要约的内容，买方通过行为(使用商品或拒绝退还)表示接受卖方的要约”。在该案件中，买方通过电话订货和信用卡付款并不意味着合同的完全成立，当卖方交付电脑时，买方没有在卖方隐藏的格式条款约定的 30 天内退还电脑时，就视为买方同意卖方关于解决争议方式的格式条款，合同正式成立。所以，根据“滚动合同”理论，买方应该受到卖方格式条款的约束。

该案例的判决引发了不少争议，不少人认为“滚动合同”理论的出现完全背离了第 2 - 207 条，“UCC 对消费者更宽容，但是 Gateway 忽略了商人与消费者之间的区别”。在该判决中，法官推定消费者了解包装盒里出现的附加条款。在“滚动合同”理论中，消费者在购买之前有义务寻找寄送的商品中包括的附加条款，但商家却免去了提醒消费者注意附加条款的义务。因此,“滚动合同”理论不利于保护在买卖中处于弱势的消费者的利益。尽管如此,“滚动合同”理论还是受到了不少法院的欢迎,这是因为虽然“滚动合同”理论不是一个完美的理论,但其至少为解决拆封合同条款争议提出了一个相对合理的方案。

2. 浏览合同(browse-wrap contract)与格式之争

随着网络交易的普遍化,消费者越来越青睐网上购物。当买家在卖家的网站上提交订单时,卖方向买方展示卖方的格式条款,作为合同成立的最初内容。此时,买方能够仔细阅读卖方条款,但没有要求买方以明示表达的方式表明对卖方条款的同意,这样的电子合同交易方式被称为浏览合同。浏览合同使法律充满不确定性,不少人在浏览网站的条款时,根本意识不到他们正在与网站的所有者发生合同关系。正是因为当事人之间可能没有成立合同的合意,所以法院很难承认浏览合同的效力。

在 Register. com, Inc. v. Verio, Inc. ,356 F. 3d 393(2d Cir. 2004)案中,法院支持了原告的诉讼请求,认为被告应该受到浏览合同效力的约束,虽然缺乏明显的证据证明被告了解浏览合同的条款。此判决彻底改变了法院不愿承认浏览合同效力的历史,尽管合同条款提供一方没有事先对浏览者展示合同条款,但是可以推定互联网用户通过重复浏览合同的方式了解或应当了解合同条款。

从浏览合同里程碑的案例中可以看出,电子合同离传统合同越来越远了。双方当事人达成“合意”是传统合同形成的根本原因,但是在电子信息时代,法院可以在没有证据证明双方有合同合意的情况下,就判定合同成立,双方受合同效力约束。在某些情况下,网络浏览者在不知情的情况下就被强加的电子合同所约束。但是,从社会公平正义的角度来看,网络浏览者应该受到浏览合同效力的约束,才能保证网站所有人的利益。在电子格式合同存在的前提下,法院很少适用 UCC 第2-207条的规定,网络电子合同的发展已经远远超出了 UCC 第2-207条调整的范围,需要及时更新 UCC 的规定以适应电子时代的发展。

3. 点击合同(click-wrap contract)与格式之争

点击合同是网络时代最普遍的电子合同形式,点击合同的成立过程是卖方在网站上详细列明了整个交易的条款和条件,买方通过滚动文本框或超链接的方式点击“我同意”的按钮,表明愿意接受卖方条款的约束。相对浏览合同,法院比较认可点击合同的效力。不少法官在谈到点击合同时,认为以买方点击“我同意”的方式表明合同的成立,是对传统合同法本质“合同合意”的回归。同时点击合同的法律关系比较明确,所以,在点击合同的适用过程中,当事人对合同条款发生争议的可能性低于浏览合同。

“点击合同”能否适用 UCC 第 2 – 207 条的规定在实践中产生了争议。有不少法院认为点击合同与传统的格式之争无关,不适用 UCC 第 2 – 207 条的规定。在一些程序安装过程中,需要被许可者点击“我同意”图标才能完成安装过程。在这种情况下,法院有三种不同的结论:第一,根据“滚动合同”理论,直到被许可者点击“我同意”,协议才达成。第二,安装过程中达成的点击合同代表买方接受了卖方的反要约。第三,点击合同是对促使商品发货的主合同改变。在这三种分析中,第 2 – 207 条只与第二种反要约分析有关。因此,在点击合同中,已经不存在传统的格式之争。

但是,也有不少人认为点击合同中会出现传统的格式之争,因为点击合同的效力符合传统的合同原则规定。虽然电子格式合同之争的发现概率会降低,但很多网站并不要求只有浏览意图的人群点击“我同意”的按钮,而愿意点击“我同意”按钮的人群意味着他们知晓点击行为的法律意义。不过,电子格式合同之争仍然存在。在部分“点击交易”中,买方不完全同意卖方在网站上列出的格式条款,买方首先会点击“我同意”按钮,然后给卖方留言,除非卖方同意买方在指定网址上提出的格式条款,合同才成立。在这样的情形下,又回到了传统的格式之争,当事人双方可以适用第 2 – 207 条的规定,解决双方争议。

小结

综上所述,虽然电子合同中仍然存在格式之争,但是由于电子合同的特殊性,在多数情况下,《统一商法典》的规定已经不能适应现代电子商务的发展,必须制定新的法律调整网络交易中出现的新问题。

第三节　《统一计算机信息交易法》(Uniform Computer Information Transactions Act, UCITA)下的格式之争

1.《统一计算机信息交易法》下的滚动合同理论

UCITA是由美国统一州法委员会通过的一部用于调整计算机信息交易的示范法,强调计算机信息与一般货物相比的特殊性,为数字信息时代的信息交易提供了一个区别于传统法律制度的法律框架。UCITA原本是作为UCC第2款的修正案,是作为一个专门的章节来调整货物买卖与计算机信息交易,但美国法律协会与全国统一法律委员会不同意这个方案,最后作为一部专门法颁布。

UCITA创造了一个新的概念"大众市场许可",用于调整新型电子合同交易。"大众市场许可"是指用于大众市场交易中的一个格式合同。"大众市场交易"是指卖方直接与普通大众进行的,或在零售市场上进行的以信息或信息权利为交易内容的交易。"大众市场许可"的出现规范了"滚动合同"理论在"拆封合同"中的适用,同时也弥补了"拆封合同"对消费者保护不足的缺陷。

根据UCITA的规定,适用"滚动合同"理论需要经过几个步骤。如果交易中卖方提供了"大众市场交易许可"的格式合同,在合同初次履行、使用卖方的计算机产品或采用信息之前或之中,买方以明示同意的方式表示采纳卖方的"大众市场交易许可"合同。如果买方在有机会阅读或复制"大众市场交易许可"合同条款后,明确表示愿意接受此条款约束或以行为或其他方式让卖方知道愿意受此条款约束,那么就能证明买方明示同意"大众市场交易许可"条款。但是,当买方在付款后或者已经开始履行合同后,才发现有机会阅读"大众市场交易许可"合同条款,买方可以拒绝履行此条款并要求卖方退款。但买方也必须返还所购商品并支付合理的使用费用。

如果当交易不涉及"大众市场许可"时,在合同开始履行或使用信息后,当事人才阅读售后条款的,合同有效。但这种情况仅限于买方有理由知道在合同履行或使用信息前,他没有阅读售后条款的机会。

2.《统一计算机信息交易法》与《统一商法典》中的第2-207条

UCITA改变了UCC第2-207条中对格式之争的规定,具体表现在:

根据UCITA第204条的规定,第一,如果承诺人的回复实质上改变了要约,那么这个回复就不具有承诺的效力,这个规定改变了UCC第2-207(1)条对承诺效力的规定,把任何实质上改变要约的回复都认为是反要约。第二,如果承诺人的回复并非实质上改变了要约,那么合同成立,但合同的内容由要约构成。对要约进行非实质上的改变,同时与要约中规定发生冲突的条款被排除在合同之外。对要约的非实质性内容进行补充的条款被认为是补充合同建议。商人之间的补充条款构成合同内容,除非要约人提前或在收到补充条款之后的合同期限内明确表示不接受补充条款。第三,在承诺人的回复实质上改变了要约情况下,当事人履行了合同,合同成立。合同的条款则遵照第210条的规定,合同中应包括当事人明确达成一致的条款、行业惯例、交易过程、履约过程、双方行为的性质、交易记录、信息或信息相关权利及其他相关情形。如果法庭不能根据上述因素决定合同内容,那么就将适用UCITA的补充原则的规定。

根据UCITA第205条的规定,第一,当要约或承诺附条件时,要求另一方当事人必须全部接受要约或承诺的条款,合同不成立,除非另一方当事人明确表示同意。第二,当格式合同附条件时,合同不成立,除非所附条件被另一方当事人接受。第三,当要约或承诺附条件时,要求一方当事人必须接受格式合同中的条款,虽然当事人没有明确同意格式合同中的条款,但是履行了合同,合同成立。合同条款由要约构成,除了与附条件的要约中与对价款或数量明确达成一致的内容相冲突的条款。

UCITA与UCC第2-207条规定不同的地方还表现在UCITA的第二章规定里没有提及确认书。UCC第2-207条赋予了确认书具有承诺的效力,引发了很大的争议。因为确认书中的对补充条款或冲突的确认大部分是通过口头合同达成的,承认确认书的效力,也就是承认口头合同与书面合同的规定具有同等效力。

UCITA中没有对确认书进行规定是因为"滚动合同"的概念。UCITA刻意避免已经成立的合同在随后的记录中被确认。根据"滚动合同"的规定,除非当事人有机会对拆封盒内部的冲突条款或补充条款进行审阅,合同才会成立。虽然已经了解了这样的条款,甚至卖方已经交货和买方已经付款,但在有机会审阅条款后,买方在一个合理的期限内保持沉默,就被视为同意这些迄今为止的条款,这是合同成立的最后“一层”。

直到之前未揭露的条款被披露合同才成立,这些未揭露的条款不能被认为是冲突或补充条款,因为这些条款不是对先前合同的补充,或是提出与先前合同冲突的条款。此外,也不可能出现对未披露条款的确认,未披露条款不构成一个完整合同。因此,UCITA中不需要确认书,否则会出现与“滚动合同”的概念相冲突。在滚动合同中,对未揭露条款的默许构成了对要约的最后承诺,最后的承诺标志着完整合同的成立。

“到目前为止,UCITA仅仅在弗吉利亚和马里兰州得到颁布执行。”如果法院在解决电子商务中出现的格式之争时,适用UCITA的规定,那么得出的结论会与适用UCC中的第2-207条完全不同。UCITA的规定是为了解决特殊行业中出现的特别问题而设置,适用更加能体现电子商务时代发展的特性。随着电子商务中法律问题的不断出现,UCITA应该能在更多的州得到适用。

结论

我国的立法现状及立法建议

对传统“格式之争”的立法建议

格式之争所解决的一个重要问题在于承诺是否有效,即合同成立的问题。《统一商法典》第2-207条对承诺的效力体现的是灵活的态度,该条款提出了“实质性改变”的标准,将合同效力判断权力授予给法官。但这种看似灵活实质却模糊不清的标准在实务界引起了极大的争议。但笔者认为这种“开放性立法体系”是值得学习的。为了满足不断创新的商业实践活动之需,《统一商法典》的立法者没有直接复制商业惯例,也没有进行简单的概括性描述,而是采用了一种开放的立法方式。在第2-207条的体系中,不仅法官拥有较大自由裁量权,商人也能积极地引用商业惯例进行抗辩,法律的内涵通过横向的法条明文规定和纵向的补充条款共同体现,这反映出立法者胆大而心细的创新精神,使该立法形成了自己的特色。

我国合同法对承诺的效力的规定主要集中在《合同法》第30条及第31条,主要是借鉴了《联合国货物销售公约》的规定,《合同法》将承诺分为实质性变更和非实质性变更两种情况,采用的是传统的"镜像规则"。这样的规定比较详细,具有较强的可操作性,有利于减少纠纷的出现,且避免了《统一商法典》中规定模糊的情况。但是商业交易中的实践活动是丰富多彩、千姿百态的,"一刀切"的规定很容易出现美国立法过程中条文僵化、与实践脱节且过于偏袒一方的利益的问题。

2009年5月13日起施行的《最高人民法院关于适用〈中华人民共和国合同法〉若干问题的解释(二)》(以下简称《解释(二)》)第1条进一步放宽了合同成立的条件,规定只要能确定当事人名称或者姓名、标的和数量,就视为合同成立,其他不能确定的内容根据合同法第61条、第62条、第125条等予以判断。该解释的规定相比于《合同法》,明确了合同成立的条件和欠缺条款的"填补漏洞"规则,相关规定显得更加灵活、宽松且更贴近商业生活的需要。但是《解释(二)》中并没有体现在美国法院中普遍适用的"互相击倒"规则,因此笔者建议应该规定互相冲突的条款不予适用,这样便能明确"填补漏洞"规则的适用范围。同时笔者认为应借鉴美国立法开放的态度,引入更多的商业惯例,实现立法条文与商业发展的紧密结合,方能保证合同法体系的不断创新与完善。

对电子合同"格式之争"的立法建议

2012年7月1日施行的《最高人民法院关于审理买卖合同纠纷案件适用法律问题的解释》第4条规定:"人民法院在按照合同法的规定认定电子交易合同的成立及效力的同时,还应当适用电子签名法的相关规定。"本条规定了电子交易合同的适用范围,强调电子交易合同应同时适用电子签名法的规定,但2005年4月1日施行的《电子签名法》主要规范电子签名,即"数据电文中以电子形式所含、所附用于识别签名人身份并表明签名人认可其中内容的数据"的效力,没有规定电子合同的内容。从相关法律、司法解释规定可以得知,我国没有专门规定电子交易合同效力的法律法规。在电子商务蓬勃发展的今天,立法的滞后不仅不利于电子商务产业的健康发展,也不利于保护电子商务交易下消费者的利益。

纵观美国电子商务合同立法,从一开始适用《统一商法典》第2-207条的规定,然后通过判例明确了拆封合同、浏览合同和点击合同的效力,甚至提出了"滚动合同",这种合同完全背离了《统一商法典》第2-207条规定的理论,最后提出了《统一计算机信息交易法》,对计算机信息交易过程的规定不同于传统合同法,这部法律的提出经过了法官、律师及法学家的长期探索以及实务与理论的不断碰撞。

笔者认为,对电子商务合同进行立法已迫在眉睫,电子商务目前仍在高速发展中,相关法律问题还没有完全显露且将在网络实践中不断出现。所以,笔者建议对电子商务合同的立法可以采取"分列目标,逐步实现"的方针。首先,最高人民法院可在各地相关案例中进行挑选,将那些突破合同法并在实务中有所创新的案例列为指导性案例,供全国法院在相关审判中进行参考。其次,最高人民法院在借鉴美国法的基础上结合我国实践,制定电子商务合同效力相关司法解释。最后,待时机成熟,立法机关制定一部专门法律调整电子商务中的法律关系。

参考文献

(一)外文专著

[1] C. A. Stephens, *Escape from the Battle of the Forms: Keep It Simple*, Stupid, 11 Lewis & Clark L. Rev. 233, 239(2007).

[2] R. K. Rasmussen, *The Uneasy Case Against the Uniform Commercial Code*, 62La. L. Rev. 1097(2002).

[3] C. P. Marks, *The Limits of Limiting Liability in theBattle of the Forms: U. C. C. Section 2-207 and the Material Alteration Inquiry*, Pepperdine Law Review, 33 PEPP. L. REV. 3(2006).

[4] Francis JosephMootz III, *After the Battle of the Forms: Commercial Contracting in the Electronic Age*, A Journal of Law and Policy for the Information Society 271(2008).

[5] Colin P. Marks: "Not What, But When is an Offer—Rehabilitating the Rolling Contract", Mark AndrewCerny, A Shield Against Arbitration: U. C. C. Section 2-207'S Role in the Enforceability of Arbitration Agreements Included with Delivery of Products Arbitration

Agreements Included with Delivery of Products, Alabama Law Review 51 Ala. L. Rev. 821(2000).

(二)外文期刊

[1] D. Keating, *Exploring the battle of the forms in action*, Michigan Law Review, Vol. 98, No. 8, Symposium: Empirical Research in Commercial Transactions(Aug. ,2000).

[2] J. E. Jr. Murray: "*The Definitive*" *Battle of the Forms*: *ChaosRevisitedJXY*, Journal of Law and Commerce(Fall 2000)1 –48.

[3] F. G. Snyder, Clouds of Mystery, *Dispelling the Realist Rhetoric of the Uniform Commercial Code*, Ohio State Law Journal, Vol. 68: 11 (2007).

(三)外文译著

[1] ALI(美国法学会)、NCCUSL(美国统一州法委员会):《美国"统一商法典"及其正式评述》,孙新强译,中国人民大学出版社 2004 年版。

[2] [德]卡尔·拉伦茨:《德国民法通论》,谢怀栻等译,法律出版社 2003 年版。

(四)专著

[1] 韩世远:《合同法总论》(第 2 版),法律出版社 2008 年版。

[2] 王泽鉴:《债法原理》,北京大学出版社 2009 年版。

[3] 崔建远:《合同法》(第 5 版),法律出版社 2010 年版。

[4] 梁慧星:《民法总论》(第 4 版),法律出版社 2010 年版。

致谢

时光如梭,三年的研究生时光悄无声息地就接近了尾声。回首往昔,在中国社会科学的最高殿堂——中国社会科学院学习的三年,是我人生成长与收获的黄金岁月。在我们的小巧精致却又五脏俱全的小院里,我不仅能感受到优良的学习风气和严谨的科研氛围,还能体会到浪漫充实的校园生活。值此毕业论文完成之际,我谨向所有关心、爱护、帮助我的人表示最诚挚的感谢与最美好的祝愿。

本论文是在导师梁慧星教授的悉心指导之下完成的。三年来,导师渊博的专业知识,严谨的治学态度,诲人不倦的高尚师德,朴实无华、平易近人的人格魅力对我影响深远。导师不仅授我以文,而且教我做人,虽历时三载,却赋予我终生受益无穷之道。在本论文的写作过程中,我的导师梁慧星老师倾注了大量的心血,从选题到开题报告,从写作提纲,到一遍又一遍地指出每稿中的具体问题,严格把关,循循善诱,在此我表示衷心感谢。同时,我也要对给本文提出指导意见的中国政法大学的刘承韪老师,以及师兄李宇和徐卓斌表示感谢。

同时,我还要感谢民法室的各位老师,你们在民法授课过程中的精彩讲解让我受益匪浅。无论是孙宪忠老师对所有权思想深刻的分析、谢鸿飞对老师精辟的合同法实务讲解,还是渠涛和冉昊老师对学习民法基础理论的指导、于敏老师对侵权理论的独到见解以及窦海阳老师对民法基础知识的梳理,都让我从不同的视角系统学习民法知识,提高了理论素养。

最后我还要感谢我在研究生期间的好朋友楠楠、丽美和曾雄,感谢你们在我们论文写作中提供的帮助和支持。

(左媞,中国社会科学院研究生)

资料

欧洲保险合同法原则(PEICL)*

“欧洲保险合同法重述”项目组** 著
韩永强 译

目　次

---

* 英文全称为 Principles of European Insurance Contract Law, PEICL。它是“欧洲保险合同法重述”项目组(Project Group“Restatement of European Insurance Contract Law”)多年研究的成果。该项目组于2009年8月发布了PEICL部分条文(基于该文本的PEICL中文版曾于2011年发表在《民商法论丛》第48卷),后续条文(关于定额保险、责任保险、人寿保险、团体保险)迟至2014年5月才全部拟定完毕。PEICL 2014年文本还对2009年文本进行了部分增删修订。这次的译本是基于2014年的最终完整版PEICL文本。正在拟定过程中的“欧洲私法共同参照框架”(CFR)合同法部分会就若干种有名合同予以规定。该项目组也是在此安排下起草“保险合同法共同参照框架”,并意图使项目成果被纳入将来CFR合同法分则。本译文是基于被该项目组指定为正本的英文版。译者感谢Helmut Heiss教授、Malcolm Clarke教授和项目成果出版商Sellier Publisher慷慨授予的中文翻译出版许可。本译文阿拉伯数字序号的注释均为正本英文版原注。(译者注)

** 该项目组由欧洲著名保险法学者、奥地利Innsbruck大学Fritz Reichert-Facilides教授(已故于2003年)于1999年9月领衔成立,并受奥地利研究基金资助。2004年4月,瑞士苏黎世大学Helmut Heiss教授接任该项目组主席。PEICL文本拟定委员会由项目组的核心成员组成,委员会成员多为欧洲著名的保险法专家学者;委员主席为剑桥大学法学院Malcolm Clarke教授。(译者注)

第二节　一般规则

第三节　执行

第二章　保险合同的初始阶段及其期间

第一节　投保人的先合同信息义务

第二节　保险人的先合同信息义务

第三节　保险合同的订立

第四节　追溯承保与暂保

第五节　保单

第六节　保险合同的期间

第七节　合同成立后保险人的信息义务

第三章　保险中介

第四章　所保风险

第一节　预防措施

第二节　风险增加

第三节　风险减少

第五章　保险费

第六章　保险事故

第七章　诉讼时效期间

第二编　适用于补偿型保险的共同规定

第八章　保险价值和保险金额

第九章　受补偿之权利

第十章　代位求偿权

第十一章　保单持有人之外的其他被保险人

第十二章　所保风险

第三编　适用于定额保险的共同规定

第十三章　适用范围

第四编　责任保险

第十四章　普通责任保险

第十五章　直接求偿权与直接诉讼

第十六章　强制保险

第五编　人寿保险

第一编 适用于本《原则》包括的诸种合同之共同规定

第一章 前置规定

第一节 本《原则》之适用

第 1:101 条 适用范围

(1)本《原则》一般适用于包括互助保险在内的诸种商业保险。

(2)本《原则》不适用于再保险。

第 1:102 条 任选适用

如果当事人已经一致约定保险合同受本《原则》约束,则本《原则》得以适用,且不受基于国际私法的法律选择限制之影响。此外,除本《原则》第 1:103 条规定之外,本《原则》应该作为整体一并适用,不得排除任何特定条款。

第 1:103 条 强制规定

(1)本《原则》第 1:102 条第二句、第 2:104 条、第 2:304 条、第 13:101 条、第 17:101 条、第 17:503 条为强制规定。其他条款在关涉对欺诈行为之惩罚时也为强制规定。

(2)以不损害保单持有人、被保险人或受益人之权益为限,保险合同可以对本《原则》其他所有规定予以变通。

(3)如果保险合同承保的是欧盟2009/138/EC指令第13条第27款所列的大型风险的,则可以为了任何一方当事人的利益而为上述第(2)款规定的变通。在团体保险中,变通应该仅仅针对个体被保险人,此个体被保险人须符合欧盟2009/138/EC指令第13条第27款b项或者c项规定的人身特征。

第1:104条　解释

对本《原则》之解释,须依据其文本、语境、目的和比较法背景进行,尤其须考虑促进保险业的诚实信用与公正交易、合同关系中的确定性、法律适用的一致性,以及对保单持有人之充分保护。

第1:105条　内国法与一般原则

(1)不得以内国法之规定对本《原则》予以限制或者补充。但是,对于本《原则》中特别规则未涉及的保险领域,内国法若有强制规定适用之,则该强制规定可以对本《原则》予以限制或者补充。

(2)就保险合同中存在、但本《原则》未予明示规定的事项,须遵循《欧洲合同法原则》[①]予以解决;如《欧洲合同法原则》也无规定,则须遵循诸成员国法律之共同一般原则解决之。

第二节　一般规则

第1:201条　保险合同

(1)"保险合同"是指一方当事人即保险人据以向另一方当事人即保单持有人承诺以保险费为对价承保特定风险的合同。

(2)"保险事故"是指保险合同约定的风险之现实化(materialization)。

(3)"补偿型保险"是指保险人须就保险事故造成的损失予以赔偿的保险。

(4)"定额保险"是指保险人须在保险事故发生后支付固定金额的保险。

---

① 参见Lando/Beale(eds.),*Principles of European Contract Law*,*Parts I and II*(Kluwer Law International,The Hague 2000);Lando/Clive/Prüm/Zimmermann(eds.),*Principles of European Contract Law*,*Part III*(Kluwer Law International,The Hague 2003)。

(5)“责任保险”是指以被保险人对受害者的法律责任为风险的保险。

(6)“人寿保险”是指保险人的义务或者保险费之支付取决于仅能以风险人之死亡或者生存为保险事故的保险。

(7)团体保险合同是指保险人与团体组织者为了团体成员之利益的合同;团体成员与团体组织者具有共同的联系。团体保险合同可以承保团体成员之家庭成员。

(8)附属型团体保险是指团体成员由于属于特定团体而自动被承保且成员不能拒绝被承保的团体能保险。

(9)选择型团体保险是指团体成员基于个人投保或者由于没有拒绝保险而被承保的团体保险。

第1:202条　更多定义

(1)“被保险人”是指其利益根据补偿型保险受到保护以免遭受损失的人。

(2)“受益人”是指根据定额保险受领保险金的人。

(3)“风险人”是指其生命、健康、诚实或者身份被投保的人。

(4)“受害者”在责任保险中是指被保险人为其死亡、伤害或者损失承担责任的人。

(5)“保险代理人”是指保险人为销售或者管理保险合同而雇佣的保险中介。

(6)“保险费”是指保单持有人为了得到承保而须向保险人支付的费用。

(7)“合同期间”是指合同义务期间。其始于合同订立、终于约定的存续期间届满之时。

(8)“保险期间”是指当事人约定的保险费到期期间。

(9)“责任期间”是指承保期间。

(10)“强制保险”是指根据法律或者监管规定的投保义务而投保的保险。

第1:203条　语言与文件解释[①]

(1)保险人提供的一切书面材料都须平实易懂,且须使用商洽的

① 本条第(2)款以 Directive 93/13/EEC 第5条为蓝本。

合同中的语言。

(2)如果保险人提供的书面材料中用词之意义或者其提供的信息有疑义,则应以最有利于保单持有人、被保险人或者受益人的适当解释为准。

第1:204条　书面材料收据:证据规则

证明保单持有人已经收到保险人提供的书面材料之负担,由保险人承担。

第1:205条　通知

根据《欧洲合同法原则》中的具体规则,投保人、保单持有人、被保险人或者受益人做出的与保险合同有关的通知不必采取任何特定形式。

第1:206条　推定知道

如果保单持有人、被保险人或者受益人将订立合同或者履行合同所必需的事项委托于他人,则应该推定该他人实际知道或者应该知道的相关信息亦为具体实施前述委托的保单持有人、被保险人或者受益人知道。

第1:207条　反歧视①

(1)性别、怀孕、妇产期、国籍以及种族或者民族成分不得为导致个人之见保险费和保险金差异的因素。

(2)违反上述第(1)款的合同条款、包括与保险费有关的条款,对保单持有人或者被保险人不具有约束力。根据下述第(3)款,合同应该基于非歧视条款而对双方当事人继续具有约束力。

(3)在上述第(1)款被违反之情形,保单持有人有权终止合同。终止合同的通知应在保单持有人知道上述规定被违反之日起两个月内以书面形式发出。

第1:208条　基因测试

(1)保险人不得要求投标人、保单持有人或者风险人进行基因测试或者要求其披露基因测试之结果。保险人也不得使用此种信息进行风险评估。

(2)上述第一款规定不适用于如下情形的人身保险:如果风险人年满十八岁、且对其投保的保单金额超过三十万欧元或者保单项下给

---

① 本条以Directive 2004/113/EC为蓝本。

付额每年超过三万欧元。

第三节 执行

第1:301条 禁令①

(1)如果本《原则》依第1:102条得以适用,则符合下述第(2)款规定的适格主体有权向有管辖权的内国法院或者机构申请禁令,以禁止或者要求停止违反本《原则》的行为。

(2)适格主体,是指欧盟委员会根据欧洲议会和欧洲理事会1998年5月19日颁布的关于为了保护消费者利益而修订的98/27/EC号指令第4条而列出的名单中的主体或者组织。

第1:302条 法院外投诉与救济机制

本《原则》之适用不排除保单持有人、被保险人或者受益人寻求其可以获得的法院外申诉和救济机制。

第二章 保险合同的初始阶段及其期间

第一节 投保人的先合同信息义务

第2:101条 披露义务*

(1)投保人订立合同时,应该将自己知道或者应该知道的、且保险人清楚准确问到的情形告诉保险人。

(2)前款提及的情形,包括被保险人已经知道或者本应该知道的情形。

第2:102条 违反披露义务

(1)如果保单持有人违反第2:101条,则依如下第(2)款至第(5)款,保险人有权提出对合同予以合理变更或者终止合同。为此,保险人须在其知道保单持有人违反义务之事实时起一个月内就其变更或者终止合同之意思向保单持有人进行书面通知,并说明其意思之法律后果。

① 本条以Directive 98/27/EC为蓝本。

* 原文duty of disclosure通常被译为“告知义务”,但译为“披露义务”更为合适。如果基于英文术语和英国法的对应性来理解本条规定,则其实为关于“实答义务”之规定。与此相关的翻译以及实体法理解问题,参见韩永强:“《保险法》第16条中被误读的‘告知义务’”,载《法学》2010年第2期。(译者注)

(2)如果保险人提出对合同予以合理变更,则合同基于保险人提出的合理变更继续有效,但保单持有人在收到前款规定的通知时起一个月内拒绝保险人提出的合同变更方案时除外。在保单持有人拒绝变更之情形,保险人有权在收到拒绝通知时起一个月内终止合同。

(3)如果保单持有人违反第2:101条并无过错,则保险人不得终止合同,但保险人能证明假使相关信息被披露则其根本不会订立合同时除外。

(4)合同终止从保单持有人收到本条第(1)款规定的书面通知之日一个月后发生效力。合同变更的生效时间由当事人约定。

(5)如果保险事故是投保风险中的某种因素导致、保单持有人未披露该因素或者就此有虚假述答,且该保险事故发生在保险合同终止或者变更发生效力之前,则保险人有权不支付保险金,但以其假使知道相关前述信息便不会订立合同为限。如果假使保险人知道前述相关信息后仍会以较高保险费或者以不同条款承保,则其应该按照实际保险费和较高保险费的比例支付保险金、或者按照该不同条款支付保险金。

第2:103条　例外

第2:102条的惩罚性规定不适用于如下情形:

(a)保单持有人根本未回答的提问,或者其提供的信息明显不完整或者不正确;

(b)保单持有人本应该披露的信息或者其不准确提供的信息,对于一个理性保险人的是否订立合同之决定或者以何种条款订立合同之决定并不重要;

(c)信息未被披露的原因是保险人使保单持有人以为此信息不必披露;

(d)信息虽未被披露,但保险人已经知道或者本应该知道此信息。

第2:104条　基于欺诈而违反披露义务

如果保单持有人的欺诈导致保险人与其订立保险合同,则保险人有权撤销合同*并有权收取任何到期保险费;保险人的这些权利不影响第2:102条之适用。撤销合同的通知,应在保险人知道欺诈行为时起两个月内以书面形式向保单持有人发出。

第2:105条　附加信息

第2:102条、第2:103条、第2:104条也适用于保单持有人在订立合同时附加提供的第2:101条规定之外的其他任何信息。

第2:106条　基因信息

本部分不得适用于第1:208条第(1)款规定的基因测试之结果。

第二节　保险人的先合同信息义务

第2:201条　订立合同前相关文本的提供①

(1)保险人须向投保人提供拟订立的合同之复本,以及包含下列相关信息的文本:

(a)订立合同的当事人之名称和地址,尤其是保险人的法律形式及其营业总部地址以及适当情形下提供订立合同或者核保的保险人分支机构的名称和地址;

(b)被保险人、受益人以及风险人之名称和地址;

(c)保险代理人之名称和地址;

(d)保险标的物和所保风险;

(e)保险金额和免赔额;

(f)保险费金额和其计算方式;

(g)保险费到期时间以及保险费支付方式和支付地点;

(h)合同期间,包括终止合同的方式,以及责任期间;

(i)撤销投保**或者依据第2:303条撤销非人寿保险合同、依据第17:203条撤销人寿保险合同之权利;

---

* 原文 to avoid the contract 应理解为"撤销合同"而不是汉语法学圈内通常理解的"解除合同"。参见韩永强:"《保险法》第16条中被误读的'告知义务'",载《法学》2010年第2期。(译者注)

① 本条以修改后的 Directive 73/239/EEC 以及 Directive 2002/83/EC and Directive 2002/65/EC 为蓝本。

** 原文 to revoke the application 应作如此理解,参见第2:302条;其中的"撤销投保"是指撤销要约,参见第2:302条,《中华人民共和国合同法》第18条。(译者注)

(j)载明该保险合同受《欧洲保险合同法原则》之约束;

(k)投保人的法院外投诉和救济机制以及运用这些机制的方式;

(l)保证基金或者其他赔偿安排。

(2)如可能,上述信息须在充足时间内提供,以便投保人能考虑是否订立合同。

(3)如果投保人在投保时使用的是保险人提供的投保单和/或询问表,则保险人须向投保人提供填写完毕的表单之复本。

第 2:202 条　就承保范围不一致之警示义务

(1)在订立合同时,保险人须就其知道或者应该知道的投保人要求的承保范围与其实际提供的承保范围之间存在的任何不一致向投保人予以警示。此种警示义务的履行,须考虑合同订立的情形和方式,尤其须考虑投保人是否得到独立的中介人员之帮助。

(2)保险人违反上述义务时

(a)其须向保单持有人就由此发生的全部损失予以补偿,但其违反义务无过错时除外;

(b)保单持有人有权自其知道保险人违约之日起两个月内以书面通知终止合同。

第 2:203 条　就承保期间开始之警示义务

如果投保人合理地误认为承保始于其提交投保文件之时,且保险人知道或者应该知道投保人的此种错误认识,则保险人应该立即向投保人作如下警示:承保始于保险合同订立,且首期保险费交付(如保险费为分期交付)之后,但存在暂保时除外。如果保险人违反此种警示义务,则其应该根据上述第 2:202 条第(2)(a)项承担责任。

第三节　保险合同的订立

第 2:301 条　订立方式

保险合同并非必须以书面形式订立或者证明,也无须采取其他任何特定形式。保险合同存在之证据可以采取包括口头证言在内的任何方式。

第 2:302 条　撤销投保

投保人可以撤销投保,但以撤销通知在其收到保险人的承保承诺之前到达保险人为限。

第2:303条　冷静期[①]

(1)保单持有人在收到保险人承保承诺或者收到第2:501条规定的文件(以二者中较晚者为准)之后两周内,有权以书面通知撤销保险合同。

(2)下列情形下,保单持有人不得撤销合同:

(a)合同有效期不足一个月;

(b)合同依据第2:602条延期;

(c)合同为暂保、责任保险或者团体保险。

第2:304条　不公平条款[②]

(1)非经个别商洽确定的条款,如果其有悖诚实信用和公平交易原则,且依据其所属保险合同之特征、该合同中其他条款以及该合同订立时的情形而认定其对保单持有人、被保险人或者受益人的合同权利义务造成显著失衡,则此条款对保单持有人、被保险人或者受益人不具有约束力。

(2)如果保险合同除去不公平条款之后仍能继续存在,则其继续对合同当事人具有约束力。否则,应以理性的当事人如果知道不公平情形之后可能会约定的另外条款替代不公平条款。

(3)本条适用于限制或者修改承保范围的条款,但不适用于:

(a)关于承保和保险费的价值足额性之条款;

(b)对提供的承保范围或者约定的保险费进行必要描述的条款,但以平实易读的语言描述时除外。

(4)一切事先拟定、从而使保单持有人不能影响其内容的条款都被视为非经个别商洽确定的条款;事先确定的标准合同中的条款尤为如此。如果对合同的总体估量可以确定其为事先确定的标准合同,则即使该合同某条款的某些方面或者某具体条款是经个别商洽确定,本条仍然适用于该合同其他条款。如果保险人主张某标准条款是经个别商洽而确定,则其须就此承担举证责任。

① 本条以 Directive 2002/65/EC 为蓝本。

② 本条以 Directive 93/13/EEC 为蓝本。

第四节 追溯承保与暂保

第2:401条 追溯承保

(1)如果承保期间包括保险合同订立之前的一段期间,且保险人在合同订立时知道所保风险不会发生,则保单持有人仅须支付合同订立后那一段期间的保险费。

(2)在追溯承保之情形,如果保单持有人在合同订立时知道所保风险已经发生,则保险人须仅为合同订立后的那一段期间承保,且此种情形不影响第2:104条之适用。

第2:402条 暂保

(1)订立暂保合同时,保险人应该签发承保单;该承保单须包含第2:501条第(a)、(b)、(d)、(e)项规定的信息,且必要或者相关时须包含该条第(h)项规定的信息。

(2)第2:201条至第2:203条以及第2:501条(仍受上款规定约束)不适用于暂保。

第2:403条 暂保期间

(1)如果投保人得到暂保,则暂保期间终止于保险合同确定的承保期间开始之时或者投保人收到保险人明确拒绝承保的通知时。

(2)如果投保人向多个保险人投保而得到了暂保,则暂保期间可以短于第2:601条第(1)款规定的期间。此种暂保也可由任何一方提前两周通知而取消 。

第五节 保单

第2:501条 保单的内容

订立保险合同时,保险人应该签发保单和不包含在保单中的一般合同条款。保单应该包括如下相关信息:

(a)合同当事人名称和地址,尤其是保险人的法律形式及其营业总部地址以及适当情形下提供订立合同或者核保的保险人分支机构的名称和地址;

(b)被保险人以及人寿保险中的受益人和风险人的名称和地址;

(c)保险中介人的名称和地址;

(d)保险标的物和所保风险;

(e)保险金额以及免赔额;

(f)保险费金额或者保险费计算方式;

(g)保险费到期时间以及支付方式和支付地点;

(h)合同期间,包括合同终止的方式,以及责任期间;

(i)撤销投保*或者依据第2:303条撤销非人寿保险合同、依据第17:203条撤销人寿保险合同之权利;

(j)载明该保险合同受《欧洲保险合同法原则》之约束;

(k)法院外投诉以及投保人救济机制和其获得救济的方式;

(l)保证基金或者其他赔偿安排。

第2:502条 保单的效力

(1)如果保单条款与投保单或者当事人事先达成的任何协议存在差异,且这些差异在保单中被突出标示,则这些差异应该被视为已得到保单持有人同意,但保单持有人在收到保单之日起一个月内对这些差异表示反对的除外。保险人应该以粗体字书面通知保单持有人有权就保单中突出标明的差异表示反对。

(2)如果保险人违反上款规定,则保险合同条款被视为以投保单为准或者以当事人事先的协议为准。

第六节 保险合同的期间

第2:601条 保险合同的期间

(1)保险合同的期间为一年。当事人可以基于风险特征的要求而约定不同的期间。

(2)上款规定不适用于人身保险。

第2:602条 延期

(1)第2:601条规定的一年期届满之后,保险合同应该被延期,但下列情形除外:

(a)保险人在合同期满至少一个月前书面通知不予延期并说明其理由;或者

(b)保单持有人最迟在合同期满日或者在其收到保险费付款通知之日起一个月内(以较晚者为准)书面通知不予延期。在后一种情形

---

* 原文 to revoke the application 应作如此理解,参见第2:302条;其中的"撤销投保"是指撤销要约,参见第2:302条,《中华人民共和国合同法》第18条。(译者注)

下,该一个月期间仅从保险费付款通知以粗体字载明的日期开始计算。

(2)上述第一款(b)项中的通知,在发出时即视为已作出。

第2:603条　条款的变更

(1)依据第2:602条延期的合同,其中若有条款允许保险人变更保险费或者变更其他条款,则该条款无效,但内容如下的规定有效:

(a)规定任何变更在下次延期前不发生效力;

(b)规定保险人应当在当前合同期间届满至少一个月前将变更意思书面通知到保单持有人,且

(c)上述通知须告知保单持有人有权终止合同以及其不行使合同终止权的后果。

(2)上款规定不影响关于变更条款之效力的其他要求。

第2:604条　所保风险发生后的合同终止

(1)规定保险事故发生后合同终止的条款无效,但下列情形除外:

(a)该条款明确规定双方当事人都有权终止合同,且

(b)该合同并非人身保险。

(2)规定合同终止权的条款以及此种权利之行使均须合理。

(3)如果一方当事人在知道保险事故发生后两个月内未将其终止合同的意思书面通知另一方,则其合同终止权视为期满而不得行使。

(4)保险合同在依上述第(3)款进行的通知作出两周之后终止。

第七节　合同成立后保险人的信息义务

第2:701条　一般信息义务

整个合同期间内,保险人都应该以书面形式向保单持有人提供其名称、地址、法律形式、总部地址、订立合同的代理人或者分支结构的地址以及这些信息的变化;此种信息提供义务不得有不当迟延。

第2:702条　经请求的进一步信息义务

(1)经保单持有人请求,保险人应该向其提供如下有关信息:

(a)对保险人合理期待的、关乎合同履行的全部事项;

(b)保险人就同类保险合同提供的新版标准条款。

此种信息提供义务不得有不当迟延。

(2)保单持有人的请求以及保险人的答复均须以书面为之。

第三章　保险中介

第3:101条　保险代理人的权利

(1)保险代理人经授权而代表保险人实施依据当时保险行业实践属于其职业活动范围内的行为。对保险人代理人之代理权的任何限制须以单独文件明确通知保单持有人。但是,保险代理人的代理权限应该至少涵盖其实际职业活动范围。

(2)在任何情况下,保险代理人的权利包括:

(a)为保单持有人提供信息和建议;

(b)收受保单持有人发出的通知。

(3)保险代理人在其职业活动中知道或者应该知道的相关信息视为亦为保险人所知。

第3:102条　自称独立的保险代理人

如果保险人的代理人自称是独立中介,但其违反了法律对独立中介课加的义务,则保险人须就此违反义务的行为承担责任。

第四章　所保风险

第一节　预防措施

第4:101条　预防措施的意义

预防措施是指保险合同中要求保单持有人或者被保险人在保险事故发生前实施或者不实施某行为的条款;经当事人约定,该条款可以是保险人承担赔付责任的条件,也可以不是。

第4:102条　保险人的合同终止权

(1)保险合同可以规定如果保单持有人或者被保险人不遵守预防措施则保险人有权终止合同。但是,除非保单持有人或者被保险人以造成损失之故意或者明知可能会造成损失却置之不顾而违反其义务,否则前述合同规定并无效力。

(2)保险人行使合同终止权,须自其知道上述违反义务的行为之日起一个月内以书面通知保单持有人。合同终止时承保即行结束。

第4:103条　保险人赔付责任的解除

(1)保险合同可以规定对预防措施之违反可以使保险人部分或者

全部免责,但此规定仅在保单持有人或者被保险人以造成损失之故意或者明知可能会造成损失却置之不顾而违反其义务之情形下具有效力。

(2)保险合同可以明确规定保险金按照保单持有人或者被保险人的过错而减少,但保单持有人或者被保险人有权就过失违反预防措施而导致的损失获得保险金。

第二节 风险增加

第4:201条 风险增加

如果保险合同包含所保风险增加条款,则此条款仅在风险实质增加、且风险属于合同具体指明的风险时才具有效力。

第4:202条 风险增加通知义务

(1)如果所保风险增加条款要求就风险之增加进行通知,则此通知须依适当情形由保单持有人、被保险人或者受益人作出,但以通知义务人知道或者本应该知道承保范围以及该风险之增加为限。他人的通知亦为有效。

(2)如果上述条款要求通知须在确定期间内作出,则此期间须为合理。通知自发出时生效。

(3)在上述通知义务被违反之情形,保险人不得以此为理由而就此后时间发生的损失拒绝予以赔付,但该损失本身是为风险增加之通知的结果时除外。

第4:203条 终止与解除

(1)如果合同规定风险增加时保险人有权终止合同,则保险人行使权利须自其知道风险增加后一个月内以书面形式将其终止合同之意思通知保单持有人。

(2)承保期满结束于合同终止后一个月时。如果保单持有人故意违反第4:202条规定的义务,则在合同终止时承保即行期满结束。

(3)如果保险事故是因风险增加而在承保结束之前发生,且保单持有人知道或者应该知道此风险之增加,而保险人本来不会承保此增加的风险,则保单持有人无权获得赔付。但是,如果保险人愿意以较高的保险费或者不同的条款予以承保增加的风险,则保单持有人有权按照保险费增加之比例获得赔付或者依据前述不同条款获得赔付。

第三节　风险减少

第4:301条　风险减少的后果

(1)如果风险实质性减少,则保单持有人有权请求保险人降低剩余合同期间的保险费。

(2)如果自上述请求提出后一个月内当事人未能就按比例降低保险费达成一致,则保单持有人有权在上述请求发出之后两个月内以书面通知终止合同。

第五章　保险费

第5:101条　首期支付保险费或者一次性支付保险费

如果保险人以投保人支付首期保险费或者一次性支付保险费作为合同成立或者承保开始的条件,则该条件仅在下述情形下有效:

(a)保险人以书面形式使用明确的语言将此条件通知投保人,并向其警示不支付保险费便不予承保,且

(b)投保人收到符合上述(a)项要求的付款通知两周后仍未支付保险费。

第5:102条　分期支付保险费

(1)保单持有人如未按照约定分期支付保险费,则保险人承保风险之义务被解除,但仅以下列情形为限:

(a)保单持有人已收到载明应付金额和付款期限的付款通知;

(b)保险费支付日到期之后,保险人向保单持有人发送付款提示,且该提示给予至少两周的延长期,并警示若不支付保险费则立即终止承保;且

(c)上述(b)项规定的延长期届满之后,保单持有人仍未支付保险费。

(2)在上款(b)项规定的延长期届满之后保险人的责任自动解除。承保可以在将来保单持有人支付欠缴的保险费时即行恢复,但保险合同依第5:103条终止后除外。

第5:103条　合同终止

(1)如果第5:101条(b)项或者第5:102条第(1)款(b)项所指期间届满后保险费仍未支付,且第5:101条(b)项规定的付款通知或者

第5:102条第(1)款(b)项规定的付款提示明示保险人有权终止合同,则保险人有权以书面通知终止保险合同。

(2)在下列情形下,视为保险合同终止:

(a)在第5:101条(b)项规定的付款期间届满后两个月内,保险人不以诉讼请求保单持有人支付首期保险费;

(b)在第5:102条第(1)款(b)项规定的付款期间届满后两个月内,保险人不以诉讼请求保单持有人支付首期保险费。

第5:104条　保险费的分割

如果保险合同在合同期间届满之前终止,则保险人仅有权获得合同终止之前的那部分保险费。

第5:105条　支付保险费的权利

保险人不得拒绝第三方支付保险费,但第三方支付仅以下列情形为限:

(a)第三方支付获得保单持有人同意;或者

(b)第三方对承保之维持存续具有合理利益,且保单持有人并未支付保险费或者其显然不会按期支付保险费。

第六章　保险事故

第6:101条　保险事故发生通知

(1)依适当情形,保单持有人、被保险人或者受益人应该就保险事故之发生通知保险人,但以通知义务人知道或者本应该知道承保范围和事故之发生为限。他人的通知亦为有效。

(2)上述通知不得有不当迟延。通知自发出时生效。如果合同要求通知须在既定期间内进行,则此期间须为合理,但不得少于事故发生后五日。

(3)如果保险人能证明上述通知有不当迟延且此迟延对其造成损失,则保险人有权降低保险金支付额。

第6:102条　索赔过程中的合作义务

(1)依据适当情形,保单持有人、被保险人或者受益人应当在保险事故调查过程中与保险人合作,应当回答保险人的合理询问,尤其是关于如下信息的询问:

——保险事故的原因与后果;

——保险事故的记录或者其他证据;

——进入相关地点。

(2)上款规定的合作义务被违反时,受下述第(3)款之拘束,保险人若能证明其因此遭受损失,则其有权降低保险金赔付额。

(3)如果上述第(1)款规定的义务之违反是出于造成损失之故意或者义务人明知可能造成损失却置之不顾,则保险人应无义务赔付保险金。

第6:103条 索赔之受理

(1)保险人须采取一切合理步骤尽快完结赔付事宜。

(2)除非保险人对索赔请求予以拒绝,或者在收到相关索赔文件和其他信息之后一个月内以书面通知迟延受理索赔之决定并说明迟延理由,则推定保险人已受理索赔请求。

第6:104条 履行义务的时间

(1)保险人受理索赔请求之后,应该支付保险金或者提供其承诺的服务。此义务之履行不得有不当迟延。

(2)即使全部赔付金额尚未确定,但只要索赔人有权获得部分赔付,则保险人应该提供此部分赔偿或者服务,且不得有不当迟延。

(3)上述第(1)款和第(2)款规定的保险金,应在不迟于受理索赔和确定全部或者部分赔付金额后两周内予以支付。

第6:105条 迟延履行义务①

(1)如果保险人未依第6:104条赔付保险金,则索赔人有权请求该保险金自赔付到期之日起的利息。利率为保险争议所属半年的第一日之前欧洲中央银行实施的最近主要再融资项目适用的其确定的利率之上附加七个百分点。

(2)索赔人有权就保险人迟延赔付保险金造成的其他损失获得赔偿金。

---

① 本条以 Directive 2000/35/EC 第3条第1款(d)项为蓝本。

第七章 诉讼时效期间

第7:101条 保险费请求权

保险费请求权的诉讼时效期间从缴费到期之日起经过一年而届满。

第7:102条 保险金请求权

(1)一般而言,保险金请求权自保险人依据第6:103条就理赔实际作出最终决定或者推定其作出最终决定之日起经过三年而届满。但是,在任何情形下,保险金请求权的诉讼时效期间最长自保险事故发生之日起经过十年而届满,但在人身保险中该诉讼时效期间最长为三十年。

(2)在人身保险中,保单现金价值请求权的诉讼时效在保单持有人从保险人收到最终账户之日起经过三年而届满。但是,在任何情形下,该期间最长为人身保险合同终止后三十年。

第7:103条 关于诉讼时效期间的其他问题

《欧洲合同法原则》[①]第14:101条至第14:503条也适用于基于保险合同而产生的请求权;此类请求权同时也受本《原则》第7:101条和第7:102条之约束。依据本《原则》第1:103条第(2)款,保险合同可以变通适用《欧洲合同法原则》的前述条款。

第二编 适用于补偿型保险的共同规定

第八章 保险价值和保险金额

第8:101条 最大赔付额

(1)保险人应无义务使其赔付额超过补偿被保险人实际遭受损失所必需之额度。

(2)在定值保险中,即使保险金额超过保险标的物之实际价值,该

---

① 参见 Lando/Beale(eds.), *Principles of European Contract Law*, *Parts I and II* (Kluwer Law International, The Hague 2000); Lando/Clive/Prüm/Zimmermann(eds.), *Principles of European Contract Law*, *Part III* (Kluwer Law International, The Hague 2003)。

保险亦为有效,但以当事人约定保险价值时保单持有人或者被保险人未实施欺诈或者未进行不实陈述为限。

第8:102条　不足额保险

(1)即使保险金额少于保险事故发生时保险财产的价值,保险人也应赔偿不超过保险金额的任何承保范围内损失。

(2)如果保险人根据上述第(1)款提供不足额保险,则其有权选择按照如下条件进行比例赔偿,即按照保险金额与保险事故发生时保险财产的实际价值之间的比例对损失进行赔偿。而且,在这种情形下,第9:102条规定的减损成本也应按照同样比例得到补偿。

第8:103条　超额保险的条款调整

(1)如果保险金额超过承保的最大可能损失,则任何一方当事人均有权请求降低保险金额,并相应减少剩余合同期间内的保险费。

(2)如果当事人在提出上述请求后一个月内未就上述减降事宜达成一致,则任何一方当事人均有权终止合同。

第8:104条　复数保险

(1)如果同一利益由多个保险人分别承保,则被保险人有权向其中任何一个或者多个保险人索赔,但以补偿其实际损失所必需之必要额度为限。

(2)上述保险人遭遇索赔之后应以其保单中确定的保险金额为限对损失和减损成本予以赔偿,但其有权就此赔偿额请求其他保险人予以分担。

(3)上述第(2)款规定的保险人之间的赔偿分担所涉权利与义务应与其分别对被保险人承担的责任成比例。

第九章　受补偿之权利

第9:101条　损失原因

(1)如果损失是由于保单持有人或者被保险人以造成损失之故意或者明知可能造成损失却置之不顾而发生,则其无权就此损失获得补偿。

(2)保单持有人或者被保险人过失造成损失的,其应该获得按照其过错程度降低金额的保险金补偿,但这种补偿以保单已有如此明确约定的条款为限。

(3)第(1)款和第(2)款中的损失原因包括未能避免损失或者未能减少损失。

第9:102条 减损成本

(1)保险人应就保单持有人或者被保险人为减少所保损失采取措施而发生的成本或者由此遭受的损害予以补偿,但以保单持有人或者被保险人能正当认为其采取的措施在当时情形下实属合理(即使这些措施未能成功减少损失)为限。

(2)保险人应按照上述第(1)款规定对减损成本进行补偿,即使此补偿金额与保险金之和超过保险金额时亦然。

第十章 代位求偿权

第10:101条 代位求偿权

(1)保险人向被保险人支付保险金之后有权向对损失负有责任的第三方行使代位求偿权。该权利之行使受下述第(3)款之约束。

(2)如果被保险人放弃对第三方的求偿权,且由此损及保险人的代位求偿权,则被保险人以其弃权的程度为限就诉争损失失去获得保险金的权利。

(3)保险人不得对保单持有人、被保险的家庭成员、与其具有类似社会关系的人或者其雇员行使代位求偿权,但其能证明损失是由于此类人员故意或者明知可能发生损失却置之不顾而导致的除外。

(4)保险人行使代位求偿权不得有损于被保险人之权益。

第十一章 保单持有人之外的其他被保险人

第11:101条 被保险人的权利

(1)在保险合同是为保单持有人之外的他人之利益而订立之情形,如果保险事故发生,则该他人有权获得保险金。

(2)保单持有人有权撤销上述保险,但下列情形时除外:

(a)保单已经规定不得撤销;或者

(b)保险事故已经发生。

(3)上款所述撤销,自撤销之书面通知向保险人发出时生效。

第 11:102 条　被保险人的知道

在保单持有人有义务向保险人提供相关信息之情形下,第 11:101 条中他人的知道不得归结为保单持有人之知道,该他人知道自己的被保险人身份时除外。

第 11:103 条　单个被保险人违反义务

单个被保险人对其义务之违反并不影响同一保单下其他被保险人之权利,但风险被连带承保时除外。

第十二章　所保风险

第 12:101 条　所保风险不存在

(1)如果所保风险在合同订立时和合同期间内均不存在,则保单持有人不须支付保险费。但是,保险人有权就由此发生的费用获得合理额度的补偿。

(2)如果所保风险在合同期间内不再存在,则合同在保险人就此收受通知时即行终止。

第 12:102 条　财产转让

(1)如果保险财产被转让,则保险合同在转让发生一个月后终止,但保单持有人也可与受让人约定更早的合同终止时间。如果保险合同是为将来的受让人之利益而订立,则本规则不适用之。

(2)自所保财产之风险被转移之时起,该财产的受让人被视为被保险人。

(3)在下述情形下,上述第(1)款和第(2)款不适用:

(a)保险人、保单持有人和财产受让人之间有相反约定;或者

(b)财产转让是因继承而发生。

第三编　适用于定额保险的共同规定

第十三章　适用范围

第 13:101 条　定额给付型保险

仅意外伤害保险、健康保险、人寿保险、婚姻保险、生育保险或者其他人身保险为定额保险。

第四编 责任保险

第十四章 普通责任保险

第14:101条 抗辩成本

就依据第9:102条而发生的抗辩成本,保险人应予以补偿。

第14:102条 保护受害人

保险人与保单持有人或者被保险人就保险单项下的保险金请求权以协议、弃权、支付或者同等行为作出的任何和解均不影响受害人的地位,但受害人以书面表示同意的除外。

第14:103条 损失的原因

(1)保单持有人或者被保险人无权就其故意的作为或者不作为导致的损失获得补偿。这包括损失发生后罔顾且明知不遵循保险人的指示可能会加重损失却仍不遵循保险人的指示。

(2)前款所称的导致受损失包括未采取措施避免损失或者减少损失。

(3)保单持有人或被保险人有权就其因过失而未遵循保险人在损失发生之后的指示而导致的任何损失获得补偿,但保险单条款明确约定可依据保单持有人或者被保险人的过错程度减额支付保险金的除外。

第14:104条 承认责任

(1)保险合同条款若约定保险人可在保单持有人或者被保险人认可或者清偿受害人的赔偿请求权时即可解除保险人的责任,则该条款无效。

(2)除非保险人同意,其不受保单持有人或被保险人与受害人之间的协议之约束。

第14:105条 转让

保险合同条款若剥夺被保险人转让其保单项下保险金请求权之权利,则该条款无效。

第14:106条 无索赔之奖励

(1)保单持有人有权在任何时候要求获得关于其过去五年内的求

偿记录。

(2)如果保险人就保险费或者其他条件依赖于保单项下的求偿次数或者金额,则其须适当考虑保单持有人在过去五年内的求偿记录。

第14:107条　保险事故

(1)保险事故应该是指发生在保险合同的责任期间内导致被保险人须承担责任的事实,但保险合同基于商业或者职业的考虑而以其他标准,比如受害人的求偿,界定保险事故的除外。

(2)如果保险合同当事人以受害人的求偿界定保险事故,则就责任保险期间内的受害人求偿或者责任保险期间后五年以上且事故事实发生在责任期间终止之前,其应该属于承保范围。保险合同也可基于合同订立时投保人知道或者本应知道其本应预计到导致求偿的情形而将此求偿排除在承保范围之外。

第14:108条　索赔额超出保险金额

(1)如果由于存在多个受害人而致使保险金偿付总额超出保险金额,则应按照比例减降偿付额。

(2)保险人如果不知道存在其他受害人而善意将全部保险金支付给其知道存在的受害人,则该保险人应该在其实际支付的保险金与保险金额的差额限度内对其他受害人支付赔偿金。

第十五章　直接求偿权与直接诉讼

第15:101条　直接求偿与抗辩

(1)在下列情形下,以保单持有人或者被保险人对受害人的责任为限,受害人有权向保险合同中的保险人直接请求获得赔偿:

(a)保险具有强制性,或者

(b)保单持有人或者被保险人破产,或者

(c)保单持有人或者被保险人已经被清算,或者

(d)受害人已经遭受人身损害,或者

(e)关于责任的法律规定了直接求偿权。

(2)保险人可以就其依据保险合同享有的抗辩对抗受害人,但有明确规定致使保险具有强制性时除外。然而,保险人无权基于保单持有人和/或被保险人在损失发生后的行为提出任何抗辩。

第15:102条　信息义务

(1)经受害人请求,保单持有人和被保险人应该即行提供其直接求偿所需要的信息。

(2)保险人应该就其遭受的任何直接求偿以书面通知保单持有人;此种通知不得有不当迟延,且最迟应当在其收到求偿之后两周内进行。如果保险人违反此通知义务,则其对受害人的支付或者债务承认不应该影响保单持有人的权利。

(3)如果保单持有人在其收到保险人依据前款规定作出的通知之后一个月内未向保险人提供与保险事故相关的信息,则推定保单持有人同意保险人就其遭遇的求偿予以直接和解。该规则也适用于实际及时收到此通知的被保险人。

第15:103条　解除

如果受害人

(a)已经放弃其直接求偿权,或者

(b)在收到保险人的书面请求之后四日内没有就其直接求偿之意愿通知保险人,则对保单持有人或者被保险人的支付仅仅解除保险人对受害人之义务。

第15:104条　诉讼时效

(1)受害人对被保险人的诉讼时效应该适用于被保险人或者受害人对保险人提起的诉讼。

(2)受害人对被保险人的赔偿请求权的诉讼时效从被保险人知道受害人已经向保险人行使直接求偿权而中止;此中止在该直接求偿权经保险人和解或者由保险人拒绝而结束。

第十六章　强制保险

第16:101条　适用范围

(1)就履行,

(a)欧盟法规定的,

(b)欧盟成员国内国法规定的,或者

(c)非欧盟成员国内国法在该国法律允许的范围内规定的保险义务而订立的保险合同,当事人可以选择适用本《原则》。

(2)保险合同不得了结投保义务,除非投保行为本身符合课加该义务的具体规定。

第五编　人寿保险

第十七章　人寿保险特殊规定

第一节　第三人

第17:101条　投保第三人之生命

除非获得风险人之书面签署的知情同意,以第三人的生命为保险标的之保险合同无效。对该合同的任何显著变更,包括受益人之变更、保险金额之变更以及合同期间的变更,若无此种同意则无效。此规则也适用于保险合同的转让或者就保险金权利设定的负担。

第17:102条　保险金受益人

(1)保单持有人有权指定一位或者多位保险金受益人,并有权变更或者撤销其指定,但已经宣示其指定不可撤销的除外。此种指定,除非是在遗嘱中作出,应该以书面进行且必须送达给保险人。

(2)前款指定权以及变更或者撤销指定的权利在保单持有人的死亡时间或者保险事故的发生时间之较早时间终止。

(3)在下列情形下,保单持有人或者其继承人应该被视为保险金受益人:

(a)保单持有人并未指定受益人,或者

(b)就受益人之指定已经被撤销,且无其他受益人被指定,或者

(c)受益人在保险事故发生前已经死亡,且无其他受益人被指定。

(4)如果保单持有人指定了两位或者两位以上受益人,且就其中某位受益人的指定已经被撤销或者某位受益人在保险事故发生前死亡,则其本来可以获得的保险金应该按照比例分配给其他受益人,但保单持有人根据第(1)款另行约定的额除外。

(5)以破产法中关于危害债权人利益的法律行为之无效、撤销或者不可执行之规定为限,只要保险金尚未被支付给保单持有人,则保单持有人的额破产财产不应享有关涉保险金、保单的转化价值或者现金价值的权利。

(6)保险人向依据前述第(1)款规定指定的人支付保险金之后,其支付义务便得以解除,但其明知受领人无权获得保险金时除外。

第17:103条　现金价值的受益人

(1)保单持有人依据第17:102条指定受益人的,其仍然可以指定保单现金价值的受益人,并有权变更或者撤销此种指定。此种指定、变更或者撤销应该以书面为之,其应该送达给保险人。

(2)在下列情形下,保单持有人被视为保单现金价值的受益人:

(a)没有现金价值受益人,或者

(b)现金价值受益人之指定已经被撤销且并未指定其他受益人,或者

(c)指定的现金价值受益人已经死亡且并未指定其他受益人。

(3)第17:102条第(2)、(4)、(6)款应经必要的非实质变化而准用。

第17:104条　保单之转让或者设定负担

(1)如果受益人已经被指定且不可被撤销,则保险合同或者保险金权利之转让或者设定负担须经受益人书面同意方为有效。

(2)受益人对保险金权利的转让或者设定负担须经保单持有人同意方为有效。

第17:105条　放弃遗产

如果受益人是已故风险人的继承人且其已经放弃了遗产,则放弃遗产这一单独事实并不影响其依据保险合同具有的地位。

第二节　初始阶段与合同的期间

第17:201条　投保人的先合同信息义务

(1)投保人依据第2:101条第(1)款提供的信息应该包括风险人过去知道或者过去本来应该知道的情形。

(2)因违反第2:102条、第2:103条和第2:105条,但不包括第2:104条规定的先合同信息义务而发生的制裁在合同订立届满五年之后应该不再适用。

第17:202条　保险人的先合同义务

(1)保险人应该告知投保人其是否有权参与收益分配。投保人须在分离于投保单的文书中明示陈述承认其已经收受此信息。

(2)保险人依据第2:201条提供的文书应该包含如下信息:

(a)具体提及关于保险人的偿付能力和财务状况的年度报告之强制出版;

(b)保险人的合同承诺:

(i)就每一种收益和期权的解释;

(ii)每一种主要收益和附带收益对应的保险费之比例;

(iii)红利的计算与分配方式,包括指明可适用的监管法律;

(iv)对现金价值和转换价值(paid-up value)* 的说明以及此种价值之支付的确保程度;

(v)就单位连结型保单,须对与收益相连接的单位予以解释,并说明其对应的资产之属性;

(vi)适用于保单的税务筹划之一般信息。

(3)除此之外,保险人应该提供具体信息,以便投保人能恰当理解合同项下其承担的风险。

(4)如果保险人以数字说明超过合同保证的金额的可能的收益,则其应该为投保人提供一个计算模型,且此模型须说明保单到期时可能具有的收益;此种收益以保费计算的精算原则为基础,具有三种不同的利率。但此规则不适用于保险人就其承保的风险之责任不确定的保险合同,也不适用于单位连结型保单。保险人应该以清楚、可理解的方式向投保人说明其计算模型仅仅代表一种基于假定的模型,且合同本身不保证可能的支付额。

第17:203条 冷静期①

(1)就人寿保险合同,第2:303条第(1)款规定的冷静期为一个月,自投保人收到或者保险人交付第2:501条和第17:202条所指的文书后,从二者中靠后的时间开始起算。

(2)保险人依据第2:303条第(1)款而撤销合同之权利在合同订立一年之后消灭。

---

* Helmut Heiss 教授确认 paid-up value 为 conversion value(转换价值)的另一表述。

① 本条第(1)款是以人寿保险 Directive 2002/83/EC 第35条和 Directive 2002/65/EC 第6条为蓝本。

第17:204条　保单持有人终止合同的权利

(1)保单持有人应该有权终止不具有转换价值或者现金价值的人寿保险合同,但此种终止不得在保险合同订立后不足一年时生效。如果已经支付了单笔保费,则合同期间届满前的合同终止权可被排除。合同的终止应该以书面方式进行,且在保单持有人收到保险人的终止通知两周之后生效。

(2)如果人寿保险合同已经具有转换价值或者现金价值,则应适用第17:601条到第17:603条的规定。

第17:205条　保险人合同终止权

保险人应该仅在本章规定的范围内方有权终止人寿保险合同。

第三节　合同期间内的变化

第17:301条　保险人的后合同义务

(1)依照规定或者约定,保险人应当每年向保单持有人提供书面资料说明保单附有的收益的现时价值。

(2)保险人除了须遵循第2:701条的规定之外,还应该及时向保单持有人告知下列事项:

(a)保单的一般条件和特殊条件;

(b)在保单条件变更或者本《原则》修订之情形下,保险人应该及时向保单持有人告知第2:201条f项和g项以及第17:202条第(2)款b项第一至五点列举的信息。

(3)如果关于可能的收益之估算数额在合同期间内被随时提供,则第17:202条第(4)款也应适用。如果保险人在合同订立前或者订立后提供了关于收益参与之潜在的将来发展数额,则保险人应该就初始数据与实际数额之间的差异告知保单持有人。

第17:302条　风险加重

在人寿保险合同中,如果合同条款将年龄或者健康之恶化指定为第4:201条意义上的风险增加,则此种条款被视为第2:304条规定的不公平条款。

第17:303条　保费与应付收益之调整

(1)如果人寿保险合同承保的风险必然为保险人所承担,则保险人仅仅有权依据本条第(2)款和第(3)款调整保费或者收益。

(2)如果作为计算保费之基础的人体生物指标之风险发生了不可预见的、永久性的变化,且保费之增加为确保保险人持续支付保险金的能力所必要,而且保费之增加为独立的受托人或者监管机构所同意,则可以增加保费。保单持有人应该有权以保险金之扣减抵销保费之增加。

(3)如果保费已经全部缴清,保险人应该有权依据上述第(2)款规定的条件降低保险金。

(4)在下述情形不得依据上述第(2)款或者第(3)款调整保费或者保险金:

(a)保费和/或保险金之计算存在计算错误,且一个胜任勤勉的精算师本应该意识到该错误;

(b)计算并不适用于全部合同(包括在调整后订立的合同)。

(5)保险人应该就增加保费或者降低保险金向保单持有人作书面说明,并说明此等增加或者降低之原因,还要告知保单持有人有权要求降低保险金。保费之增加或保险金之降低在保险人进行前述通知三个月后发生效力。

(6)如果人寿保险合同承保的风险必然为保险人所承担,且作为计算保费之基础的人体生物指标之风险发生了不可预见的、永久性的变化,从而使得原来的保费金额对于确保持续支付保险金的能力不再具有适当性和必要性,则保单持有人有权降低保费。但此种降低必须为独立的受托人或者监管机构所同意。

(7)本条规定的权利可以在合同订立届满五年之后行使。

第17:304条　合同条款与条件之变更

(1)如果合同条款允许保险人变更关于保费和应付保险金之外的其他条款或者条件,则该条款无效,但下列情形除外:

(a)此变更是为了遵循包括监管机构采取的拘束措施在内的监管法之修订;或者

(b)此变更是为了遵循关于雇主养老金计划的可适用的内国法的强制规定之修订;或者

(c)此变更是为了遵循内国法符合特殊的税务处理或者政府补贴而强制课加的关于人寿保险合同的具体规定;或者

(d)此变更根据第 2:304 条第(2)款第二句而替代合同中的条款。

(2)变更在保单持有人收到关于此变更及其原因的书面通知后第三个月开始时发生效力。

(3)第(1)款之适用无碍于关于变更条款之效力的其他要求。

第四节　与内国法之关系

第 17:401 条　养老金计划

与养老金计划相关联的人寿保险合同应受可适用的关于养老金计划的内国法之强制规定的拘束。本《原则》仅在与此类强制规定相容的情况下适用。

第 17:402 条　税务处理与政府补贴

本《原则》不影响内国法为了符合特殊的税务处理或者政府补贴而强制课加的具体规定。如果可适用的内国法之此类具体强制规定与本《原则》不一致,则可对本《原则》予以变通准用。

第五节　保险事故

第 17:501 条　保险人的调查与信息义务

(1)如果保险人有理由相信保险事故可能已经发生,则其应该采取合理措施对此予以确认。

(2)如果保险人知道保险事故已经发生,则其应该尽最大努力查寻受益人的身份和地址,并相应通知该受益人。此通知应该在保险人知道受益人的身份和地址后三十日内进行。

(3)如果保险人违反上述第(1)款或者第(2)款,则受益人请求权的诉讼时效中止到其获得关于其实际权利的信息时为止。

第 17:502 条　自杀

(1)如果风险人在保险合同订立后一年内自杀,则保险人给付保险金之义务被解除。在此情形下,保险人应该依据第 17:602 条支付现金价值和其他任何收益。

(2)上述第(1)款规定在下列情形不适用:

(a)风险人在实施自杀行为时其意志状态致使其没有能力自由决定其意图;

(b)可以无合理怀疑地证明风险人在订立合同时并无自杀意图。

第 17:503 条　故意杀害风险人

(1)如果受益人故意杀害风险人,则对该受益人之指定视为被撤销。

(2)如果保险金请求权的受让人故意杀害风险人,则该转让不具有效力。

(3)保单持有人与受益人同一时,如果其故意杀害风险人,则保险人不必给付保险金。

(4)如果受益人或者保单持有人对风险人之杀害具有正当性,比如正当防卫,在本条不适用。

第六节　转换与变现

第 17:601 条　合同的转换

(1)第 5:103 条不适用于已经具有转换价值或者现金价值的人寿保险合同。此种合同应该被转换为保费已经全部缴清的保单(paid-up policy),但保单持有人在收到如下第(2)款提及的信息后四周内要求支付现金价值的除外。

(2)在第 5:101 条 b 项或者第 5:102 条第(1)款 b 项所指的期间届满后四周内,保险人应该告知保单持有人其合同的转换价值和现金价值,并要求保单持有人在转换价值和现金价值直接择一请求给付。

(3)给付转换价值或者支付现金价值之请求应该以书面为之。

第 17:602 条　合同的变现

(1)在保险合同订立届满一年之后,保单持有人可以在任何时候以书面要求保险人全部或者部分支付保险单已经具有的现金价值。合同应相应被调整或者被终止。

(2)受第 17:601 条之拘束,如果具有现金价值的人寿保险合同已经被终止、被解除或者被保险人撤销,则保险人有义务支付现金价值,即使在第 2:104 条之情形下也如此。

(3)保单持有人请求获得关于现金价值的现时数额及其确保支付的程度的信息,保险人应该即刻告知。即使保单持有人未请求此种信息,保险人也应该每年就此告知保单持有人。

(4)保单持有人有权获得的任何收益之份额应该在现金价值之外另行支付,但在计算现金价值时已经计如此等份额的除外。

(5)就依据本条的应付金额,保险人应该在其收到保单持有人的请求后两个月内予以支付。

第 17:603 条　转换价值和现金价值

(1)保险合同应该说明如何根据保险人所属的欧盟成员国的法律计算转换价值和/或现金价值。其说明的计算方式应该遵循既定公认的精算原则和本条第(2)款。

(2)保险人在扣除订立合同的成本时,应该等额进行,且扣减期不得超过五年。

(3)保险人有权为了涵盖现金价值的支付成本而扣除适当的、依据既定公认的精算原则计算出来的金额,但此金额已经纳入计算的除外。

第六编　团 体 保 险

第十八章　团体保险特殊规定

第一节　团体保险之一般规定

第 18:101 条　适用

在团体保险,如果团体组织者与保险人已经依据第 1:102 条达成协议,则其团体保险合同受本《原则》之拘束。团体保险要么是附属型,适用本章第二节;要么是选择型,适用本章第三节。

第 18:102 条　团体组织者的一般注意义务

(1)在团体保险的商洽与履行过程中,团体组织者应该尽职善意地考虑团体成员的合理利益。

(2)团体组织者应该将保险人签发的任何相关通知转发给团体成员,并向其告知关于合同的任何修订。

第二节　附属型团体保险

第 18:201 条　本《原则》之适用

在必要时,可对本《原则》作非实质变通而适用于附属型团体保险。

第 18:202 条　信息义务

(1)团体成员在加入团体时,团体组织者应该及时向其告知如下事项:

(a)保险合同的存在;

(b)承保范围;

(c)预防措施和维持承保的其他要求;以及

(d)索赔程序。

(2)证明团体成员已经收悉第(1)款规定信息之举证责任由团体组织者承担。

第18:203条　保险人终止合同

(1)基于第2:604条之目的,如果保险人的合同终止权限于将已经遭遇保险事故的团体成员排除在承保范围之外,则此权利之行使被视为合理。

(2)基于第4:102条之目的,保险人行使合同终止权之效果仅仅是将未采取预防措施的团体成员或者风险加重的团体成员排除在承保范围之外。

(3)基于第12:102条之目的,保险合同终止的效果仅仅是使将所保财产之所有权转移给他人的团体成员被排除在承保范围之外。

第18:204条　团体人寿保险中的续保权

(1)如果附属型团体人寿保险合同终止,或者团体成员退出该团体,则其保险在此三个月后或者在团体人寿保险合同期届满时二者的较早时间终止。在此情形下,团体成员有权与同一保险人以新的个体合同获得同样的保险,且不必重新进行风险评估。

(2)团体组织者应该就下列事项及时通知团体成员:

(a)其依据团体保险合同享有的保险即刻终止;

(b)其依据第(1)款享有的权利;以及

(c)其可以如何行使这些权利。

(3)如果团体成员已经明示其有意行使第18:204条第(1)款下的权利,则保险人与团体成员之间的合同应该继续作为个体合同而存在,且其保费应基于当时的个体保单而计算,并不必考虑该成员当时的健康状况或者年龄。

第三节　选择型团体保险

第18:301条　选择型团体保险之一般规定

(1)选择型团体保险是指保险人与团体组织者之间订立的框架合同和保险人与团体成员之间在该框架下订立的个体合同之结合。

(2)团体组织者与保险人可以一致约定本《原则》适用于个体保险合同。但是除了第18:101条和第18:102条之外,本《原则》不适用于框架合同。

第18:302条 条款与条件之变更

框架合同的条款和条件之变更仅影响依据第2:603条、第17:303条和第17:304条而订立的个体合同。

第18:303条 承保之持续

框架合同的终止或者个别团体成员资格的脱离对保险人与该团体成员之间的保险合同不应具有任何影响。

(韩永强,西南政法大学民商法学院讲师)

欧洲统一买卖法
(Common European Sales Law)

王 琢 李建星 译

目 次

第一部分 前 言

第一章 一般原则与适用

第一节 一般原则

第一条 合同自由

1. 在不违反强行法的情形下,当事人可自愿订立合同与约定合同内容。

2. 除非本法有明确规定,当事人才可排除本法任何条款的适用,或减损、变更本法条款的效力。

第二条 诚信与公平交易原则当事人

1. 任一方均应依诚信与公平交易原则履行义务。

2. 违反第1款义务的当事人造成他方损失时,不能援引本法规定的权利、救济措施或理由免责。

3. 当事人不可排除本条的适用,或者减损、变更本条的效力。

第三条 合作

当事人有义务互相合作,以保证合同义务得以履行。

第二节 适用

第四条 解释

1. 本法应依其目的与内在原则解释。

2. 属本法适用范围内,但未明确规定的问题仍应依本法的目的、内在原则和全部条文解释。即便未约定适用本法或其他法律,前述问题也不得适用国内法。

3. 如一般规定与特殊规定均可适用于一般规定适用范围内的某一特定情形,则特殊规定优先适用。

第五条　合理性

1. 合理性须考量相关的合同性质与目的、具体案情、具体贸易的习惯与实践的客观评价。

2. 一般情形或特殊情形下,能考量的因素均属应考量的合理因素。

第六条　无形式要求

合同订立无形式要求,除非本法、合同含有相反内容。

第七条　格式条款

1. 如一方或他方不能影响条款内容,则该条款为格式条款。

2. 如一方提供多个条款供他方选择,该条款仍视为格式条款。

3. 主张格式条款部分内容经自行协商的当事人负证明责任。

4. 经营者与消费者间的合同中,经营者须证明由其提供的合同条款经自行协商。

5. 经营者与消费者的合同中,除消费者自行拟定外,由第三人草拟的合同条款视为由经营者提供。

第八条　合同解除

1. 解除合同是指结束合同当事人的权利与义务,但不影响争端解决条款和约定合同解除后事项条款的效力。

2. 合同即便解除,仍需支付已届期的价款和损害赔偿。如解除是因不履行,或预期不履行所致,则解除方有权向他方主张未来不履行的损害赔偿。

3. 因解除所致的返还价款、货物或数据内容及其他返还效力,适用第十七章恢复原状规定。

第九条　混合合同

1. 如合同涉及货物买卖、提供数据内容,以及相关服务,则货物买卖或提供数据内容的双方义务与法律措施适用第四部分规定,服务提供者和顾客的义务与法律措施适用第三部分规定。

2. 依第1款订立的合同中,如双方可分批或独立履行合同义务,一方不履行,则另一方仅能解除相应部分。

3. 如买受人或消费者不应接受他方部分履行或不履行构成解除整

个合同的要件时,第2款不适用。

4. 如双方不可分批或独立履行合同义务,仅在不履行满足解除整个合同的要件时,当事人方可解除整个合同。

第十条　通知

1. 本条适用依本法规定和合同约定的通知。通知是为发生法律效果或达到法律目的,传达信息的沟通。

2. 通知可以合理方法发出。

3. 通知在到达接收人时生效,除非该通知附有迟延生效的内容。

4. 以下情形,属通知到达:

(a)通知送达接收人;

(b)通知到达接收人的经营场所,或如无经营场所,或接受人为消费者时,到达接收人惯常居住地;

(c)如以电子邮件或其他个人通信手段传递,则在能为接收人获得时;或

(d)接收人能在合理地点或合理方法立即接收通知。

出现满足(a)(b)(c)(d)中多个到达情形时,以最早时间为准。

5. 通知撤回在通知之前,或同时到达,通知无效。

6. 在经营者与消费者间合同中,不可为损害消费者,排除第3款和第4款的适用,或减损、变更其效力。

第十一条　时间的计算

1. 本条适用于依本法规定的时间计算。

2. 以下适用第3款至第7款:

(a)期间以天表示,则期间开始于第一天的第一个小时,以及结束于期间最后一天的最后一个小时;

(b)期间以星期、月份或年份表示,其起始点为该期间第一天的第一个小时,终止点为起始点所对应的最后一个星期、月或年的同一日期的最后一个小时;如约定的期间为数月或数年,则最后一个月的最后1个小时为期间终止点。

3. 如期间是以天、周、月、年的期间,如以某特定事件、行为的发生或时间的到来为起算点,该起算点不计入期间内。

4. 周六、周日和公众假期,仅在明确表示排除或只计算工作日时,

方不计入期间。

5. 如期间的最后一天是周六、周日或公众假期,则约定行为发生的期间结束于之后第一个工作日的最后一个小时。本条不适用于起算点为指定的某一天或事件的期间。

6. 如某人向他人发送文件,该文件设定要求接收人回复或采取其他行为的期间,但该期间未说明何时开始,如无相反表示,该期间的起算点是文件到达接收人时。

7. 为本条之意旨:

(a)"公众假期"是指欧盟某成员国或成员国某部分在欧盟官方出版物指定的任何一天;

(b)"工作日"是指不是周六、周日或公众假期的任意一天。

第十二条　单方表示或行为

1. 表达意思的单方表示应以能为接收人理解的方法解释。

2. 如一方做出具有特定含义的意思表示,他方知道或应知该含义,则以表意人内在意思为准解释。

3. 合理变通解释表达意思的单方表示适用第五十九条至第六十五条的规定。

4. 第五章的意思表示瑕疵规定也适用于表达意思的单方表示。

5. 与表示同等意义的行为也适用本条规定。

第二部分　签订有约束力的合同

第二章　先合同信息

第一节　经营者与消费者交易时提供的先合同信息

第十三条　订立远程合同或上门推销合同的信息提供义务

1. 在合同订立或消费者受到要约拘束前,在远程或上门推销合同中,经营者有义务以清楚和易于理解的方式向消费者提供以下信息:

(a)以适合沟通媒介与货物、数据内容、相关服务展示的方法,介绍其主要性质;

(b)依第十四条的整体价格和额外支出、费用;

(c)依第十五条的经营者身份与地址;

(d)依第十六条的合同条款;

(e)依第十七条的撤回权;

(f)是否有经营者的售后专员、售后服务、商业担保和投诉处理政策和具体情况;

(g)经营者可适用的非诉争端解决机制和启动方法;

(h)功能性,包括数据内容的可用技术保护措施;以及

(i)经营者知道或应知有关硬件和软件的数据兼容性。

2. 除第1款(c)项的接收地址外,其他信息一经提供即为合同必要部分,除当事人另有约定外,不得变更。

3. 在远程合同中,本条要求的信息须是:

(a)以适合远程交流的方式向消费者提供或做出;

(b)以简单的和易于理解的语言;以及

(c)储存在易读的有形载体。

4. 在上门推销合同中,本条要求的信息须是:

(a)以书面形式,或在消费者同意时,以其他有形载体记载;以及

(b)是可读的,以及以简单的、易于理解的语言表述。

5. 在以下合同中,本条不适用:

(a)合同内容是为家庭即时消费提供食物、饮料等其他货物,或定期向消费者的家庭、所在地或工作场所提供前述货物;

(b)通过自动售卖机者或商业自动化场合订立的;

(c)在上门推销合同中,如单个或同时订立的多个合同的价格或以其他货币计算不超过50欧元。

第十四条　价格及额外支出与费用的信息

1. 依第十四条第1款第(b)项提供的信息须包括:

(a)货物、数据内容或相关服务,包括税金在内的总价格,或如因货物、数据服务或相关服务的性质而不能预先计算价格时,该价格的计算方法;以及

(b)额外的货运、投递或邮寄支出与费用,如不能预先合理计算前述支出与费用时,该额外支出和费用的计算方法。

2. 如是不确定期限或包含定金的合同,总价格须包括每一付款期的总价格。如该合同以某一确定利率支付的,则总价格须包括每月总

价格。如不能预先合理计算总价格,则须列明价格的计算方法。

3. 当远程交流须支付费用时,且费用不是以基础比率计算,则经营者须在订立合同时告知消费者相关费用。

第十五条 经营者身份与住址的信息

依第十三条第1款(c)项提供的信息须包括:

(a)经营者身份,如其商号;

(b)经营者设立的地理地址;

(c)经营者电话号码,传真号码和邮件地址,以便于消费者快捷、有效地联系到经营者;

(d)如有代理人,经营者代理人的身份和地理地址;

(e)当本条(b)和(d)项的地址不一致时,消费者能就合同任何问题提出投诉的地址。

第十六条 合同条款的信息

依第十三条第1款(d)项提供的信息须包括

(a)支付、货物交付、数据内容提供或者履行相关服务的安排,以及经营者交付货物、提供信息内容或者履行相关服务的时间;

(b)合同存续期限、消费者义务的最短履行期限,或如为期限不确定、自动展期合同,合同解除条件;以及

(c)如经营者要求,提供消费者是否支付或提供的定金或财务担保和具体情形;

(d)是否存在相关密码和获得密码的方法。

第十七条 远程或上门推销合同中的撤回权信息

1. 如消费者享有第四章的撤回权,则依第十三条第1款(e)项提供的信息须包括,附录1所要求条件、时间限制和程序权利,并符合附录2的标准撤回形式。

2. 依第十三条第1款(e)项提供的信息须包括,须承担退还货物费用,以及在远程合同中,如因货物特性无法以邮寄退还时,消费者行使撤回权须承担的货物退还费用。

3. 在撤回权期间内,消费者要求经营者提供相关服务后仍能行使撤回权。依第十三条第1款(e)项要求提供的信息须包括消费者有义务依第四十五条第5款向经营者支付的总额。

4. 依第 1～3 款,向消费者提供信息须符合附录 1 就撤回权设定的标准说明模式。如经营者能正确地提供消费者提供前述说明,则视为符合信息提供要求。

5. 如提供的信息不符合第四十条第 2 款(c)项到(i)项,与该条第 3 款时,依第十三条第 1 款(e)项提供的信息应包括消费者不能从撤回权获益,或依具体情况,消费者丧失撤回权。

第十八条　上门推销合同:额外的信息要求和确认

1. 经营者须向消费者提供已签署合同或合同确认书的复印件。当提供确认书时,应依第四十条第 3 款(d)项,以书面形式确认消费者的意思表示和认可范围。如消费者同意,也可使用其他有形载体。

2. 在第四十二条第 2 款规定的撤回期间前,消费者要求提供相关服务,则经营者要求消费者须在有形载体上做出该表示。

第十九条　远程合同:额外信息跟其他要求

1. 当经营者为订立远程合同致电消费者时,经营者须在与消费者对话开始时即告知其身份、被代理人身份以及电话的商业目的。

2. 远程合同中,展示信息时,远程通讯手段受限于时间和空间的限制,在订立合同前,经营者至少应提供依本条第 3 款的信息,特殊形式优先于合同订立的形式。经营者须依第十三条第 3 款规定的合理方式向消费者提供第十三条要求的其他信息。

3. 第 2 款要求的信息是:

(a)依第十三条第 1 款(a)项货物、数据或相关服务的主要特征;

(b)依第十五条(a)项要求经营者身份;

(c)总价格,包括第十三条第 1 款(b)项和第十四条第 1 款和第 2 款要求的所有项目;

(d)撤回权;以及

(e)合同期限,以及如属不确定期限合同,依第十六条(b)项的合同解除条件。

4. 只有消费者在要约上签名,或为订立合同发出手写的、显示承诺的同意时,以电话形式订立的远程合同方能生效。经营者须以有形载体的方式向消费者提供合同确认书。

5. 经营者须以有形载体的形式向消费者提供合同订立确认书,包括,依第四十条第3款(d)项的消费者的同意与认可的范围,及依第十三条提供的信息。除非信息已在合同订立前在有形载体上向消费者提供,否则经营者须在订立远程合同后的合理时间内,或至少交付货物时、提供数据内容前、开始提供相关服务时,提供以上信息。

6. 在第四十二条第2款规定的撤回期间前,消费者要求提供相关服务,则经营者可要求消费者须在有形载体上做出该表示。

第二十条　订立远程和上门推销之外的合同时,须履行的信息提供义务

1. 在订立远程和上门推销之外的合同前,或消费者受要约拘束前,若以下信息未列明在合同或要约中,经营者有义务以清晰的和易于理解的方式向消费者提供:

(a)以适合于沟通媒介,与货物、数据内容、相关服务展示的方法,介绍其主要性质;

(b)依第十四条第1款确定的总价格和额外的支出与费用;

(c)经营者的身份,如经营者的商号、其设立的地理地址和电话号码;

(d)第十六条(a)项和(b)项规定的合同条款;

(e)经营者售后服务、商业担保和投诉处理政策的具体情形;

(f)功能性,包括数据内容的可用技术保护措施;以及

(g)经营者知道或应知的硬件和软件数据内容的兼容性。

2. 本条不适用于涉及当天交货和在订立时马上履行的合同。

第二十一条　举证责任

经营者负有提供本节要求信息的举证责任。

第二十二条　强制性

当事人不可为损害消费者,而排除本节的适用,或减损、变更其效力。

第二节　经营者间交易时,提供的先合同信息

第二十三条　告知货物和相关服务的信息义务

1. 在经营者订立货物销售、数据内容提供、相关服务供应合同前,提供者有义务以合理形式告知对方有关货物、数据内容或相关服务主要特征。经营者知道或应知,却不告知前述信息,属违背诚信或公平交

易原则。

2. 决定是否属于第1款要求的提供者应告知的信息,须考虑到所有情形,包括:

(a)提供者是否有专门技术;

(b)提供者获取相关信息的费用;

(c)其他经营者以其他方式获取信息的难易程度;

(d)信息的性质;

(e)信息对其他经营者的可能重要性;以及

(f)相关情形下的善意商业实践。

第三节 以电子方式订立的合同

第二十四条 以电子方式订立远程合同的额外信息提供义务

1. 本条仅适用于经营者提供电子方式订立的合同,而不适用于以电子邮件或其他个人交流方式订立的合同。

2. 经营者须在对方发出或接受要约前,以合理、有效和可接收的方式识别和更正输入错误。

3. 经营者须在对方做出或接受要约之前,提供以下有关事项的信息:

(a)为订立合同而采取的技术步骤;

(b)合同文件是否能为经营者查验,或者接收;

(c)在对方发出或接受要约前,识别和更正输入错误的技术方法;

(d)订立合同使用的语言;

(e)合同条款。

4. 经营者须保证第3款(e)项所指的合同条款应按顺序或其他易于理解的方式表示,且文本内容应载于允许阅读、记录具体信息的有形载体,且可复制。

5. 经营者须以电子方式承诺,和即时接受对方发出的要约或承诺。

第二十五条 以电子形式订立远程合同的额外要求

1. 在消费者须付款的电子远程合同中,经营者须以清晰和明确的方法告知消费者,及在消费者下订单前,使其立即知悉第十三条第1款(a)项、第十四条第1款和第2款、第十六条(b)项所要求的信息。

2. 经营者须保证消费者在下订单时,明确知悉其支付义务。

如是以按钮或类似功能下订单,该按钮或类似功能须标明“付款订货”,或标明其他类似明确下订单须付款的措施。如经营者不遵守本款,则消费者不受合同或订单的约束。

3. 经营者至少须在下订单程序开始时,在其商业网页上清晰、明白地指明订单程序是否有交付限制和何为可接受的支付方式。

第二十六条 举证责任

在经营者与消费者间的关系中,经营者负有其已提供本节要求信息的举证责任。

第二十七条 强制性

在经营者与消费者之间的关系中,当事人不可为损害消费者,而排除本节的适用,或变更、减损其效力。

第四节 保证提供正确信息的义务

第二十八条 保证提供真实信息的义务

1. 在合同订立前或订立时,提供信息的当事人,无论是否为遵循本节设定的义务,均有合理注意义务保证提供信息的真实性与无误导性。

2. 如一方违背第 1 款所指义务,提供错误或误导信息,他方合理信赖该信息,并与之订立合同,可适用第二十九条规定的救济。

3. 在经营者与消费者之间的关系中,当事人不可为损害消费者,而排除本条的适用,或变更、减损其效力。

第五节 违背信息义务的救济

第二十九条 违背信息义务的救济

1. 未遵循本章规定义务的一方应对另一方因此所致的损失负责。

2. 如经营者未遵循信息要求,造成第十四条的额外支出或其他费用,或是第十七条第 2 款的退还货物费用,消费者无须承担前述支出和费用。

3. 本条提供的救济可与第四十二条第 2 款、第四十八条或第四十九条的救济并行适用。

4. 在经营者与消费者之间的关系中,当事人不可为损害消费者,而排除本条的适用,或变更、减损其效力。

第三章　合同订立

第三十条　合同订立的要求

1. 合同订立,如:

(a)当事人达成合意;

(b)当事人希望该合意有法律效果;以及

(c)依本法规定,补充的合意有充分内容和法律效果。

2. 合意以"要约—承诺"形式达成。承诺可以明示或以其他表示或行为做出。

3. 当事人是否希望其合意有法律效果取决于其表示和行为。

4. 如一方要求订立合同须就某些特殊事项达成合意,在就该事项达成合意之前,合同未订立。

第三十一条　要约

1. 一个提议构成要约,应:

(a)其被接受的结果是订立合同;以及

(b)就合同而言,有充分内容与确定性。

2. 要约可向一个或更多特定的人做出。

3. 除非有相反情形,向公众做出的提议不是要约。

第三十二条　要约的撤回

1. 在合同订立前,并在受要约人发出承诺前,或如以行为方式做出承诺前,要约可撤回。

2. 如对公众做出的提议是要约,则可以向公众发出要约的相同方式撤回。

3. 要约撤回无效,若

(a)该要约表明不可撤回;

(b)要约明确承诺的期间;或者

(c)受要约人有理由认为要约属不可撤销,并已为要约采取措施。

第三十三条　要约拒绝

当要约拒绝到达要约人时,要约失效。

第三十四条　承诺

1. 受要约人表明接受要约的表示或行为是承诺。

2. 沉默或不作为不会自动构成承诺。

第三十五条　合同订立的时间

1. 如受要约人做出承诺,在承诺到达要约人时,合同订立。

2. 如承诺是以行为做出的,则行为的通知到达要约人时,合同订立。

3 尽管不符合第 2 款,但依当事人之间习惯、商业实践,及要约的性质,受要约人无须发出通知,则受要约人履约时,合同订立。

第三十六条　承诺的时间限制

1. 到达要约人未超出要约中确定的时间限制,承诺方能生效。

2. 如要约人未确定时间限制,在要约做出后的合理时间到达要约人,承诺方能生效。

3. 如承诺以行为方式做出,且未通知要约人,则只要行为时在确定的承诺时间内,或如无该时间,在合理时间内做出,即可生效。

第三十七条　迟到的承诺

1. 要约人立即通知受要约人,将迟到承诺视为有效承诺,该承诺为生效承诺。

2. 如包括迟到承诺的信件或其他联系方式表明,如其传递方式正常,本能按时到达要约人,则迟到的承诺仍为生效承诺,除非要约人立即通知受要约人要约已失效。

第三十八条　变更的承诺

1. 受要约人的回复含有明示或默示的新增或不同合同条款,且该条款实质变更要约内容,则属新要约。

2. 新增的或不同的合同条款,如涉及价格、支付方式、货物的数量与质量,交付的地点和时间,一方对另一方的责任范围或纠纷解决方式均视为实质变更要约内容。

3. 如回复明示或默示含有新增或不同合同条款,只要未实质变更原要约内容,且确定同意要约,该回复仍为承诺。新增或不同的条款成为合同内容。

4. 下列情形下,回复中明示或默示的新增或不同合同条款属拒绝要约:

(a)要约明确表示只得全部接受要约内容;

(b)受要约人立即反对新增或不同的条款;或

(c)受要约人承诺是基于要约人同意新增或不同条款,以及同意不是在合理时间到达受要约人。

第三十九条　合同条款的冲突标准

1. 除非标准合同条款与合同其他内容冲突,否则,只要双方达成合意,合同即成立。标准合同条款按其通常意义成为合同内容。

2. 即便符合第1款,一方存在以下情形,合同仍不成立:

(a)在合同成立前,以非标准合同条款形式明确表示,不受第1款中的合同内容限制;或者

(b)立即通知对方以上意思。

第四章　经营者与消费者间远程和上门推销合同的撤回权

第四十条　撤回权

1. 除符合第四十五条规定,在第四十二条规定的期间内,消费者享有无条件、无偿的撤回权:

(a)远程合同;

(b)如单个或多个同时订立的上门推销合同的价格或以其他货币计算不超过50欧元。

2. 第1款不适用于:

(a)以自动售卖机或者商业自动化场所方式订立的合同;

(b)用于家庭生活即时消费的提供生活用品、饮料或者其他货物,或者由经营者定期运送到消费者的家庭、住所或工作场地的合同;

(c)提供货物或相关服务的合同价格取决于发生在撤回期内,不能由经营者控制的金融市场波动;

(d)提供货物或数据内容的合同是依消费者具体要求或具有个性化;

(e)将会很快腐败或者过期的货物的合同;

(f)缔约后30天内交货的酒精饮料合同,即便价格在订立时已约定,但实际价值由市场控制,而非经营者;

(g)销售报纸、期刊或杂志的合同,不包括订阅前述出版物的合同;

(h)公开拍卖订立的合同;以及

(i)为特定日期或期间内为休闲活动提供宴会或相关服务的合同。

3. 第1款也不适用于以下情形：

(a)密封包装被消费者拆开,因健康或卫生原因不宜退还的货物；

(b)依其性质,在运送之后,货物必须与其他项目不能分离；

(c)被拆开的货物密封的音频、影碟或电脑软件为载体；

(d)以有形载体提供数据内容时,消费者事先表示接收数据即放弃撤回权；

(e)当消费者专门提出要经营者上门提供紧急修理或维护服务,经营者按消费者要求提供相关服务或在服务过程中提供的必要替换品,消费者就该额外服务或货物享有撤回权。

4. 由消费者提出要约订立的合同,即便该要约依本节不能撤回,消费者仍得撤回。

第四十一条　撤回权的行使

1. 消费者可在第四十二条规定的撤回期间届满前行使撤回权。

2. 消费者以通知经营者的方式行使撤回权。消费者可使用附录2规定的撤回形式,或者以其他明确表示该意思的方式。

3. 如消费者依经营者商业网页上设定的方式行使撤回权,经营者有义务立即以有形载体形式向消费者确认前述信息。经营者对未履行该义务所致他方的损失负责。

4. 如撤回的通知在撤回期结束前发出,即为及时。

5. 消费者负有依本条行使撤回权的举证责任

第四十二条　撤回期间

1. 撤回期间在以下日期的14天后失效：

(a)包括出卖人提供相关服务的买卖合同,消费者受领货物的日期；

(b)在涉及多件货物时,经营者同意分批交付及提供相关服务的合同中,消费者受领最后一批货物的日期；

(c)在涉及由多个零部件组成的货物,经营者同意分批交付及提供相关服务的合同中,消费者受领最后一个零件的日期；

(d)在固定期限内,经营者定期向消费者提供货物及相关服务的合同中,消费者受领第一批货物的日期；

(e)如在货物被运送之后,再订立相关服务的合同订立日期；

(f)以有形载体提供数据内容的合同中,消费者以(a)项接收货物的日期;

(g)如数据内容不是以有形载体的方式提供时,为合同订立日期。

2. 如经营者未向消费者提供第十七条第1款所指的信息,则撤回期间经过以下期间失效:

(a)依第1款确定的最初撤回期间的一年后;或

(b)如经营者依第1款确定的撤回期间结束的一年后,向消费者提供信息,则在消费者接收该信息的14天后。

第四十三条　撤回的效果

撤回解除双方的以下合同义务:

(a)履行合同义务,或者

(b)如是消费者做出要约时,订立合同义务。

第四十四条　撤回合同时的经营者义务

1. 经营者必须立即退还消费者的包括运输费用在内的所有支出,且应在收到消费者依第四十一条告知经营者撤回决定的14天内退还。经营者须用先前与消费者交易的相同方式退还,除非消费者明示同意,且该退还方式不会产生其他费用。

2. 即便符合第1款,如消费者明示选择的运输方式,不是经营者提供的标准最低价运输,则经营者无须退还额外费用。

3. 如属货物买卖合同,在经营者收到货物,或消费者提供已退还货物的证据前,经营者可不退还(以前述日期靠前为准),除非经营者已提出上门收货。

4. 在订立上门推销合同时,货物已运抵消费者家中,且依其性质不能寄回,则经营者须自费取走货物。

第四十五条　撤回合同时的消费者义务

1. 消费者须立即在依第四十一条告知经营者撤回决定的14天内退还货物,或交给经营者、其授权人,除非经营者提出自行取走货物。如消费者在通知撤回决定前,已退还货物,前述期限不适用。

2. 消费者须承担退还货物的直接费用,除非经营者已同意承担该费用,或经营者未告知消费者须承担该费用。

3. 如消费者使用货物时,采取与货物性质、特点和功能不相符的方式,须对货物价值减损负责。经营者未依第十七条第1款告知消费者撤回权时,消费者对价值的减损免责。

4. 在不属于第3款的情形中,消费者无须负担撤回期间内货物价值的减损。

5. 如消费者在撤回期内,明确要求经营者提供相关服务后,又行使撤回权,其应先依相关服务与合同总价之间的比例支付费用。如果原合同标价过高,应按服务的市场价值确定支付比例。

6. 消费者对以下费用不承担责任:

(a)在撤回期内,若涉及合同中全部或部分的相关服务条款时:

(i)经营者未依第十七条第1款和第3款提供信息,或者

(ii)消费者未依第十八条第2款和第十九条第6款,在撤回期间内明确要求经营者提供服务。

(b)如提供无须有形载体的数据内容,或需提供前述数据内容时:

(i)依第四十二条第1款规定的撤回期间结束前,消费者未许可提供数据;

(ii)消费者在同意时,不知会丧失撤回权;或

(iii)经营者未依第十八条第1款和第十九条第5款提供确认。

7. 除非符合本条规定,消费者不因承担行使撤回权的责任。

第四十六条　从合同

1. 如消费者依第四十一条到第四十五条,撤回远程或上门推销合同,从合同以随之无条件、无偿解除,除非出现第2款和第3款的情形。本条所指的从合同是依消费者与经营者、第三方的协议,经营者或第三方提供与主合同相关的货物、数据内容或附随性服务。

2. 第四十三条、第四十四条、第四十五条适用受本法调整的从合同。

3. 撤回不受本法调整的从合同适用主合同的准据法。

第四十七条　强行性

当事人不得为损害消费者,排除本章的适用或减损、变更其效力。

第五章　意思表示瑕疵

第四十八条　错误

1. 一方可因合同订立时,就以下情形存在事实或法律错误而撤销

合同:

(a)另一方知道或应知,如无错误,则一方不会订立合同或会订立根本不同的合同;以及

(b)另一方:

(i)造成错误;

(ii)未遵守第二章第1节到第4节的先合同信息义务,造成在合同订立时的错误;

(iii)依诚信以及公平交易原则知道或应知道错误的人未向对方披露该错误;

(iv)也存在错误。

2. 一方无权以错误而撤销合同,如错误由其造成或错误风险应由其承担。

3. 表示的错误表达或传递视为表意人做出或发出表示的错误。

第四十九条 欺诈

1. 一方当事人可因欺诈撤销合同。欺诈包括,另一方以语言或行为方式做出的欺诈表示,或欺诈性地隐瞒依诚信和公平交易原则应提供的信息,或应由该方披露的先合同信息。

2. 虚假表示和不披露均具欺骗性。虚假表示是指如当事人知道或应知其表示内容有错误,或因疏忽大意未确认表示内容的真实性,以诱导对方当事人做出错误决定;不披露则是隐瞒有关信息,有意使对方当事人做出错误决定。

3. 判断是否属依诚信和公平交易原则须披露的具体信息时,应考虑所有情形,包括:

(a)一方是否有专门技能;

(b)一方获得相关信息的成本;

(c)另一方应以其他方式获得信息的难易度;

(d)信息的性质;

(e)对另一方而言,信息的重要性;以及

(f)具体情形下,经营者合同间的善良商业实践。

第五十条 胁迫

如一方以不法的、即时的和严重的损害,或不法行为胁迫另一方订

立合同,则受损方可撤销。

第五十一条 乘人之危

一方可撤销合同,如在合同订立时:

(a)当事人处于经济紧张,或依赖或信任对方当事人的;或当事人在缺乏预期能力、愚昧或缺乏经验的情况下紧急需要;以及

(b)另一方知道或应知前述情形和合同目的,并利用前述情形获得过度利益或不平等优势。

第五十二条 撤销的通知

1. 撤销在通知另一方时生效。

2. 在撤销方知悉相关情事或可自由行动后,撤销通知在以下期间内有效:

(a)错误时的6个月内;

(b)欺诈、胁迫或乘人之危的1年内。

第五十三条 确认

如有权撤销方在知悉相关情事,或可自由行动后,依本章确认合同,则该方不可再撤销。

第五十四条 撤销的效力

1. 合同在撤销之前仍有效,但撤销后自始无效。

2. 如某一撤销原因仅影响特定合同条款,则撤销效力限于该条款,除该条款的不当性影响其他条款。

3. 合同无效时,当事人是否有权要求归还已送达或提供的货物,适用第十七章恢复原状的规定。

第五十五条 损失的赔偿

若他方当事人知道或应知存在错误、欺诈、胁迫或乘人之危等引起无效的情形,无论合同是否被宣告无效,依本章可宣告合同无效的当事人或第三人,在权利届满前或确认合同有效时,如因前述理由受有损失,则受损方均可主张损害赔偿。

第五十六条 救济的例外或限制

1. 不得直接或间接排除、限制对欺诈、胁迫和乘人之危的救济。

2. 在经营者和消费者间的关系中,当事人不得为损害消费者,直接或间接排除、限制对错误的救济。

第五十七条　救济的选择

适用于不履行的救济措施均可适用于本章之情形。

第三部分　确认合同内容

第六章　解释

第五十八条　合同解释的一般规则

1. 合同依当事人的正常意思解释,即便其不同于该表达的一般含义。

2. 如一方当事人在合同中,赋予某表达特定含义,且对方知道或应知该含义,则解释该表达依前者意思为准。

3. 即便不同于第1款和第2款,合同仍需依理性人赋予其含义解释。

第五十九条　相关事项

在解释合同时,尤其须考虑以下事项:

(a)订立时的环境,包括初步协商;

(b)当事人的行为,甚至是订立合同后的行为;

(c)双方当事人之前就合同中相同或相似的内容做出的解释;

(d)相同情况下一般适用的惯例;

(e)已在各方间建立的习惯;

(f)相关的一系列行为所具备的通常含义;

(g)合同的性质与目的;以及

(h)诚信与公平交易原则。

第六十条　整体解释合同

应将合同视为一个整体解释。

第六十一条　语言差异

如合同文件有两个或以上语言版本,无确定权威版本,且不同版本间存在差异,原始草拟的合同视为权威版本。

第六十二条　个人协商合同条款的优先选择

如当事人另外约定的条款与第七条中的合同条款内容不一致,则当事人另外约定的条款优先适用。

第六十三条　优先适用赋予合同条款效力的解释

赋予合同条款效力的解释优先于使条款无效的解释。

第六十四条　有利于消费者的解释

1. 如在经营者与消费者间合同中,对合同条款含义存在争议,优先适用最有利于消费者的解释,除非该条款由消费者提供。

2. 当事人不得为损害消费者,排除本条的适用或减损、变更其效力。

第六十五条　违背合同条款提供者的解释

不属于第六十四条,但属第七条规定的,未经当事人自行协商的合同条款,以不利于提供者的解释为准。

第七章　内容和效力

第六十六条　合同条款

合同条款包括:

(a)依本法的强行性规定达成的当事人合意;

(b)受第六十七条性质约束的当事人的惯例或实践;

(c)当事人无约定的,适用的本法规定;

(d)属于第六十八条的默示合同条款。

第六十七条　经营者之间的合同惯例和实践

1. 在经营者之间的合同中,经合意的惯例和双方已建立的实践对当事人有约束力。

2. 相同情形下普遍接受的惯例对当事人有约束力。

3. 如惯例或实践与当事人约定或本法的强行法不符,则不符部分无约束力。

第六十八条　默示合同条款

1. 就当事人未明确约定的事项,依习惯、惯例、本法规则确定默示条款时,应考虑下列情形:

(a)合同的性质跟目的;

(b)合同订立时的情形;以及

(c)诚信跟公平交易原则。

2. 依第 1 款确定默示合同条款时,应尽可能考虑当事人可能就具体事项达成的合意。

3. 第 1 款不适用于当事人故意不约定,由一方或其他当事人承担风险的情形。

第六十九条　源于先合同表示的合同条款

1. 如经营者在合同订立前,就合同标的性质向对方或公众做出表示,则该表示也构成合同条款,除非符合以下情形:

(a)在合同订立时,另一方知道或应该知道,该表示是错误的,或不能适用该条款;或者

(b)另一方订立合同的决定不会受到该表示的影响。

2. 依第1款,为经营者做广告或营销者做出的表示视为经营者做出的。

3. 在消费者合同中,生产者代理人或之前交易链中的当事人做出的公开表示也应认定属经营者的承诺,除非经营者在订立合同时不知或不应知前述表示。

4. 在经营者与消费者间关系中,不得为损害消费者,排除本条的适用,减损、变更其效力。

第七十条　格式条款中的提示义务

1. 由一方当事人提供的,或第七条规定的格式条款,只在订立合同前或订立合同时,另一方当事人知悉到该条款,或提供合同条款的当事人已采合理方式提示对方注意,方能产生对另一方当事人不利的效力。

2. 在消费者和经营者订立的合同中,仅向消费者提示第1款中的条款,甚至消费者在合同中签字,都不得视为达到提示注意的标准。

3. 当事人不得排除本条的适用,或减损、变更其效力。

第七十一条　在经营者与消费者之间合同的额外支出

1. 在经营者与消费者间的合同中,如合同条款要求消费者为经营者履行主要合同义务支付额外报酬,特别该条款以"当事人如不明示拒绝,则视为默示同意前述额外付款义务"的选择方式出现,除非消费者受合同约束前,已明示同时该付款。如消费者已支付,则可主张退还。

2. 合同方不得为损害消费者,排除本条的适用或减损、变更其效力。

第七十二条　合并条款

1. 如合同条款表明合同文件已包括所有合同条款(合并条款),则

之前的表示、担保或合意均不构成该合同的组成部分。

2. 除合同另有说明,即便存在合并条款,之前的书面文件也可用于解释合同。

3. 在经营者与消费者间的合同中,消费者不受合并条款的约束。

4. 当事人不得为损害消费者,排除本条的适用或减损、变更其效力。

第七十三条　价格的决定

如合同价格不能确定,且不存在相反因素时,合同价格首先按订立合同时可参考的因素确定,如无可参考因素,则适用合理价格。

第七十四条　单方决定

1. 当由一方当事人决定价格或合同条款属极不合理,则应适用在订立合同时相似情况下价格或条款,若不存在前述价格或条款,则以合理价格或条款替代。

2. 当事人不得排除本条的适用或减损、变更其效力。

第七十五条　第三方决定

1. 如须由第三方决定价格或合同条款,第三方不能或不想决定,只在不能就合同条款达成一致时,法院方可指示他方确定。

2. 如价格或条款由第三方决定属极不合理,则依订立合同时类似情形下,应支出的价格或适用的条款。

3. 第 1 款所指的"法院"包括仲裁庭。

4. 经营者与消费者之间关系,经营者不得为损害消费者,而排除第 2 款的适用,或者减损、变更其效力。

第七十六条　语言

订立合同时使用的语言,也应适用于对合同内容及其权利与义务的解释。

第七十七条　不确定期限的合同

1. 当持续或反复履行的合同未约定合同终止的时间或通知解除的方式,则一方当事人可在发出解除通知 2 个月内解除合同。

2. 经营者与消费者之间关系,当事人不得为损害消费者,而排除本条的适用,或者减损、变更其效力。

第七十八条　有利于第三方的合同条款

1. 合同当事人可在合同中向第三方赋予权利。第三方无须在合同订立时即已存在或确定,但须有可确定性。

2.第三方权利的性质和内容由合同确定。该权利可以表现为排除或限制第三方对合同某一方的责任。

3.当一方依合同须向第三方提出履行,则:

(a)第三方有就履行的相同权利和对不履行的救济,正如合同方基于合同向第三方提出履行;以及

(b)一方当事人向另一方当事人抗辩的事由,也可向第三方抗辩。

4.在明示或默示接受前,第三方可通知合同任一方,拒绝所授予的权利。如有拒绝,视为权利从未授予给第三方。

5.在合同方通知第三方已授予权利前,当事人可取消或变更授予权利的合同条款。

第八章　不公平的合同条款

第一节　一般规定

第七十九条　不公平合同条款的效力

1.合同条款由单方提供,及依第二、三节属不公平的,则不能约束另一方。

2.如合同效力不受不公平条款影响,则其他合同条款仍有约束力。

第八十条　不公平性的例外

1.如合同内容不受本法的调整,则第二、三节也不适用。

2.第二节不适用于合同主要事项的定义、支付价金的合理性,以及经营者依第八十二条的披露义务。

3.第三节不适用于合同主要事项的定义,和支付价金的合理性。

第八十一条　强行性

当事人不能排除本章的适用或减损、变更其效力。

第二节　在经营者与消费者间合同的不公平条款

第八十二条　格式合同条款的披露义务

如经营者向消费者提供合同条款属第七条所指的格式合同条款,其须在起草和磋商该条款时,使用简单的、易懂的语言。

第八十三条　在经营者与消费者之间合同的“不公平”意义

1.在本章中,如合同条款由经营者提供,且未经另外协商,并造成

当事人间合同权利义务的不平衡,有损消费者利益,并与诚信和公平交易原则相违背时,则属于第七条的不公平。

2. 依本节评估的合同条款不公平性时,须考虑:

(a)经营者是否遵循第八十二条设定的披露义务;

(b)合同标的性质;

(c)合同订立时的主要情形;

(d)其他合同条款;以及

(e)合同依赖的其他合同。

第八十四条　典型不公平的合同条款

依本节规定,合同条款目的或效力属以下情形,为典型不公平:

(a)排除或限制因经营者或其代理人的作为或不作为造成消费者死亡或人身损害的责任;

(b)排除或限制因经营者故意或疏忽大意,造成消费者损失或损害的责任;

(c)限制经营者履行其代理人的承诺,或仅履行完全由其决定的履约条件;

(d)排除或限制消费者采取法律行动或实施其他法律救济的权利,特别是要求消费者只得提起仲裁,而非适用经营者与消费者间一般的法律途径;

(e)约定合同纠纷由经营者居住地法院排他管辖,除非该法院也在消费者居住地;

(f)只允许经营者决定提供的货物、数据内容或者相关服务是否合乎约定,或只允许经营者解释合同条款;

(g)经营者不受约束,消费者却受约束的条款;

(h)要求消费者在解除合时,使用比第八条更正式的方法;

(i)授予经营者比消费者更短的合同解除通知期间;

(j)要求消费者对未实际收到的货物、数据内容或相关服务支付价款;

(k)认定属第七条的格式条款的效力优先于自行协商的条款。

第八十五条　推定为不公平的合同条款

依本节规定,如合同条款的具有以下情形,则推定为不公平:

(a)限制对消费者有利的证据或要求消费者承担本应由经营者承担的举证责任;

(b)就经营者不履行合同义务,不合理地排除或限制消费者对抗经营者或第三方的救济措施;

(c)不合理地排除或限制消费者对抗经营者的抵销权;

(d)存在对待给付义务时,如合同最终未订立,但消费者已履行对待给付义务,则经营者仍有对消费者的留置权;

(e)要求不履行合同义务的消费者支付不合理的、因不履行的损害或由此造成的高价;

(f)无条件授予经营者享有第八条规定的撤回或解除合同的权利,却未授予给消费者,或经营者撤回或解除合同时,即便尚未提供相关服务,仍可保留预付价金;

(g)如无须解除的严重事由,经营者有权在无合理通知时,解除不确定期限的合同;

(h)如合同条款包括不合理的通知期限,以自动延长合同的确定期间,除非消费者有另外表示;

(i)授予经营者单方无约定理由变更合同的权利,但在无固定期限合同中,约定经营者享有合理通知即可单方变更的权利,且消费者可无条件、无偿解除合同的条款不属前述情形;

(j)授予经营者在无正当理由时,变更提供的货物、数据内容或相关服务的性质,或者做出他种履行;

(k)如约定货物、数据内容或相关服务的价格在交付或运输时确定,或授予经营者无须通知即可提价,但未约定消费者在经营者过度提价时享有撤回权的条款;但明确约定合法的价格计算方式不受限;

(l)强制消费者在经营者未履行其合同时,履行全部合同义务;

(m)允许经营者可在无消费者同意时,转让其合同权利和义务,除非受让人附属于经营者,或是因合并,或者类似的合法公司交易,以及该交易不会对消费者权利造成不利影响;

(n)约定未告知消费者存在他种给付的可能性,及消费者拒绝该给付时,经营者承担返还费用时,经营者可擅自提供他种给付;

(o)允许经营者有过长或者不恰当特定期间接受或拒绝要约;

(p)允许经营者有过长或者不恰当特定期间履行合同义务;

(q)不合理地排除或限制消费者对抗经营者的法律救济,或者消费者对抗经营者主张的抗辩;

(r)就经营者履行义务或其他有利于消费者的行为,约定适用非法定且不合理的特定形式;

(s)要求消费者为义务履行提供额外价款或额外担保;

(t)不合理地阻止消费者从第三方处获得给付或者维修;

(u)适用消费者不可预知的方式,不合理地将第三方、经营者的子公司与合同、经营者捆绑;

(v)就解除不确定期限的合同,对消费者施加额外的负担;

(w)除非消费者在30日内可任意解除合同,允许提供货物、数据内容和相关服务的合同可自动延长超过一年。

第三节 在经营者间合同的不公平条款

第八十六条 经营者间合同不公平的含义

1. 依本节规定,存在以下情形,属经营者间的不公平合同条款:

(a)构成第七条所指的格式条款;以及

(b)合同性质严重违反善良商业实践或诚信与公平交易原则。

2. 依本节的规定,确定某条款是否为不公平时,须考虑到:

(a)合同标的性质;

(b)合同订立时的有关情形;

(c)其他合同条款;以及

(d)合同依赖的其他合同。

第四部分 在买卖合同及数据内容提供合同中的当事人义务与救济

第九章 一般规定

第八十七条 不履行与根本不履行

1. 义务不履行即未履行义务的各种情形,无论该未履行是否能免责,包括:

(a)不交付或迟延交付货物;

(b)不提供或迟延提供数据内容;

(c)交付货物与合同不符;

(d)提供数据内容与合同不符;

(e)不支付或者迟延支付价金;以及

(f)其他不合约定的所谓履行。

2. 一方根本不履行义务,如

(a)如不履行实质性地剥夺其他当事人依合同应获得的利益,除非在订立合同时,不履行方没有预见或不应预见该结果;或

(b)依其性质,不履行方的未来履行明显属不可期待。

第八十八条 不履行免责

1. 当事人对不履行义务不负责任,如该不履行义务是因不能由其控制的障碍,且无理由预期其在订立合同时能考虑到或能避免或克服该障碍或其后果。

2. 如属暂时障碍,则当事人仅对障碍期间内的不履行免责。如迟延履行构成根本不履行,则对方可主张相关救济。

3. 履行不能时,不履行方应在知道或应知障碍后,及时通知他方当事人该障碍及其对履行能力的影响。其他当事人有权对不履行通知义务主张损害赔偿。

第八十九条 情事变更

1. 一方须履行其义务,即便履行已变得额外繁重,无论是因履行成本增加,或因获得对价降低。

如履行因情事特别变化,而变得极为繁重,当事人有义务就变更或解除合同进行协商。

2. 如当事人未能在合理时间达成合意,一方可要求法院采取以下措施:

(a)变动合同内容,以使其符合当事人在订立合同时,考虑到情事变更会做出的合理决定;或

(b)依第八条,按法院决定的日期和条件解除合同。

3. 第1款和第2款仅适用于:

(a)情事变更发生在合同订立后;

(b)订立合同时,没有且不能预见情事变更,或情事变更的可能性

或范围;和

(c)受损方未预见,或不能合理预见情事变更的风险。

4. 第2款和第3款所指的法院包括"仲裁庭"。

第九十条　就支付和未接收货物或数据内容的扩展适用规则

1. 除另有约定外,第十二章的买受人价金支付规则经合理调整也可适用于另外支付情形。

2. 第九十七条经合理调整后,可适用于一方未按约定接收货物或数据内容,致使他方丧失对其占有的情形。

第十章　出卖人的义务

第一节　一般规定

第九十一条　出卖人的主要义务

货物的出卖人或数据内容的提供者(在本部分称为"出卖人")须:

(a)交付货物或提供数据内容;

(b)转移货物所有权,包括提供含有数据内容的有形载体;

(c)保证货物或数据内容和约定;

(d)保证买受人有权依约使用数据内容;

(e)按合同要求,交付代表或涉及货物与数据内容的文件。

第九十二条　第三方履行

1. 出卖人可委托第三方履行,除非合同条款要求出卖人亲自履行。

2. 委托第三人履行的出卖人仍对履行负责。

3. 在经营者与消费者之间的关系中,当事人不可为损害消费者,排除第2款的适用或者减损、变更其效力。

第二节　交付

第九十三条　交付地

1. 如交付地未能另外确定,则:

(a)如消费者买卖合同或数据内容提供合同是以远程或上门推销的方式订立的,或出卖人须承担运输的,即为订立合同时的消费者居住地;

(b)在其他情形中;

(i)如在涉及承运人或一系列承运人的货物运输买卖合同中,是第

一承运人的最近收货点;

(ii)如合同不涉及运送,即为合同订立时的出卖人营业地。

2. 如出卖人有多个营业地,则第1款(b)项所指的营业地为交付义务的最密切联系地。

第九十四条　交付方法

1. 除非另有约定,出卖人在下列情形下为履行交付义务:

(a)如消费者买卖合同或数据内容提供合同是远程或上门推销订立,或出卖人须运输的,移转货物或数据内容的实际占有或控制给消费者;或

(b)在其他情形下,如合同需要承运人运送货物,依交付货物给第一承运人为交付买受人,并交付保证买受人从占有货物的承运人处提走货物的文件;或

(c)如不属于第(a)或(b)项,适用使买受人能获得货物、数据内容或代表货物文件(双方约定出卖人只需交付代表货物的文件时)的方法。

2. 在第1款第(a)和(c)项中,消费者或买受人为不是承运人的第三人,而是依约明定的消费者或买受人。

第九十五条　交付时间

1. 如运输时间不能确定,则货物或数据内容须在合同订立后立即交付。

2. 在经营者与消费者间的合同中,除非当事人另有约定,经营者须在合同订立后的30天内交付货物或数据内容。

第九十六条　出卖人货运的义务

1. 如合同要求出卖人安排货运时,出卖人须在符合具体情形和货运的通常规则确定的运输地订立运输合同。

2. 如合同项下货物尚未以标记、运输文件或其他方式特定化,出卖人依合同需将货交承运人时,出卖人须告知买受人货物已特定化。

3. 如合同不要求出卖人为货物运送购买保险,出卖人须按买受人要求,向其提供能使之购买保险的信息。

第九十七条　买受人不受领货物或数据内容

1. 如因买受人未依约受领货物,而丧失对货物或数据内容占有,出

卖人须采取合理保护措施。

2. 如有以下情形,出卖人已履行运送义务:

(a)以合理条件向第三人提存货物或数据内容,并通知买受人;

(b)在通知买受人之后,以合理条件出卖货物或数据内容,以及向买受人支付净利润。

3. 出卖人有权就合理费用从买卖收益获得补偿或扣除该收益。

第九十八条 风险移转的效力

交付风险移转适用第十四章。

第三节 货物和数据内容符合约定

第九十九条 符合合同

1. 为遵循合同,货物或数据内容必须:

(a)依合同约定的数量、质量与描述;

(b)依合同约定装箱或包装;

(c)依合同约定,一并提供附件、安装说明或其他说明。

2. 为遵循合同,货物或数据内容须符合第一百条、第一百零一条、第一百零二条的规定,除非当事人另有约定。

3. 在消费者买卖合同中,任何为损害消费者,而减损第一百条、第一百零二条、第一百零三条要求的条款均无效,除非在合同订立时,消费者明知货物或数据内容的特殊情形,以及按该内容接收货物或数据内容。

4. 在消费者买卖合同中,当事人不得为损害消费者,排除第3款的适用,或者减损、变更其效力。

第一百条 货物和数据内容与合同相符的标准

货物或数据内容须符合以下情形:

(a)货物适用于订立合同时曾明示或默示地通知卖方的任何特定目的,除非情况表明买方并不依赖卖方的技能和判断力,或者这种依赖对他是不合理的;

(b)货物适用于同一规格货物通常使用的目的;

(c)货物的质量与卖方向买方提供的货物样品或样式相同;

(d)货物按照同类货物通用的方式装箱或包装,如无此类通用方式,则依足以保全和保护货物的方式装箱或包装;

(e)一并提供买受人期望受领的附件、安装说明或其他说明;

(f)具有第六十九条规定的,应纳入合同的先合同表示中质量或功能;以及

(g)具有买受人可期待的质量和履行能力。如判断消费者可期待的数据内容时,应考量的数据内容的价格。

第一百零一条　在消费者买卖合同中的错误安装

1. 如提供的货物或数据内容消费者买卖合同存在错误安装,并有以下情形,因错误安装所致的不符约定都视为货物或数据内容的不符约定:

(a)货物或数据内容是由出卖人安装或出卖人有责任安装;

(b)货物或数据内容应由消费者安装时,因安装说明的缺陷所致错误安装。

2. 当事人不能为损害消费者,排除本条的适用,或者减损、变更其效力。

第一百零二条　第三方权利或主张

1. 货物和数据内容须属第三方明显不能提出任何权利或主张。

2. 依第3~4款,货物或数据内容须属第三方不能根据知识产权提出任何权利或明显无根据的主张,如该权利或要求依以下国家的法律规定以知识产权为基础的:

(a)依约定将使用货物或数据内容国内法,如无该约定,适用地买受人营业地的国内法,或在经营者和消费者的合同,在合同订立时,消费者表明的消费者居住地;以及

(b)出卖人在订立合同时,知道或者应当知道的。

3. 在经营者间合同中,如买受人在合同订立时,知道或应知道存在基于知识产权的权利或主张,则第2款不适用。

4. 在经营者与消费者间合同中,如消费者在合同订立时,知道或应知有基于知识产权的权利或主张,则第2款不适用。

5. 在经营者和消费者之间的合同,当事人不得为损害消费者,排除本条的适用,或者减损、变更其效力。

第一百零三条　数据内容符合约定的限制

数据内容不能仅因在合同订立后可更新,而视为不符约定。

第一百零四条　在经营者间合同中,买受人知道不合约定

在经营者间合同中,如合同订立时,买受人知道或应知不符约定,则出卖人对货物不符免责。

第一百零五条　确定货物相符的相关时间

1. 依第十四章,出卖人对风险转移到买受人前的货物不符负责。

2. 在消费者买卖合同中,风险转移到买受人后的6个月内,出现明显的货物不符,视为风险转移就已存在,除非该不符与货物或数据内容的性质或与货物不符的性质相矛盾。

3. 出现第一百零二条第1款(a)项,本条第1~2款所指的风险移转时间是安装完成时间。第一百零一条第1款(b)项所指的风险移转时间需考虑消费者安装的合理时间。

4. 如经营者须更新数据内容,其须保证在合同存续期间内,全部数据内容符合约定。

5. 在经营者和消费者间合同中,当事人不得为损害消费者,排除本条的适用,或者减损、变更其效力。

第十一章　买受人的救济

第一节　一般规定

第一百零六条　买受人救济的总则

1. 如出卖人不履行义务,买受人有权采取以下措施:

(a)依本章第三节要求履行,包括货物或数据内容的具体履行、修理或替换;

(b)依本章第四节不履行其义务;

(c)依本章第五节解除合同,以及依第十七章主张返还已支付价金;

(d)依本章第六节减价;

(e)依第十六章主张损害赔偿。

2. 如买受人是经营者,则

(a)买受人有权适用各种救济,除本章第二节中就出卖人补救时的不履行的规定;以及

(b)买受人有权依本章第七节有关检验与通知的规定主张货物不符。

3. 如买受人是消费者,则:

(a)买受人的权利不受出卖人补救的影响;以及

(b)本章第七节要求的检验和通知要求不适用。

4. 如出卖人的不履行可免责,买受人可寻求第1款所指的救济,除要求履行和损害赔偿外。

5. 如买受人致出卖人不履行,买受人不可适用第1款的所有救济。

6. 不矛盾的救济可并行使用。

第一百零七条　无偿提供数据内容的救济限制

如数据内容为无偿提供,买受人不可需求第一百零六条第1款(a)项到(d)项的救济。买受人只可依第一百零六条第1款(e)项,主张赔偿因数据内容不符所致买受人财产的损失或损害,包括硬件、软件和数据,除非买受人已消除损害造成的损失。

第一百零八条　强行性

在经营者和消费者之间合同中,在消费者通知经营者存在货物不符前,当事人不得为损害消费者,排除本条的适用,或者减损、变更其效力。

第二节　出卖人的补救

第一百零九条　出卖人的补救

1. 在履行期间内,较早履行义务,并获知履行不符的出卖人,可提出新的符合约定的履行。

2. 在不符合第1款的情形下,提出履行仍不合约定的出卖人可在获知货物不符后,自费提出补救。

3. 补救要约的效力不受解除通知的影响。

4. 如存在以下情形,买受人可拒绝补救要约:

(a)补救不能立即生效,并导致买受人显著不便;

(b)买受人有理由不相信出卖人的未来履行;或

(c)迟延履行构成根本不履行。

5. 出卖人应有合理期间补救。

6. 补救前,买受人可拒绝履行,但与出卖人补救期间相矛盾的买受人权利直到前述期间届满方可行使。

7. 即便有补救,买受人仍有权主张对迟延以及因补救造成或未阻却的损害赔偿请求权。

第三节　要求履行

第一百一十条　要求出卖人履行义务

1. 买受人有权要求出卖人履行义务。

2. 存在货物不符时,可要求出卖人无偿履行义务。

3. 如有以下情形,不得要求履行:

(a)履行将不能或于法不合;或者

(b)履行的支出或费用将与买受人的获益不相符。

第一百一十一条　消费者在修理和替换间的选择权

1. 如在消费者买卖合同中,依第一百一十条第2款,消费者要求经营者就货物不符提供救济时,可选择修理和替换,除非该选择于法不合或不能,或相对于另一选择而言,出卖人的承担将与下列情形明显不符:

(a)货物相符时,货物的价值;

(b)货物不符的重要性;以及

(c)对消费者无显著不便,其他可适用的救济。

2. 如消费者已因货物不符,依第1款要求修理或替换救济,唯有经营者在30天的合理期间内未能修理或替换,消费者方可寻求其他救济。但消费者可在此期间内拒绝履行。

第一百一十二条　返还替代物

1. 如出卖人已就货物不符提供替代物,出卖人有权,也有义务自费取回被替代的货物。

2. 收到替代物前,买受人对使用被替代物不支付费用。

第四节　买受人拒绝履行义务

第一百一十三条　拒绝履行的权利

1. 在出卖人履行的相同时间或之后须履行的买受人有权履行拒绝,直至出卖人提出履行或已经履行。

2. 在出卖人履行之前须履行的买受人有合理信赖出卖人将会不履行,只要该合理信赖存续,买受人即可拒绝履行。

3. 如整理或部分履行依本条视为不履行,买受人可拒绝履行。如出卖人的义务在独立部分或者分批履行,买受人可拒绝履行未已履行的部分,除非买受人的不履行视为整体不履行。

第五节　合同解除

第一百一十四条　就不履行解除

1. 如出卖人构成第八十七条第2款的根本不履行,买受人可解除合同。

2. 在消费者买卖合同中,及在经营者与消费者提供数据内容的合同中,消费者可就货物不符解除合同,除非该不符不为重大。

第一百一十五条　宽限期届满后迟延履行的解除权

1. 如出卖人迟延履行不构成根本违约,但在买受人通知的合理宽限期后仍不履行,买受人有权解除合同。

2. 第1款所指的宽限期,除出卖人未立即反对外,期限即合理。

3. 如通知含有自动解除条款,出卖人未在宽限期内履行义务,则期间届满后,无须另行通知,合同解除。

第一百一十六条　预期不履行的解除

如出卖人明示,或其行为表示将不履行,且属根本不履行,出卖人可在履行期届满前解除合同。

第一百一十七条　解除权的范围

1. 如出卖人的义务应分批履行或相互独立,出卖人仅能在与不履行相关的范围内,依本节解除合同。

2. 第1款不适用于,买受人不能期待接受其他部分的履行,或者不履行满足解除整个合同条件。

3. 如出卖人的合同义务属不可分,或部分价款不能分摊,只要不履行满足解除整个合同条件时,买受人可解除合同。

第一百一十八条　解除的通知

行使本节的解除权须通知出卖人。

第一百一十九条　解除权的丧失

1. 除非出卖人在知道或应知对方不履行后的合理时间内通知(以先者为准),否则丧失合同解除权。

2. 第1款不适用于:

(a)如买受人是消费者;或

(b)如已提出根本不履行。

第六节 降低价格

第一百二十条 要求降价的权利

1. 买受人受领履行不符时,可主张降价。降低额度应相当于完全履行时其获得的价值与履行不符时其获得的价值差。

2. 有权依第1款降价的买受人,在已支付超过降低后价格的情形下,可要求出卖人返还多出部分。

3. 主张降价的买受人无权要求赔偿已有损失和偿还费用,但仍有对未来其他损失的损害赔偿请求权。

第七节 经营者间合同的检验和通知要求

第一百二十一条 经营者间合同的检验货物

1. 在经营者间合同中,买受人应在合理期间内检验货物或使其获得检验,且合理期间自运送货物、提供数据内容或相关服务之日起不得超过14天。

2. 如合同涉及货物运输,检验可推迟至货物到达目的地后进行。

3. 如货物在运输途中改运或买受人转运货物,买受人无合理机会检验,而出卖人在订立合同时知道或应知改运或再转运的可能性,检验可推迟至货物到达新目的地后进行。

第一百二十二条 经营者间买卖合同不合约定时的通知要求

1. 经营者间合同,买受人对货物不符须在合理时间内通知出卖人,说明货物不符的性质,否则不得主张货物不符的权利。

合理时间的起算点以提供货物时间,买受人发现或应发现货物不符时间中的靠后者为准。

2. 在货物依约定实际交付买受人之日起两年内,买受人未将货物不符的情形通知出卖人,则不得主张货物不符。

3. 当事人约定货物在固定期限内应满足一般目的和特定的目的时,第2款的通知期间不应超过该固定期限。

4. 第2款的规定不适用于第一百零二条中第三方有权主张的情形。

5. 如买受人合理认为仍有货物未交付,无须通知出卖人货物不符约定。

6. 出卖人知道或应知货物不符,而又未告知买受人,则出卖人无权援引本条规定。

第十二章 买受人的义务

第一节 一般规定

第一百二十三条 买受人的主要义务

1. 买受人应:

(a)支付价款;

(b)受领货物或数据内容;

(c)受领符合约定代表货物或有关数据内容的文件。

2. 如属无偿提供数据的合同,则(a)项不适用。

第二节 支付价款

第一百二十四条 支付的方式

1. 支付应按照约定方式履行。如无约定,在正常情形下,可替代适用该类交易任何方式。

2. 兑现是出卖人接受支票、其他票据、保证等支付方式的条件。如票据或保证不能兑现,出卖人可要求买受人履行原付款义务。

3. 如出卖人在接受第三方的付款保证前,即已确定第三方付款的方式,则买受人原付款义务消灭。

4. 经营者和消费者间合同,消费者因特定支付方式承担的费用应不高于经营者的。

第一百二十五条 支付地

1. 如无另行约定,支付地点在合同订立时的出卖人营业地。

2. 如出卖人有一个以上的营业地,支付地为与有支付义务最密切联系的营业地。

第一百二十六条 支付时间

1. 支付时间即交付时间。

2. 如有合法利益,出卖人可在价款确定前拒绝收款。

第一百二十七条 第三方支付

1. 买受人可委托第三方付款,但仍对支付负责。

2. 以下情形,出卖人不能拒绝第三方支付:

(a)第三方依买受人的同意而为之;

(b)第三方就支付享有合法利益,及买受人未依约支付或买受人明显不会到期付款。

3. 第三方依第1款或第2款支付,买受人对出卖人的支付义务消灭。

4. 如出卖人在不符合第1款和第2款的情形下收取价款后,买受人的付款义务消灭。但出卖人需对因接受价款所致损失负责。

第一百二十八条　履行请求

1. 如买受人须对出卖人承担分次付款义务,且未完全支付,买受人可在支付时,通知出卖人该支付所对应的义务。

2. 如买受人未依第1款通知,出卖人可在合理期间内通知该次支付对应的义务。

3. 如相应的支付义务尚未到期或有争议,则第2款下的归责无效。

4. 如双方均未确定具体价款,则该支付归入以下任一应履行的支付义务:

(a)已确定或首次确定的支付义务;

(b)出卖人无担保或担保最少的支付义务;

(c)买受人承担最大价值的支付义务;

(d)应最先履行的义务。

如上述标准均不适用,则支付价款平摊至所有支付义务。

5. 如依第2~4款无法确定相应的支付义务,则依前述条款的原则,归入自然债务。

6. 除非出卖人做出不同归责,买受人应按"费用—利息—本金"的顺序确定归责。

第三节　受领货物

第一百二十九条　受领货物

买受人须以下述方法履行受领货物的义务:

(a)为保证出卖人交付货物,履行应完成的行为;

(b)依约定,受领货物或代表货物和数据内容的文件。

第一百三十条　提前交付和交付数量错误

1. 如无合理利益拒绝,买受人应受领出卖人提前交付货物或提供的数据内容。

2. 如无合理利益拒绝,即便前述交付总量低于合同约定,买受人应受领出卖人提前交付货物或提供的数据内容。

3. 如出卖人提前交付货物或提供数据内容超出合同约定,买受人可保留或拒绝接受超出部分。

4. 如买受人保留超出部分,则买受人应按原约定支付额外价款。

5. 在消费者买卖合同中,消费者有理由认为,出卖人属有意、无错误交付额外货物,则第4款不适用。

6. 无偿提供数据内容的合同不适用本条。

第十三章　出卖人的救济措施

第一节　一般规定

第一百三十一条　出卖人救济措施总则

1. 如买受人不履约,出卖人可选择适用以下救济措施:

(a)依本章第二节要求履行;

(b)依本章第三节中止履行自身义务;

(c)依本章第四节解除合同;

(d)依第十六章对价金利益或损害主张赔偿。

2. 如买受人不履行可免责,则出卖人可适用除第1款所指的损害赔偿请求权外的其他法律救济。

3. 如因出卖人致买受人不履行,则出卖人不能适用第1款的救济措施。

4. 各救济措施互相不冲突,且可并行适用。

第二节　要求履行

第一百三十二条　要求买受人履行义务

1. 出卖人有权获得价金,并要求买受人履行其他义务。

2. 如买受人未接收货物或数据内容,且不受领履行,除非出卖人无须付出显著努力或费用能够,即可订立合理的替代交易,否则出卖人仍可要求买受人受领货物并支付价款。

第三节　出卖人中止履行义务

第一百三十三条　中止履行的权利

1. 应在买受人履约时或之后履行义务的出卖人,在买受人已提出履行或已履行前,可以中止履行。

2. 出卖人应先履行的合同中,存在持续的合理事由,表明对方当事人履行期届满时将不会履行,出卖人也可以中止履行。但买受人提供相应的保证或担保时,出卖人丧失中止履行的权利。

3. 依买受人不履行的情形,本条的中止履行分为完全中止和部分终止。在分批履行中,出卖人仅能就买受人未履行部分相应地中止履行,除非出卖人应履行的义务不可分。

第四节 解除合同

第一百三十四条 根本不履行时解除合同

如买受人的不履行属第八十七条第2款的根本不履行,出卖人可依第八条解除合同。

第一百三十五条 宽限期届满后迟延履行的解除权

1. 在未构成根本不履行的延迟履行中,出卖人为买受人设定宽限期,买受人仍未履行,则出卖人可解除合同。

2. 如买受人未立即反对,则宽限期限为合理。经营者和消费者间合同中,宽限期不应少于第一百六十七条第2款规定的30天。

3. 如通知含有自动解除条款,买受人未在宽限期内履行义务,则期间届满后,无须另行通知,合同解除。

4. 在消费者和经营者订立的合同中,不得为损害消费者利益,排除本条的适用,或者减损、变更其效力。

第一百三十六条 预期不履行的解除

如买受人明示或其行为表示将不履行,且属根本不履行,出卖人可在履行期届满前解除合同。

第一百三十七条 解除权的范围

1. 如买受人的义务应分批履行或相互独立,买受人仅能在与不履行相关的范围内,依本节解除合同。

2. 如就整个合同,部分不履行构成根本不履行,第1款不适用。

3. 如买受人负担不可分义务,出卖人仅能在不履行构成根本不履行时,解除合同。

第一百三十八条 解除通知

出卖人依本节解除合同,需向买受人发出通知。

第一百三十九条 丧失解除权

1. 如买受人延迟履行或履行不符的程度较低,除非出卖人在知道或应知前述延迟或不符的合理时间内发出通知,否则将丧失解除合同的权利。

2. 出卖人依第一百三十六条享有解除权后,如未在合理期间内通知买受人,则丧失解除合同的权利。

3. 如买受人未支付价款或未履行其他根本性义务,则出卖人仍有解除权。

第十四章　风险移转

第一节　一般规定

第一百四十条　风险移转的效力

风险移转到买受人后,如货物或者数据内容发生毁损或灭失,除因出卖人引致外,买受人仍需支付价款。

第一百四十一条　确定合同项下的货物和数据内容

在货物或数据内容以草签协议或通知等其他形式明确被划归合同项下前,风险不发生移转。

第二节　消费者买卖合同中的风险移转

第一百四十二条　消费者买卖合同中的风险移转

1. 在消费者的买卖合同中,如无须运输,当消费者或消费者指定的第三方实质占有货物或存储数据内容的有形载体时,风险移转。

2. 在提供数据文件而不提供有形载体的合同中,消费者或消费者指定的第三人控制数据文件时,风险移转。

3. 仅在远程合同和上门推销合同中,第1款和第2款才适用于消费者未履行受领货物或数据内容的情形,且第八十八条的免责规定也可适用。在此种情形下,原本应实质占有货物或数据文件时,风险移转。

4. 当买受人负责安排货物运输或数据内容的有形载体时,货物和有形载体交付承运人,风险移转,但不影响消费者对承运人主张的权利。

5. 当事人不得为损害消费者利益,排除本条适用,或者减损、变更其效力。

第三节　经营者间合同的风险移转

第一百四十三条　风险移转时间

1. 在经营者间合同中,买受人受领货物、数据内容或代表货物的文件,风险移转。

2. 第1款不适用于第一百四十四条、第一百四十五条、第一百四十六条所指的情形。

第一百四十四条　处于买受人控制下的货物

1. 如货物或数据内容处于买受人可控的情形,且买受人知道该事实,则自买受人受领货物或数据内容时,风险移转,除非买受人有权依第一百一十三条拒绝受领货物。

2. 如买受人在出卖人营业场所外处置货物或数据内容,当买受人知道货物被送达至该地时,风险移转。

第一百四十五条　货物的运输

1. 本条适用于涉及货物运输的买卖合同。

2. 如出卖人无须在指定地点交付货物,当货物依约交第一承运人时,风险移转。

3. 如出卖人需在指定地点交付货物,货物在指定地点交承运人时,风险移转。

4. 出卖人保留货物物权凭证不影响风险移转。

第一百四十六条　在途货物买卖

1. 本条适用于在途货物买卖合同。

2. 风险在货交第一承运人时转由买受人承担。但如情形表明有此需要,风险在合同订立时转即由买受人承担。

3. 如出卖人在合同订立时已知或应知货物已毁损或灭失,且未告知买受人,则出卖人承担毁损或者灭失风险。

第五部分　相关服务合同下的义务和救济措施

第十五章　当事人的义务和救济措施

第一节　买卖合同的部分一般规则的适用

第一百四十七条　买卖合同的部分一般规则的适用

1. 依本部之意旨,第九章的规则可适用。

2. 如买卖合同或提供数据内容合同被解除,相关服务合同亦解除。

第二节　服务提供者的义务

第一百四十八条　实现成果的义务和注意义务

1. 服务提供者须完成约定的特定成果。

2. 如合同条款未明示或默示约定特定成果,在提供服务义务时,服务提供者应尽注意义务,即一个合理服务提供者依规范、相关服务的法规或其他有约束力的法律规则履行义务。

3. 判断服务提供者的合理注意义务,应考虑以下因素:

(a)向消费者提供相关服务时,涉及风险的性质、程度、频率和可预见性;

(b)如有损害,为预防该损害或类似损害已支付的费用;

(c)提供相关服务的所需时间。

4. 消费者和经营者间的合同包含安装货物的内容,应按照第一百零一条的要求,依约履行。

5. 消费者和经营者间的合同,不得为损害消费者的利益,排除第2款的适用,或者减损、变更其效力。

第一百四十九条　预防损害的义务

针对货物或数据内容可能发生的损害,或在服务过程中或结束时可能引起的人身伤害或其他损害,服务提供者应采取合理的预防措施。

第一百五十条　第三方履行

1. 服务提供者可委托第三方代为履行,除非合同约定须由服务提供者亲自履行。

2. 服务提供者仍对第三方履行负责。

3. 在消费者和经营者的合同中,不得为损害消费者的利益,排除第2款适用,或者减损、变更其效力。

第一百五十一条　提供发票的义务

对订立合同时未算入总价,但属相关服务应支付的单独费用,服务提供者应开具发票,明确列出该费用的计算方法。

第一百五十二条　对意外和不经济费用的提醒义务

1. 出现下列情形,服务提供者应提醒消费者并获继续提供服务的许可:

(a)相关服务的费用将会超出原本告知消费者的;

(b)服务提供者就目前状况所知,提供服务后,相关服务费将会超出货物或数据内容的价值。

2. 服务提供者在未获得第1款的许可时,只能获得约定费用,或相关服务履行后,货物或数据内容价值的价款。

第三节　消费者的义务

第一百五十三条　支付价款

1. 消费者应依约支付相关服务的价款。

2. 当服务结束时或消费者可取得服务成果时,应支付价款。

第一百五十四条　进入许可

如服务提供者提供服务须进入顾客的场所,消费者须在合理时间内许可。

第四节　救济措施

第一百五十五条　消费者的救济措施

1. 如服务提供者不履行义务,消费者依本条规定的相应调整,适用第十一章中买受人可适用的救济措施:

(a)要求履行具体义务;

(b)中止自身履行;

(c)解除合同;

(d)要求降价;

(e)要求损害赔偿。

2. 在不影响第3款的情形下,消费者的救济措施是要求服务提供者进行补救的权利,无论该消费者是否属最终用户。

3. 如在消费者买卖合同中出现第一百零一条所指的错误安装,消费者无权要求服务提供者补救。

4. 消费者有权于相关服务不合约定时解除合同,除非该不合约定非为显著。

5. 适用第十一章时应有调整,特别是:

(a)在消费者和经营者的合同中,涉及请求服务提供者补救的权利时,第一百零九条第5款的合理期间不得超过30天;

(b)第一百一十一条和第一百一十二条不适用于履行不合约定的救济措施;

(c)第一百五十六条替代第一百二十二条。

第一百五十六条　经营者间合同履行不合约定的通知义务

1.在经营者间服务合同中,只有消费者在合理时间内通知服务提供者,并在通知内具体描述履行不合约定的性质时,消费者方可就履行不合约定主张权利。

合理通知的起算点以相关服务完成时,或消费者发现或应发现履行不合约定时,两者较晚日期为准。

2.如服务提供者知道或应知履行不合约定,但未告知消费者,则服务提供者不得适用本条。

第一百五十七条　服务提供者的救济措施

1.如消费者不履行义务,服务提供者依第2款规定的相应调整,适用第十三章中出卖人的救济措施:

(a)要求履行义务;

(b)中止履行自身义务;

(c)解除合同;

(d)要求价款或利益损害的赔偿。

2.适用第十三章时须有必要的调整,特别是第一百五十八条应替代第一百三十二条第2款的适用。

第一百五十八条　消费者拒绝履行的权利

1.消费者可随时通知服务提供者终止履行,或无须继续履行相关服务。

2.如依第1款发出通知,则:

(a)服务提供者无权或义务继续履行相关服务;

(b)如合同中无相关解除条款,消费者仍需支付价款,但应低于服务提供者为已完成的成果或在未完全履行时可完成的工作成果所支付的费用。

3.在消费者和经营者订立的合同中,不得为损害消费者的利益,排除第2条适用,或者减损、变更其效力。

第六部分　损害赔偿和利息

第十六章　损害赔偿和利息

第一节　损害赔偿

第一百五十九条　损害赔偿请求权

1. 因债务人义务不履行所致之损失,债权人有权请求赔偿,除非该不履行可免责。

2. 可获赔偿的损失包括债务人能预见的未来损失。

第一百六十条　损害赔偿的一般标准

计算债权人不履行所致损失时,应考虑在债务获得完全履行时,或最可能获得履行时,债权人已受的损失或不可获得的利益。

第一百六十一条　可预见的损失

债务人仅对其于订约时,预见的或能预见的、其不履行所致损失负责。

第一百六十二条　归责于债权人的损失

债务人对债权人所致之损失不承担责任。

第一百六十三条　损失的减少

1. 债务人对债权人能以合理方式减少的损失不承担责任。

2. 债权人可主张为减少损失支出的合理费用。

第一百六十四条　替代交易

若债权人解除合同,并在合理时间内以合理方式达成替代交易,则其对原合同与替代交易的价格差以及未来损失仍享有损害赔偿请求权。

第一百六十五条　时价

如债权人解除合同且未达成替代交易,但如履行存在时价,则其对合同解除时,合同价格与时价之间的差额,和未来损失仍享有损害赔偿请求权。

第二节　延迟支付的利息:一般规定

第一百六十六条　延迟付款的利息

1. 如支付迟延,无须提前通知,债权人有权依第 2 款规定的利率,要求债务人承担自约定支付之日至实际支付之日间的利息。

2. 延迟付款的利率是:

(a)如债权人的惯常居所在是欧元区或第三国家,利率应符合在上半个财政年度的第一个日期日前,欧洲中央银行最近一次主要再融资操作的执行利率,或在"一揽子"浮动贷款程序中,欧洲中央银行最近一次主要再融资操作的边际利率加2%;

(b)如债权人的惯常居住地不在欧元区的成员国内,适用的利率为该国中央银行确定的同等利率加2%。

3. 债权人对未来损失仍享有损害赔偿请求权。

第一百六十七条　债务人为消费者时的利息

1. 如债务人为消费者,不履行无免责事由时,才依第一百六十六条规定的利率计算利息。

2. 债权人向债务人发出支付利息和利率的通知30天后,才开始计息。通知可在支付义务应履行前发出。

3. 依第八十三条有关不公平的规定,约定比第一百六十六条更高的利率,或约定实质早于第2款的利息计算日的条款无效。

4. 延迟付款的利息不能计入本金一起计算利息。

5. 当事人不得为损害消费者的利益,排除本条的适用,或者减损、变更其效力。

第三节　经营者的延迟支付

第一百六十八条　利率和核算

1. 涉及货物运输、提供数据和提供相关服务条款的合同中,经营者延迟付款,且不存在第八十八条的免责事由,则依本条第5款计算利率。

2. 依第5款计算利率时,起算点为合同约定的付款日或付款期间的最后一天。如无约定付款日或付款期间,则依下列规则确定起算日:

(a)债务人收到发票或其他同等支付请求后30天;

(b)如前述具体日期过早或不能确定,抑或不能确定债务人是否收到发票或其他同等付款请求,起算日为受领货物、数据内容或相关服务30天后。

3. 当货物、数据内容或相关服务需要以受领或检验的方式确定是否符合约定,则第2款(b)项确定的30天期间的起算点为受领或检验程序完成之日。受领或检验期间超过送达货物、提供数据或相关服务之日起不能超过30天,除非当事人明确约定,且该合意不属第一百七十条的规定情形。

4. 第2款确定的期间不能超过60天,除非当事人明确约定,且该合意不属第一百七十条规定的情形。

5. 迟延支付的利率为:

(a)如债权人的惯常居所在是欧元区或第三国,利率应符合在上半个财政年度的第一个日期日前,欧洲中央银行最近一次主要再融资操作的执行利率,或在"一揽子"浮动贷款程序中,欧洲中央银行最近一次主要再融资操作的边际利率加8%;

(b)当债权人的惯常居住地不在欧元区的成员国内,适用的利率为该国中央银行确定的同等利率加8%。

6. 债权人对未来损失仍享有损害赔偿请求权。

第一百六十九条　费用补偿

1. 如依第一百六十八条支付利息,债权人至少可要求债务人支付40欧元或等价的其他货币以偿还费用损失。

2. 在第1款确定的固定额外,债权人有权要求债务人支付超出固定额的和其他因延迟付款造成的合理费用损失。

第一百七十条　有关延迟支付利息的不公平条款

1. 如有关付款日期或期间、延迟付款利息的利率或费用补偿的合同条款属于不公平条款,则该条款无效。如考虑包括货物、数据和相关服务的性质在内的所有情形,该条款严重偏离善意商事实践,有违诚信和公平交易原则,则为不公平条款。

2. 依第1款之意旨,如某合同条款所确定支付日期、期间或计算利息的利率,较第一百六十七条或第一百六十八条,更不利于债权人,或确定的补偿总额低于第一百六十九条,该合同条款视为不公平条款。

3. 依第1款之意旨,排除延迟支付利息或费用补偿的合同条款是不平等条款。

第一百七十一条　强制性

当事人不得排除本节的适用,或减损、变更其效力。

第七部分 恢复原状

第十七章 恢复原状

第一百七十二条 合同无效或解除时的恢复原状

1. 如合同被一方宣布无效或解除时,各方当事人均有义务返还其(接受方)来自对方之所得。

2. 返还的所得应包括所得的自然孳息和法定孳息。

3. 如解除分批履行合同时,双方均已履行完毕,或依第八条第2款当事人仍需履行支付义务,则无须分批返还所得,除非依该合同性质,分批履行对一方当事人无价值。

第一百七十三条 依货币价值返还

1. 如原物或其孳息不能返还,或原物是以电子数据为内容的财产,则接受方需支付相应的货币价值。如返还原物造成接受方不合理的负担或费用,在不影响其他当事人财产权利的情形下,接受方可选择支付相应的货币价值。

2. 如接受方未毁坏或损害该货物时,返还货物当日的货币价值。

3. 如被宣布无效或解除的是服务合同,且服务内容已全部或部分履行,则所得货币价值为消费者因相关服务之所得。

4. 在数据内容合同中,所得的货币价值为消费者使用该数据内容所得之价值。

5. 若接受方获得的是货币、货物或数据的替代物,且其知道或应知合同被宣告无效或撤销的原因,另一方当事人可选择要求交付替代品或替代物的货币价值;若接受方不知道或不应知合同被宣告无效或解除的原因,接受方可选择交付替代品的货币价值或替代物。

6. 如数据内容是无偿提供,无须恢复原状。

第一百七十四条 支付接受货物的费用和接受货币的利息

1. 如接受方已使用货物,则在下述情形中,应向他方支付使用期间的费用:

(a)合同因接受方的原因被宣告无效或解除;

(b)接受方在使用货物前,已知合同被宣告无效或解除的事由;

(c)基于货物的性质,使用的方式和总量,以及解除之外其他可选择的救济措施,接受方无偿使用货物对其他当事人属不公平。

2. 在下述情形下,接受方须在返还货币时,依第一百六十六条确定的利率支付利息:

(a)他方需支付使用费;

(b)合同无效是因接受方欺诈、威胁或乘人之危引致。

3. 依本章之意旨,除第1款和第2款规定的情形外,接受方无须支付使用接受货物的费用或货币利息。

第一百七十五条　支出偿还

1. 如接受方因接受货物或数据内容而有所支出,接受者有权在支出使他方获益的范围内要求偿还,只要接受方在支出时不知道或不应知道合同无效或可撤销的原因。

2. 如接受方知道与应知道合同无效或可撤销的原因,则其仅能在无机会征询他方意见的情况下,主张偿还为保存货物、数据内容不灭失或价值减损所需的支出。

第一百七十六条　公平性变通适用

在可能引致严重不公平结果时,本章规定可变通适用。特别须考虑当事人是否引致或不知合同无效或解除的原因。

第一百七十七条　强制性

在经营者与消费者合同中,不得为损害消费者利益,排除本章的适用或变更、减损其效力。

第八部分　诉讼时效

第十八章　诉讼时效

第一节　一般规定

第一百七十八条　权利的诉讼时效

请求履行债务的权利,及附属权利,适用时效是指本章所确定的某段时间。

第二节　时效的期间和起算日

第一百七十九条　诉讼时效的期间

1. 短期诉讼期间为两年。

2. 长期诉讼时效期间一般为10年,如果是人身损害赔偿案件,为30年。

第一百八十条　期间的起算

1. 短期诉讼时效的起算日为权利人知道或应知其权利受损结果之日。

2. 长期诉讼时效的起算日为债务人应当履行债务之日,或在侵权损害赔偿案件中,起算日为侵权行为发生日。

3. 当债务人承担持续履行或不履行义务时,债权人对其中各项义务享有独立的权利。

第三节　诉讼时效的延长

第一百八十一条　因司法程序或其他程序而中止

1. 长期和短期诉讼时效的期间的中止起算日均为司法程序开始审查权利之日。

2. 中止持续到最终判决作出之日,或者用其他的方法结束案件之日。如在诉讼时效最后六个月内,司法程序终结,且未对诉讼标的做出决定,诉讼时效仍将延长至司法程序结束之日后六个月。

3. 第1款和第2款,也可变通适用于仲裁、调解等双方当事人协商由第三方做出有拘束力决定的程序,以及其他旨在对判定权利或排除司法管辖权的程序。

4. 调解是一种结构性程序,及双方或多方争议当事人,自愿接受仲裁员的帮助,自主解决纠纷的过程。该程序可由双方当事人选择适用、依法庭指定或依照内国法直接适用。调解程序可依当事人协议终止,一方当事人或仲裁员均可宣告程序终止。

第一百八十二条　协商延长诉讼时效

如当事人就权利,或权利相关的问题进行协商,则诉讼时效延长至最后协商之日或一方通知另外一方,不再继续协商之日起一年。

第一百八十三条　因丧失行为能力而延长诉讼时效

如当事人丧失行为能力且无代理人,则该当事人的权利或对其行使权利的时效期间延长至无行为能力状态结束或指定代理人之后一年。

第四节　重新计算诉讼时效期间

第一百八十四条　因承认而重新计算

如债务人当面承认债权人的权利,或通过部分支付、支付利息、提供担保或和其他方法承认权利,则重新计算短期诉讼时效。

第五节　诉讼时效的效力

第一百八十五条　诉讼时效的效力

1. 在诉讼时效期间届满后,债务人有权拒绝履行义务,债权人丧失除中止履行外的其他救济权利。

2. 无论债务人履行债权是否存在争议,均不得仅以诉讼时效届满主张返还。

3. 请求支付利息和其他附随性债权的诉讼时效,不晚于主债权的时效。

第六节　合意变更

第一百八十六条　合意变更诉讼时效

1. 当事人可合意变更本章的规则,特别是缩短或延长诉讼时效期间。

2. 短期诉讼时效不能减至少于一年或延至超过十年。

3. 长期诉讼时效不能减至少于一年或延至超过三十年。

4. 当事人不得排除适用本条,或减损、变更本条的效力。

5. 在经营者与消费者的合同中,不得为损害消费者利益适用本条。

(王琢,华东政法大学国际法学院博士研究生;李建星,华东政法大学法律学院博士研究生)

美国统一信托法典(2010年最新修订)

李　宇　译

总说明:美国统一州法全国委员会于2000年公布、2010年最新修正的《统一信托法典》(Uniform Trust Code,UTC)是美国信托法的首次全国性法典化。本法典意在整合此前关于信托的多部分散的统一法,向各州提供一部准确、全面、清晰的信托法律问题指南。本法典吸纳了判例法及第二次、第三次《信托法重述》中的不少规则,本身又有若干创新规定,其中意义最重大者有:穷尽性地列举了强行规定(第105条),从而明示本法典主要是一部任意法;关于受益人之代表,专设完整一章(第三章);更具灵活性的信托变更与终止规则(第410~417条);集合了可撤销信托特殊规则的完整一章(第六章)。

本法典共设十一章。其中第九章系直接纳入美国统一州法全国委员会1994年《统一谨慎投资人法》。鉴于该法已被各州普遍采纳,因此未作调整即被用作本法典第九章。第九章适用于信托财产的投资与经营,第八章适用于信托财产的投资、管理与分配,两者有少数条文存在重叠之处。

本法典于2000年公布以来,截至2014年年初,已有近三十州采纳,在美国信托法及国际信托法上业已产生重要影响,值得重视。特予译出,以供参考。

第一章　总则与定义

第101条　简短标题

本[法]可引用为《统一信托法典》。

第 102 条　适用范围

本[法典]适用于公益或非公益的明示信托,及依照制定法、法院判决或裁定成立并要求依照明示信托的方式管理的信托。

第 103 条　定义

在本[法典]中:

(1)"行为",在指称受托人的行为时,包括不作为。

(2)"可查明标准"是指《1986 年国内税法典》第 2041 条(b)款(1)项(A)目或第 2514 条(c)款(1)项(以[本[法典]生效日][或修订日]为准)含义范围内关于个人健康、教育、扶养或接济的标准。

(3)"受益人"是指下列人:

(A)在信托中拥有现存或未来受益权之人,其受益权可为既定的(vested)或者或有的(contingent);或

(B)受托人以外的、持有对信托财产的指定权(power of appointment)之人。

(4)"公益信托"是指为第 405 条(a)款所定公益目的而设立的信托或信托的部分。

(5)"[保护人]"(conservator)是指由法院指定管理未成年人或成年人个人财团之人。

(6)"环境法"是指关于环境保护的联邦、州、地方法律(law)、规则(rule)、条例(regulation)或规章(ordinance)。

(7)"[监护人]"是指由法院[父母或配偶]指定,决定未成年人或成年人个人扶养、照顾、教育、健康或福利事项之人。本术语不包括特别监护人(guardian ad litem)。

(8)"受益人的权益"是指信托条款规定的受益权。

(9)"法域",是指称地理区域时,包括州或国家。

(10)"人"是指个人、公司、商业信托、遗产、信托、合伙、有限责任企业(limited liability company)、社团、合资企业、政府;政府下属机构、政府特种部门或政府部门;公共公司或其他任何法律或商业实体。

(11)"撤回权"(power of withdrawal)是指下列权力以外的、可实时行使的一般指定权(general power of appointment):(A)可由受托人行使并受可查明标准限制的权力;或(B)须经受托人或持有反向权益

(adverse interest)之人同意始得由其他人行使的权力。

(12)"财产"(property)是指所有权的任何标的,无论不动产或动产、普通法财产或衡平法财产,或上述财产中的权益。

(13)"合格受益人"(qualified beneficiary)是指在受益人资格确定之日有下列情形之一的受益人:

(A)属于信托收入或本金的受分配人或者获准受分配人(permissible distributee);

(B)如果(A)项所称受分配人的权益于该日终止(但不导致信托终止),将成为信托收入或本金的受分配人或者获准受分配人;或

(C)如果信托于该日终止,将成为信托收入或本金的受分配人或者获准受分配人。

(14)"可撤销"(revocable),适用于信托时,是指委托人可不经受托人或持有反向权益(adverse interest)之人同意而撤销信托。①

(15)"委托人"是指设立信托或向信托提供财产出资之人,包括遗嘱人。设立信托或向信托提供财产出资之人为两人以上时,每人是与其出资对应的信托财产部分的委托人,但另一人有权撤销或撤回该信托财产部分的除外。

(16)"防止挥霍条款"(spendthrift provision)是指限制受益人权益的自愿与非自愿转移的信托条款。②

(17)"州"是指美国的州、哥伦比亚特区、波多黎各、美属维尔京群岛或者任何属于美国管辖的领土或者岛屿。本术语包括联邦法律承认或州正式承认的印第安人部落或群体。

---

① 此所谓"可撤销",非指契约法上因欺诈、胁迫等而订立的"可撤销"(voidable)契约意义上的"可撤销",而是指信托成立后,委托人可任意撤销信托,其义近于要约的"撤销"(revoke)。因欺诈、胁迫或不当影响而设立的信托,本法典第406条明定为无效,而非"可撤销"(voidable)。——译者注

② 含有防止挥霍条款的信托,即为防止挥霍信托(spendthrift trust)。Spendthrift trust一词,有浪费者信托、防止挥霍信托、节省信托等不同译法。Spendthrift有"浪费者、挥霍者"之意。Spendthrift trust意在为受益人保存受益权,防止因受益人挥霍无度而影响生计。"防止挥霍信托"译法更贴近其本义。正如将Statute of Frauds译为"反欺诈法",较之译为"欺诈法",更为得宜。——译者注

(18)“信托条款”(terms of trust)是指信托文件明示或可在司法程序中通过其他证据确定的委托人关于信托各项规定的意思表示。

(19)“信托文件”(trust instrument)是指委托人签署的含有信托条款的文件,包括其修订本。

(20)“受托人”是指初始、增补及继任的受托人,以及共同受托人。

第104条　知道

(a)除本条(b)款另有规定外,一人有下列情形之一,即为此人知道某一事实:

(1)实际知道该事实;

(2)收到有关该事实的通知(notice)或告示(notification);或者

(3)基于此人当时所知的全部事实与所处情形,此人有理由知道该事实。

(b)对于通过受雇人开展活动的组织,仅当该组织中负责信托事务的受雇人获得信息时,或者该组织若尽合理的勤勉即可使该受雇人注意到该信息时,该组织始为收到涉及信托的某一事实的通知或者知道涉及信托的某一事实。一个组织为向负责信托事务的受雇人传递重要信息而定有合理的程序并已合理地遵守该程序,该组织即为已尽合理的勤勉。合理的勤勉不要求该组织的受雇人传递信息,除非传递信息为该受雇人常规义务的一部分,或者该个人知道该信息将对涉及信托的某一事实发生重大影响。

第105条　默认规则与强行规则

(a)除信托条款另有规定外,受托人的义务与权力、受托人之间的关系及受益人的权利与权益,适用本[法典]。

(b)信托条款优先于本[法典]的任何规定,但下列规定除外:

(1)设立信托的要件;

(2)受托人诚信行事并依照信托条款与目的以及受益人的权益行事之义务;

(3)关于下列事项的要求:信托及其条款是为了受益人利益,信托目的合法、不违背公共政策且有可能实现;

(4)依照第410条至第416条规定,法院变更或终止信托的权力;

(5)第五[章]规定的防止挥霍条款之效力及一定债权人与受让人

追索信托之权利;

(6)依照第702条规定,法院要求、免除、变更或终止担保的权力;

(7)依照第708条(b)款规定,法院调整信托条款所定不合理地过低或过高的受托人报酬之权力;

(8)依照第813条(b)款(2)项与(3)项规定,将信托的存在、受托人的身份及要求获取受托人报告的权利通知不可撤销信托中已满25周岁的合格受益人之义务;

(9)依照第813条(a)款规定,不可撤销信托的[合格]受益人要求获取受托人报告或其他合理地与信托管理相关的信息时,回复该要求之义务;

(10)第1008条规定的免责条款的效力;

(11)第1010条至第1013条规定的受托人或受益人以外之人的权利;

(12)启动司法程序的时效期间;及

(13)法院为实现正义所必需而采取行动并行使管辖权之权力;及

(14)第203条与第204条规定的法院的事项管辖权及启动司法程序的管辖地。

第106条　信托的普通法;衡平法原则

关于信托的普通法,以及衡平法原则补充本[法典]之规定,但本[法典]或本州其他制定法已作变更者除外。

第107条　准据法

信托条款的含义与效力由下列法律决定:

(1)信托条款指定的法域的法律,但对该法域的法律之指定有悖于与系争事项有最密切联系的法域的一项有力公共政策者除外;或者

(2)信托条款未指定的,与系争事项有最密切联系的法域的法律。

第108条　主要管理地

(a)在不排除以其他方式确定与指定法域有充分联系的前提下,符合下列条件之一的,指定主要管理地的信托条款有效并优先适用:

(1)受托人的主要营业地位于指定的法域,或者受托人为该法域的居民;

(2)全部或部分管理发生于指定的法域。

(b)受托人负有在一个适于信托目的、信托管理及受益人的权益的地点管理信托的持续性义务。

(c)在不排除法院命令、准许或不准许迁移之权利的前提下,受托人为履行(b)款规定义务,可以将信托的主要管理地迁移至其他州或者美国以外的法域。

(d)受托人应当至少在信托的主要管理地迁移之前 60 日前,将建议进行的迁移通知合格受益人。建议迁移通知必须包括下列内容:

(1)主要管理地将迁至的法域的名称;

(2)可与受托人联系的新地点的地址与电话号码;

(3)解释建议迁移的理由;

(4)建议迁移的预期发生日期;及

(5)合格受益人必须将其反对所建议迁移的意见通知受托人的日期,该日期不得少于发出通知后 60 日。

(e)在通知中确定的日期届至之时或之前,合格受益人将反对所建议迁移的意见通知受托人的,受托人依据本条规定具有的迁移信托主要管理地之权力消灭。

(f)迁移信托的主要管理地的,受托人可以将部分或全部信托财产转让于信托条款指定或者依照第 704 条规定指定的继任受托人。

第 109 条　通知的方法与放弃

(a)依据本[法典]向某人作出通知或发送文件,必须以当时情形下合理的适当方式并使通知或文件可能收到的方式为之。通知或发送文件的可允许方法包括航空邮寄、亲自送交、送至已知最新居住地或营业地或者以合适方式传送电子信息。

(b)本[法典]另行要求发送的通知或文件,无须提供给受托人不知道且不能合理地确定其身份或地址之人。

(c)被通知人或接收文件之人可以放弃获取本[法典]规定的通知或文件发送。

(d)司法程序的通知必须依照可适用的民事程序规则送达。

第 110 条　被视作合格受益人的其他人

(a)当本[法典]要求通知合格受益人时,任何其他受益人向受托人发送接收通知之要求的,受托人应通知该受益人。

(b)公益信托条款明示指定接受分配的公益组织,在认定该公益组织的资格之日有下列情形之一的,享有本[法典]所定合格受益人的权利:

(A)该公益组织为信托收入或本金的受分配人或获准受分配人;

(B)在其他受分配人或获准受分配人的权益终止之日,该公益组织将成为信托收入或本金的受分配人或获准受分配人,由此取得分配或有资格取得分配;

(C)如信托在该日期终止,该公益组织将成为信托收入或本金的受分配人或获准受分配人。

(c)被指定强制实施依第408条或第409条规定为照顾动物或其他非公益目的而设立的信托之人,享有本[法典]规定的合格受益人的权利。

(d)对于主要管理地在本州的公益信托,本州总检察长享有合格受益人的权利。

第111条　非司法性和解协议

(a)为本条之目的,"利害关系人"是指为达成如经法院准许即有约束力的和解所须获得其同意之人。

(b)除(c)款另有规定外,利害关系人可以就涉及信托的任何事项订立有约束力的非司法性和解协议。

(c)非司法性和解协议仅在不违反信托的实质性目的并含有法院依据本[法典]或其他可适用的法律能够适当地准许的条款与条件之范围内,始为有效。

(d)可由非司法性和解协议解决的事项包括:

(1)信托条款的解释或推释;

(2)批准受托人报告或报账;

(3)指示受托人不得实施特定行为,或者授予受托人任何必要或期望的权力;

(4)受托人辞职或指定,以及决定受托人报酬;

(5)迁移信托的主要管理地;及

(6)受托人对有关信托的行为所负责任。

(e)任何利害关系人均可以要求法院准许非司法性和解协议、决定第三[章]规定的代表是否适当以及决定协议所含条款与条件是否处于法院能够适当地准许之范围。

第 112 条　推释规则

本州适用于遗嘱解释与依遗嘱处分财产的推释规则,亦准用于信托条款的解释与信托财产的处分。

第 113 条　受托人的保险利益

(a)在本条中,"委托人"是指签署信托文件之人。本术语包括受信人或代理人为之行事之人。

(b)在以信托的受托人(以受信人身份行事)为所有人或指明信托本身为所有人的人寿保险单签发之日,有下列情形的,在该保险单约定的被保险人生存期间,信托的受托人具有保险利益:

(1)被保险人是:

(A)信托的委托人;或者

(B)信托的委托人对之已有保险利益的个人,或者如果在保险单签发时在世,委托人对之会有保险利益的个人;及

(2)该人寿保险的收益主要是为了有下列利益的一个或数个信托受益人之利益:

(A)在被保险人生存期间有保险利益;或者

(B)因对被保险人生存有爱与感情而产生的实质性利益,且如果未为(A)目所包含的,该受益人是:

(i)被保险人的三代以内(依民法法系亲等计算法计算)血亲或法定亲属;或者

(ii)被保险人的继子女。

第二章　司法程序

第 201 条　法院在信托管理中的角色

(a)在利害关系人引发法院管辖权或在法律规定的范围内,法院可以干预信托的管理。

(b)信托不受持续的司法监督,但法院另有命令者除外。

(c)关于信托的司法程序可以涉及信托管理的任何事项,包括要

求法院给予指导与确认权利之诉。

第 202 条　对受托人与受益人的管辖权

(a)一旦接受主要管理地位于本州的信托的受托人职位或者将主要管理地迁移至本州,受托人个人服从本州法院关于涉及信托的任何事项的管辖权。

(b)主要管理地位于本州的信托的受益人,关于其在信托中的权益,服从本州法院关于涉及信托的任何事项的管辖权。一旦从此类信托接受分配,则接受人个人服从本州法院关于涉及信托的任何事项的管辖权。

(c)本条不排除取得对受托人、受益人或者从信托接受财产的其他人之管辖权的其他方法。

第 203 条　事项管辖权

(a)[指定的]法院对受托人或受益人提起的有关信托管理的本州司法程序具有专属管辖权。

(b)[指定的]法院对涉及信托的其他司法程序具有与本州其他法院并行的管辖权。

第 204 条　审理地

(a)除(b)款另有规定外,涉及信托的司法程序的审理地为信托主要管理地所在或将在的本州的[县];信托是依遗嘱设立且遗产尚未处理完毕的,司法程序的审理地为死者遗产当前管理地所在[县]。

(b)信托无受托人的,关于指定受托人的司法程序的审理地为受益人居所所在[县]、任何信托财产所在[县];信托是依遗嘱设立的,司法程序的审理地为死者遗产以往或当前管理地所在[县]。

第三章　代表

第 301 条　代表:基本效力

(a)对依据本[章]规定可代表并约束另一人之人所作的通知,具有与直接通知另一人同等的效力。

(b)依据本[章]规定可代表并约束另一人之人的同意,对被代表人具有约束力,但被代表人在该同意生效前反对该代表行为的除外。

(c)除第 411 条与第 602 条另有规定外,依据本[章]规定可代表无行为能力委托人之人,可以代委托人接收通知并作出有约束力的同意。

(d)关于依据第 411 条(a)款终止或变更信托,委托人不得依据本[章]代表并约束受益人。

第 302 条　一般性遗嘱指定权持有人的代表

在一般性遗嘱指定权持有人与被代表人之间就特定问题或争议不存在利益冲突的范围内,一般性遗嘱指定权持有人可以代表与约束其权益受制于该权力之人,如同获准的被指定人、因债务不履行而取得权益之人或其他人。

第 303 条　由受信人与父母代表

在代表与被代表人之间或者被代表人之间就特定问题或争议不存在利益冲突的范围内:

(1)[保护人]可以代表与约束该[保护人]控制的财团;

(2)未就被监护人的财团指定保护人的,[监护人]可以代表与约束被监护人;

(3)有权处理特定问题或争议的代理人可以代表与约束被代理人;

(4)受托人可以代表与约束信托受益人;

(5)死者遗产的个人代表可以代表与约束对遗产享有权益者;及

(6)未为未成年子女或未出生子女指定保护人或监护人的,其父母可以代表与约束未成年子女或未出生子女。

第 304 条　拥有实质上同类权益者的代表

除另有其他代表方式外,未成年人、无行为能力人、未出生人、身份或地址不明且不能合理确定之人,可以由在特定问题或争议上具有实质上同类权益的另一人代表与约束,但仅限于代表人与被代表人之间不存在利益冲突之范围。

第 305 条　代表的指定

(a)法院认定某项权益未依本[章]获得代表或者可得的其他代表方法不适当的,法院可以指定[代表人]以接收通知、作出同意或者在其他情况下代表、约束未成年人、无行为能力人、未出生人、身份或地址不明且不能合理确定之人。可以指定一个[代表人]代表数人或数项权益。

(b)[代表人]可以就依本[法典]发生的任何事项代表被代表的个人,无论关于信托的司法程序是否已终结。

(c)在决策时,[代表人]可以考虑被代表人在世的家庭成员的一般利益。

第四章　信托的设立、有效性、变更与终止

第 401 条　设立信托的方法

信托可以通过下列方法设立:

(1)委托人生前将财产转让于作为受托人的另一人,或者以遗嘱或其他于委托人死后生效的处分行为将财产转移于作为受托人的另一人;

(2)财产所有人宣告自己以受托人身份持有可识别的财产;

(3)为受托人行使指定权(power of appointment)。

第 402 条　设立要件

(a)仅在符合下列要件时,始得设立信托:

(1)委托人有设立信托的行为能力;

(2)委托人表示设立信托的意思;

(3)信托有确定的受益人或者信托属于:

(A)公益信托;

(B)第 408 条规定的以照顾动物为目的的信托;或者

(C)第 409 条规定的非公益目的信托;

(4)受托人负有履行义务(duties to perform);及

(5)唯一受托人与唯一受益人不是同一人。

(b)在反永续规则(rule against perpectuities)所定期限内,现在或将来能够确定受益人,即为有确定的受益人。

(c)受托人从不确定的一类人中选定一个受益人的权力,有效。该权力未在合理期限内行使的,该权力消灭,受制于该权力的财产转移于未授予该权力时应持有财产之人。

第 403 条　在其他法域内设立的信托

非依遗嘱设立的信托,其设立遵守信托文件签署时所属法域的法

律或者信托设立时下列法域的法律,该信托有效成立:

(1)委托人有住所、居所或国籍的法域;

(2)受托人有住所或营业场所的法域;

(3)任何信托财产所在的法域。

第 404 条　信托目的

仅在信托目的合法、不违背公共政策且有可能实现的范围内,始得设立信托。信托及其条款必须为受益人的利益。

第 405 条　公益目的;强制实施

(a)公益信托可以为救济贫困、促进教育或宗教发展、增进健康、政府或市政目的或者其他使社群受益的目的而设立。

(b)公益信托的条款未表明特定的公益目的或受益人的,法院可以选定一个或数个公益目的或受益人。该选定必须符合委托人的可确定的意思。

(c)公益信托的委托人可以提起强制实施信托的司法程序。

第 406 条　因欺诈、胁迫或不当影响而设立的信托

因欺诈、胁迫或不当影响而设立的信托,无效。

第 407 条　口头信托的证据

除本[法典]以外的其他制定法另有规定外,信托无须以信托文件证明,但口头信托的设立及其条款仅可依清晰且令人信服之证据始得认定。

第 408 条　照顾动物的信托

(a)信托可以为照顾于委托人生前存活的动物而设立。该动物死亡时,信托终止;信托为照顾于委托人生前存活的两只以上动物而设立的,最后一只存活的动物死亡时,信托终止。

(b)本条授权成立的信托,可以由信托条款指定之人强制实施;信托条款未指定实施人的,由法院指定之人强制实施。对该动物的福利具有利益之人,可以要求法院指定一人强制实施信托,或者罢免已指定之人。

(c)本条授权成立的信托的财产,仅可用于其意定用途,但法院认定信托财产的价值超过意定用途所需数额者除外。除信托条款另有规定外,不为意定用途所需的财产必须分配于在世的委托人;委托人死亡

的,分配于其权益继承人。

第409条　不存在可确定受益人的非公益信托

除第408条或其他制定法另有规定外,适用下列规则:

(1)信托可以为无确定的受益人或可确定的受益人之非公益目的而设立,亦可为受托人选定的有效的非公益目的而设立。信托可被强制实施的期限不得超过[21]年。

(2)本条授权成立的信托可以由信托条款指定之人强制实施;信托条款未指定实施人的,由法院指定之人强制实施。

(3)本条授权成立的信托的财产,仅可用于其意定用途,但法院认定信托财产的价值超过意定用途所需数额者除外。除信托条款另有规定外,不为意定用途所需的财产必须分配于在世的委托人;委托人死亡的,分配于其权益继承人。

第410条　信托的变更或终止;同意或异议的诉讼程序

(a)除第411条至第414条规定的信托终止方法外,信托因下列事由而终止:依照信托条款撤销信托或信托存续期限届满,不存在未实现的信托目的,或者信托目的变为不合法、违背公共政策或者不可能实现。

(b)对依据第411条至第416条规定拟变更或终止信托或者依据第417条规定拟归并或分割信托表示同意或异议的诉讼程序,可以由受托人或受益人提起,[对依据第411条规定拟变更或终止信托表示同意或异议的诉讼程序,可以由委托人提起]。公益信托的委托人可以提起依据第413条规定变更信托的诉讼程序。

第411条　依同意变更或终止非公益性不可撤销信托

(a)[经委托人与全体受益人同意,可以变更或终止非公益性不可撤销信托,即使该变更或终止与信托的实质性目的不一致。][应申请,法院发现委托人与全体受益人同意变更或终止非公益性不可撤销信托的,法院应当准许变更或终止信托,即使该变更或终止与信托的实质性目的不一致。]委托人同意信托变更或终止的权力可由有代理权的代理人在代理授权书或信托条款明示授权的范围内行使;无此授权代理人的,可由委托人的[保护人]经监督该[保护关系]的法院准许后行使;无此授权代理人且未指定保护人的,可由委托人的[监护人]经监督该[监护关系]的法院准许后行使。[本款规定不适用于[本“法典”“修正案”生效日]之前设立的不可撤销信托,或者在[本“法典”“修正案”生效日]之前转为不可撤销信托的可撤销信托。]

(b)全体受益人同意终止信托,且法院认定信托的存续不为实现信托的任何实质性目的所必需时,可以终止非公益性不可撤销信托。全体受益人同意变更信托,且法院认定信托的变更不与信托的实质性目的抵触时,可以变更非公益性不可撤销信托。

(c)信托条款中的防止挥霍条款,不得被推定为构成信托的实质性目的。

(d)依据(a)款或(b)款终止信托的,受托人应当依据受益人协商一致的意见分配信托财产。

(e)并非全体受益人一致同意依据(a)款或(b)款变更或者终止信托,但法院认为符合以下条件者,法院可以准许变更或终止信托:

(1)假如全体受益人同意,能够依据本条规定变更或终止信托;及

(2)未同意变更或终止信托的受益人的权益将获得充分保护。

第412条 因不可预见之情势或不能有效管理信托而变更或终止信托

(a)因发生委托人不可预见的情势变更,变更或终止信托将促进信托目的实现的,法院有权变更信托的事务管理性条款或处分性条款或终止信托。在可行的范围内,变更信托条款必须与委托人可能的意思一致。

(b)信托依现有条款存续将不可行、造成浪费或损害信托管理的,法院可以变更信托的事务管理性条款。

(c)依据本条规定终止信托的,受托人应当以与信托目的一致的方式分配信托财产。

第413条 近似原则

(a)除(b)款另有规定外,特定的公益目的变为不合法、不可行、不可能实现或造成浪费的:

(1)信托整体或部分并不失效;

(2)信托财产不归复于委托人或其权益继承人;及

(3)法院可以适用近似原则,指示依照与委托人的公益目的一致

的方式整体或部分运用或分配信托财产,以此变更或终止信托。

(b)公益信托的条款可能导致信托财产分配于非公益受益人的,仅当该条款生效时符合下列条件之一时,该条款始优先于(a)款规定法院适用近似原则变更或终止信托的权力:

(1)信托财产归复于委托人且委托人仍然在世;或者

(2)自信托设立之日起未满21年。

第414条　不经济信托的变更或终止

(a)经通知合格受益人后,信托财产总值低于[50000美元]的信托的受托人认为信托财产的价值不足以支付管理成本的,受托人可以终止信托。

(b)法院认定信托财产的价值不足以支付管理成本的,法院可以变更或终止信托,或者罢免受托人并另行指定受托人。

(c)依据本条规定终止信托的,受托人应当以与信托目的一致的方式分配信托财产。

(d)本条不适用于保全地役权或保存地役权。

第415条　改订(reformation)信托条款以更正错误

有清晰且令人信服之证据证明委托人意思与信托条款均受到事实或法律错误的影响(无论明示或默示引起),即使信托条款无歧义,法院也可以改订信托条款,以使信托条款与委托人意思一致。

第416条　变更信托以实现委托人的税收目标

为实现委托人的税收目标,法院可以采取不违背委托人可能的意思之方式变更信托条款。法院可以规定该变更具有溯及力。

第417条　信托的归并与分割

经通知合格受益人后,受托人可以将两个以上信托归并为一个信托,或者将一个信托分割为两个以上独立的信托,条件为归并或分割的结果不损害任何受益人的权利或者不对信托目的实现发生不利影响。

第五章　债权人的请求;防止挥霍信托与自由裁量信托

第501条　受益人的债权人或者受让人的权利

在受益人的权益不受制于防止挥霍条款的范围内,法院可以授权受益人的债权人或受让人通过扣押现在或将来对受益人的分配或为受益人利益的分配,或者通过其他方法,追索(reach)受益人的权益。法院可以视情形适当地限定此种救济。

第502条 防止挥霍条款

(a)防止挥霍条款仅在同时限制受益人权益的自愿与非自愿转移时,始为有效。

(b)信托条款规定受益人权益受制于"防止挥霍信托"或类似含义之用词的,该条款足以同时限制受益人权益的自愿与非自愿转移。

(c)受益人不得违反有效的防止挥霍条款而转让在信托中的权益,除本[法典]另有规定外,受益人的债权人或受让人不得在受益人接受该权益或受托人所作分配之前追索该权益或分配。

第503条 防止挥霍条款的例外

(a)在本条中,"子女"包括在本州或其他州发布的任何要求扶养子女的命令或者判决所指的"子女"。

(b)防止挥霍条款对下列人或请求不具有强制实施力:

(1)获得法院判决或命令要求受益人提供扶养或接济的受益人的子女、配偶或前配偶;

(2)为保护受益人在信托中的利益已提供服务的判决债权人;及

(3)在本州制定法或者联邦法有此规定的范围内,本州或美国提出的请求。

(c)防止挥霍条款不可对之强制实施的请求权人,可以从法院取得扣押现在或将来对受益人的分配或为受益人利益的分配之命令。法院可以视情形适当地限定此种救济。

第504条 自由裁量信托;标准的效力

(a)在本条中,"子女"包括在本州或其他州发布的任何要求扶养子女的命令或者判决所指的"子女"。

(b)除(c)款另有规定外,无论信托是否含有防止挥霍条款,受益人的债权人都不得迫使作出受制于受托人自由裁量权的分配,即使有下列情形之一:

(1)该自由裁量权是以分配标准的形式表示;或者

(2)受托人滥用该自由裁量权。

(c)在受托人未遵守分配标准或滥用自由裁量权的范围内:

(1)法院可以命令进行分配,以执行要求受益人对其子女、配偶或前配偶提供扶养或接济的判决或法院命令;及

(2)法院应当指示受托人向受益人的子女、配偶或前配偶支付当时情形下衡平的数额,但支付数额不得超过在受托人遵守分配标准或未滥用自由裁量权情况下要求受托人向受益人分配或为受益人利益而分配的数额。

(d)本条不限制受益人对受托人滥用自由裁量权或不遵守分配标准的行为提起司法程序的权利。

(e)受托人或共同受托人的自由裁量权是为该受托人或共同受托人自己的利益作出分配,而该自由裁量权限于可查明标准的,债权人不得追索受益权或强制分配受益权,但将受制于该债权人之请求的该权益属于非以受托人或共同受托人身份行为的受益人的,不在此限。

第505条　债权人对委托人的请求

(a)无论信托条款中是否包含防止挥霍条款,都适用下列规则:

(1)委托人在世时,可撤销信托的财产受制于委托人的债权人之请求。

(2)对于不可撤销信托,委托人的债权人或受让人可以追索能够分配于委托人或为委托人的利益进行分配的最大数额。委托人有两人以上的,特定委托人的债权人或受让人可以追索的最大数额不得超过信托中与委托人出资的信托财产相对应份额的利益。

(3)委托人死亡后,在不影响委托人有权指定偿债来源的条件下,委托人死亡时可撤销信托的财产受制于委托人债权人的请求、委托人遗产管理成本、委托人葬礼及遗物处分费用及对在世配偶与子女提供的[法定补助],上述请求、成本、费用与[补助]仅在委托人的遗嘱遗产不足以支付时始从信托财产中支付。

(b)为本条之目的:

(1)在撤回权可被行使的期限中,在受制于撤回权的财产范围内,应将撤回权持有人与可撤销信托的委托人同等对待;及

(2)当撤回权消灭、被解除或放弃时,在受该权力消灭、解除或放弃影响的财产的价值超过《1986年国内税法典》第2041条(b)款第(2)项或第2514条(e)款与《1986年国内税法典》第2503条(b)款所

定数额中较大者的价值范围内,应将撤回权持有人与可撤销信托的委托人同等对待。税法规定的数额以[本[法典]生效日][或修订日]为准。

第 506 条　逾期分配

(a)在本条中,“强制性分配”是指信托条款要求受托人向受益人作出的收入或本金分配,包括信托终止时的分配。本术语不包括受制于受托人自由裁量权之行使的分配,即使有下列情形之一:(1)该自由裁量权是以分配标准的形式表示;(2)授权分配的信托条款将自由裁量权与指示并称。

(b)无论信托是否包含防止挥霍条款,受托人在指定的分配日后合理期限内未向受益人作出分配的,受益人的债权人或受让人都可以获得信托收入或本金的强制性分配,包括信托终止时的分配。

第 507 条　受托人的个人债务

即使受托人丧失偿债能力或破产,信托财产也不负担受托人的债务。

第六章　可撤销信托

第 601 条　可撤销信托的委托人的行为能力

设立、修改、撤销可撤销信托、向可撤销信托增补财产或者指示可撤销信托受托人行为所需的行为能力,与订立遗嘱所需的行为能力相同。

第 602 条　可撤销信托的撤销或修改

(a)除信托条款明示规定信托为不可撤销信托外,委托人可以撤销或修改信托。本款不适用于依据[本[法典]生效日]前签署的信托文件而设立的信托。

(b)可撤销信托由两个以上委托人设立或提供财产的,适用下列规定:

(1)在信托由共有财产组成的范围内,任何一方配偶可以单独撤销信托,但修改信托须经配偶双方一致行动;

(2)在信托由非共有财产组成的范围内,每个委托人可以在信托中与自己出资的财产相对应的信托财产范围内,撤销或修改信托;及

(3)撤销或修改信托非全体委托人所为时,受托人应当及时将撤销或修改的事实通知其他委托人。

(c)委托人可以通过下列方式撤销或修改可撤销信托:

(1)实质性依照信托条款所定方法;或者

(2)信托条款未规定方法,或所定方法不具有明确的排他性的,则通过下列方法:

(A)依据后来设立的遗嘱或遗嘱附录,该遗嘱或遗嘱附录明示提及本信托或者特别遗赠本应依照信托条款转移的财产;或者

(B)能以清晰且令人信服之证据证明委托人意图的其他方法。

(d)可撤销信托被撤销时,受托人应当依照委托人的指示交付信托财产。

(e)委托人撤销、修改或分配信托财产的权力可以由有代理权的代理人在代理授权书或信托条款明示授权的范围内行使。

(f)委托人的[保护人](未指定保护人的,为委托人的[监护人])经监督该[保护关系]或[监护关系]的法院准许后,可行使委托人撤销、修改或分配信托财产的权力。

(g)不知道信托已被撤销或修改的受托人,在假定信托未被撤销或修改情况下实施分配或其他行为的,不对委托人或委托人的权益继承人承担责任。

第603条　委托人的权力;撤回权

(a)信托为可撤销信托[且委托人有撤销信托的行为能力的],受益人的权利受制于委托人的控制,受托人仅对委托人负有义务。

(b)在撤回权可行使的期间内,在受制于撤回权的财产范围内,撤回权持有人享有可撤销信托的委托人依本条所享有之权利。

第604条　可撤销信托有效性异议之诉的诉讼时效;信托财产的分配

(a)在下列期限中较早的期限内,一人可以提起对委托人死亡时可撤销的信托之有效性提出异议的司法程序:

(1)委托人死亡后[3]年;或者

(2)受托人向此人发送信托文件的副本与告知信托存在、受托人名称/姓名与地址及提起司法程序的时限之通知之日起[120]日。

(b)委托人死亡时可撤销的信托,当委托人死亡时,受托人可以依照信托条款分配信托财产。受托人不因如此行事而承担责任,但有下列情形之一者除外:

(1)受托人知道关于信托有效性争议的司法程序尚未终结;或者

(2)潜在的诉讼当事人已通知受托人可能提起有关信托的司法程序,并在发送通知后60日内提起司法程序。

(c)被判定无效的信托的受益人,应返还所收取的任何分配。

第七章 受托人职位

第701条 接受或拒绝受托人职位

(a)除(c)款另有规定以外,被提名为受托人之人可以采取下列方法接受受托人职位:

(1)实质性地依照信托条款规定的接受方法;或者

(2)信托条款未规定方法或者信托条款所定方法不具有明确的排他性的,为接受信托财产的交付、行使受托人权力或履行受托人义务,或者表示接受受托人职位的其他方法。

(b)被提名为受托人但尚未接受受托人职位之人,可以拒绝受托人职位。被提名为受托人之人在知道提名后合理期限内未接受受托人职位的,视为已拒绝受托人职位。

(c)被提名为受托人之人未接受受托人职位的,可以:

(1)实施保存信托财产的行为,如果在行为后合理期限内,向委托人(委托人死亡或无行为能力的,向合格受益人)发送拒绝受托人职位的文件;及

(2)为认定是否存在环境法或者其他法律下的潜在责任或者为其他目的,检查或调查信托财产。

第702条 受托人的担保

(a)仅当法院认定需要受托人提供担保以保护受益人的权益,或者法院认定信托条款要求受托人提供担保且法院并未取消该要求时,受托人应当提供担保以确保履行受托人义务。

(b)法院可以确定担保的数额、责任及是否需要担保人。法院可以随时变更或终止担保。

(c)在本州有资格从事信托业务的受监管的金融服务机构无须提供担保,即使信托条款有此要求,亦同。

第 703 条　共同受托人

(a)共同受托人不能达成一致决定时,可以依多数决行事。

(b)共同受托人中出现空缺的,其余共同受托人可以为信托行事。

(c)共同受托人必须参与履行受托人职能,但因缺席、疾病、依其他法律丧失资格或者其他暂时丧失行为能力等事由不能履行职能或者已适当转托其他受托人履行职能者除外。

(d)共同受托人因缺席、疾病、依其他法律丧失资格或者其他暂时丧失行为能力等事由不能履行职能时,如有必要立即行动以实现信托目的或避免信托财产遭受损害,其余共同受托人或其余受托人中的多数,可以为信托行事。

(e)委托人合理地期待受托人共同履行某项职能的,共同受托人不得将该职能转托于其他共同受托人。除转托为不可撤销者外,受托人可以撤销先前的转托。

(f)除(g)款另有规定外,受托人未参与另一受托人的行为的,不就该行为承担责任。

(g)每一受托人应当对下列事项尽合理注意义务:

(1)防止共同受托人实施严重违反信托的行为;及

(2)迫使共同受托人对严重违反信托的行为作出补救。

(h)依多数受托人的指示参与某一行为的异议受托人,已在行为时或行为前将其异议通知任一共同受托人的,不就该行为承担责任,但该行为严重违反信托的除外。

第 704 条　受托人职位的空缺;继任受托人的指定

(a)发生下列情形之一时,受托人职位空缺:

(1)被提名为受托人之人拒绝受托人职位;

(2)被提名为受托人之人不能确定或不存在;

(3)受托人辞职;

(4)受托人丧失资格或者被罢免;

(5)受托人死亡;或者

(6)为担任受托人的个人指定[监护人]或[保护人]。

(b)一个或数个共同受托人在任的,无须填补受托人职位空缺。信托无剩余受托人的,必须填补受托人职位空缺。

(c)非公益信托中须填补的受托人职位空缺,必须依下列优先顺序填补:

(1)信托条款提名的作为继任受托人之人;

(2)全体合格受益人一致同意指定之人;或者

(3)法院指定之人。

(d)公益信托中须填补的受托人职位空缺,必须依下列优先顺序填补:

(1)信托条款提名的作为继任受托人之人;

(2)信托条款明示指定接受信托分配的公益组织选定[且[总检察长]同意该选定]之人;或者

(3)法院指定之人。

(e)无论是否存在受托人职位空缺或是否需要填补空缺,法院认为为信托管理所必需时,可以指定一位增补受托人或特别受信人(special fiduciary)。

第 705 条　受托人辞职

(a)符合下列条件之一时,受托人可以辞职:

(1)至少提前 30 日通知合格受益人、在世委托人与全体共同受托人;或者

(2)经法院准许。

(b)法院准许受托人辞职时,可以发布命令并设定为保护信托财产所合理必需的条件。

(c)受托人辞职不免除或影响辞职的受托人的责任或者为受托人的作为或不作为提供受托人担保的担保人之责任。

第 706 条　受托人的罢免

(a)委托人、共同受托人或者受益人可以要求法院罢免受托人,法院可以依职权罢免受托人。

(b)有下列情形之一时,法院可以罢免受托人:

(1)受托人实施严重违反信托之行为;

(2)共同受托人之间缺乏合作,以致实质性损害信托的管理;

(3)因受托人不适合、不愿意有效管理信托或者持续地未有效管理信托,法院认定罢免受托人最符合受益人的权益;或者

(4)发生实质性的情势变更或者全体合格受益人要求罢免受托人,法院发现罢免受托人最符合受益人的权益,同时不背离信托的实质性目的,且可得到合适的共同受托人或继任受托人。

(c)对罢免受托人的要求作出终局决定之前,法院可以根据第1001条(b)款规定命令作出为保护信托财产或受益人的权益所必需的适当救济,作为对罢免受托人的替代,或者与罢免受托人的救济并用。

第707条 前任受托人交付信托财产

(a)除有共同受托人在任或者法院另有命令外,在信托财产交付于继任受托人或有权取得该财产的其他人之前,辞职或者被罢免的受托人负有受托人的义务,并具有为保护信托财产所必需的权力。

(b)辞职或者被罢免的受托人应当毫不迟延地将其占有的信托财产交付于共同受托人、继任受托人或有权取得该财产的其他人。

第708条 受托人报酬

(a)信托条款未确定受托人报酬的,受托人有权取得依具体情形为合理的报酬。

(b)信托条款确定受托人报酬的,受托人有权取得该报酬,但有下列情形之一时,法院可以允许增减该报酬:

(1)受托人义务实质性地不同于信托设立时预期的受托人义务;或者

(2)信托条款确定的报酬不合理地过低或过高。

第709条 费用补偿

(a)受托人有权以信托财产补偿下列费用,并附加适当的利息:

(1)管理信托时适当发生的费用;及

(2)在防止信托不当得利的必要范围内,管理信托时非适当发生的费用。

(b)受托人为保护信托而预付费用的,受托人由此享有信托财产上的担保权,以担保获得附加合理利息的费用补偿。

第八章 受托人的义务与权力

第801条 管理信托的义务

自接受受托人职位起,受托人应当依照信托条款、信托目的、受益人的权益及本[法典]规定,诚信地管理信托。

第802条 忠实义务

(a)受托人应当仅为受益人的权益管理信托。

(b)在不影响第1012条所定与受托人交易或协助受托人之人的权利的前提下,受托人为自己个人之计算所为的出售信托财产、在信托财产上设定权利或涉及信托财产投资或管理的其他交易,或者以其他方式受到受托人的受信人利益与个人利益之间冲突影响的交易,受该交易影响的受益人可撤销该交易,但有下列情形之一者除外:

(1)交易获得信托条款授权;

(2)交易获得法院准许;

(3)受益人未在第1005条规定的时效期间内提起司法程序;

(4)受益人依照第1009条规定同意受托人的行为、追认该交易或者免除受托人的责任;或者

(5)交易涉及受托人在成为受托人或预计成为受托人之前订立的契约或者取得的请求权。

(c)受托人与下列人之一缔结的出售信托财产、在信托财产上设定权利或涉及信托财产投资或管理的其他交易,推定为受到受托人的个人利益与受信人利益之间冲突的影响:

(1)受托人的配偶;

(2)受托人的后裔、兄弟姐妹、父母或上述人的配偶;

(3)受托人的代理人或律师;或者

(4)受托人或对受托人持有重大权益之人在其中具有可能影响受托人最佳判断之权益的公司、其他人或企业。

(d)受托人与受益人之间不涉及信托财产的交易,发生于信托存续期间或者受托人对受益人保有实质性影响力期间,且受托人从中获得优势的,受益人可撤销该交易,但受托人证明该交易对受益人是公平的除外。

(e)受托人以个人身份实施的、与信托财产无关的交易,而该交易涉及适当地属于信托的机会的,该交易涉及受托人个人利益与受信人利益之间冲突。

(f)受托人投资于投资企业或者投资信托的证券,受托人或其关联人另以非受托人身份向该投资企业或投资信托提供服务,该投资遵守第九[章]所定谨慎投资人规则的,不推定为受到个人利益与受信人利益之间冲突的影响。受托人除因担任受托人而取得报酬外,并可因提供上述服务从投资企业或投资信托取得由信托负担费用的报酬。受托人因提供投资顾问或者投资管理服务而从投资企业或投资信托取得报酬的,受托人必须至少每年一次将决定该报酬的费率与方法通知依据第813条规定有权获得受托人年度报告之人。

(g)行使股份表决权或其他形式企业中类似权益的控制权时,受托人应当为受益人最大利益行事。信托为公司或其他形式企业的唯一所有者时,受托人应当选任或指定将为受益人最大利益管理公司或企业的董事或其他管理人。

(h)如果交易对受益人是公平的,本条不排除下列交易:

(1)受托人与受益人之间关于受托人指定及报酬的协议;

(2)向受托人支付合理的报酬;

(3)信托与受托人在其中担任受信人或受益人在其中具有权益的其他信托、死者遗产或者[遗产保护人]之间的交易;

(4)将信托资金存放于由受托人运营的受监管的金融服务机构;或者

(5)受托人为保护信托而预付资金。

(i)法院可以指定特别受信人,以决定如由受托人参与即可能违反本条规定的任何拟实施的交易。

第803条　公允对待

信托有两个以上受益人的,受托人投资、管理与分配信托财产时应当公允行事,对不同受益人的相应权益给予适当关注。

第804条　谨慎管理

受托人应当考虑信托的目的、条款、分配要求及其他情形,如同一个谨慎人一般管理信托。为满足本标准,受托人应尽合理的注意、技能及谨慎。

第 805 条 管理成本

受托人管理信托时,仅可发生对于信托财产、信托目的及受托人技能而言具有合理性的成本。

第 806 条 受托人的技能

具有特殊的技能或专门知识的受托人,或者因声称具有特殊技能或专门知识而被信赖并指定为受托人之人,有义务运用该特殊技能或专门知识。

第 807 条 受托人的转托(delegation)

(a)在一个具有相应技能的谨慎受托人能够适当地转托之情形,受托人可以将其义务与权力转托于他人。受托人应当对下列事项尽合理的注意、技能与审慎:

(1)选择代理人;

(2)确定转托的范围与条款,其范围与条款应当同信托目的与信托条款一致;及

(3)定期审核代理人的行为,以监控代理人的履行及其对转托条款的遵守。

(b)代理人履行被转托的职能时,对信托负有尽合理注意以遵守转托条款的义务。

(c)受托人遵守本条(a)款要求的,不就受转托的代理人的行为对受益人或信托承担责任。

(d)一项信托适用本州法律,代理人接受该信托受托人转托权力或义务的,即为服从本州法院的管辖。

第 808 条 指示权

(a)信托为可撤销信托的,受托人可以遵照委托人所作的与信托条款相反的指示。

(b)信托条款将指示受托人一定行为的权力授予可撤销信托委托人以外之人的,受托人应当依照该权力的行使而行事,但该权力的预期行使明显违背信托条款,或者受托人知道该权力的预期行使将严重违反该权力持有人对信托受益人所负受信义务的,不在此限。

(c)信托条款可以授予受托人或其他人指示变更或者终止信托的

权力。

(d)受益人以外的指示权持有人,推定为受信人,应当为信托的目的与受益人的权益诚信行事。指示权持有人对违反受信义务造成的损失承担责任。

第809条　信托财产的控制与保护

受托人应当采取合理步骤控制并保护信托财产。

第810条　保存记录及标明信托财产

(a)受托人应当保存关于信托管理的充分记录。

(b)受托人应当保持信托财产与受托人自有财产的分离。

(c)除(d)款另有规定外,受托人应当指明信托财产,以使信托的权益在可行范围内显现于受托人或受益人以外之人保存的记录之中。

(d)受托人保存的记录清楚表明相关权益的,受托人可以将两个以上不同信托的财产作为一个整体进行投资。

第811条　请求的强制实施及抗辩

受托人应当采取合理步骤强制实施信托的请求,并针对对信托提出的请求进行抗辩。

第812条　收取信托财产

受托人应当采取合理步骤迫使前任受托人或其他人向受托人交付信托财产,并对该受托人已知的前任受托人违反信托的行为进行补救。

第813条　通知与报告义务

(a)受托人应当使信托的合格受益人合理地知道关于信托管理的信息及保护受益人权益所必需的重大事实。除依当时情形不合理者外,受托人应当及时回复受益人获取信托管理信息的要求。

(b)受托人:

(1)应受益人的要求,应当向受益人及时提供一份信托文件副本;

(2)在接受受托人职位后60日内,应当将接受受托人职位的事实、受托人的名称或姓名、地址及电话号码通知合格受益人;

(3)自受托人知道可撤销信托已设立之日起60日内,或者受托人知道先前的可撤销信托因委托人死亡或其他原因已转为不可撤销信托之日起60日内,应当将信托的存在、委托人的身份、要求获得信托文件副本的权利及(c)款规定的要求获得受托人报告的权利通知合格受益

人;及

(4)应当将受托人报酬计算方法与费率的任何变动事先通知合格受益人。

(c)受托人应当至少每年一次并在信托终止时,向信托收入或本金的受分配人或获准受分配人或提出要求的合格或非合格受益人,发送一份关于信托财产、负债、所得与支出的报告,其中包括受托人报酬的来源与数额、信托资产清单,在可行的情况下并应包括信托资产的相应市值。受托人职位出现空缺时,除非共同受托人在任,否则前任受托人必须向合格受益人发送上述报告。个人代表、[保护人]或[监护人]可以代表死亡的或丧失行为能力的受托人向合格受益人发送上述报告。

(d)受益人可以放弃获得受托人报告或本条要求提供的其他信息之权利。对于将来应提供的报告或其他信息,受益人可以撤回先前的弃权。

(e)本条(b)款第(2)项、第(3)项规定不适用于在[本[法典]生效日]前接受受托人职位的受托人、在[本[法典]生效日]前设立的不可撤销信托、在[本[法典]生效日]前转为不可撤销信托的可撤销信托。

第 814 条　自由裁量权;节税

(a)不论信托条款授予受托人自由裁量权的广泛程度,包括使用“绝对的”、“唯一的”或“不受控制的”之类用词,受托人应当依照信托条款、信托目的及受益人的权益,诚信地行使自由裁量权。

(b)在不影响(d)款适用的前提下,除信托条款明示不适用本款所定规则外,适用下列规定:

(1)委托人(兼为受益人)与受托人以外之人,授予受托人为受托人个人利益作出裁量性分配之权力的,仅可依照可查明标准行使该权力;及

(2)受托人不得行使裁量性分配权,以履行受托人个人对他人所负法定扶养义务。

(c)本条(b)款限制或禁止行使的权力,可由未受限制或禁止的剩余受托人多数决定行使。全体受托人的权力均受限制或禁止的,法院可以指定特别受信人行使该权力。

(d)本条(b)款规定不适用于下列情形：

(1)由委托人的配偶(为信托受托人)持有的、已允许扣除《1986年国内税法典》第2056条(b)款第(5)项或第2523条(e)款(以[本[法典]生效日][或修订日]为准)所定配偶扣除额的权力；

(2)处于可由其委托人撤销或修改之期间内的信托；或

(3)依据《1986年国内税法典》第2503条(c)款规定(以[本[法典]生效日][或修订日]为准),向信托出资的财产可以作为年度扣除项目的信托。

第815条　受托人的一般权力

(a)未经法院授权,受托人可以行使：

(1)信托条款授予的权力；及

(2)除信托条款另有限制外：

(A)对信托财产具有与未婚的有行为能力人对其自有财产所具有之权力相同的全部权力；

(B)适于实现信托财产适当投资、管理与分配的任何其他权力；及

(C)本[法典]授予的任何其他权力。

(b)权力的行使须服从本[章]规定的受信义务。

第816条　受托人的特定权力

在不限制第815条所授予权力之前提下,受托人可以：

(1)从委托人或任何其他人处收取信托财产及接受或拒绝对信托财产的增添；

(2)在公开或私下出售中,采取现金支付或赊帐支付形式,收购或出售财产；

(3)交换、分割或者以其他方式改变信托财产的性质；

(4)在受监管的金融服务机构开设的账户中存放信托资金；

(5)进行有担保或无担保借款,及在不超过或超过信托存续期限的期间内抵押或质押信托财产；

(6)持有独资企业、合伙、有限责任企业、商业信托、公司或其他形式的营业或企业权益的,使该营业或企业继续运行,并采取可由股东、成员或财产所有人采取的行动,包括合并、解散或以其他方式改变商业组织形式或者增资；

(7)持有股票或其他证券的,行使绝对所有人的权利,包括下列权利:

(A)表决,或授予附带替代权或不附带替代权的代理表决权,或者订立或维持表决权信托协议;

(B)以名义持有人的名义或者以不披露信托存在的其他方式持有证券,以便产权(title)随证券交付而转移;

(C)支付赎回费用、评估费用与其他由证券负担的费用,及出售或者行使股票认购权或转换权;及

(D)在托管人或其他受监管的金融服务机构托管证券;

(8)持有不动产权益的,建造、例行或非例行维修、改造或改良建筑物或其他营造物,拆除性改良,推倒或新建墙壁或建筑物,细分或开发土地,将土地投入公共用途或者赋予公共或私人地役权,划分或腾空小块地,及调整地界;

(9)基于任何目的,作为出租人或承租人订立租期超过或不超过信托存续期限的租赁协议,包括勘探与开采自然资源的租赁协议或其他安排,附带或不附带购买或更新选择权;

(10)授予一项涉及出售、租赁或以其他形式处分信托财产的选择权,或者获得一项收购财产的选择权,包括行权期限超过信托存续期限的选择权,并行使所得的选择权;

(11)为信托财产购买保险,以补偿信托财产的损害或损失,及对受托人、受托人的代理人与受益人提供保险,以免予承担因信托管理所致责任;

(12)抛弃或者拒绝管理无价值的财产或者价值不足以支付收取费用或继续管理费用的财产;

(13)在可能因违反环境法而承担责任的情况下:

(A)检查或调查受托人持有的或者被要求持有的财产,或者检查或调查由一个受托人在其中持有或被要求持有一定权益之组织所有或经营的财产,以确定环境法是否适用于该财产;

(B)采取行动防止、减少或以其他方式补救任何实际或可能违反环境法(该环境法影响受托人直接或间接持有的财产)的行为,无论采取的行动先于或后于主张请求或政府启动执法措施;

(C)拒绝接受拟加入信托的财产,或者放弃任何引起或可能引起违反环境法之责任的关于财产的权力;

(D)针对声称信托违反环境法的请求进行和解;及

(E)支付为遵守环境法而采取的任何检查、审核、减少或补救行为所生费用;

(14)对请求进行清偿或进行抗辩,对由信托提出或针对信托提出的请求进行和解,及全部或部分放弃属于信托的请求;

(15)支付税收、评估费用、受托人及信托受雇人与代理人的报酬,及因信托管理发生的其他费用;

(16)行使对联邦、州与地方税的选择权;

(17)在向受托人支付的任何受雇人福利或退休计划、年金计划或人寿保险中选择支付模式,行使上述计划或保险中的权利,包括行使费用与责任补偿权利,及采取适当措施收取收益;

(18)以信托财产发放贷款,包括以受托人依当时情形认为公平且合理的条款与条件向受益人发放贷款,受托人有权留置对受益人的将来分配以偿还贷款;

(19)对他人向受益人提供的贷款,用信托财产提供担保;

(20)指定在其他法域内处理位于该法域的信托财产的受托人,将指定人自己具有的全部权力与义务授予被指定的受托人,要求被指定的受托人提供担保,及罢免被指定的受托人;

(21)向无行为能力或者受托人合理地认为无行为能力的受益人支付其应得数额,受托人可以直接向受益人支付,或者为受益人的利益运用该财产,或者通过以下方式处理:

(A)支付给受益人的[保护人],受益人无[保护人]的,支付给受益人的[监护人];

(B)支付给[《统一向未成年人转让法》]所定受益人的托管人,或者支付给[《统一托管信托法》]所定受益人的托管受托人,为此目的,成立托管关系或托管信托;

(C)受托人不知道[保护人]、[监护人]、托管人或者托管受托人的,支付给向受益人提供法定或者实际照顾或监护、代表受益人利益支出费用的成年亲属或其他人;或者

(D)在不影响受益人撤回分配的持续性权利的前提下,将分配作为一项独立的基金,为受益人利益进行管理;

(22)在分配信托财产、分割信托或终止信托时,以可分权益或不可分权益的方式进行分配,采取成比例的份额或者不成比例的份额形式配置特定资产,为上述目的对信托财产进行估价,及调整估价差异;

(23)通过调解、仲裁或其他替代性争端解决程序解决关于信托的解释或其管理的争议;

(24)在任何法域内提起或应对诉讼、请求或司法程序,以保护信托财产与履行受托人义务中的受托人;

(25)签署并交付用于取得受托人权力或便于受托人行使权力的契约或其他文件;及

(26)在信托终止时,行使适于对信托管理进行清算并将信托财产分配于有权取得该财产之人的权力。

第 817 条　信托终止时的分配

(a)信托终止或部分终止的,受托人可以向受益人发送一份分配方案。受益人在分配方案发送之日起 30 日内未将反对意见通知受托人,且分配方案中已告知受益人有反对权及反对期限的,受益人反对分配方案的权利消灭。

(b)当终止或部分终止信托的事件发生时,受托人应当迅速地将信托财产分配于有权获得该财产之人,但受托人有权保留合理的备用金以支付债务、费用与税收。

(c)受益人免除受托人违反信托的责任,该免除在下列范围内无效:

(1)免除系由受托人不当行为诱导;或者

(2)受益人于免除时不知道受益人的权利或关于违反信托的重大事实。

第九章　统一谨慎投资人法

第 901 条　谨慎投资人规则

(a)除(b)款另有规定外,投资与管理信托资产的受托人对信托受益人负有遵守本[法]所定谨慎投资人规则之义务。

(b)谨慎投资人规则作为一项默认规则,可由信托条款扩张、限缩、排除或者以其他方式加以改变。在受托人合理信赖信托条款行事的范围内,受托人不对受益人承担责任。

第 902 条 注意的标准;投资组合策略;风险与回报目标

(a)受托人应当考虑信托的目的、条款、分配要求及其他情形,如同一个谨慎投资人一般投资与管理信托资产。为满足本标准,受托人应尽合理的注意、技能及审慎。

(b)受托人关于单项资产的投资与管理决策,不得被孤立地评估,而须在作为整体的信托投资组合之环境中进行评估,并作为整体投资策略(其风险与回报目标合理地适合于信托)的一部分进行评估。

(c)受托人在投资与管理信托资产时应予考虑的情形,包括与信托或其受益人有关的下列事项:

(1)总体经济状况;

(2)通货膨胀或通货紧缩的可能影响;

(3)投资决策或投资策略的预期税收后果;

(4)每项投资或者行为在整体信托投资组合中发挥的作用,信托投资组合可以包括金融资产、封闭持股企业的权益、有形与无形动产及不动产;

(5)来自收入与资本增值的预期总回报;

(6)受益人的其他资源;

(7)流动性需求、定期取得收入的需求及资本保值或增值需求;及

(8)一项资产对信托目的或者一个或多个受益人的特殊关系或者特殊价值。

(d)受托人应尽合理努力,查证与信托资产投资与管理有关的事实。

(e)受托人可以投资于与本[法]所定标准相一致的任何种类财产或投资类别。

(f)具有特殊的技能或专门知识的受托人,或者因声称具有特殊技能或专门知识而被信赖并指定为受托人之人,有义务运用该特殊技能或专门知识。

第 903 条 多元化

受托人应当将信托的投资多元化,但受托人合理地认定,因特殊情

形,非多元化投资更有利于实现信托目的的,不在此限。

第 904 条　接受受托人职位时的义务

在接受受托人职位或接受信托资产后的合理期限内,受托人应当审核信托资产,并作出与实施关于保留及处分资产的决定,以使信托投资组合符合信托的目的、条款、分配要求及其他情形,并符合本[法]要求。

第 905 条　忠实义务

受托人应当仅为受益人的权益投资与管理信托资产。

第 906 条　公允对待受益人

信托有两个以上受益人的,受托人投资与管理信托资产时应当公允行事,考虑受益人的任何不同权益。

第 907 条　投资成本

受托人投资与管理信托资产时,仅可发生对于信托资产、信托目的及受托人技能而言适当与合理的成本。

第 908 条　对合规性进行审核

是否遵守谨慎投资人规则,应当依受托人决策或行动时既存的事实与情形认定,不得凭借事后之明(hindsight)。

第 909 条　投资与管理职能的转托

(a)在一个具有相应技能的谨慎受托人能够适当地转托之情形,受托人可以将投资与管理职能转托于他人。受托人应当对下列事项尽合理的注意、技能与审慎:

(1)选择代理人;

(2)确定转托的范围与条款,其范围与条款应当同信托目的与信托条款一致;及

(3)定期审核代理人的行为,以监控代理人的履行及其对转托条款的遵守。

(b)代理人履行被转托的职能时,对信托负有尽合理注意以遵守转托条款的义务。

(c)受托人遵守本条(a)款要求的,不就受转托的代理人的决策或行为对受益人或信托承担责任。

(d)一项信托适用本州法律,代理人接受该信托受托人转托信托

职能的,即为服从本州法院的管辖。

第910条　援引本[法]所定标准的用语

除信托条款另有限制或者变更外,信托条款中的下列术语或类似用语,即为授权本[法]允许的任何投资或策略:“有关信托基金投资的法律所允许的投资”,“法定投资”,“经授权的投资”,“运用在当时情形下审慎的、具有自由裁量权的与明智的人在管理自己事务时的判断与注意,不是进行投机,而是永久性地处分其基金,并考虑可能的收入及资本的安全性”,“谨慎人规则”,“谨慎受托人规则”,及“谨慎投资人规则”。

第911条~第916条　适用及过渡条款等

(略)

第十章　受托人的责任及与受托人交易之人的权利

第1001条　对违反信托的救济

(a)受托人违反对受益人所负义务,为违反信托。

(b)为对已经发生或可能发生的违反信托之行为作出救济,法院可以采取下列措施:

(1)强制受托人履行受托人义务;

(2)禁止受托人违反信托;

(3)强制受托人以支付金钱、返还财产或其他方式对违反信托的行为做出补救;

(4)命令受托人报账;

(5)指定一个特别受信人占有信托财产并管理信托;

(6)中止受托人职务;

(7)依照第706条规定罢免受托人;

(8)减少或拒付受托人报酬;

(9)在不影响第1012条规定的前提下,宣告受托人的行为无效,对信托财产强加担保权或推定信托,或者追踪已被不当处分的信托财产并回复该财产或其收益;或

(10)命令作出其他适当的救济。

第1002条　对违反信托的损害赔偿

(a)违反信托的受托人对受影响的受益人所承担的责任,为下列

数额中较大者:

(1)恢复信托财产价值及未发生违反信托行为时受益人可得信托分配的价值所需数额;或者

(2)受托人因违反信托所得利润。

(b)除本款另有规定外,两个以上受托人因违反信托对受益人承担责任的,某一受托人有权从其他受托人处获得赔偿份额分摊。某一受托人的过错实质性地大于其他受托人,或者该受托人恶意违反信托或轻率不顾信托目的或受益人的权益而违反信托的,不得向其他受托人请求分摊。受托人从违反信托的行为中收到利益的,在收到的利益范围内,不得向其他受托人请求分摊。

第1003条 未违反信托时的损害赔偿

(a)即使受托人并未违反信托,受托人亦应向受到影响的受益人报账说明在管理信托过程中产生的任何利润。

(b)受托人未违反信托的,就信托财产的损失或贬值或者未获利润,对受益人不承担责任。

第1004条 律师费及成本

在涉及信托管理的司法程序中,法院基于正义与衡平的要求,可以判定一方当事人获得成本与费用(包括合理的律师费用),该成本与费用可由另一方当事人支付或者由诉讼涉及的信托支付。

第1005条 对受托人提起诉讼的时效

(a)自受益人或者受益人的代表收到充分披露针对受托人违反信托行为的潜在请求权并告知受益人诉讼时效的报告之日起一年后,受益人不得就违反信托对受托人提起诉讼。

(b)一份报告提供的信息足以使受益人或受益人的代表知道潜在的请求权或者应当查询请求权的存在,该报告即为充分披露针对违反信托的潜在请求权之存在。

(c)如果(a)款规定不适用,受益人必须在下列情形之一最早出现后5年内,就违反信托对受托人提起司法程序:

(1)受托人被罢免、辞职或死亡;

(2)受益人在信托中的权益终止;或者

(3)信托终止。

第1006条　对信托文件的信赖

受托人合理信赖信托文件明示的信托条款行事,不因由此信赖引起的违反信托之行为对受益人承担责任。

第1007条　影响管理或分配的事件

某一事件(包括结婚、离婚、履行教育要求或死亡)的发生影响信托的管理或分配,受托人已尽合理注意以查明该事件的发生的,对因受托人不知情而导致的损失不承担责任。

第1008条　受托人的免责

(a)免除受托人违反信托之责任的信托条款,在下列规定范围内无强制实施力:

(1)免除受托人恶意违反信托的责任或轻率不顾信托目的或受益人的权益而违反信托的责任;或者

(2)受托人滥用与委托人之间的受信关系或信任关系而订入免责条款。

(b)由受托人起草或由受托人引起起草的免责条款,因受托人滥用受信关系或信任关系而无效,但受托人证明在具体情形中免责条款是公平的,并已就免责条款的存在及其内容同委托人充分沟通的,不在此限。

第1009条　受益人的同意、免除或追认

受益人同意受托人违反信托的行为、免除受托人违反信托的责任或追认违反信托的交易的,受托人不对该受益人承担违反信托的责任,但有下列情形之一者除外:

(1)受益人的同意、免除或追认受受托人的不当行为诱导;或者

(2)在表示同意、免除责任或者追认交易时,受益人不知道受益人的权利或者有关违反信托的重大事实。

第1010条　受托人个人责任的限制

(a)除契约另有约定外,受托人在管理信托的过程中,以该受托人的受信人身份适当订立契约,并已在契约中披露自己的受信人身份的,不对该契约承担个人责任。

(b)对于在管理信托过程中发生的侵权行为,或者因信托财产所有权或控制信托财产所生义务(包括违反环境法的责任),受托人仅在

个人有过错的情形下,始承担个人责任。

(c)基于受托人以受信人身份所订契约、信托财产所有权或控制信托财产所生义务或者在管理信托过程中所发生侵权行为提出的请求,可以在针对处于受信人地位的受托人的司法程序中主张,无论受托人是否对该请求承担个人责任。

第 1011 条　普通合伙人的权益

(a)除本条(c)款另有规定或契约已约定个人责任外,在普通合伙或有限合伙中作为普通合伙人持有权益的受托人,其受信人身份已在契约或者依照[《统一合伙法》或《统一有限合伙法》]登记的声明中披露的,受托人不对信托取得合伙权益后该合伙订立的契约承担个人责任。

(b)除本条(c)款另有规定外,作为普通合伙人持有合伙权益的受托人,不对合伙所为侵权行为承担个人责任,亦不对因该权益所有权或控制所生义务承担个人责任,但受托人个人有过错者除外。

(c)受托人不以受托人身份持有合伙权益的,或者受托人的配偶、一个或多个受托人的后裔、兄弟姐妹或父母或者上述人的配偶持有合伙权益的,不适用本条规定的责任豁免。

(d)可撤销信托的受托人作为普通合伙人持有合伙权益的,委托人如同普通合伙人一般对合伙的契约及其他义务承担个人责任。

第 1012 条　对受托人交易相对人的保护

(a)受益人以外之人善意地协助受托人,或者善意地与受托人交易并支付对价,不知道受托人超越受托人权力或者不适当地行使受托人权力的,不承担责任,如同受托人已适当地行使权力。

(b)受益人以外之人善意地与受托人交易,不要求其查询受托人的权力范围及其权力行使的适当性。

(c)善意地将资产交付于受托人之人,无须确保该资产的运用是否适当。

(d)受益人以外之人善意地协助前任受托人,或者善意地与前任受托人交易并支付对价,不知道受托人职位已终止的,不承担责任,如同前任受托人仍为受托人。

(e)有关受信人实施商业交易或者证券转让的其他法律中的相应保护规定,优先于本条提供的保护而适用。

第1013条　信托证明

(a)受托人可以不向受益人以外之人提供信托文件副本,而代之以含有下列信息的信托证明:

(1)信托的存在及信托文件签署日期;

(2)委托人的身份信息;

(3)现任受托人的身份信息与地址;

(4)受托人的权力;

(5)信托的可撤销性或不可撤销性,以及持有撤销信托的权力之人的身份信息;

(6)共同受托人签字或以其他形式确认文件的授权,以及行使受托人权力是否需要全体或少于全体的共同受托人一起行使;

(7)信托的纳税人身份号;及

(8)获取信托财产产权的方式。

(b)信托证明可由任一受托人签字或者以其他形式确认。

(c)信托证明必须声明,信托未以任何将导致信托证明所含陈述不正确的方式被撤销、变更或修改。

(d)信托证明无须包含任何处分性信托条款。

(e)信托证明的接收人可要求受托人提供原始信托文件及其修订本中关于受托人指定及受托人从事未决交易之授权的摘录副本。

(f)不知道信托证明所含陈述不正确而信赖信托证明行事之人,不因如此行事而对任何人承担责任,并且无须查询即可假定信托证明所含事实的存在。不得仅因信赖信托证明行事之人持有信托文件全本或节录本之事实,推导出此人知道信托条款。

(g)基于对信托证明的信赖而善意地缔结交易之人可以对信托财产强制实施该交易,如同信托证明所含陈述确为正确。

(h)本条不限制某人在有关信托的司法程序中获取信托文件副本的权利。

第十一章　杂项规定

第1101条　适用和解释的一致性

在适用及解释本统一法时,必须考虑在颁行本法的各州中在本法主题方面促进法律统一性的需求。

第 1102 条　电子记录与签名

本[法典]关于电子记录或电子签名的法律效力、有效性或强制实施力的规定,以及关于用此类记录或签名订立或履行的契约的法律效力、有效性或强制实施力的规定,符合《全球与全国商务中的电子签名法》第 102 条(《美国法典》第 15 卷第 7002 条)的要求,并取代、修正及限制《全球与全国商务中的电子签名法》的要求。

第 1103 条　规定的可分性

本[法典]的任何规定或其对任何人或任何情形的适用被判定无效的,该无效性不影响本[法典]中在欠缺无效规定或其适用的情形仍可生效的其他规定或其适用,为此目的,本[法典]的规定是可分的。

第 1104 条　生效日

本[法典]于____日起生效。

第 1105 条　废止条款

下列法律废止:

(1)《统一受托人权力法》;

(2)《统一遗嘱法典》(Uniform Probate Code)第七章;

(3)《统一信托法(1937 年)》;及

(4)《统一谨慎投资人法》。

第 1106 条　对现存关系的适用

(a)除本[法典]另有规定外,在[本[法典]生效日]:

(1)本[法典]适用于在[生效日]前后或当日设立的所有信托。

(2)本[法典]适用于所有在[生效日]及以后提起的关于信托的司法程序。

(3)本[法典]适用于在[生效日]之前提起的关于信托的司法程序,但法院发现适用本[法典]的特定规定将实质性地妨碍司法程序中的有效行为,或者损害当事人的权利的,此种情形不适用本[法典]的特定规定,而适用被废止的法律。

(4)本[法典]规定的任何解释或推定规则,适用于在[本[法典]生效日]之前签署的信托文件,但信托条款清楚表明相反意思者除外。

(5)[本[法典]生效日]之前所为行为不受本[法典]影响。

(b)因[本[法典]生效日]之前依照任何其他制定法所定期限届满而取得、消灭或禁止一项权利的,即使该法已被废止或取代,该法仍继续适用于上述权利。

(李宇,上海财经大学法学院讲师,中国社会科学院研究生院民商法学博士)

图书在版编目(CIP)数据

民商法论丛. 第57卷 / 梁慧星主编. —北京:法律出版社,2015.1

ISBN 978-7-5118-7463-4

Ⅰ.①民… Ⅱ.①梁… Ⅲ.①民法—研究—文集②商法—研究—文集 Ⅳ.①D913.04-53

中国版本图书馆 CIP 数据核字(2015)第010634号

民商法论丛(第57卷) | 梁慧星 主编 | 责任编辑 吕丽丽 装帧设计 李 瞻

ⓒ 法律出版社·中国

开本 A5　　**印张** 26.375　**字数** 804千
版本 2015年1月第1版　　**印次** 2015年1月第1次印刷
出版 法律出版社　　**编辑统筹** 学术·对外出版分社
总发行 中国法律图书有限公司　　**经销** 新华书店
印刷 三河市龙大印装有限公司　　**责任印制** 陶 松

法律出版社/北京市丰台区莲花池西里7号(100073)
电子邮件/info@ lawpress. com. cn　　销售热线/010-63939792/9779
网址/www. lawpress. com. cn　　咨询电话/010-63939796

中国法律图书有限公司/北京市丰台区莲花池西里7号(100073)
全国各地中法图分、子公司电话:
第一法律书店/010-63939781/9782　　西安分公司/029-85388843
重庆公司/023-65382816/2908　　上海公司/021-62071010/1636
北京分公司/010-62534456　　深圳公司/0755-83072995

书号:ISBN 978-7-5118-7463-4　　**定价**:54.00元
(如有缺页或倒装,中国法律图书有限公司负责退换)